中国史学要籍丛刊

戰國策

上

〔汉〕刘向集录
〔南宋〕姚宏　鲍彪等注

上海古籍出版社

图书在版编目（CIP）数据

战国策／（汉）刘向集录；（南宋）姚宏、鲍彪等注．—
上海：上海古籍出版社，2015.7（2023.3 重印）
（中国史学要籍丛刊）
ISBN 978-7-5325-7605-0

Ⅰ.①战… Ⅱ.①刘… ②姚… ③鲍… Ⅲ.①中国
历史—战国时代—史籍 Ⅳ.①K231.04

中国版本图书馆 CIP 数据核字（2015）第 081105 号

中国史学要籍丛刊
战 国 策
（全二册）
［汉］刘 向 集录
［南宋］姚宏 鲍彪 等注
上 海 古 籍 出 版 社出版发行
（上海市闵行区号景路159弄1-5号A座5F 邮政编码201101）
（1）网址：www.guji.com.cn
（2）E-mail:guji1@guji.com.cn
（3）易文网网址：www.ewen.co
江阴市机关印刷服务有限公司
开本 890×1240 1/32 印张 28.125 插页 10 字数 781,000
2015 年 7 月第 1 版 2023 年 3 月第 7 次印刷
印数：6,751-7,250
ISBN 978-7-5325-7605-0
K·2026 定价：108.00 元
如有质量问题，请与承印公司联系

标点说明

一、版本：这次整理所用底本，是清嘉庆八年（1803年）黄丕烈刊刻的姚宏本，即《士礼居丛书》本。汇注所用鲍本，是《四部丛刊》影印元至正年间刊刻的鲍注吴校本。所用札记，是《士礼居丛书》本。

二、分章、章名：姚本和鲍本的分章略有不同。现参照姚、鲍，根据文义，对少数篇章重新作了分合，并附校记。总计为497章，比姚本的486章多了11章，比鲍本的494章多了3章。以每章正文第一句为章名。对一些较著名篇章的通称，则另列一表附于附录之后。

三、汇注：为了便于读者研究、参考，本书汇集了姚本、鲍本、札记中的各家校注。姚本的注文全部保留，札记中注文凡与姚本、鲍本重复的地方均删略。少数地方作了必要的重复，以保持注文的连贯性。注式分字注、句注、段注、篇注四种。注文中的“曾”、“钱”、“刘”、“集”，是姚宏引录所见到的几种本子的简称。所谓“续”，即姚宏的注。“正曰”、“补曰”则是吴师道补正鲍注的注语。另外，鲍彪对姚宏所根据的本子的正文曾未加说明地作了不少改动，之后，吴师道作补正时也没有在注中一一明确指出。为了正确反映鲍彪改字的情况，便于读者研究，我们在注文鲍本条目中，加了“补某字”、“无某字”、“某字作某字”、“某字作某字，又改为某字”等注字，并在注字后加圈号（○），以与原注有所区别。

战国策总目 四百九十七篇

附录

战国策卷一

东　周〔校一〕

鲍本东周　《汉志》，河南巩，东周君所居。正曰：《东周》当从旧，居卷首，说见前。　《大事记》云，东周惠公班秉政洛阳，采邑在巩。《汉志》说非。余见前。

〔校一〕此卷鲍本列为卷二，而将《西周》列为卷一。

秦兴师临周而求九鼎

秦兴师临周①而求九鼎，周君患之，以告颜率②。颜率曰："大王勿忧，臣请东借救于齐。"颜率至齐，谓齐王③曰："夫秦之为④无道也，欲兴兵临周而求九鼎，周之君臣，内自尽⑤计⑥，与秦，不若归之大国⑦。夫存危国⑧，美名也；得九鼎，厚宝⑨也。愿大王图之。"齐王大悦⑩，发师五万人，使陈臣思⑪将以救周，而秦兵罢。

① **姚本**续：周显王，《后语》。　② **姚本**续：率，名也。当如字。或云，力出切，《后语》注。　**鲍本**周人。　③ **姚本**续：齐宣王，《后语》。　**鲍本**闵。正曰：《大事记》云，姚氏考《春秋后语》，周显王、齐宣王也。今附载于显王三十三年宋太丘社亡之前。　④ **鲍本**"为"作"于"。○　⑤ **姚本**刘、曾、集，一作"画"，钱作"尽"。　**鲍本**尽其心思。　⑥ **鲍本**计，犹谋。⑦ **鲍本**谓齐。　⑧ **鲍本**周有秦兵，危。　⑨ **鲍本**厚，犹重。　**札记**今本

"宝"作"实",鲍本作"宝"。 ⑩ **鲍本**无"悦"字。○ 补曰:一本"大说"。
⑪ **鲍本**即后田臣思,凡陈、田皆齐公族。

齐将求九鼎,周君又患之。颜率曰:"大王勿忧,臣请东解之[1]。"颜率至齐,谓齐王曰:"周赖大国之义,得君臣父子相保也,愿献九鼎,不识大国何途之[2]从而致之齐?"齐王曰:"寡人将寄径[3]于梁。"颜率曰:"不可。夫梁之君臣欲得九鼎,谋之晖台[4]之下,少海[5]之上,其日久矣。鼎入梁,必不出。"齐王曰:"寡人将寄径于楚[6]。"对曰:"不可。楚之君臣欲得九鼎,谋之于叶庭之中[7],其日久矣。若入楚,鼎必不出。"王曰:"寡人终何途之从而致之齐?"颜率曰:"弊邑固窃为大王患之。夫鼎者,非效醯壶酱甀[8]耳,可怀挟提挈以至齐者;非效鸟集乌飞,兔兴马逝[9],漓然止[10]于齐者。昔周之伐[11]殷,得[12]九鼎,凡一鼎而[13]九万人挽[14]之,九九八十一万人,士卒师徒[15],器械被具[16],所以[17]备者称此[18]。今大王纵有其人,何途之从而出?臣窃[19]为大王私忧之。"齐王曰:"子之数来[20]者,犹无与耳[21]。"颜率曰:"不敢欺大国,疾定所从出,弊邑迁鼎以待命。"齐王乃止[22]。

① **鲍本**东之齐,解免之。 ② **鲍本**问其路所从出。《礼》,"遂上有径,洫上有途"。 ③ **鲍本**径,步道也。犹言假涂。 ④ **鲍本**台名曰晖。故《孟子》称"梁有台池之乐"。 ⑤ **鲍本**"少"作"沙"。○ 补曰:"少"当作"沙"。《九域图》,开封有沙海,引此。 **札记**丕烈案:此不当辄改。⑥ **鲍本**楚非适齐之途,既不可入梁,亦无从至楚。其云然不可晓也。⑦ **姚本**续:《后语》作"章华之庭"。注云,徐广曰,华容有章华亭。 **鲍本**

即南阳叶也。 ⑧ **姚本**一作“瓿”。 **鲍本**“醯壶”作“壶醯”，“甀”作“瓿”。○ 壶，昆吾圜器。瓿，甂也。补曰：一本“醯壶”，此文殽次。 ⑨ **姚本**曾、集作“凫逝”。 **鲍本**并喻其轻疾。 ⑩ **姚本**“止”一作“可至”。 **鲍本**《集韵》，漓，渗流貌。 ⑪ **鲍本**“伐”作“代”。○ ⑫ **姚本**一本“得”上有“凡”字。 ⑬ **姚本**一本无“凡一”二字，“鼎而”作“而鼎”。 ⑭ **鲍本**挽，引也。 ⑮ **鲍本**士，一人也。二千五百人为师。徒，步行者。正曰：《左传》注，步卒七十二人，甲士三人。又百人为卒。徒，众也。此“士卒师徒”，亦大概言之耳。 ⑯ **鲍本**“器械”作“械器”。○ 械，器之总名。被具，士卒所服用之具。 ⑰ **鲍本**“以”作“已”。○ ⑱ **鲍本**备人之所应用，使称足此八十一万人。正曰：称此者，彼此均等，犹《史》言他物称是。谓士众赍械具备挽鼎之役者，又且八十一万也。 ⑲ **鲍本**“窃”作“切”。○ ⑳ **鲍本**“来”下无“者”字。○ ㉑ **鲍本**言许之而实不与也。 ㉒ **鲍本**补曰：洪氏迈，原《策》首载此，以为奇谋，此特儿童之见尔，疑必无是事，而好事者饰之。愚按，《左氏》尝载楚子问鼎事，当时争欲得鼎，以见其强，不可以为无。

秦攻宜阳

秦攻宜阳①，周君谓赵累②曰：“子以为何如？”对曰：“宜阳必拔也。”君曰：“宜阳城方八里，材士③十万，粟支数年，公仲之军二十万，景翠④以楚之众，临山而救之⑤，秦必无功。”对曰：“甘茂⑥，羁旅⑦也，攻宜阳而有功，则周公旦⑧也；无功，则削迹于秦⑨。秦王不听群臣父兄之义⑩而攻宜阳，宜阳不拔，秦王耻之。臣故曰拔。”君曰：“子为寡人谋⑪，且奈何？”对曰：“君谓景翠曰：‘公爵为执圭，官为柱国⑫，战而胜，则无加焉矣⑬；不胜，则死。不如背秦援宜阳⑭。公进兵，秦恐公之乘⑮其弊也，必以宝事公；公中⑯慕公之为己乘秦也，亦必尽其宝。’”

① **鲍本**韩邑，属弘农。秦武三年攻宜阳，赧之七年也。　补曰：《大事记》云，今河南有福昌县，城东南北三面，峭绝天险，黾池、二殽皆在境内，盖控扼之地。　此据《甘茂传》文。《年表》，拔宜阳在次年。宜阳之役，五月而不拔，凡涉两岁也。《通鉴》、《大事记》皆于赧七年书伐，八年书拔。景翠救韩在八年。　② **鲍本**“赵”作“周”。○　补曰：一本“赵累”。《大事记》引。　③ **鲍本**士之有材武者。　④ **鲍本**楚将。　⑤ **鲍本**楚与韩邻而与秦相图，故救之。　⑥ **鲍本**甘茂，下蔡人，仕秦。补曰：“茂”一作“戊”，后多有。《说苑》作“戊”，古字通。　⑦ **鲍本**《集韵》，羁旅，寓也。　⑧ **鲍本**言且相秦。　⑨ **鲍本**言不得留。　⑩ **鲍本**“义”作“议”。○　⑪ **札记**今本“为”误“曰”。　⑫ **鲍本**楚卿。　⑬ **姚本**集、曾作“耳”，刘、钱作“矣”。⑭ **鲍本**翠时盖援宜而有秦私，故说之云。补曰：《秦策》，冯章许楚汉中，楚欢而不进，所说有秦私者。窃谓，此《策》上既言秦之必拔，翠之不胜则死，而又曰“不如背秦援宜阳”，意殊不类。恐此句有缺误，“背”下或有“之”字，或“秦”下复有“秦”字，“援”字或作“拔”。劝之避秦兵，待秦既拔，然后进兵乘其敝。当秦惧之，韩德之，而交得赂以为利。下文秦拔宜阳，景翠果进兵，“果”字可见。又《秦策》，“楚畔秦而合于韩”句，意似与此同。然彼指翠未救时言之尔。其后韩、楚虽合，楚不为韩氏，谓先战，固已预知之矣。**札记**丕烈案：吴说是也。此必“背”下有脱，但不详何字。　⑮ **鲍本**乘，谓因而攻之。　⑯ **鲍本**“中”作“仲”。○　**札记**今本“中”作“仲”。

秦拔宜阳，景翠果进兵。秦惧，遽效煮枣①，韩氏果亦效重宝。景翠得城于秦，受宝于韩，而德②东周。③

① **鲍本**属济阴冤句。　② **鲍本**德，恩之也。　③ **鲍本**补曰：“为寡”、“为己”之“为”，去声。余如字。

东周与西周战

东周与西周战，韩救西周。为东周谓①韩王②曰："西周者，故天子之国也，多名器重宝。案③兵而勿出，可以德东周，西周之宝可尽矣。"④

① **姚本**集本改作"谪"，一作"谓"。 ② **鲍本**襄。 ③ **鲍本**"案"作"按"。○ 按，下，与举反。 ④ **鲍本**欲韩出兵，故赂之。《纪》八年有。

东周与西周争〔校一〕

〔校一〕此篇姚本与《东周与西周战》连篇，鲍本另列一篇。据文义，从鲍本。

东周与西周争，西周欲和于楚、韩①。齐明②谓东周君曰："臣恐西周之与楚、韩宝，令之为己求地于东周也。不如谓楚、韩曰，西周之欲入宝，持二端③。今东周之兵不急西周，西周之宝不入楚、韩。楚、韩欲得宝，即且趣我攻西周④。西周宝出，是我为楚、韩取宝以德之也⑤，西周弱矣。"

① **鲍本**和二国以为己援。 ② **鲍本**疑楚人。两见《楚策》。正曰：无明征。注例，以国姓者，皆其国人，齐明岂不可为齐人邪？故《大事记》止云当时之辩士也。 ③ **鲍本**言东兵急则入，不急则已。 ④ **鲍本**趣，疾也。督使疾战。我，谓东周。 ⑤ **鲍本**言有恩于楚、韩。

东周欲为稻

东周欲为①稻，西周不下水②，东周患之。苏子③谓东周君曰:“臣请使西周下水可乎?”乃往见西周之君曰:“君之谋过矣!今不下水,所以富东周也。今其民皆种麦[④],无他种矣。君若欲害之,不若一为下水,以病其所种。下水,东周必复种稻;种稻而复夺之。若是,则东周之民可令一仰[⑤]西周,而受命于君矣。”西周君曰:“善。”遂下水[⑥]。苏子亦得两国之金也[⑦]。

① **鲍本**为,谓种之。 ② **鲍本**稻宜湿,西周居河之上流。正曰:未知专指河否? ③ **鲍本**非代则厉。 ④ **鲍本**麦宜燥也。 ⑤ **鲍本**有望于上则仰。补曰:为,去声。仰,疑向反。 ⑥ **鲍本**无“遂下水”三字。○ ⑦ **鲍本**彪谓:此《策》不可行。东、西周壤地相接,岂不能候其所种?苏子,东人也,为东游说而岂得不疑?且今下水,安能保其不夺?虽一为下,何补哉!正曰:据此《策》,则西人可以制周,必不疑于其说。苏子公为反复以得金,岂顾其复夺哉?《大事记》云,其微如此,其所争又如此,可不哀哉!然则又何足深辨也。

昭献在阳翟

昭献在阳翟[①],周君将令相国往[②],相国将不欲。苏厉为之谓周君曰:“楚王与魏王遇也,主君令陈封之楚[③],令向公之魏。楚、韩之遇[④]也,主君令许[⑤]公之楚,令向公之韩。今昭献非人主也,而主君令相国往;若其王在阳翟,主君将令谁往[⑥]?”周君曰:“善。”乃止其行。

① **鲍本**属颍川。补曰:《韩策》,楚昭献相韩。 ② **鲍本**往与献会。③ **鲍本**此言畴昔之事。陈、向、许皆仕周,而位在相下。 ④ **鲍本**亦其王遇。 ⑤ **鲍本**“许”作“叶”。○ **札记**今本“许”作“叶”。 ⑥ **姚本**曾作

"谁往周",集、刘、钱无"周"字。　**鲍本**言必君自往。

秦假道于周以伐韩〔校一〕

〔校一〕此篇姚本与《昭献在阳翟》章连篇,鲍本另列一篇。据文义,从鲍本。

秦假道于周以伐韩,周恐假之而恶于韩,不假而恶①于秦。史黡②谓周君曰:"君何不令人谓韩公叔③曰:'秦敢绝塞④而伐韩者,信东周也。公何不与周地,发重使⑤使之楚,秦必疑⑥,不信周,是韩不伐⑦也。'又谓秦王⑧曰:'韩强⑨与周地,将以疑周于秦,寡人不敢弗⑩受。'秦必无辞而令周弗受,是得地于韩而听于秦也。"⑪

① **姚本**续:《史记》两"恶"作"畏"。　② **姚本**一作"史厌"。　**鲍本**韩史。疑即"厌"。补曰:"黡",《正义》云,乌减、於点二反。　③ **鲍本**韩公族。　④ **鲍本**绝,横渡。塞,障也。为垣垒以遮止邻国往来。　⑤ **鲍本**使周发使。　⑥ **鲍本**秦、楚相图之国也,周使使楚,故秦疑其图己。　⑦ **鲍本**不受秦伐。　⑧ **鲍本**武。　⑨ **鲍本**补曰:强,巨两反。　⑩ **姚本**集:一去"弗"字。　⑪ **鲍本**《纪》,八年。彪谓:战国之士,设心措辞,无不出于诈,若此者君子之所恕也。下章次之。正曰:鲍意尊周,故谓行诈免难所可恕。与前注为伍得章失同。

楚攻雍氏

楚攻雍氏①,周粻②秦、韩,楚王③怒周,周之君患之。为周谓楚王曰:"以王之强而怒周,周恐,必以国合于所与粟之国,则是劲④王之敌也。故王不如速解周恐⑤,彼前得罪而后得解，必厚事王矣。”

① **鲍本**此亦赧之十五年也。 ② **鲍本**粻，食米也。时秦救韩，周以米饷之。正曰：《诗传》，粮也。音张。 ③ **鲍本**怀。 ④ **鲍本**劲，强也。 ⑤ **鲍本**周以楚怒之，故恐。

周最谓石礼

周最谓石礼[①]曰：“子何不以秦攻齐？臣请令齐相子[②]，子以齐事秦，必无处[③]矣。子因令[④]周最居魏以共[⑤]之，是天下制于子也。子东重于齐，西贵于秦，秦、齐合，则子常重矣。”

① **鲍本**“石”作“吕”。〇 凡吕皆齐人。礼以秦昭十三年奔魏，十九年复归秦，其相齐在薛公归薛后，见《孟尝传》，盖赧二十一年后也。正曰：吕皆齐人，此类无据，当缺。晋有吕锜、吕相，本魏氏，不必吕尚后也。 注“奔魏”，据《秦纪》。按，《穰侯传》，冉相秦，欲诛吕礼，礼出奔齐。《大事记》从之。“归秦”，据《秦纪》及《穰侯传》。按，《秦纪》下接齐破宋之文，《年表》破宋在秦昭二十一年，则《纪》误矣。按，吕礼相齐，孟尝君遗穰侯书，劝秦伐齐而礼亡，事当在齐灭宋前。《大事记》书于赧王二十九年之首（即秦昭二十一年），则礼自奔齐至去齐，首尾九年。然《解题》亦据《纪》为说，谓后六年来归，则未改也。 **札记**丕烈案：“吕”字是也。 ② **鲍本**秦攻齐，礼使之也。齐欲免攻，故可使之相礼。 ③ **鲍本**“处”作“虑”。〇 正曰：前后章有此字，义当同。 **札记**丕烈案：后《策》文有“必不处矣”，又有“请谓王听东方之处”。吴氏指此也。 ④ **鲍本**“令”下衍“周”字。〇 ⑤ **鲍本**与齐俱事秦。

周相吕仓见客于周君

周相吕仓见客于周君①。前相工师藉恐客之伤己②也，因令人谓周君曰："客者，辩士也，然而所以不可③者，好毁人。"④

① **鲍本**言之于君，使得见。补曰：见，贤遍反。 ② **鲍本**"藉"作"籍"，下同。○ 伤，犹毁。此即后工陈籍。 ③ **鲍本**不可听用。 ④ **鲍本**彪谓：工师籍，非端人也。德义不愆，何恤人之言？

周文君免士工师藉〔校一〕

〔校一〕此章姚本与《周相吕仓见客于周君》连篇，鲍本另列一章。据文义，从鲍本。

周文君①免士②工师藉，相吕仓，国人不说也。君有闵闵之心③。

① **鲍本**《史》书东周略甚，岂惠公后有此君邪？不然，则惠公别称也。《鸿烈道应训》亦称周昭文君。此后书《训》，皆《鸿烈》也。 ② **姚本**集、曾，一去"士"字。 **鲍本**"免"下衍"士"字。○ 补曰：疑衍。 **札记**丕烈案：《楚策》，韩求相工陈籍，即此也。"陈"乃"师"字形近之讹。 ③ **鲍本**亦不说也。

谓周文君曰："国必有诽①誉，忠臣令诽在己，誉在上。宋君夺民时以为台，而民非之②，无忠臣以掩盖之也。子罕释相为司空③，民非子罕而善其君。齐桓公宫中七④市，女闾七百⑤，国人非之。管仲故为三归之家⑥，以掩桓公，非自伤于民也[⑦]？《春秋》记臣弑君者以百数，皆大臣见誉者也。故大臣得誉，非国家之美也[⑧]。故众庶成彊[⑨]，增积成山[⑩]。”周君遂不免[⑪]。

① **鲍本**诽，谤也。 ② **鲍本**见襄十一年。 ③ **鲍本**司空主土工。《传》言子罕亲执朴以行筑者，是也。 ④ **鲍本**“七”作“女”。○ ⑤ **鲍本**闾，里中门也。为门为市于宫中，使女子居之。正曰：宫中为七市，女闾此七百也。 ⑥ **鲍本**妇人谓嫁曰归，夫家曰家。仲盖三取女也。 ⑦ **鲍本**管仲为此，人皆毁之。仲非乐于毁也，其意欲掩盖桓公耳。一说仲欲掩公之非，宁自毁也。 ⑧ **鲍本**彪谓：此言掩君之非可耳！而齿见誉者于杀君之列，则后世名卿贤相，何道而可以安于朝廷之上？不仁哉此言也！补曰：汉高帝系治萧何，曰，“吾闻李斯相秦，有善归主，有恶自与”云云。王卫尉曰，“秦以不闻其过，亡天下。李斯之分过，又何足法哉”？ ⑨ **鲍本**“彊”作“强”。○ 言师籍之得众。 **札记**今本“彊”误“疆”。 ⑩ **鲍本**“成”作“如”。○ ⑪ **鲍本**卒相仓也。

温人之周

温[①]人之周，周不纳[②]。客即对[③]曰：“主人[④]也。”问其巷[⑤]而不知也，吏因囚之。君使人问之曰：“子非周人，而自谓非客何也？”对曰：“臣少而诵《诗》，《诗》曰：‘普天之下，莫非王土；率土之滨，莫非王臣[⑥]。’今周君天下，则我天子之臣，而又为客哉？故曰主人。”君乃使吏出之。

① **鲍本**温，时为西邑，綦母恢请之也。正曰：西周得温囿耳。 ② **鲍本**并东周。 ③ **姚本**一本，“周不内，问曰：客耶？对曰”。续：《韩非子》文与一本同。 ④ **鲍本**矫称东人。 ⑤ **鲍本**补曰：《韩非子》作“巷人”。

⑥ **鲍本**《小雅·北山诗》。普，遍；率，从也。

或为周最谓金投

或为周最谓金投①曰："秦以周最之齐疑天下②，而又知赵之难子③齐人战，恐④齐、韩之合⑤，必先合于秦。秦、齐合，则公之国虚⑥矣。公不如救齐，因佐秦而伐韩、魏，上党长子⑦赵之有⑧。公东收宝于秦⑨，南取地于韩⑩，魏因以因⑪，徐为之东⑫，则有合矣⑬。"

① **鲍本**盖赵人之不善齐者。 ② **鲍本**周使最之齐，秦以此疑周、齐与天下合而谋己。正曰：无考。 ③ **姚本**曾本作"予"，集本改作"予"，刘作"子"。 **鲍本**不敢违投。 ④ **鲍本**秦既疑齐，投又不善齐，故齐惧伐。 ⑤ **鲍本**"齐"下衍"韩"字。○ 补曰：疑衍。 **札记**丕烈案：此不衍，谓秦恐齐、韩之合也。下文云必先合秦者，必先合齐于秦也。故下文即云秦、齐合。鲍误以"恐"字属上句读，所解全谬。吴氏依之，亦非。 ⑥ **鲍本**言赵必破而为墟。"墟"，"虚"字同，大丘也。 ⑦ **鲍本**属上党，盖韩地。 ⑧ **鲍本**二国有秦兵，故赵得取其边地。 ⑨ **鲍本**佐秦故。 ⑩ **鲍本**韩，魏唇齿之国故也。 ⑪ **鲍本**"因"作"困"。○ **札记**今本下"因"字作"困"。 ⑫ **鲍本**为，犹谋也。东谓齐。 ⑬ **鲍本**齐合赵也。始时赵与齐隙，无合理。今得秦、韩，故齐惧而合。其实，最时相齐，虑有赵患，故为最谋者，侈之韩、魏也。

周最谓金投〔校一〕

〔校一〕此篇姚本与《或为周最谓金投》连篇，鲍本另列一篇。据文义，从鲍本。

周最谓金投曰："公负令[1]秦与强齐战。战胜[2]，秦且收齐而封[3]之，使无多割[4]，而听天下之战[5]；不胜，国大伤[6]，不得不听秦[7]。秦尽韩、魏之上党太原[8]，西[9]止[10]秦之有已[11]。秦地，天下之半也，制齐、楚、三晋之命[12]，复[13]国且身危[14]，是何计之道[15]也。"[16]

① **姚本**钱、刘作"全"。　**鲍本**负，犹失也，其失在此。正曰：负，持也。"令"字疑"合"。　② **鲍本**胜齐。　③ **鲍本**封，谓疆理之。　④ **鲍本**割，谓出地。　⑤ **鲍本**诸国求地于齐，齐不多割，则必战。此秦弱齐之计。正曰：此秦制齐之命。　⑥ **鲍本**赵伤也。时赵令秦与齐战，战不胜，则秦必咎赵，能无伤乎？正曰：赵恃合于秦以与齐战，不胜，则国大伤而听命于秦矣。⑦ **鲍本**赵听也。　⑧ **鲍本**魏地，后为秦郡。　⑨ **姚本**曾、钱、集作"西"。钱，一作"而"。　⑩ **鲍本**"止"作"土"。○　**札记**丕烈按：此有误，但所改未是。　⑪ **鲍本**秦之所难者，齐也。已收齐，则韩、魏不守。　⑫ **鲍本**赵以大伤，故亦见制。　⑬ **鲍本**"复"作"覆"。○　补曰："覆"通。　⑭ **鲍本**覆，如覆器然。国，赵也。身，谓投。　⑮ **鲍本**言非计。　⑯ **鲍本**此《策》，最为齐使赵拒秦也。

石行秦谓大梁造

石行秦[1]谓大梁造[2]曰："欲决霸王之名，不如备[3]两周辩知之士。"谓周君[4]曰："君不如令辩知之士，为君争于秦。"[5]

① **姚本**刘本作"右行楚"。　**鲍本**周人。正曰：无考。一本"石"作"右"。右行，秦官也。　② **姚本**续：《商子》作"大梁造"。　**鲍本**秦爵，"梁"作"良"。秦孝十年卫鞅，惠文五年公孙衍，昭襄十五年白起，皆为之。

此盖起也。正曰：无考。 ③ **鲍本**备，谨待之。 ④ **鲍本**行秦谓之。⑤ **鲍本**秦欲卑周，争者争此也。既谨待之，则争必得矣。补曰：王应麟云，周赧王卒于乙巳。明年丙午，秦迁西周君，而东周君犹存。壬子，秦迁东周君，而周遂不祀。作史者当自丙午至壬子系周统于七国之上，乃得《春秋》存陈之义。《大事记》，周赧后即系秦，朱子以为未当。《纲目》以七国如楚、汉并书之。今按《解题》云，自赧王降，周统已绝，东周虽未亡，特邾、莒附庸之类耳。所以存而未论也。朱子虽以七国并书，而赧王之后，亦不以东周系统者，其意亦不异。《纲目》之成，在乾道壬辰，而淳熙辛丑吕子卒，《大事记》始出，非矫之也。

谓薛公〔校一〕

〔校一〕此篇姚本与《石行秦谓大梁造曰》连篇，刘本题起“谓”字，鲍本另列一篇。据文义，从鲍本。

谓①薛公②曰：“周最于齐王③也而逐之④，听祝弗⑤，相吕礼者，欲取秦⑥。秦、齐合⑦，弗与礼重⑧矣。有周⑨齐⑩，秦必轻君。君弗如急北兵趋赵⑪以秦、魏⑫，收周最以为后行⑬，且反齐王之信⑭，又禁天下之率⑮。齐无秦，天下果⑯，弗必走，齐王谁与为其国⑰？”⑱

① **姚本**刘本题起“谓”字。 ② **鲍本**田文。 **札记**今本“公”误“君”。③ **鲍本**“王”下有“厚”字。〇 闵王。 **札记**今本“王”下有“厚”字。丕烈案：有者当是。 ④ **鲍本**补曰：《史》，秦亡将吕礼相齐，欲困苏代，代乃谓云云。 《史》，周最于齐王至厚也，而齐王逐之。《策》文省而胜。 ⑤ **姚本**续：《史记》作“亲弗”，注云，人姓名。《索隐》引《战国策》作“祝弗”，盖“祝”为得也。 **鲍本**齐人。补曰：“祝弗”《史》作“亲弗”，《索隐》谓《策》得之。一本“况弗”。 **札记**丕烈案：鲍本当不作“祝弗”，故吴校如此。详姚

校云,《索隐》引《战国策》作“祝弗”,疑亦本不作“祝弗”也,今无可考。⑥ **鲍本**无下“秦”字,“取秦”下补“也秦”二字。○ **札记**今本“取秦”下有“也”字,乃误涉鲍也。鲍本“秦”字不重。 ⑦ **鲍本**上章所谓以齐事秦。正曰:注据《史》补二字。然言齐合则秦自见,省文尔。下章齐合亦然。⑧ **鲍本**与,犹如也。言二国合,则齐所重无如礼者。正曰:《史》,“亲弗与吕礼重矣”,言二国合,则二人重。《策》,“齐合,弗与礼重矣”,言齐与秦合,则一人重于齐。视《史》语简而胜。上文“秦”字省,尤可见。 ⑨ **鲍本**“有”下衍“周”字。○ 补曰:《史》作“用”。 **札记**今本无“周”字,乃误涉鲍也。⑩ **鲍本**秦有之。正曰:有用齐者,言二子用齐。 ⑪ **鲍本**亦与赵攻秦。⑫ **鲍本**能左右之曰“以”。以,犹使。正曰:从《史》,“以”下有“和”字是。“急北兵”读,“秦、魏”句。是时秦怒齐,齐、赵交恶,秦欲合魏。前章,魏贵合秦以攻齐、赵,难与齐战;下章,齐合则赵恐伐,可见皆一时事也。秦、赵、魏合,为攻齐也。故云“急北兵趋赵以和秦、魏”也。趋,即趣,促也。谓不如急北方之兵,促赵之应秦、魏,而相与以攻齐也。《魏策》,周最入齐,秦让魏,魏谓秦曰,“大国欲急兵,则趋赵而已”。趋,即趣也。此语正同。虽时有后先,而事理不误尔(《魏策》载周最入齐,知在后)。《史》载此《策》,在文谢病归薛后,文从其计。而吕礼嫉害,文乃劝秦伐齐。吕礼亡,其后齐灭宋,文乃奔魏。且文在齐,岂敢召穰侯之兵哉?召秦伐齐,必文也去齐,而《史》失之也。此《策》云,“收周最,反齐王”,则亦文奔魏之后,召秦兵之前乎? ⑬ **鲍本**齐初逐最,欲取秦合也;今攻秦,收最用之,可图后举。行,犹举。正曰:当从《史》,无“为”字,“后”作“厚”。行,下孟反。最本厚于齐,今齐逐之,故收最以厚其行。上文“厚”字,同义。 ⑭ **鲍本**齐前与秦合,今与赵攻之,信反也。正曰:齐用礼以合秦取信,今反之,使不合也。 ⑮ **鲍本**率,犹从也。谓从齐。补曰:“率”,《史》作“变”。《索隐》云,齐、秦合则弗、礼用;用则轻孟尝。二说皆通。 **札记**今本“又”误“以”。 ⑯ **鲍本**果,犹决也。走,去音,趋之也。言不趋齐。正曰:《史》,齐无秦,则天下集齐,亲弗必走。此“果”字,当从《史》作“集”。谓齐无秦合,而秦、赵、魏合,则天下之兵集于齐,祝弗必走。言弗而不及礼者,齐听弗而相礼,弗走,礼不待言矣。

⑰ **鲍本**言必重文。《孟尝传》有。 ⑱ **鲍本**正曰：以章参之，《史》可以互正。如弗乃祝弗名，易知，而注乃释以他说，其误甚矣。

齐听祝弗〔校一〕

〔校一〕此篇姚本与《石行秦谓大梁造》连篇，刘本题起“齐”字，鲍本另列一篇。据文义，从鲍本。

齐①听祝弗，外周最。谓齐王②曰：“逐周最、听祝弗、相吕礼者，欲深取③秦也。秦得天下，则伐齐深④矣。夫齐合⑤，则赵恐伐⑥，故急兵以示秦⑦。秦以赵攻⑧，与之⑨齐伐赵，其实同理⑩，必不处矣⑪。故用祝弗，即天下之理⑫也。”

① **姚本**刘本题起“齐”字。 ② **鲍本**闵。 ③ **鲍本**补曰：“深取”之“深”，恐因下文衍。 ④ **鲍本**秦得齐，则益强，故能得天下；得天下，则亦不能存齐。 ⑤ **鲍本**“夫”下补“秦”字。○ 正曰：说见上。此下云“急兵以示秦”，则无“秦”字尤明矣。 **札记**今本“夫”下有“秦”字，乃误涉鲍也。鲍补“秦”字，吴氏有正。 ⑥ **鲍本**秦伐之。 ⑦ **鲍本**赵兵攻齐。 ⑧ **鲍本**攻齐。 ⑨ **鲍本**之，犹趋。 ⑩ **鲍本**以赵攻齐则得齐，趋齐受赵亦得赵。故其理同。 ⑪ **鲍本**处，犹据也。秦不据齐，理同。而独不据齐，齐无兵而赵已出兵故也。正曰：注难通，“处”义未详。 ⑫ **鲍本**理在受兵于赵。正曰：言天下必将归秦。

苏厉为周最谓苏秦

苏厉为周最谓苏秦①曰：“君不如令王②听最，以地③合于魏、赵，故④必怒⑤合于齐⑥，是君以合⑦齐与强楚吏产子⑧。君若欲因最之事⑨，则合齐者，君也；割地者，最也。”⑩

①**鲍本**"秦"作"子"。○ **札记**丕烈案：此有误，但所改未是。 ②**鲍本**君，谓苏子。王，周君也。此时与赧俱王，其称公，后避秦也。正曰：尤缪。 ③**鲍本**地，周地。 ④**姚本**曾无"故"字。 ⑤**姚本**"怒"，一作"恐"。 **鲍本**称故者，特为之。怒，苏子怒最。 ⑥**鲍本**怒最而反其所合。⑦**姚本**一作"全以"。 ⑧**鲍本**时齐与楚善，合齐则得与楚为与国，可至再世。产子，言易世也。与，党与也。补曰：刘辰翁云，"吏"字当作"更"，平声。 ⑨**鲍本**与最同合魏、赵，此厉本谋也，前皆游辞耳。故为，为周最。⑩**鲍本**补曰：最欲合赵、魏，而苏秦欲合齐，厉为最，故言若不发最之事，则君合齐，而最合赵、魏也。

谓周最曰仇赫之相宋

谓周最曰："仇赫[①]之相宋，将以观秦之应赵、宋[②]，败三国[③]。三国不败，将兴赵、宋合于东方[④]以孤秦。亦将观韩、魏之于齐也。不固，则将与宋败三国[⑤]，则卖赵[⑥]、宋于三国[⑦]。公何不令人谓韩、魏之王[⑧]曰：'欲秦、赵之相卖[⑨]乎？何不合周最兼相[⑩]，视之不可离[⑪]，则秦、赵必相卖以合于王也。'"

①**姚本**续：《史记》，机郝。 **鲍本**补曰："赫"，一本作"郝"。 ②**鲍本**绝句。 ③**鲍本**韩、魏、齐也。《魏纪》，哀二十一年，与韩、齐败秦函谷，盖此时秦欲败之，反为所败也。赧十八年。正曰："哀"当作"襄"，下同。"十八"当作"十七"，《年表》文，《大事记》从之。 ④**鲍本**即三国。 ⑤**鲍本**此应秦也。 ⑥**鲍本**"卖"下无"赵"字。○ 补曰：一本"则卖赵、宋"。⑦**鲍本**此应三国也。以国情输之曰卖。言赫不忠于宋，不应秦则应三国。以此知赫本非宋人。 ⑧**鲍本**韩襄、魏哀。 ⑨**鲍本**此卖犹欺。 ⑩**鲍本**使韩、魏皆相之。 ⑪**鲍本**视，示字。二国同相最，可见其交之固。补曰：离，去声。

为周最谓魏王

为周最谓魏王[①]曰："秦知赵之难与齐战也[②]，将恐齐、赵之合也，必阴劲[③]之。赵不敢战[④]，恐秦不已收[⑤]也，先合于齐。秦、赵争齐[⑥]，而王无人[⑦]焉，不可。王不去周最[⑧]，合与收齐[⑨]，而以兵之急[⑩]则伐齐，无因事[⑪]也。"[⑫]

① **鲍本**哀。正曰：襄。 ② **鲍本**难，言其不和。正曰：难，畏阻意。③ **姚本**曾、集改"劲"作"助"。 鲍本劲赵以兵，使之强。 ④ **鲍本**难先战。 ⑤ **鲍本**违其劲之之意。 ⑥ **鲍本**齐固秦所欲合，故其劲赵谓之阴劲。正曰：秦欲伐齐，赵欲合齐，故云"争齐"。 ⑦ **鲍本**无主其事与齐者。⑧ **鲍本**最时在魏，欲之齐，故此士为之言，使得去。 ⑨ **鲍本**与，即谓齐。齐，魏之与国。 ⑩ **鲍本**"之急"作"急之"，"急之"下重"急之"。○ 原作"之急"，急之以兵，则非合矣。 ⑪ **鲍本**"也"作"矣"。○ ⑫ **鲍本**言秦见齐有魏兵必伐之。有此有彼曰"因"，犹言无他事矣。齐败魏马陵，宜为魏雠，因此言"合与"，盖其国形宜相依也。正曰："而以"止"伐齐"句。因，犹依也。言今不合与收齐，而以秦兵之急则伐齐（下章秦欲合魏伐齐，可见），是无可依之事矣。

谓周最曰魏王以国与先生〔校一〕

〔校一〕此篇姚本与《为周最谓魏王》连篇，鲍本另列一篇。据文义，从鲍本。

谓周最曰："魏王[①]以国与先生[②]，贵[③]合于秦以伐齐。薛公[④]故主[⑤]，轻忘其薛，不顾其先君之丘墓[⑥]，而公独修虚信[⑦]为[⑧]茂[⑨]行，明群臣[⑩]据故主[⑪]，不与[⑫]伐齐者[⑬]，产以忿强秦[⑭]，不可。公不如谓魏王、薛公曰'请为王入齐，天下不能伤齐⑮。而有变⑯,臣请为救之⑰;无变,王遂伐之⑱。且臣⑲为齐奴⑳也,如累王之交于天下㉑,不可㉒。王为臣赐厚矣,臣入齐,则王亦无齐之累㉓也。'"㉔

① **鲍本**哀。正曰:昭。 ② **鲍本**以德齿尊称之也。与,谓相之。正曰:《孟子》注,学士年长者,谓之先生。 ③ **鲍本**贵,犹欲。 ④ **鲍本**田文。 ⑤ **鲍本**齐闵王也。最尝仕齐,故称之然。正曰:"故主"上恐缺一字。⑥ **鲍本**谓齐王、田文欲去国以避秦兵。正曰:此田文相魏时也,下文"谓魏王、薛公"可见。文激于祝弗、吕礼之故,劝秦伐齐。盖言文犹背齐,以起下文"最不与伐齐"之意。《大事记》,赧王二十九年,魏以田文为相,谓其去齐相魏,在齐灭宋之前。《史》在灭宋后,非。 ⑦ **鲍本**最本善齐,固不背齐。然今相魏,魏有以秦伐齐之形,犹为虚信。信,谓亲之。 ⑧ **姚本**曾,"为"下有"物"字。刘无。 ⑨ **鲍本**茂,盛美也。 ⑩ **鲍本**明,犹示也。臣,魏臣。 ⑪ **鲍本**据,仗持也,犹言为之。此言最在魏,示朝臣以为齐王,不欺之,此所谓"茂行"。正曰:"修虚信为茂行"句,"明群臣据故主"句。 ⑫ **鲍本**与,去音。正曰:与,如字,许也。 ⑬ **鲍本**"齐"下无"者"字。〇 ⑭ **鲍本**产,犹生也。魏欲伐齐,已独不与,犹生此节目也。违秦不伐齐,故秦忿。⑮ **鲍本**最之知略,足以全齐。 ⑯ **鲍本**万一有伤齐者。 ⑰ **鲍本**此则非虚信矣。 ⑱ **鲍本**伐秦。 ⑲ **鲍本**"臣"作"秦"。〇 ⑳ **鲍本**为,去音。言其为之如奴事主。 ㉑ **鲍本**累者,事相连及,犹误也。交,谓齐、魏。㉒ **鲍本**此言非人之情。 ㉓ **鲍本**此累,犹患。 ㉔ **鲍本**正曰:按《魏策》,周最入齐,秦王怒,令姚贾让魏王,魏王为之谓秦王曰,"魏之所以为王通天下者,以周最也。今最遁寡人入齐,齐无通于天下矣。敝邑之事,王亦无齐累矣"。最入齐,则正与此章相首尾。所谓"敝邑之事,王亦无齐累"语,又与此合。曰"请为王入齐,天下不能伤齐"者,最自许其足以全齐。"有变",谓秦伐齐,齐急则请魏之救;"无变",谓秦不能伐,则王遂伐之。此厚齐之说也。"且臣为齐奴"以下,以为魏言之。"为齐奴",为齐奴隶也。交,指秦

也。累，连及也。不可以最故，使魏恶于秦。王使最得入齐为赐厚矣。最入齐，则秦无疑于魏，是魏不为齐所累也。补曰："为王"、"为救"之"为"，去声。余如字。

赵取周之祭地

赵取周之祭地，周君患之，告于郑朝①。郑朝曰："君勿患也，臣请以三十金②复取之。"周君予之，郑朝献之赵太卜，因告以祭地事。及王病，使卜之。太卜谴之③曰："周之祭地为祟④。"赵乃还之。

① **鲍本**凡郑，皆郑人。 ② **鲍本**一斤为一金。正曰：《正义》云，秦以一镒为一金。孟康云，二十四两。《国语》注同。赵岐云，二十两。 ③ **鲍本**谴，谪问也。 ④ **鲍本**神祸也。

杜赫欲重景翠于周

杜赫①欲重景翠于周，谓周君曰："君之国小，尽君子②重宝珠玉以事诸侯，不可不察③也。譬之如张罗者，张于无鸟之所，则终日无所得矣；张于多鸟处，则又骇鸟④矣；必张于有鸟无鸟之际，然后能多得鸟矣。今君将施于大人，大人轻君；施于小人，小人无可以求，又费财焉⑤。君必施于今之穷士，不必且为大人者⑥，故能得欲矣。"⑦

① **鲍本**周人。正曰：《楚策》云，楚杜赫。 ② **鲍本**"子"作"之"。○**札记**今本"子"作"之"。 ③ **鲍本**国小，必赂以求援。不可胜赂，故宜察。④ **鲍本**多鸟处，有触罗者，傍鸟必觉，觉则群惊而去矣。 ⑤ **鲍本**均之，费财。而小人多，则多费也。 ⑥ **鲍本**不必，犹不可知也。言不终穷，或且为

大人者，此指翠也。 ⑦ **鲍本**《齐策》、《楚策》皆有杜赫。在齐则威王时，于周显王背也。自显、威至是八十年矣，疑“赫”字误。景翠实此时人。正曰：按《齐策》，田忌亡齐之楚，邹忌代相，恐其以楚权复齐，杜赫曰，“臣请为留楚”。忌出奔，实宣王时。宣王二年，忌有马陵之战，其奔必后此（《史》以为威王时者误，说见《齐策》）。《楚策》，五国伐秦，魏欲和，杜赫云云，在楚怀王十一年，当慎靓王三年。《大事记》据《韩世家》注，赧王三年，书楚景翠围韩雍氏。自宣王二年至赧王三年，为三十年。自慎靓王三年至此为七年。则翠之与赫，何不相及之有？

周共太子死〔校一〕

〔校一〕此篇鲍本列在《西周策》。

周共太子死①，有五庶子，皆爱之，而无适②立也。司马翦③谓楚王④曰：“何不封公子咎⑤，而为之请太子⑥？”左成⑦谓司马翦曰：“周君不听，是公之知困而交绝于周也。不如谓周君曰：‘孰欲立也？微告翦，翦今⑧楚王资⑨之以⑩地。’公若欲为太子⑪，因令人谓相国御展子⑫、廧⑬夫空曰：‘王类欲令若为之⑭，此健士⑮也，居中⑯不便⑰于相国⑱。’”相国令之为太子。⑲

① **姚本**续：《史记》，西周武公之共太子死。徐广云，惠王，公之长子。今乃编在《东周》。 **鲍本**《周纪》云，西周武公之共太子死。正曰：《策》原在《东周》，鲍据《周纪》改此，恐有误，而下注《周纪》之文，以存疑。 ② **鲍本**适，犹定也，故与莫反。正曰：适，专主也。 ③ **鲍本**司马，楚卿，疑即昭翦。 ④ **姚本**一本无“楚”字。 **鲍本**怀。 ⑤ **姚本**“咎”一作“右”。 **鲍本**周君别子。 ⑥ **鲍本**请于周，请立为太子。 ⑦ **姚本**“左”一作“右”。

鲍本楚人。正曰：此类当因旧注，凡有明征者可定。其生地不可考而仕国可见者，则当曰"某国臣"。《正义》注此正作"楚臣"。高注亦多作臣。后放此。 ⑧ **鲍本**"今"作"令"。〇 **札记**丕烈案：《史记》作"令"。 ⑨ **姚本**"资"一作"奉"。 ⑩ **鲍本**封之以为之资。 ⑪ **鲍本**此左成告翦之辞。为，皆去音，犹助也。 ⑫ **鲍本**楚相之御，姓展。 ⑬ **鲍本**"廧"，"啬"字同，小臣也，空其名。 ⑭ **鲍本**王，楚王。类，犹似。若，汝也。言楚王之意然。 ⑮ **鲍本**此亦左成喻翦之言。健，犹悍也。正曰：此亦成作翦语，语展子者。 ⑯ **鲍本**国中。 ⑰ **姚本**"便"，刘作"使"。曾云，恐作"便"。 ⑱ **鲍本**二士居中与国事，以其悍，故相国不之便；若出而使周，则不居中用事，相国之所欲也。故以此说之，相国必从。 ⑲ **鲍本**此《策》，《周纪》有。原在《东周》。正曰：见上。补曰："共"，"恭"同。适，丁历反。咎，音皋。

三国隘秦

三国隘秦[①]，周令其相之秦，以秦之轻[②]也，留其行[③]。有人谓相国曰："秦之轻重，未可知也。秦欲知三[④]国之情，公不如遂见秦王[⑤]曰：'请谓[⑥]王听东方之处[⑦]。'秦必重公。是公重周，重周[⑧]以取秦也[⑨]。齐重故有周[⑩]，而已取齐[⑪]，是周常不失重[⑫]国之交也。"

① **鲍本**赧十八年，注见前。隘，谓隔绝之。正曰："八"当作"七"。补曰：《策》"隘"、"厄"字通。此当乙革反。 ② **鲍本**见其隘于三国。 ③ **鲍本**不进。 ④ **姚本**曾、集、刘、钱作"亡"。 ⑤ **鲍本**昭王。 ⑥ **鲍本**"谓"作"为"。〇 **札记**丕烈案：《史记》作"为"。 ⑦ **鲍本**听，侦候之。东，三国也。处，其所为。 ⑧ **鲍本**衍"重周"二字。 **札记**丕烈案：鲍衍非也。此有脱误。 ⑨ **鲍本**秦重相，则周重矣。 ⑩ **鲍本**齐重，天下重之也。故，犹旧也。有，言善之。 ⑪ **鲍本**此时秦、齐为天下重，已善秦，不可忽齐，故又劝之取齐。正曰：有，谓收已也。取，谓得于彼也。齐为重国，故能

收有周，而周已取之矣。今复取秦，是周常不失重国之交。 ⑫ **鲍本**补曰：凡“轻重”字，自然重者，上声，重之者，去声。此章“轻重”、“齐重”、“重国”之“重”，上声。余去声。

昌他亡西周

昌[①]他亡西周[②]，之东周，尽输[③]西周之情于东周。东周大喜，西周大怒。冯且[④]曰：“臣能杀之。”君予金三十斤。冯且使人操金与书，间遗昌他书[⑤]曰：“告昌他，事可成，勉成之；不可成，亟[⑥]亡来亡来[⑦]。事久且泄，自令身死[⑧]。”因使人告东周之候[⑨]曰：“今夕有奸人当入者矣。”候得而献东周[⑩]，东周立杀昌他。

① **鲍本**“昌”作“宫”。〇 元作“昌”，下同。此书作“宫”，不一。正曰：且当依本文。 ② **鲍本**以罪去国曰亡。 ③ **鲍本**输，言委以告之。 ④ **鲍本**“且”作“雎”。〇 元作“且”，“雎”之省也，犹“赵”作“肖”，“齐”作“立”。故后唐且，《史》作“雎”。裴骃亦曰，“唐雎以华颠悟秦也”。此西人，下同。正曰：且当依本文。 **札记**今本“且”作“雎”，下同，乃误涉鲍也。 ⑤ **鲍本**“昌他”下无“书”字。〇 为反间书以遗之。 **札记**今本无“书”字，改“昌”为“宫”，乃误涉鲍也。 ⑥ **鲍本**亟，急也。 ⑦ **姚本**一本止一“亡来”字。 ⑧ **鲍本**事泄露则死，而不亟来，自取之也。正曰：本文明白，注少“久”字，似不必。 ⑨ **鲍本**侦候之吏。扬雄曰，“西北一候”。 ⑩ **鲍本**得其人与书。

昭翦与东周恶

昭翦与东周恶，或谓照[①]翦曰：“为公画阴[②]计。”照翦曰：“何也？”“西[③]周甚憎东周，尝[④]欲东周与楚恶，西周必令贼贼公，因宣[5]言东周也，以西周[6]之于王[7]也。"照翦曰："善。吾又恐东周之贼己[8]而以轻西周恶之于楚[9]。"遽和东周。[10]

① **鲍本**"照"作"昭"，下同。○ **札记**今本"照"作"昭"。丕烈案："昭"字是也。 ② **鲍本**为人谋者，画之以筹。 ③ **鲍本**"西"上补"曰"字。○正曰：古书多如此，不必补。 ④ **鲍本**"尝"作"常"。○ 补曰：当作"常"，古通。 ⑤ **鲍本**《集韵》，宣扬也。 ⑥ **鲍本**"西周"作"以恶"。○ 补曰：字有讹，未详。 ⑦ **鲍本**王，楚怀王。 ⑧ **鲍本**此翦自计。 ⑨ **鲍本**翦恶东必善西，西善翦，则楚亦因重西矣。东欲坏其交，故贼翦，翦死则西无内主于楚，东因得使楚恶之。 ⑩ **鲍本**彪谓：周衰，君臣唯贪利而畏祸，故一切趋避变乱于游谈之口，而无有持操。翦之虑死如此，其能复固其所守乎？

严氏为贼〔校一〕

〔校一〕此篇鲍本列在《西周策》。

严氏为贼，而阳竖[1]与焉。道周[2]，周君留之十四日，载以乘车驷马[3]而遣之。韩使人让[4]周，周君患之。客谓周君[5]曰："正语之曰：'寡人[6]知严氏之为贼，而阳竖与之，故留之十四日以待命[7]也。小国不足亦[8]以容贼，君之使又不至，是以遣之也。'"[9]

① **姚本**曾，一作"竖"。 **鲍本**严仲杀韩相傀，列侯三年，书杀侠累是也。杀人不以道曰贼。于此为五年。正曰：《韩策》，阳坚，此作"竖"，字有讹。《索隐》曰，《纪年》，韩山坚贼其君哀侯。韩山坚即韩严，非严遂使聂政杀侠累事也。说见上及《韩策》。《鸿烈・人间训》注，竖，小使也。《韩策》

名“坚”。 ② **鲍本**出亡过周。 ③ **鲍本**乘，四马也。一车驾四马，所谓驷马车。 ④ **鲍本**让，谯责也。然则此时周之令已不行于诸侯矣。正曰：此东周君也。《策》文明曰“小国”。 ⑤ **鲍本**“客谓周君曰”作“客谓周君正语之曰”。〇 使以留之之情告之。补曰：一本“客谓周君曰正语之”。“正”，犹直也。 ⑥ **鲍本**孤寡不穀，王侯之称。 ⑦ **鲍本**待韩之命。 ⑧ **鲍本**“足”下衍“亦”字。〇 补曰：疑在“不”字上。一本无。 **札记**今本无“亦”字，乃误涉鲍也，鲍衍“亦”字。 ⑨ **鲍本**原在《东周策》，时周未分也。彪谓：客之辩虽足以文周，而周君实为天下逋逃主，所谓欲盖而彰者，何以示天下乎！正曰：考其时则烈王五年，王都东周，若以王都为尊，则旧卷首东周是矣。

战国策卷二

西　周

鲍本西周　《汉志》，河南、洛阳、谷城、平阴、偃师、巩、缑氏，皆周地也。正曰：按《大事记》，周贞定王二十八年考王初立，封其弟揭于河南，是为河南桓公。河南即郏鄏。武王迁九鼎，周公营以为都，是为王城。洛阳，周公所营下都，以迁顽民，是为成周。平王东迁，定都王城。王子朝之乱，敬王徙都成周。至是考王以王城故地封桓公焉。平王东迁之后，所谓西周者，丰镐也；东周者，东都也。威烈王以后，所谓西周者，河南也；东周者，洛阳也。何以称河南为西周？自洛阳下都视王城，则在西也。何以称洛阳为东周？自河南王城视下都，则在东也。河南桓公卒，子威公立。威公卒，子惠公立。考王十五年，河南惠公复自封其少子班于巩以奉王，号东周，没亦谥惠。是时东、西周虽未分治，河南惠公既号奉王者为东周，亦必自号西周矣。显王二年，赵与韩分周为二，于是东西各为列国。显王虽在东周，特建空名。是后史传所载致伯赐胙之类，周王也。征伐谋策称东、西周君者，皆谓二周也。《周本纪》云，赧王时，东、西周分治，非也。赧王特徙都西周耳，当以《赵世家》为正(以上并《大事记》文)。按高诱注，西周王城，今河南；东周成周，今洛阳。《世本》云，西周桓公名揭，居河南；东周惠公名班，居洛阳。及《索隐》、《正义》所载甚详。独邵子《经世书》纪赧王为西周君，与东周惠公并，而不纪西周公，仍旧误也。鲍考之不精，即以西周为王，谓之正统，谓东不得先于西，乱易旧次，此开卷第一缪。近时陈振孙《书录》，特举其首西周为美，亦失考，所当改正从旧。又考《春秋》，书王城、成周。《公羊传》曰，王城者何？西周也；成周者何？东周也。说亦甚明。昭二十六年，天王入于成周。《左传》以十二月入王城，三十二年，城成周。盖敬王定迁，在既城之后，而孙莘老、胡康侯皆以成周即京师，亦未考王城、成周之实，而误合为一也。要之，此文古今说者，多以迷瞀致误。故《大事记》辨之甚详，且实因鲍氏而发。近有著《东西周辨》者，其说亦然，而不引吕子，岂未之见邪？徐广云，周地亡，凡七县，河南止缑氏。此是合东、西周地言之。今总注，盖因正统之说而误者。

薛公以齐为韩魏攻楚

薛公① 以齐为韩、魏攻楚②，又与韩、魏攻秦③，而藉兵乞食于西周④。韩庆⑤ 为西周⑥ 谓薛公曰："君以齐为韩、魏攻楚，九年而⑦ 取宛、叶⑧ 以北以⑨ 强韩、魏，今又攻秦以益之⑩。韩、魏南无楚忧，西无秦患，则地广而益重⑪，齐必轻矣⑫。夫本末更⑬ 盛，虚实有时⑭，窃为君危之⑮。君不如令弊邑⑯ 阴合于⑰ 秦而君无攻⑱，又无藉兵乞食⑲。君临函谷而无攻⑳，令弊邑以君之情㉑ 谓秦王㉒ 曰：'薛公必㉓ 破秦以张㉔ 韩、魏，所以进兵者，欲王令楚割东国以与齐也㉕。'秦王出楚王以为和㉖，君令弊邑以此忠㉗ 秦，秦得无破㉘，而以楚之东国㉙ 自免也，必欲之。楚王出，必德齐㉚，齐得东国而益强㉛，而薛世世无患。秦不大弱㉜，而处之三晋之西㉝，三晋必重齐㉞。"薛公曰："善。"因令韩庆入秦，而使三国无攻秦，而使不藉兵乞食于西周。㉟

① **姚本**薛，齐邑也。齐公子田婴也，孟尝君田文之父也。封于薛，号靖郭毛君，今属鲁国也。　**鲍本**靖郭君田婴之子孟尝君田文也。袭其父封薛。薛属鲁国。　② **鲍本**楚怀二十六年，齐、韩、魏攻楚，此十二年也。③ **鲍本**齐闵二十六年为韩、魏攻秦，此十七年也。正曰：此据《史》。按《通鉴》、《大事记》，赧王二年，当闵王元年。此当作十六年。　④ **姚本**食，粮

也。 **鲍本**藉，犹借。 ⑤ **姚本**韩庆，西周臣也。 **鲍本**凡韩皆韩人，其在周，去韩仕周也。凡非本国人，皆自其国求仕者也。 ⑥ **姚本**续：《史记》，苏代为西周。 ⑦ **鲍本**“年”下无“而”字。〇 “九”字误，当云“六”或“五”。 ⑧ **鲍本**二县属南阳。补曰：宛，於袁反，邓州县。叶，舒涉反，汝州县。 ⑨ **鲍本**“以”作“为”。〇 补曰：一本“而取宛、叶以北以强韩、魏”。 **札记**丕烈案：《史记》作“以”，无“而”字。 ⑩ **姚本**益韩、魏之强也。 **鲍本**益其强。 ⑪ **姚本**广，多也。重，尊也。 ⑫ **姚本**益韩、魏，韩、魏重而齐轻也。 ⑬ **鲍本**更，犹迭。 ⑭ **鲍本**言不可常。 ⑮ **姚本**谓薛公。危，不安也。 **鲍本**并言齐、薛，今虽善韩、魏复或为患。 ⑯ **鲍本**周也。 ⑰ **姚本**阴，私也。 **鲍本**“于”作“为”。〇 **札记**丕烈案：《史记》作“于”。 ⑱ **姚本**无攻秦也。 **鲍本**但出兵临秦，不用攻也。 ⑲ **姚本**勿示秦以少兵少粮也。 **鲍本**勿示秦以弱。 ⑳ **姚本**临，犹守也。函谷，关名也，在弘农城北，今在新安东。无攻秦。 **鲍本**临，言以兵至其地。补曰：《正义》云，陕州桃林县西南有洪溜涧，古函谷也。今属灵宝县。 ㉑ **鲍本**心所欲也。 ㉒ **鲍本**昭襄。 ㉓ **鲍本**“必”下补“不”字。〇 补曰：《史》，下有“不”字，是。 ㉔ **姚本**张，强也。 **鲍本**张，去音，大之也。 ㉕ **鲍本**“也”作“而”。〇 补曰：《史》作“而”。楚之东地，即《楚策》“下东国”云。 ㉖ **姚本**出，归也。是时张仪诱楚怀王令召秦，秦使质之，故曰归楚王以为和。 **鲍本**怀。楚怀三十年，张仪诱楚王会秦，秦留之。此十六年也。 ㉗ **鲍本**“忠”作“患”。〇 **札记**今本“忠”作“惠”，鲍本作“患”。丕烈案：《史记》作“惠”。 ㉘ **鲍本**“破”作“攻”。〇 秦得无攻，周之力也。 **札记**丕烈案：《史记》作“破”。“破秦”，上文有。鲍改误甚。 ㉙ **姚本**楚东国，近齐南境者也。 ㉚ **鲍本**齐出之，齐之恩也。 ㉛ **姚本**恩德齐，使得归，楚王必以东国与齐也。 ㉜ **鲍本**无三国之兵故。 ㉝ **姚本**三晋，晋三卿韩氏、魏氏、赵氏分晋而君之，故曰三晋也。 ㉞ **鲍本**秦居晋西，不弱而善齐，三晋畏秦，故齐重。 ㉟ **鲍本**《孟尝传》有。今按《楚记》，三国攻楚，秦救之，引去。与此言取宛、叶小驳。正曰：《大事记》，颍滨苏氏云，秦昭王欺楚怀王，要之割地。诸侯孰视，无敢一言问秦者。惟田文怨秦，借楚为名，与韩、魏伐秦，自山东难秦，未有若此其壮者也。惜其听苏代之计，临函谷而无攻，以求楚东国，而名义索然以尽。由此观之，秦惟不遇桓、文之君，故横行而莫之制，世岂有以大义而屈于不义者哉？　“为强”、“为和”之“为”，如字，余去声。

秦攻魏将犀武军于伊阙

秦攻魏将犀武军于伊阙①，进兵而攻周②。为周最谓李兑③曰：“君不如禁④秦之攻周。赵之上计，莫如令秦、魏复战⑤。今秦攻周而得⑥之，则众必多伤矣。秦欲待⑦周之得，必不攻魏；秦若攻周而不得，前有胜魏之劳，后有攻周之败，又必不攻魏。今君禁之，而秦未与魏讲⑧也。而⑨全赵令其止，必不敢不听，是君却⑩秦而定周也。秦去周，必复攻魏，魏不能支⑪，必因君而讲⑫，则君⑬重矣。若魏不讲，而疾支之，是君存周而战秦、魏也。重亦尽在赵。”

① **鲍本**《唐志》，为县，属河南。注，北有伊阙故关。此役秦昭十四年，此二十二年。补曰：《正义》云，《水经注》，禹疏龙门以通水，两山相对若阙，故谓之伊阙。今洛南犹谓之龙门也。诸本“犀”作“犀”，当正。　**札记**丕烈案：“犀”即“犀”别体耳。后《策》文杀犀武，《史记》作“仆师武”，《集解》引此作“犀师”。“犀”者，声之转也。　② **姚本**秦攻魏将犀武军于伊阙，秦遂进攻周。伊阙，在洛阳西南六十里，禹所辟也，水所由此流入于洛川也。③ **姚本**李兑，赵将也。　**鲍本**赵司寇。　④ **姚本**禁，止也。　⑤ **鲍本**赵，魏邻也。魏有秦兵，则赵无事。　⑥ **鲍本**得，犹胜。正曰：得其土地人民也。　⑦ **鲍本**“待”作“持”。○　补曰：字有讹。　**札记**今本“待”作“持”。⑧ **姚本**讲，和也。一曰“战”。　**鲍本**讲，和解也。补曰：《史·甘茂传》《索隐》云，邹氏“讲”读曰“媾”。又曰《汉》、《史》“媾”、“讲”两字常杂。愚按，

"搆"、"构"、"购"(《韩世家》有)亦然。今凡为和解之义者,定读从"媾";为交结之义者,字当从"扌"。后放此。 ⑨ **姚本**曾,一作"攻",刘作"而"。⑩ **鲍本**却,犹退。 ⑪ **鲍本**支,犹拒。 ⑫ **鲍本**与秦和也。 ⑬ **姚本**君,谓李兑也。 **鲍本**凡言重,皆制人而不制于人者也。

秦令樗里疾以车百乘入周

秦令樗里疾[①]以车百乘入周,周君迎之以卒[②],甚敬[③]。楚王[④]怒,让周,以其重秦客[⑤]。游腾[⑥]谓楚王曰:"昔智伯欲伐厹由[⑦],遗之大钟,载以广[⑧]车,因随入以兵,厹由卒亡,无备故[⑨]也。桓公伐蔡[⑩]也,号[⑪]言伐楚,其实袭[⑫]蔡。今秦者[⑬],虎狼之国也[⑭],兼有吞[⑮]周之意;使樗里疾以车百乘入周,周君惧焉,以蔡、厹由戒[⑯]之,故使长兵在前[⑰],强弩在后,名曰卫[⑱]疾,而实囚之也[⑲]。周君岂能无爱国哉?恐一日之亡国[⑳],而忧大王[㉑]。"楚王乃悦。[㉒]

① **姚本**疾,秦公子名也。其里有大樗树,因号樗里子也。 **鲍本**秦惠王弟。其居在渭南阴乡樗里,故号樗里子。后相武王。 ② **姚本**百人为卒。 ③ **姚本**甚敬,敬樗里疾也。 ④ **姚本**楚王,怀王也。一曰顷襄王之子,怀王之孙也。 ⑤ **姚本**怒周敬重秦客,故责让之也。 **鲍本**谓疾。⑥ **姚本**续:《后语》,游胜。游腾,周臣也。 **鲍本**周人。正曰:高注作"臣"。 ⑦ **姚本**智伯,晋卿智襄子孙也。厹由,狄国,或作仇首也。 **鲍本**夷国,属临淮。《汉志》,"由"作"犹"。又《九域图》,并州有仇犹城,引此。正曰:高注狄国。《括地志》云,并州盂县外城,俗名原仇山。《史·樗里传》作"仇犹",《韩子》"仇繇",《吕春秋》、《刘外纪》"夙繇"。高注"或作仇首"。《汉志》,临淮,乃泗之连水。罗氏《路史》谓,非智伯所伐者。厹,音求,字又作"厹"、"叴"。 **札记**丕烈案:"夙"是"厹"形近之讹。"厹"、"仇"同字。

⑧ **姚本**广大车也。 **鲍本**欲开道也。 ⑨ **姚本**厹由贪大钟之赂，开道至晋以受钟，智伯随入兵伐而取之也。 **鲍本**受其钟，不防以兵。 ⑩ **姚本**桓归蔡姬，未绝；蔡人嫁之，故伐蔡也。不欲令蔡知，故诈言诛楚也。 **鲍本**僖三年，蔡姬沈舟荡公，公怒，归之，未绝也。蔡嫁之，故伐之。蔡，蔡叔度所封，属汝南，后徙封下蔡。 ⑪ **鲍本**号，声言也。以伐楚号众。 ⑫ **鲍本**无钟鼓曰袭。正曰：此据《左氏》说。陆氏《纂例》，掩其不备曰袭。 ⑬ **鲍本**"秦"下无"者"字。○ **札记**丕烈案：《史记》无。 ⑭ **姚本**秦欲吞灭诸侯，故谓虎狼国也。 **鲍本**喻其贪残。 ⑮ **姚本**吞，灭也。 **札记**丕烈案：《史记》无。 ⑯ **姚本**戒，以二国为戒也。 **鲍本**"戒"作"惑"。○一本"戒之"。 **札记**丕烈案：《史记》作"以仇犹、蔡观焉"，与《策》文不同。 ⑰ **鲍本**戈矛之属。 ⑱ **鲍本**卫，行列为护也。 ⑲ **鲍本**"之"下无"也"字。○ 补曰：一本有"也"字。 **札记**丕烈案：《史记》无。 ⑳ **姚本**钱、刘一无"国"字。 **鲍本**恐秦亡之。 ㉑ **姚本**恐不敬其使，一日之中以灭亡国，而为大王忧也。 **鲍本**为楚王忧。 ㉒ **鲍本**补曰：《樗里传》有。

雍氏之役

雍氏之役[①]，韩征甲与粟于周[②]。周君患之，告苏代[③]。苏代曰："何患[④]焉？代能为君令韩不征甲与粟于周，又能为君得高都[⑤]。"周君大悦曰："子苟能，寡人请以国听[⑥]。"苏代遂往见韩相国公中[⑦]曰："公不闻楚计乎？昭应[⑧]谓楚王[⑨]曰：'韩氏罢[⑩]于兵，仓廪空，无以守城，吾收[⑪]之以饥，不过一月必拔之。'今围雍氏五月不能拔[⑫]，是楚病也[⑬]。楚王始不信昭应之计矣，今公乃征甲及粟于周，此告[⑭]楚病也。昭应闻此，必劝楚王益兵守雍氏，雍氏必拔。"公中曰："善。然吾使者已行矣。"代曰："公何不以高都与周。"公中怒曰："吾无征甲与粟于周，亦已多矣。何为与高都？"代曰："与之高都，则周必折[15]而入于韩，秦闻之必大怒，而焚周之节[16]，不通其使，是公以弊高都得完周也，何不与也？”公中曰：“善。”不征甲与粟于周而与高都，楚卒不拔雍氏而去。[17]

① **姚本**雍，韩别邑也。楚攻韩，围雍氏，故曰役。役，事也。　**鲍本**《周纪》注，阳翟有雍氏城。《韩纪》注，赧王三年、十五年，楚再围雍氏。此十五年也。　② **姚本**韩召兵及粮于周也。　**鲍本**征，犹索。　③ **姚本**苏代，苏秦兄也。　**鲍本**秦之弟，洛阳人。　④ **姚本**患，忧。　⑤ **姚本**高都，韩邑。今属上党。　**鲍本**属上党。正曰：《水经》云，伊水径郏邮亭，又北径高都。杜预云，河南新城有郏邮亭。《括地志》云，高都故城在洛州伊阙县北。京相璠云，非在上党者。　⑥ **姚本**听，从也。　**鲍本**以国事从之。　⑦ **姚本**公中，韩公侈，为相国也。　**鲍本**“中”作“仲”。○　韩公族。正曰：古“仲”字省。补曰：《索隐》云，公仲侈。裴骃云，相国，秦官。韩亦有相国，仿秦也。　⑧ **姚本**昭应，楚将也。　**鲍本**昭、屈、景皆楚之族姓。　⑨ **鲍本**怀王。　⑩ **鲍本**“罢”，“疲”同，劳也。　⑪ **鲍本**“收”作“攻”。○　补曰：一本“收之”。　⑫ **鲍本**得城曰拔，如拔物然。　⑬ **姚本**病，困也。　⑭ **鲍本**犹以饥疲告之。　⑮ **姚本**折，屈也。　**鲍本**入，犹归。　⑯ **姚本**节，符信也。　**鲍本**节，符信也，行者所执。焚之者，不通周也。《周官》，通达于天下必有节，无节则不达。　⑰ **鲍本**《纪》有而略，周君为东周。补曰：《正义》，雍，於恭反。

周君之秦

周君之秦。谓周最[1]曰：“不如誉秦王[2]之孝也，因以应为太后养地[3]。秦王、太后必喜，是公有秦也[4]。交善[5]，周君必以为公[6]功；交恶，劝周君入秦者，必有罪矣。”[7]

① **姚本**谓，有人谓周最，姓名不见也。最，周公子也。　**鲍本**最时从王。　② **鲍本**秦昭。　③ **姚本**原，周邑也。太后，秦昭王母也。　**鲍本**"应"作"原"。○　补曰：《史》同。徐注，颍川父城县应乡。　**札记**今本"应"作"原"。丕烈案：《史记》作"应"。考《索隐》云，案《战国策》作"原"。原，周地。小司马依高注为说，则作"原"为是，因《史记》而讹为"应"也。吴氏引姚本云《史》同，失考《索隐》耳。　④ **鲍本**有，言得其意。　⑤ **鲍本**周、秦之交。　⑥ **姚本**公，周最也。　⑦ **鲍本**《纪》四十五年有。

苏厉谓周君

苏厉①谓周君曰："败韩、魏，杀犀武②，攻赵，取蔺、离石、祁者，皆白起③。是攻用兵，又有天命④也。今攻梁⑤，梁必破，破则周危，君不若止之。谓白起曰：'楚有养由基者，善射⑥；去柳叶者百步而射之，百发⑦百中。左右皆曰善。有一人过曰，善射，可教射也⑧矣。养由基曰，人皆⑨善⑩，子乃曰可教射，子何不代我射之也。客曰，我不能教子支左屈右⑪。夫射柳叶者，百发百中，而不已善息⑫，少焉气力倦，弓拨矢钩⑬，一发不中，前功尽⑭矣。今公破韩、魏，杀犀武，而北攻赵，取蔺、离石、祁者，公也。公之功甚多。今公又以秦兵出塞，过⑮两周，践⑯韩而以攻梁，一攻而不得，前功尽灭⑰，公不若称病不出也。'"⑱

① **鲍本**亦秦之弟。　② **姚本**犀武，魏将。　③ **姚本**白起，秦将也。杀犀武于伊阙。蔺、石，本属西河；祁，本属太原也。　④ **姚本**是，实也；攻，巧玄也。白起用兵，又有天命之助也。　**鲍本**攻，功字，言善巧也。正曰："攻"、"工"字通借。　⑤ **鲍本**魏都。　⑥ **姚本**养，姓；由基，名。楚善射人也。　**鲍本**楚共王将。　⑦ **鲍本**发，发矢。　⑧ **姚本**集、刘、钱无"也"字。

鲍本意欲其息。 ⑨ **姚本**刘、钱下有“曰”字。 ⑩ **鲍本**善，善我。 ⑪ **姚本**支左屈右，善射法也。 **鲍本**支，去竹之支也。盖取其直左右臂。正曰：《列女传》云，左手如拒，右手如附枝，右手发之，左手不知，此射之道也。 ⑫ **姚本**“已”，钱、刘作“以”。 **鲍本**“已”作“以”。○ 百中善也，此时宜息。 **札记**丕烈案：《史记》作“以”。 ⑬ **鲍本**“钩”作“拘”。○ 补曰：“拘”有钩音，古或通。 **札记**丕烈案：“拘”当是。此亦因《史记》而讹为“钩”耳。 ⑭ **鲍本**尽，犹灭。 ⑮ **姚本**曾一作“周”，集、刘作“过”。 ⑯ **鲍本**践，履也，犹过。 ⑰ **姚本**灭，没也。 ⑱ **鲍本**《周纪》三十四年有。补曰：“射之”、“射柳”之“射”，食亦反。

楚兵在山南

楚兵在山南①，吾得②将为楚王③属怒④于周。或谓周君曰：“不如令太子将军正迎吾得于境⑤，而君自郊迎，令天下皆知君⑥之重吾得也。因泄⑦之楚，曰：‘周君所以事吾得者器，必⑧名曰谋⑨楚。’王必求之⑩，而吾得无效也⑪，王必罪之⑫。”

① **姚本**在周之山南也。 **鲍本**山，吴岳，属扶风。《礼》所谓岳山也。正曰：岍山，秦地，非此所指。 ② **姚本**吾得，楚将也。“吾”当为“五”，楚五将者也。 **鲍本**“吾”作“伍”。○ 补曰：“吾”字讹，当作“伍”。 **札记**丕烈案：鲍改吴补皆非，高注可证。 ③ **鲍本**顷襄。 ④ **鲍本**“怒”作“怨”。○ 属，连也，犹结。 ⑤ **姚本**或，犹有人谓周君也。使太子与军正于境迎吾得也。 **鲍本**周太子也。将，去音。军正，犹卒正，军之率也。正曰：此谓将军而正迎也。《史穰且传》“军正”无注。 ⑥ **鲍本**“君”作“军”。○ ⑦ **姚本**泄，犹使楚闻之也。 **鲍本**微漏其言，使楚知之。 ⑧ **姚本**一无“必”字。 ⑨ **姚本**曾、集作“谋”，钱、刘作“某”。 **鲍本**此以间得于楚，言与得之器，其款识云然。 ⑩ **鲍本**楚王。 ⑪ **姚本**效，致也。 **鲍本**得实

未尝得器，故无以效。 ⑫ **鲍本**以其欺也。彪谓：此谋虽不出于正，而免国于难可也。正曰：鲍以此为尊周，缪矣。

楚请道于二周之间

楚请道于二周之间①，以临②韩、魏，周君患之。苏秦③谓④周君曰："除道属⑤之于河⑥，韩、魏必恶⑦之。齐、秦恐楚之取九鼎也⑧，必救韩、魏而攻楚。楚不能守方城之外⑨，安能道二周之间。若四国⑩弗恶，君虽不欲与⑪也，楚必将自取之矣。"

① **鲍本**以假道请。 ② **姚本**临，犹伐也。 ③ **鲍本**"秦"作"子"。○秦字季子，洛阳人，其死时，东、西周未分，此当为代若厉，诸如此处不一。正曰：东、西周见前。《史》不曰苏秦东周洛阳人乎？ ④ **姚本**曾一作"调"。集、刘作"谓"。 ⑤ **姚本**属，犹至也，通也。 **鲍本**除，去秽也。⑥ **鲍本**《夏纪》注，河出金城、积石。盖道行两周之间，使楚所假连及之。正曰：河，东过洛、汭，在巩县东，洛邑北望有河。 ⑦ **鲍本**恶楚。 ⑧ **鲍本**道广可以出鼎。 ⑨ **姚本**方城，楚塞也。外，北也。 ⑩ **姚本**四国，齐、秦、韩、魏也。 ⑪ **鲍本**与之道。正曰：谓鼎也。

司寇布为周最谓周君

司寇布①为周最谓周君曰："君使人告齐王以周最不肯为太子也②，臣为君不取也。函冶氏为齐太公③买良剑，公不知善，归其剑而责之金。越人请买之千金，折而不卖④。将死，而属⑤其子⑥曰：'必无独知⑦。'今君之使最为太子⑧，独知之契⑨也，天下未有信之者也。臣恐齐王之为君实立果⑩而让⑪之于最，以嫁之齐也⑫。君为多巧⑬，最为多诈⑭，君何不买信货哉[15]？奉养无有爱[16]于最也，使天下见之”。[17]

① **姚本**布，周臣也。 **鲍本**司寇，周官，布其名。 ② **鲍本**闵王善最，欲其为太子，以赂进之。最时让立，周以最不肯立告齐。正曰：闵王说见前章，此并无据。 ③ **姚本**齐太公，田常孙田和也，始代吕氏为齐侯，号曰太公。函，姓；冶，官名也。因以为氏。知铸冶，晓铁理，能相剑。太公不知其剑善，故归之而责其买剑金。 ④ **姚本**虽愿千金，犹未尽其本价也，故折其（钱、刘下有“剑”字），不卖与越人也。 **鲍本**折，折剑。正曰：高注云，“虽千金，犹未尽其本价，故折其钱而不卖”。则“折”作“折阙”义，若作“断折”，则于下文不通。 ⑤ **鲍本**“属”，“嘱”同。《集韵》，托辞。 ⑥ **姚本**函冶氏属其子曰。 ⑦ **姚本**必无以语人，独知其利。 **鲍本**无以告人，自知其良。正曰：因高注。愚意，“必无独知”当作一句，言凡有售，必使众知其良，不可独知也。 ⑧ **鲍本**周虽以最不肯立告齐，犹欲立之，特未定耳。 ⑨ **鲍本**契，约也。当两知之，今则独。补曰：《礼记》“右契”注，一书两札，同而别之。 ⑩ **姚本**果，周太子也。 **鲍本**“为”作“谓”。○ 补曰：《策》“为”、“谓”通借，此当作“谓”。亦周子也。 **札记**丕烈案：“谓”、“为”非通借，乃写者乱之，后仿此。 ⑪ **鲍本**让，饰说也。 ⑫ **姚本**嫁，卖。 **鲍本**“之”下补“于”字，“齐”下无“也”字。○ 言欺齐。 ⑬ **鲍本**巧，犹诈。 ⑭ **鲍本**心欲之而言不肯。 ⑮ **鲍本**可信之货，非独知也。 ⑯ **鲍本**爱，犹吝。 ⑰ **鲍本**然则立最信矣。从《周纪》，皆当为楚王。正曰：使众见之而信最之当立。从《周纪》改楚，非。补曰：“为周”、“为君”、“为齐”之“为”，去声。

秦召周君

秦召周君，周君难往[1]。或为周君谓魏王[2]曰：“秦召周君，将以使攻魏之南阳[3]。王何不出[4]于河南[5]？周君闻之，将以为辞于秦而不往[6]。周君不入秦，秦必不敢越[7]河而攻南阳。”

① **鲍本**意不欲往。 ② **姚本**《史记》作韩王。 **鲍本**安釐。正曰：无考。 ③ **姚本**南阳，魏邑也。 ④ **鲍本**“出”下有“兵”字。○ **札记**丕烈案：《史记》有。 ⑤ **姚本**《史记》作南阳。 **鲍本**河南，洛阳也。时未为郡，言河之南耳。正曰：河南即西周郏鄏。考王封弟河南，其名久矣。⑥ **姚本**以魏兵在河南为辞，不往诣秦也。 ⑦ **鲍本**越，度也。

犀武败于伊阙

犀武败于伊阙，周君之魏求救[①]，魏王[②]以上党之急辞之[③]。周君反，见梁囿而乐之也[④]。綦母恢[⑤]谓周君曰：“温囿不下此[⑥]，而又近[⑦]。臣能为君[⑧]取之。”反见魏王，王曰：“周君怨寡人乎?”对曰：“不怨。且谁怨王？臣为王有患[⑨]也。周君，谋主也[⑩]。而设以国为王[⑪]捍[⑫]秦，而王无之捍也[⑬]。臣见其必以国事秦也，秦悉塞外之兵，与周之众，以攻南阳[⑭]，而两上党绝矣[⑮]。”魏王曰：“然则奈何?”綦母恢曰：“周君形不小利，事秦而好小利[⑯]。今王许戍[⑰]三万人与温囿，周君得以为辞于父兄百姓[⑱]，而利温囿以为乐[⑲]，必不合于秦。臣尝闻温囿之利，岁八十金[⑳]，周君得温囿，其以事王者，岁百二十金[㉑]，是上党每[㉒]患[㉓]而赢四十金[㉔]。”魏王因使孟卯[㉕]致温囿于周君而许之戍[㉖]也。[㉗]

① **姚本**秦将白起败魏将犀武于伊阙，遂进攻，周君故求救于魏也。**鲍本**补曰：《大事记》，秦怒东周助韩、魏，故攻之。按《策》文当作西周。② **鲍本**昭。 ③ **姚本**故不救周。 **鲍本**意者有赵或韩兵也。正曰：赵兵无考。周、韩、魏共伐秦，此时韩、魏必和。 ④ **姚本**梁，魏惠王之都也。畜禽曰苑囿，有林池曰园也。 **鲍本**陈留浚仪注，魏惠王自安邑徙大梁，有林池曰囿。正曰：囿者，蕃育鸟兽之所。 ⑤ **姚本**綦母恢，周臣也。 ⑥ **姚**

本温囿，今在河内，是时属魏。下，犹减也。此，□梁囿（一作梁）也。温囿近周，□能为君取□温囿也。 **鲍本**温属河内。言其乐不在梁下。 ⑦ **鲍本**近周。 ⑧ **札记**今本脱“君”字。 ⑨ **姚本**患，忧也。 **鲍本**“怨王”作“怨乎”。〇 ⑩ **姚本**周，天子也，故曰谋主也。 **鲍本**犹为天子故。正曰：《韩世家》，使公孙喜率周、魏伐秦，败伊阙，缘是，故称谋主。比周君也。⑪ **鲍本**“王”作“乎”。〇 **札记**今本“王”作“乎”。 ⑫ **姚本**捍，御也。《传》曰，捍御北狄也。 **鲍本**设，施阵。捍，卫也。 ⑬ **姚本**言魏为周无所捍御也。 ⑭ **姚本**南阳，魏邑。 ⑮ **鲍本**言赵、韩援魏之路绝。正曰：是时魏上党被兵，若周、秦攻南阳，则魏又当御其攻，而上党必绝。后云“上党无患”，言得并力于此也。 ⑯ **姚本**形，势也。小利，谓温囿也。 **鲍本**“不”下有“好”字。〇 国小多忧，其势宜不得游观。 **札记**今本“不”下有“好”字。丕烈案：此“小”字因下文而衍，读以“秦”字句绝。鲍本有“好”字，乃读“利”字为句，所解全谬。今本依之，非也。 ⑰ **姚本**戍，守也。 **鲍本**戍，守边也，许为周捍秦。 ⑱ **鲍本**云得戍卒之援。 ⑲ **姚本**“利”，钱作“私”。私，爱也。 **鲍本**“利”作“私”。〇 补曰：作“利”字，则与上协。得戍公也，得囿私也。 **札记**丕烈案：吴氏说非是，详高注。姚校皆作“私”。《秦策》“而私商於之地”，亦其证。 ⑳ **鲍本**“岁”上有“计”字。〇 魏人贡其上之数。 ㉑ **鲍本**周许魏之数。 ㉒ **鲍本**“每”作“无”。〇 **札记**今本“每”作“无”。 ㉓ **鲍本**周善事魏，则赵、韩必不加兵。 ㉔ **姚本**温囿贡于魏王八十金耳，周君得之则贡百二十金，故曰“是赢四十金”。鲍本赢，有余贾利也。 ㉕ **鲍本**《鸿烈泛论训》注，齐人，即芒卯。 ㉖ **鲍本**“戍”下无“也”字。〇 ㉗ **鲍本**彪谓：周君非贤君也，秦兵在境，而乐于囿，其志荒矣。恢虽能得囿，非君子所以事其君者也。补曰：“为辞”、“为乐”之“为”，如字，余去声。

韩魏易地

韩、魏易地[①]，西周弗利[②]。樊余[③]谓楚王[④]曰：“周必亡矣。韩、魏之易地，韩得二县，魏亡二县⑤。所以为之者⑥，尽包二周⑦，多于二县，九鼎存焉⑧。且魏有南阳、郑地、三川⑨而包二周，则楚方城之外危⑩；韩兼两上党以临赵，即赵羊肠⑪以上危。故易成之曰⑫，楚、赵皆轻。”楚王恐，因赵以止易也⑬。

① **鲍本**《韩策》书此在楚围雍氏后。 ② **姚本**利，便也。 ③ **姚本**樊余，周臣也。曾，下有“为周”字。 ④ **姚本**为周谓楚王。楚王，怀王。⑤ **鲍本**易地，则魏亦有得；而独言亡者，亡多于得也。 ⑥ **鲍本**魏虽多亡，然且为之。 ⑦ **鲍本**东、西。 ⑧ **鲍本**《汉志》，武王迁九鼎于郏鄏。郏鄏属河南，为东周。正曰：说见前。 ⑨ **鲍本**河内修武注，晋始启南阳是也。京兆、山阳皆有郑，河南有新郑。此在楚、魏之间，新郑也。河南郡注，秦三川郡也。《周纪》“三川震”注，泾、渭、洛。补曰：杜注，在晋山南河北，故曰南阳。郑本在西都畿内咸林。武公得虢、桧之地，乃徙其封，是为新郑。咸林今华州郑县，新郑今郑州。正曰：三州，河、洛、伊。张仪所谓天下朝市，秦武王所谓车通以窥周室者也。秦拔成皋、荥阳，初置三川郡。 ⑩ **鲍本**南阳郡注，叶公邑，号方城。补曰：《正义》云，方城山在叶县西。 ⑪ **姚本**羊肠，赵险塞名也。山形屈壁（钱作辟），状如羊肠。今在太原晋阳之西北也。 **鲍本**上党壶关有羊肠坂。此皆以所近之国强故危。 ⑫ **鲍本**“曰”作“日”。○ **札记**今本“曰”作“日”。丕烈案：旧“日”字多写为“曰”字者。⑬ **鲍本**“赵”下有“兵”字，“易”下无“也”字。○ 补曰：一本“因赵以止易也”。

秦欲攻周

秦欲攻周，周最谓秦王①曰：“为王之国计者②，不攻周。攻周，实不足以利国，而声畏天下③。天下以声畏秦，必东合于齐。兵弊[④]于周，而合天下于齐，则秦孤而不王矣。是天下欲罢[⑤]秦，故劝王攻周。秦与天下俱罢[⑥]，则令不横行[⑦]于周矣。”[⑧]

① **鲍本**昭。　② **鲍本**“王之国”作“国之”。〇　**札记**丕烈案：《史记》作“为王计者”。　③ **鲍本**声，犹名也。周，天子也，今见攻，故天下畏秦。正曰：畏，犹恶也。周地狭不足以利国，而有攻天子之恶名，见畏恶于天下。与司马错说同意。　④ **姚本**弊，罢也。　**鲍本**攻虽胜，不无伤失。　⑤ **鲍本**“罢”，“疲”同。下同。　⑥ **鲍本**天下合齐而与秦战，战则必疲。　⑦ **姚本**横行，东行。　**鲍本**横行，无畏忌也。　⑧ **鲍本**《纪》有。

宫他谓周君

宫他[①]谓周君曰：“宛恃秦而轻晋[②]，秦饥而宛亡[③]。郑恃魏而轻韩，魏攻蔡而郑亡[④]。邾[⑤]、莒亡于齐[⑥]，陈、蔡亡于楚[⑦]。此皆恃援[⑧]国而轻近敌也。今君恃韩、魏而轻秦，国恐伤矣。君不如使周最[⑨]阴合于赵以备秦，则不毁。”

① **姚本**宫他，周臣也。　**鲍本**周人。　② **鲍本**宛属南阳，故申伯国。南阳，三晋时属韩。韩釐五年，秦拔我宛。盖宛亡在春秋之晋。三晋分晋，乃属韩也。　③ **姚本**谷不熟曰饥。亡，灭也。　**鲍本**此下皆恃远轻近而亡。秦饥不暇救宛，故晋灭之。其亡不《经》见。　④ **姚本**韩哀侯灭亡郑。**鲍本**郑，河南新郑。郑君乙二十一年，韩哀侯灭之。　⑤ **姚本**钱、刘下有“臣”字。　⑥ **姚本**为齐所灭亡。　**鲍本**鲁邹县，故邾也。邾，曹姓国，二十九世，楚灭之。莒属城阳国，故盈姓国，三十世，楚灭之。盖恃齐也。⑦ **姚本**为楚所灭亡。　**鲍本**陈，舜后，汉淮阳国。楚惠王十年灭陈，四十二年灭蔡。皆不见所恃。盖即恃楚，不备之也。　⑧ **鲍本**援，引也。故有助

意。 ⑨ **鲍本**"最"原作"早",又改作"最"。○ 补曰:姚本正作"最"。

谓齐王

谓齐王[①]曰:"王何不以地赍周最以为太子[②]也。"齐王令司马悍[③]以赂[④]进[⑤]周最于周。左尚[⑥]谓司马悍曰:"周不听,是公之知困而交绝于周也。公不如谓周君曰:'何欲置[⑦]?令人微告悍,悍请[⑧]令王进之以地。'"左尚以此得事[⑨]。

① **鲍本**凡言"谓"、言"为"而不人,失之也,犹言"或为"、"或谓"。王,闵王。正曰:周最,屡见《东》、《西周策》。"谓周最曰,仇赫之相宋"云云,事在赧王十七年;"周最于齐王厚也,而逐之,听祝弗相吕礼"云云,礼之相,在赧王二十九年,此则正当齐闵之世;《周纪》,赧王四十五年,"周君之秦,客谓周最以应为太后养地";五十八年,有"周聚以收齐",则正当顷襄王之世。相距凡四十年,不可定为闵王时也。按《策》,《西周》两章皆云最为太子,而《东周》又出最名,无曰太子云者,疑或自是二人,然无所考。 ② **姚本**赍,进也。周最为周之太子。 **鲍本**赍,持遗也。最,周之庶子。凡周皆周之族。正曰:鲍意此即上章事,而上有五庶子之文尔,无明据。 ③ **姚本**刘,一作"秆"。 **鲍本**齐人。 ④ **姚本**续:一作"地"。 ⑤ **鲍本**进,犹荐。⑥ **鲍本**齐人。 ⑦ **姚本**置,立也。欲立谁为太子也。 ⑧ **鲍本**"悍"下无"请"字。○ 补曰:一本"悍请令"。 ⑨ **姚本**左尚以教司马悍劝王赍周最地,以此得尊宠之职。 **鲍本**以教悍得齐王意,故委任之。疑此即上章"楚王"、"楚人"。补曰:最,《史》作聚。《索隐》云,"最",古"聚"字。《说文》同。《赵策》颜最,《史》亦作颜聚。

三国攻秦反

三国[①]攻秦反[②],西周恐魏之藉[③]道也。为西周谓魏王[④]

曰："楚、宋不利秦之德三国[5]也，彼且攻王之聚[6]以利秦[7]。"魏王惧，令军设舍速东[8]。

① **姚本**三国，魏、韩、齐也。　② **姚本**反，还也。　③ **鲍本**"藉"亦"借"。　④ **鲍本**哀。正曰：此据《史》。按《通鉴》、《大事记》，显王三十五年，乃魏惠王后元年；慎靓王三年，当魏襄元年。说见《魏策》。此当作襄，事在二十一年。　⑤ **鲍本**"德"作"听"。〇　听，犹顺从。三国近楚、宋，秦听之则强而害楚、宋，故不利也。正曰：三国不攻秦而解，故秦德之；秦德之则和，而不利于楚、宋。　⑥ **鲍本**楚、宋攻魏之廪库。正曰：邑落曰聚。如惮狐聚、阳人聚之类。　⑦ **鲍本**若为秦报魏王。　⑧ **鲍本**舍，军次也。魏东还，必道周，周必宾之，故恐。今速东，则无宾之之费矣。

犀武败

犀武败，周使周[1]足[2]之秦。或谓周足曰："何不谓周君曰：'臣之秦，秦、周之交必恶[3]。主君[4]之臣，又秦重[5]而欲相[6]者，且恶臣于秦[7]，而臣为不能使矣[8]。臣愿免而行[9]。君因相之，彼得相，不恶周于秦矣。'君重秦[10]，故使相往，行而免，且[11]轻秦也，公必不免[12]。公言是而行，交善于秦[13]，且公之成事也[14]；交恶于秦，不善于公[15]且诛[16]矣。"

① **姚本**集、曾、钱，一无下"周"字。刘有。　② **鲍本**周相。　③ **鲍本**皆美恶之恶。正曰：《左传》，周、郑交恶，杜注，两相疾恶。据此，则皆当乌故反。　④ **鲍本**主君称周君。　⑤ **鲍本**秦之所重。　⑥ **鲍本**欲得周相。⑦ **鲍本**此人欲代足相周，故败其使事，此二国所以必恶。　⑧ **鲍本**"臣"下"为"字在"能"字下。〇　⑨ **鲍本**免己之相，以顺欲者。　⑩ **鲍本**此下或人复说足也。　⑪ **鲍本**"且"作"是"。〇　⑫ **鲍本**虽以免自请，势不可免

也。 ⑬ **姚本**为秦所善。 ⑭ **鲍本**“且”作“是”，“成事”作“事成”。○补曰：恐当作“事成”。 ⑮ **鲍本**“公”下补“者”字。○ **札记**今本“公”下有“者”字，乃误涉鲍也。鲍补“者”字。 ⑯ **鲍本**意其恶足于秦也。

战国策卷三

秦　一

鲍本秦　苏、张说，外自弘农故关以西，京兆、扶风、冯翊、北地、上郡、西河、安定、天水、陇西皆秦地。南有巴、蜀、广汉、犍为、武都，西有金城、武威、张掖、酒泉、燉煌，又西南有牂牁、越嶲、益州，皆属焉。

卫鞅亡魏入秦

卫鞅①亡魏入秦②，孝公以为相，封之于商③，号曰商君。商君治秦，法令至行④，公平无私，罚不讳强大⑤，赏不私亲近⑥，法及太子⑦，黥劓其傅⑧。期年之后，道不拾遗⑨，民不妄取⑩，兵革⑪大强，诸侯畏惧。然刻深寡恩⑫，特以强服之耳。

① **鲍本**卫之庶孽公子，姓公孙氏。　② **姚本**卫鞅，卫公子叔痤之子也。痤仕魏，相惠王。痤病，惠王视之曰，“若疾不讳，谁可与为国者”？痤曰，“臣庶子鞅可也”。王不听。又曰，“王若不能用，请杀之，无令他国得用也”。鞅由是亡奔秦，秦孝公封之于商，曰商鞅。卫公之后孙也，或曰公孙鞅也。　**鲍本**鞅事魏相公叔痤为庶子，见《魏策》。正曰：此据《史》。愚谓，公孙，卫之公孙也。庶孽公子，恐非。盖因为中庶子而生此文。　③ **鲍本**属弘农。补曰：卢藏用《后语》注，今商州上洛之地。又见后章注。　④ **姚本**至，犹大也。　**鲍本**至，犹极。　⑤ **姚本**讳，犹辟也。《诗》云，仲山甫不辟强御，不侮鳏寡。此其一隅也。　**鲍本**讳，犹避也。强宗大族。　⑥ **姚**

本私，犹曲也。 ⑦ **姚本**太子卒为惠王。 ⑧ **姚本**太子犯法，刑之不赦，故曰“法及太子”，并罪其傅。刻其颡，以墨实其中，曰黥；截其鼻，曰劓也。**鲍本**墨涅其颡，曰黥；截鼻，曰劓。太子犯法，鞅曰，“法之不行，自上犯之。太子，君嗣也，不可刑，刑其傅公子虔，黥其师公孙贾”。 ⑨ **姚本**遗物在道，不敢拾也。 ⑩ **姚本**民非其物，不敢取也。 ⑪ **姚本**革，犹甲也。**鲍本**革，甲也，以革为札。 ⑫ **姚本**刻，急也；寡，少也；深，重也。言少恩仁也。 **鲍本**刻，犹深也。刻金木者，有深而已。

孝公行之[①]八年，疾且不起，欲传[②]商君[③]，辞不受。孝公已死，惠王代后[④]，莅政有顷[⑤]，商君告归[⑥]。

① **姚本**一本下有“十”字。 ② **姚本**刘作“欲傅”。 ③ **姚本**传，犹禅也。“传”，或作“傅”也。 **鲍本**传位与之。 ④ **姚本**惠王，孝公太子也。⑤ **姚本**莅，临也。有顷，言未久。 **鲍本**莅，临也。《集韵》，顷，少选。⑥ **姚本**惧惠王诛之，欲还归魏也。 **鲍本**惧诛归商。

人说惠王曰：“大臣太重者国危，左右太亲者身[①]危。今秦妇人婴儿[②]皆言商君之法，莫言大王之法[③]。是商君反为主，大王更[④]为臣也。且夫商君，固大王仇雠也[⑤]，愿大王图之[⑥]。”商君归还[⑦]，惠王车裂之，而秦人不怜[⑧]。

① **鲍本**君之身。 ② **鲍本**《集韵》，女曰婴，男曰儿。补曰：《释名》，人始生曰婴。婴，胸前也。投之胸前乳养，故曰婴。 ③ **姚本**莫，无也。④ **鲍本**补曰：更，平声。 ⑤ **鲍本**“王”下有“之”字。○ ⑥ **姚本**图，谋也。 ⑦ **鲍本**时自商欲归魏，不得，故还秦。 ⑧ **姚本**商君惧诛，欲之魏，商人禁之曰，“商君之法急”。不得出，穷而还。一曰，魏以其谲公子卬而没

其军，魏人怨而不纳。故（曾下有“还而”字）惠王车裂之也。　**鲍本**无念之者。

苏秦始将连横

苏秦始将连横①说秦惠王曰：“大王之国，西有巴、蜀、汉中之利②，北有胡貉、代③马之用④，南有巫山⑤、黔中之限⑥，东有肴、函之固⑦。田肥美，民殷富⑧，战车万乘，奋击百万⑨，沃野千里⑩，蓄积饶多，地势形便⑪，此所谓天府⑫，天下之雄⑬国也。以大王之贤，士民之众，车骑之用⑭，兵法之教⑮，可以并诸侯，吞天下⑯，称帝而治。愿大王少留意，臣请奏其效⑰。”

① **姚本**合关东从，通之于秦，故曰连横者也。　**鲍本**文颖曰，关东为从，西为横。孟康曰，南北为从，东西为横。瓒曰，以利合曰从，以威势相胁曰横。正曰：高注，连关中之为横，合关东之为从。《大事记》取。　② **姚本**利，饶也。　**鲍本**三郡并属益州。　③ **鲍本**胡，楼烦、林胡之类。《集韵》，貉似狐。代，幽州郡。　④ **姚本**用，用武也。　⑤ **鲍本**在南郡巫。补曰：《正义》云，夔州巫山县。　⑥ **姚本**皆有塞险要也，故曰“之限”也。**鲍本**黔，故楚地。秦地距此二郡耳，故言“限”。秦昭三十年始定为黔中郡，后为武陵郡。见《后志》。补曰：《大事记》，今黔、辰、施、元等州。正曰：高注，皆有塞险，故谓“之限”。　⑦ **姚本**肴，在渑池西。函关，旧在弘农城北门外，今在新安东。固，牢坚，难攻易守也。　**鲍本**《始皇纪》注，殽，二殽；函，函关也。在弘农。补曰：《左氏》，殽有二陵。杜注，在渑池县西。函，见《周策》。　⑧ **鲍本**殷，盛也。　⑨ **鲍本**士之能奋击者。　⑩ **姚本**关中沃野千里，故田美民富。　**鲍本**沃，言其肥润。　⑪ **姚本**攻之不可得，守之不可坏，故曰形便也。　**鲍本**地势与形便于攻守。　⑫ **姚本**府，聚也。　**鲍本**

言蓄聚之富，非人力也。 ⑬ **鲍本**物之雄者强。 ⑭ **鲍本**骑士之便马者。 ⑮ **姚本**教，习也。 ⑯ **姚本**吞，灭也。 ⑰ **姚本**奏，事。效，验也。 **鲍本**奏，进。效，功也。

秦王曰："寡人闻之，毛羽不丰满者不可以高飞，文章[①]不成者不可以诛罚[②]，道德不厚者不可以使民[③]，政教不顺[④]者不可以烦大臣[⑤]。今先生俨然不远千里而庭教之，愿以异日[⑥]。"

① **鲍本**文章，法令也。 ② **姚本**文章，旌旂文章。青与赤谓之文，赤与白谓之章也。 ③ **姚本**厚，犹大也。 ④ **鲍本**逆人之心。 ⑤ **姚本**烦，劳也。 **鲍本**逆人心，则行之难，故大臣劳。 ⑥ **姚本**俨然，矜庄貌。不以千里之道为远而来在秦庭，寡人愿以他日敬承之也。 **鲍本**教之于广庭。异，犹他也。俟成顺然后承教，以此知为惠王初。补曰：《史》，时方诛商鞅，疾辩士弗用。

苏秦曰："臣固疑大王之不能用也。昔者神农伐补遂[①]，黄帝伐涿鹿而禽蚩尤[②]，尧伐驩兜[③]，舜伐三苗[④]，禹伐共工[⑤]，汤伐有夏，文王伐崇，武王伐纣[⑥]，齐桓任战而伯天下[⑦]。由此观之，恶有不战者乎[⑧]？古者使车毂击驰[⑨]，言语相结[⑩]，天下为一[⑪]；约从连横，兵革不藏[⑫]；文士并餝[⑬]，诸侯乱惑[⑭]；万端俱起，不可胜理[⑮]；科条[⑯]既备，民多伪态；书策稠浊[⑰]，百姓不足；上下相愁，民无所聊[⑱]；明言章理，兵甲愈起[⑲]；辩言伟服，战攻不息[⑳]；繁称文辞[㉑]，天下不治[㉒]；舌弊耳聋，不见成功；行义约信，天下不亲[㉓]。于是，乃废文任武，厚养死士[㉔]，缀甲厉兵，效胜于战场[㉕]。夫徒处而致利，安坐而广地[26]，虽古五帝、三王、五伯[27]，明主贤君，常欲坐而致之，其势[28]不能，故以战续之[29]。宽则两军相攻，迫则杖戟相橦[30]，然后可建大功[31]。是故兵胜于外，义强于内[32]；威立于上，民服于下。今欲并天下，凌万乘，诎敌国[33]，制海内，子元元[34]，臣诸侯[35]，非兵不可[36]！今之嗣主[37]，忽于至道，皆惛[38]于教，乱于治，迷于言，惑于语，沈于辩，溺于辞[39]。以此论之，王固不能行也[40]。"

① **姚本**神农，炎帝号也，少典之子也。补遂，国名也。续：《后语》，辅遂。 ② **姚本**蚩尤，九黎民之君子（子，刘、钱作好兵）也。 **鲍本**涿鹿，属上谷。蚩尤，九黎氏之后，事见《史》。 ③ **姚本**翼善传圣曰"尧"。 **鲍本**《书》止言忧之，岂尝伐之而不服邪？正曰：《书》，放驩兜。又尧伐驩兜，禹伐共工，见《荀子》。此游士之辞。下言五帝、三王，不能坐而致地，故以战续之，此不过欲售其攻战之说耳。凡《战国》言帝王事，类如此，皆不足辨。后放此。 ④ **姚本**仁圣盛明曰"舜"。驩兜、三苗皆国名。 **鲍本**国名，缙云氏之后。正曰：事见《书》，不必泛引。 ⑤ **姚本**共工，官名也，霸于水火之间，任知训（一无训字）刑之后子孙也。 **鲍本**伐，乃流之。 ⑥ **姚本**夏桀为无道，故成汤伐之。崇侯虎为纣卿士，道纣为恶，故文王伐之。纣淫虐，故武王伐之。 ⑦ **姚本**齐桓公小白，僖公之子也。用兵战而尚仁义，师诸侯朝天子，故曰"伯天下"。 **鲍本**任，犹用也。作内政，寄军令是也。 ⑧ **姚本**恶，安也。 ⑨ **鲍本**毂，辐所凑也。相击而驰，言其众。补曰：毂击，说见《齐策》。 ⑩ **姚本**钱、刘本无"语"字。 **鲍本**约亲也。补曰：《后语》注，结，音吉，此古韵协也。下文悉然。横，黄；态，替；浊，殢玉反；聊，留；服，蒲北反；信，新；兵，聊莛反。 ⑪ **姚本**击一也。兵车之毂比相当，驰传言语相约结，使天下知同为一。 ⑫ **姚本**藏，戢也。 ⑬ **姚本**一作"饬"。 鎊，巧也。 **鲍本**文，谓辨也。"鎊"，"饬"同。 ⑭ **姚本**惑，疑也。 ⑮ **姚本**理，治也。 ⑯ **鲍本**科，程也。《集韵》，条，件也。 ⑰ **姚本**稠，多。浊，

乱也。 **鲍本**策，简也，大事书之。稠，多也，言有司文书多，阅者昏乱。 ⑱ **姚本**上下，君臣也。刑罚失中故相愁。愁（钱、刘作“愁怨”）则民无所聊赖者也。 **鲍本**《集韵》，聊，赖也。 ⑲ **姚本**愈，益也。 **鲍本**文章，法理。正曰：章亦明也。谓明著之言，章显之理。下句“文辞”，谓辞之文者。三语文势同。 ⑳ **姚本**息，休。 **鲍本**伟，奇也。补曰：伟，一作“伪”。 ㉑ **鲍本**游说也。正曰：明言者，教令；辩言者，游说；文辞者，书策。明言章理，即科条既备；辩言伟服，即言语相结；繁称文辞，即书策稠浊。 ㉒ **姚本**去本事末，多攻文辞以相加诬，故曰，天下不治也。 ㉓ **姚本**不能使天下相亲也。 ㉔ **姚本**死士，勇战之士也。 **鲍本**敢死之士。 ㉕ **姚本**缀，连也。厉，利也。利其兵器，致其胜功于战斗之场也。 **鲍本**《集韵》，厉，严也。正曰：厉，即砺。效，致其功也。 ㉖ **姚本**徒处、安坐，不修其兵事，欲以利国广地，不可得者也。 **鲍本**徒，犹空也。言无所为。 ㉗ **姚本**刘、钱无“五伯”字，集有。 ㉘ **姚本**势，力也。 ㉙ **姚本**续，犹备其势也。 ㉚ **姚本**攻，击。橦，刺。 **鲍本**“橦”作“撞”。○ 迫，近也。杖，如杖剑。戟，谓持戟，戟有支矛。撞，手捣也。正曰：杖，持执也，直亮反。戟有支兵。 ㉛ **姚本**建，立。 ㉜ **姚本**故仁义而行，故强于内也。 **鲍本**论战故独言义。 ㉝ **姚本**诎，服也。 **鲍本**《集韵》，凌，侵尚也，当从仌。 ㉞ **姚本**子，爱也。元元，善也。钱、刘止一“元”字。 **鲍本**元，善也，民之类善故称元。 ㉟ **鲍本**言敌国，又言诸侯，则侯非其敌者。 ㊱ **姚本**《传》曰，天生五材，民并用之，废一不可，谁能去兵？兵之设久矣。圣人以兴，乱人以废，废兴存亡，皆兵之由也。故服诸侯，非兵不可也。 ㊲ **鲍本**时君，皆继世者也。 ㊳ **姚本**惛，不明也。 ㊴ **鲍本**沉，犹溺。溺，谓为所冒没。 ㊵ **姚本**固，必也。必不能行霸事。

说秦王书十上而说不行[①]。黑貂之裘弊[②]，黄金百斤尽[③]，资[④]用乏绝，去秦而归[⑤]。羸縢履跻[⑥]，负书担橐[⑦]，形容枯槁，面目犁黑[⑧]，状有归[⑨]色。归至家，妻不下纴[⑩]，嫂不为炊[11]，父母不与言。苏秦喟[12]叹曰："妻不以我为夫，嫂不以我为叔，父母不以我为子，是皆秦之罪也。"乃夜发书，陈箧[13]数十，得《太公阴符》[14]之谋，伏而诵之，简练以为揣摩[15]。读书欲睡，引锥[16]自刺其股，血流至足。曰："安有说人主不能出其金玉锦绣，取卿相之尊者乎？"期年揣摩成，曰："此真可以说当世之君矣！"

① **姚本**苏秦之说，不见用也。 ② **姚本**弊，坏也。 **鲍本**貂，鼠属，大而黄黑，出丁零国。 ③ **姚本**苏秦仕赵，赵王资貂裘、黄金，使说秦王，破关中之横，使与赵同从，从则相亲也。秦王不肯从，故苏秦用金尽，而貂裘坏弊也。 ④ **鲍本**资，货也。 ⑤ **姚本**归洛阳也。 ⑥ **鲍本**"羸"作"嬴"。〇 《方言》，"担"，齐、楚、陈、宋曰"攍"，通作"嬴"。縢，缄也。蹻，屐也。正曰：一本"羸縢"，是。"羸"与"缧"、"累"字通用，伦追反。《易》，"羸其角，羸其瓶"。孔颖达云，拘累缠绕也。《诗》"邪幅在下"注，如今行縢，即《礼》所谓偪也。注说下与履蹻不伦，而担橐又已言矣。《史》"虞卿蹑蹻"注，草履也。"蹻"与"屩"通。 ⑦ **姚本**橐，囊也。无底曰囊，有底曰橐。 **鲍本**"橐"作"囊"。〇 高注，橐，囊也。然则此字原作"橐"。从此说，则上"縢"字当从巾，囊也。橐无底，囊有底。正曰：一本作"橐"。高注，"橐"、"囊"通言。 ⑧ **鲍本**"犁"作"黧"。〇 《集韵》，黧，黑黄色。正曰：黧，黑色，《集韵》误，见《魏策》。补曰：古字"黧"、"犁"通借。 ⑨ **姚本**归当终愧。愧，惭也。音相近，故作归耳。 **鲍本**"归"作"愧"。〇 补曰：当作"愧"。**札记**丕烈案：此不得辄改，高注即其证矣。 ⑩ **鲍本**机缕也。不下，言自若。 ⑪ **姚本**不炊饭也。 ⑫ **鲍本**"喟"下有"然"字。〇 喟，太息也。**札记**今本"喟"下有"然"字。 ⑬ **鲍本**箧，藏也。 ⑭ **鲍本**《汉志》有《阴符经》。正曰：《阴符经》恐非此所指。《索隐》云，《阴符》是太公兵法。⑮ **姚本**简，汰也。练，濯，濯治(刘、钱无"濯治"二字，集、曾有)。《阴符》中奇异之谋，以为揣摩。揣，定也。摩，合也。定诸侯使雠其术，以成六国之

从也。　**鲍本**简，犹择；练，湅帛也。取其熟。揣，量；摩，研也。游说之术，或量其情，或研切之。　⑯ **鲍本**锥，锐也，针之类。

于是乃摩燕乌集阙①，见说赵王②于华屋之下③，抵④掌而谈。赵王大悦，封为武安君⑤。受相印，革车⑥百乘，绵绣千纯⑦，白璧⑧百双，黄金万溢⑨，以随其后，约从散横，以抑强秦⑩。

① **姚本**阙塞名也。　**鲍本**摩，言切近过之。阙名未详。　② **鲍本**肃侯。　③ **姚本**华，夏。华屋（钱、刘作“华屋，夏屋”），山名也。言赵王屋清高似山也。　**鲍本**见说，见而说也。华，高丽也。　④ **姚本**抵，据也。　**鲍本**《集韵》，抵，侧击也。　⑤ **姚本**武安，赵邑，今属广平。　**鲍本**补曰：《正义》云，潞州武安县。　⑥ **姚本**革车，兵车。　⑦ **姚本**纯，束也。　**鲍本**《集韵》，四端曰纯。正曰：徒本反。　⑧ **鲍本**“壁”作“璧”。○　补曰：璧，玉环也。肉倍好曰璧。　⑨ **姚本**万溢，万金也。二十两为一溢也。　**鲍本**“溢”作“镒”。○　一镒四十四两。　⑩ **姚本**约合关东六国之从，使相亲也。散关中之横，使秦宾服也。故曰抑强秦也。

故苏秦相于赵而关不通①。当此之时，天下之大，万民之众，王侯之威，谋臣之权，皆欲决苏秦之策②。不费斗粮，未烦一兵，未战一士，未绝一弦，未折一矢，诸侯相亲，贤③于兄弟。夫贤人在而天下服，一人用而天下从。故曰：式④于政，不式于勇；式于廊庙⑤之内，不式于四境之外。当秦之隆⑥，黄金万溢⑦为用⑧，转毂连骑⑨，炫熿⑩于道，山东之国，从风而服⑪，使赵大重⑫。且夫苏秦特穷巷掘门⑬、桑户棬⑭枢⑮之士耳⑯，伏轼⑰撙衔，横历天下⑱，廷说⑲诸侯之王⑳，杜[21]左右之口，天下莫之能伉[22]。

① **鲍本**六国之关不通秦也。正曰：即所谓秦兵不敢窥函谷关者。② **鲍本**决，言用之不疑。策，谋也。 ③ **姚本**贤，犹厚也。 **鲍本**贤，犹胜。 ④ **姚本**式，皆用也。 ⑤ **鲍本**廊，东西序。庙，以尊先祖。人君之居，谓之岩廊庙堂，尊严之称。正曰：文颖云，廊，殿下外屋。颜师古云，堂下周厢，又岩廊高屋也。愚按，此言宫与庙也。"庙堂"字见《徐乐梅福传》。刘向《九叹》王逸注，人君为政、举事告宗庙，议于明堂。今人称宰相为庙堂，盖误。 ⑥ **姚本**隆，盛。 **鲍本**苏秦隆盛之时。 ⑦ **鲍本**补曰：此书"溢"、"镒"通。 ⑧ **姚本**经用。 ⑨ **鲍本**后车之盛。正曰：车骑之盛。⑩ **姚本**炫熿也，犹焜光也。 **鲍本**光耀也。 ⑪ **姚本**风，化也。 **鲍本**以草偃为喻也。 ⑫ **姚本**重，尊也。使天下诸王侯尊赵王也。 **鲍本**为从主，诸侯尊之。 ⑬ **鲍本**凿垣为门。补曰：掘即窟，古字通。《齐策》"掘穴穷巷"。《邹阳书》"伏死掘穴"。《楚策》亦有。 ⑭ **札记**今本"棬"误"卷"。⑮ **鲍本**枢，门牝也，楺木为之，如棬。棬，屈木盂也。 ⑯ **姚本**棬，楺桑条假以为户枢耳。 ⑰ **鲍本**车前横木。 ⑱ **姚本**衔，勒也。历，行也。 **鲍本**《集韵》，撙，挫也，盖犹顿。衔，勒也。历，遇也，犹横行。 ⑲ **鲍本**犹庭教云。 ⑳ **鲍本**"王"作"主"。○ **札记**今本"王"误"士"。 ㉑ **鲍本**杜，犹塞。 ㉒ **姚本**伉，当。钱、刘，一作"抗"。 **鲍本**"之"下无"能"字。○ 《集韵》，匹也。正曰：姚云，钱、刘作"抗"，当也。一本"天下莫之能伉"。"伉"、"抗"，古字通。

将说楚王[①]，路过洛阳[②]，父母闻之，清[③]宫除道，张乐设饮，郊迎[④]三十里[⑤]。妻侧目而视，倾耳而听；嫂蛇行匍伏[⑥]，四拜自跪而谢[⑦]。苏秦曰："嫂，何前倨[⑧]而后卑也？"嫂曰："以季子[⑨]之[⑩]位尊而多金。"苏秦曰："嗟乎！贫穷则父母不子[⑪]，富贵则亲戚畏惧。人生世上，势位富贵，盖可忽乎哉[12]！”[13]

① **鲍本**威。　② **鲍本**汉为河南郡。　③ **鲍本**清，汛扫也。　④ **鲍本**迎于郊。　⑤ **姚本**张，施也。设，置也。施乐置酒，远迎上郊邑培也。⑥ **姚本**蛇行匍匐，勾曳地也。　**鲍本**蛇不直行。伏，音匐。匍匐，伏地也。⑦ **姚本**谢前不炊之过也。　**鲍本**《集韵》，跪，小拜也。既拜复膝地。⑧ **鲍本**倨，不避也。　⑨ **鲍本**谯周曰，秦字季子。正曰：司马贞曰，此嫂呼小叔为季子，未必字也。　⑩ **鲍本**无“之”字。〇　⑪ **姚本**不以为己子也。⑫ **姚本**信不可轻忽，故曰“乎哉”。　**鲍本**“可”下有“以”字。〇　忽，轻也。⑬ **鲍本**此《策》，《史》略同。合从，在赵肃侯十六年，此四年。彪谓：秦之自刺，可谓有志矣。而志在于金玉卿相，故其所成就，适足夸嫂妇。而此《史》极口称颂之，是亦利禄徒耳，恶睹所谓大丈夫之事哉？正曰：按《史》，秦出游数岁，困归，兄弟嫂妹妻妾，窃笑之。于是得《周书阴符》读之，以出揣摩。乃求说周显王，弗信。至秦说惠王，弗用。乃之赵，奉阳君弗说之。去就燕，文侯资之。至赵，奉阳君死，乃说肃侯合从。说楚后，还过洛阳，显王除道郊劳。与《策》小异。

秦惠王谓寒泉子

秦惠王谓寒泉子[1]曰：“苏秦欺[2]寡人，欲以一人之智，反复东山[3]之君，从以欺[4]秦。赵固负[5]其众，故先使苏秦以币帛约[6]乎诸侯。诸侯不可一[7]，犹连鸡之不能俱止于栖之[8]明矣[9]。寡人忿然，含怒日久[10]，吾欲使武安子起[11]往喻[12]意焉。”寒泉子曰：“不可。夫攻城堕[13]邑，请使武安子。善我国家[14]使诸侯，请使客卿张仪[15]。”秦惠王曰：“受命[16]。”[17]

① **姚本**秦惠王，孝公子也。寒泉子，秦处士也。　② **鲍本**欺，诈也。

言以虚声恐之。 ③ **姚本**东山，山东。 **鲍本**“东山”作“山东”。○ 补曰：当作“山东”。 **札记**丕烈案：鲍改、吴补皆非也。高注即其证矣。④ **姚本**欺，诈也。 ⑤ **姚本**负，恃也。 ⑥ **姚本**约，谋约也。 ⑦ **姚本**一，同也。 ⑧ **鲍本**“之”作“亦”。○ **札记**今本下“之”字作“亦”。⑨ **姚本**续：李善引作“俱上于栖亦明矣”。 **鲍本**连，谓绳系之。栖，鸡所宿也。 ⑩ **姚本**含，怀也。 ⑪ **姚本**武安子起，秦将白起。 ⑫ **鲍本**“喻”，“谕”同，告也。告诸侯以不可一之意。 ⑬ **姚本**堕，坏也。 **鲍本**败城邑曰堕。 ⑭ **鲍本**称国家之美。正曰：能美善我国家。 ⑮ **姚本**张仪，魏人也，仕秦以为客卿。 **鲍本**魏人，仕秦。惠五年为客卿。 ⑯ **姚本**受寒泉子之教。 ⑰ **鲍本**按，起以昭二十九年为武安君，自合从至是五十七年矣。所称武安子起，谬也。正曰：起，号武安君。此云武安子，必别一人。上既言武安子起，而下止言武安子，盖“起”字属下文。李牧亦封武安君。如此名不一。且张仪死于秦武王时，与白起战胜攻取，时不相及。补曰：使诸侯之“使”，去声，余如字。

泠向谓秦王〔校一〕

〔校一〕此篇姚本与《秦惠王谓寒泉子》连篇，鲍本另列一篇，据文义，从鲍本。

泠向①谓秦王曰：“向欲以齐事王，使②攻宋也③。宋破，晋国危，安邑王之有也④。燕、赵恶齐、秦之合，必割地以交于王矣⑤。齐必重于王⑥，则向之攻宋也，且以恐齐而重王⑦。王何恶⑧向之攻宋乎？向以王之明为先知之，故不言⑨。”

① **姚本**泠，姓；向，名也。秦臣也。 **鲍本**高注，秦人。今详为齐人。正曰：高注秦臣，《韩》、《赵策》亦有此人。 ② **姚本**一作“故”。 ③ **姚本**

以，犹使也。 ④ **姚本**晋国，魏都大梁也。宋在其东，若齐攻宋破之，则大梁危，不能复获其安邑。安邑在河东，近秦，秦可兼取，故安邑王之有也。 ⑤ **姚本**割，犹分也。交齐也。 ⑥ **鲍本**秦多得地，齐畏其强，故重之。 ⑦ **鲍本**燕、赵交于秦，故齐必恐。 ⑧ **鲍本**恶，皆去音。 ⑨ **姚本**向言以秦王之聪明为先自知之，故不言道也。 **鲍本**言秦自知攻宋之利。

张仪说秦王

张仪[①]说秦王[②]曰："臣闻之，弗知而言为不智，知而不言为不忠[③]。为人臣不忠当死，言不审[④]亦当死。虽然[⑤]，臣愿悉[⑥]言所闻，大王裁[⑦]其罪。臣闻，天下阴燕阳魏[⑧]，连荆[⑨]固齐[⑩]，收余韩[⑪]成从，将西南[⑫]以与秦为难[⑬]。臣窃笑之。世有三亡，而天下得之，其此之谓乎[⑭]！臣闻之曰，'以乱攻治者亡，以邪攻正者亡，以逆攻顺者亡'。今天下之府库[⑮]不盈，囷仓[⑯]空虚，悉其士民，张军[⑰]数千百万[⑱]，白刃在前，斧质在后，[⑲]而皆去走，不能死[⑳]，罪[㉑]其百姓不能死也[㉒]，其上不能杀也[㉓]。言赏则不与，言罚则不行，赏罚不行，故民不死也[㉔]。

① **鲍本**无"张仪"二字。○ 补曰：误，当作"韩非"。 ② **姚本**秦惠王也。续：《韩非子》第一篇《初见秦》文与此同。鲍本此上原有"张仪"字，而所说皆仪死后事，故删去。"说"云者，犹《西周·谓齐王》之比。正曰：王应麟云，姚氏谓《韩非子》第一篇，吕成公《丽泽集》文取此。鲍失考。愚按，集文所谓非上书请破天下从，即此。非以韩王安称藩使秦，始皇十三年也。次年见杀。今以《韩子》考其言，而《策》文义胜者，不复。 **札记**丕烈案：此当各依本书。刘向次第在此，而高注云秦惠王。详其意，皆不以为韩非也。 ③ **姚本**知可言利国安君而不言，故曰不忠。 ④ **鲍本**审，悉也。补曰：《韩

子》“审”作“当”,胜。不当,即上云不智也。 ⑤ **鲍本**言己未能如言。 ⑥ **鲍本**悉,详尽也。 ⑦ **姚本**裁,制也。 ⑧ **姚本**阴,小。阳,大。 **鲍本**阴,北。阳,南。 ⑨ **鲍本**楚也。始皇讳其父名,故称曰荆。知此书始皇时人作。 ⑩ **鲍本**时由东国齐、楚为大,故从。人连结之,恃以为固。 ⑪ **鲍本**韩时弱,多丧地,今存者,其余也。 ⑫ **鲍本**补曰:《韩》作“面”,是,下文有。 ⑬ **姚本**难,犹敌也。 **鲍本**赧五十九年,与诸侯从,此五十一年。 ⑭ **鲍本**此,谓从。补曰:《韩子》作“二亡”,无“以逆攻顺者”一句。 **札记**丕烈案:今《韩子》是“三”字。 ⑮ **鲍本**府,文书藏;库,兵车藏。今详凡有藏者,皆得称也。正曰:府库藏货财,对下“囷仓藏谷粟”言。 ⑯ **鲍本**囷,圆廪。正曰:高注,圆曰囷,方曰仓。 ⑰ **姚本**曾作“张军声”。 **鲍本**张,去音。正曰:平声亦通。 ⑱ **鲍本**补曰:《韩》此下云,“其顿首戴羽为将军,断死于前,不至千人,皆以言死”。 **札记**丕烈案:此当各依本书。 ⑲ **鲍本**诛不进战者,故在后。 ⑳ **姚本**一本有“也”字。 **鲍本**不战也。补曰:《韩》,“怯而却走,不能死也”。 ㉑ **鲍本**“罪”作“非”。○ 言亦杀之。补曰:《韩》正作“非”。一本“而皆去之不能死”。《韩》“而却走,不能死也”。皆当从《韩》,胜。 ㉒ **姚本**钱、刘本无此七字。曾、集有。 ㉓ **鲍本**无“其上不能杀也”六字。○ 补曰:一本“其上不杀也”,《韩》“上不能故也”。皆当从《韩》,胜。 ㉔ **姚本**民不为尽节致死。《传》曰“赏罚无章,何以沮劝”,此之谓也。

“今秦出号令而行赏罚,不攻无攻[①]相事也[②]。出其父母怀衽之中[③],生未尝见寇也,闻战顿足徒裼[④],犯白刃,蹈煨炭[⑤],断死于前者比是也[⑥]。夫断死与断生也不同[⑦],而民为之者是贵奋也[⑧]。一可以胜十[⑨],十可以胜百,百可以胜千,千可以胜万,万可以胜天下矣。今秦地形,断长续短,方数千里,名师数百万[⑩],秦之号令赏罚,地形利害,天下莫如也[⑪]。以此与天下[⑫],天下不足兼而有也。是知秦战未尝不胜,攻未尝不取,所当⑬未尝不破也。开地数千里,此甚大功也。然而甲兵顿⑭,士民病⑮,蓄积索⑯,田畴荒⑰,困仓虚,四邻诸侯不服⑱,伯王之名不成,此无异故⑲,谋臣皆不尽其忠也。

① **姚本**曾作"有功无功"。 ② **鲍本**"不攻"下补"耳"字,"攻相"作"相攻"。○ 言秦有不攻耳,无敢与相攻者。正曰:《韩》作"有功无功相事也"。 **札记**丕烈案:"不"当作"又",形近之讹,《策》文多用"又"为"有"。 ③ **鲍本**袵,衣衿。 ④ **鲍本**此顿,下也。《集韵》,徒,空手。裼,袒也。正曰:顿,踊也。徒,谓空,露袒;裼,露臂也。 ⑤ **鲍本**煨,盆中火。补曰:《韩》,"鲈炭"。 ⑥ **鲍本**"比"下补"比"字。○ 以死自断。比,次也。言如是者,相次不一。正曰:《韩》作"皆",是。"比"盖"皆"之讹。 ⑦ **姚本**死生异也。 **鲍本**言死难。补曰:"断死生"之"断",都玩反;"断长"之"断",睹缓反。前后同。 ⑧ **姚本**奋,勇也。 **鲍本**奋,言勇不顾死。补曰:《韩》,"贵奋死也"。 **札记**丕烈案:"死"字,《策》文当无。高注可证。 ⑨ **鲍本**"胜"作"合"。○ 与敌合斗。补曰:四"合"字,一本皆作"胜"。《韩》作"对",当也,义长。 ⑩ **鲍本**名,言有勇决之称。 ⑪ **鲍本**秦有断死之利,诸侯有不死之害,故不如秦。正曰:利害是总言。 ⑫ **鲍本**与,言与之争。 ⑬ **姚本**当,敌。 **鲍本**当,相值也。 ⑭ **鲍本**此顿,言其劳弊。 ⑮ **姚本**病,困也。 ⑯ **姚本**索,尽也。 ⑰ **姚本**垦不治也。 **鲍本**畴,耕治之田。 ⑱ **姚本**威德不能怀也。 ⑲ **姚本**异,怪。 **鲍本**犹言无他事。

"臣敢言往昔。昔者①齐南破荆,中破宋②,西服秦③,北破燕④,中使韩、魏之君⑤,地广而兵强,战胜攻取,诏令天下⑥,济清河浊⑦,足以为限⑧,长城、巨坊⑨,足以为塞。齐,五战之国也⑩,一战不胜而无齐⑪。故由此观之,夫战者万乘之存亡也[12]。

① **鲍本**补曰：《韩》，"臣敢言之往者"，盖两"昔"字，因"者"字讹衍。当从《韩》，胜。 ② **鲍本**闵二十八年。补曰：《韩》，"东破"，是。 ③ **鲍本**荆、秦事未详。正曰："齐南破荆"以下以地势言之，非以年之先后也。齐宣王二十五年与五国攻秦，湣王十六年与韩、魏伐秦，十一年与韩、魏伐楚，十三年与秦、韩、魏败楚。 ④ **鲍本**十五年。正曰：齐宣王二十九年，伐燕取之。 ⑤ **鲍本**两国从其役。 ⑥ **鲍本**以诏令令天下，时未称诏，此《秦史》之言耳。正曰：诏告命令也。下文"诏之"，及后《策》"赵王之教，诏之使者"、"明诏"之类。 ⑦ **姚本**济水清，河水浊。一作"诏令天下，齐清济浊河"。 **鲍本**补曰：《韩》作"齐之清济浊河"，与下文协，语胜。 **札记**丕烈案：《燕策》云，"吾闻齐有清济浊河"。亦见《史记·苏秦传》，皆可证也。 ⑧ **姚本**限，难也。 **鲍本**东郡寿张注，泲上有朐城。又平原有鬲津、般河，皆近齐。正曰：《书蔡传》，济水自郑以东，贯滑、曹、郓、齐、济、青以入于海。自郓以下皆齐地也。《正义》云，黄河从洛、魏二州界北流入海，亦齐西北界。《左传》，"齐履西至于河"。 ⑨ **姚本**钱、刘"坊"作"防"。 **鲍本**"坊"作"防"。○ 《苏秦传》注，济北卢县有防门，又有长城，东至海。《后志》注，防门，即巨防。补曰：长城西头在济州平阴县界。《太山记》云，太山西有长城，缘河，经太山，余一千里，至琅琊台入海。 **札记**丕烈案：《韩子》是"防"字。《史记》同。 ⑩ **鲍本**上所谓"南破"、"中破"之类。正曰：谓四面及中受兵。 ⑪ **鲍本**燕昭入临淄事。 ⑫ **姚本**胜则存，败则亡。胜败若此，故曰"万乘之存亡也"。

"且臣闻之曰：'削株掘根，无与祸邻，祸乃不存。'秦与荆人战，大破荆，袭郢，取洞庭、五都[1]、江南[2]。荆王[3]亡奔[4]走[5]，东伏于陈[6]。当是之时，随荆以兵，则荆可举[7]。举荆，则其民足贪也，地足利也。东以强齐、燕[8]，中[9]陵三晋[10]。

然则是一举[11]而伯王之名可成也，四邻诸侯可朝也[12]。而谋臣不为[13]，引军而退，与荆人和[14]。今[15]荆人收亡国，聚散民，立社主[16]，置宗庙，令帅天下西面以与秦为难，此固已无[17]伯王之道一矣。天下有比志[18]而军华下[19]，大王以诈破[20]之，兵至梁郭[21]，围梁数旬[22]，则梁可拔。拔梁，则魏可举[23]。举魏，则荆、赵之志[24]绝。荆、赵之志绝，则赵危[25]。赵危而荆孤。东以强[26]齐、燕，中陵三晋，然则是一举而伯王之名可成也，四邻诸侯可朝也。而谋臣不为，引军而退，与魏氏和，令魏氏收亡国，聚散民，立社主，置宗庙，此固已无伯王之道二矣。前者穰侯之治秦也，用一国之兵，而欲以成两国之功[27]。是故兵终身暴灵于外，士民潞[28]病于内，伯王之名不成，此固已无伯王之道三矣。

① **姚本**续：《史记》引《战国策》作五渚。　② **姚本**郢，楚都也。洞庭、五都、江南，皆楚邑也。　**鲍本**《扬州记》，太湖，一名湖亭，一名震泽，一名洞庭。按，熊绎都丹阳。文王徙江陵，是为郢都。昭王徙郢，所谓故郢。又自郢徙都，与鄢为五。《史》多言鄢、郢。《齐策》“鄢、郢者，楚之柱国”，知鄢亦为都。江南，即《汉志》楚地所谓江南地远者也。补曰：大破荆，在昭王二十九年，楚顷襄之二十一年。正曰：洞庭在巴陵，见《楚》、《魏策》，即此。《路史》，熊绎初封丹阳，今秭归。武徙枝江，亦曰丹阳。楚文都南郢，即江陵，又谓故郢。昭王避吴迁都，今宜城，为北郢，即郢州。惠王迁鄢，在宜城。曾氏谓屈瑕乱鄢以济者，都、鄢非久都。故惠王末，墨翟重茧趋郢。宣王时，王宫遇盗，郢军见黜。怀王入秦，齐使郢中立王，皆昭、惠后。愚按，《楚辞·哀郢》，庄辛说襄王，郢都必危，白起拔郢，始徙陈。知怀、襄之世，亦仍都南郢也。考烈王徙寿春，命曰郢。又《年表》考烈徙都巨阳。《大事记》谓，春申君用朱英策，自陈徙寿春，不云自巨阳也。据此，楚不止五都，

鲍因误文。又以其时在徙陈前，故徙陈以下不论，而其说亦不明，故为正之。《正义》云，江南在豫章、长沙南楚之地。 《韩》“五都”作“五湖”。《史·苏秦传》五渚注引《策》文洞庭、五渚，谓此“渚”乃“湖”之讹。《燕策》亦有“五渚”字。按《策》既言袭郢，而五都郢在其中，“都”字必误，当从《韩》。“五湖”说不一。《索隐》云，具区、洮滆、彭蠡、青草、洞庭；又说，太湖、射阳、青草、丹阳、宫亭。宫亭即彭蠡。张勃《吴录》谓，太湖别名，或说太湖中自有五湖。 **札记**丕烈案：吴说未是。此《策》五都即《燕策》及《苏秦传》之五渚。“都”、“渚”同字也。五渚说在《集解》、《索隐》。 ③ **鲍本**顷襄。④ **姚本**曾作“亡命”。 ⑤ **鲍本**无“奔”字。○ **札记**丕烈案：《韩子》作“荆王君臣亡走”。 ⑥ **鲍本**见《白起传》。 ⑦ **鲍本**拔其国如举物然，言易也。 ⑧ **姚本**言(钱、刘下有“秦”字)以强于齐、燕也。 **鲍本**强于二国。正曰：《韩》“强”作“弱”，是。下有。 ⑨ **姚本**刘，下有“以”字。 ⑩ **姚本**三晋，赵、韩、魏也。 ⑪ **鲍本**举，犹行。 ⑫ **姚本**可使韩、魏。 **鲍本**使之朝秦。 ⑬ **姚本**不为此谋也。 ⑭ **姚本**和，平也。 ⑮ **姚本**一作“令”。**鲍本**“今”作“令”。○ **札记**丕烈案：《韩子》是“令”字。 ⑯ **鲍本**为木主社。 ⑰ **鲍本**补曰：《韩》“无”作“失”，下并同。 ⑱ **鲍本**比，密也。言其志亲。 ⑲ **姚本**华下，华山之下也。 **鲍本**即华阳之战。 ⑳ **鲍本**补曰：“诈”，《韩》作“诏”，是。下同。 ㉑ **鲍本**“郭”作“都”。○ 正曰：《韩》本文。 ㉒ **姚本**梁，大梁，魏王所都也。 ㉓ **鲍本**梁以都言，魏全国也。㉔ **鲍本**魏居二国之中，而为与国。故举魏，则二国不通。 ㉕ **鲍本**赵尤近秦。 ㉖ **鲍本**补曰：见上。 ㉗ **姚本**穰国(钱、刘本无“国”字)侯，魏人也。治，犹相也。穰侯相秦，欲兴秦而安魏。故曰欲成两国之功也。 **鲍本**秦及穰侯所封也，如封刚寿以广陶之类。 ㉘ **姚本**潞，羸于内。 **鲍本**“灵”作“露”。○ 潞，即露耳，故高注为羸。补曰：《韩》作“疲”。 **札记**今本“灵”作“露”，鲍本作“露”。丕烈案：《策》文作“灵”，不与《韩子》同，《韩子》是“露”字。此当各依本书。《策》文下句言“潞病”，“潞”、“露”同字，此句不得更言暴露。“灵”者，“零”之假借；“暴”谓“日”，“灵”谓“雨”也。

“赵氏，中央之国也，杂[①]民之所居也。其民轻[②]而难用[③]，号令不治，赏罚不信，地形不便[④]，上非能尽其民力。彼固亡国之形也，而不忧民氓[⑤]，悉其士民，军于长平之下，以争韩之上党[⑥]，大王以诈[⑦]破之[⑧]，拔武安[⑨]。当是时，赵氏上下不相亲也[⑩]，贵贱不相信[⑪]，然则是邯郸不守，拔邯郸，完河间[⑫]，引军而去，西攻修武，逾羊肠[⑬]，降代、上党[⑭]。代三十六县，上党十七县[⑮]，不用一领甲，不苦一民[⑯]，皆秦之有也。代、上党不战而已[⑰]为秦矣[⑱]，东阳[⑲]河外[⑳]不战而已反为齐矣[㉑]，中呼池[㉒]以北[㉓]不战而已为燕矣[㉔]。然则是举赵则韩必亡，韩亡则荆、魏不能独立[㉕]。荆、魏不能独立，则是一举而坏韩，蠹[㉖]魏，挟[㉗]荆，以东[㉘]弱齐、燕，决白马之口[㉙]，以流[㉚]魏氏[㉛]。一举而三晋亡，从者败[㉜]。大王拱手以须[㉝]，天下遍随而伏[㉞]，伯王之名可成也。而谋臣不为，引军而退，与赵氏为和。以大王之明，秦兵之强，伯王之业[㉟]，地[㊱]尊[㊲]不可得，乃取欺于亡国[㊳]，是谋臣之拙也。且夫赵当亡不亡，秦当伯不伯，天下固量秦之谋臣一矣。乃复悉卒[㊴]乃[㊵]攻邯郸，不能拔也，弃甲兵怒，战栗而却[㊶]，天下固量秦[㊷]力二矣。军乃引退，并于李下[㊸]，大王又并军而致[㊹]与战，非能厚[㊺]胜之也，又交罢却[㊻]，天下固量秦[㊼]力三矣。内者量吾谋臣，外者极吾兵[㊽]力。由是观之，臣以天下之从[㊾]，岂其难矣。内者吾甲兵顿，士民病[㊿]，蓄积索，田畴荒，囷仓虚[51]；外者天下比志甚固。愿大王有以虑之也[52]。

① **鲍本**补曰：《韩子》注，赵都邯郸，燕之南，齐之西，魏之北，韩之东，故曰中央。兼四国之人，故曰杂。 ② **鲍本**轻，则其志不坚。 ③ **鲍本**

“用”下有“也”字。○ **札记**丕烈案：《韩子》有。 ④ **姚本**赵王都邯郸，无险固，故曰不便。 **鲍本**无险隘故。正曰：非无险隘。上云“中央之国”，此云“不便”，此以大势言之。 ⑤ **姚本**野民曰氓。 ⑥ **鲍本**冯亭事。 ⑦ **鲍本**补曰：“诏”字。 ⑧ **姚本**刘，下有“兵”字。 ⑨ **姚本**赵括封于武安，(曾更有“武安”字)君将赵四十万众拒秦，秦将白起坑括四十万众于长平下，故曰武安。 **鲍本**此杀赵括事，在四十七年。 ⑩ **姚本**上下，君臣也。 ⑪ **姚本**贵，谓卿；贱，谓士。 ⑫ **鲍本**冀州国。完之者，欲急取修武、上党诸郡置之去也。正曰：《韩》作“筦山东河间”。 ⑬ **姚本**修武，赵邑(一本有“也”字)，合属河内。羊肠，塞名也。 **鲍本**补曰：“逾羊肠，降代”，《韩》作“逾华绛”。 **札记**丕烈案：《策》文“羊肠”，高注可证。 ⑭ **姚本**代属赵。上党属韩。 ⑮ **鲍本**补曰：“三十六”，《韩》作“四十六”；“十七”，《韩》作“七十”。 ⑯ **姚本**甲，铠。苦，劳。 ⑰ **姚本**曾，下有“反”字。 ⑱ **姚本**为，犹属也。 ⑲ **鲍本**属清河。 ⑳ **鲍本**滹沱河之外。正曰：苏秦说赵云，“东有清河”；张仪说赵告齐使兴师，“渡清河，军邯郸之东”，即此河也。东阳既属清河，不得为他说矣。 ㉑ **鲍本**此本赵所得齐地，今赵弱，故齐复取之；取之，则益弱矣。 ㉒ **姚本**“池”，续作“沲”。 **鲍本**“池”作“沱”。○ 正曰：古“沱”通。《史弟子传》“滂池”。补曰：《韩》“中山呼池”。 **札记**丕烈案：今《韩子》是“池”字。 ㉓ **鲍本**中，言中分之呼池。在代卤城。 ㉔ **鲍本**燕乘败取之。 ㉕ **鲍本**无“荆魏不能独立”六字。○ ㉖ **姚本**蠹，害也。 **鲍本**蠹者，病其中也。 ㉗ **鲍本**补曰：《韩》作“拔”。**札记**丕烈案：“拔”字误，“挟”当是“狭”。后《策》文“省攻伐之心”，《新序》作“挟战功之心”，字与此同。 ㉘ **鲍本**补曰：《韩》作“东以弱齐强燕”。㉙ **姚本**白马，津名。 **鲍本**《张仪传》“守白马之津”。津在东郡。 ㉚ **鲍本**补曰：《韩》作“沃”。 **札记**丕烈案：《策》文“流”，高注可证。 ㉛ **姚本**魏氏，今魏郡县也。流，灌也。 ㉜ **姚本**从者，山东六国。从败，不成也。**鲍本**合从者。 ㉝ **鲍本**“须”，“胥”同，待也。 ㉞ **鲍本**“遍”作“编”。○ 补曰：《韩》作“败也”。编，言众随而伏降矣。以绳次物曰编。 **札记**吴氏补曰，《韩》作“败也”、“须之”、“编随而服矣”。丕烈案：此类皆当各依本书。

㉟ **鲍本**谓先世所创。 ㊱ **姚本**刘作“伯王业也”。 ㊲ **鲍本**地与相王之尊。正曰：《韩》“尊”作“曾”。刘辰翁谓，“地”犹“第”。皆失考。 ㊳ **姚本**亡国，谓赵也。 **鲍本**亡国，以长平之败，言赵。 ㊴ **鲍本**无“卒”字。○补曰：《韩》此下有“士卒”字。 ㊵ **姚本**一作“以”。 **鲍本**“乃”作“以”。○ **札记**丕烈案：《韩子》是“以”字。 ㊶ **姚本**却，退也。 **鲍本**且怒且惧而退。补曰：《韩》作“弃甲负拏，战竦而郄天下”。 **札记**《策》文有“却”，高注可证。 ㊷ **姚本**钱本有“之”字。 ㊸ **姚本**李下，邑名，在河内也。 **鲍本**《后志》，河内有李城，赵封李同之父于此。补曰：《韩》作“乎下”。 **札记**丕烈案：《策》文“李”，高注可证。 ㊹ **姚本**一作“至”。 **鲍本**致，言极力。**札记**今本“致”作“至”。丕烈案：作“至”，即与姚校矛盾也。《韩子》是“至”字。 ㊺ **姚本**厚，大也。 ㊻ **鲍本**交，言秦与赵俱罢兵而退。 ㊼ **姚本**一本有“之”字。 ㊽ **鲍本**极，言度其力之所至。 ㊾ **鲍本**合从也。 ㊿ **姚本**顿，罢也。病，困也。 (51) **姚本**圆曰囷，方曰仓。虚，不实（一本下有“也”字）。 (52) **姚本**虑，谋也。

“且臣闻之，战战栗栗，日慎一日。苟慎其道，天下可有也[①]。何以知其然也？昔者纣为天子[②]，帅天下将[③]甲[④]百万，左饮于淇谷[⑤]，右饮于洹水[⑥]，淇水竭而洹水不流，[⑦]以与周武为难。武王将素[⑧]甲三千领，战一日[⑨]，破纣之国，禽其身，据其地，而有其民，天下莫不[⑩]伤[⑪]。智伯帅三国之众[⑫]，以攻赵襄主于晋阳[⑬]，决水灌之，三年[⑭]，城且拔矣[⑮]。襄主错[⑯]龟，数策占兆[⑰]，以视利害，何国可降[⑱]，而使张孟谈[⑲]。于是潜行而出，反智伯之约[⑳]，得两国之众，以攻智伯之国，禽其身，以成襄子[㉑]之功[㉒]。今秦地断长续短，方数千里，名师数百万，秦国号令赏罚，地形利害，天下莫如也[㉓]。以此与天下，天下可兼而有也[㉔]。

① **姚本**苟，诚也。 ② **鲍本**元作“下”。补曰：《韩》作“子”。 ③ **鲍本**无“甲”字。○ 补曰：一本“将甲”。 ④ **札记**丕烈案：《韩子》作“将帅天下，甲兵百万”。 ⑤ **鲍本**河内共，淇水所出。 ⑥ **鲍本**《苏秦传》注，出林虑。《项纪》注，在安阳县北。《前》、《后志》，在良乡东南。 ⑦ **鲍本**亦竭也。 ⑧ **鲍本**绢素为之，非金革也。正曰：素，以色言。 ⑨ **姚本**一日，甲子之日也。太公望为号，到牧野，便克纣，故曰“一日”。 **鲍本**以甲子日战，遂克之。 ⑩ **姚本**刘，无“不”字。 ⑪ **姚本**伤，愍也。 **鲍本**伤殷之亡耳。正曰：《韩》作“莫伤”。 ⑫ **姚本**三国，晋（曾、集“晋”作“智”）、韩、魏也。 ⑬ **姚本**襄主，赵襄子也。大夫称主。晋阳，赵氏邑也。 ⑭ **鲍本**补曰：《韩》作“三月”。《赵策》亦两云“三年”。 ⑮ **姚本**且，将也。 ⑯ **鲍本**“错”，“措”同，置也。补曰：“错”，《韩》作“钻”。 ⑰ **姚本**策，蓍也。兆，占龟兆也。 **鲍本**灼龟折处曰兆。 ⑱ **姚本**何国可降，使为反间。 **鲍本**三国中，孰为可降。 ⑲ **姚本**张孟谈，赵襄子臣也。 **鲍本**赵之谋臣。 ⑳ **鲍本**使韩、魏背之。 ㉑ **鲍本**“子”作“主”。○ **札记**今本“子”作“主”。丕烈案：《韩子》作“以复襄主之初”。 ㉒ **姚本**潜行，私行。两国，韩、魏也。智伯与韩、魏攻襄子，张孟谈辞于韩、魏，魏与赵同，故曰“反智伯之约”也。国犹军，（一本有“攻”字）智伯之军，而破以杀其身，故曰“以成襄主之功”也。 ㉓ **姚本**无如秦国安固者也。 ㉔ **姚本**与天下争，可并而有。

“臣昧死[①]望[②]见大王，言所以举[③]破天下之从[④]，举赵亡韩[⑤]，臣荆、魏，亲齐、燕[⑥]，以成伯王之名[⑦]，朝四邻诸侯之道。大王试听其说，一举而天下之从不破，赵不举，韩不亡，荆、魏不臣，齐、燕不亲，伯王之名不成，四邻诸侯不朝，大王斩臣以徇于国[⑧]，以主为谋[⑨]不忠者[⑩]。”

① **鲍本**自言不知死所。 ② **姚本**刘，作“臣愿望”。 ③ **姚本**一本无“举”字。 **鲍本**补曰：《韩》无此字。 **札记**丕烈案：《策》文当本作“一

举”，脱“一”字。“一举”下文有。 ④ **鲍本**举，谓一举。 ⑤ **鲍本**举，亦拔也。补曰：非言及于亡韩，是岂可不为寒心？甚矣，其忍也！斩臣以徇于国，以主不忠于国者，亡韩之言当如之。 ⑥ **鲍本**二国去秦远，未可加兵，故亲之以宽兵力。其后秦灭诸国，二国独后亡，此故也。 ⑦ **姚本**成，立也。 ⑧ **鲍本**徇行以示人也。 ⑨ **姚本**曾，恐当作“主谋”。 **鲍本**无“为谋”两字，“忠”下有“于国”二字。○ 补曰：《韩》“以为为王谋不忠者”。**札记**丕烈案：今《韩子》不重“为”。 ⑩ **鲍本**主言以为首恶。彪谓：此士论事，深切著明，孙卿不如。秦所以取天下，盖行其说也。而史失其人，猥以张仪名之，惜哉！所称谋臣，范雎也。正曰：韩非，师荀卿者也。其术不主于卿，卿论兵以附民为要，以仁义为本，以禁暴除害为务，非而有是言欤？大意不过欲极威怒，而务攻取耳。鲍既考之不精，且谓卿不如，谬矣。补曰：苏氏论荀卿历诋天下之贤人，以自是其愚。李斯以其学乱天下，其高谈异论，有以激之也。韩非此书历诋秦之谋臣，盖指魏冉、范雎之徒。他日谓申不害徒术无法，公孙鞅徒法无术，张仪以秦徇韩、魏，甘茂以秦徇周，穰侯、应候攻他国以成其私封，所诋者，亦非一人。其刚愎不孙，自许太过，则亦卿之风也。终以忤李斯、短姚贾而杀其身。太史公谓非知说之难，而不能自脱，可以为骋说者之戒矣。

张仪欲假秦兵以救魏

张仪欲假秦兵以救魏[①]。左成谓甘茂曰：“子不[②]予之。魏不反秦兵[③]，张子不反秦[④]。魏若反秦兵，张子得志于魏，不敢反于秦矣[⑤]。张子不去秦[⑥]，张子必高子[⑦]。”

① **鲍本**时将相魏。 ② **鲍本**“子不”作“不如”。○ **札记**今本“子不”作“不如”。 ③ **鲍本**谓败而死伤多。 ④ **姚本**言魏以秦兵战，死亡之而不反，则张仪亦惧诛，不敢反秦也。 **鲍本**谓秦以丧兵诛之。 ⑤ **姚本**魏用秦兵战，得反之，则张仪有功于魏，故得志。得志于魏，亦不反于秦也。

鲍本惧秦疑其厚魏。 ⑥ **鲍本**去，犹舍也。仪虽为魏，犹有得秦之心。 ⑦ **姚本**高，贵也。子，谓甘茂也。 **鲍本**高，贵重也。高之者，欲茂以秦资之。正曰：刘辰翁云，不去秦，万一不行救魏也，亦必高茂之谊，高茂之忠。

司马错与张仪争论于秦惠王前

司马错[①]与张仪争论于秦惠王前。司马错欲伐蜀，张仪曰："不如伐韩。"王曰："请闻其说[②]。"

① **鲍本**秦人。 ② **姚本**钱云，"闻"旧作"问"。曾、刘、集亦作"问"。

对曰："亲魏善楚，下兵三川[①]，塞轘[②]辕、缑氏之口[③]，当屯留之道[④]，魏绝南阳[⑤]，楚临南郑[⑥]，秦攻新城、宜阳[⑦]，以临二周之郊[⑧]，诛周主[⑨]之罪，侵楚、魏之地。周自知不救，九鼎宝器必出[⑩]。据九鼎，桉图籍[⑪]，挟天子以令天下[⑫]，天下莫敢不听，此王业也[⑬]。今夫蜀，西辟之国，而戎狄之长也[⑭]，弊兵[⑮]劳众不足以成名[⑯]，得其地不足以为利。臣闻：'争名者于朝，争利者于市。'今三川、周室，天下之市朝也，而王不争焉，顾[⑰]争于戎狄，去王业[⑱]远矣。"

① **姚本**三川，宜阳也。下兵，出兵也。 ② **姚本**塞，断。 **鲍本**补曰：轘，胡贯反。 ③ **鲍本**《高纪》注，轘辕、缑氏，险道，属河南。补曰：瓒云，轘辕，险道，在缑氏东南。《索隐》云，缑氏以山为名。 ④ **姚本**屯留，今上党县。 **鲍本**属上党。补曰：《正义》云，屯留，潞州县。道，即太行羊肠坂道也。 ⑤ **姚本**魏与南阳绝也。 **鲍本**秦使之绝。 ⑥ **姚本**郑，今河南新郑也。 ⑦ **鲍本**新城属河南。补曰：《左传》僖六年注，新城，郑新密。今荥阳密也。《大事记》"白起系韩新城"引《正义》云，在洛州伊阙县。又

“秦、韩会新城”云，两周间。《地名注》引《正义》云，许州襄城县，古新城县也。按，芈戎华阳君又号新城君，则华阳在密者。此《策》以宜阳并言，地必连近，当是伊阙尔。 ⑧ **姚本**二周，东周、西周也。 ⑨ **姚本**周主，周君。 **鲍本**诛，讨也。补曰：周主谓二君。 ⑩ **姚本**自知不可复救，必出其宝器，不敢爱惜也。 ⑪ **鲍本**土地之图，人民金谷之籍。 ⑫ **姚本**令，教。 **鲍本**号令指麾之。 ⑬ **姚本**钱本作“此不世之业也”。 ⑭ **姚本**续云：《新序》“长”字作“偷”，《后语》作“伦”字。 ⑮ **鲍本**“兵”作“名”。○ 补曰：一本“名”作“兵”。 **札记**丕烈案：《史记》、《新序》皆作“兵”。 ⑯ **姚本**辟远，不足以成伯王之名。 ⑰ **姚本**顾，反也。 **鲍本**顾，还视也，故为反义。 ⑱ **姚本**曾、钱、刘无“业”字。

司马错曰：“不然。臣闻之，欲富国者[1]，务[2]广其地；欲强兵者，务富其民；欲王者，务博其德。三资者备[3]，而王随之矣[4]。今王之地小民贫，故臣愿从事于易。夫蜀，西辟之国也，而戎狄之长也，而有桀、纣之乱。以秦攻之，譬[5]如使豺狼逐群羊也。取其地，足以广国也；得其财，足以富民；缮兵[6]不伤众，而彼已服矣。故拔一国，而天下不以为暴；利尽西[7]海，诸侯不以为贪。是我一举而名实两附[8]，而又有禁暴正乱之名。今攻韩劫[9]天子，劫天子，恶名也，而未必利也，又有不义之名[10]，而攻天下之所不欲[11]，危！臣请谒[12]其故：周，天下之宗[13]室也；齐[14]，韩、周之与国也。周自知失九鼎，韩自知亡三川，则必将二国[15]并[16]力合谋，以因于齐、赵，而求解乎楚、魏[17]。以鼎与楚，以地与魏，王不能禁[18]。此臣所谓‘危’，不如伐蜀之完也[19]。”惠王曰：“善！寡人听子[20]。”

① **姚本**曾、钱、集本,“富国”作“国富”。 ② **鲍本**务,趣也。正曰:务,专力也。 ③ **鲍本**三者于国,如人之有资货。 ④ **姚本**随,从也。 ⑤ **鲍本**“譬”作“避”。○ **札记**丕烈案:《史记》、《新序》皆作“譬”。 ⑥ **鲍本**缮,补也。正曰:《左传》隐元年“缮甲兵”注,治也,训切。 ⑦ **鲍本**“西”作“四”。○ 言四方之物蜀兼有之,故苏秦于巴、蜀、汉中独曰利。补曰:一本“西海”,《新序》同。 **札记**丕烈案:《史记》亦作“西”,“四”字误。 ⑧ **鲍本**不贪暴,名也;得国,实也。 ⑨ **鲍本**劫,胁止也。 ⑩ **鲍本**韩无罪而伐之,不义也。 ⑪ **鲍本**天下皆有尊周之志。正曰:《史》,“攻天下之所不欲,危矣”。《新序》同。按,下文云“此臣所谓危”是也。今无“矣”字,则以“欲”字句;而“危”字自为句,亦奇。 ⑫ **姚本**谒,白。 ⑬ **鲍本**宗,尊也。 ⑭ **鲍本**补曰:“齐”字恐衍。 **札记**丕烈案:吴说非也。《史记》作“齐,韩之与国也”。《新序》同。读以“齐”字逗,当是。《策》文衍“周”字。 ⑮ **姚本**二国,周、韩也。 ⑯ **鲍本**并,并也。 ⑰ **鲍本**解免秦兵。 ⑱ **姚本**禁,止也。 ⑲ **姚本**必不伤败,故曰完也。 **鲍本**不虞伤败。 ⑳ **姚本**子,司马错也。

卒起兵伐蜀,十月取之,遂定蜀。蜀主更号为侯,而使陈庄①相蜀②。蜀既属③,秦益强富厚④,轻诸侯⑤。

① **姚本**续:《新序》作陈叔。 ② **姚本**陈庄,秦臣也。 ③ **鲍本**属,犹附。 ④ **姚本**厚,大也。 ⑤ **鲍本**《仪传》有,在前十年前,而《表》在后九年。谓前年议伐,后年取之。而取之,书十月,知为一年事也。今从《表》。补曰:《秦纪》与《表》合。按《甘茂传》云,张仪西并巴、蜀,当仪与错议不同。故《纪表》并言错定蜀,而《茂传》之言如此,何也?《水经》云,秦自石牛道使张仪、司马错寻路伐蜀,灭之。《华阳国志》云,蜀王伐苴侯,苴侯奔巴,求救于秦,惠文王使张仪、司马错伐蜀,灭之。是二人同往也。

张仪之残樗里疾

张仪之残[①]樗里疾也，重而使之楚[②]。因令楚王[③]为之请相于秦[④]。张子谓秦王曰："重樗里疾而使之者，将以为国交也[⑤]。今身[⑥]在楚，楚王因为请相于秦。臣闻其言[⑦]曰：'王[⑧]欲穷仪于秦乎？臣请助王[⑨]。'楚王以为然[⑩]，故为请相也。今王诚听之，彼[⑪]必以国事楚王[⑫]。"秦王大怒，樗里疾出走[⑬]。

① **姚本**残，害也。 ② **鲍本**重，犹贵。贵之者，欲使楚亦贵重之。③ **鲍本**怀。 ④ **姚本**请使秦用樗里疾为相也。 ⑤ **鲍本**结两国之交。⑥ **鲍本**疾之身。 ⑦ **鲍本**闻疾之言，盖诬之也。 ⑧ **鲍本**楚王。 ⑨ **姚本**斯言，樗里子言也，张仪诬樗里疾以自解说也。 ⑩ **鲍本**补曰："为然"之"为"，如字，余去声。 ⑪ **姚本**彼，谓樗里疾也。 ⑫ **姚本**钱、刘作"楚矣"。 ⑬ **姚本**走，奔也。

张仪欲以汉中与楚

张仪欲以汉中与楚[①]，请[②]秦王曰："有汉中，蠹[③]。种树不处[④]者，人必害之；家有不宜之财，则伤[⑤]本[⑥]。汉中南边为楚利，此国累也[⑦]。"甘茂谓王曰："地大者，固[⑧]多忧乎！天下有变[⑨]，王割汉中以为[⑩]和楚[⑪]。楚必畔[⑫]天下而与王[⑬]。王今以汉中与楚，即天下有变，王何以市楚也？"

① **鲍本**惠十三年，取楚汉中。 ② **鲍本**补曰："请"当是"谓"字。③ **姚本**蠹，害也。 **鲍本**蠹，木中虫也。言为国害。 ④ **鲍本**言非其所。⑤ **姚本**伤，亦害也。 **鲍本**非所宜得，得之，必有祸。 ⑥ **鲍本**"本"作"今"。○ 正曰：自"有汉"止"伤本"有殽舛。疑当云，"种树不处则伤本，

家有不宜之财者，人必害之”。 **札记**今本“本”作“今”，乃误涉鲍也。鲍改“本”为“今”。丕烈案：此有误，但所改未是。吴氏正读“本”字上属。以为自“有汉”止“伤本”有殽舛，亦未是。 ⑦ **姚本**累，忧也。 ⑧ **姚本**固，必也。 **鲍本**言不然。 ⑨ **鲍本**谓害于秦。 ⑩ **姚本**一本无“为”字。⑪ **鲍本**“以为和楚”作“以楚和”。〇 补曰：一本“王割汉中以为和楚”，姚注一无“为”字，此作“以楚和”，殽次也。 ⑫ **鲍本**畔，犹背。 ⑬ **姚本**与王相亲也。

楚攻魏张仪谓秦王

楚①攻魏。张仪谓秦王②曰：“不如与魏以劲之③，魏战胜，复听于秦④，必入西河之外⑤；不胜，魏不能守，王必取之⑥。”

① **姚本**楚威王也。 ② **姚本**秦惠王也。 ③ **姚本**与，犹助也。劲，强也。 ④ **姚本**钱、刘作“魏战胜，德于秦”。 ⑤ **姚本**西河，魏邑。之外，近秦，故必以与秦也。 **鲍本**《禹贡》，西河属雍州，此时属魏。子夏老于西河之上是也。补曰：盖主冀之西而言。《正义》云，同、华等州。 ⑥ **姚本**取之河西。 **鲍本**自取河外。

王用仪言，取皮氏①卒万人，车百乘，以与魏。犀首②战胜威王③，魏兵罢弊④，恐畏秦，果献⑤西河之外⑥。

① **姚本**皮氏，魏邑。 **鲍本**皮氏属河东，魏地也。今秦于此取卒与车，岂丧地七百里时入秦邪？补曰：《正义》云，皮氏在绛州龙门县西。 ② **姚本**犀首，公孙衍也。 **鲍本**公孙衍也，阴晋人。司马彪曰，犀首，魏官，若今虎牙将军。补曰：按《年表》，阴晋人犀首为大良造，则非官名。而《韩策》，

樛留以犀首、张仪并言，何为一人独以官称乎？恐犀首或姓名也。魏亦有犀武。说又见《卫策》。 ③ **鲍本**楚。 ④ **鲍本**“罢”，“疲”同。 ⑤ **姚本**献，致也。 ⑥ **鲍本**魏襄五年，入秦河西地，此前八年也，仪时为客卿。魏七年纳上郡，此前十年也，仪时为相。正曰：惠后五年。补曰：此章称楚威王，威王在位凡十一年，攻魏事，《史》无见。《年表》，十一年，魏败我陉山，因丧来伐。是岁，秦取魏皮氏。明年入上郡于秦，而西河滨洛之地尽。皆楚威死后也。陉山前一年，魏入少梁河西地于秦，岂是时楚、魏已构兵乎？

田莘之为陈轸说秦惠王

田莘[1]之为陈轸[2]说秦惠王曰：“臣恐王之如郭君[3]。夫晋献公欲伐郭，而惮舟之侨[4]存。荀息[5]曰：‘《周书》有言，美女破舌[6]。’乃遗之女乐，以乱其政。舟之侨谏而不听，遂去[7]。因而伐郭，遂破之。又欲伐虞[8]，而惮宫之奇[9]存。荀息曰：‘《周书》有言，美男破老[10]。’乃遗之美男，教之恶宫之奇。宫之奇以谏而不听，遂亡[11]。因而伐虞，遂取之。今秦自以为王[12]，能害王者[13]之国者，楚也。楚智[14]横[15]君之善用兵[16]，用兵与陈轸之智，故骄[17]张仪以五国[18]。来，必恶[19]是二人[20]。愿王勿听也。”张仪果来辞，因言轸也，王怒而不听。

① **鲍本**“莘”作“华”。○ 补曰：一本“田莘”。 ② **姚本**陈轸，夏人，仕齐亦仕楚也。 **鲍本**二皆齐姓。 ③ **姚本**古文言虢也。 **鲍本**郭，虢同。属扶风。正曰：《路史》云，北虢，仲后也，在大阳，今陕州西。西虢，仲之封，在岐。东迁自此之上阳为南虢。东虢，叔之封制也，今郑之荥阳。按此《策》所指者北虢也。 ④ **姚本**舟之侨，郭大夫也。 **鲍本**惮，难之也。⑤ **姚本**荀息，晋大夫也。 ⑥ **鲍本**破，坏其事。舌，指谏臣。 ⑦ **姚本**

《传》曰，舟之侨谏而不从，以其孥适西山(一本有“也”字)。 **鲍本**闵二年奔晋。 ⑧ **鲍本**属河东大阳。 ⑨ **姚本**宫之奇，虞大夫也。 ⑩ **鲍本**老成人。补曰：《汲冢周书》，“美男破老，美女破舌，武之毁也”。注云，所以毁敌也。《修文御览》引《周书》作“美男破产，美女破居”。 ⑪ **姚本**亡去适秦。 **鲍本**《左氏》不言其亡。 ⑫ **姚本**惠王，孝公子也。始僭尊号为王，故曰“自以为王”。 **鲍本**时亦未王，谓其欲之。 ⑬ **姚本**一本无“者”字。**鲍本**因其有自王之志，故称之曰“王者”。 ⑭ **姚本**一本作“知”字。 **鲍本**“智”作“知”。〇 ⑮ **姚本**一本有“门”字。横门君，秦将。 **鲍本**原作“横君”，注有“门”字，知为脱文。盖秦将也。 **札记**“横”下有“门”字。 ⑯ **姚本**钱、刘只一“用兵”字。 **鲍本**下衍“用兵”二字。 ⑰ **姚本**骄，宠也。⑱ **鲍本**言楚使韩、魏、赵、燕、齐以事属之，以重其权。按仪初游楚，楚相笞之，后相楚，乃为秦间耳。楚无骄之之事，今云然，因其自楚来，间之耳。⑲ **鲍本**恶，言其恶也。 ⑳ **姚本**二人，横门君、陈轸也。

张仪又恶陈轸于秦王〔校一〕

〔校一〕此篇姚本与《田莘之为陈轸说秦惠王》连篇，鲍本另列一篇，据文义，从鲍本。

张仪又恶陈轸于秦王，曰：“轸驰楚、秦之间①，今楚②不加善秦而善轸③，然则是轸自为而不为国也。且轸欲去秦而之楚，王何不听乎④？”

① **姚本**一本作“驰走秦、楚之间”。钱、刘作“驰楚”。 **鲍本**“楚秦”作“秦楚”。〇 **札记**丕烈案：《史记》作“秦、楚”。 ② **鲍本**“楚”作“遂”。〇补曰：一本“今楚不加”。 **札记**丕烈案：《史记》作“楚”。 ③ **鲍本**言楚善之。 ④ **姚本**听，察也。 **鲍本**听，犹许。

王谓陈轸曰："吾闻子欲去秦而之楚，信乎？"陈轸曰："然。"王曰："仪之言果信也。"曰："非独仪知之也，行道之人皆知之。曰：'孝己[①]爱其亲，天下欲以为子；子胥[②]忠乎[③]其君，天下欲以为臣。卖仆妾售[④]乎闾巷者，良[⑤]仆妾也；出妇嫁乡曲[⑥]者，良妇也。'吾不忠于君，楚亦何以轸为忠乎[⑦]？忠且见弃，吾不之楚，何适乎？"秦王曰："善。"乃必之也[⑧]。[⑨]

① **姚本**孝己，殷王高宗戊丁之子也。 **鲍本**《世纪》，殷高宗有贤子孝己，母早死，高宗惑后妻之言，放之而死。补曰：《尸子》云，孝己事亲，一夜而五起，视衣厚薄、枕之高下也。 ② **姚本**子胥，楚王大夫伍奢之子。平王杀伍奢，子胥奔吴，为阖闾、夫差臣。 **鲍本**伍子胥，楚人，平王杀其父奢，胥奔吴。吴王夫差败越于夫椒，越王勾践求委国为臣妾，夫差将许之，胥谏不听。后吴伐齐，胥谏请释齐先越，太宰嚭谗之，赐剑以死。 ③ **姚本**钱、刘无"乎"字，集有。 ④ **鲍本**售，卖去乎也。 ⑤ **鲍本**良，善也。 ⑥ **鲍本**曲，里之一曲，如韦曲、杜曲。 ⑦ **姚本**钱、刘本无"乎"字。 ⑧ **鲍本**"必"作"止"，无"也"字。○ **札记**今本"必"作"止"。 ⑨ **鲍本**《轸传》有。

陈轸去楚之秦

陈轸去楚之秦[①]。张仪谓秦王[②]曰："陈轸为王臣，常以国情输楚[③]。仪不能与从事，愿王逐之。即复之楚，愿王杀之。"王曰："轸安敢之楚也。"

① **鲍本**言"去楚"者，本其始。仕秦之时，自楚来也，自为"输楚"张本。 ② **姚本**秦惠王也。 ③ **姚本**输，语也。 **鲍本**情，谓国事之隐者。补曰：情，实也。输，写也。输写以告之。

王召陈轸告之曰："吾能听子言[①]，子欲何之[②]？请为子车约[③]。"对曰："臣愿之楚。"王曰："仪以子为之楚，吾又自知子之楚。子非楚，且[④]安之也！"轸曰："臣出，必故之楚，以顺[⑤]王与仪之策[⑥]，而明臣之楚与不[⑦]也。楚人有两妻者，人誂[⑧]其长者[⑨]，詈[⑩]之；誂其少者，少者许之。居无几何[⑪]，有两妻者死。客谓誂者曰：'汝取长者乎？少者乎[⑫]？''取长者[⑬]。'客曰：'长者詈汝，少者和[⑭]汝，汝何为取长者？'曰：'居彼人之所，则欲其许我也。今为我妻，则欲其为我[⑮]詈人也[⑯]。'今楚王[⑰]明主也，而昭阳贤相也[⑱]。轸为人臣，而常以国[⑲]输楚王[⑳]，王必不留臣，昭阳将不与臣从事矣。以此明臣之楚与不[㉑]。"

① **鲍本**无"言"字。〇 ② **姚本**言欲何之适也。曾作"子欲何适"。③ **姚本**约，具也。 **鲍本**"车约"作"约车"。〇 约，缠束之。正曰：高注，具也。盖约束戒令之。《策》多有。 **札记**今本"车约"作"约车"。丕烈案："约车"是也。 ④ **鲍本**"且"作"宜"。〇 补曰：一本"且安之也"。⑤ **姚本**顺，从。 ⑥ **姚本**策，谋。 **鲍本**策，谓其所筹度。 ⑦ **鲍本**"不"作"否"。〇 此"之"即所谓以国情输楚。正曰："故之楚"之"之"，往也；"之楚与否"之"之"，语助也。下同。 ⑧ **姚本**续：《后语》作"挑"。 **鲍本**誂，相呼诱也。补曰：《后语》作"挑"，徒了反。 ⑨ **姚本**一本更有"长者"二字。 ⑩ **鲍本**詈，骂也。 ⑪ **鲍本**时不久也。 ⑫ **姚本**一本有"曰"字。⑬ **鲍本**誂者对也。 ⑭ **鲍本**和，犹应。 ⑮ **鲍本**无"我"字。〇 ⑯ **鲍本**以国情输楚，犹许者也。轸诚有此，则今之楚，楚必不欲也。补曰："许我"、"詈之"云云，《后汉·冯衍传》有。 ⑰ **鲍本**怀。 ⑱ **姚本**昭阳，姓名也，楚怀王之相也。 ⑲ **鲍本**"国"下补"情"字。〇 补曰："国"下当有"情"字。 ⑳ **姚本**"王"，刘作"楚"。 **鲍本**"王"作"楚"。〇 **札记**属下读。

㉑ **鲍本**之,亦犹于。

轸出,张仪入,问王曰:“陈轸果安之?”王曰:“夫轸天下之辩士也,孰[①]视寡人曰:‘轸必之楚。’寡人遂无奈何也。寡人因问曰:‘子必之楚也,则仪之言果信矣!’轸曰:‘非独仪之言也[②],行道之人皆知之。昔者子胥忠其君,天下皆欲以为臣;孝己爱其亲,天下皆欲以为子。故卖仆妾不出里巷而取者,良仆妾也;出妇嫁于乡里者,善妇也。臣不忠于王,楚何以[③]轸为[④]?忠尚见弃[⑤],轸不之楚,而何之乎[⑥]?’”王以为然,遂善待之[⑦]。

① **鲍本**“孰”作“熟”。○ 补曰:“孰”,“熟”通。《说文》“生熟”字,本但作“孰”,后人加“火”以别之。 ② **鲍本**无“也”字。○ ③ **姚本**欲为臣乎。 ④ **姚本**一本更添一“忠”字。 ⑤ **鲍本**“尚”作“且”,“且”上补“忠”字。○ 补曰:《史》复有“忠”字,是。 **札记**丕烈案:鲍、吴皆非。《史记·陈轸传》所载乃上一篇,与此文不同也。读此,当以“楚何以轸为”作一句,“忠尚见弃”别为一句。高注云“欲为臣”,是上句之解,当本在下,错在“轸”字上,遂不可晓。注末有一“乎”字,或本在正文“为”字下,今本初刻误以此四字皆入正文,改刻仍皆作注。 ⑥ **姚本**集与此本同。曾,“臣不忠于王,楚何以为臣乎?轸为忠见弃,轸不之楚,而何之乎”? ⑦ **鲍本**此一事再出,著书者以所闻驳异也。彪谓:轸之辩类捷给,而其所称譬,皆当于人心,不诡于正论。周衰,辩士未有若轸之绝伦离群者也。正曰:秦为无道,鲁仲连不肯帝,孔子顺义不入,彼诚豪杰之士已。轸往来其间,其居秦也,又与张仪争宠,鄙哉。虽其为楚谋也多,而终不能以善楚也。“之楚”之对,辩给不诡于正,犹为彼善于此耳。补曰:《大事记》,显王四十一年,秦陈轸奔楚。《解题》引《策》文自“卖仆妾”以下止“之乎”,云轸居秦期年,惠王终相张仪,而轸奔。

战国策卷四

秦　二

齐助楚攻秦

齐助楚攻秦，取曲沃[①]。其后，秦欲伐齐[②]，齐、楚之交善[③]，惠王患之，谓张仪曰："吾欲伐齐，齐、楚方欢，子为寡人虑之，奈何[④]？"张仪曰："王其为臣约车并币[⑤]，臣请试之[⑥]。"

① **姚本**曲沃，晋桓叔所封也，在今弘农县东三十五里，道北曲沃城是。战国时秦兼有之，故齐助楚攻秦取之也。　**鲍本**晋桓叔所封，汉属河东，为闻喜。此时属秦，与上取皮氏卒同义。　② **姚本**伐齐，报曲沃也。　③ **姚本**善，犹亲也。　④ **姚本**虑，计也。　⑤ **鲍本**言并，则币非一物。正曰：并，合也。　⑥ **姚本**约，具也。币，货。试，犹尝视也。　**鲍本**不自必之辞。

张仪南见楚王[①]曰："弊邑之王所说[②]甚者，无大[③]大王[④]；唯仪之所甚愿为臣者，亦无大大王[⑤]。弊邑之王所甚憎者，亦[⑥]无先[⑦]齐王[⑧]；唯仪之[⑨]甚憎者，亦无大[⑩]齐王。今齐王之罪，其于弊邑之王甚厚[⑪]，弊邑欲伐之，而大国与之欢[⑫]，是以弊邑之王不得事令[⑬]，而仪不得为臣也。大王苟能闭关绝齐[⑭]，臣请使秦王献商於之地[⑮]，方六百里。若此，齐必弱[⑯]，齐弱则必为王役[⑰]矣。则是北弱齐，西德于秦[⑱]，而私商於之地以为利也[⑲]，则此一计而三利俱至。"

① **姚本**楚怀王也。 ② **姚本**说，敬也。 ③ **鲍本**大，犹过。 ④ **姚本**大王，楚王也。 ⑤ **姚本**唯，独也。愿为王臣，无有与大王比者也。 **鲍本**唯，辞也。《传》称往相楚是也。 ⑥ **鲍本**衍"亦"字。补曰：疑衍。 **札记**丕烈案：《史记》无"亦"字。 ⑦ **鲍本**"先"作"大"。○ **札记**丕烈案："大"字当是。 ⑧ **姚本**齐威王也。 **鲍本**闵。 ⑨ **鲍本**"甚"上补"所"字。○ **札记**今本"甚"上有"所"字，乃误涉鲍也。丕烈案：《史记》有。 ⑩ **札记**今本"大"作"先"。丕烈案：《史记》四字皆作"先"，当是。与《策》文皆作"大"者不同也。 ⑪ **姚本**厚，重也。 **鲍本**言得罪于秦重也。 ⑫ **姚本**欢，犹合也。 ⑬ **姚本**令，善也。不得善事于楚王也。 **鲍本**事，犹听从。 ⑭ **姚本**苟，诚也。关，楚北方城之塞也。绝齐欢合之交也。 ⑮ **姚本**商於，秦邑。献，贡也。 **鲍本**《楚记》注，在今顺阳郡南乡、丹水二县，有商城在于中，故名。弘农商县是也。 ⑯ **姚本**齐无援必弱也。 **鲍本**失楚援故。 ⑰ **鲍本**"役"作"没"。○ 补曰：役，言为楚役使。 ⑱ **鲍本**秦因楚绝齐，得报曲沃之役，楚之惠也。 ⑲ **姚本**曾，一作"己利"。钱、刘，一作"利"也。德，恩也。楚与齐绝，为施恩德于秦，私得秦地以为己利也。

楚王大说，宣①言之于朝廷，曰："不穀得商於之田，方六百里。"群臣闻见者毕贺②，陈轸③后见，独不贺。楚王曰："不穀不烦一兵，不伤一人，而得商於之地六百里，寡人自以为智矣！诸士大夫皆贺，子独不贺，何也？"陈轸对曰："臣见商於之地不可得，而患必至也，故不敢妄贺④。"王曰："何也？"对曰："夫秦所以重王者，以王有齐也。今地未可得而齐先绝，是楚孤也⑤，秦又⑥何重孤国？且先出地绝齐，秦计必弗为也。先绝齐后责地，且必受欺于张仪⑦。受欺于张仪，王必惋之⑧。是西生秦患，北绝齐交，则两国⑨兵必至矣。"楚王不听，曰："吾事善矣！子其弭口无言⑩，以待吾事⑪。"楚王使人绝齐，使者未来⑫，又重绝之。

① **姚本**宣，偏也。 ② **姚本**毕，尽。 **鲍本**"田"作"地"。○ ③ **姚本**轸仕楚，为楚怀王臣。 **鲍本**时去秦在楚。 ④ **姚本**妄，犹空也。 ⑤ **鲍本**无援故。 ⑥ **姚本**曾、钱、刘"夫秦有"。 ⑦ **姚本**言张仪必欺王也。 **鲍本**言仪必背约。 ⑧ **鲍本**惋，犹恨。 ⑨ **姚本**两国，秦与齐也。 ⑩ **姚本**弭，止。 **鲍本**《集韵》，弥，止也，通作"弭"。 ⑪ **鲍本**轸之策此，可谓明矣，而怀王不听，愚而好自用者也。其死秦，宜哉！ ⑫ **姚本**来，犹还也。

张仪反①，秦使人使齐，齐、秦之交阴合②。楚因使一将军受地于秦。张仪至③，称病不朝。楚王曰："张子以寡人不绝齐乎？"乃使勇士往詈齐王④。张仪知楚绝齐也，乃出见使者曰："从某至某，广从⑤六里。"使者曰："臣闻六百里，不闻六里。"仪曰："仪固以小人⑥，安得六百里？"使者反报楚王，楚王大怒，欲兴师伐秦。陈轸曰："臣可以言乎⑦？"王曰："可矣。"轸曰："伐秦非计也，王不如因而赂之一名都⑧，与之伐齐⑨，是我亡于秦而取偿于齐也⑩。楚国不尚全事⑪。王今已绝齐，而责欺于秦，是吾合齐、秦之交也，固⑫必大伤⑬。"

① **姚本**反，还也。 **鲍本**绝句。 ② **姚本**阴，私也。 ③ **鲍本**前反而今至也。 ④ **姚本**詈，骂也。 ⑤ **姚本**钱、刘作"从"。曾一作"袤"。 **鲍本**横度为广，直为从。 ⑥ **鲍本**小人，贫窭之称，言不能多与。 ⑦ **姚本**王初使弭口，今可以言未也。 ⑧ **姚本**名，大也。都，邑。 **鲍本**无"因而"二字。○ 都邑有闻于时者。 **札记**丕烈案：《史记》，"不如因赂之一名都"。 ⑨ **姚本**与秦俱伐齐也。 ⑩ **姚本**言失邑于秦，而大得报偿于齐

也，故曰“是我亡于秦也”。　**鲍本**偿，还也。言胜齐则得地，虽亡所赂，足以相偿。　⑪ **姚本**不尚，尚也。全，空也。“事”，一云“乎”。　**鲍本**不尚，尚也，言无所丧。正曰：高注，“事”一云“乎”，“乎”字是。　⑫ **姚本**曾“固”作“国”。　**鲍本**“固”作“国”。○　补曰：《史》作“国”。　⑬ **姚本**伤，病也。

楚王不听①，遂举兵伐秦②。秦与齐合，韩氏从之③。楚兵大败于杜陵④。故楚之土壤士民非削弱，仅⑤以救亡者，计失于陈轸⑥，过⑦听于张仪⑧。

① **鲍本**是亦明计也而不听，是以知楚王之悍也。彼岂能用屈原哉！　② **鲍本**正曰：《史》云“使屈句将”。　③ **姚本**韩王见齐、秦合为一，故复合之也。　④ **姚本**杜陵，楚邑。　**鲍本**属京兆。　⑤ **鲍本**《集韵》，仅，劣也。　⑥ **姚本**仅，犹裁。得不灭大者，坐不从陈轸之计故也。　⑦ **姚本**过，误也，听于张仪之欺六百里地。　⑧ **鲍本**《记》怀十六年有，此十二年也。补曰：张仪商於之欺，虽竖子犹能知之，以陈轸之智，固不为难也。仪之肆意而无忌者，知怀王之愚，而轸之言必不入也。不然，他日楚之请，仪将惧其甘心焉。而仪请自往，卒不能害，岂非中其所料也哉！　洪迈云，赂秦攻齐，《策》尤乖谬不义。齐本与国，宜割地致币，卑词谢罪，复求其援，而反欲攻之，轸说谬矣。“子为”、“为臣”之“为”，“使者”、“使齐”之“使”，并去声。

楚绝齐齐举兵伐楚

楚绝齐，齐举兵伐楚。陈轸谓楚王①曰：“王不如以地东解于齐，西讲②于秦。”

① **鲍本**怀。　② **鲍本**补曰：讲，当从“媾”读，说见前。

楚王使陈轸之秦，秦王谓轸曰："子秦人也①，寡人与子故也②，寡人不佞③，不能亲国事也④，故子弃⑤寡人事楚王。今齐、楚相伐⑥，或谓救之便，或谓救之不便⑦，子独不可以忠为子主计⑧，以其余为寡人乎⑨？"陈轸曰："王独不闻吴人之游⑩楚者乎？楚王⑪甚爱之，病⑫，故使人问之⑬，曰⑭：'诚病乎？意亦思乎⑮？'左右曰：'臣不知⑯其思与不思，诚思则将吴吟⑰。'今轸将为王吴吟⑱。王不闻夫管与之说乎⑲？有两虎诤⑳人而斗者㉑，管庄子将刺之㉒，管与止之曰：'虎者，戾虫㉓；人者，甘饵也㉔。今两虎诤人而斗，小者必死，大者必伤。子待伤虎而刺之，则是一举而兼㉕两虎也。无刺一虎之劳，而有刺两虎之名㉖。'齐、楚今战，战必败㉗。败㉘，王起兵救之，有救齐之利，而无伐楚之害㉙。计听知覆逆者㉚，唯王可也。计者，事之本也；听者，存亡之机㉛。计失而听过，能有国者寡也㉜。故曰：'计有一二者难悖也㉝，听无失本末者难惑㉞。'"㉟

① **姚本**轸先仕于秦，故言秦人也。 ② **姚本**故，旧。 ③ **鲍本**佞，高才也。 ④ **姚本**亲，犹知也。 **鲍本**弟亲治国。 ⑤ **姚本**弃，去也。 ⑥ **鲍本**《轸传》言韩、魏。 ⑦ **姚本**便，利也。 ⑧ **鲍本**主，怀王。 ⑨ **姚本**以余计为寡人计也。 ⑩ **姚本**游，仕也。 ⑪ **鲍本**楚先王。 ⑫ **鲍本**吴人。 ⑬ **鲍本**楚王使问。 ⑭ **鲍本**使者还，主问之。 ⑮ **姚本**思，思吴乎？ ⑯ **鲍本**"不"作"又"。○ 注家说"有"为"又"，则"又"亦"有"也。此言有以知之。正曰：刘辰翁云，"又知"犹"安知"。愚谓，终缺"安"字。按姚本作"不知"，是。 ⑰ **姚本**吟，歌吟也。 **鲍本**作吴人呻吟。 ⑱ **鲍本**言不忘秦。 ⑲ **姚本**曾"管"作"下"。管，姓也。说，言也。 **鲍本**《轸传》作"馆竖子"。 ⑳ **姚本**一作"争"。 **鲍本**"诤"作"争"。○ 补曰：字与"争"

通，下同。　**札记**丕烈案：《史记》作“争”。　㉑ **鲍本**无“者”字。〇　㉒ **鲍本**《传》“管”作“卞”。刺，有伤也。补曰：《索隐》引《策》作“馆”。馆，谓逆旅舍，其人字庄子。　**札记**丕烈案：今《史记》作“辨”。《索隐》又云，或作“卞”。吴氏所引《索隐》，《困学纪闻》引同。今王震泽本如此，与单本不同，单本不引《战国策》正文，即作“馆庄子”。此文下“管与止之”，《史记》作“馆竖子止之”。当依单本为是。乃《史记》作“馆”，《策》文作“管”也。　㉓ **姚本**戾，贪也。　**鲍本**戾，犹暴。　㉔ **鲍本**无“也”字。〇　以饼饵喻之。㉕ **姚本**兼，得也。　㉖ **姚本**刺，杀也。　㉗ **鲍本**必有一败。　㉘ **姚本**钱、刘，一无下“败”字。　㉙ **姚本**害，危也。　**鲍本**今详秦王言“为子主计”，则以齐、楚正相伐故也。今轸言“无伐楚”，亦并以忠为主也。　㉚ **鲍本**能计善听，知二国之覆逆。覆逆，言不顺于理。正曰：覆，谓反复；逆，谓逆料。“覆”即下文“一二”；“逆”即下文“本末”。　㉛ **姚本**机，要也。　**鲍本**机主发矢，喻事之要也、先也。　㉜ **姚本**寡，少也。　㉝ **姚本**悖，误也。一本无“也”字。　**鲍本**无“也”字。〇　“一二”，言反复计之。《集韵》，悖，乱也。㉞ **姚本**惑，乱也。　**鲍本**《轸传》有。无“计听”。补曰：蒯通说韩信曰，“听者事之候也，计者事之机也。听过计失而能久安者鲜矣。听不失一二者不可乱以言，计不失本末者不可纷以辞”。　㉟ **鲍本**轸为是媾于秦，而劝秦收齐、楚之敝，岂所以忠为主哉？或疑《史》作韩、魏者，是。考秦惠时，唯十三年，韩举赵护帅师与魏战，败绩。去楚绝齐时远甚，他不见韩、魏相攻事。且《策》言甚明。窃意楚已遣人解齐，轸之媾秦，欲其不助齐耳。当识其意，不可泥于辞也！

秦惠王死公孙衍欲穷张仪

秦惠王死，公孙衍[①]欲穷[②]张仪。李雠[③]谓公孙衍曰：“不如召甘茂于魏，召公孙显[④]于韩，起[⑤]樗里子于国。三人者，皆张仪[⑥]之雠也[⑦]，公用之，则诸侯必见张仪之无秦矣！”[⑧]

① **姚本**公孙衍，魏人也，仕于秦，当六国时号曰犀首。 ② **姚本**穷，困也。 ③ **姚本**李雠，秦人也。 **鲍本**秦人。正曰：李雠，据高注，此无据。 ④ **鲍本**秦人。 ⑤ **姚本**起，犹举也。 ⑥ **鲍本**“仪”作“子”，下句同。○ ⑦ **姚本**雠，仇也。 ⑧ **姚本**公，谓公孙衍。用此三人，则诸侯知张仪无权宠于秦（一下有“也”字）。

义渠君之魏

义渠君[①]之[②]魏，公孙衍谓义渠君曰：“道远，臣不得复过矣[③]，请谒事情[④]。”义渠君曰：“愿闻之。”对曰：“中国无事于秦[⑤]，则秦且烧焫获君之国[⑥]；中国为有事[⑦]于秦，则秦且轻[⑧]使重币，而事君之国也[⑨]。”义渠君曰：“谨闻令[⑩]。”

① **姚本**义渠，西戎之国名也。 **鲍本**西戎也，北地郡有义渠道。 ② **姚本**之，至也。 ③ **姚本**过，见也。 **鲍本**不复相过。 ④ **姚本**谒，告也。情，实也。言义渠君道里长远，不能复得相（“相”一本作“数”）见也，请告事之情实。 **鲍本**谒，白也。情，犹实。 ⑤ **姚本**无征伐之事于秦也。 ⑥ **姚本**烧焫，犹灭坏。灭坏君国也（钱止一“灭坏”字）。 **鲍本**焫，亦烧也。言火其国以得其地。补曰：“焫”即“爇”。 ⑦ **鲍本**事，皆谓战。 ⑧ **鲍本**轻，言其行疾。 ⑨ **姚本**将致重币，求援助于义渠国也。 **鲍本**此事君之事。 ⑩ **姚本**闻，犹受也。令，教也。 **鲍本**令，犹命。

居无几何，五国伐秦[①]。陈轸谓秦王曰：“义渠君者[②]，蛮夷之贤君，王不如赂之以抚[③]其心。”秦王曰：“善。”因以文绣千匹，好女百人，遗[④]义渠君。

① **姚本**五国，齐、宋、韩、魏、赵也。 **鲍本**后七年，韩、赵、魏、燕、齐共

攻秦。 ② **鲍本**无“者”字。○ **札记**丕烈案：《史记》有。 ③ **姚本**抚，安也。 ④ **鲍本**遗，赠也。

义渠君致[①]群臣而谋曰：“此乃公孙衍之所谓[②]也。”因起兵袭秦，大败秦人于李帛[③]之下。[④]

① **鲍本**致之使至。 ② **姚本**谓，犹言也。 ③ **姚本**李帛，秦邑。 **鲍本**《史·张仪传》末有此《策》，“帛”作“伯”，地缺。《平原传》注，河内成皋有李城。岂秦兵与诸国遇于此而见败邪？正曰：《正义》云，怀州温县本李城也，李同父所封。按，赵救邯郸时，同战死，封其弟为李侯。意者因此号李城，事在后。且此云李帛，必非。秦既攻五国，不胜而走，秦兵不应至怀。是时诸侯连匈奴，秦恐义渠因而有变，故赂以和之。义渠之袭，必次于五国之后，恐非与诸国遇时也。 ④ **鲍本**补曰：按《史》，犀首相魏，张仪去，犀首闻仪复相秦，害之，乃谓义渠君云云。且五国伐秦，事在惠文后七年，次年魏因仪请成于秦，仍复相秦，则此时仪未为秦相也。仪自惠文后三年出相魏，至今在魏，衍不相，则仪必不去也。故《大事记》谓，伐秦之役，仪在魏，阴为秦用；而又谓衍与义渠语，其相魏之后，盖亦不能无疑。岂仪去魏之秦，犀首知其必相而害之欤？又按，《秦纪》书韩、赵、魏、燕、齐帅匈奴伐秦；《年表》，韩、魏、赵、楚、燕五国伐秦不胜；《楚世家》书苏秦约从六国共攻秦，楚怀王为从长，至函谷关，秦击之，六国皆引归，齐独后。互有不同。《通鉴》据《年表》，《大事记》据《楚世家》。按《楚世家》特详者，以从长故，当以为正。《年表》诸国皆书不胜，齐独后而不败，故略不书欤？《纪》不书楚者，岂以《世家》文已明欤？修鱼之战，虏韩申差，《年表》在次年，而纪于此连书之，则《纪》诚有误也。高注五国作齐、宋、韩、魏、赵，尤误。

医扁鹊见秦武王

医扁鹊[①]见秦武王[②]，武王示[③]之病，扁鹊请除[④]。左右曰："君之病，在耳之前，目之下，除之未必已也，将使耳不聪，目不明。"君以告扁鹊。扁鹊怒而投其石⑤："君与知之⑥者谋之，而与不知者败之。使此⑦知秦国之政也，则君一举而亡国矣。"⑧

① **姚本**扁鹊，卢人也，字越人。　**鲍本**卢人，字越人。正曰：鲍本高注。《史》，渤海郡郑人，姓秦氏，名越人。徐广云，郑当为鄚。《正义》云，又家于卢，号卢医。按《周礼·释文》引《史记》，姓秦，名少齐，越人。今《史》无"少齐"字，恐《释文》为是，彼时所见本未缺也。"越人"似非名字。② **姚本**武王，惠王子也。　③ **姚本**示，语也。　④ **姚本**除，治也。　**鲍本**欲去其病。　⑤ **姚本**刘本"石"下有"曰"字。投，弃也。石，砭；所以砭弹人臃肿也（"臃"曾作"痈"）。　**鲍本**"石"下补"曰"字。○　砭也，所以砭弹臃肿。正曰：此亦本高注。石针曰"砭"，所以刺病。投，弃掷也。　⑥ **姚本**一本无"之"字。　⑦ **鲍本**此，如此。　⑧ **鲍本**按：扁鹊与赵简子同时，至是百三十年矣。正曰：简子在晋昭、顷、定公时，周景王、敬王之世也。秦武王元年当赧王五年，相去二百余年，名字必差。

秦武王谓甘茂

秦武王谓甘茂曰："寡人欲车通三川，以窥周室①，而寡人死不朽乎②？"甘茂对曰："请之魏，约伐③韩。"王令向寿④辅⑤行。

① **姚本**三川，义阳川。周室，洛邑，王城也，今河南县也。　**鲍本**窥，窥同，小视也。周室，洛邑。盖欲取之，不正言尔。言三川，知其志不止镐京也。正曰：三川，宜阳。说见《周策》。《大事记》，盖控扼之地，故秦武云云。② **姚本**"乎"一作"矣"。　**鲍本**补曰："乎"《史》作"矣"。　**札记**今本"朽"作

“朽”。 ③ **札记**今本“伐”误“代”。 ④ **鲍本**宣太后外族。 ⑤ **姚本**辅，副介也。 **鲍本**辅，犹副。

甘茂至魏，谓向寿：“子归告王曰：‘魏听[①]臣矣，然愿王勿攻也。’事成，尽以为子功[②]。”向寿归以告王，王迎甘茂于息壤[③]。

① **姚本**听，从。 ② **鲍本**补曰：茂欲寿告王勿攻，王必疑其故，而茂得以荐其言，故曰“事成尽以为子功”。《大事记》云，寿，武王所亲幸，故茂以诿之。 ③ **姚本**息壤，秦邑也。 **鲍本**《山海经》，鲧窃息壤以堙洪水；《时则训》，于中央言息壤堙洪水之州；而柳子厚言永州有之。则息壤非一处，此秦地也。

甘茂至，王问其故[①]。对曰：“宜阳，大县也，上党、南阳[②]积之久矣[③]，名为县，其实郡也[④]。今王倍[⑤]数险，行千里[⑥]而攻之，难矣。臣闻张仪西并[⑦]巴、蜀之地，北取西河之外，南取上庸[⑧]，天下不以为多张仪[⑨]而贤先王[⑩]。魏文侯令乐羊将，攻中山[⑪]，三年而拔之，乐羊反而语功[⑫]，文侯示之谤书一箧，乐羊再拜稽首曰：‘此非臣之功，主君之力也。’今臣羁旅之臣也[⑬]，樗里疾、公孙衍[⑭]二人者，挟韩而议[⑮]，王必听之，是王欺魏，而臣受公仲侈[⑯]之怨也。昔者曾子处费[⑰]，费人有与曾子同名族[⑱]者而杀人，人告曾子母曰：‘曾参杀人。’曾子之母曰：‘吾子不杀人。’织自若[⑲]。有顷焉，人又曰：‘曾参杀人。’其母尚织自若也。顷之，一人又告之曰：‘曾参杀人[⑳]。’其母惧，投杼[㉑]逾墙而走[㉒]。夫以曾参之贤，与母之信也，而三人疑之[23]，则慈母不能信也[24]。今臣之贤不及曾子，而王之信臣又未若曾子之母也，疑臣者[25]不适[26]三人，臣恐王为[27]臣之投杼也。"王曰："寡人不听也[28]，请与子盟。"于是与之盟于息壤。

①**鲍本**勿攻之故。②**鲍本**此属修武。③**鲍本**二县财赋归之。④**鲍本**此时韩都平阳。《春秋传》，上大夫受郡，下大夫受县。则郡县之称久矣。正曰：《大事记》云，春秋时郡属于县，赵简子所谓上大夫受县，下大夫受郡是也。战国时县属于郡，所谓上郡十五县者是也。魏惠十年后，方孝公商鞅时，并小乡为大县，县一令，尚未有郡及守称。故魏纳上郡之后十余年，《秦纪》始书汉中郡。或者山东诸侯先变古制而秦效之欤？⑤**鲍本**倍，背同。⑥**鲍本**"行"下有"数"字。〇补曰：一本"行千里"。**札记**丕烈案：《史记》、《新序》皆无。⑦**鲍本**并，犹兼。⑧**姚本**上庸，楚邑，今汉中东县也。**鲍本**属汉中。补曰：《大事记》云，本庸国，今房州竹山县，汉中要地也。⑨**姚本**钱、刘本作"不以多张子"。**鲍本**衍"为"字。补曰：姚氏云，钱、刘本无此字。**札记**丕烈案：《史记》无。⑩**姚本**先王，谓惠王也。**鲍本**惠文。⑪**姚本**中山，狄都，今卢奴中山也。**鲍本**冀州国。《后志》云，一名中人亭。补曰：见《中山策》。⑫**姚本**语，言也。拔(一本拔上有"言"字)中山之功也。⑬**姚本**甘茂，本齐人，故曰羁旅也。⑭**鲍本**补曰："衍"，《史》并作"奭"，《新序》作"公孙子"，谓皆秦诸公子。**札记**丕烈案：《索隐》引此正作"衍"，但此与犀首别一人，即公孙郝、公孙赫也，亦云公孙显。疑"衍"字有误。⑮**鲍本**媒孽之也。⑯**鲍本**"侈"作"朋"。〇 朋，公仲名。此书后或名朋，或名侈，"朋"、"侈"字近，故误。《史》并作"侈"，然《韩策》言"公仲侈"，又言"韩侈"，为两人。今定公仲名，明别韩侈也。正曰：《史·田齐世家》"韩冯"，徐广云，即"公仲侈"。《大事记》取"韩"，又有"韩明"、"韩侈"。"冯"、"朋"音混，而"侈"、"明"、"朋"字讹故也。且当各存旧文，辩见各条。**札记**丕烈案：《甘茂传》与此同，作

“侈”。徐广曰，一作“冯”。 ⑰ **姚本**费，邑名也。 **鲍本**鲁邑，属东海。 ⑱ **姚本**名，字。族，姓。 ⑲ **姚本**若，如故也。 ⑳ **姚本**一本无以上十九字。 ㉑ **鲍本**机之持纬者。 ㉒ **姚本**逾墙逃走也。 ㉓ **姚本**疑，犹惑也。 **鲍本**使其母疑。 ㉔ **姚本**信，犹保也。 ㉕ **鲍本**疑之于王。 ㉖ **姚本**适，音翅。 **鲍本**“适”，“啻”同。 ㉗ **姚本**一本“为”上有“之”字。 ㉘ **姚本**听，受也。

果攻宜阳，五月而不能拔也。樗里疾、公孙衍二人在[1]，争之王，王将听之，召甘茂而告之。甘茂对曰：“息壤在彼。”王曰：“有之。”因悉起兵，复使甘茂攻之，遂拔宜阳。[2]

① **姚本**“在”，续：《新序》作“谗”。 **鲍本**言在中也。 ② **鲍本**在三年，《茂传》有。

宜阳之役冯章谓秦王

宜阳之役[1]，冯章[2]谓秦王曰：“不拔宜阳，韩、楚乘吾弊[3]，国必危矣！不如许楚汉中以欢之[4]。楚欢而不进，韩必孤，无奈秦何矣[5]！”王曰：“善。”果使冯章许楚汉中，而拔宜阳[6]。楚王[7]以其言责汉中于冯章，冯章谓秦王曰：“王遂亡臣[8]，固[9]谓楚王曰：‘寡人固无地而许楚王。’”[10]

① **姚本**役，事也。 **鲍本**役，犹戍役。 ② **鲍本**秦人。 ③ **姚本**弊，极也。 ④ **姚本**与楚汉中以喜之也。 **鲍本**使楚说也。 ⑤ **姚本**韩失楚援，故孤，无如秦何。 ⑥ **姚本**宜阳，韩邑也。 ⑦ **鲍本**怀。 ⑧ **鲍本**诈为逐之。 **札记**今本“遂”误“逐”。 ⑨ **鲍本**“固”作“因”。○ **札记**今本“固”作“因”。 ⑩ **鲍本**彪谓：此《策》可以无出地矣，如后不可为约何！正

曰：战国变诈多此类，岂暇虑后邪！怀王亲受商於之欺而犹不悟，昏于贪故也。

甘茂攻宜阳

甘茂攻宜阳，三鼓[1]之而卒不上[2]。秦之右将有尉[3]对曰："公不论兵[4]，必大困。"甘茂曰："我羁旅而得相秦者，我以宜阳饵王[5]。今攻宜阳而不拔，公孙衍[6]、樗里疾挫[7]我于内，而公中[8]以韩穷我于外，是无伐之日已[9]！请明日鼓之而不可下，因以宜阳之郭为墓[10]。"于是出私[11]金以益[12]公赏。明日鼓之，宜阳拔[13]。

① **鲍本**鼓以进军。　② **姚本**卒，士也。士不上攻也。　**鲍本**上，犹前。　③ **鲍本**军尉。　④ **鲍本**言不以兵法治士。　⑤ **姚本**饵，犹喜也。　**鲍本**以钓喻也。　⑥ **鲍本**补曰："衍"，《史》作"奭"，下章同。　**札记**丕烈案：《史记》无此文，吴以意言之耳。已见上，不当更出也。　⑦ **姚本**挫，犹毁也。　**鲍本**挫，摧也。　⑧ **姚本**公中，韩侈也。　**鲍本**"中"作"仲"。○　⑨ **鲍本**战功曰"伐"，言后不复立功。正曰：一本作"无茂"，是，盖字讹。　⑩ **姚本**墓，葬也。　**鲍本**示必死也。　⑪ **札记**今本"私"误"利"。　⑫ **姚本**益，助也。　⑬ **姚本**拔，得也。　**鲍本**"宜"上有"而"字。○　补曰：一本"鼓之，宜阳拔"。

宜阳未得

宜阳未得[1]，秦死伤者众，甘茂欲息兵[2]。左成谓甘茂曰："公内攻于樗里疾、公孙衍[3]，而外与韩侈[4]为怨，今公用兵无功，公必穷矣。公不如进兵攻宜阳，宜阳拔，则公之功多矣[5]。是樗里疾、公孙衍无事也[6]，秦众尽怨之深矣[7]。"

① **姚本**“得”一本作“拔”。宜阳，韩邑，韩武子所都也。 ② **姚本**甘茂，秦将也。息，休也。 ③ **姚本**恶甘茂谮毁之于内，故曰内攻于疾、衍（一本下有“也”字）。 **鲍本**二人毁之，如攻国然。 ④ **姚本**韩侈，韩相。 **鲍本**“侈”作“明”。〇 ⑤ **姚本**战功曰多也。 ⑥ **姚本**无事，樗里疾、公孙衍无以复攻毁甘茂之事也。 **鲍本**不得事权。 ⑦ **姚本**秦死伤众，尽怨樗里疾、公孙衍之造谋伐宜阳，怨深之重也。 **鲍本**谓死伤多，使茂久攻，二人持之故也。

宜阳之役楚畔秦而合于韩

宜阳之役，楚畔秦而合于韩。秦王①惧。甘茂曰：“楚虽合韩，不为韩氏先战②；韩亦恐战而楚有变其后③。韩、楚必相御也④。楚言与韩，而不余怨于秦⑤，臣是以知其御也⑥。”

① **姚本**秦武王也。 ② **姚本**言楚不能为韩氏先与秦战也。 ③ **姚本**恐楚作变难，伐其后也。 **鲍本**变，背约也。楚时助韩，兵在韩后。正曰：言其后有变也。 ④ **姚本**御，犹相瞰望也（“瞰”，钱、刘作“詹”）。 **鲍本**御，犹制也。二国虽合犹相疑，故自相制。 ⑤ **鲍本**楚之与韩，有言而已；而其于秦，不见多怨。正曰：声言与韩，而不遗怨于秦。 ⑥ **姚本**楚虽与韩合，不有余怨于秦，无怨亦可复合也，故曰“以是知其相御”。

秦王谓甘茂

秦王谓甘茂曰：“楚客来使者多健①，与寡人争辞，寡人数穷焉②，为之奈何？”甘茂对曰：“王勿患也③！其健者来使者④，则王勿听⑤其事；其需⑥弱者来使，则王必听之。然则需弱者用，而健者不用矣！王因而制之⑦。”

① **姚本**健者,强也。　**鲍本**言其强辩。　② **鲍本**辞屈也。　③ **姚本**患,忧也。　④ **鲍本**补曰:"者"字疑衍。　**札记**丕烈案:据下句"使"下无"者"字也。　⑤ **姚本**听,从也,受也。　⑥ **鲍本**《集韵》,需,音儒,韦柔滑貌。补曰:"需"即"濡"。　⑦ **姚本**制,御也。　**鲍本**弱者易制,因可制。

甘茂亡秦且之齐

甘茂亡秦,且之齐[①],出关遇苏子[②],曰:"君闻夫江上之处女乎[③]?"苏子曰:"不闻。"曰:"夫江上之处女,有家贫而无烛者,处女相与语,欲去之[④]。家贫无烛者将去矣,谓处女曰:'妾以无烛,故常先至,扫室布席,何爱[⑤]余明之照四壁者?幸以赐妾,何妨于处女?妾自以有益于处女,何为去我?'处女相语以为然而留之。今臣不肖,弃逐于秦而出关[⑥],愿为足下扫室布席,幸无我逐也。"苏子曰:"善。请重公于齐[⑦]。"

① **姚本**且,将也。　**鲍本**《茂传》,昭元年,击魏皮氏,未拔,去。② **姚本**遇,见也。苏子,苏代也。　**鲍本**代也。《代传》,侍燕太子质于齐,将适秦。　③ **鲍本**女在室者。　④ **姚本**去,犹遣之也,遣无烛者。　**鲍本**遣之使去。　⑤ **鲍本**"爱"下有"于"字。○　⑥ **姚本**甘茂言,我不肖,为秦所弃逐也。　⑦ **姚本**重,尊也。言将使齐尊重公。

乃西说秦王曰:"甘茂,贤人,非恒[①]士也。其居秦累世重矣[②],自殽塞、溪谷,地形险易尽知之[③]。彼若以齐约韩、魏,反以谋秦,是非秦之利也[④]。"秦王曰:"然则奈何?"苏代曰:"不如重其贽[⑤],厚其禄以迎之。彼来则置之槐谷[⑥],终身勿出[⑦],天下何从图秦。"秦王曰:"善"。与之上卿,以相迎之[8]齐。

① **鲍本**恒,常也。 ② **鲍本**茂事惠、武、昭三王。 ③ **姚本**言周、秦之地悉知也。 ④ **姚本**约,结也。以齐之强,合韩、魏,还以图秦,能倾之,故曰“非秦之利也”。 ⑤ **姚本**刘作“重贽”。 **鲍本**《集韵》,“贽”与“挚”通,握持也。言多持物往遗之。 ⑥ **姚本**续:《后语》槐谷注,槐里之谷,今京兆始平之地。或作鬼谷,大非。 **鲍本**扶风有槐,《史》云鬼谷,注,在阳城。补曰:按《史》,豁谷、槐谷并作鬼谷。故前则徐注在阳城,后则刘伯庄云在关内云阳,皆不明。 **札记**吴氏补曰,按《史》,豁谷、槐谷并作鬼谷。丕烈案:“槐”、“鬼”者,声之转也。此必在关内。徐广注《史记》以阳城之鬼谷说之,自误。而《后语》注因云“或作鬼谷,大非”,亦未然。 ⑦ **鲍本**代知茂必留齐,故言此尔,不为茂游说也。正曰:代以此言激秦王,与之上卿,以相迎之,使齐亦重茂,岂非游说也? ⑧ **姚本**钱一作“相印迎之”。 **鲍本**迎之于齐。

甘茂辞不往,苏秦[1]伪谓[2]王[3]曰:“甘茂,贤人也。今秦与之上卿,以相迎之[4],茂德王之赐,故不往,愿为王臣。今王何以礼之?王若不留,必不德王[5]。彼以甘茂之贤,得擅用强秦之众,则难图也!”齐王曰:“善。”赐之上卿,命[6]而处[7]之。[8]

① **姚本**“秦”一作“代”。 **鲍本**“秦”作“子”。○ 补曰:姚氏云,一作“代”。按,《史》同。 ② **姚本**一作“伪谓齐湣王曰”。 **鲍本**“谓”作“为”。○ 补曰:“伪为”二字,疑是“为谓”,盖上卿之事诚有,何得言“伪”?“为”,一本作“谓”。 ③ **鲍本**“王”上补“齐”字。○ 王,闵。 **札记**丕烈案:《史记》作“苏代谓齐湣王曰”。 ④ **姚本**刘作“以相印迎之齐”。 ⑤ **姚本**德,恩也。 ⑥ **鲍本**命,犹入命之“命”。《茂传》有。 ⑦ **姚本**处,居也。

续:《后语》,“而厚处之”。 ⑧ **鲍本**补曰:《列女传》,齐女徐吾与邻妇合烛夜绩,辞亦相类。《史通》谓,游士假设之辞,遽以名字加之者。

甘茂相秦〔校一〕

〔校一〕此篇姚本与《甘茂亡秦且之齐》连篇,鲍本另列一篇,据文义,从鲍本。

甘茂相秦。秦王爱公孙衍,与之间有所立①,因自谓之曰:“寡人且相子②。”甘茂之吏道而闻之③,以告甘茂。甘茂因入见王曰:“王得贤相,敢再拜贺。”王曰:“寡人托国于子,焉更得贤相?”对曰:“王且相犀首④。”王曰:“子焉闻之?”对曰:“犀首告⑤臣。”王怒于犀首之泄也,乃逐⑥之⑦。

① **鲍本**请间之。间,暇隙也。因暇与语,将置相也。 ② **姚本**子,公孙衍也。 ③ **姚本**刘无“道而”二字。 **鲍本**闻之于道。补曰:姚注,刘本无“道而”二字。按《韩非子》“道而”作“道穴”,云,秦王欲将犀首,樗里疾恐代之将也,凿穴于王之所常隐语者,王果与犀首计之,境内尽知之,盖樗里疾道穴听之矣。 **札记**丕烈案:《韩子》在《外储说右上》,事与《策》同。其樗里疾事,以“一曰”为别,吴合为一事者误。 ④ **姚本**犀首,公孙衍也。⑤ **姚本**告,语也。 ⑥ **姚本**言甘茂知之,且不欲使公孙衍得相而分(一本无“而”字)其宠也,故言“犀首告臣”,欲王逐之也。 **鲍本**补“逐”,逐衍也。曰告人足矣,不必告己。补曰:“告人”之云,机更深险。 ⑦ **鲍本**“逐”下无“之”字。○ **札记**丕烈案:《韩子》有。

甘茂约秦魏而攻楚

甘茂约秦、魏而攻楚。楚之相秦者屈盖①,为楚和于秦,秦启关而听楚使。甘茂谓秦王曰："怵[2]于楚而不使魏制[3]和，楚必曰'秦鬻[4]魏[5]'。不悦而合于楚，楚、魏为一，国恐伤[6]矣。王不如使魏制和，魏制和必悦[7]。王不恶于魏，则寄地[8]必多矣。"

① **姚本**屈盖，楚臣也，楚仕于秦，使秦相之也。 **鲍本**凡屈皆楚人。楚任之于秦，使为秦相。 ② **鲍本**"怵"作"诛"。○ 补曰：《策》"诛"、"怵"字通。诛，诱也；若怵，则惊耳。 ③ **鲍本**制，谓主之。 ④ **鲍本**以鬻魏之言告魏。鬻，卖也，如卖友云。言始约而终背之。 ⑤ **鲍本**"魏"下补"魏"字。○ 补曰：恐缺一"魏"字。 ⑥ **姚本**伤，害也。 ⑦ **鲍本**绝句。⑧ **鲍本**言魏且割地与秦。时地未入，故言"寄"。

陉山之事

陉山之事[1]，赵且与秦伐齐。齐惧，令田章以阳武合于赵[2]，而以顺子为质[3]。赵王[4]喜，乃案兵告于秦曰："齐以阳武赐弊邑而纳顺子，欲以解伐[5]。敢告下吏[6]。"

① **姚本**陉山，盖赵并陉塞也。事，役也。 **鲍本**《穰侯传》，魏背秦与齐从亲，秦使穰侯攻赵、韩、魏于华阳下，且益赵以兵伐齐，则此役也。陉山在密。《后志》注云，《史记》，秦破魏华阳，地亦在县。则此《策》书陉山，《史》书华阳，一役也。事在三十四年。正曰：《大事记》，华阳之役，秦救韩而击赵、魏。《年表》、《列传》或云得三晋将，或云攻赵、韩、魏，皆记者之误。按《大事记》，赧王四十一年，魏背秦与齐从亲，秦魏冉伐魏，拔四城。明年，赵、魏伐韩，秦魏冉救韩，败赵、魏，且与赵观津，益赵以兵伐齐。补曰：陉山见前。《大事记》，华阳，亭名，在密阳。 ② **姚本**阳武，齐邑也。合，和也。 **鲍本**属河南，此时属齐。正曰：此指开封。阳武非齐地，当考。 ③ **姚本**顺子，

齐公子。质，保也。 ④ **鲍本**惠文。 ⑤ **姚本**解赵，使不与秦俱伐齐。⑥ **姚本**下吏，秦吏。 **鲍本**不斥王，故言告吏。

秦王使公子他之赵，谓赵王曰："齐与大国救魏而倍约①，不可信恃，大国不义②，以告弊邑③，而赐之二社④之地，以奉祭祀。今又⑤案兵，且欲合齐而受其地⑥，非使臣之所知也。请益甲四万，大国裁之。"

① **鲍本**齐背二国。 ② **姚本**"不"一作"弗"。钱、刘一作"不以为义"。续：若下注作"弗"，则上当作"弗义"。大国，赵也。弗义，不以为义也。 **鲍本**赵以齐倍之为不义。 ③ **姚本**弊邑，秦自谓也。 **鲍本**告以伐齐。④ **鲍本**邑皆有社。二社，二邑也。正曰：未详战国之制。 ⑤ **姚本**刘、钱"又"作"有"。续：古人"有"多作"又"。 ⑥ **姚本**地，阳武也。

苏代为齐献书穰侯①曰："臣闻往来之者言②曰：'秦且益赵甲四万人以伐齐。'臣窃必之弊邑之王③曰：'秦王明而熟于计，穰侯智而习于事，必不益赵甲四万人以伐齐。'是何也？夫三晋相结，秦之深④仇也。三晋百背秦，百欺秦，不为不信，不为无行。今破齐以肥赵，赵⑤，秦之深雠⑥，不利于秦。一也。秦之谋者必曰：'破齐弊晋⑦，而后制晋、楚之胜⑧。'夫齐，罢⑨国也，以天下击之，譬犹以千钧之弩⑩溃痈也。秦王安能制晋、楚哉⑪！二也。秦少出兵，则晋、楚不信⑫；多出兵，则晋、楚为制于秦。齐恐，则必⑬不走于秦且走晋、楚⑭。三也。齐割地以实晋、楚，则晋、楚安。齐举兵而为之顿剑⑮，则秦反受兵。四也。是晋、楚以秦破齐⑯，以齐破秦[17]，何晋、楚之智而齐、秦之愚[18]！五也。秦得安邑[19]，善齐以安之，亦必无患矣。秦有安邑，则韩、魏必无上党哉[20]。夫取三晋之肠胃[21]与出兵而惧其不反也，孰利？故臣窃必之[22]弊邑之王曰：'秦王明而熟于计，穰侯智而习于事，必不益赵甲四万人以伐齐矣。'"[23]

① **姚本**苏代，苏秦弟。穰侯，秦相也。 ② **姚本**钱、刘一作"往来之言者"。 **鲍本**"之者"作"者之"。○ 补曰：宜作"者之"。《史》无"之"字。 ③ **鲍本**必者，意其然。王，襄王。 ④ **姚本**深，重也。 ⑤ **姚本**《史记》有"赵赵"二字。曾、刘无。 ⑥ **鲍本**此二十七年败赵，取伐光狼。 ⑦ **鲍本**此晋，赵也。以赵破齐，齐破，赵亦敝。 ⑧ **鲍本**二国破敝，秦无后虑，可以南制楚。 ⑨ **鲍本**罢，疲同。 ⑩ **姚本**钱、刘"弩"下有"射"字。 **鲍本**补曰：《史》作"决溃痈"。 ⑪ **鲍本**天能制人，必其威武足以屈人。今攻罢国，胜之，非武也，安能制人。 ⑫ **鲍本**不信其伐齐。 ⑬ **鲍本**无"必"字。○ ⑭ **鲍本**兵多，则非独齐见制，惧晋、楚亦见制。齐畏秦，故不趋秦；而与晋、楚同患，故趋晋、楚。 ⑮ **鲍本**二国恶秦，而齐先伐，故既合，则齐为二国出兵。顿，下也。此以小言之。 ⑯ **鲍本**"破"作"伐"。○ 晋亦赵也，初与秦伐齐。 ⑰ **鲍本**为之顿剑是也。 ⑱ **姚本**齐、秦为晋、楚所帅，故谓之愚也。 ⑲ **鲍本**此攻华阳时得之。安邑，魏地，亦属韩，犹上党两属也。《白起传》，取韩安邑。正曰：按《起传》，取韩安邑以东到乾河，在取魏城六十邑前一年，昭王之十七年也。《索隐》云，韩故地。又魏以安邑入秦，在昭王二十一年。恐非此时得之。 ⑳ **姚本**"哉"，刘作"矣"。秦将取之，故曰"无上党哉"也。 **鲍本**言可取。 ㉑ **姚本**肠胃，喻腹心也。 **鲍本**安邑、上党如之。 ㉒ **姚本**曾、集"之"上有"为"字。 ㉓ **鲍本**《穰侯传》有。补曰：于是穰侯不行，引兵而归。 "为齐"、"为之"之"为"，"使臣"之"使"，两"走"字，并去声。

秦宣太后爱魏丑夫

秦宣太后[①]爱魏丑夫[②]。太后病将死，出令曰："为我葬，必以魏子为殉[③]。"魏子患之。庸芮[④]为[⑤]魏子说太后[⑥]曰："以死者为有知乎？"太后曰："无知也。"曰："若太后之神灵，明知死者之无知矣，何为空以生所爱，葬于无知之死人哉！若死者有知，先王积怒[⑦]之日久矣，太后救过不赡，何暇乃[⑧]私魏丑夫乎？"太后曰："善。"乃止[⑨]。

① **姚本**惠王之后，昭襄王母，故曰太后也。 ② **鲍本**魏人，仕秦。 ③ **姚本**殉，杀人以葬。 **鲍本**以人从葬曰"殉"。 ④ **姚本**庸芮，秦臣也。 **鲍本**秦人。正曰：高注"臣"。 ⑤ **鲍本**补曰："为魏"之"为"，去声。 ⑥ **姚本**续：《十二国史》作"虞其为丑夫说太后"。 ⑦ **姚本**怒，诟。 ⑧ **姚本**"乃"，曾、钱、刘作"及"。 **鲍本**补曰：元无"乃"字。 ⑨ **姚本**止，不以魏丑夫为殉者也。 **鲍本**后死在四十二年。

战国策卷五

秦　三

薛公为魏谓魏冉

薛公①为魏谓魏冉曰："文闻秦王欲以吕礼收齐②，以济天下，君必轻矣。齐、秦相聚以临三晋，礼必并相之③，是君收齐以重吕礼也。齐免于天下之兵，其仇君必深④。君不如劝秦王令弊邑⑤卒攻齐之事。齐破，文请以所得封君。齐破晋强⑥，秦王畏晋之强也，必重君以取晋⑦。齐予晋弊邑⑧，而不能支秦⑨，晋必重君以事秦。是君⑩破齐以为功，操⑪晋以为重也。破齐定封，而秦、晋皆重君；若齐不破，吕礼复用⑫，子必大穷矣。"

① **鲍本**田文。　② **鲍本**收，犹取也。礼时相齐，亲礼所以取齐。昭十三年，礼奔魏。其相齐，见《周策》及《孟尝传》。后至十九年归秦，明年齐伐宋，伐宋后，文乃相魏。此事合在礼归秦之前。此时文未相魏，其言为魏，意亲之矣。正曰：失考，辨并见《周策》。　③ **鲍本**相齐及秦。　④ **鲍本**齐雠冉也，欲得陶故。故下章曰，"攻齐不成，陶为邻恤"。然齐未免于兵，亦不敢尔。正曰：齐无兵患，则可以肆志于冉，与秦得天下则伐齐深文意同，但言其事理当尔。　⑤ **鲍本**薛也。文以此十三年奔薛。　⑥ **鲍本**晋，谓魏。　⑦ **鲍本**文亲魏而重冉，故欲取晋，必重冉。　⑧ **鲍本**"予"作"与"。○　薛虽文旧封，而属齐，齐破畏魏，且取薛予魏。　⑨ **鲍本**魏得薛，秦必

害之,而魏实弱,不能当秦。 ⑩ **姚本**一本无“君”字。 ⑪ **鲍本**“操”作“采”。○ 补曰:姚本“操晋”,是。“采”字讹,义不通。 **札记**丕烈案:《史记》是“挟”字。 ⑫ **鲍本**礼虽亡秦之齐,秦方以礼收齐,则复亲之。今齐不破,是秦收齐之功遂也。礼为有功于秦,秦必用之,并相齐、秦也。

秦客卿造谓穰侯

秦客卿造[1]谓穰侯曰:“秦封君以陶[2],藉君天下[3]数年矣。攻齐之事成,陶为万乘[4],长小国,率[5]以朝天子,天下必听,五伯之事也;攻齐不成,陶为邻恤[6],而莫之据也[7]。故攻齐之于陶也,存亡之机也。

① **鲍本**造,其名。 ② **鲍本**冉别封也。《越记》注,陶,今济阴定陶。补曰:说见《赵策》。 ③ **鲍本**借以制天下之权。 ④ **鲍本**国大也。⑤ **鲍本**无“率”字。○ ⑥ **鲍本**言近于忧。 ⑦ **鲍本**无缓国可持。正曰:言攻齐不成,则陶且有为邻国得之之忧。

“君欲成之,何不使人谓燕相国曰:‘圣人不能为时[1],时至而[2]弗失。舜虽贤,不遇尧也,不得为天子;汤、武虽贤,不当桀、纣不王。故以舜、汤、武之贤,不遭时不得帝王。令[3]攻齐,此君之大时也已[4]。因天下之力,伐雠国之齐,报惠王[5]之耻,成昭王之功[6],除万世之害,此燕之长利,而君[7]之大名也。《书》[8]云,树德莫如滋[9],除害莫如尽。吴不亡越,越故亡吴;齐不亡燕,燕故亡齐[10]。齐亡于燕,吴亡于越,此除疾不尽也。以非[11]此时也,成君之功,除君之害,秦卒[12]有他事而从齐,齐、赵[13]合,其仇君必深矣。挟君之雠[14]以诛于燕[15]，后虽悔之，不可得也已。君悉燕兵而疾僭[16]之，天下之从君也，若报父子之仇。诚能亡齐，封君于河南[17]，为万乘，达途于中国，南与陶为邻，世世无患。愿君之专志于攻齐，而无[18]他虑也[19]。'"

① **鲍本**时，天时，非人所能为。 ② **鲍本**无"而"字。〇 ③ **鲍本**"令"作"今"。〇 ④ **鲍本**得时之利无大于此。 ⑤ **鲍本**田单破燕，燕惠王之初。⑥ **鲍本**燕昭王二十八年，乐毅伐齐，入临淄。三十二年，下齐七十余城。明年，田单复之。补曰："惠王"，字疑有误，且不当在昭王前。 **札记**丕烈案：吴说非也，此不误，便文而不依世次也。 ⑦ **鲍本**君，谓燕相。 ⑧ **鲍本**"书"作"诗"。〇 逸《诗》。补曰：《泰誓》，"树德务滋，除恶务本"。 **札记**丕烈案：吴氏云《泰誓》，非也。东晋古文以为《泰誓》耳。《策》文当本作"诗"，后人误依古文，改作"书"也。此与范雎称《诗》曰"木实繁者披其枝"，黄歇称《诗》云"大武远宅不涉"，赵武灵王称《诗》云"服难以勇，治乱以知，事之计也。立傅以行，教少以学，义之经也"，及谓秦王称《诗》云"行百里者，半于九十"同例。"诗"字皆有讹。"远宅不涉"者，《周书》"大武远宅不薄也"。高诱注逸《诗》，当亦有误。 ⑨ **鲍本**滋，益也。 ⑩ **鲍本**齐闵八年，苏代为齐说燕哙让子之，燕几亡矣，而不卒功，故有乐毅临淄之役。正曰：齐宣二十七年。注"让子之"下，宜云"于是燕乱，齐伐之"云云。 ⑪ **鲍本**"以非"作"非以"。〇 正曰："以非"至"之害"句，或"以""已"字通，属上句，上下文两有此。 ⑫ **鲍本**卒，猝同，忽也。 ⑬ **鲍本**"赵"作"秦"。〇 ⑭ **鲍本**雠，谓齐。 ⑮ **鲍本**使燕诛相。 ⑯ **鲍本**"僭"作"攻"。〇 正曰：字误，当作"攻"，下文可证。**札记**今本"僭"作"攻"，乃误涉鲍也。 ⑰ **鲍本**亦河之南，非郡，此盖寓封。⑱ **姚本**"无"一作"毋"。 ⑲ **鲍本**补曰：后"为万乘"之"为"，去声。

魏谓魏冉

魏[①]谓魏冉[②]曰："公闻东[③]方之语乎？"曰："弗闻也。"

曰："辛、张阳、毋泽[4]说魏王[5]、薛公[6]、公叔也，曰：'臣战[7]，载主契国[8]以与王约[9]，必无患矣。若有败之者，臣请挈领[10]。然而臣有患也[11]。夫楚王之以其臣请挈领然而臣有患也[12]。夫楚王[13]之以其国依冉也，而事臣之主[14]，此臣之甚患也[15]。'今公东而因言于楚[16]，是令张仪[17]之言为禹[18]，而务败公之事也[19]。公不如反公国[20]，德楚[21]而观薛公之为公也[22]。观三国之所求于秦而不能得者，请以号三国以自信也[23]。观张仪[24]与泽之所不能得于薛公者也[25]，而公请之以自重也[26]。"

① **姚本**曾、钱本有"文"字。　**鲍本**"魏"上补"为"字。〇　② **鲍本**楚人，宣太后弟，后封穰侯。《传》言其用事武王时，此时冉欲如楚，魏恐其合也。　③ **鲍本**东，山东。　④ **鲍本**辛，疑韩人。张，张仪。毋泽，疑齐人。正曰：此章多难通，此类尤难知。下文云，"观张仪与泽"，又不云"毋泽"，当阙。　⑤ **鲍本**哀。正曰：襄。　⑥ **鲍本**田婴。　⑦ **鲍本**与楚战。　⑧ **鲍本**主，木主，军行载之，祷且告焉。契，言以国为约。　⑨ **鲍本**王，魏王。⑩ **鲍本**领，项也。言欲请诛，持其项以受鈇钺。　⑪ **鲍本**患楚与秦合。下衍十六字。　⑫ **鲍本**一无以上十六字。　⑬ **鲍本**怀。　⑭ **鲍本**事，征伐也。臣，辛、张阳；主，韩、魏、齐也。此二人之辞，非说冉者，故名冉。⑮ **鲍本**"之"下有"所"字。〇　此下乃说者之辞。　⑯ **鲍本**公，谓冉。东，东之楚也。因与楚好言。　⑰ **姚本**一本无"仪"字。　⑱ **鲍本**仪以武二年死，故此章必次之此。禹善谟，今仪言楚依冉，而冉果与楚合，是仪之谋侔于禹也。　⑲ **鲍本**三国是仪之说，必欲败冉合楚之事。　⑳ **鲍本**谓秦。㉑ **鲍本**但施恩惠，而不之楚。　㉒ **鲍本**观其于冉如何。　㉓ **鲍本**为韩、魏、齐请其所欲于秦，因宣言之，所以信于三国。　㉔ **姚本**一本无"仪"字。㉕ **鲍本**衍"也"字。补曰：恐衍。　㉖ **鲍本**薛公所不与仪者，冉为之请而

得，则仪重冉。仪时相魏，为仪请，亦所以为魏，魏亦重冉也。补曰："为公"之"为"，去声。

谓魏冉曰和不成

谓魏冉曰："和不成[①]，兵必出。白起者，且[②]复将。战胜，必穷公；不胜，必事赵从公。公又轻[③]，公不若毋多[④]，则疾到[⑤]。"

① **鲍本**与赵和秦也。此二十七年白起击赵，因伐光狼。正曰：无考。 ② **鲍本**无"且"字。○ ③ **鲍本**不能穷冉，故从冉而和。然先和，则冉重；今不胜而和，故轻。 ④ **鲍本**谓专志于和，毋他务也。 ⑤ **姚本**续云："到"，恐作"封"字。 **鲍本**赵归我也。此盖冉欲和，而起欲战也。起，冉所荐，其言"穷公"，起似不尔。补曰：语不可晓，有缺误。

谓穰侯

谓穰侯曰："为君虑封[①]，若[②]于除宋罪，重齐怒[③]；须残伐乱宋[④]，德强齐，定身封。此亦百世之时也已[⑤]！"

① **鲍本**谋所以定其封。 ② **鲍本**"若"作"苦"。○ 补曰：此连下，有缺误。 **札记**丕烈案："除"乃"陶"字误，句绝。"若"上当有"莫"字，鲍所说全谬。《赵策》云，"莫若于宋"，是其证。 ③ **鲍本**宋，齐所恶也，故除宋罪则齐怒，齐怒则冉之封不定，故以为苦。除，解免也。 ④ **鲍本**补曰："须残"字有衍误。《赵策》作"宋罪重，齐怒深，残伐乱宋"云云；又作"宋之罪重，齐之怒深，残乱宋"云云。凡两见。彼言为奉阳君定封，说见彼《策》。 **札记**丕烈案："须"即"深"字误，句绝。 ⑤ **鲍本**"时"上有"一"字，"时"下无"也"字。○ **札记**今本"时"上有"一"字。

谓魏冉曰楚破秦

谓魏冉曰："楚破秦①，不能与齐县衡矣②。秦三世积节于韩、魏③，而齐之德新加④与⑤。齐、秦交争，韩、魏东听⑥，则秦伐矣。齐有东国之地，方千里。楚苞九夷⑦，又方千里，南有符离之塞⑧，北有甘鱼⑨之口。权县宋、卫⑩，宋、卫乃当阿、甄耳⑪。利有千里者二⑫，富擅越隶⑬，秦乌能与齐县衡韩、魏⑭，支分方城膏腴之地⑮以薄⑯郑⑰？兵休复起，足以伤秦，不必待齐。"

① **鲍本**"秦"下补"秦"字。〇　正曰："秦"下宜复有"秦"字。　② **鲍本**悬衡，轻重等也。此言秦轻于齐。　③ **鲍本**节，犹事也。言累有战伐之事。正曰：刘辰翁云，积往来之节也。　④ **鲍本**加于韩、魏。　⑤ **姚本**"与"一作"焉"。　⑥ **鲍本**衍"秦"上"齐"字，"韩魏"下复有"韩魏"字。〇正曰：姚本"齐秦交争，韩魏东听"，自通。　**札记**今本重"韩魏"，乃误涉鲍也。鲍本有"魏"字，补"韩"字，衍"秦"上"齐"字，吴氏有正。丕烈案："与"字本上属，鲍误下属也。　⑦ **鲍本**补曰：《索隐》曰，属楚之夷。　⑧ **鲍本**属沛。　⑨ **鲍本**未详，疑为济阴高鱼。正曰：王应麟云，鲍说非，《左氏》昭十三年《传》"次于鱼陂"注，竟陵县城西北甘鱼陂。　⑩ **鲍本**言较其轻重。⑪ **鲍本**庄十三年注，阿，今济北东阿，齐之阿邑。甄，属济阴。庄十四年会于鄄，《史》作甄。此言二国如齐邑尔。补曰：鄄本濮州鄄城。　⑫ **鲍本**谓齐、楚。正曰：恐非，此句正指楚。　⑬ **鲍本**越，勾践国。隶，犹《礼》之《秋官》肆隶，征伐所获之民也。擅，专有之事。正曰：越有三，皆属楚。隶，徒隶，贱称。此言楚之强。　⑭ **鲍本**无"魏"字。〇　正曰：此句与《策》首不同，当与上"权县宋、卫"为比。一本"权县韩、魏"者，是"支分"字上或缺"楚"字。如此，义乃稍通。　⑮ **鲍本**支，言细散取之。腴，腹肥也。言肥沃如之。　⑯ **鲍本**薄，犹迫也。　⑰ **鲍本**郑属长安，在秦、汉之间。正曰：西都咸林，郑旧封，去方城远。新郑荥阳，是时已为韩。《策》凡言郑者，韩也。

五国罢成睾

五国罢成睾[①]，秦王欲为成阳君[②]求相韩、魏，韩、魏弗听。秦太后[③]为魏冉[④]谓秦王曰："成阳君以王之故，穷而居于齐，今王见其达而收之，亦能翕其心乎[⑤]？"王曰："未也。"太后曰："穷而不收，达而报之，恐不为王用；且收成阳君，失韩、魏之道也[⑥]。"

① **鲍本**"睾"作"皋"。○ 属河南。详见《赵策》惠文十三年，此二十一年也。《史》不书。补曰："皋"，姚本作"睾"。《前汉志》，皋，故虎牢，亦名制，《左传》所谓岩邑也。《正义》引《括地志》云，成皋故县在洛州汜水县西南。"汜"音似。 **札记**今本"睾"作"皋"。丕烈案："睾"即"皋"字也。 ② **鲍本**以《赵》、《魏策》知为韩人。此十七年入朝时在其国。 ③ **鲍本**宣。④ **鲍本**冉，后弟，时主五国之成，后恐成阳害其事，故为之言。 ⑤ **鲍本**翕，犹收也。言收之晚。 ⑥ **鲍本**其穷在齐，亦必韩、魏所恶。

范子因王稽入秦

范子[①]因王稽[②]入秦，献书昭王曰："臣闻明主莅正[③]，有功者不得不赏，有能者不得不官；劳大者其禄厚，功多者其爵尊，能治众者其官大。故不能者不敢当其职焉，能者亦不得蔽隐。使以臣之言为可，则行而益利其道[④]；若将弗行，则久留臣无为也[⑤]。语曰：'人主[⑥]赏所爱，而罚所恶。明主则不然，赏必加于有功，刑必断于有罪。'今臣之胸不足以当椹质[⑦]，要不足以待斧钺[⑧]，岂敢以疑事尝[⑨]试于王乎？虽以臣为贱而轻辱臣，独不重任臣者后无反复于王前耶[⑩]！

① **鲍本**名睢，字叔，后封应侯。凡范，皆晋旧姓，故《史》云魏人。补曰：睢，音虽。 ② **鲍本**秦谒者令，时使魏还。 ③ **鲍本**《史》作"政"，字通。 ④ **鲍本**利，犹达。 ⑤ **鲍本**"为"作"谓"。○ **札记**丕烈案：《史记》作"为"，鲍改误。 ⑥ **姚本**《后语》作"庸主"。 **鲍本**补曰：姚云《后语》作"庸主"，《史》同。 ⑦ **鲍本**《集韵》，"椹，斫木锧"。锧，铁椹。质，锧同。 ⑧ **鲍本**钺，亦斧也。 ⑨ **鲍本**尝，亦试也。 ⑩ **鲍本**"王前"作"前者"。○ 保任人必保其后，后不如言，则为反复。此任人者所重也，王岂得轻之。**札记**丕烈案："后"，《史记》作"之"，无"前"字，连上句读。

"臣闻周有砥厄，宋有结绿，梁有悬黎，楚有和璞[1]。此四宝者，工之所失也[2]，而为天下名器。然则圣王之所弃者，独不足以厚国家乎[3]？

① **鲍本**卞和之璞。皆美玉名。 ② **鲍本**失，谓不能别之。故卞和三刖也。 ③ **鲍本**厚，言使之重。

"臣闻善厚家者，取之于国；善厚国者，取之于诸侯[1]。天下有明主，则诸侯不得擅厚矣。是何故也[2]？为其凋荣[3]也。良医知病人之死生，圣主明于成败之事，利则行之，害则舍之，疑则少尝之，虽尧、舜、禹、汤复生，弗能改已[4]！语之至者，臣不敢载之于书；其浅者又不足听也。意者，臣愚而不阖[5]于王心耶！已[6]其[7]言臣者，将贱而不足听耶！非若是也，则臣之志[8]，愿少赐游观之间[9]，望见足下[10]而入之。"

① **鲍本**皆取其人。 ② **鲍本**无"故"字。○ **札记**丕烈案：《史记》无。

③ **姚本**“凋荣”，曾、钱、刘一作“凋弊”。《史记》，“割荣”。《后语》，“害荣”。**鲍本**凋，伤也。荣，草华也，此喻厚重。彼有擅之，则此无有。 ④ **鲍本**补曰：睢云“圣主明于成败之事”，而曰“疑则少尝之”，语既反复，又引舜、禹，舜、禹岂尝疑事者哉？所谓游士之言。 ⑤ **姚本**《史记》，“阖”作“概”。**鲍本**“阖”，“合”同。补曰：“阖”，《史》作“概”。《索隐》引《策》作“关”。⑥ **姚本**“已”，钱作“亡”；一作“以”；一作“抑”；曾作“亡”。 **鲍本**“已”作“亡”。〇 补曰：姚云，钱作“亡”。《史》同。 ⑦ **鲍本**亡其，犹得亡。补曰：亡其，犹亡乃。 ⑧ **鲍本**绝句。正曰：《史》，“自非然者，臣愿”云云。按，“自非然者”即《策》“非若是也”，“臣愿”即《策》“则臣之志愿”云云。“志”字句绝，虽奇，非文义。 **札记**丕烈案：此《史记》不与《策》文同。 ⑨ **鲍本**间，暇隙也。 ⑩ **鲍本**不斥王，故指其足下之人，犹陛下也。

书上，秦王说之，因谢王稽说①，使人持车召之。②

① **姚本**一无“说”字。 **鲍本**且谢且说，说其未用之故。正曰：谢其得人，而说其欲见之意。姚云，一本无“说”字。《史》同。 ② **鲍本**《睢传》有。补曰：“为其”之“为”，去声。“说之”之“说”，音悦。

范睢至秦

范睢至秦，王庭迎，谓范睢曰①：“寡人宜以身受令久矣。今者义渠之事急②，寡人日自请太后。今义渠之事已，寡人乃得以身受命③。躬窃闵然不敏④，敬执宾主之礼。”范睢辞让。

① **鲍本**无“谓”字。〇 补曰：一本“谓范睢”。 **札记**丕烈案：考《史记》，“谓”或“谢”字误也。 ② **鲍本**盖修李帛之怨。补曰：《大事记》，赧王

四十四年，秦灭义渠。《汉·匈奴传》，秦昭王时，义渠戎王与宣太后乱，有二子，太后计杀王于甘泉。 ③ **鲍本**无"得"字。○ **札记**丕烈案：《史记》作"乃得受命"。 ④ **鲍本**闵，犹伤。敏，疾也。自伤其见睢之晚。

是日见范睢，见者[①]无不变色易容者。秦王屏左右[②]，宫中虚无人，秦王跪而请曰[③]："先生何以幸教寡人[④]？"范睢曰："唯唯。"有间[⑤]，秦王复请，范睢曰："唯唯。"若是者三。

① **鲍本**下"见"，贤遍反。 ② **鲍本**《博雅》，屏，除也。此谓去之。 ③ **鲍本**"请"作"进"。○ **札记**丕烈案：《史记》作"请"。 ④ **鲍本**以教之为宠。 ⑤ **鲍本**亦隙也。正曰：间，犹顷也。《孟子》为"间"，如字。

秦王跽[①]曰："先生不幸教寡人乎？"

① **鲍本**跽，长跪也。

范睢谢曰："非敢然也。臣闻始时吕尚之遇文王也，身为渔父而钓于渭阳之滨耳[①]。若是者，交疏也[②]。已一说而立为太师[③]，载与俱归者[④]，其言深也。故文王果收功于吕尚，卒擅天下而身立为帝王。即使文王疏吕望[⑤]而弗与深言，是周无天子之德，而文、武无与成其王也。今臣，羁旅之臣也，交疏于王，而所愿陈者，皆匡君之[⑥]之事，处人骨肉之间[⑦]，愿以陈臣之陋忠，而未知王心也，所以王三问而不对者是也。臣非有所畏而不敢言也，知今日言之于前，而明日伏诛于后，然臣弗敢畏也。大王信行臣之言，死不足以为臣患，亡不足以为臣忧，漆身而为厉[8]，被发而为狂，不足以为臣耻。五帝之圣[9]而死，三王之仁[10]而死，五伯之贤[11]而死，乌获之力[12]而死，奔、育[13]之勇焉而死[14]。死者，人之所必不免也[15]。处必然之势，可以少有补于秦，此臣之所大愿也，臣何患乎？伍子胥橐载[16]而出昭关[17]，夜行而昼伏，至于菱水[18]，无以饵其口，坐行蒲服[19]，乞食于吴市[20]，卒兴吴国，阖庐为霸。使臣得进谋如伍子胥，加之以幽囚，终身不复见[21]，是臣说之行也，臣何忧乎？箕子、接舆[22]，漆身而为厉，被发而为狂，无益于殷、楚。使臣得同行于箕子、接舆，漆身[23]可以补所贤之主，是臣之大荣也[24]，臣又何耻乎？臣之所恐者，独恐臣死之后，天下见臣尽忠而身蹶也[25]，是以杜口裹足，莫肯即秦耳[26]。足下上畏太后之严，下惑奸臣之态；居深宫之中，不离保傅[27]之手；终身暗惑，无与照奸；大者宗庙灭覆，小者身以孤危。此臣之所恐耳！若夫穷辱之事，死亡之患，臣弗敢畏也。臣死而秦治，贤于生也。”

① **鲍本**渭水出陇西首阳，此渭水之阳。《诗》注，在咸阳之地。补曰：《正义》引《吕氏春秋》云，太公钓于兹泉。郦道元云，磻溪中有兹泉水，源出岐州岐山县西南凡谷，北流十二里，注于渭。 ② **鲍本**绝句。 ③ **鲍本**曾作“已而立为太师”。 ④ **鲍本**“俱”下补“南”字。〇 补曰：姚本无“南”字，史同。 ⑤ **札记**今本“望”误“尚”。丕烈案：《史记》作“尚”。 ⑥ **姚本**“臣”字。 **鲍本**“之”作“臣”。〇 **札记**丕烈案：《史记》无“臣”字。 ⑦ **鲍本**处，犹在也。谓欲言太后及穰侯等。 ⑧ **鲍本**音赖，恶疾也。补曰：《豫让传》《索隐》云：凡漆，有毒，近之者多患疮肿，若赖然。故以漆涂身，令若癞然。厉、赖声近，古多借。 ⑨ **姚本**钱，“圣”下有“焉”字。 ⑩ **姚本**钱，“仁”下有“焉”字。 ⑪ **姚本**钱，“贤”下有“焉”字。 ⑫ **姚本**

钱,“力”下有“焉”字。 **鲍本**《秦纪》,乌获,武王力士。然自孟子时称之,则其以力闻久矣。 ⑬ **鲍本**《史》注,孟奔、夏育皆勇士,育之力能举千钧。补曰:皆卫人。 ⑭ **鲍本**无“焉”字。〇 **札记**丕烈案:《史记》有,上四句亦有。 ⑮ **鲍本**无“也”字。〇 **札记**丕烈案:《史记》有。 ⑯ **鲍本**补曰:《后语》注云,韦囊。 ⑰ **鲍本**楚关名。 ⑱ **姚本**《史记》作“陵水”。 **鲍本**“淩水”作“菱夫”。〇 地缺。正曰:《索隐》云,即溧水。 ⑲ **鲍本**匍匐同。饥困故。 ⑳ **鲍本**《胥传》,在丹阳溧阳。 ㉑ **鲍本**无“终身”二字。〇 **札记**丕烈案:《史记》有。 ㉒ **鲍本**《高士传》,楚人陆通,字接舆。 ㉓ **姚本**一本无“漆身”字。 ㉔ **鲍本**二子无补于时,犹为之;今为而有补,故特以为荣。正曰:接舆固辟世之士,箕子之心岂雎所能知?鲍顺文为说,谬矣! ㉕ **鲍本**蹶,僵也。 ㉖ **鲍本**即,就也。补曰:“即”一作“乡”。**札记**丕烈案:《史记》作“乡”。 ㉗ **鲍本**女保、女傅,非大臣也。

秦王跽曰:“先生是何言也!夫秦国僻远,寡人愚不肖,先生乃幸至此,此天以寡人慁①先生,而存先王之庙也。寡人得受命于先生,此天所以幸先王②而不弃其孤也。先生奈何而言若此!事无大小,上及太后,下至大臣,愿先生悉以教寡人,无疑寡人也。”范雎再拜,秦王亦再拜。

① **姚本**“慁”,《后语》作“授”。 **鲍本**慁,溷同,乱也,浊貌。 ② **札记**今本“王”误“生”。

范雎曰:“大王之国,北有甘泉、谷口①,南带泾、渭②,右陇、蜀③,左关、阪④;战车千乘,奋击百万⑤。以秦卒之勇,车骑之多,以当诸侯,譬若驰⑥韩卢⑦而逐蹇兔也⑧,霸王之业可致。今反闭⑨而不敢窥兵于山东者,是穰侯为国谋不忠,而大王之计有所失也。”

① **鲍本**《文纪》注，在云阳。云阳属冯翊。 ② **鲍本**泾水出安定泾阳。③ **鲍本**陇西有陇坻，即陇阪。 ④ **鲍本**“阪”作“坂”。○ 函谷关、陇坂。⑤ **姚本**刘，“万”下有“驰”字。 ⑥ **姚本**一本无“驰”字。 ⑦ **鲍本**俊犬名。《博物志》，韩有黑犬，名卢。 ⑧ **鲍本**“驰”作“施”，“蹇”作“驽”。○ 驽，言其不俊。补曰：“驰”、“蹇”，《史》同。 ⑨ **姚本**续：李善引有“关”字。**鲍本**“闭”下有“关”字。○ 补曰：《史》，“闭”下有“关”字。

王曰：“愿闻所失计。”

睢曰：“大王越韩、魏而攻强齐，非计也。少出师，则不足以伤齐；多之则害于秦。臣意王之计[①]欲少出师[②]，而悉韩、魏之兵则不义矣[③]。今见与国之不可亲[④]，越人之国而攻，可乎？疏于计矣！昔者，齐人伐楚[⑤]，战胜，破军杀将，再辟千里[⑥]，肤寸之地无得者[⑦]，岂齐不欲地哉，形弗能有也。诸侯见齐之罢露[⑧]，君臣之不亲，举兵而伐之[⑨]，主辱军破，为天下笑。所以然者，以其伐楚而肥韩、魏也。此所谓藉贼兵而赍盗食者也。王不如远交而近攻[⑩]，得寸则王之寸，得尺亦王之尺也。今舍此而远攻，不亦缪乎？且昔者，中山之地[⑪]，方五百里，赵独擅之[⑫]，功成、名立、利附，则[⑬]天下莫能害[⑭]。今韩、魏，中国之处，而天下之枢也[⑮]。王若欲霸，必亲中国而以为天下枢，以威楚、赵。赵强则楚附，楚强则赵附[⑯]。楚、赵附则齐必惧，惧必卑辞重币以事秦，齐附而韩、魏可虚也[⑰]。”

① **姚本**刘，一作“以”。　**鲍本**以意测之。　② **姚本**曾、钱，一作“臣计王之少出师”。　③ **鲍本**义，宜也。己少出师，而使人悉出，非宜。　④ **姚本**钱作“可亲”。　**鲍本**“与”，谓韩、魏。　⑤ **鲍本**闵二十三年，败楚重丘，大有功。正曰：十三年。　⑥ **鲍本**辟，拓地也。　⑦ **姚本**“者”一作“也”。**鲍本**《集韵》，侧手曰扶，通作“肤”。《春秋传》，“肤寸而合”。　⑧ **鲍本**罢，疲同。在野曰露。　⑨ **鲍本**魏昭十二年，与秦、赵、韩、燕伐齐，败之。⑩ **鲍本**补曰：远交近攻，秦卒用此术破诸侯，并天下。　⑪ **鲍本**“中山”作“山中”。〇　补曰：当作中山。　**札记**丕烈案：《史记》作“中山之国”。⑫ **鲍本**武灵二十七年，亡中山。　⑬ **鲍本**“则”作“焉”。〇　补曰：恐当从《史》作“焉”。　⑭ **鲍本**此言近攻之利。　⑮ **鲍本**言出入来往所由。⑯ **鲍本**言虽不能兼制，必有一附。　⑰ **鲍本**可使为丘墟。

王曰：“寡人欲亲魏，魏多变之国也，寡人不能亲。请问亲魏奈何？”范雎曰：“卑辞重币以事之。不可，削地而赂之。不可，举兵而伐之[①]。”于是举兵而攻邢丘[②]，邢丘拔[③]而魏请附。

① **鲍本**彪谓：远交近攻，雎之策当矣。语未卒而复欲亲之，既亲之又欲伐之，立谈之间，矫乱如此，使人主何适从乎？若曰某策为上，某次之，其可也。正曰：《大事记》，亲魏者岂诚爱魏哉？孤韩党耳！　② **鲍本**在河南平皋。补曰：《史》，廪丘、鄄丘，即邢丘也。《正义》云，汉置平皋县，在怀州武德县南。　③ **鲍本**四十一年夏，取邢丘。

曰[①]：“秦、韩之地形，相错如绣。秦之有韩，若木之有蠹，人之病心腹。天下有变，为秦害者莫大于韩。王不如收韩[②]。”王曰：“寡人欲收韩[③]，不听，为之奈何？”

① **鲍本**雎复说也。 ② **鲍本**无“王不如收韩”五字。○ **札记**丕烈案：《史记》有。 ③ **姚本**刘下更有一“韩”字。 **鲍本**“韩”下补“韩”字。○ 补曰：姚云，刘本有。《史》同。

范雎曰：“举兵而攻荥阳①，则成睾之路不通；北斩太行之道②则上党之兵不下；一举而攻荥阳③，则其国断而为三。魏、韩见必亡④，焉得不听？韩听而霸事可成也。”王曰：“善。”⑤

① **鲍本**“荥”作“荣”。○ 属河南。 **札记**丕烈案：《史记》作“荥”。 ② **鲍本**河内山阳。唐有此山，晋隘也。 ③ **鲍本**“荣阳”作“宜阳”。○ 补曰：“宜”，一本作“荣”，《史》同。是时宜阳之拔久矣。 **札记**今本“荣”作“荥”。 ④ **鲍本**衍“魏”字。 补曰：字疑衍。 **札记**丕烈案：《史记》作“夫韩”为是。 ⑤ **鲍本**《雎传》有。按《史》，拔邢丘在亲魏说后二年，此三十八年也。攻宜阳说亦在拔邢丘前，则此“邢丘拔”，要终言之也。正曰：《大事记》，秦昭王三十六年，范雎为客卿，三十九年拔怀，四十一年拔邢丘。《史》拔邢丘后，雎复说攻韩，则此自是两节，《策》附载为一章也。昭王四十四年攻韩、取南阳、绝太行道，皆行雎之谋也。

范雎曰：“臣居山东，闻齐之内①有田单②，不闻其王③。闻秦之有太后、穰侯、泾阳④、华阳⑤，不闻其有王。夫擅国之谓王⑥，能专利害之谓王，制杀生之威之谓王。今太后擅行不顾⑦，穰侯出使不报⑧，泾阳、华阳击断无讳⑨，四贵备而国不危者，未之有也。为此四者，下乃所谓无王已。然则权焉得不倾，而令焉得从王出乎？臣闻：‘善为国者，内固其威，而外重其权。’穰侯使者操王之重，决裂诸侯⑩，剖符于天下[11]，征敌伐国，莫敢不听。战胜攻取，则利归于陶；国弊，御于诸侯[12]；战败，则怨结于百姓，而祸归社稷。《诗》曰：'木实[13]繁者披[14]其枝，披其枝者伤其心[15]。大其都者危其国[16]，尊其臣者卑其主。'淖齿[17]管齐之权[18]，缩闵王之筋，县之庙梁，宿昔而死[19]。李兑用赵，减食主父[20]，百日而饿死[21]。今秦，太后、穰侯用事，高陵[22]、泾阳[23]佐之，卒无秦王，此亦淖齿、李兑之类已[24]。臣今见王独立于庙朝矣，且臣将恐后世之有秦国者，非王之子孙也。"

① **姚本**一无"内"字。 ② **姚本**"单"，《后语》一作"文"。 **鲍本**齐之疏族，后为相，封安平君。《史》云田文，非也。文去齐，至是已二十余年，不得近舍单，远论文也。补曰：姚氏云，《后语》亦作"文"。愚谓举齐事言，不必一时。 ③ **鲍本**"王"上有"有"字。○ **札记**今本"王"上有"有"字。鲍本有。丕烈案：《史记》有。详此句，当以"不闻其王"为是。其者，其齐也。下句当云"不闻有王"，衍"其"字。王，即秦王也。《史记》二句皆云"其有"，各误衍一字。 ④ **鲍本**昭王母弟。 ⑤ **鲍本**补曰：《正义》云，华阳，亭名，在洛州密县，故华城在郑州管城县南。杜注，新城，密也，故戎又号新城君。泾阳，雍州县。高陵属京兆。四贵者，穰侯、泾阳、华阳、高陵也。《史》"泾阳、华阳击断无讳"下有"高陵进退不请"一句。《策》下文"出高陵"，则此有缺文。又"走泾阳"下，姚云曾有"华阳"字。《史》同。 **札记**丕烈案：此文《史记》作"穰侯、华阳、高陵、泾阳"。 ⑥ **鲍本**擅，专也。 ⑦ **鲍本**不顾王也。 ⑧ **鲍本**报，犹白也。言不白王，而擅遣使于外。 ⑨ **姚本**曾，下有"高陵进退不请"六字。 **鲍本**击断，谓刑人。无讳，言不避王。 ⑩ **鲍本**谓分剖其地。 ⑪ **鲍本**剖，犹分；符，信也，谓军符。汉制，以竹长六寸，分而相合。正曰：竹长六寸，《说文》说也。《汉文纪》云，郡国守相为铜虎符、竹使符。《索隐》云，《汉旧仪》，铜虎符，发兵；竹使符，出入征发。此"剖符"，承上"决裂"而言，谓擅封爵也。 ⑫ **鲍本**国，谓秦。御，言为诸侯所制。补

曰：下章“利尽归于陶，国之币帛”云云，恐此有缺误。 **札记**丕烈案：《史记》文同。小司马读“币御于诸侯”为句，当如吴氏读“陶”字句绝者为是。 ⑬ **鲍本**实，木子。 ⑭ **鲍本**披，谓褫之。正曰：披，折也，普靡反。 ⑮ **鲍本**逸《诗》。 ⑯ **鲍本**此因《诗》申之也。补曰：恐此四语皆《诗》，非必逸《诗》，古有此语尔。 ⑰ **鲍本**楚将，楚使救齐，因相之。 ⑱ **鲍本**管，犹管摧之管，专之也。 ⑲ **鲍本**《集韵》，宿，夜也，通作“昔”。事在闵四十年。正曰：三十年。 ⑳ **鲍本**减主父食。 ㉑ **鲍本**赵惠文四年。 ㉒ **鲍本**亦昭王母弟。 ㉓ **姚本**曾，下有“华阳”二字。 ㉔ **鲍本**“已”作“也”。○ **札记**丕烈案：《史记》作“也”。

秦王惧，于是乃废太后，逐穰侯，出高陵，走[①]泾阳[②]于关外[③]。

① **姚本**一无“走”字。 ② **姚本**曾，下有“华阳”二字。 ③ **鲍本**此四十一年。补曰：按《睢传》，睢相在昭王四十一年。《秦纪》，明年太后薨，葬芷阳骊山。九月，穰侯出之陶。是太后初未尝废，穰侯虽免相而未就国，太后葬后，始出之陶。此辩士增饰非实之辞。故《大事记》从邵氏《皇极经世书》，免魏冉相国，夺宣太后权，以客卿范睢为丞相，封应侯。其下书华阳君芈戎、王弟泾阳君市出就封。华阳盖高陵别名，此书为实。《纲目》书秦君废其母不治事，逐魏冉、芈戎、公子市、公子悝云云，亦失考。 **札记**吴氏补曰，《史》有“华阳”字。丕烈案：上《策》文“高陵、泾阳佐之”，《史记》作“高陵、华阳、泾阳佐之”。此文，《史记》作“逐穰侯、高陵、华阳、泾阳君于关外”也。

昭王谓范睢曰：“昔者，齐公得管仲，时以为仲父。今吾得子，亦以为父。”[①]

① **鲍本**《睢传》有。补曰：睢欲言太后、穰侯，先已摩切秦王。王曰，“上及太后，下至大臣，愿先生悉心以教寡人”。宜可言矣。而且陈远交近攻之策，至是始极所欲言，此策士之深术也。《史》所谓未敢言内先言外，以观秦王之俯仰是矣。而乃谓左右多窃听者，睢恐故尔，则未然也。睢岂不能屏左右言乎？

应侯谓昭王

应侯谓昭王曰[①]：“亦闻恒思[②]有神丛[③]与？恒思有悍少年，请与丛博[④]，曰：‘吾胜丛，丛籍我神三日[⑤]；不胜丛，丛困我。’乃左手为丛投[⑥]，右手自为投[⑦]，胜丛，丛籍其神。三日，丛往求之，遂弗归。五日而丛枯，七日而丛亡。今国者，王之丛；势者，王之神。籍人以此，得无危乎？臣未尝闻指大于臂，臂大于股，若有此，则病必甚矣。百人舆瓢而趋[⑧]，不如一人持而走疾[⑨]。百人诚舆瓢，瓢必裂[⑩]。今秦国，华阳用之，穰侯用之，太后用之，王亦用之。不称瓢为器，则已[⑪]；已[⑫]称瓢为器，国必裂矣。臣闻之也：‘木实繁者枝必披，枝之披者伤其心。都大者危其国，臣强者危其主。’其令邑中自斗食以上[⑬]，至尉、内史[⑭]及王左右，有非相国之人者乎[⑮]？国无事，则已；国有事，臣必闻见王独立于庭也[⑯]。臣窃为王恐，恐万世之后有国者，非王子孙也。

① **鲍本**补曰：《秦纪》，应亭，《索隐》云在河东临晋。又，应为太后养地。徐云，颍川父城县应乡，又作大城。按《括地志》之应乡，在汝州鲁山县东。后《策》“应侯失韩之汝南”，说者谓与应邻，则在汝者为是。昭王夺太后养地以封睢，亦恶矣。应，於陵反。　② **鲍本**地缺。　③ **鲍本**灌木中有神灵托之。正曰：黑子，建国必择木之修茂者以为丛位。《史》，丛祠。《索

隐》云，高诱注云，神祠；丛，树也。今高注本缺。 ④ **鲍本**局戏也，六著十二棋。 ⑤ **鲍本**“籍”作“藉”，下同。〇 以神灵借我。 ⑥ **鲍本**班固《奕指》曰，博悬于投，不必慧巧。骃曰，投，投琼。 ⑦ **鲍本**右强而便，欲自取胜。正曰：尚左，尊神也。 ⑧ **鲍本**负之如舆载物。正曰：舆，载也。 ⑨ **姚本**曾、钱、刘，一无“疾”字。 ⑩ **鲍本**以争持者众。 ⑪ **鲍本**称，犹等也。谓比国于瓢。 ⑫ **鲍本**下“已”字无。〇 ⑬ **鲍本**“其”作“且”。〇 《汉官表》，岁俸不满百斛，计日而食一斗二升。 ⑭ **鲍本**秦有郡县，有内史。郡国官也。 ⑮ **鲍本**相国，穰侯。 ⑯ **鲍本**无“闻”字。〇 **札记**今本无“闻”字。

“臣闻古之善为政也，其威内扶①，其辅外布②，四③治政不乱不逆，使者直道而行，不敢为非。今太后使者分裂诸侯，而符布天下，操大国之势，强征④兵，伐诸侯。战胜攻取，利尽归于陶；国之币帛，竭入太后之家；竟内之利，分移华阳。古之所谓‘危主灭国之道’必从此起。三贵竭国以自安⑤，然则令何得从王出，权何得毋分，是我⑥王果处三分之一也。”⑦

① **鲍本**扶，犹持也。言不颠仆。 ② **鲍本**辅，谓股肱之臣。 ③ **鲍本**“四”作“而”。〇 补曰：字误，宜作“而”言。 ④ **鲍本**“强征”作“征强”。〇 ⑤ **鲍本**据上文，不及泾阳、高陵。 ⑥ **姚本**刘本无“我”字。 **鲍本**衍“我”字。 ⑦ **鲍本**彪谓：人君生事之所严，有母而已。范睢说昭王，乃以太后为称首，忍哉。君子所以进其身，岂舍此独无说乎？

秦攻韩围陉

秦攻韩，围陉①。范睢谓秦昭王曰：“有攻人者，有攻地者。穰侯十攻魏而不得[②]伤者，非秦弱而魏强也，其所攻者，地也。地者，人主所甚爱也。人主者，人臣之所乐为死也。攻人主之所爱，与乐死者斗，故十攻而弗能[③]胜也。今王将攻韩围陉，臣愿王之毋独攻其地，而攻其人也。王攻韩围陉，以张仪为言[④]。张仪之力多，且削[⑤]地而[⑥]以自赎于王，几割地而韩不尽；张仪之力少，则王逐张仪，而更与不如张仪者市[⑦]。则王之所求于韩者，言可得也[⑧]。”[⑨]

① **鲍本**僖四年“次于陉”注，楚地。颍川召陵南有郢亭，此时属韩。韩桓惠九年，秦拔我陉。此四十三年也。正曰：召陵郢亭者，陉山也，说见前，非此陉。《史·韩世家》，秦拔我陉城汾旁。《正义》云，陉故城在绛州曲沃县西北汾水之旁。《白起传》作邢丘，亦误。《大事记》据《世家》为文。② **姚本**“得”，一作“能”。 ③ **鲍本**无“能”字。〇 ④ **鲍本**仪死至睢之相，四十四年矣，仪亦未尝在韩，此必误。 ⑤ **鲍本**“削”作“割”。〇 补曰：疑即下文“割”字。 ⑥ **姚本**钱、刘本无“而”字。 ⑦ **鲍本**无“张”字。〇 智不如耳，非力也。 **札记**“张”，鲍本无。丕烈案：无者当是，上文“张”字皆有讹。 ⑧ **鲍本**“言”作“尽”。〇 **札记**今本“言”作“尽”。 ⑨ **鲍本**补曰：更，平声。此章有舛误，未详。

应侯曰郑人谓玉未理者璞

应侯曰：“郑人谓玉未理者璞[①]，周人谓鼠未腊者朴。周人怀璞[②]过郑贾曰：‘欲买朴乎？’郑贾曰：‘欲之。’出其朴，视之，乃鼠也[③]。因谢不取[④]。今平原君[⑤]自以贤，显名于天下，然降[⑥]其主父沙丘而臣之[⑦]。天下之王尚犹尊之，是天下之王不如郑贾之智也[⑧]，眩[⑨]于名，不知其实也。”

① **札记**今本“璞”误“朴”。 ② **鲍本**“樸”作“朴”。○ 补曰：当作“朴”。 **札记**丕烈案：此当与下“出其朴”互易，作“怀朴”。 ③ **鲍本**无“视之”二字。○ 补曰：一本“出其扑，视之，乃鼠也”。 **札记**丕烈案：此当与上“怀璞”互易，作“出其璞，视之”。 ④ **鲍本**谢，辞去也。说亦见《尹文子》及《汉应奉传》。 ⑤ **鲍本**赵公子胜。惠文王弟，后相孝成。见《魏无忌传》。正曰：《赵记》书公子成、李兑，非平原也。“平原”字必有误。⑥ **鲍本**降，贬损之也。 ⑦ **鲍本**巨鹿有沙丘亭。《赵记》不书此，未详。⑧ **鲍本**无“也”字。○ ⑨ **鲍本**眩，目无常主也，故为惑。

天下之士合从相聚于赵

天下之士，合从相聚于赵，而欲攻秦。秦相应侯曰：“王勿忧也，请令废之。秦于天下之士非有怨也，相聚而攻秦者，以已欲[1]富贵耳。王见大王之狗，卧者卧，起者起，行者行，止者止，毋相与斗者；投之一骨，轻起相牙者[2]，何则？有争意也。”于是[3]唐睢载音乐，予之五十[4]金，居武安[5]，高会[6]相与饮，谓：“邯郸[7]人谁来取者？”于是其谋者固未可得予也[8]，其可得与者[9]，与之昆弟矣[10]。

① **鲍本**“欲”作“有”。○ 补曰：一本“有”作“欲”。 ② **鲍本**轻，犹忽也。牙，言以牙相噬。 ③ **鲍本**“唐”上补“使”字。○ ④ **鲍本**“十”作“千”。○ **札记**今本“十”作“千”。丕烈案：“千”字是也。下“复载五十金”同。 ⑤ **鲍本**属魏郡。《赵奢传》注，在邯郸西。正曰：武安，说见前。⑥ **鲍本**《高纪》注，大会也。 ⑦ **鲍本**邯郸，赵国都。 ⑧ **鲍本**用金少，故未能动谋者。 ⑨ **鲍本**“与”作“子”。○ ⑩ **鲍本**谋人之昆弟。正曰：言与之和好若昆弟矣。此下有缺文。 **札记**丕烈案：此当读“与之”上属，而缺在“昆弟矣”上。

"公与秦计功者[①],不问金之所之,金尽者功多矣。今令人复载五十金随公。"唐雎行,行[②]至武安,散不能三千金,天下之士,大相与斗矣。[③]

① **鲍本**应侯教唐雎云。 ② **鲍本**"行"字不重。○ ③ **鲍本**士得金复为秦,故其谋不协。补曰:六国犹连鸡,群士如斗狗,所以虎狼秦张顾哆其口。《秦记》,尉缭说秦王曰,"愿大王毋爱财物,赂其豪臣,以乱其谋,不过亡三十万金,则诸侯可尽"。《大事记》云,前此范雎之散合从,后此陈平之间项羽,同出一术。盖乱世风俗贪鄙,故此术每中。有言礼义廉耻于多事之际,必以为迂阔,不知拨乱之策莫要于此。愚谓,郭开之间李牧,晋鄙客之谗信陵,后胜之劝王建,秦卒亡此三国者,皆应侯之术也。高祖购陈豨将,亦陈平之故智欤?

谓应侯曰君禽马服乎

谓应侯曰:"君禽马服[①]乎?"曰:"然。""又即围邯郸[②]乎?"曰:"然。""赵[③]亡,秦王王矣,武安君为三公。武安君所以[④]为秦战胜攻取者七十余城,南亡鄢、郢、汉中[⑤],禽马服之军,不亡一甲,虽周[⑥]吕望之功,亦不过此矣。赵亡,秦王王,武安君为三公,君能为之下乎?虽欲无为之下,固不得之矣。秦尝攻韩邢[⑦],困于上党,上党之民皆返为赵[⑧]。天下之民,不乐为秦民之日固久矣。今攻赵,北地入燕,东地入齐,南地入楚、魏,则秦所得不一几何[⑨]。故不如因而割之[⑩],因以为武安功[⑪]。"

① **鲍本**"马服"下补"君"字。○ 赵括也,袭其父称。补曰:《史·白起传》,昭王四十八年,秦复定上党,分军为二,王龁攻虎牢,拔之;司马梗定

太原。韩、赵恐，使苏代说应侯。《大事记》引服虔曰，马服，犹言服马也。崔浩曰，马服，官名，言服武事也。 **札记**今本“服”下有“君”字。丕烈案：《史记》作“武安君禽马服子乎”，此文“君”上有脱。 ② **鲍本**四十八年十月。 ③ **鲍本**“赵”上补“曰”字。〇 **札记**丕烈案：《史记》无。 ④ **姚本**一无“以”字。 ⑤ **鲍本**南郡宜城注，故鄢。江陵注，郢都，又郢，故郢。正曰：详见后“五都”注。 ⑥ **姚本**钱、刘下有“召”字。 **鲍本**补曰：姚云，钱、刘本此下有“召”字。 ⑦ **姚本**一本下有“丘”字。刘本无“邢丘”二字。**鲍本**赵国襄国注，故邢国，此字当作“郅”。补曰：上章秦攻韩围陉。《史》桓惠王九年，秦拔我陉汾旁。十年，秦击我太行，我上党郡守以郡降赵。事正相次也。 **札记**丕烈案：《史记》作“邢丘”，鲍说未是。 ⑧ **鲍本**冯亭事。⑨ **姚本**刘改“不一”作“无几何”。 **鲍本**“一”作“能”。〇 正曰：字误。《史》作“所得民亡几何”，此盖“亡”字误分。 **札记**今本“一”作“能”，乃误涉鲍也。 ⑩ **鲍本**许赵割地来和。 ⑪ **鲍本**如是则起无大功，雎不为之下。补曰：《史》“无以为”，此“因”字非。《史》又云，“于是应侯言于秦王，王听之，割韩垣、雍，赵六邑以和，武安君由是与应侯有隙”，下接“复欲伐赵”云云。

应侯失韩之汝南

应侯失韩之汝南①。秦昭王谓应侯曰：“君亡②国，其忧乎？”应侯曰：“臣不忧。”王曰：“何也？”曰：“梁人有东门吴者，其子死而不忧，其相室③曰：‘公之④爱子也⑤，天下无有，今子死不忧⑥，何也？’东门吴曰：‘吾尝无子，无子之时不忧；今子死，乃即与无子时同也。臣奚忧焉？’臣亦尝为子⑦，为子时不忧；今亡汝南，乃与即为⑧梁余子同也⑨。臣何为忧？”

① **鲍本**梁州郡。近应国，应侯尝取得之。　② **姚本**一本下有“汝南”二字。　③ **鲍本**室家之相，此女也。男曰“家老”。　④ **鲍本**“之”作“子”。○　⑤ **鲍本**衍“也”字。　⑥ **鲍本**“死”下有“而”字。○　⑦ **鲍本**此“臣”，应侯。子，余子也。此时无地。　⑧ **姚本**刘一无“即为”二字。　**鲍本**“与即”作“即与”。○　补曰：当作“即与”。　⑨ **鲍本**大司徒可任之余，为余子。正曰：《周礼》“小司徒致余子”注，余子，谓羡也。《传》，晋有公族、余子。杜云，嫡子之母弟也。《吕氏春秋》，张仪，魏氏余子。《索隐》云，支庶也。又，季子也。《庄子》注，不应丁夫为余子。《赵策》亦有余子字。按，梁余子，恐是睢入秦而亡其余子之在梁者。“臣亦尝为子”，言己亦若东门吴；“乃即与为梁余子同”，言亡地与亡子同。

秦王以为不然，以告蒙傲[①]曰：“今也，寡人一城围，食不甘味，卧不便席，今应侯亡地而言不忧，此其情[②]也[③]？”蒙傲曰：“臣请得其情。”

① **鲍本**秦人。补曰：“傲”恐即“骜”。始皇七年死，此时相及。　**札记**丕烈案：李善注《求自试表》引作“骜”。“傲”、“骜”同字。　② **姚本**一本下有“何”字。　③ **鲍本**问其心诚然否？

蒙傲[①]乃往见应侯，曰：“傲欲死。”应侯曰：“何谓也？”曰：“秦王师君，天下莫不闻，而况于秦国乎！今傲势得秦为王[②]将，将兵，臣以韩之细也，显逆[③]诛，夺君地，傲尚奚生？不若死。”应侯拜蒙傲曰：“愿委之卿。”蒙傲以报于昭王。

① **鲍本**无“蒙傲”二字。○　② **姚本**一本无“为”字。　**鲍本**“为王”作“王为”。○　补曰：当作“王为”。姚云，一本无“为”字，是。　③ **鲍本**言

其国小而逆节著。正曰：显逆乱之诛。又作"显违诛戮"，义亦通。

自是之后，应侯每言韩事者，秦王弗听也，以其为汝南虏[①]也[②]。

① **姚本**钱一无"虏"字。 ② **鲍本**汝南民为韩虏获者。 补曰："以为"、"为忧"、"为将"之"为"，如字。依姚本句，则"为秦"之"为"，亦如字。

秦攻邯郸

秦攻邯郸，十七月不下。庄[①]谓王稽曰："君何不赐军吏乎？"王稽曰："吾与王也，不用人言。"庄曰："不然。父之于子也，令有必行者，必不行者。曰'去贵妻，卖爱妾'，此令必行者也；因曰'毋敢思也'，此令必不行者也。守闾妪[②]曰，'其夕，某懦子[③]内某士[④]'。贵妻已去，爱妾已卖，而心不有[⑤]。欲教之者，人心固有[⑥]。今君虽幸于王，不过父子之亲[⑦]；军吏虽贱，不卑于守闾妪[⑧]。且君擅主轻下之日久矣。闻'三人成虎[⑨]，十夫楺椎[⑩]。众口所移，毋翼而飞'。故曰，不如赐军吏而礼之。"王稽不听。军吏穷，果恶王稽、杜挚以反[⑪]。

① **鲍本**人名也。 ② **鲍本**妪，母也。正曰：《广韵》，老妪也。此引《说文》，不切。 ③ **姚本**曾云，恐作"孺"。刘作"孺"。 **鲍本**"其"作"某"。○孺子，乳也，妇之尝乳者。亦妇人之美称，《齐策》，"王有七孺子"。 ④ **鲍本**内，私之也。言妪之言亦有必行者。 ⑤ **鲍本**有，犹欲之也。言父虽令之，而非其所欲，故令之勿思，则必不行。 ⑥ **鲍本**教，犹告也。孺子内士，

人心固欲其告，虽非至亲，令必行也。 ⑦ **鲍本**言王之令，亦能夺其所贵爱，有不必行者。 ⑧ **鲍本**言且告稽。 ⑨ **鲍本**即《魏策》庞葱所称者。⑩ **鲍本**楺，屈申木也。 ⑪ **鲍本**挚，稽之副也。《睢传》言稽与诸侯通。则此所恶，亦其实也。

秦王大怒，而欲兼诛范睢①。范睢曰："臣，东鄙之贱人也②，开罪于楚③、魏，遁逃来奔。臣无诸侯之援，亲习之故④，王举臣于羇旅之中，使职事⑤，天下皆闻臣之身与王之举也。今遇惑⑥或与罪人同心⑦，而王明诛之，是王过举⑧显于天下，而为诸侯所议也。臣愿请药赐死，而恩以相葬臣⑨，王必不失臣之罪⑩，而无过举之名。"王曰："有之⑪。"遂弗杀而善遇之。

① **鲍本**稽始荐睢，睢后任稽守河东。补曰：《史》，王稽为河东守，三岁不上计。郑安平降赵，应侯请罪。秦法，任人而所任不善者，以其罪罪之。于是应侯当收三族，昭王恐伤其意，加赐益厚。后二岁，稽与诸侯通，坐诛，应侯益以不怿。昭王临朝叹息，应侯惧，不知所出。此《策》"睢曰"云云，当在此时。所谓"秦王大怒而欲兼诛睢"者则非，当从《史》。然王益厚赐而善遇之者，所以愧之也。 ② **鲍本**魏在秦东。 ③ **鲍本**开，言始得罪。衍"楚"字。补曰：恐衍。 ④ **鲍本**习，犹狎，故旧也。言非王近习之旧。⑤ **鲍本**职，犹主。 ⑥ **鲍本**"今"作"令"，"遇"作"愚"。○ 补曰：当作"愚"。 **札记**今本"遇"作"愚"，乃误涉鲍也。 ⑦ **鲍本**罪人，谓王稽。衍"或"字。补曰：衍。 **札记**今本无"或"字，乃误涉鲍也。 ⑧ **鲍本**过，犹误也。昔举而今诛之，是举之误。 ⑨ **鲍本**既杀之而加恩，以国相礼葬之。⑩ **鲍本**已杀之。 ⑪ **鲍本**然其过举之言。

蔡泽见逐于赵

蔡泽①见逐于赵，而入韩、魏，遇夺釜鬲于涂②。闻应侯任郑安平③、王稽④，皆负重罪，应侯内惭，乃西入秦。将见昭王，使人宣言以感怒应侯曰："燕客蔡泽，天下骏雄弘辩之士也。彼一见秦王，秦王必相之而夺君位。"

① **鲍本**燕人。　② **姚本**刘无"鬲"字。　**鲍本**人夺之也。《尔雅》，鬲，鼎也。　③ **鲍本**魏齐困范雎，安平匿之。时安平击魏，以二万人降赵。④ **鲍本**通诸侯也。

应侯闻之，使人召蔡泽。蔡泽入，则揖应侯，应侯固不快，及见之，又倨。应侯因让之曰："子常①宣言②代我相秦，岂有此乎？"对曰："然。"应侯曰："请闻其说。"蔡泽曰："吁！何君③见之晚也。夫四时之序，成功者去。夫人生手足坚强，耳目聪明圣知，岂非士之所愿与？"应侯曰："然。"蔡泽曰："质④仁秉义，行道施德于天下，天下怀乐敬爱，愿以为君王，岂不辩智之期与⑤？"应侯曰："然。"蔡泽复曰："富贵显荣，成理⑥万物，万物各得其所；生命寿长，终其年而不夭伤；天下继其统⑦，守其业，传之无穷，名实纯粹⑧，泽流千世，称之而毋绝，与天下终⑨。岂非道之符⑩，而圣人所谓吉祥善事与？"应侯曰："然。"泽曰："若秦之商君，楚之吴起⑪，越之大夫种⑫，其卒亦可愿矣⑬。"应侯知蔡泽之欲困己以说，复曰："何为不可？夫公孙鞅事孝公，极身毋二⑭，尽公不还私⑮，信赏罚以致治，竭智能，示情素⑯，蒙怨咎⑰，欺旧交，虏魏公子卬⑱，卒为秦禽将，破敌军，攘地千里。吴起事悼王，使私不害公,谗不蔽忠,言不取苟合,行不取苟容,行义不固[19]毁誉,必有[20]伯主强国,不辞祸凶。大夫种事越王,主离困辱[21],悉忠而不解[22],主虽亡绝,尽能而不离[23],多功而不矜,贵富[24]不骄怠。若此三子者,义之至,忠之节也。故君子杀身以成名,义之所在,身虽死,无憾悔[25],何为[26]不可哉?"蔡泽曰:"主圣臣贤,天下之福也;君明臣忠,国之福也;父慈子孝,夫信妇贞,家之福也。故比干忠[27],不能存殷;子胥知[28],不能存吴;申生孝,而晋惑[29]乱。是有忠臣孝子,国家灭乱,何也?无明君贤父以听之。故天下以其君父为戮辱[30],怜其臣子。夫待死而后可以立忠成名,是微子不足仁,孔子不足圣,管仲不足大也。"于是应侯称善。

① **鲍本**"常"作"尝"。○ **札记**丕烈案:《史记》作"常"。 ② **姚本**一本下有"欲"字。 ③ **姚本**刘一作"君何"。 **鲍本**"何君"作"君何"。○ **札记**丕烈案:《史记》作"君何"。 ④ **鲍本**质,犹礼。 ⑤ **鲍本**期,犹志也。辨智者志期得此。 ⑥ **鲍本**理,治也。 ⑦ **鲍本**统,绝也。 ⑧ **鲍本**言其两全美。 ⑨ **鲍本**无"与天下终"四字。○ 补曰:一本此下有"与天下终"一句。 **札记**丕烈案:《史记》有,作"与天地终始"。 ⑩ **鲍本**言行道之效。 ⑪ **鲍本**卫人,仕魏,后相楚而死。 ⑫ **鲍本**姓文,越王勾践之相。 ⑬ **鲍本**"矣"作"与"。○ 补曰:"矣",《史》作"欤"。 ⑭ **鲍本**极身,犹竭己。 ⑮ **鲍本**还,反顾也。 ⑯ **鲍本**素,其所蓄积。正曰:"素","愫"通,诚也。 ⑰ **鲍本**《集韵》,蒙,覆也。"蒙","冒"同。鞅尝刑太子之傅,知必见怨咎,犹冒为之。 ⑱ **鲍本**卬,则鞅之旧也。 ⑲ **姚本**"固",曾一作"顾"。 **鲍本**"固"作"顾"。○ **札记**丕烈案:《史记》作"不避难"。徐广曰,一云"不困毁誉"。"固"或"困"字误耳。 ⑳ **鲍本**"有"作"欲"。○ **札记**今本"有"作"欲",乃误涉鲍也。丕烈案:《史记》"必有"作"然为"。

㉑ **鲍本**“主”作“王”。〇 “离”,“罹”同。《集韵》,遭也。 ㉒ **鲍本**解,懈同。 ㉓ **鲍本**离,犹去。 ㉔ **鲍本**“贵富”作“富贵”。〇 **札记**丕烈案:《史记》作“贵富”。 ㉕ **姚本**刘一作“身虽无,咸无悔”。 ㉖ **鲍本**“为”下有“而”字。〇 **札记**丕烈案:《史记》无。 ㉗ **姚本**钱“忠”下有“而”字。 ㉘ **姚本**钱本有“而”字。 ㉙ **姚本**“惑”一作“国”。 **鲍本**僖五年。 ㉚ **姚本**曾本有“而”字。 **鲍本**戮,杀也。贱之如刑戮诟辱之人。

蔡泽得少间①,因曰:“商君、吴起、大夫种,其为人臣,尽忠致功②,则可愿矣。闳夭事文王,周公辅成王也,岂不亦忠③乎?以君臣论之④,商君、吴起、大夫种,其可愿孰与闳夭、周公哉?”应侯曰:“商君、吴起⑤、大夫种不若也。”蔡泽曰:“然则君之主,慈仁任⑥忠,不欺旧故,孰与秦孝公、楚悼王⑦、越王乎?”应侯曰:“未知何如也。”蔡泽曰:“主固亲忠臣,不过秦孝、越王、楚悼。君之为主⑧,正乱、批⑨患、折难,广地殖⑩谷,富国、足家、强主,威盖海内,功章万里之外,不过商君、吴起、大夫种。而君之禄位贵盛,私家之富过于三子,而身不退,窃为君危之。语曰:‘日中则移,月满则亏。’物盛则衰,天之常数也;进退、盈缩、变化,圣人之常道也。昔者,齐桓公九合诸侯⑪,一匡天下,至葵丘⑫之会,有骄矜之色,畔者九国⑬。吴王夫差无适于天下⑭,轻诸侯,凌齐、晋⑮,遂以杀身亡国。夏育、太史启⑯叱⑰呼骇三军,然而身死于庸夫。此皆乘至盛不及⑱道理也。夫商君为孝公平权衡、正度量、调轻重,决裂阡陌,教民耕战,是以兵动而地广,兵休而国富,故秦无敌于天下,立威诸侯。功已成⑲,遂以车裂。楚地持戟百万,白起率数万之师,以与楚战,一战举鄢、郢，再战烧夷陵[20]，南并蜀、汉，又越韩、魏攻强赵，北坑马服，诛屠四十余万之众[21]，流血成川，沸声若雷，使秦业帝[22]。自是之后，赵、楚慑服[23]，不敢攻秦者，白起之势也。身所服者，七十余城。功已成矣，赐死于杜邮[24]。吴起为楚悼罢无能，废无用，损不急之官，塞私门之请，壹楚国之俗，南攻杨越[25]，北并陈、蔡，破横散从，使驰说之士无所开其口。功已成矣，卒支解[26]。大夫种为越王垦草刱[27]邑，辟地殖[28]谷，率四方士[29]，上下之力，以禽劲吴，成霸功。勾践终棓而杀之[30]。此四子者，成功而不去[31]，祸至于此。此所谓信而不能诎，往而不能反者也。范蠡知之，超然避世，长为陶朱[32]。君独不观博者乎？或欲分[33]大投[34]，或欲分功[35]。此皆君之所明知也。今君相秦，计不下席，谋不出廊庙，坐制诸侯，利施三川，以实宜阳，决羊肠之险[36]，塞太行之口，又斩范、中行之途[37]，栈道千里[38]于蜀、汉[39]，使天下皆畏秦。秦之欲得矣，君之功极矣。此亦秦[40]之分功之时也！如是[41]不退，则商君、白公、吴起、大夫种是也。君何不以此时归相印，让贤者授之，必有伯夷之廉；长为应侯，世世称孤，而有乔、松之寿[42]。孰与以祸终哉！此则君何居焉？”应侯曰：“善。”乃延入坐为上客。

① **鲍本**间，言有隙可乘。　② **鲍本**“功”作“力”。○　**札记**丕烈案：《史记》作“功”。　③ **姚本**一本有“圣”字。　④ **鲍本**“君臣”二字作“圣”。○　**札记**丕烈案：《史记》作“君臣”。　⑤ **姚本**一本有“与”字。　⑥ **鲍本**任，犹信。　⑦ **鲍本**无“公”字、“王”字。○　**札记**丕烈案：《史记》有。⑧ **姚本**曾本作“令主”。　⑨ **鲍本**批，搋同，匹齐切，击也。《集韵》，搋或作批，又蒲结切。　⑩ **鲍本**植，种也。　⑪ **鲍本**无“九合诸侯”四字。○　补

曰：一本有“九合诸侯”一句。 **札记**丕烈案：《史记》有。 ⑫ **鲍本**杜注，陈留外黄东有葵丘。 ⑬ **鲍本**僖九年。 ⑭ **鲍本**“适”作“敌”。〇 正曰：《史》作“敌”，“适”通。适，人开反。 ⑮ **鲍本**“凌”作“陵”。〇 正曰：“陵”通。《史》“凌云”，《汉书》“陵云”。 **札记**今本“凌”作“陵”，乃误涉鲍也。丕烈案：《史记》作“陵”。 ⑯ **姚本**“启”，曾作“噭”。 **鲍本**太史，周官，其人未详。《史》作“太史激”，岂君王后之父耶？ ⑰ **鲍本**叱，诃也。⑱ **鲍本**“及”作“近”。〇 **札记**丕烈案：《史记》作“返”。 ⑲ **鲍本**“成”下补“矣”字。〇 补曰：《史》有。 ⑳ **鲍本**属南郡。 ㉑ **鲍本**屠，言杀之酷。 ㉒ **鲍本**有帝之业。 ㉓ **鲍本**慑，失气也。 ㉔ **鲍本**《起传》注，在咸阳西门十里。 ㉕ **鲍本**“杨”作“扬”。〇 越属扬州。 **札记**丕烈案：《史记》作“杨”。 ㉖ **鲍本**断其四支。按《起传》，宗戚大臣射刺起死。 ㉗ **姚本**钱、刘一作“仞”。曾一作“入”。 **鲍本**垦，耕。刱，造也。 ㉘ **鲍本**殖，植同。 ㉙ **鲍本**“方”下补“之”字，“士”下补“专”字。〇 补曰：《史》，“方”下有“之”字，“士”下有“专”字。恐此有缺。 ㉚ **鲍本**“棓”作“拮”。〇 “拮”，“戛”同，栎也。盖逼之。《楚记》言“赐剑死”。 **札记**丕烈案：《史记》作“负”。“负”，“棓”声之转也。 ㉛ **鲍本**“成功”作“功成”。〇 **札记**丕烈案：《史记》作“功成”。 ㉜ **鲍本**居陶，易姓朱。 ㉝ **姚本**一本无“分”字。 **鲍本**衍“分”字。 **札记**《史记》无此，因下衍耳。 ㉞ **鲍本**大，言全胜也。 ㉟ **鲍本**分胜者所获。 ㊱ **鲍本**“决”上补“以”字。〇 补曰：一本及《史》无此字。 ㊲ **鲍本**斩，谓绝之。此言断三晋之路。 ㊳ **鲍本**栈，棚也，施于险绝，以济不通。 ㊴ **鲍本**“于”上补“通”字。〇 补曰：《史》，“于”上有“通”字。 ㊵ **鲍本**秦，秦人也。 ㊶ **鲍本**“是”作“时”。〇 补曰：《史》作“是”。 ㊷ **鲍本**乔，王子乔。松，赤松子。皆不死。

后数日，入朝，言于秦昭王曰：“客新有从山东来者蔡泽，其人辩士。臣之见人甚众，莫有及者，臣不如也。”秦昭王召见，与语，大说之，拜为客卿。

应侯因谢病[1]，请归相印。昭王强起应侯，应侯遂称笃[2]，因免相。昭王新说蔡泽计画，遂拜为秦相[3]，东收周室。

① **鲍本**因病辞去。 ② **鲍本**笃，犹甚。 ③ **鲍本**在五十二年。

蔡泽相秦王数月，人或恶之，惧诛，乃谢病归相印，号为刚成君[1]。秦[2]十余年，昭王[3]、孝文王、庄襄王，卒事始皇帝。为秦使于燕，三年[4]而燕使太子丹入质于秦[5]。

① **鲍本**补曰：《水经》云，《雁门子》，延水东径罡成南。泽，燕人，疑此即其所邑与？ ② **姚本**一本有“居”字。 **鲍本**“秦”上补“居”字。〇 补曰：《史》同。 ③ **鲍本**“昭”上补“事”字。〇 正曰：《史》，“昭”上有“事”字。 ④ **鲍本**居燕三年。 ⑤ **鲍本**《泽传》有。彪谓：周衰，辩士皆矜材角智，趣于利而已。唯泽为近道德明哲保身之策，故其得位不数月引去，优游于秦，以封君令终，美矣！“非苟知之，亦允蹈之”，泽之谓乎！正曰：泽知范雎内惭，故西入秦，志在夺相。杨雄所谓“扼其咽，抗其气，拊其背，而夺其位”，乃矜材角智，趣利之尤者；相秦数月，惧诛归印，亦智巧之尤。无功而退，既无当于道德之旨、明哲保身之义，彼何足以知之哉！补曰：“为主”、“为君”、“为孝”、“为楚”、“为越”、“为秦”之“为”，去声。

战国策卷六

秦　四

秦取楚汉中

秦取楚汉中，再战于蓝田，大败楚军。韩、魏闻楚之困，乃南袭至邓，楚王引归。后三国[1]谋攻楚，恐秦之救也，或说薛公："可发使告楚曰：'今三国之兵且去楚，楚能应而共攻秦，虽[2]蓝田岂难得哉[3]！况于楚之故地[4]？'楚疑于秦之未必救己也，而今三国之辞去[5]，则楚之应之也必劝[6]，是楚与三国谋出秦兵矣[7]。秦为知之，必不救也[8]。三国疾攻楚，楚必走秦以急[9]；秦愈不敢出[10]，则是我离秦而攻楚也[11]，兵必有功[12]。"

① **姚本**齐、韩、魏。　② **鲍本**无"秦取楚汉中再战于蓝田大败楚军韩魏闻楚之困乃南袭至邓楚王引归后三国谋攻楚恐秦之救也或说薛公可发使告楚曰今三国之兵且去楚楚能应而共攻秦虽"六十六字。○　补曰：姚氏本章首有此六十六字。 **札记**丕烈案：无者脱。　③ **姚本**去，舍也。舍楚而往攻秦。蓝田，秦邑也，攻秦则得之矣，故曰"岂难得哉"。蓝田，今长安东南。　**鲍本**属京兆。此《策》上有脱简，盖三国攻楚，楚求秦救，薛公时在魏，说者欲使薛公遣使之楚，告以舍楚攻秦，以疑秦使不救楚。此言三国既舍楚攻秦，蓝田可得也。　④ **鲍本**蓝田，秦近邑也，尚可得，而况楚地？谓秦且以汉中予楚。　⑤ **鲍本**"去"作"云"。○　三国攻楚，《史》不书。

“辞云”，上所言者也。补曰：当作“云”。 ⑥ **姚本**应，和也。劝，进也。**鲍本**劝，乐之也，言乐从，从三国攻秦。此一说也。 ⑦ **鲍本**出兵敌三国也，其谋自楚。 ⑧ **姚本**知楚与三国谋，故必不肯救之(一无“肯”、“之”二字)。 ⑨ **姚本**一本以下有“告”字。走，去也。告急求救也。 **鲍本**趋秦告急。 ⑩ **姚本**秦益疑，故不敢出兵。 **鲍本**畏三国也，此又一说。 ⑪ **鲍本**我，三国也。离，言绝其交。 ⑫ **姚本**离，绝也。使秦疑楚而不救也。三国得专势攻楚，故兵出必有功也。

薛公曰：“善。”遂发重使之楚，楚之应之果劝[①]。于是三国并力攻楚，楚果告急于秦，秦遂不敢出兵。大臣[②]有功[③]。[④]

① **姚本**果，竟。 ② **姚本**“臣”，曾作“胜”。 **鲍本**衍“臣”字。 补曰：姚氏云，曾作“胜”。高注亦作“大胜”。 ③ **姚本**三国伐楚大胜有功也。 ④ **鲍本**此章应属齐若魏，然附之齐，则薛公时在魏；附之魏，则无薛公事。以其事不完不明，而齐、魏无所适属也，故次之此。正曰：秦惠王后十三年，取楚汉中，非薛公在魏时事。鲍不见脱简文，故其说妄谬而次之此。

薛公入魏而出齐女〔校一〕

〔校一〕此篇姚本与《秦取楚汉中》连篇，鲍本另列一篇。据文义，从鲍本。

薛公入魏而出齐女[①]。韩春谓秦王曰：“何不取为妻，以齐、秦劫[②]魏[③]，则上党，秦之有也[④]。齐、秦合而立负蒭，负蒭立，其母在秦，则魏，秦之县也[⑤]已。呡[⑥]欲以齐、秦劫[⑦]

魏[8]而困薛公[9]，佐欲定其弟[10]，臣请为王因岷与佐也[11]。魏惧而复之[12]，负蒭必以魏殁世事秦[13]。齐女入魏而怨薛公[14]，终以齐奉事王矣[15]。"

① **姚本**妇人大归曰"出"。 **鲍本**魏公子负刍之母，薛公恶齐，故逐之。② **鲍本**"劫"，"刼"同。 ③ **姚本**秦王，昭王也。劝使取魏所出齐女以为妻，而与齐并势攻魏。 ④ **姚本**攻魏则并得上党也。 **鲍本**此上党属魏。⑤ **姚本**负蒭即魏公子，其母即魏所出齐女也。欲令秦王取之，故曰"其母在秦"，故云"魏，秦之县也"。 **鲍本**言负刍以母故必事秦。 ⑥ **姚本**岷，魏之臣也。 **鲍本**"岷"作"珉"。〇 下同。字书无之。而韩岷，《韩策》作"珉"，今并从之。此魏人也。正曰："已"字句，今连作"已珉"，非。"岷"、"珉"，《策》字通，恐即"韩珉"也。 **札记**今本"岷"作"珉"，乃误涉鲍也。⑦ **姚本**劫，胁也。 ⑧ **鲍本**无"劫魏"二字。〇 争魏权故。补曰：一本"欲以齐、秦劫魏而困薛公"。 ⑨ **姚本**薛公在魏，故欲困苦之也。 ⑩ **姚本**佐，负蒭兄也，故欲定其弟。 **鲍本**负刍庶兄也。定，定其立。 ⑪ **姚本**臣，韩春自谓也。岷欲困薛，故言请为王因岷与佐也。 **鲍本**因二人可以劫魏困薛。 ⑫ **姚本**复之齐女。 **鲍本**反齐女。 ⑬ **姚本**世，身。⑭ **姚本**入，还也。齐女还，怨薛公出己也。 ⑮ **姚本**王，秦王也。韩春设此言，言齐女以齐奉事王矣。秦王不慊韩春计，故其事无效。 **鲍本**齐女德秦，而齐，其父母国也，齐又与薛公隙，故女能得之以事秦。

三国攻秦入函谷

三国攻秦，入函谷[1]。秦王谓楼缓[2]曰："三国之兵深矣，寡人欲割河东而讲[3]。"对曰："割河东，大费也；免[4]于国患，大利也。此父兄之任也[5]。王何不召公子池[6]而问焉？"

① **姚本**三国，齐、韩、魏也。 **鲍本**《魏记》，哀二十一年，与齐、韩共攻秦，此九年也。正曰："哀"当作"襄"。 ② **鲍本**赵人，见《穰侯传》。此九年，相秦而免。 ③ **姚本**深，犹盛也。割，分。讲，成也。(一"也"字下有"分"字)河东地以卑三国，与之成。 **鲍本**大河之东，非地名。补曰："讲"，"媾"通，说见前。 ④ **鲍本**"免"作"勉"。○ 补曰：《策》"免"、"勉"通。⑤ **姚本**曾云，大利，不入三国；大费，失土。大利不亡国，故曰"父兄之任也"。 **鲍本**谓公族。 ⑥ **鲍本**"池"作"他"。○ 正曰："池"即"他"，且当从本文。

王召公子池而问焉[①]，对曰："讲亦悔，不讲亦悔。"王曰："何也？"对曰："王割河东而讲，三国虽去，王必曰：'惜矣[②]！三国且去，吾特以三城从之[③]。'此讲之悔也[④]。王不讲，三国入函谷，咸阳必危[⑤]，王又曰：'惜矣！吾爱三城而不讲。'此又不讲之悔也。"王曰："钧[⑥]吾悔也，宁亡三城而悔，无危咸阳而悔也。寡人决[⑦]讲矣。"卒使公子池以三城讲于三国，之兵[⑧]乃退。[⑨]

① **鲍本**"焉"作"之"。○ ② **姚本**惜河东地也。 **鲍本**悔其失地。③ **姚本**且，将也。特，独也。三城，河东三县也。 ④ **姚本**悔，恨也。⑤ **姚本**咸阳，秦都也。今长安都渭桥西北咸阳城是也。 **鲍本**咸阳，秦都。扶风渭城也。补曰：《大事记》，山南曰阳，水北亦曰阳。其地在渭水之北，九嵕诸山之南，故曰咸阳。 ⑥ **鲍本**"钧"，"均"同。平也。 ⑦ **姚本**决，必。 **鲍本**决，断也，犹必。 ⑧ **鲍本**"之兵"上补"三国"二字。○ 补曰：宜复有"三国"二字。 ⑨ **鲍本**缓时相秦，对以池之言，岂为侵官哉！而曰"此父兄之任"，焉用彼相矣。补曰：缓之不自言，池以两悔言，皆箝其主之术也。《周策》，韩庆为西周说薛公，令临函谷而无攻楚，割东国以与齐，而秦出楚王以为和，薛公从之，会公子池来媾，遂罢兵。《大事记》说见彼

章，当参照。按三城者，武遂与韩，封陵与魏，齐城与齐，武遂、封陵在河东，齐城无考。事在《年表》秦昭九年。下十一年，书韩与齐魏击秦，与我武遂。《大事记》谓即此年事，误分也。《通鉴纲目》以为楼缓、公子池之对者，误。

秦昭王谓左右〔校一〕

〔校一〕此篇姚本与《三国攻秦入函谷》连篇。鲍本另列一篇。据文义，从鲍本。

秦昭王谓左右曰："今日韩、魏，孰与始强①？"对曰："弗如也②。"王曰："今之如耳③、魏齐④，孰与孟尝⑤、芒卯之贤⑥？"对曰："弗如也。"王曰："以孟尝、芒卯之贤，帅强韩、魏之兵以伐秦，犹无奈寡人何也！今以无能之如耳、魏齐，帅弱韩、魏以攻秦，其无奈寡人何，亦明矣！"左右皆曰："甚⑦然⑧。"

① **姚本**始，初也。言韩、魏初时强耶？今时强也？ ② **姚本**言不如始时强也。 ③ **姚本**如耳，韩臣。 **鲍本**魏人。正曰：高注，韩臣。按，"如"，姓，魏有如姬。 ④ **姚本**魏齐，魏臣也。 **鲍本**魏相。 ⑤ **鲍本**先时相魏。 ⑥ **鲍本**不言韩人，魏主兵也。 **札记**今本"与"误"如"。 ⑦ **姚本**甚，谓诚也。 ⑧ **鲍本**无"左右皆曰甚然"六字。○ 补曰：姚本有。 **札记**丕烈案：《史记》有，《韩子》有，"皆"作"对"。《说苑》有，作"左右皆曰然"。无者非也，高注亦可证。

中期①推琴②对曰："三③之料④天下过⑤矣。昔者六晋⑥之时，智氏最强，灭破范、中行⑦，帅韩、魏⑧以围赵襄子于晋阳⑨。决晋水⑩以灌晋阳，城不沈者三板耳⑪。智伯出行⑫

水，韩康子御，魏桓子[13]骖乘[14]。智伯曰：‘始，吾不知水之可亡[15]人之国也，乃今知之。汾水利以灌安邑[16]，绛水利以灌平阳[17]。’魏桓子肘韩康子[18]，康子履魏桓子，蹑其踵[19]。肘足接于车上[20]，而智氏分矣[21]。身死国亡，为天下笑[22]。今秦之强，不能过智伯；韩、魏虽弱，尚贤在晋阳之下也[23]。此乃方其用肘足时也，愿王之勿易也[24]。”[25]。

① **姚本**中期，秦臣也。 **鲍本**武王时已出此人，至是四十四、五年矣。补曰："期"，《史》作"旗"。《说苑》，"申旗"。 **札记**丕烈案："申"即"中"讹耳。"期"、"旗"同字。 ② **姚本**续：《史记》"中旗凭琴"注，引《战国策》作"推琴"。《后语》，"中旗伏琴"。《韩子》作"推瑟"。《说苑》作"伏琴"。 **鲍本**补曰：《史》，"冯琴"。《索隐》引《后语》，"伏琴"。《韩子》，"推瑟"。《说苑》，"伏瑟"。愚谓，此记其推琴而起对，犹《论语》记"舍瑟"也。《庄子》云，"孔子推琴"。 **札记**丕烈案："推"或"冯"字之讹，"冯"，"伏"声之转，与《论语》、《庄子》义不同也。吴氏所说未是。 ③ **鲍本**"三"作"王"。○ **札记**今本"三"作"王"。鲍本作"王"。丕烈案："王"字是也。 ④ **姚本**料，数也。 **鲍本**料，量也。 ⑤ **姚本**过，谬也。 ⑥ **姚本**六卿分晋。智氏、范、中行氏、魏、韩氏、赵氏，乘周之衰，僭号皆曰诸侯，谓六晋也。曾、刘皆作六晋者，无咎灭赵氏、魏氏。 **鲍本**智、范、中行、韩、魏、赵，晋卿也，实分晋国。⑦ **姚本**范、中行氏，于晋最薄而苛峭，故智伯瑶先破灭也。 ⑧ **鲍本**"帅"上有"又"字。○ **札记**丕烈案：《史记》、《说苑》有。《韩子》作"而从韩、魏"。 ⑨ **姚本**智伯杀范、中行氏，志意骄盈，求地于诸侯，赵襄子不与地，故帅韩、魏二君伐赵氏，围晋阳。晋阳，赵襄子邑。 ⑩ **鲍本**出晋阳。补曰：《正义》引《括地志》云，晋水出并州晋阳县西，东南流注汾水。 ⑪ **姚本**沈，没也。广二尺曰板。 **鲍本**板，高三尺。 ⑫ **鲍本**行，去音。按视也。 ⑬ **姚本**《说苑》、《韩子》作魏宣子。 ⑭ **姚本**三人共载曰"骖乘"。**鲍本**《徐无鬼》疏，在左为骖，在右为御。 ⑮ **姚本**亡，灭。 ⑯ **姚本**安邑，

魏桓子邑。 **鲍本**汾水，出汾阳，属河东。补曰：《汉志》，汾水出太原汾阳县北山，至河东汾阳县入河。《正义》云，安邑，在绛州夏县。汾水东北历安邑、西河入河。 ⑰ **姚本**平阳，韩康子邑。 **鲍本**绛水、平阳并属河东。正曰：晋迁新田，今绛县。谓平阳为故绛。《正义》引《括地志》云，绛水一名白水，今名弗泉，源出绛山。 ⑱ **鲍本**不敢正语，以肘筑之。 ⑲ **鲍本**蹑，蹈。踵，跟也。 ⑳ **姚本**曾、刘本云，"魏桓子肘韩康子，康子蹑其踵，踵、肘接于车上"。 ㉑ **姚本**韩、魏兆其肘、踵之谋，破智伯于车上。智氏贪暴灭亡，三家卒共分之，故曰"智氏分也"。 ㉒ **姚本**智伯身死，为襄子所杀也。身死，国为三家所分，天下共笑也。 ㉓ **姚本**贤于赵襄子见围于晋阳也。贤，犹胜也。 **鲍本**"在"上有"其"字。〇 **札记**丕烈案：《史记》、《说苑》有。《韩子》作"未至如其在晋阳之下也"。 ㉔ **姚本**勿，无。易，轻也。㉕ **鲍本**彪谓：此贤人君子之言也，人君闲暇，宜数闻之。魏鳌十一年有，此四十一年也。以在取邢丘下，故不可先范雎事。正曰：秦自孝公商鞅以来，政俗弥恶，当时动以遗礼义，弃仁恩，虎狼目之。是以鲁连、孔顺义所不臣，盖圣贤之徒之所绝也。凡委质于其国者，虽有忠言嘉谟，皆不得在君子之科。

楚魏战于陉山

楚、魏战于陉山[①]。魏许秦以上洛[②]，以绝秦于楚[③]。魏战胜，楚败于南阳[④]。秦责[⑤]赂于魏，魏不与[⑥]。营[⑦]浅[⑧]谓秦王曰："王何不谓楚王[⑨]曰，魏许寡人以地，今战胜，魏王[⑩]倍寡人也。王何不与寡人遇[⑪]。魏畏秦、楚之合，必与秦地矣。是魏胜楚而亡地于秦也[⑫]；是王以魏地[⑬]德寡人[⑭]，秦之楚者多资矣[⑮]。魏弱，若不出地[⑯]，则王攻其南，寡人绝[⑰]其西，魏必危[⑱]。"秦王[⑲]曰："善。"以是告楚。楚王扬言[⑳]与秦遇，魏王闻之恐，效上洛于秦[㉑]。

① **鲍本**《魏记·苏秦传》注，在密县。密属河南。《楚记》，威王卒，魏因丧取我陉山。魏襄六年伐楚，败之陉山，在此前九年。正曰：徐广云，召陵有陉亭，密县有陉山。《正义》云，《括地志》云在郑州新郑县西南。《大事记》取鲍氏所引召陵。《韩策》引《正义》，又谓楚北有汾陉之塞，即此，皆一地也。愚恐"汾"字有误，因"韩陉城汾旁"讹也。说见彼条。 从《通鉴》，在惠后六年，高注作惠。 ② **鲍本**洛，属弘农。 ③ **姚本**魏许赂秦以上洛，绝秦便不助楚。 **鲍本**使不助楚。 ④ **姚本**南阳，陉山所在也。 **鲍本**荆州郡。非修武所谓。 ⑤ **鲍本**责，求也。 ⑥ **姚本**赂，上洛也。不与上洛也。 ⑦ **姚本**曾"营"或作"管"。 ⑧ **鲍本**秦人。 ⑨ **鲍本**怀。 ⑩ **鲍本**襄。正曰：惠。 ⑪ **姚本**遇，合也。 **鲍本**遇，犹会。 ⑫ **姚本**谓失上洛。 ⑬ **鲍本**无"魏"字。○ 补曰：一本"以魏地德寡人"。 ⑭ **鲍本**秦因楚会得地，楚之惠也。 ⑮ **姚本**之，至也。资，财币也。 **鲍本**之，往也。言将以厚币往结楚好。 ⑯ **鲍本**补曰：刘辰翁云，多"弱"字，即"若"。愚谓，以"弱"句，义亦善。 ⑰ **鲍本**"绝"作"攻"。○ ⑱ **姚本**危，亡。 ⑲ **姚本**昭王也。 ⑳ **鲍本**扬，显言之。 ㉑ **姚本**魏惠王。效，致也。

楚使者景鲤在秦〔校一〕

〔校一〕此篇姚本与《楚魏战于陉山》连篇，鲍本另列一篇，据文义，从鲍本。

楚使者景鲤在秦，从秦王与魏王① 遇于境②。楚怒秦合，周最为楚王曰："魏请无与楚遇而合③ 于秦④，是以鲤与之遇也。弊邑之于与遇善之⑤，故齐不合也。"楚王因不罪景鲤而德周、秦⑥。⑦

① **鲍本**襄。正曰：惠。 ② **姚本**遇，合。境，秦界也。 **鲍本**此下脱

简，有秦使周最解说与魏所以遇之意。见高注。而《楚策》有其事。补曰：按鲍所谓《楚策》原在《韩》。曰齐、楚之交善，秦与魏遇，且以善齐而绝齐乎？楚景鲤之秦，与于遇，楚王怒，恐秦以楚为有阴于秦、魏也，且罪鲤云云。　③ **姚本**遇之合也。　④ **鲍本**无“楚怒秦合周最为楚王曰魏请无与楚遇而合于秦”二十字。○　补曰：别本以此足缺文，在“是以鲤与之遇也”句上，即高注“秦使周最解说”者。姚本“楚怒秦合”、“最为楚王曰”、“魏王遇于境”、“楚使者”、“是以”云云，其文缺误，不如别本明白。　**札记**此二十字鲍本无，吴氏补有。“合”作“令”，“冣”作“最”，“为”作“谓”。丕烈案：“令”字、“谓”字是也，“冣”作“最”者非。吴氏所称姚本，与影抄梁溪安氏本合，乃姚氏一本耳。　⑤ **鲍本**加好于魏。正曰：敝邑，秦自称。谓鲤与秦、魏遇此以为善。盖二国之遇，将以善齐，而绝齐于楚，而楚使在焉，故齐疑之而不与合也。　⑥ **姚本**秦使周最解说楚王与魏遇之意，故不罪景鲤，而弟德周与秦也。　⑦ **鲍本**齐，魏雠也，好魏故齐不合。齐，楚敌也，齐不合故楚说。正曰：以齐、楚交善章考之，其失可见。

楚王使景鲤如秦

楚王[①]使景鲤如秦。客谓秦王曰：“景鲤，楚王使景[②]所甚爱，王不如留之以市地[③]。楚王听，则不用兵而得地；楚王不听，则杀景鲤，更[④]不[⑤]与不如景鲤留[⑥]，是便[⑦]计也。”秦王乃留景鲤。

① **鲍本**怀。　② **姚本**一本无“使景”二字。　**鲍本**衍“使景”二字。③ **姚本**市，求也。　**鲍本**市，买卖所之也。言使楚以地赎鲤如之。　④ **鲍本**补曰：更，平声。　⑤ **鲍本**衍“不”字。　补曰：疑衍。　**札记**今本无上“不”字，乃误涉鲍也。　⑥ **姚本**“留”，曾、刘一作“者”。　**鲍本**“留”作“者”。○　补曰：姚云，“留”，曾、刘作“者”，是。　⑦ **鲍本**便，犹利安。

景鲤使人说秦王曰："臣见王之权轻天下[1]，而地不可得也。臣之来使也，闻齐、魏皆且割地以事秦。所以然者，以秦与楚为昆弟国。今大王留臣，是示天下无楚也，齐、魏有何重于孤国也[2]。楚知秦之孤，不与地，而外结交诸侯[3]以图[4]，则社稷必危，不如出臣。"秦王乃出之[5]。[6]

① **鲍本**权，犹势也。天下所轻。　② **姚本**言留臣，则秦（一本下有"与楚"二字）绝，秦无楚援，则为孤国，故齐、魏不复尊重秦也。　**鲍本**"有"，犹"又"。补曰：二字古通用，后《策》陈轸云"又何重孤国"，即此文。　③ **鲍本**无"诸侯"二字。〇　④ **鲍本**图秦。　⑤ **姚本**出，遣景也。景鲤还楚也。⑥ **鲍本**补曰："来使"之"使"，去声。

秦王欲见顿弱

秦王[1]欲见顿弱[2]，顿弱曰："臣之义不参拜，王能使臣无拜，即可矣[3]。不，即不见也。"秦王许之。于是顿子曰："天下有[4]其实而无其名者，有无其实而有其名者，有无其名又无其实者。王知之乎？"王曰："弗知。"顿子曰："有其实而无其名者，商人是也。无把铫推耨之势[5]，而有积粟之实，此有其实而无其名者也。无其实而有其名者，农夫是也。解冻而耕，暴背而耨，无积粟之实，此无其实而有其名者也。无其名又无其实者，王乃是也。已立为万乘，无孝之名；以千里养，无孝之实。"秦王悖然而怒[6]。

① **姚本**秦王，始皇赵正也。即位二十六年，乃称帝，故曰秦王。② **鲍本**秦人。　③ **鲍本**"即"作"则"。〇　**札记**"即"，鲍本作"则"，下"从

成，即楚王”同。 ④ **姚本**一本“有”字下更有“有”字。 **鲍本**“有”下补“有”字。〇 正曰：一本有，姚同。 ⑤ **姚本**铫，芸苗器也，音括。续：铫，姚、调二音，古田器。 **鲍本**“势”作“劳”。〇 铫，芸苗器。耨，耨器。 补曰：徐按《诗传》，钱铫也，七遥反，字与“锹”同。耨，亦芸田器，《庄子》作“鎒”。 ⑥ **鲍本**悖，艴同，语色艴如也。补曰：艴如，《说文》文。今《论语》作“勃”。

顿弱曰：“山东战国有六，威不掩于山东，而掩于母①，臣窃为大王不取也。”秦王曰：“山东之建国②可兼③与？”顿子曰：“韩，天下之咽喉；魏，天下之胸腹。王资④臣万金而游⑤，听之韩、魏⑥，入⑦其社稷之臣于秦⑧，即韩、魏从。韩、魏从⑨，而天下可图也⑩。”秦王曰：“寡人之国贫，恐不能给也⑪。”顿子曰：“天下未尝无事也，非从即横也。横成，则秦帝；从成，即楚王。秦帝，即以天下恭养⑫；楚王，即王虽有万金，弗得私也⑬。”秦王曰：“善。”乃资万金，使东游韩、魏，入其将相。北游于⑭燕、赵，而杀李牧⑮。齐⑯王入朝⑰，四国⑱必⑲从，顿子之说也。⑳

① **姚本**秦王，名正也。以母嫪通于嫪毐，闭之于雍门宫，故顿弱曰不能掩威于六国，而掩威于母也。 **鲍本**始皇母，帝太后也。本吕不韦姬，通不韦，又通缪毐，人告之，王怒，九年迁雍。 ② **鲍本**“建”作“战”。〇 ③ **姚本**兼，并。 ④ **姚本**资，给。 **鲍本**“资”，“赍”同。 ⑤ **姚本**游，行。 ⑥ **鲍本**时不通诸国，故请王听其往也。 ⑦ **姚本**入，纳也。 ⑧ **鲍本**说之使归秦。 ⑨ **鲍本**“韩魏从”不重。〇 补曰：一本叠此三字。 ⑩ **姚本**从于秦。图，取。 ⑪ **姚本**给，供。 ⑫ **鲍本**且敬且养。 ⑬ **姚本**私，爱也。 ⑭ **鲍本**衍“于”字。 ⑮ **姚本**李牧，赵将。 **鲍本**赵良将，迁王七年

杀之。此十八年。 ⑯ **鲍本**无“王”字。○ 补曰：一本此下有“王”字。⑰ **姚本**朝于秦也。 ⑱ **姚本**四国，燕、赵、韩、魏。 **鲍本**齐、魏、燕、赵也。杀牧时已虏韩。正曰：高注“燕、赵、韩、魏”，是，上已言齐矣。杀牧，是要终言之。 ⑲ **鲍本**“必”作“毕”。○ 补曰：疑“毕”。 **札记**今本“必”作“毕”，乃误涉鲍也。丕烈案：鲍改吴补皆非也。古或借“必”为“毕”字。⑳ **鲍本**说始皇在十年还太后前，此要终言之。彪谓：顿子之义高于范睢，而其说过之远矣，惜其不知择木！焉有仁人君子而为始皇用哉？鲁连视之蔑矣！正曰：《大事记》，茅焦说秦王曰，秦方以天下为事，而大王有迁母太后之名，恐诸侯闻之由此倍秦。顿子告始皇，山东战国有六，威不掩于山东，而掩于母。始皇所重者独兼并诸侯耳，茅焦所以能复太后者，特以诸侯背秦恐之，非能以母子天性感悟之也。愚按：顿弱虽有“威掩于母”之一言，其下即说以“兼并”行许，未尝正谏迁母之失，又非茅焦比。二人虽异于范睢，于义皆不足取。

顷襄王二十年

顷襄王二十年，秦白起拔楚西陵，或拔鄢、郢、夷陵，烧先王之墓。王徙东北，保于陈城。楚遂削弱，为秦所轻。于是白起又将兵来伐。

楚人有黄歇者，游学博闻，襄王以为辩，故使于秦。说昭王曰：

“天下莫强于秦、楚，今闻大王欲伐楚，此犹两虎相斗而驽犬受其弊，不如善楚。臣请言其说。臣闻之①：‘物至②而反，冬夏是也③。致④至⑤而危，累棋是也。’今大国之地半天下，有二垂⑥，此从生民以来，万乘之地未尝有也⑦。先帝⑧文王⑨、庄王⑩，王之身，三世⑪而不接地于齐⑫，以绝从亲之要⑬。今王三使盛桥⑭守⑮事于韩，成桥以北入燕⑯。是王不用甲，不伸威，而出⑰百里之地，王可谓能矣。王又举甲兵而攻魏，杜⑱大梁⑲之门，举⑳河内㉑，拔燕、酸枣、虚、桃人㉒，楚、燕之兵㉓云翔不敢校㉔，王之功亦多矣㉕。王申㉖息众二年，然后复之㉗，又取蒲、衍、首垣㉘，以临仁、平兵㉙，小黄、济阳婴城㉚，而魏氏服矣。王又割濮、磨㉛之北属之燕，断齐、秦之要，绝楚、魏之脊。天下五合、六聚而不敢救也㉜，王之威亦惮矣㉝。王若能持功守威㉞，省㉟攻伐之心而肥仁义之诫㊱，使无复后患㊲，三王不足四，五伯不足六也㊳。

① **姚本**续：此段首有阙文。《史记》、《新序》、《后语》皆有之，文亦小异。今以《后语》聊足此段之阙。　**鲍本**无“顷襄王二十年”至“臣闻之”一百十字，有“说秦王曰”四字。○　按《史》，此春申君未封时，书在击芒卯后，此三十四年也。补曰：案，此当下接“物至”云云，而章首“说秦王曰”四字已在此段内，当为衍文。　**札记**丕烈案：吴说非也。《策》文但当作“说秦王曰，物至而反”云云，并无阙文。高注“秦王”云，秦王名正，不以为黄歇说昭王，与《史记》不同。《新序》、《后语》皆本于《史》，不据此。以为此段首有阙文者，出于姚氏，其实不得高意。《李善》注《文选·辨亡论》引“楚、魏之兵，云翔而不敢校”，以为顿子说秦王，蒙上章为说，必《战国策》旧读。且《策》文即实为黄歇说，亦止当驳高注耳。正文作“说秦王曰”自足，前后多如此例。　② **鲍本**至，犹极。　③ **姚本**秦王名正，庄王楚之子。冬至生，夏至杀，故曰反也。　④ **鲍本**致，言取物置之物上。　⑤ **姚本**至，极也。⑥ **鲍本**边陲。　⑦ **姚本**未尝有地也。　⑧ **姚本**今之王，古之帝，故咸言先帝。　**鲍本**尊称之耳，时未为帝。　⑨ **鲍本**惠文王。非孝文。　⑩ **鲍本**“庄”作“武”。○　按《史》，秦轻楚顷襄王，歇乃上书说秦昭王，则《史》与此《策》书此为“庄王”，谬也。补曰：“庄”当作“武”。　**札记**丕烈案：鲍改、吴补皆非也，高注可证。《史记》亦是“庄”字。《新序》无此以下三句，或以其不合而削之也。　⑪ **姚本**文王，始皇祖。庄王，始皇父。故曰三世。

⑫ **鲍本**不与通也。 ⑬ **鲍本**要,约也。 ⑭ **鲍本**无“三”字,“盛”作“成”。○ 秦人。补曰:刘伯庄云,“桥”音“矫”。 **札记**今本无“三”字,“盛”作“成”。丕烈案:《史记》、《新序》皆无“三”,当衍也;皆作“盛桥”。此下文云“成桥”,当是《策》文作“成”,《史记》作“盛”。“成”、“盛”同字。《新序》出《史记》。 ⑮ **鲍本**守,犹待。 ⑯ **姚本**燕人朝秦也。 **鲍本**“以”作“已”。○ 使燕入朝于秦。正曰:“以”,“已”通。补曰:《史》作“盛桥以其地入秦”,为是。《新序》同。此言韩入地,下言取魏地也。 ⑰ **鲍本**出,言割地。燕入秦,必割地予秦,秦使之出也。 ⑱ **鲍本**“杜”作“社”。○ 补曰:姚本作“杜”,是。 **札记**丕烈案:鲍本误。因读上属,谬甚。 ⑲ **姚本**大梁,魏惠王所都也。今陈留浚仪西大梁城是也。 ⑳ **姚本**举,犹得也。 ㉑ **鲍本**属司隶。正曰:《正义》云,即怀州也。在河南之北,西河之东,东河之西。㉒ **姚本**拔,取也。燕,南燕。酸枣,今属陈留。桃人,邑名,处则未闻。虚,空也。 **鲍本**燕,南燕,属东郡。酸枣属陈留。徐注,始皇五年,取酸枣、燕、虚。又苏代曰,决宿、胥之口,魏无虚、顿丘。按此,则虚,魏地也。桃人,《史》作桃,注,燕县有桃城。今按任城有桃聚。补曰:燕,《张仪传》注,滑州胙城县。酸枣,《正义》云,故城在滑州酸枣县北,古酸枣县南。虚,《正义》云,谓殷虚,今相州所理。《大事记》《解》,《始皇纪》引《正义》云,姚虚在濮州雷泽县东,二地不同。按高注作“虚”,文协。 ㉓ **鲍本**补曰:《史》作“魏之兵”。意此上皆魏地,当作“魏之兵”。不然,“燕楚”以来援者言之。**札记**丕烈案:李善引“燕”作“魏”。《史记》、《新序》皆作“邢魏之兵”,“邢”当作“荆”。徐广曰,平皋有邢丘者,非,即《策》文之楚也。《史记》上文桃人,“人”字误作“入”,乃连“入邢”为读。《新序》“人”作“仁”,“人”、“仁”同字。可知刘向时,《史记》不作“入”也。俗本《新序》,乃反依今《史记》改作“入”,误之甚矣。唯予家所有北宋刻本《新序》未误。 ㉔ **姚本**云翔,《史》作“云翔”,犹解散。 **鲍本**“云”作“雲”,“不”上有“而”字。○ 云翔,散也。《论语注》包曰,校,报也。正曰:《尔雅》“其飞也翔”注,布翅翱翔。按,翔有高起貌。《汉书》言翔贵,古人每言高翔。 **札记**丕烈案:李善引作“云翔而”。《史记》、《新序》皆同。 ㉕ **姚本**不与秦校战,故曰王之功亦多矣。 ㉖ **姚**

本申，洛也。 **鲍本**“申”作“休甲”。〇 元作“申”，无“休”字，今从《史》。正曰：《史》文虽顺，此作“重”义，自通。 **札记**丕烈案：《史记》、《新序》，“休甲”，与《策》文不同。 ㉗ **姚本**休众二年而后复用之。 ㉘ **鲍本**河东蒲坂注，故蒲。苏代曰，北有河外、卷、衍，注不地。今按属魏。故《魏记》书拔我卷、垣、蒲阳、衍。而张仪说魏王，秦据卷、衍。又南阳有杜衍。“垣”原作“恒”。河东有首山、首垣。正曰：徐广及《索隐》皆云，此“蒲”在卫之长垣蒲乡。《索隐》云，衍在河南，与卷近。卷，丘权反。《正义》云，属郑州。“恒”，姚本作“垣”。《索隐》云，“首”盖“牛首”，“垣”即“长垣”，非河东之垣也。长垣，开封县。 **札记**“垣”，鲍本作“恒”，改作“垣”。丕烈案：《史记》、《新序》作“垣”。 ㉙ **鲍本**“兵”作“丘”。〇 补曰：“兵”，从《史》文作“丘”。**札记**丕烈案：《新序》作“丘”。 ㉚ **姚本**当战国时，皆魏邑也。 **鲍本**地并属陈留。婴，犹萦也，盖二邑环兵自守。补曰：按《燕策》，决白马之口，魏无黄、济阳。《史》作外黄。《正义》云，故黄城，在曹州考城县东。济阳故城在曹州冤朐县西南。《大事记》云，《水经注》，河水旧在白马县南，泆通黄沟。《赵世家》，拔魏黄城。《正义》引《括地志》云，故黄城在魏州冠氏县南十里，因黄沟为名。旧注陈留外黄者，非。 ㉛ **鲍本**《周纪》注，在江、汉之南。《楚纪》注，建宁邵南有濮夷。《后志》当阳县注，《荆州记》沮水西有磨城，子胥所造。正曰：江、汉南之濮，乃《书》所谓彭濮之濮，沮水、磨城远不相涉。下文比属之燕，可见濮即卫之濮上，水出东郡濮阳，南入巨野者也。《索隐》云，磨，地近濮。按《史表》有磨侯程黑。《索隐》云，《表》作历。历县在信都，地、邑并无磨。愚按，此字作“磨”与“历”通，犹《乐毅书》“磨室”之类。《新序》正作“濮历”，则其字甚明。 **札记**丕烈案：“磨”者“历”字之误。《颜氏家训》所谓“容成造历”，以“历”为“碓磨”之“磨”者也。 ㉜ **姚本**天下五合，六国集聚，不敢救助。 ㉝ **姚本**惮，难也。六国诸侯皆有畏难秦王之威也。**鲍本**补曰：“惮”，《史》作“单”，是。《新序》同。“殚”，尽也。 **札记**丕烈案：此不与《策》文同，高注可证。 ㉞ **鲍本**补曰：“守威”疑“守成”。 **札记**丕烈案：《史记》、《新序》皆作“威”，吴说未是。 ㉟ **姚本**省，减。 ㊱ **姚本**肥，犹厚也。地，犹道。厚宣仁义之道，则天下皆仰之。“诫”字一本作“诫”

字。　**鲍本**高注“地犹道”，则此“诚”字原作“地”也。补曰：《史》“诚”作“地”，《新序》同。　**札记**丕烈案：此“地”作“诚”，必不知者所改耳。高注甚明，鲍氏亦引高，而反不改为“地”以正之，何也？　㊲ **姚本**复何（一本“何”字下有“后”字）患之有，故曰使无复后患。　㊳ **姚本**言不足小畜之也。

“王若负[1]人徒之众，材兵甲之强[2]，壹毁魏氏之威[3]，而欲以力臣天下之主[4]，臣恐有后患。《诗》云：‘靡不有初，鲜克有终[5]。’《易》曰：‘狐濡其尾[6]。’此言始之易，终之难也[7]。何以知其然也？智氏见伐赵之利，而不知榆次[8]之祸也[9]；吴见伐齐之便，而不知干隧[10]之败也[11]。此二国者，非无大功也，设[12]利于前，而易[13]患于后也[14]。吴之信越也，从而伐齐[15]，既胜[16]齐人于艾陵[17]，还为越王禽于三江之浦[18]。智氏信韩、魏，从而伐赵，攻晋阳之城，胜有日矣[19]，韩、魏反之，杀智伯瑶于凿台[20]之上。今王妒[21]楚之不毁[22]也，而忘毁楚之强魏[23]也。臣为大王虑而不取[24]。《诗》云：‘大武远宅不涉[25]。’从此观之，楚国，援[26]也；邻国，敌[27]也。《诗》云：‘他人有心，予忖度之。跃跃毚兔，遇犬获之[28]。’今王中道[29]而信韩、魏之善王也，此正吴信越[30]也。臣闻，敌不可易，时不可失。臣[31]恐韩、魏之卑辞虑患[32]，而实欺大国也。此何也[33]？王既无重[34]世之德于韩、魏，而有累[35]世之怨矣[36]。韩、魏父子兄弟接踵而死于秦者，百世矣[37]。本国残，社稷坏，宗庙隳，刳腹折颐[38]，首身分离[39]，暴[40]骨草泽，头颅僵仆[41]，相望于境；父子老弱系虏[42]，相随于路；鬼神狐祥[43]无所食[44]，百姓不聊[45]生，族类离散，流亡为臣妾[46]，满海内矣。韩、魏之不亡，秦社稷之忧也。今王之攻楚，不亦失乎！是[47]王攻楚之日，则恶[48]出兵？王将藉路于仇雠之韩、魏乎！兵出之日而王忧其不反[49]也，是王以兵资于仇雠之韩、魏。王若不藉路于仇雠之韩、魏[50]，必攻阳、右壤[51]。随阳、右壤，此皆广川大水，山林溪谷不食之地，王虽有之，不为得地[52]。是王有毁楚之名，无得地之实也。

① **姚本**负，恃也。 ② **姚本**一本无“材”字。 **鲍本**“材”作“恃”，“兵甲”作“甲兵”。〇 补曰：元作“材”，《史》作“仗”。 **札记**丕烈案：《史记》作“仗兵革”。此“材”者“杖”之讹。《新序》无此字。 ③ **姚本**毁，败也。 **鲍本**“壹”作“一”。〇 前胜魏有威矣，今自挫毁，不持守也。补曰：《史》作“乘”，《新序》同。正曰：从“乘”字，义明。 ④ **姚本**臣，服也。主，谓诸侯。 ⑤ **姚本**《诗·大雅》之首章。靡，无也（一本“也”字下有“鲜少也”三字）。 ⑥ **鲍本**《未济》注，小狐不能涉大川，虽济而无余力，将濡其尾，不能终也。 ⑦ **姚本**言人初始无不为诚信，少能有终也。言秦强，威可以克定天下，恐不能终持之，若狐濡其尾，故难在后也，故曰终之难也。 ⑧ **鲍本**榆次属太原，智伯葬处。正曰：《索隐》云，败于榆次。《正义》云，属并州县。 ⑨ **姚本**一本无“也”字。智伯瑶但贪赵襄子晋阳之地，而不知襄子与韩、魏之阴谋，卒杀于凿台之上，葬之于榆次。谓（一本无“谓”字）设利于前，而祸随其后也（一本无“也”字）。 ⑩ **鲍本**干隧，吴地。《苏秦》、《春申传》并不注。《道应》注，干隧在临淮，岂此耶？盖或越王逐北至是。正曰：《正义》云，出万安山西南一里太湖，即夫差自刭处，在苏州吴县西北四十里。 ⑪ **姚本**一本无“也”字。吴王夫差自见服越王为前，而心复广贪齐之宝而伐之，又欲取伯名于晋，而越奄杀之于干隧，亦贪利前而凶在后也。 ⑫ **姚本**“设”字，刘本一作“没”字。 **鲍本**“设”作“没”。〇 没，犹溺。 **札记**丕烈案：《史记》、《新序》作“没”。 ⑬ **鲍本**补曰：易，音亦。前之利易后之患也。 ⑭ **姚本**设，贪（一本下有人字）也。但见目前之利而问伐，不见后患，故曰易患于后也。 ⑮ **姚本**从，合也。信越人之卑服，舍之，北师伐齐曰干隧也。

⑯ **鲍本**“既胜”作“遂攻”。○ **札记**丕烈案：《史记》、《新序》作“既胜”。⑰ **姚本**艾陵，邑也。 **鲍本**补曰：艾陵在兖州博县南。 ⑱ **姚本**还自黄也，为越所杀（“杀”字一本作“禽”字）也。流尾（“流尾”一本作“浦厓”字）也，即干隧也。 **鲍本**《礼》，扬州其川三江。浦，水滨也。高注，即干隧。正曰：《书·蔡传》，娄江、东江、松江也。 ⑲ **姚本**日，谓明当胜也。 **鲍本**其日可期。 ⑳ **姚本**晋阳下台名。凿地作渠，以灌晋阳城，因聚土为台而止其上，故曰凿台也。 **鲍本**《史》注，在榆次。 ㉑ **姚本**“妒”字，曾本一作“妬”字。 ㉒ **鲍本**谓无伤。 ㉓ **鲍本**楚毁不能侵之，故强。考下文，宜有“韩”字。补曰：《史》作“韩、魏”，《新序》同。 ㉔ **鲍本**补曰：《史》“取”下有“也”字，文顺。 **札记**丕烈案：《新序》有。 ㉕ **姚本**逸《诗》。 **鲍本**逸《诗》。武，足迹。宅，犹居也。言地之居远者，虽有大足，不涉之也。正曰：威武之大者，远安定之，不必涉其地也。 ㉖ **姚本**援，助。 ㉗ **姚本**敌，仇。 ㉘ **姚本**《诗·巧言》之四章。他人有毁害之心，己忖度之。跃跃，跳走也。毚，狡也。喻狡兔腾跃跃（一本无跃字），以为难得也，或时遇犬获之。喻谗人如毁伤人，遇明君则治女罪也。 **鲍本**《大雅·巧言》诗。忖，亦度也。跃跃是也。毚，狡也。言兔虽善走，或时遇犬，犬能得之；人心难知，或可忖度。补曰：跃，天力反。 ㉙ **鲍本**中道，在前后间。 ㉚ **姚本**越不可信，而吴信之。 ㉛ **札记**今本“臣”误“正”。 ㉜ **鲍本**以虑患，故卑辞。 ㉝ **鲍本**无“此何也”三字。○ **札记**丕烈案：《史记》、《新序》无。㉞ **鲍本**重，犹累。 ㉟ **姚本**累，犹重也。 ㊱ **鲍本**“怨”下有“焉”字，“矣”作“夫”。○ **札记**丕烈案：《史记》、《新序》皆作“焉夫”。“矣”或“夫”字讹也。 ㊲ **姚本**“百”，一作“累”。 **鲍本**补曰：“百世”，《史》作“将十世”。《新序》同。 ㊳ **鲍本**颐，颔也。 ㊴ **姚本**折，断。 ㊵ **鲍本**暴，日干也。㊶ **鲍本**颅，首骨。僵，偾。仆，倒也。 ㊷ **鲍本**系累为虏。虏，获也。㊸ **鲍本**狐之为妖者。正曰：《史》“狐伤”，是。《新序》作“潢洋”二字。《楚辞》、《后语》注，潢，户广反；洋，音养。 ㊹ **鲍本**无人为之依也。 ㊺ **姚本**聊，赖。 ㊻ **鲍本**男为人臣，女为妾。 ㊼ **鲍本**“是”作“且”。○ **札记**丕烈案：《史记》、《新序》作“且”。 ㊽ **鲍本**恶，安也。 ㊾ **姚本**反，还。

⑩ **鲍本**无"王若不藉路于仇雠之韩魏"十一字。○ **札记**丕烈案：《史记》、《新序》有。无者脱耳。 ⑪ **姚本**一本"攻"下有"随"字。随阳、右壤，皆楚邑也。 **鲍本**"攻"下有"随"字，无下"随阳右壤"四字。○ 补曰：一本"随阳右壤"叠一句。《新序》同，"阳"作"水"。《索隐》云，楚都陈，随水之右壤，盖在随之西多山林者是也。 **札记**丕烈案：俗本《新序》亦误脱一句，吴引与北宋刻本正合。 ⑫ **姚本**与不得地无异。

"且王攻楚之日，四国[1]必应[2]悉起应王。秦、楚之[3]构[4]而不离，魏氏将出兵而攻留[5]、方与、铚、胡陵[6]、砀、萧、相[7]，故宋必尽[8]。齐人南面，泗北[9]必举。此皆平原四达，膏腴之地也[10]，而王使之独攻[11]。王破楚于[12]以肥韩、魏于中国而劲齐，韩、魏之强足以校[13]于秦矣。齐南以泗为境，东负[14]海，北倚河，而无后患[15]，天下之国，莫强于齐。齐、魏得地葆[16]利，而详事[17]下吏[18]，一年之后，为帝若未能，于以禁[19]王之为帝有余[20]。夫以王壤土之博，人徒之众，兵革之强[21]，一举众[22]而注地于楚[23]，诎[24]令韩、魏，归帝重于齐[25]，是王失计也。

① **姚本**四国，赵、韩、魏、齐也。 **鲍本**齐、赵、韩、魏也。方言南攻，故不及燕，应言以兵从之，盖蹑秦也。 ② **姚本**一本无"应"字。 **鲍本**"必"下无"应"字。○ 补曰：姚云一本无，《史》同。 **札记**丕烈案：《新序》无。③ **鲍本**"之"下补"兵"字。○ 补曰：《史》"之"下有"兵"字。 **札记**丕烈案：《新序》同。 ④ **姚本**构，连。 ⑤ **鲍本**属楚国。 ⑥ **鲍本**方与、胡陵属山阳。 ⑦ **鲍本**砀属梁国，余属沛。 ⑧ **姚本**七邑，宋邑也。宋，战国时属楚，故言"故宋必尽"也。 **鲍本**七国故皆宋也。 ⑨ **鲍本**济阴乘氏注泗水入淮。鲁国卞县注入沛。补曰：《书・蔡传》，泗水出鲁国卞县桃墟西

北陪尾山，四源皆导，因名。西南过彭城，又东南过下邳，入淮。下，今泗水县。 ⑩ **姚本**广平曰原野也，为膏润腴美也。 ⑪ **鲍本**秦与楚战，不暇救七邑及泗北。二国攻之，兵势无所分也。 ⑫ **姚本**刘本无"于"字。 **鲍本**《楚史》、《新序》同。 ⑬ **姚本**校，犹亢也。 **鲍本**"校"，"较"同，直也。言与之敌。 ⑭ **姚本**以泗水为南界。负，背也。 **鲍本**负，与抱反，背也。⑮ **姚本**倚，犹依也。患，难也。 ⑯ **鲍本**"葆"，"保"同。 ⑰ **姚本**事，治。⑱ **鲍本**"下"作"不"。〇 补曰："不吏"，姚本"下吏"，是。详其事以下于吏，慎重之意，应上葆利言。 **札记**丕烈案：《史记》、《新序》作"下"，"不"字讹。 ⑲ **鲍本**禁，制也。 ⑳ **姚本**刘本"余"字下有"矣"字。言齐、魏未能为帝也，然强大足以禁秦，使不得为帝，有余力也。 ㉑ **姚本**众，多也。强，盛也。 ㉒ **鲍本**无"一举众"三字。〇 **札记**丕烈案：《史记》、《新序》"众"作"事"，此"众"字必不知者所改耳。高注云，事，战事也。其字甚明。鲍无此三字者，非。 ㉓ **姚本**事，战事也。注，属。 **鲍本**注，犹属。言地广。正曰：注泻之注。补曰：《史》作"树怨于楚"。《新序》同。姚本"一举众而注地"。 ㉔ **姚本**诎，反。 ㉕ **鲍本**正曰：魏句。诎命令于韩、魏，归为帝之重于齐。言齐、韩、魏皆强，而齐尤甚也。

"臣为王虑，莫若善楚。秦、楚合而为一，临以①韩，韩必授首②。王襟③以山东之险，带④以河曲之利，韩必为关中之候⑤。若是，王以十成郑，梁氏寒心⑥，许、鄢陵⑦婴城，上蔡、召陵⑧不往来也⑨。如此，而魏亦关内候⑩矣⑪。王一善楚，而关内二万乘之主注地于齐⑫，齐之右壤⑬可拱⑭手而取也。是王之地一任⑮两海⑯，要⑰绝天下也。是燕、赵无齐、楚⑱，无燕、赵也。然后危动燕、赵⑲，持齐、楚⑳，此四国者，不待痛而服矣㉑。"㉒

①**姚本**刘本“临以”作“以临”。　**鲍本**“临以”作“以临”。○　②**鲍本**“授”作“受”。○　言其服而请诛。　**札记**丕烈案：《史记》作“敛手”，《新序》作“拱手”。古或借“首”为“手”，“授”、“受”二字皆有误也。　③**姚本**刘本，“襟”字作“施”字。曾作“襟”。　**鲍本**蔽障如襟。　④**鲍本**围绕如带。　⑤**姚本**为秦察诸侯动静也。　**鲍本**比之候吏。　⑥**姚本**梁氏，魏也。寒心，惧也。　**鲍本**“十”下补“万”字，“成”作“戍”。○　补曰：《史》“十”下有“万”字，是。《新序》同。“成”《史》作“戍”，是。《新序》作“伐”。　**札记**今本“十”下有“万”字，“成”作“戍”，乃误涉鲍也。　⑦**鲍本**并属颍川。　⑧**鲍本**并属汝南。　⑨**姚本**不往来于魏也。　**鲍本**韩、魏不通。补曰：《史》，“上蔡”上有“而”字。《新序》同。从此，则上以“婴城”句。　⑩朴记今本“候”误“侯”。　⑪**姚本**魏为秦察诸侯动静也。　⑫**鲍本**“齐”作“秦”。○　补曰：当作“秦”。　**札记**丕烈案：鲍改、吴补皆非也。《史记》“注地于齐”，《索隐》曰，谓以兵裁之也，《新序》作“注入地于齐”，皆可证此字之不当作“秦”。　⑬**姚本**壤，地。　⑭**鲍本**拱，敛手。　⑮**鲍本**“任”作“注”。○　补曰：《史》作“经”，是。　**札记**今本“任”作“经”。丕烈案：《新序》作“桎”。　⑯**姚本**一注“东海”。　**鲍本**东南。正曰：《索隐》云，西海至东海。　⑰**姚本**要，取。　**鲍本**要，谓中。　⑱**鲍本**补“齐楚”二字。○　补曰：宜从《史》叠“齐楚”字，是。《新序》同。　⑲**鲍本**以危亡之事恐动之。　⑳**鲍本**持，劫之也。补曰：《史》“直摇齐、楚”。《新序》同。《通鉴纲目》从之。　㉑**姚本**痛，急也。不待急攻而服从也。　**鲍本**痛，言攻伐之酷。《春申传》有。补曰：《史》，昭王曰善，于是止白起，而谢韩、魏，发使赂楚，约为与国。　㉒**鲍本**恶，音乌。重世之“重”，平声。藉，音僭。方与音房预。为王之“为”，去声。

或为六国说秦王

或为六国说秦王[①]曰：“土广不足以为安，人众不足以为强。若土广者安，人众者强，则桀、纣之后将存[②]。昔者，赵氏亦尝[3]强矣。曰赵强何若[4]？举左案齐[5]，举右案魏，厌案[6]万乘之国，二国，千乘之宋也[7]。筑刚平[8]，卫无东野[9]，刍牧薪采[10]莫敢窥东门[11]。当是时，卫危于累卵，天下之士相从谋曰：'吾将还其委质[12]，而朝于邯郸之君乎！'于是天下有称伐邯郸者，莫不令朝行[13]。魏伐邯郸[14]，因退为逢泽之遇[15]，乘夏车[16]，称夏[17]王，朝为[18]天子，天下皆从[19]。齐太公[20]闻之，举兵伐魏，壤地两分[21]，国家大危[22]。梁王身抱质[23]执璧，请为陈侯臣[24]，天下乃释梁。郢威王闻之，寝不寐，食不饱，帅天下百姓，以与申缚[25]遇于泗水之上[26]，而大败申缚。赵人闻之至枝桑[27]，燕人闻之至格道[28]。格道不通，平际[29]绝。齐战败不胜，谋则不得，使陈毛释剑掫[30]，委南听罪[31]，西说赵[32]，北说燕，内喻其百姓，而天下乃齐释[33]。于是夫[34]积薄而为[35]厚，聚少而为[36]多，以同言郢威王于侧纣之间[37]。臣岂以郢威王为政衰谋乱以至于此哉？郢为强[38]，临天下诸侯，故天下乐伐之也！"[39]

① **姚本**王，王正也。已为始皇帝。　② **姚本**言王者以仁义为安强，虽土广人众而无仁义，犹将危亡，故桀、纣不能自存也。　③ **姚本**曾作"尝亦"。　④ **鲍本**"何若"作"若何"。○　曰，犹言。　⑤ **鲍本**言举兵于左，则齐下。案，下也。　⑥ **鲍本**厌，言案之不一。正曰：厌，益涉反，培压也，又伏也。　⑦ **鲍本**宋于七国时为千乘，今使齐、魏如之。　⑧ **鲍本**赵地，缺。赵敬侯四年筑刚平以侵卫，五年，齐、魏为卫取我刚平，皆不注。正曰：《正义》云，盖在河北。　⑨ **鲍本**详此，则刚平，赵取之卫也。　⑩ **鲍本**刍，草也，以食马。牧，养牛人也。大者薪，小者采。正曰：刍，草也。牧，牧人也。　⑪ **姚本**刚平，卫地。赵筑之以为邑，故卫无东野。故卫人刍牧不敢出于东门。　⑫ **鲍本**还，反。言改事也。僖二十三年注，委质，屈膝也。正

曰：彼注不明，此强节入。“质”，“贽”通，即下文“抱质”，《孟子》“传质”是也。委，致也。　⑬ **鲍本**“令”上补“夕”字。○　**札记**今本“令”上有“夕”字，乃误涉鲍也。丕烈案：此当衍“不”字。“莫”，即“暮”字也。　⑭ **鲍本**魏惠三十年伐赵，赵告急齐，是以有马陵之败。正曰：在后。　⑮ **姚本**遇，会。　**鲍本**开封东北有逢池，或曰宋之逢泽。　⑯ **鲍本**夏，取其文。《礼》有夏篆。正曰：乘夏车者，言中夏之车，下文可征。夏，亥雅反。《礼》注，夏，赤也。孤东、夏篆，非天子之车。　⑰ **鲍本**夏，中国也。　⑱ **鲍本**“朝”上补“一”字。○　正曰：朝，音潮，即驱十二诸侯朝天子者。“为”字疑衍。**札记**今本“朝”上有“一”字，乃误涉鲍也。　⑲ **姚本**皆从其化。　⑳ **姚本**太公，田和也，始伐（“伐”一本作“代”字）吕氏齐侯，谥为太公，齐威王之祖父也。　**鲍本**“太公”作“宣王”。○　太公和时无此事。补曰：二字有误。**札记**丕烈案：《策》文本作“太公”，高注即其证矣。鲍改、吴补皆非其意。㉑ **姚本**两分魏之壤地。　㉒ **鲍本**无“壤地两分国家大危”八字。○　补曰：一本此下有“壤地两分国家大危”八字。　**札记**丕烈案：高注可证，无者脱耳。　㉓ **鲍本**“质”，“贽”同，羔雁之属。　㉔ **姚本**陈侯，齐侯也。陈氏篡，吕氏绝，故曰陈侯也。　**鲍本**齐陈敬仲之后，故称陈侯。赵成侯二十二年，魏拔邯郸，齐亦败魏于桂陵，不至如此所称，故定为宣王马陵之役。正曰：按《大事记》，周显王十六年，魏惠十八年，齐威二十六年，赵成侯二十二年，魏拔赵邯郸，服十二诸侯，遂称王。齐乘其敝，败之桂陵。二十七年，秦孝公会诸侯于逢泽以朝王。《策》谓魏伐邯郸，遂为逢泽之遇。按魏既克邯郸，即为齐、楚所袭，天下未尝皆从。当据《史》书周显王三十八年，魏惠三十年，齐宣二年，魏伐韩，齐伐魏以救韩，败魏于马陵。《魏世家》书魏伐赵乃往岁事，是时亦田忌、孙膑将，而桂陵、马陵易混故尔。其后惠王用惠施之言，朝齐以怒楚。《魏策》有。显王三十六年，魏惠后二年，齐宣十年，楚成六年，楚伐齐，大败申缚于泗上。今以此考之，伐邯郸乃魏惠十八年事，逢泽之遇，秦为之，非魏也。败魏马陵，而魏朝之者，齐宣王也。“举兵伐魏”一语，在会逢泽后，则亦指马陵之役。而上文伐邯郸，乃败桂陵时事。天下皆从，指服泗上十二诸侯言之，亦未免记舛也。《大事记》又谓，魏为逢泽之遇，天下皆从，又梁君驱十二诸侯以朝天子，语虽不可尽信，但魏自拔邯郸后称王，则无可疑者。 ㉕ **札记**今本“缚”作“縳”。丕烈案：“缚”即“縳”字，下同。申縳见《齐策》。 ㉖ **姚本**威王，怀王父也。郢，楚都也。怒齐人之臣伏魏王，故帅百姓以与申缚遇，而败之也。申缚，齐将也。 **鲍本**郢，楚都也。亦避始皇父讳。楚威七年伐齐败之徐州。缚，齐将。《扬之水》注，申，诸姜。 ㉗ **鲍本**地缺。《赵记》注，“根桑”一曰“平桑”，疑即此。此魏地也，盖赴魏之难。 ㉘ **姚本**燕、赵怒齐之臣魏王，故出兵至枝桑、格道，将伐也。 ㉙ **姚本**一本无“际”字。 **鲍本**二地缺。 ㉚ **鲍本**掫，夜戒，有所击引也。释二者，不自卫，示卑也。补曰：掫，侧侯反。 ㉛ **姚本**听罪于楚子也。 **鲍本**委去南面之尊。正曰：听罪于楚。 ㉜ **鲍本**说，使人解之。 ㉝ **姚本**释，舍。 **鲍本**不攻齐也。 ㉞ **鲍本**“夫”作“天”，“天”下补“下”字。○ 正曰：一本“于是夫”，“天”即“夫”之讹。 **札记**今本“夫”作“天下”二字，乃误涉鲍也。 ㉟ **姚本**曾、刘本无“为”字。 ㊱ **姚本**曾、刘本无“为”字。 ㊲ **姚本**“纣”当为“牖”，声之误也。 ㊳ **鲍本**绝句。 ㊴ **鲍本**补曰：“同言郢威王”云云，言天下又欲谋楚也。此章先言赵强而魏伐之，魏强而齐伐之，齐强而楚伐之，楚强而诸侯又谋之。言强者之不足恃，召天下之所恶，而欲共攻之者也。言此欲以止秦之攻，故云“为六国说也”。

战国策卷七

秦　五

谓秦王

谓秦王[①]曰："臣窃惑王之轻齐易楚，而卑畜韩也。臣闻，王兵胜而不骄[②]，伯主约而不忿[③]。胜而不骄，故能服世；约而不忿，故能从邻[④]。今王广[⑤]德魏、赵，而轻失齐，骄也；战胜宜阳，不恤楚交，忿也[⑥]。骄忿非伯主[⑦]之业也[⑧]。臣窃为大王虑之而不取也。

① **姚本**秦始皇也。　② **姚本**骄，骄慢。　③ **姚本**忿，怨也。伯主约俭劳谦，故不有所忿怨。　**鲍本**主天下之要约。正曰：敛约也。　④ **姚本**王者德大不骄逸，故能服邻国（一本作"服世从邻"）。服，慊也。　**鲍本**使邻国服从。　⑤ **姚本**曾一作"得"。刘一作"失"。　**鲍本**大施恩惠。　⑥ **姚本**恤，顾。　**鲍本**言不以交楚为意。　⑦ **鲍本**"主"作"王"。〇　⑧ **姚本**业，事。

"《诗》云：'靡不有初，鲜克有终[①]。'故先王之所重者，唯始与终[②]。何以知其然？昔智伯瑶残范、中行，围逼晋阳，卒为三家笑[③]；吴王夫差栖越于会稽[④]，胜齐于艾陵[⑤]，为黄池[⑥]之遇，无礼于宋[⑦]，遂与[⑧]勾践禽，死于干隧[⑨]；梁君伐楚胜齐，制赵、韩[⑩]之兵，驱十二诸侯以朝天子于孟津[⑪]，后子[⑫]死，身布冠[⑬]而拘于秦[⑭]。三者非无功也，能始而不能终也[⑮]。

① **鲍本**《大雅·荡诗》。 ② **姚本**先王，圣王也。敬始慎终，故曰“唯始与终”也。 **鲍本**“始”、“终”互易，“然”下有“也”字。〇 补曰：一本“唯始与终，何以知其然”。 ③ **姚本**智伯，智襄子也。残，灭也。范，范吉射，昭子也。中行，中行寅，文子也。二子之后，以苛为察，以克下为功，于晋六卿中，薄德前衰。智伯灭而兼之，志意骄盛，求地于赵襄子，襄子不与，故率韩围晋阳，以伐赵氏。赵氏与韩、魏通谋，韩、魏为反间，令赵氏□得杀智伯，故曰“三家笑”也。 **鲍本**无“逼”字。〇 范吉射、中行寅，晋两卿。赵、魏、韩三家也。事见《韩策》。晋出公十七年。晋阳属太原，故许唐国。补曰：《大事记》，晋阳，汉太原郡所治，龙山在西北，晋水所出。北齐分晋阳，置龙山县，隋改龙山曰晋阳，而以晋阳为太原县。正曰：《大事记》，晋出公十七年，晋荀瑶与赵、韩、魏氏分范、中行之地，反攻，出公奔齐，道死。晋哀公四年，赵约韩、魏攻荀瑶，灭之。 ④ **鲍本**故越国，扬州郡，亦山名。事见哀元年。 ⑤ **鲍本**杜注，齐地。哀十一年。补曰：《正义》云，艾山在兖州博县南。 ⑥ **鲍本**陈留外黄注，县有黄沟。又魏内黄注，吴会诸侯于黄池。今黄沟是。哀十三年。正曰：哀十三年杜注，陈留封丘县南有黄亭，近济水。按，外黄、小黄、封丘皆属陈留。外黄有黄沟，故指为黄池；而内黄隶相者，亦有黄沟。《水经注》所谓河水决通濮、济、黄沟者也。相与封丘殊远，当以杜注为正。《路史》同杜注。 ⑦ **鲍本**并哀十三年。吴欲伐宋，杀其大夫，囚其妇人。 ⑧ **鲍本**“与”作“为”。〇 补曰：当作“为”。 ⑨ **姚本**“隧”，一作“队”。吴王夫差伐越，胜之。勾践奔走，栖于会稽山之上。遂北伐齐，胜长求平。勾践起兵伐其国，遽救之，越人杀之干隧。干隧，邑名。**鲍本**无“于干隧”三字。〇 补曰：一本“死于干遂”。勾践禽死，二十二年。⑩ **鲍本**“赵韩”作“韩赵”。〇 ⑪ **姚本**梁君，梁惠王也。伐楚、齐，胜之，制御赵、韩之兵，驱使十二诸侯鲁、卫、曹、宋、郑、陈、许之君，朝天子于孟津。**鲍本**在河内河阳县南。《魏记》，惠王二年，败韩于马陵，败赵于怀。十五年，鲁、卫、宋、郑君来朝。二十八年，中山君为相。不见齐、楚及朝天子事。正曰：《年表》，二十九年。 ⑫ **鲍本**太子申也。三十年齐败魏马陵，虏申。⑬ **鲍本**以丧礼自居也。 ⑭ **姚本**后东伐齐，败于马陵，太子见杀，故“布

冠”而拘执于秦也。 **鲍本**拘，犹制。 ⑮ **姚本**终，终难也。

“今王破宜阳，残三川[①]，而使天下之士不敢言[②]；雍[③]天下之国，徙两周之疆[④]，而世主不敢交[⑤]阳侯之塞[⑥]；取黄棘[⑦]，而韩、楚之兵不敢进。王若能为此尾[⑧]，则三王不足四，五伯不足六[⑨]。王若不能为此尾，而有后患[⑩]，则臣恐诸侯之君，河、济[⑪]之士，以王为吴、智之事也[⑫]。

① **姚本**初秦昭王灭东、西周，置宜阳及三川郡，故曰“破宜阳，残三川”也。 ② **姚本**言，议。 ③ **姚本**雍，有也。 **鲍本**“雍”，“拥”同，言据有之。 ④ **姚本**两周，东、西周也。杆宜阳界而东之，故曰“徙两周之疆”也。**鲍本**侵逼之。 ⑤ **姚本**世主，谓诸侯也。 **鲍本**“交”作“窥”。○ ⑥ **姚本**诸侯慑怖畏秦，不敢交会。阳侯，诸侯（一下有“之”字）。塞，隘处也。**鲍本**河东阳注，阳侯国。 ⑦ **鲍本**《秦纪》、《楚记》，怀王与昭王盟于黄棘，皆不地。正曰：《正义》云，盖在房、襄二州。 ⑧ **姚本**尾，后也。 **鲍本**言善其后。正曰：尾，终也。即上文能终之说。 ⑨ **姚本**言王为策讨之，始得之矣。如能终卒没，则王伯之道立也。故曰“三王不足四，五伯不足六”。⑩ **姚本**有灭亡之患也。 ⑪ **鲍本**济水在温西北，此言中国尔。正曰：济水出绛州垣曲县王屋山，伏流至孟州济源县，出二源，合流，至温县入河，出河南溢而为荥，自郑以东贯滑、曹、郓、济、齐、青入于海。 ⑫ **姚本**吴，吴王夫差。智，智伯也。事，灭亡之事。

“《诗》云：‘行百里者半于九十。’此言末路之难[①]。今大王皆有骄色，以臣之心观之，天下之事，依[②]世主之心[③]，非楚受兵，必秦也[④]。何以知其然也？秦人援魏以拒楚，楚人援韩以拒秦[⑤]，四国之兵敌[⑥]，而未能复战也[⑦]。齐、宋在绳墨之外以为权[8]，故曰先得齐、宋者伐秦[9]。秦先得齐、宋，则韩氏铄[10]；韩氏铄，则楚孤而受兵也[11]。楚先得齐[12]，则魏氏铄；魏氏铄，则秦孤而受兵矣[13]。若随此计而行之，则两国[14]者必为天下笑矣。"[15]

① **姚本**逸《诗》言之。百里者，已行九十里，适为行百里之半耳。譬若强弩至牙上，甫为上弩之半耳。终之尤难，故曰"末路之难"也。 ② **鲍本**依，犹据。 ③ **姚本**心，骄约之心也。 ④ **姚本**言不伐楚，则伐秦也。秦、楚之骄侈故也。 **鲍本**皆骄强故。 ⑤ **姚本**援，助。 **鲍本**"秦"下有"王"字。〇 ⑥ **鲍本**秦、楚、韩、魏也。韩、魏虽弱，以得援，故与之敌。 ⑦ **姚本**敌，强弱等也。未，无也。 **鲍本**敌，故不敢轻战。 ⑧ **姚本**权，援助之势也。 **鲍本**外，言四国不以为意。权，言能轻重四国。 ⑨ **鲍本**此言魏、韩得之。正曰：下文楚先得齐可见。 ⑩ **姚本**铄，消铄也。言其弱。 **鲍本**以销金喻。 ⑪ **姚本**韩弱而楚失援，故孤而受兵。 ⑫ **鲍本**"齐"作"之"。〇 ⑬ **姚本**魏为秦与国。魏弱，故秦失援而孤，受诸侯兵也。 ⑭ **姚本**两国，秦、楚也。 ⑮ **鲍本**彪谓：此《策》，孟轲之徒也，惜其不名。正曰：孟子曰，仲尼之徒，无道桓、文之事者，五伯者三王之罪人。今《策》云伯王之业，五伯不足六，孟子而有是言欤？骄者必败，亦论之常。其言先得齐、宋与失之，揣量事势，计较强弱，不过以力服人而已！岂可与孟子同日语哉？补曰："为大"之"为"去声。

秦王与中期争论

秦王与中期[1]争论，不胜。秦王大怒，中期徐行而去。或为[2]中期说秦王曰："悍人[3]也。中期适遇明君故也，向者遇桀、纣，必杀之矣[4]。"秦王因不罪[5]。

① **姚本**中期，秦辨士也。 ② **鲍本**“为”作“与”。〇 ③ **鲍本**悍，勇也。勇者多迕。补曰：当曰“中期悍人也”，有错文。 **札记**丕烈案：中期下属为句，吴说未是。 ④ **姚本**有人为中期说，言遭遇明君，不罪胜己臣，故不见诛也。若其遇桀、纣，则必（一下有“诛”字）杀也。 ⑤ **姚本**言桀杀逄蒙，纣杀比干，恶其胜己也。秦王耻袭桀、纣之阙，故不罪。

献则谓公孙消

献则[①]谓公孙消[②]曰：“公，大臣之尊者也，数伐有功[③]。所以不为相者，太后[④]不善公也[⑤]。辛戎[⑥]者，太后之所亲也[⑦]。今亡于楚，在东周[⑧]。公何不以秦、楚之重，资而相之于周乎[⑨]？楚必便之矣[⑩]。是辛戎有秦、楚之重，太后必悦公，公相必矣[⑪]。”

① **鲍本**楚人，为芈戎游说者。 ② **姚本**皆公孙消。 **鲍本**秦人。 ③ **姚本**公，谓公孙消也。尊，重也。数行战伐有功劳也。 **鲍本**伐，战伐。 ④ **鲍本**宣太后。 ⑤ **姚本**不为秦相者，不为芈太后不善者也。 ⑥ **姚本**辛戎，楚人，自楚亡在东周。 **鲍本**“辛”作“芈”。〇 补曰：当作“芈”，下同。 **札记**丕烈案：此形近之讹。《韩策》，“谓芈戎曰，废公叔”，不误。 ⑦ **姚本**太后，楚女，孝文皇后，庄襄王母也，号华阳夫人者也。 **鲍本**《穰侯传》，后同父弟芈戎为华阳君。凡芈皆楚人。 ⑧ **姚本**东周，洛阳成周也。 ⑨ **姚本**使辛戎为周相也。 ⑩ **鲍本**戎虽以罪去楚，楚既与秦共资之，必为楚用，故楚利之。 ⑪ **姚本**言必见用为秦相也。

楼許约秦魏[校一]

〔校一〕此篇鲍本列在《魏策》。

楼啎[①]约秦、魏，魏太子为质[②]，纷彊欲败之[③]。谓太后曰："国与还者也[④]，败秦而利魏，魏必负之[⑤]，负秦之日，太子为粪矣[⑥]。"太后坐王而泣[⑦]。王因疑于太子[⑧]，令之留[⑨]于酸枣。楼子患之。昭衍为周之梁，楼子告之[⑩]。昭衍见梁王，梁王曰："何闻？"曰："闻秦且伐魏[⑪]。"王曰："为期[⑫]与我约矣[⑬]。"曰："秦疑于王之约，以太子之留酸枣而不之秦。秦王[⑭]之计曰：'魏不与我约，必攻我；我与其处而待之见攻，不如先伐之。'以秦强折节而下与国[⑮]，臣恐其害于东周[⑯]。"

① **姚本**续：啎，《管子·七臣七主篇》云，"事无常而法令申，不啎则国失势"。注，"啎"，古"伍"字，谓偶合也。言虽申布法令，于事不合。他字书无之。 **鲍本**"啎"作"牾"。〇 魏人。后又作"梧"。补曰：一本作"啎"，姚同。愚按，《玉篇》无"啎"字，有"牾"字，五故反，触也，逆也。《策》后作"梧"。《韵书》，牾、忤；梧、午。《荀子》，"午其军蘁"。《庄子》，"悟"。《燕策》，"韩于迕"。《前汉》，走逜、遻梧、牾、捂、梧、枝梧，凡十一字，典籍往往通借，上、去声。 **札记**丕烈案：此"啎"，"梧"同字，吴补详之矣。 ② **姚本**质于秦也。 **鲍本**此十一年朝秦。正曰：《世家》，襄王十二年，太子朝于秦，秦来拔我皮氏，未拔而解。此《策》云太子为质，既而留于酸枣，昭衍说后，不云复遣，当缺。 ③ **姚本**纷彊，魏臣也。败，害也。 ④ **姚本**还，周旋于利也。 **鲍本**还，犹反也。两国相与好恶，循环不定。 ⑤ **姚本**负，昔也。 **鲍本**负，言魏得利而强，将不事秦，所谓还反。 ⑥ **鲍本**即所谓粪之。正曰：粪，弃除也。 ⑦ **鲍本**使王坐而泣于前。 **札记**今本"王而"误"而王"。 ⑧ **姚本**疑，不欲令太子质秦。 **鲍本**不决遣。 ⑨ **姚本**留，止。 ⑩ **姚本**告昭衍魏太子止酸枣意。 ⑪ **姚本**梁，魏都也。故将伐魏。⑫ **姚本**"期"，曾作"其"。 ⑬ **鲍本**言期以太子结约而不遣，为此故伐邪？正曰：言与我结约矣，何为而伐？ ⑭ **鲍本**昭。正曰：无考。 ⑮ **鲍本**与与国共伐魏。 ⑯ **姚本**昭衍不欲正言害魏也，故诡言恐害东周也。秦来

伐，必径东周故也。 **鲍本**不欲正言魏受伐。魏与周邻，言周，则魏可知。元在《秦策》。正曰：交载秦、魏事，从旧可。补曰："为周"之"为"，去声。

濮阳人吕不韦贾于邯郸

濮阳[①]人吕不韦贾于邯郸，见秦质子异人[②]，归而谓父[③]曰："耕田之利几倍？"曰："十倍。""珠玉之赢[④]几倍？"曰："百倍。""立国家之主赢几倍？"曰："无数[⑤]。"曰："今力田疾作，不得暖衣余[⑥]食；今建国立君，泽可以遗世[⑦]。愿往事之[⑧]。"

① **鲍本**属东郡。 ② **姚本**异人，秦庄襄王之孙，孝文之子，昭王时质于赵，时不韦贾邯郸而见也。 **鲍本**子楚初名，孝文王子。 ③ **姚本**曾本有"母"。 ④ **姚本**赢，利。 ⑤ **姚本**多不可数也。 ⑥ **姚本**余，饶。⑦ **姚本**世，后世也。 **鲍本**遗，犹贻。世，后世。 ⑧ **鲍本**事，犹为。补曰：不韦鄙耕田珠玉之小赢，而图建国立君之大利，自以为计得矣！徙蜀饮酖之时，能无悔乎？

秦子异人质于赵，处于扇城[①]。故往说之曰："子傒[②]有承国之业，又有母在中[③]。今子无母于中，外托于不可知之国[④]，一日倍约，身为粪土[⑤]。今子听吾计事[⑥]，求归，可以有秦国。吾为子使秦，必来请子[⑦]。"

① **姚本**扇城，赵邑。 **鲍本**赵地，缺。 补曰：字书无"扇"字。《龙龛手鉴》云，音脚。 **札记**丕烈案：《史记·吕不韦传》《正义》引此作"聊"。② **姚本**子傒，秦太子也，异人之异母兄弟。 **鲍本**异人异母兄。 **札记**今本"傒"误"徯"。 ③ **姚本**中，犹内也。 **鲍本**异人母曰夏姬，无宠，如无母然。 ④ **姚本**谓秦托子于赵，安危吉凶不可知也。 **鲍本**《史》言赵不礼

之，故祸福未可知也。 ⑤ **鲍本**弃死且贱也。 ⑥ **姚本**事，治。 **鲍本**以求归为事。正曰：刘辰翁云，计事，犹谋事。求归，别句。 ⑦ **姚本**子，异人也。言必使秦来请子于赵。

乃说秦王后[①]弟阳泉君曰："君之罪至死，君知之乎[②]？君之门下无不居高尊位，太子[③]门下无贵者。君之府藏珍珠宝玉，君之骏马盈外厩，美女充后庭。王之春秋高[④]，一日山陵崩，太子用事[⑤]，君危于累卵，而不寿于朝生[⑥]。说有可以一切[⑦]而使君富贵千万岁，其[⑧]宁于太山四维[⑨]，必无危亡之患矣[⑩]。"阳泉君避席[⑪]，请闻其说。不韦曰："王年高矣，王后无子，子傒有承国之业，士仓又辅[⑫]之。王一日山陵崩，子傒立，士仓用事，王后之门，必生蓬蒿。子[⑬]异人贤材也，弃在于赵，无母于内，引领西望，而愿一得归。王后[⑭]诚请而立之，是子异人无国而有国，王后无子而有子也。"阳泉君曰："然。"入说王后，王后乃请赵而归之。

① **姚本**秦王后，孝文皇帝华阳夫人也，时昭王时也，或言后耳。 ② **姚本**不韦云，君有不远图之罪，知不？ ③ **姚本**太子，子傒。 ④ **姚本**言昭王年老也。 **鲍本**春秋，举成岁。此言其年高。 ⑤ **姚本**一日，犹一旦也。山陵，喻尊高也。崩，死也。用事，即位治国事。 **鲍本**山陵，喻高且固。崩，喻死。 ⑥ **姚本**君，谓阳泉君也。累卵，至危也。朝生，木堇也，朝荣夕落。真为短命不寿也，命将不至终日也。 **鲍本**木槿也，朝荣夕死。令又不如。 ⑦ **鲍本**权宜也。 ⑧ **鲍本**衍"其"字。 ⑨ **姚本**四维，持之也。 **鲍本**四方之隅，不可移也。正曰：以太山为四维。 ⑩ **姚本**患，忧。 ⑪ **鲍本**离席前请。 ⑫ **姚本**辅，犹助也。 ⑬ **姚本**子，异人名。 ⑭ **姚本**王后，华阳夫人耳。 **札记**今本"西"误"四"。

赵未之遣，不韦说赵曰："子异人，秦之宠子也，无母于中，王后欲取而子之①。使秦而欲屠赵，不顾一子以留计②，是抱空质也③。若使子异人归而得立，赵厚送遣之，是不敢倍德④畔施，是自为德讲⑤。秦王老矣，一日晏驾⑥，虽有子异人，不足以结⑦秦。"赵乃遣之⑧。

① **姚本**欲为己子。 ② **鲍本**留，不决也。 ③ **姚本**抱，持。 **鲍本**此质本以交好，今不能然，故曰"空"。 ④ **姚本**德，恩。 ⑤ **姚本**讲，诚。曾本作"诚讲"。 **鲍本**必以恩德讲好于赵。正曰：讲，即"媾"字。 ⑥ **姚本**晏，晚也。日暮而驾归大阴也，谓死亡也。 **鲍本**《天文志》，天子当早作，而方崩陨，臣子之心犹谓宫车晚出。 ⑦ **姚本**结，固。 ⑧ **鲍本**《不韦传》，秦围邯郸，赵欲杀子楚，子楚脱亡归，与此驳。 **札记**丕烈案：此《策》文与《史记》多不同，详在小司马《索隐》也。

异人至，不韦使楚服①而见。王后悦其状②，高其知③，曰："吾楚人也。"而自子之④，乃变其名曰楚。王使子诵⑤，子曰："少弃捐在外，尝无师傅所教学，不习⑥于诵。"王罢之，乃留止⑦。间⑧曰："陛下尝轫车于赵矣⑨，赵之豪桀，得知名者不少⑩。今大王反国，皆西面⑪而望。大王无一介之使以存⑫之，臣恐其皆有怨心。使边境早闭晚开⑬。"王以为然，奇其计。王后劝立之。王乃召相，令之曰："寡人子莫若楚。"立以为太子。

① **姚本**楚服，盛服。 **鲍本**以王后楚人，故服楚制以说之。 ② **姚本**状，儿。 ③ **姚本**高，大。 ④ **姚本**夫人，楚女也，故曰"吾楚人"。而自子之，以异人为己子。 ⑤ **姚本**诵经。 **鲍本**诵所习书。 ⑥ **姚本**习，晓。

鲍本补曰：《大事记》，不习于诵，此焚书之兆也。愚按，昭王问荀卿，儒无益于人之国，其来久矣。 ⑦ **姚本**止，曾作“请”。 **鲍本**止宫中。 ⑧ **姚本**间，须臾也。 **鲍本**间政事之隙。 ⑨ **姚本**陛下，谓孝文王也。昔尝质赵。轫车，止仕也。不欲言其质，故住车，故止于赵敢国。 **鲍本**《高纪》五年注“陛者”云云。轫，碾车木。 ⑩ **鲍本**以名见知于王。 ⑪ **姚本**面，向。⑫ **姚本**存，劳问也。 **鲍本**昭二十八年注，一介，单使也。存，问也，问其存亡。 ⑬ **鲍本**有警则然。

子楚立[①]，以不韦为相，号曰文信侯，食蓝田十二县[②]。王后为华阳太后，诸侯皆致秦邑[③]。

① **鲍本**是为庄襄王。 ② **姚本**官禄。 ③ **鲍本**致邑，为太后养地也。按，此是子楚以孝文王立后，不韦说使归之。《不韦传》则言孝文为安国君时归，与此驳。彪谓：不韦，贾人也，彼安能知义？欲图嬴而夺嫡立庶，秦国之不乱败者幸也！以是得嬴，而饮酖于蜀，于是知有天道矣！凡不韦所立，于时皆丧身灭国之事。周衰，士之阴险倾邪，无辈于不韦者。不足筭也，不足筭也！子楚之计平平耳，孝文称为奇而立之，非老悖乎？

文信侯欲攻赵以广河间

文信侯欲攻赵以广河间，使刚成君蔡泽事燕三年，而燕太子[①]质于秦。文信侯因请张唐[②]相燕[③]，欲与燕共伐赵，以广河间之地[④]。张唐辞曰：“燕者必径[⑤]于赵，赵人得唐者，受百里之地。”文信侯去而不快[⑥]。少庶子甘罗[⑦]曰：“君侯何不快甚也？”文信侯曰：“吾令刚成君蔡泽事燕三年，而燕太子已入质矣。今吾自请张卿[⑧]相燕，而不肯行。”甘罗曰：“臣行之[⑨]。”文信君叱去[⑩]曰：“我自行之而不肯，汝安能行之也?”甘罗曰:“夫项橐[11]生七岁而为孔子师,今臣生十二岁于兹矣!君其试臣,奚以遽言叱也[12]?”

① **姚本**太子,燕僖王之子子丹也。 ② **鲍本**秦人。 ③ **姚本**曾作“往相燕”。 ④ **鲍本**无“欲与燕共伐赵以广河间之地”十二字。○ **札记**丕烈案:无者是也。《策》文在首,《史记》取之而移于此。有者,乃依《史记》添入而误复耳。 ⑤ **鲍本**径者,道所出也。 ⑥ **姚本**快,乐。 ⑦ **姚本**少庶子,官名。甘罗,文相家臣也。 **鲍本**《礼》,庶子,掌诸侯卿大夫之庶子。罗,茂之孙。正曰:《索隐》引《策》甘罗事吕不韦为庶子,即指此也。注以周制言秦官,误。庶子说,又见后。 ⑧ **姚本**张卿,即唐。 ⑨ **姚本**一本“臣”下有“请”字。 ⑩ **姚本**曾作“曰去”,刘作“去曰”。 **鲍本**“君”作“侯”。○ 正曰:以罗所事言,故称君。 **札记**丕烈案:《史记》作“文信侯叱曰去”。 ⑪ **姚本**续:《史记》作大项橐,司马贞音“托”。尊其道德,故曰“大”。 **鲍本**“橐”作“槖”。○ 《列子》有问日出者,岂其人乎? 正曰:无稽。 **札记**丕烈案:“槖”字是也。《史记》作“槖”。 ⑫ **姚本**奚,何。叱,呵。

甘罗见张唐曰:“卿之功,孰与武安君[1]?”唐曰:“武安君战胜攻取,不知其数;攻城堕邑,不知其数[2]。臣之功不如武安君也。”甘罗曰:“卿明知功之不如武安君欤?”曰:“知之。”“应侯之用秦也[3],孰与文信侯专[4]?”曰:“应侯不如文信侯专。”曰:“卿明知为不如文信侯专欤?”曰:“知之。”甘罗曰:“应侯欲伐赵,武安君难之,去咸阳七里,绞而杀之[5]。今文信侯自请卿相燕,而卿不肯行,臣不知卿所死之处矣[6]!”唐曰:“请因孺子而行[7]!”令库具车,厩具马,府具币[8],行有日矣。甘罗谓文信侯曰:“借臣车五乘,请为张唐先报[9]赵。”

① **姚本**武安君,秦将白起。 ② **姚本**言众多不可数知也。 ③ **鲍本**见用于秦。 ④ **姚本**专,权重也。 ⑤ **姚本**难应侯,二万众还归于鄗阳(曾作“二万众解于鄗阳”),赐死于杜邮也。 **鲍本**《起传》言赐剑。 ⑥ **姚本**言白起死于杜邮,但未知卿死何处(“处”一作“所”)。 ⑦ **姚本**请,听也。言行(“行”一作“因”)之燕也。 **鲍本**因之请于文信。《离娄》注,孺子,童子。 ⑧ **姚本**币,货财也。 ⑨ **姚本**报口也,往为张唐先说赵王也。

见赵王①,赵王郊迎。谓赵王曰:“闻燕太子丹之入秦与?”曰:“闻之。”“闻张唐之相燕与?”曰:“闻之。”“燕太子入秦者,燕不欺秦也。张唐相燕者,秦不欺燕也。秦、燕不相欺,则伐赵,危矣。燕、秦所以不相欺者,无异故②,欲攻赵而广河间也。今王赍臣五城以广河间,请归燕太子,与强赵攻弱燕。”赵王立割五城以广河间,归燕太子。赵③攻燕,得上谷④三十六县,与秦什一⑤。

① **鲍本**悼襄。 ② **姚本**异,怪。 ③ **鲍本**“赵”上补“与”字。○ **札记**丕烈案:《史记》无,鲍补误。 ④ **鲍本**幽州郡。 ⑤ **姚本**续:《史记》,得上谷三十城,令秦有十一。《后语》,三十余城,令秦有其十二。 **鲍本**以十之一与秦也,《罗传》有。补曰:《史》云,得上谷二十城,令秦有十一。《索隐》云,谓以十一城予秦也。二说未知孰是?

文信侯出走〔校一〕

〔校一〕此篇鲍本列在《赵策》。

文信侯出走①,与司空马②之赵,赵以为守相③。秦下甲而攻赵④。

① **鲍本**始皇十年免相就国，十二年徙蜀，饮酖死。 ② **鲍本**不韦吏也。补曰："与"字疑衍。 **札记**吴氏补曰"与"字疑衍，是也。 ③ **姚本**守相，假也。 **鲍本**守，假官也，马为之。 ④ **姚本**甲，兵。

司空马说赵王曰："文信侯相秦，臣事之，为尚书[①]，习秦事。今大王使守[②]小官，习赵事。请为大王设秦、赵之战[③]，而亲观其孰胜。赵孰与秦大？"曰："不如。""民孰与之众？"曰："不如。""金钱粟孰与之富？"曰："弗如。""国孰与之治？"曰："不如。""相孰与之贤？"曰："不如。""将孰与之武？"曰："不如。""律令孰与之明？"曰："不如。"司空马曰："然则大王之国，百举而无及秦者，大王之国亡。"赵王曰："卿不远赵，而悉教[④]以国事，愿于因计[⑤]。"司空马曰："大王裂赵之半以赂秦，秦不接刃而得赵之半，秦必悦。内恶赵之守[⑥]，外恐诸侯之救，秦必受之[⑦]。秦受地而郄[⑧]兵，赵守半国以自存。秦衔赂以自强，山东必恐；亡赵自危[⑨]，诸侯必惧。惧而相救，则从事可成[⑩]。臣请大王约[⑪]从。从事成，则是大王名亡赵之半，实得山东以敌秦，秦不足亡[⑫]。"赵王曰："前日秦下甲攻赵，赵赂以河间十二县，地削兵弱，卒不免秦患。今又割赵之半以强秦，力不能自存，因以亡矣。愿卿之更计[⑬]。"司空马曰："臣少为秦刀笔[⑭]，以官长而守小官[⑮]，未尝为兵[⑯]首[⑰]，请为大王悉赵兵以遇[⑱]。"赵王不能将[⑲]。司空马曰："臣效愚计，大王不用，是臣无以事大王，愿自请[⑳]。"

① **鲍本**秦官，属少府。 ② **姚本**"守"，一作"臣"。 ③ **鲍本**设者，无其事，施陈为之。 ④ **鲍本**"悉"作"惠"。○ **札记**今本"教"误"敌"。

⑤ **姚本**因，犹受也。 **鲍本**因，非正为之，犹秦王谓陈轸“以其余为寡人计”也。 ⑥ **鲍本**秦虽说于得地，赵犹有守之者，秦所患也。 ⑦ **姚本**“之”，一作“地”。 **鲍本**患于有守有救，则其受之，不得不急。 ⑧ **姚本**“郄”，一作“却”。 **鲍本**“郄”作“却”。〇 补曰：此书“郤”，通。姚本作“郄”，同。 ⑨ **姚本**亡，失。 **鲍本**赵亡，则五国有唇亡之忧。 ⑩ **姚本**山东六国相亲，从（一上有“则”字）事可成。 **鲍本**“可”作“有”。〇 ⑪ **姚本**约，结。 **鲍本**“请”下有“为”字。〇 ⑫ **姚本**言轻之也（一“言”上有“不足”二字）。 ⑬ **鲍本**“卿”下无“之”字。〇 更，犹易。补曰：王之言是，马之计非。“更”，如字可。 ⑭ **姚本**一本作“奉笔”。 **鲍本**谓为尚书也。笔以书札；刀，削其不当者。 ⑮ **鲍本**“官”作“吏”。〇 其官之长任之属吏。 ⑯ **鲍本**为，犹治也。马谦言。 ⑰ **鲍本**“首”作“百”，又改为“臣”。〇 补曰：姚本作“首”，当属上文。 **札记**吴氏补曰“当属上文”，是也。 ⑱ **姚本**遇秦敌也。 **鲍本**与秦接战。 ⑲ **姚本**赵不（一本“赵”下有“王”字）能用司马（一作司空马）为将。 **鲍本**不用马为将。 ⑳ **姚本**自请而去。 **鲍本**犹乞骸骨。

司空马去赵，渡平原。平原津令[①]郭遗劳而问：“秦兵下赵，上客[②]从赵来，赵事何如？”司空马言其为赵王计而弗用[③]，赵必亡。平原令曰：“以上客料[④]之，赵何时亡？”司空马曰：“赵将武安君，期年而亡[⑤]；若杀武安君，不过半年。赵王之臣有韩仓者，以曲[⑥]合于赵王，其交甚亲，其为人疾贤妒功臣。今国危亡，王必用其言，武安君必死[⑦]。”

① **鲍本**《列女传》有赵津吏，盖此官也。 ② **姚本**上客，尊客。 ③ **鲍本**“弗”作“勿”，又改为“不”。〇 补曰：一本作“弗胜”。 ④ **姚本**料，数。 ⑤ **姚本**武安君，李牧也。赵若用之为将，可期而亡。 ⑥ **姚本**曲，邪。 **鲍本**曲，不正也。 ⑦ **姚本**韩仓必谗杀武安君也。

韩仓果恶之①，王使人代②。武安君至，使韩仓数之③曰："将军战胜，王觞将军④。将军为寿于前⑤而捍匕首⑥，当死。"武安君曰："缲⑦病钩⑧，身大臂短，不能及地，起居不敬⑨，恐惧死罪于前⑩，故使工人为木材以接手⑪。上若不信，缲请以出示。"出之袖中，以示韩仓，状如振捆⑫，缠之以布。"愿公入明之。"韩仓曰："受命于王，赐将军死，不赦。臣不敢言⑬。"武安君北面再拜赐死⑭，缩剑将自诛⑮，乃曰："人臣不得自杀宫中。"遇司空马门⑯，趣甚疾⑰，出諔⑱门也。右举剑将自诛⑲，臂短不能及，衔剑征之于柱以自刺⑳。武安君死。五月赵亡㉑。

① **鲍本**恶牧。 ② **姚本**人代武安君为将也。 **鲍本**"使"作"令"。○使赵葱、颜聚代牧。 ③ **姚本**数，让。 **鲍本**数列其罪。 ④ **姚本**觞，酒爵也。 ⑤ **鲍本**上赵王寿。 ⑥ **姚本**"捍"，刘一作"捭"。 **鲍本**匕首，刃名，盖其首如匕。汉《盐铁论》，"荆轲怀数年之谋而事不就者，尺八匕首不足恃也"。捍，卫也。诬其以匕首自卫，如欲刺王然。 补曰：姚本注，捍，刘一作"捭"。按，李善注《文选》引此。《说文》，捭，两手击也，希买反。匕，短剑也，补履反。捍，捍卫匕首也。 **札记**丕烈案：此谢灵运《之郡初发都诗》注。李，希买反。"捭"字是也。作"捍"者，形近之讹耳。 ⑦ **姚本**缲，李牧名。 **鲍本**牧名。补曰：此因高注。缲，子活反。《说文》，结也。⑧ **鲍本**短伛如钩。正曰：病钩，即所谓臂短也。 ⑨ **鲍本**起居，问王起居也。不及地为不敬。 ⑩ **鲍本**不敬者其罪死，故以死惧。 ⑪ **姚本**接，续。 ⑫ **姚本**"捆"，曾作"梱"。 **鲍本**"捆"作"梱"。○梱就也。盖为木接手，可以就地，因以举身也。《集韵》，梱，门橛也，又榣柎也，与"梐"同，音衰，犁辕也。疑此木类此，故名。正曰：一本作"梱"。《集韵》以"因"为"梱"。今鲍本作"梱"，而说乃作"梱"，恐刊本误。"梱"乃木名，鲍先据"梱"

字，以就地因举身，为说迂曲；又以为"梱"，苦本反，门橛也，此字颇近而通。既又引"梱""楎"为言，则汩矣。"楎"，呼归反；"槶"，自为胡本反也。盖牧右臂短，故为木材接之，如振动梱橛也。匕首挟以刺人，牧为寿王前，不敢出，其振梱有若捍匕首，故以挟匕首罪。 **札记**丕烈案：吴说亦非也。此"捆"字乃"捆"字形近之讹，读当以"捆缠之以布"为句。"状如振"，"振"，乃状木材所如之物者，其字亦有讹，当阙。 ⑬ **姚本**言不敢明将军。 ⑭ **鲍本**拜赐死之命。 ⑮ **姚本**缩，取。 **鲍本**"缩"，当作"摍"。《集韵》，引也，抽也。 ⑯ **姚本**刘，一作"过司马门"。 **鲍本**"遇"作"过"，衍"空"字。〇门，宫门。 ⑰ **鲍本**"趣"作"趋"。〇 此言牧之知礼也。而《史》言牧不受命，捕得斩之。不知迁舍此何所闻而云乎？补曰：《大事记》，牧之恭如此，《传》乃谓牧不受命，赵使人征捕得斩之，非也。使不受命，韩仓安得不数之。岂非因廉颇不受代事而误载乎？愚按，下章亦明。 ⑱ **鲍本**"诎"作"讲"，又改为"謻"。〇 謻，别也。补曰：未详。 **札记**今本"诎"作"謻"，乃误涉鲍也。"诎"，鲍本作"讲"，鲍改"讲"为"謻"。吴氏补曰"未详"，是也。 ⑲ **姚本**"诛"，一作"杀"。 ⑳ **鲍本**征，犹验也。口衔剑，不自知其可死，即柱以为验也。正曰：衔剑于口，因柱以自刺，验其手之不能及也。 ㉑ **姚本**亡，灭也。上所谓"不过半年"，秦将王翦破赵为郡也。 **鲍本**此七年诛牧，八年邯郸为秦。补曰：终上文之旨。

平原令见诸公，必为言之曰[①]："嗟嗞[②]乎，司空马！"又以为司空马逐于秦，非不知也[③]；去赵，非不肖也。赵去司空马而国亡[④]。国亡者，非无贤人，不能用也。[⑤]

① **鲍本**"言之"作"之言"。〇 补曰：一本"言之"。 ② **姚本**刘，一无"嗞"。 **鲍本**嗞，亦嗟也。 **札记**今本"嗞"误"兹"。 ③ **鲍本**"为"作"谓"，"知"作"智"。〇 ④ **鲍本**"国亡"作"亡国"。〇 补曰：一本"而国亡"。 ⑤ **鲍本**彪谓：从横之说，皆有所偏，而从人欲合六弱，以攻一强，其

势若可为也，患诸侯之不一耳！使诸侯而明于事变，不惑小利，不修小怨，并力合虑而西，虽不可以大有为，其于蹙秦有余。惜乎当时不知此也！自苏秦死，从终不坚，秦兵四出，诸侯挫于走北，其气夺矣。司空马欲以此时割赵之半说秦，而反其兵，因以复合天下之从，岂不谬哉！夫以全赵犹惴惴不自保，安能守半赵以自存乎？秦有并吞天下之心，虽得半赵，不尽不止，而何以说之？诸侯势去，自春申不能从以难秦，司空马独能之乎？故赵幽之亡，罪在用韩仓而杀李牧，无与司空马。平原令非笃论也。补曰：《秦策》，秦王资顿弱以金，北游燕、赵，而杀李牧。《史》称，秦多与赵王宠臣郭开金，为反间，而杀牧。而《廉颇传》称，颇之仇郭开与使者金，使毁颇。及《张释之传》云，赵用李牧几霸，会赵王迁立，其母倡也，迁用郭开谗，卒诛李牧。《列女传》云，赵悼后者，邯郸倡女，前嫁，乱一宗族。既寡，悼襄王以其美而娶之，李牧谏云云，不听。后生子迁，立为幽闵王。后通于春平君，多受秦赂，而使王诛其良将李牧。赵亡后，大夫怨倡后之谮太子喜杀李牧，乃杀倡后，灭其家。诸说皆可互考。但《史》因廉颇不受代事而误以为牧，恐郭开、韩仓亦有差互耳。　三“请为”、“其为”、“必为”之“为”，去声。

四国为一将以攻秦

四国[①]为一，将以攻秦。秦王召群臣宾客六十人而问焉，曰：“四国为一，将以图秦，寡人屈于内[②]，而百姓靡[③]于外，为之奈何？”群臣莫对。姚贾[④]对曰[⑤]：“贾愿出使四国，必绝[⑥]其谋，而安[⑦]其兵。”乃资车百乘，金千斤，衣以其衣[⑧]，冠舞以其剑[⑨]。姚贾辞行，绝其谋，止其兵，与之为交以报秦。秦王大悦。贾封[⑩]千户，以为上卿。

① **姚本**四国，燕、赵、吴、楚也。《史记》无此篇。后引《史记》注，别见。**鲍本**荆、齐、燕、代，见下文。　② **姚本**屈，客。　**鲍本**财力困也。　③ **姚本**靡，尽。　④ **姚本**“姚”，刘、曾本皆作“桃”。　**鲍本**魏安。　⑤ **姚本**姚

贾，讥周公诛管、蔡不仁不知者，在《孟子》之篇也。　⑥ **姚本**绝，断。⑦ **姚本**安，止。　**鲍本**“安”作“案”。〇。　**札记**正曰：息也。丕烈案：鲍改误也，高注即其证也。　⑧ **鲍本**以王衣衣之，宠之也。　⑨ **姚本**“舞”，刘本作“带”。　**鲍本**无“冠”字。〇　古者饮则以剑舞，今以王剑赐之，使为舞时用。　**札记**丕烈案：《齐策》有“冠舞其剑”，正同。“舞”者，“带”字俗作“帶”而讹也。　⑩ **姚本**刘一作“封贾”。

韩非知之[1]，曰：“贾以珍珠重宝，南使荆、吴[2]，北使燕、代之间三年，四国之交未必合也，而珍珠重宝尽于内。是贾以王之权，国之宝[3]，外自交于诸侯，愿王察之。且梁监门子[4]，尝盗于梁，臣于赵而逐[5]。取世监门子[6]，梁之大盗，赵之逐臣，与同知社稷之计，非所以厉群臣也[7]。”

① **姚本**“知”，一作“短”。韩非，韩公子也，著刑名之书十余万言。是时在秦，故知之也（“知”一作“短”）。终死于谮姚贾也。续云：《史记》注引《战国策》曰，姚贾，韩非短之。　**鲍本**韩之诸公子，秦王见其书，恨不及见之。攻韩，韩遣之使秦，秦王说之。贾与李斯毁之死。　② **鲍本**“吴”作“齐”。〇　此章无吴事。此四国，后亡者也。三晋灭久矣。正曰：无考，当从旧。**札记**丕烈案：《韩诗外传》云，昔吴、楚、燕、代为一，举而欲伐秦。姚贾，监门之子也，为秦往使之。是《策》文本如此。　③ **鲍本**无“国之宝”三字。〇补曰：一本此下有“国之宝”三字。　④ **鲍本**监门卒也。贾其子。　⑤ **姚本**尝盗窃于大梁，为赵臣而见逐者。　⑥ **姚本**父死子继，曰世。言世世监门卒子耳。　⑦ **鲍本**厉，砺同，礲也。

王召姚贾而问曰：“吾闻子以寡人财交于诸侯，有诸？”对曰：“有[1]。”王曰：“有何面目复见寡人？”对曰：“曾参孝其亲，天下愿以为子；子胥忠于君，天下愿以为臣；贞女工巧②，天下愿以为妃③。今贾忠王而王不知也。贾不归四国，尚焉之？使贾不忠于君，四国之王尚焉用贾之身？桀听谗而诛其良将④，纣闻⑤谗而杀其忠臣⑥，至身死国亡⑦。今王听谗，则无忠臣矣。”

① **姚本**刘作“有之”。 ② **鲍本**有妇功也。 ③ **鲍本**妃，匹也。补曰：妃，当音配。“曾参”止“之身”云云，即陈轸之说。 ④ **姚本**杀关龙逢也。 ⑤ **鲍本**“闻”作“听”。○ ⑥ **姚本**剖比干之心。 ⑦ **姚本**亡，失天下。

王曰：“子监门子，梁之大盗，赵之逐臣①。”姚贾曰：“太公望，齐之逐夫②，朝歌之废屠③，子良之逐臣④，棘津之雠不庸⑤，文王用之而王⑥。管仲，其鄙人之贾人也⑦，南阳之弊幽，鲁之免囚⑧，桓公用之而伯。百里奚，虞之乞人，传卖以五羊之皮，穆公相之而朝西戎⑨。文公用中山盗，而胜于城濮⑩。此四士者，皆有诟丑⑪，大诽天下⑫，明主用之，知其可与立功⑬。使若卞随、务光、申屠狄，人主岂得其用哉⑭！故明主不取其污，不听其非，察其为己用⑮。故可以存社稷者，虽有外诽者不听；虽有高世之名，无咫⑯尺之功者不赏。是以群臣莫敢以虚愿望于上⑰。”

① **姚本**言韩非谮。 ② **姚本**太公吕尚望，为老妇之逐。 **鲍本**妇逐之也，不经见。 ③ **姚本**卖肉于朝歌，肉上生臭不售，故曰废屠。 **鲍本**朝歌属河内。贾肉不售，故曰“废”。补曰：《楚辞》，“师望在肆昌何识，鼓刀扬声后何喜”。《集注》云，“吕望鼓刀在列肆，文王亲往问之，望曰，‘下屠屠

牛，上屠屠国'。文王喜，载与俱归"。此与猎渭滨而得之说不同，盖当时好事者之言，犹伊尹、百里奚自鬻之比。惜乎孟子时无问者，不得并掊击之也。 ④ **姚本**子良不用，而斥逐也。 **鲍本**未闻。 ⑤ **姚本**钓鱼于棘津，鱼不食饵；卖庸作，又不能自售也。 **鲍本**《后志》，琅邪西海，太公所出，又钓于棘津，今存。雠，售同。盖尝求售与人为庸，不见用也。 ⑥ **姚本**王有天下也。 ⑦ **姚本**"贾人"，一无"人"字。为市卖侩，求其小利于其鄙人。鄙人，邑名。鲍本五鄼为鄙，盖鄼鄙之人为贾者。仲尝与鲍叔贾。补曰："鄙"下"人"字疑衍。 **札记**丕烈案：吴说非也。高注即其证矣。 ⑧ **姚本**弊，隐也。幽，潜。不见升用，贫贱于南阳，故曰"南阳之弊幽"。于公子纠不死其难，为鲁所束缚而归齐，故曰"鲁之免囚"也。 **鲍本**修武，南阳也。仲，颍上人，尝以贫困隐此。敝，困。幽，隐也。见庄九年。 ⑨ **姚本**百里奚，虞臣。虞君不用，传之门，自鬻于秦，号五羊大夫。于穆公，伯西方，戎来朝也。《传》曰，五羖用而秦霸。此之谓也。 **鲍本**奚，虞臣也，不见用，自鬻于秦养牲者，以五羖羊皮鬻之。补曰：说见上。《说苑》，邹子说梁王曰，管仲故成阴之狗盗也，天下之庸夫也；太公望故老妇之出夫也，朝歌之屠佐也，棘津迎客之舍人也，云云。亦此类。 ⑩ **姚本**《传》曰，晋文公用咎犯之谋，破楚成王于城濮。此云中山之盗，则未闻也。 **鲍本**僖二十八年，晋文公用咎犯之谋，破楚成王于城濮，与此不同。杜注城濮及《史》注，止云卫地。正曰：文公用中山盗而胜于城濮，与上句穆公相之而朝西戎，文意同。此但言用人不问其出于贱恶，而卒有如是之功耳。按，文公有寺人披斩袪、竖头须窃藏二事。《邹阳书》，"文公亲其雠而强伯诸侯"，注以为寺人勃鞮。《新序》，文公用其盗，以为里凫须，即竖头须也。二事皆可通。 ⑪ **姚本**诟，辱。丑，耻。 ⑫ **姚本**曾作"于天下"。 ⑬ **姚本**立，成功也。 **鲍本**"功"下有"也"字。○ ⑭ **姚本**卞随、务光，汤时隐士。汤伐桀以天下让之，二人曰，"尔为不义，欲以慢我也"，自沉于清冷之渊。申屠不忍见纣之无道，抱石自沉于涧水。故曰"人主岂得用哉"！ **鲍本**卞随、务光，并汤时人，辞汤之聘；申屠狄，纣时人，自沉于渊。并见《庄子》。 ⑮ **鲍本**污者、非者，虽不取不听，知其为用，则或听取。察，言听取之。

⑯ **鲍本**八尺曰咫。 ⑰ **姚本**明主为明君，赏有功，不赏有高名虚空无功用于国者。不敢望赏于君者也。 **鲍本**无功而愿赏，虚愿也。补曰：魏无知之论陈平曰，今有尾生、孝己之行，而无益胜负之数，王何暇用之乎！即姚贾之说也。《燕策》苏秦、苏代之说，亦此类。

秦王曰："然。"乃可①复使姚贾而诛②韩非。③

① **姚本**刘无"可"字。 **鲍本**衍"可"字。补曰：一本无。 ② **姚本**诛，杀也。赏功不赏名者也（一无"者也"二字）。 ③ **鲍本**高诱，妄人也。注此书，谬妄非一处。如此《策》以姚贾为陈贾，《齐策》以伐燕为齐宣王，初不考其岁月。贾乃与李斯同时，安得见于《孟子》之书？宣、闵皆尝伐燕，而之、哙之役，实闵王也。诱之率意如此，愚天下后世甚矣。彪之校注，盖为此发愤，故其所称皆必有依据，惧获罪于后人也。正曰：鲍注是书，谓高氏以姚贾为《孟子》书陈贾，以伐燕为齐宣王，为是愤发，凡《策》之书宣者，悉据《史记》改从闵，大诋高氏，而以此为称首。夫学者考订于千载之上，义理事征而已。岁月名字之差互者，当博取征验，而折以事理之是非，信其可征者。或彼此有据，则并存之可也。择焉不精，凭私臆决，妄诋前人，辄改旧文，何鲍氏之果哉？考之《赵策》，赵使姚贾约韩、魏，时虽不可考，其云赵使，则赵臣也。《魏策》，周最入齐，秦王怒，令姚贾让魏王。秦武、魏襄时也。其云秦令，则秦臣也。此《策》姚贾，梁监门子，则魏人。仕秦，并始皇、李斯时者，殆非一姚贾矣。姚以舜姓得为陈，高不为无据。使诚《孟子》书所称，当与秦武、魏襄相及，并始皇、李斯者，则非。然未知的为一人？而高辄以此姚贾为《孟子》书讥周公不仁不智者，固非矣。唯之、哙之役，则有可言者。《史记·年表》，齐宣王立十九年，卒，湣王立。燕哙七年，当湣王十年，书哙、子之皆死，惟《孟子》以为宣王，而《策》之文与之合。此《通鉴》所据也。《通鉴》，宣王二十九年伐燕，视《史记》下移十年。宣王伐燕，即薨。次年，湣王立。宣、闵之年，或乱而失次。《通鉴》必有所据。而《大事记》亦从之。伐燕之事，莫详于《孟子》，莫著于《国策》。《史记·年表》无明文，《齐世家》

不书，特《燕世家》剟取《国策》而易宣以湣耳。安得据《史记》之略，而废《孟子》、《国策》之详且明哉？《传》曰，所见异辞，所闻异辞，所传闻异辞。宣王伐燕，孟子所见也，《史记》所传闻者也，安得据所传闻而废所见者哉？或谓荀卿尝事宣王，为之讳也。孟子之书，幸有《国策》明征，不然，则非孟之徒，得以肆其说矣。《策》文书宣，非出高氏，岂为率意缪妄？鲍之诋高氏，乃所以自谓也。高注《吕氏春秋》阴康氏，据《汉书》改为陶唐氏，昔人讥其不视《古今人表》，妄改本文。鲍之失正，类此。学者之所以慎于传疑也。

战国策卷八

齐　一

鲍本齐　东有菑川、东莱、琅邪、高密、胶东；南有泰山、城阳；北有千乘，清河以南，勃海之高乐、高城、重合、信阳；西有济南、平原。

楚威王战胜于徐州

楚威王[①]战胜于徐州[②]，欲逐婴子[③]于齐[④]。婴子恐，张丑[⑤]谓楚王曰："王战胜于徐州也，盼子[⑥]不用也。盼子有功于国[⑦]，百姓为之用。婴子不善[⑧]，而用申縳[⑨]。申縳者，大臣与[⑩]百姓弗为用[⑪]，故王胜之也。今婴子逐[⑫]，盼子必用。复整其士卒以与王遇，必不便[⑬]于王也。"楚王因弗逐[⑭]。

① **姚本**威王，楚元王之子，怀王之父也。　② **姚本**徐州，或作舒州，是时属齐。　**鲍本**"徐"作"俆"，下同。○　《后志》，鲁之薛，六国时曰徐州，事在楚威七年，此十年。补曰：俆，词余反。《正义》云，《纪年》梁惠王三十年，下邳迁于薛，改名徐州。"徐"，《左氏》作"舒"，《说文》作"郐"。　**札记**丕烈案：《史记》作"徐"，俆州是也，多误为"徐"者。《正义》在《孟尝君列传》。③ **姚本**婴子，田婴也，号为靖郭君，而封于薛也。　④ **鲍本**逐，使齐逐之。田婴时未封，故曰婴子，犹盼子。　⑤ **姚本**张丑，齐臣也。　**鲍本**齐人。正曰：丑又见韩、魏、燕、中山等《策》。　⑥ **姚本**盼子，田盼子也。　⑦ **姚本**一"国"下有"而"字。　⑧ **鲍本**不与盼善。　⑨ **姚本**《史记》作申纪。婴子不善盼子，故不用之而用申縳。　**鲍本**"縳"作"缚"。○　⑩ **姚本**一本作"弗

与”。 **鲍本**“与”上有“弗”字。○ **札记**丕烈案：《史记》作“大臣不附”。⑪ **姚本**言大臣与百姓不为申缚致力尽用也。 ⑫ **姚本**“逐子”，曾本，“今王逐婴子矣”。 ⑬ **姚本**遇，敌也。便，利也。 ⑭ **姚本**弗逐田婴。 **鲍本**《楚记》七年有。

齐将封田婴于薛

齐将封田婴于薛①。楚王②闻之，大怒，将伐齐。齐王有辍③志。公孙闬④曰：“封之成与不，非在齐也，又将在楚。闬说楚王，令其欲封公也又甚于齐⑤。”婴子曰：“愿委之于子⑥。”

① **鲍本**定封在此三年。正曰：宣王二十年。又说见后。补曰：《索隐》云，婴，诸田之别子，非宣王弟也。 ② **鲍本**怀。 ③ **姚本**辍，止也。④ **姚本**公孙闬，齐之公孙田氏也。 ⑤ **姚本**公，谓田婴也。使楚王欲封公甚于齐之欲封公也。 ⑥ **姚本**委，付也。子，公孙闬也。

公孙闬为①谓楚王曰：“鲁、宋事楚而齐不事者，齐大而鲁、宋小。王独利鲁、宋之小，不恶齐大何也？夫齐②削③地而封田婴，是其所以弱④也。愿勿止⑤。”楚王曰⑥：“善。”因不止⑦。

① **姚本**刘无“为”字。 ② **鲍本**“齐”下有“之”字。○ ③ **姚本**削，分。④ **姚本**弱，小也。 ⑤ **姚本**齐分薛以封田婴，则所以使齐小，故曰“勿止”。⑥ **札记**今本脱“曰”字。 ⑦ **姚本**不复止齐封田婴。 **鲍本**彪谓：此说不可行也。婴，齐相也，虽得薛，不决裂于外，犹齐地耳。齐、薛为一，如穰侯、应侯之于秦也，何弱小乎其初哉！正曰：《史》，齐襄王立，而孟尝君中立为

诸侯。王畏君,与连和。后卒,诸子争立,齐、魏共灭之。鲍谓分封不足以弱齐,未睹末流之害也。

靖郭君将城薛

靖郭君①将城薛,客多以谏②。靖郭君谓谒者,无为客通③。齐人有请者曰:"臣请三言而已矣!益一言,臣请烹④。"靖郭君因见之。客趋而进曰:"海大鱼。"因反走⑤。君曰:"客有于此⑥。"客曰:"鄙臣不敢以死为戏⑦。"君曰:"亡⑧,更言之。"对曰:"君不闻大鱼乎?网不能止⑨,钩不能牵⑩,荡而失水⑪,则蝼蚁得意焉⑫。今夫齐,亦君之水也。君长⑬有齐阴⑭,奚⑮以薛为?夫齐⑯,虽隆薛之城到于天,犹之无益也⑰。"君曰:"善。"乃辍⑱城薛。

① **鲍本**田婴谥。正曰:此据《史》文。《索隐》云,靖郭或封邑号,汉齐王舅父驷钧,封靖郭侯。 ② **姚本**谏,止之也。 ③ **姚本**无通欲谏者也。 ④ **姚本**已,止也。益,犹过也。过言请烹。烹,煮,谓死。 **鲍本**所谓鼎镬之诛。 ⑤ **姚本**反,还。 ⑥ **姚本**于此,止无走也。 **鲍本**言此,言外应复有。 ⑦ **姚本**续:《淮南子》,"戏"作"熙"。 ⑧ **姚本**亡,无。 **鲍本**亡,无同。言无此也。 ⑨ **姚本**止,禁。 ⑩ **姚本**牵,引。续:《韩非子》,"缴不能绊"。 ⑪ **鲍本**《集韵》,荡,放也。言自放肆。 ⑫ **姚本**得意者,饱满也。 **鲍本**蝼,蝼蛄,一曰螜,天蝼。得意,饫饱也。 ⑬ **鲍本**雄长之长。正曰:见下。 ⑭ **姚本**别本无"阴"字。 **鲍本**无"有"字、"阴"字。○ 正曰:一本"君长有齐"。 **札记**丕烈案:韩子作"君长有齐",《新序》作"君已有齐",与《策》文不同。此有者,当读"阴"为"荫"。 ⑮ **姚本**奚,何。 ⑯ **鲍本**正曰:姚氏"奚以薛为夫齐"句,按《新序》作"无齐虽隆"云云,是盖"夫"、"无"音讹,又因上"夫齐"字混。 **札记**丕烈案:吴说非也,"夫"乃

"失"字形近之讹。《韩子》作"君失齐"。《淮南·人间训》亦同。 ⑰ **姚本**隆,高也。到,至也。高薛城至于天,犹无益也。 ⑱ **姚本**辍,止。

靖郭君谓齐王

靖郭君谓齐王①曰:"五官之计②,不可不日听③也而数览④。"王曰:"说五而厌之⑤。"今⑥与靖郭君⑦。

① **姚本**齐王,威王也,宣王之父。 ② **姚本**计,簿书也。 **鲍本**《曲礼》,司徒、司空、司马、司士、司寇,典司五众,计其事之凡也。正曰:注家谓此,殷制,非《策》所指。按《记曾子问》,诸侯出,命国家五官而后行。注云,五官,五大夫典事者。 ③ **姚本**听,治也。 ④ **姚本**览,视。 **鲍本**正曰:"也"字当在"览"下。 ⑤ **姚本**一本作"王曰:'日说五官吾厌之。'" **鲍本**"五"作"吾"。○ 言汝既说我,则不得自厌,故以委之。正曰:"王曰说吾"有缺误。《通鉴》云,"不可不日听而数览也。王从之,已而厌之,悉以委婴。婴由是得专齐权"。 ⑥ **姚本**"今",一作"令"。 ⑦ **姚本**与靖郭君,使听治也。 **鲍本**以五官之计委之。

靖郭君善齐貌辨

靖郭君善齐貌辨①。齐貌辨之为人也多疵②,门人弗说。士尉③以证④靖郭君,靖郭君不听⑤,士尉辞而去。孟尝君⑥又窃⑦以谏,靖郭君大怒曰:"刬而类,破吾家⑧。苟可慊齐貌辨者,吾无辞为之⑨。"于是舍之上舍⑩,令长子御⑪,旦暮⑫进食。

① **姚本**续:昆辩。《古今人表》作昆辩。师古曰,齐人也,靖郭君所善,见《战国策》。而《吕览》作剧貌辩。《元和姓纂》,昆,夏诸侯昆吾氏之后,齐

有昆弁，见《战国策》。 **鲍本**齐人。补曰：按一本标云，《修文御览》、《北堂书钞》同。 **札记**丕烈案：今在《太平御览》三百六十八卷，作"昆辨"。吴引姚校，而以此十四字自注于《古今人表》下，谓其同作"昆"也。今刻本误入正文，吴本注中有注，刻时多误混，读者每不察，附著于此。 ② **姚本**疵，阙病也。续："疵"作"訾"，见《吕览》。 **鲍本**疵，病也，谓过失。补曰：此人盖有奇节而不修细行者。 ③ **鲍本**齐人。 ④ **姚本**证，谏也。 ⑤ **姚本**听，受。 ⑥ **姚本**孟尝君，田婴子田文也，号孟尝君。 **鲍本**婴子文。补曰：《孟子》，尝，邑名，在薛旁。按《诗》"居常与许"，即此尝也。 ⑦ **鲍本**窃，犹私。 ⑧ **姚本**刬，灭也。而，汝也。言汝破吾家。续：《吕览》"揆吾家"，高诱注云，揆度吾家，试可以足齐貌辨者，吾不辞也。 **鲍本**《集韵》，刬，翦也。以翦草为喻。而，汝也。类，族类。 ⑨ **姚本**慊，犹善也。善齐貌辨者，吾不辞为之。 **鲍本**《集韵》，慊，惬也。言有可满貌辨之意，虽家族破灭，犹为之不辞也。 ⑩ **姚本**上舍，上传也。一曰甲第也。 **鲍本**犹甲第。正曰：此本高注。按《田文传》"传舍、幸舍、代舍"，《索隐》云，并当上、中、下三等之客所舍之名。以此推之，则代舍乃上舍也。 ⑪ **姚本**御，侍也。**鲍本**"御"下有"之"字。〇 《集韵》，御，侍也。正曰：为之御也。 **札记**丕烈案：《吕氏春秋》无。 ⑫ **姚本**旦暮，朝夕也。

数年，威王薨，宣王① 立。靖郭君之交，大不善于宣王②，辞而之薛，与齐貌辨俱留。无几何③，齐貌辨辞而行④，请见宣王。靖郭君曰："王之不说婴甚，公往必得死焉。"齐貌辨曰："固⑤不求生也，请必行。"靖郭君不能止。

① **姚本**宣王，孟轲所见以羊易衅钟之牛者也。 **鲍本**"威王"作"宣王"，"宣王"作"闵王"，下同。〇婴之封薛在闵王初。下言之薛，则此不得言宣王立也。正曰：说见下。 **札记**丕烈案：《吕氏春秋》作"威"、"宣"。② **姚本**宣王不善之也。 ③ **姚本**貌辨、靖郭君俱止于薛，无几何。 ④ **姚

本行，去也；去至齐也。 ⑤ **姚本**固，必。

齐貌辨行至齐，宣王闻之，藏①怒以待之。齐貌辨见宣王，王曰：“子②，靖郭君之所听爱夫③！”齐貌辨曰：“爱则有之，听则无有。王之方为太子之时，辨谓靖郭君曰：‘太子相不仁，过颐豕视④，若是者信反⑤。不若废太子，更立卫姬婴儿郊师⑥。’靖郭君泣而曰：‘不可，吾不忍也。’若听辨而为之，必无今日之患也⑦。此为一。至于薛，昭阳⑧请以数倍之地易薛，辨又曰：‘必听之⑨。’靖郭君曰：‘受薛于先王⑩，虽恶于后王⑪，吾独谓⑫先王何乎⑬！且先王之庙在薛⑭，吾岂可以先王之庙与楚乎！’又不肯听辨。此为二⑮。”宣王大息⑯，动⑰于颜色，曰：“靖郭君之于寡人一至此乎！寡人少，殊不知此⑱。客肯为寡人来靖郭君乎⑲？”齐貌辨对曰：“敬诺⑳。”

① **姚本**藏，怀。 ② **鲍本**“王”字不重，“曰子”作“子曰”。〇 补曰：当作“曰子”。 **札记**丕烈案：“王”字不重，是也。《吕氏春秋》不重，《太平御览》引此亦不重。 ③ **姚本**夫，辞。 **鲍本**爱而听用其言。 ④ **鲍本**过，谓丰颐过人。豕多反视。补曰：《吕氏春秋》“过颐豕视”注，颐豕，不仁之人，其说未详。刘辰翁云，“过颐”，即俗所谓耳后见腮；“豕视”，即相法所谓下邪偷视。 **札记**丕烈案：吴氏读《吕氏春秋》，误也。高彼注云，“过，甚也。太子不仁甚于颐豕，视如此者倍反，不循道理也”。读“豕”句绝，“视”下属。此文亦当同。 ⑤ **姚本**反，叛。 **鲍本**始信后反。 **札记**“信”即“倍”字伪。《太平御览》引此作“背”，是其证也。 ⑥ **姚本**郊师，卫姬之子，宣王庶弟。 ⑦ **姚本**患，谓不见善，出走薛也。 ⑧ **姚本**昭阳，楚将。 ⑨ **姚本**听与楚易地也。 ⑩ **姚本**先君王也。 **鲍本**封婴于薛，闵王也。

而曰“受于先王”，盖宣王有旨封之。正曰：《史》以田婴之封在湣王三年，从《通鉴》则在宣王二十二年。按，婴自威王时任职用事，而文之言曰，“君用事相齐至今三王矣”。三王者，威、宣、闵也。故《大事记》以婴卒文立，附见于闵王元年。此《策》曰，“受薛于先王”，“先王之庙在薛”，则是威王之世，婴已受封，《史》亦不合。《索隐》引《纪年》，梁惠后元十三年四月，齐威王封田婴于薛，十月齐城薛，十四年薛子婴来朝，十五年齐威王薨。考之《史》，梁惠王后元十三年，在今封婴前一年，不得为威王之世，亦皆不合，惟梁惠前十三年则正当威王时。疑此处有差互，而婴之封薛，则实威王之世也。⑪ **姚本**言为后王（刘无此四字）。言为后王小恶。 ⑫ **姚本**谓，犹奈何也。⑬ **鲍本**“何”下无“乎”字。○ 言无以告于先王。 **札记**丕烈案：《吕氏春秋》有。 ⑭ **姚本**起威王之庙在薛。 ⑮ **姚本**二不听辨也。 ⑯ **鲍本**长出气也。 ⑰ **姚本**动，犹发也。 ⑱ **姚本**少，小也。殊不知也。 ⑲ **姚本**肯，犹可也。能为寡人致靖郭君身来不乎也。 ⑳ **姚本**一曰“必能使靖郭君来”。

靖郭君[①]衣威王之衣，冠舞[②]其剑[③]，宣王自迎靖郭君于郊，望之而泣。靖郭君至，因请相之[④]。靖郭君辞，不得已而受[⑤]。七日，谢病强辞[⑥]。靖郭君辞[⑦]不得，三日而听[⑧]。

① **姚本**从薛至齐也。 ② **姚本**“舞”，刘作“带”。 ③ **鲍本**先时所赐。④ **姚本**请以为相也。 ⑤ **姚本**受相印也。 **鲍本**“受”下有“之”字。○ **札记**丕烈案：《吕氏春秋》无。 ⑥ **姚本**以病谢相位。强，犹固。 ⑦ **鲍本**无“靖郭君辞”四字。○ **札记**丕烈案：《吕氏春秋》无“靖郭君辞不得”六字，为是。 ⑧ **鲍本**王听其辞。

当是时，靖郭君可谓能自知人矣！能自知人，故人非之不为沮[①]。此齐貌辨之所以外生[②]乐患趣难者也[③]。[④]

① **姚本**沮，止。 ② **鲍本**以生为外物，无所爱也。 ③ **姚本**外，犹贱生，谓触难而行见宣王也。乐解人之患，趣救人之难，令宣王相靖郭君也。**鲍本**补曰：趣，即趋。 ④ **鲍本**彪谓：知人之难，贵于知其心。齐人曰，辩之为人多疵，论其迹也；靖郭君独深善之不可夺，知其心也。士为知己者死，此辩所以不求生欤？正曰：心迹之论未当。说见章首条下。

邯郸之难

邯郸[①]之难，赵求救于齐[②]。田侯[③]召大臣而谋曰："救赵孰与勿救？"邹子[④]曰："不如勿救。"段干纶[⑤]曰："弗救，则我[⑥]不利。"田侯曰："何哉[⑦]？""夫魏氏兼[⑧]邯郸，其于齐何利[⑨]哉！"田侯曰："善。"乃起兵，曰[⑩]："军于邯郸之郊[⑪]。"段干纶曰："臣之求利且[⑫]不利者，非此也。夫救邯郸，军于其郊，是赵不拔而魏全也[⑬]。故不如南攻襄陵以弊魏[⑭]，邯郸拔而承魏之弊[⑮]，是赵破而魏弱也。"田侯曰："善。"乃起兵南攻襄陵。七月，邯郸拔。齐因承魏之弊，大破之桂陵[⑯]。

① **姚本**邯郸，赵都。 ② **姚本**难，为魏所攻，故求救于齐。 **鲍本**赵成侯二十一年，魏围邯郸。此二十五年。 ③ **姚本**田侯，齐侯也。田成子杀简公，吕氏绝祀，田氏有之，故曰田侯。宣王也。 ④ **姚本**邹子，齐臣邹忌。 **鲍本**名忌，二十一年相，明年封下邳，号成侯。 ⑤ **姚本**段干，姓。纶，名也。齐臣且将。 **鲍本**补曰：《史》作"朋"，《后语》作"萌"。 ⑥ **鲍本**我，我齐。 ⑦ **鲍本**下有"对曰"二字。○ 补曰：《史》有"对曰"二字。⑧ **姚本**兼，犹并也。 ⑨ **姚本**一无"利"字。 ⑩ **鲍本**"曰"作"甲"。○补曰：一本"甲"作"曰"。是言将屯于其郊，故后云，乃起兵南攻。 **札记**今本"曰"作"甲"。 ⑪ **姚本**军，屯也。郊，境也。 **鲍本**以军法陈之于此。正曰：高注，军，屯也。愚谓，凡言军于某地者，犹言师于某也。成列则云陈

于某。 ⑫ **鲍本**且，犹与。 ⑬ **鲍本**两国不战故。 ⑭ **姚本**襄陵，魏邑也，河东县。弊，罢也。 **鲍本**襄陵属河东，魏邑也。攻之使魏困。 ⑮ **鲍本**承，言继其后。 ⑯ **姚本**桂陵，魏邑名。 **鲍本**诸注止言魏地。《齐记》有，云二十六年。正曰：《正义》云，桂陵在曹州乘氏县东北。又说见后。

南梁之难

南梁之难①，韩氏请救于齐。田侯②召大臣而谋曰："早救之，孰与晚救之③便？"张丐对曰："晚救之，韩且折④而入于魏，不如早救之。"田臣思⑤曰："不可。夫韩、魏之兵未弊，而我救之，我代韩而受魏之兵，顾反听命于韩也。且夫魏有破韩之志，韩见且亡，必东愬⑥于齐。我因阴⑦结韩之亲，而晚承⑧魏之弊，则国可重，利可得，名可尊矣。"田侯曰："善。"乃阴告⑨韩使者而遣之。

① **姚本**梁，韩邑也，今南河梁也。大梁，魏都，在北，故曰南梁也。难，魏攻之也。 **鲍本**鲁国蕃县有南梁水。此二年，魏伐赵，赵与韩共击魏，赵不利，败于南梁。正曰：《正义》引《括地志》云，故梁在汝州西南，称南梁者，别于大梁、少梁。《大事记》，此魏伐韩也。谓伐赵者，往岁桂陵之战，与此混而误尔。 ② **鲍本**犹上陈侯。 ③ **姚本**早，速也。晚，徐也。 ④ **姚本**折，分也，犹从也。 ⑤ **姚本**田臣思，齐臣。 **鲍本**补曰：《索隐》云，《策》作田期思，必别本也。《纪年》谓之徐州子期即田忌也。 **札记**丕烈案："臣"当是"臣"字讹。"臣"、"期"、"忌"同字也。说在嘉定钱先生大昕《史记考异》。吴氏以为别本者，非是。《周策》陈臣思，同此。 ⑥ **姚本**愬，告。⑦ **姚本**阴，私。 ⑧ **姚本**承，受。 **鲍本**承，继其后也。 ⑨ **鲍本**告者，许之也。

韩自以专有齐国[①]，五战五不胜[②]，东愬于齐，齐因起兵击魏，大破之马陵[③]。魏破韩弱[④]，韩、魏之君因田婴[⑤]北面而朝田侯[⑥]。

① **鲍本**无“专”字。○　② **姚本**自恃有齐国之助，故五与魏战而五不胜。　③ **鲍本**补曰：虞喜云，马陵在濮州鄄城东北六十里，有涧深峻，可以置伏，庞涓败即此。徐广云，在魏州元城县东南。司马彪引杜预说，亦然。按齐使田忌将直达大梁，庞涓闻之，去韩而归，齐军已过而西，则从汴州、外黄退至濮州东北六十里是也，岂合更渡河至元城哉？　④ **姚本**马陵，齐邑也。齐杀魏将庞涓，虏魏太子申，故曰魏破韩弱也。　⑤ **姚本**刘，无“田婴”二字。　⑥ **姚本**田侯，齐宣王也。　**鲍本**《齐记》有，为两章，一为桓公、臣思，一为宣王、孙子。彪谓：臣思之策，则幸中矣，非仁义举也。孟子谓“行一不义而得天下不为也”，况朝韩、魏乎？正曰：今按桓公、田臣思事，自与《邯郸之难》及《韩齐为与国》二章相乱，非此章也。说见后章。

成侯邹忌为齐相

成侯邹忌为齐相[①]，田忌为将，不相说。公孙闬[②]谓邹忌[③]曰：“公何不为王谋伐魏？胜，则是君之谋也[④]，君可以有功[⑤]；战不胜，田忌不进，战而不死，曲挠而诛[⑥]。”邹忌以为然，乃说王而使田忌伐魏。

① **姚本**成，邑。侯，爵也。邹忌封也。　**鲍本**补曰：高注，成，齐邑。按《史》曰，封以下邳，号为成侯。　② **鲍本**齐人。补曰：“闬”，《史》作“阅”。③ **札记**丕烈案：《索隐》云，《战国策》作公孙闳。　④ **姚本**用君之谋而得胜也。　⑤ **姚本**有胜魏之功也。　⑥ **姚本**诛，戮。　**鲍本**曲挠，言师不直前而败。

田忌三战三胜，邹忌以告公孙闬，公孙闬乃使人操十金[①]而往卜于市，曰：“我田忌之人也，吾三战而三胜，声威天下[②]，欲为大事[③]，亦吉否？”卜者出[④]，因令人捕[⑤]为人卜者，亦[⑥]验[⑦]其辞于王前。田忌遂走[⑧]。

① **姚本**二十两为一金。 ② **姚本**声，势。威，震。 **鲍本**天下畏其威声。正曰：其声畏惧天下。 ③ **鲍本**反齐而王。 ④ **鲍本**田忌之人。补曰：公孙闬所使者。 ⑤ **鲍本**捕，取也。 ⑥ **姚本**一无“亦”字。 ⑦ **姚本**验，信。 ⑧ **鲍本**《齐记》三十五年有。彪谓：齐威，贤王也！其知章子，察阿、即墨大夫明矣，独于是失之。然忌之走，亦非威王谴之也。正曰：《史》以公孙闬为邹忌云云，附战桂陵之前，文小异。操十金卜市以下，在威王三十五年。下云，田忌闻之，率其徒袭攻临淄，求成侯，不胜而奔，宣王召复位，遂有马陵之战。按《策》言，忌伐魏，三战三胜。忌战可见者桂陵、马陵二役，《策》并言之也。后章记，忌系太子申，禽庞涓，孙子谓忌曰，“若是则齐君可正，成侯可走”。忌不听，遂不入齐。又记，田忌亡齐之楚，楚封之江南，则忌之出奔，在战马陵后宣王之世明矣，《史》载其奔在前，故谓召复位。忌既袭齐，岂得再复？成侯犹在，岂宜并列？而马陵后，忌无可书之事，知其必有误也。以威王之明，成侯、公孙闬之诈，岂能行其间？其为宣王无疑也。《大事记》谓桂陵、马陵二事，多混而书，忌出奔在威王时，亦仍《史》之旧耳。

田忌为齐将

田忌为齐将[①]，系梁太子申，禽庞涓[②]。孙子[③]谓田忌曰：“将军可以为大事[④]乎？”田忌曰：“奈何？”孙子曰：“将军无解兵而入[⑤]齐。使彼罢弊于先[⑥]弱守于主[⑦]。主者，循轶之途也[⑧]，辖击摩车而相过[⑨]。使彼罢弊先[⑩]弱守于主，必一而当十[⑪]，十而当百，百而当千。然后背太山[⑫]，左济，右天唐[13]，军重踵高宛[14]，使轻车锐骑冲雍门[15]。若是，则齐君可正[16]，而成侯[17]可走。不然，则将军不得入于齐矣。”田忌不听[18]，果不入齐。[19]

① **鲍本**此二年，召复位。正曰：说见前。 ② **姚本**申，梁惠王太子也。庞涓，魏将也。田忌与战于马陵，而系获之也。故梁惠王谓孟子曰，“寡人东伐，败于马陵，太子死，庞涓禽”。此之谓也。 ③ **姚本**孙子，孙膑也，齐将也。 **鲍本**膑也。齐人，武之孙，为田忌军师。 ④ **姚本**大事，兵事。《传》曰，“国之大事在祀与戎”。 ⑤ **姚本**入，还。 ⑥ **姚本**彼，谓魏也。“先”，曾作“老”。 **鲍本**罢，疲同。彼，谓齐。齐军已与魏战，虽胜亦罢，今使当前。 ⑦ **鲍本**弱，弱卒也。忌所自将，使齐不疑也。主，地缺，盖齐险隘。补曰：姚云，曾本“先”皆作“老”。愚恐上句多“于”字，谓以罢敝老弱守险敌众，而以精兵攻齐，下云“轻车锐骑”者也。 ⑧ **姚本**轶，途辙之道也。**鲍本**轶，辙同。车迹也。言其险狭，不得方轨适相循耳。 ⑨ **姚本**辖，毂闳也。摩，犹比也。 **鲍本**辖，辇同，车轴耑键也。路狭车密，故相击相摩。⑩ **姚本**“先”，曾作“老”。 ⑪ **鲍本**得地利故。 ⑫ **鲍本**在太山博县西北。⑬ **鲍本**盖盼子所守，所谓高唐，属平原。 ⑭ **姚本**天，大也。唐，防也。踵，至也。高宛，县名也，今属乐安也。 **鲍本**重，辎重也。《后志》，高宛属乐安。 ⑮ **姚本**轻，便；锐，利；冲，突。雍门，齐西门名也。 **鲍本**《始皇纪》注，在高陵。正曰：高注，雍门，齐西门名。按，《左传》襄十八年有。雍，去声。 ⑯ **鲍本**正，犹制治。 ⑰ **姚本**成侯，邹忌也。田忌所不说。⑱ **姚本**听，从。 ⑲ **鲍本**彪谓：膑非武流也。武虽运奇用诡，岂尝语人以是乎？忌不听，忌贤也。补曰：使田忌无间于齐，孙子曷为而有是言？必公孙闬、成侯谗构之时也。

田忌亡齐而之楚

田忌亡齐而之楚，邹忌代之相[1]。齐恐田忌欲以楚权复[2]于齐，杜赫曰："臣请为[3]留[4]楚[5]。"

① **鲍本**补曰：前云邹忌为相，田忌为将。田忌走，此云代之相，恐有差误。 ② **姚本**权，势也。复，还也。 **鲍本**复，犹返。 ③ **姚本**一"为"下有"君"字。 ④ **姚本**一"留"下有"之"字。 ⑤ **姚本**君，谓邹忌。留之楚，为邹忌留田忌于楚，不使得来也。 **鲍本**为邹留田于楚。

谓楚王[1]曰："邹忌所以不善楚者，恐田忌之以楚权复于齐也。王不如封田忌于江南，以示田[2]忌之不返[3]齐也，邹忌以[4]齐厚[5]事楚。田忌亡人也，而得封，必德[6]王。若复于齐，必以齐事楚[7]。此用二忌之道也。"楚果封之于江南[8]。

① **鲍本**成。 ② **鲍本**无"田"字。○ ③ **姚本**返，还。 ④ **鲍本**"以"上有"必"字。○ 补曰：当有缺字。 ⑤ **姚本**厚，重也。 ⑥ **姚本**德，恩。 ⑦ **姚本**田忌后日若得还齐，亦必以重事楚。 **鲍本**言此，示不为邹忌游说也。 ⑧ **姚本**从杜赫之言也。

邹忌事宣王

邹忌事宣王，仕人众[1]，宣王不悦[2]。晏首[3]贵而仕人寡，王悦之[4]。邹忌谓宣王曰："忌闻以为有一子之孝，不如有五子之孝。今首之所进仕者，以[5]几何人[6]？"宣王因以晏首壅塞之[7]。

① **姚本**众，多也。 **鲍本**荐于王使之仕。 ② **姚本**嫌其作威福，故不悦也。《书》曰，"无有作威作福"。 ③ **鲍本**齐人。 ④ **姚本**悦，不作威福也。 ⑤ **姚本**"以"，一作"亦"。 ⑥ **姚本**一"人"下有"矣"字。 ⑦ **姚本**

壅,弊。塞,断。弊断仕者而不进也。 **鲍本**言其不荐达人。

邹忌修八尺有余

邹忌修①八尺有余,身体昳丽②。朝服衣冠窥镜③,谓其妻曰:"我孰与城北徐公美④?"其妻曰:"君美甚,徐公何能及公⑤也!"城北徐公⑥,齐国之美丽者也。忌⑦不自信,而复⑧问其妾曰:"吾孰与徐公美?"妾曰:"徐公何能及君也!"旦⑨日,客从外来,与坐谈,问之客曰⑩:"吾与徐公孰美?"客曰:"徐公不若君之美也⑪!"

① **姚本**修,长。 ② **姚本**昳,读曰逸。 **鲍本**"身体"作"而形貌"。○昳,徒结切,日侧也,故有光艳意。又疑作"佚"。 ③ **姚本**自窥视于镜也。④ **姚本**美,好也。续:《十二国史》作"徐君平"。 ⑤ **姚本**一无"公"字。**鲍本**"公"作"君"。○ ⑥ **札记**今本"徐"误"齐"。 ⑦ **姚本**一无"忌"字。⑧ **姚本**一无"复"字。 ⑨ **鲍本**旦,明也。 ⑩ **姚本**一无"客"字。 **鲍本**无"客曰"二字。○ 补曰:一本"问之客曰"。 ⑪ **姚本**一无以上三字。

明日,徐公来。孰视之,自以为不如;窥镜而自视,又①弗如远②甚。暮,寝而思之曰:"吾妻之美我者,私③我也;妾之美我者,畏我也④;客之美我者,欲有求⑤于我也。"

① **姚本**一无"又"字。 ② **姚本**远,犹多也。 ③ **姚本**私,爱。 **鲍本**私,犹亲。 ④ **姚本**畏而爱之。 ⑤ **姚本**求,索。

于是①入朝见威②王曰:"臣诚知不如③徐公美,臣之妻私臣,臣之妾畏臣,臣之客欲有求于臣,皆以美于徐公。今齐地方千里，百二十城，宫妇左右，莫不私王；朝廷之臣，莫不畏王；四境之内，莫不有求于王。由此观之，王之蔽甚[4]矣！”王曰：“善。”乃下令：“群臣吏民，能[5]面刺寡人之过者，受上赏[6]；上书谏寡人者，受中赏；能谤议[7]于市朝，闻寡人之耳者，受下赏。”

① **姚本**一无“于是”二字。 ② **姚本**一无“威”字。 ③ **姚本**刘作“臣知情不如”。 ④ **姚本**下人蔽王甚矣。 ⑤ **姚本**一无“能”字。 ⑥ **姚本**刺，举也。举寡人之过失者，与重赏也。 ⑦ **鲍本**“议”作“讥”。〇

令初下，群臣进谏[1]，门庭若市。数月之后，时时而间进。[2]期年之后[3]，虽欲言，无可进者[4]。燕、赵、韩、魏闻之，皆朝于齐。此所谓战胜于朝廷[5]。[6]

① **姚本**一无“谏”字。 ② **鲍本**进谏者有暇隙。 ③ **鲍本**“期”作“朞”。〇 ④ **姚本**改循（“循”，曾作“修”）端严，无可复谏者也。 ⑤ **姚本**言与敌国战胜之于朝廷之内也。《老子》曰，“修之身，其德乃真”，此之谓也。故能使四国尽来朝之。 **鲍本**坐朝廷之上，四国朝之，不待兵也。⑥ **鲍本**彪谓：邹忌尝以诈走田忌，则其人亦倾险士耳。唯此言者，万世之言也。补曰：《大事记》，威烈王二十二年。按《外纪》，宋昭公出亡，谓其御曰云云，事与此类。又《新序》，齐有田巴先生，贤，王聘而问政，巴改制新衣，拂饰冠带，顾谓其妾云云。恐与邹忌事有讹舛。

秦假道韩魏以攻齐

秦假道韩、魏以攻齐[1]，齐威王使章子将而应之[2]。与秦交和而舍[3]，使者数相往来，章子为变其徽章[4]，以杂秦

军[5]。候者[6]言章子以齐入秦[7]，威王不应[8]。顷之[9]间[10]，候者复言章子以齐兵降秦，威王不应。而此者三[11]。有司请曰："言章子之败者，异人而同辞[12]。王何不发[13]将而击之?"王曰："此不叛寡人明矣[14]，曷为[15]击之!"

① **姚本**自秦往齐，路出韩、魏，故假之也。 ② **姚本**应，击。 ③ **姚本**交，俱。 **鲍本**《孙子》，两军相对曰交和。《楚记》注，军门曰和。 ④ **姚本**徽，帜名也。《传》曰，扬徽者，公徒也。 **鲍本**徽，帜也。以绛帛著于背，章其别也。补曰：此引《说文》。又《左传》"扬徽"注，若今救火衣。又按，《王莽传》"殊徽帜"注，通谓旌旗属。 ⑤ **姚本**通白曰章幅("幅"一作"帜")，变易之使与秦旗章同，欲以袭秦。 ⑥ **鲍本**齐之侦者。 ⑦ **姚本**候军者以章子为然。 ⑧ **姚本**应，答。 ⑨ **鲍本**衍"之"字。 ⑩ **鲍本**正曰：有顷之间也。句奇。下"顷间"变文。 ⑪ **姚本**而，如也。如此者三。 ⑫ **札记**今本脱"之"字，误重"辞"字。 ⑬ **姚本**发，遣。 **鲍本**"发"作"废"。〇废，谓罢之。补曰："废"一本作"发"。是既降矣，安用废为? ⑭ **姚本**明，审。 ⑮ **鲍本**"为"下有"而"字。〇

顷间，言齐兵大胜，秦军[1]大败，于是秦王拜[2]西藩之臣[3]而谢于齐[4]。左右曰："何以知之?"曰："章子之母启[5]得罪其父，其父杀之而埋马栈之下[6]。吾[7]使[8]者[9]章子将也，勉之曰：'夫子之强，全兵而还，必更葬将军之母。'对曰：'臣非不能更葬先妾也。臣之母启得罪臣之父。臣之父未教[10]而死。夫不得父之教而更葬母，是欺死父也[11]。故不敢[12]。'夫为人子而不欺死父，岂为人臣欺生君哉[13]?"[14]

① **鲍本**"军"作"兵"。〇 ② **鲍本**"拜"作"称"。〇 ③ **鲍本**按威王与

秦献公、孝公同时，齐虽强而秦不弱，此语未详。 ④ **姚本**秦惠王之子武王也。谢，谢攻齐之罪。 ⑤ **鲍本**其母名。 ⑥ **姚本**马栈，床也。 **鲍本**栈，为棚以立马。正曰：高注，栈，床也。补曰：章子，通国称不孝。《孟子》以为父子责善而不相遇者，恐因此事也。《后语》，“马屎之中”。 ⑦ **姚本**一“吾”下有“之”字。 ⑧ **鲍本**下衍“者”字。 ⑨ **姚本**一无“者”字。⑩ **姚本**“教”，刘作“葬”。 **鲍本**未有教命。补曰：《后语》，“未赦”。⑪ **姚本**死父欲使之说也。 ⑫ **鲍本**彪谓：君父一也，虽无父命，而以君命更葬，何损于义？凡章子之孝皆过，所谓过孝。正曰：此是章子言所以不更葬之故，未见其终拒威王之命。 ⑬ **姚本**威王以此知章子之情，故曰，岂欺生君哉？ ⑭ **鲍本**彪谓：周衰，齐威不世之主也。《列子》曰，君非自知我也，以人之言赐我，其罪我又将以人之言，故人君于其臣，欲其自知之也。威王之于章子有焉。夫如是，虽百市虎不摇也，岂以三告而投杼乎哉？

楚将伐齐

楚将伐齐，鲁亲之[①]，齐王患之[②]。张丐[③]曰：“臣请令鲁中立[④]。”乃为齐见鲁君[⑤]。鲁君曰：“齐王惧乎？”曰：“非臣所知也，臣来吊足下。”鲁君曰：“何吊[⑥]？”曰：“君之谋过矣[⑦]。君不与[⑧]胜者而与不胜者[⑨]，何故也？”鲁君曰：“子以齐、楚为孰胜哉？”对曰：“鬼且不知也。”“然则子何以吊寡人？”曰：“齐，楚之权敌[⑩]也，不用有鲁与无鲁。足下岂如令[⑪]众而合二国之后哉！楚大胜齐，其良士选卒[⑫]必殪[⑬]，其余兵足以待天下；齐为胜，其良士选卒亦殪。而君以鲁众合战胜后，此其为德也亦大矣[⑭]，其见恩德亦其大也[⑮]。”鲁君以为然，身[⑯]退师[⑰]。

① **姚本**鲁亲楚也。 ② **姚本**患，忧。 ③ **鲍本**齐人，疑即张丑。

④ **姚本**鲁中立，言能使鲁不亲楚而绝齐也。 **鲍本**于两国之间，无所亲疏。 ⑤ **鲍本**康公。正曰：无考。 ⑥ **鲍本**“吊”下有“乎”字。〇 ⑦ **姚本**过，失。 ⑧ **姚本**与，犹助之。 ⑨ **鲍本**楚时未败，而云然者，盖楚有胜齐之势。楚虽胜，士卒多死，鲁合齐以两国击之，楚必败，故言其不胜。 ⑩ **鲍本**补曰：言其力适均。 ⑪ **姚本**“令”一作“全”。 **鲍本**“令”作“全”。〇 ⑫ **鲍本**材武见选者。 ⑬ **鲍本**殪，死也。 ⑭ **姚本**全众为中立，无以为助也。观二国交战之后，胜者其良士选卒治一，君以全众助负败者击之。 **鲍本**合，合败者也。胜者虽合之，不必见德。今以全众合败者，彼胜者既士卒多死，可胜也，败者因见德矣。 ⑮ **姚本**“其”，曾作“甚”。 **鲍本**“德”下有“也”字，“其”作“甚”，“也”作“矣”。〇 败者德之。 ⑯ **鲍本**“身”作“乃”。〇 **札记**今本“身”作“乃”。 ⑰ **姚本**退师，不复亲楚也。 **鲍本**补曰：“为齐”之“为”，去声。

秦伐魏

秦伐魏，陈轸合三晋而东谓齐王[①]曰：“古之王者之伐也，欲以正天下而立功名，以为后世也。今齐、楚、燕、赵、韩、梁六国之递[②]甚也，不足以立功名，适足以强秦而自弱也，非山东之上计也。能危山东者，强秦也。不忧强秦，而递相罢弱[③]，而两归其国于秦[④]，此臣之所以为山东之患[⑤]。天下为秦相割[⑥]，秦曾不出[⑦]力；天下为秦相烹[⑧]，秦曾不出薪[⑨]。何秦之智而山东之愚耶？愿大王之察也。

① **姚本**轸时仕魏，故合三晋而东也。去著（续：“去著”二字，古本作“走齐”）而宣王也（一本作“齐王”）。 ② **姚本**递，更。 **鲍本**递，言其更相伐。 ③ **鲍本**“罢”，“疲”同。 ④ **鲍本**两，彼我也。 ⑤ **姚本**患，忧。 ⑥ **姚本**割，分也。自相剥割，以附益强秦。 **鲍本**以割肉喻其相伐。 ⑦ **姚本**秦

不自出力,用力也。 **鲍本**补曰:北山何先生标《大事记》云,“力”,一作“刀”。 **札记**丕烈案:“刀”字是也,此形近之讹。 ⑧ **鲍本**煮也。 ⑨ **姚本**为秦自相烹置,秦则不出薪然火也。 **鲍本**喻秦无所事。

“古之五帝、三王、五伯之伐也①,伐不道者。今秦之伐天下不然,必欲反之②,主必死辱,民必死虏③。今韩、梁之目未尝干④,而齐民独不也,非齐亲而韩、梁疏也,齐远秦而韩、梁近。今齐将近矣!今秦欲攻梁绛、安邑⑤,秦得绛、安邑以东下河,必表里河⑥而东攻齐,举齐属之海⑦,南面而孤楚、韩、梁⑧,北向而孤燕、赵⑨,齐无所出其计矣⑩。愿王熟虑之⑪!

① **姚本**五帝,黄帝、颛顼(一本无“颛顼”字)、高辛、帝喾、尧帝(一无“帝”字)、舜也。三王,夏、殷、周也。五伯,昆吾、大彭、豕韦、齐桓、晋文者(一无“者”字)也。 ② **姚本**反之,反五帝、三王、五伯之伐也。 **鲍本**反古。 ③ **姚本**秦欲肆虎狼之心以吞诸侯,故曰,主必死辱,民必死虏也。**鲍本**死于辱。 ④ **姚本**干,燥也。目不燥,言悲泣也。 **鲍本**战死者多也。⑤ **鲍本**绛属河东。 ⑥ **鲍本**“河”下补“山”字。○ **札记**丕烈案:此表里专就河言之,与《左氏传》文迥不相涉。鲍所补乃准彼,谬甚矣。 ⑦ **姚本**举,得。属,至。 **鲍本**举,言得其地。 ⑧ **姚本**面向南。 **鲍本**三国在秦之南。孤,谓称孤以臣之。正曰:诸国势不得合,故曰孤。 ⑨ **鲍本**绝句。⑩ **姚本**出,犹生也。 ⑪ **姚本**虑,度。

“今三晋已合矣,复为兄弟①约,而出锐师以戍梁绛、安邑②,此万世之计也。齐非急以锐师合三晋,必有后忧。三晋合,秦必不敢攻梁,必南攻楚。楚、秦构难③,三晋怒齐不与己也，必东攻齐。此臣之所谓齐必有大忧，不如急以兵合于三晋。”

① **姚本**言兄弟相亲也。 ② **姚本**锐，精锐。戍，守也。 ③ **姚本**构，连。

齐王敬诺，果以兵合于三晋[①]。[②]

① **姚本**从陈轸策也。 ② **鲍本**秦惠后七年，韩、赵、魏、燕、齐共攻秦，此六年。正曰：按《大事记》，显王四十七年，当秦惠后三年，魏惠后十三年。齐宣二十一年，秦伐魏，取曲沃、平周。《解题》，轸说齐不知在何年，以其说明切，附见于此。轸与张仪相恶，去秦事楚，而怀王合六国伐秦，距此四岁。轸说或在此时，未可知也。愚尝按，《赵策·谓赵王》章、《韩策·或谓韩王》章、《燕策·或献书燕王》章，皆劝三晋诸国合从。其论秦之情与从国事势，晓畅深切，如虎即禽、鱼比目，引车、同舟之譬，说殊而义合。如秦之欲伐韩、梁，东窥周室，甚惟寐忘之；如约山东，皆以锐师戍韩、梁；如秦见三晋之坚，必南伐楚。其言皆合，是必一时之事，一人之言也。考之此《策》，秦伐魏，陈轸合三晋而东谓齐王，其论山东之愚，秦之智，为秦相割而秦不出力，为秦相烹而秦不出薪，则亦三策之取譬也。秦欲攻梁绛、安邑，今三晋已合约，出锐师以戍梁，三晋合，秦必南攻楚，则亦三策所言之事也。况《策》无说楚、魏之辞，而说四国者，皆有戍梁之约，攻楚之料，于是窃信其并为陈轸之言无疑也。楚怀王受张仪商於之欺，轸谏不听，谏攻秦又不听，其后怀王入秦，屈平、昭雎谏而轸无言，意其必已去楚矣。今言楚王入秦，正诱会武关之时，而轸力为魏说诸侯，是时固在魏也。轸善楚者，约从独遗楚，又劝三晋之移祸于楚，岂略不为楚计哉？盖其知楚谋之不可为，入秦之不可止，而诸国之摈秦，非特为魏，所以为楚，所谓阳挤而阴助之者欤！苏氏兄弟称说，多浮辞，数策非轸不能。《大事记》既著轸说，附于显王四十七年。于

《韩策》，谓论秦最得其情，因其言梁绛、安邑，附见于赧王二十九年魏献安邑之后，皆不能的指其时。今征以楚王入秦一言，当在赧王十六年。盖秦取曲沃、平周，距五国伐秦前四年。慎靓王三年，五国合从，实怀王为长，苏秦之约，而无与于轸也。怀王入秦，次年田文合韩、魏伐秦，犹能成一战之功，未必不因轸之说也。反复参合，可决其为轸矣。独《燕策》言秦伐韩而中山亡，此事据《史》乃中山未亡四年之前，且《年表》灭中山在主父死后，而出家先一年。《大事记》取《世家》史迁所纪，固不能无失。赵武灵王十九年，初胡服。二十年，二十一年，二十三年，二十五年，连岁攻中山，略地得城邑；二十六年，复攻中山，攘地北至燕、代，西至云中、九原；二十七年，传国子何称主父，欲略胡地，袭咸阳，遂诈入秦。是后已不言攻中山矣。惠文三年，乃书灭中山，迁其王于肤施。意者攘地之时，中山已定，而未废其君，后四年始迁其君。如西周既灭，次年迁其君于惮狐之类。《通鉴纲目》，武灵二十五年书中山君奔齐。而《魏策》云，齐、魏伐楚，而赵亡中山，正是年事。则是其国已亡，特其君未得，后乃得之。《燕策》所谓中山亡，非舛也。故愚并著其说，以俟知者考焉。中山余见《燕策》。

苏秦为赵合从说齐宣王

苏秦为赵合从[①]，说齐宣王曰："齐南有太山，东有琅邪[②]，西有清河[③]，北有渤海[④]，此所谓四塞之国也[⑤]。齐地方二千里[⑥]，带甲数十万，粟如丘山。齐车之良，五家之兵[⑦]，疾如锥矢[⑧]，战如雷电[⑨]，解如风雨[⑩]，即有军役，未尝倍太山、绝清河、涉渤海也。临淄之中[⑪]七万户，臣窃度之[⑫]，下[⑬]户三男子，三七二十一万，不待发于远县，而临淄之卒，固以[⑭]二十一万矣。临淄甚富而实，其民无不吹竽[⑮]、鼓瑟[⑯]、击筑[⑰]、弹琴、斗鸡、走犬、六博、蹹踘者[⑱]；临淄之途[⑲]，车毂击[⑳]，人肩摩[㉑]，连衽成帷[㉒]，举袂成幕[㉓]，挥汗成雨[㉔]；家敦[㉕]

而富，志高而扬[26]。夫以大王之贤与齐之强，天下不能当[27]。今乃西面事秦，窃为大王羞之。

① **姚本**合山东六国之亲也。 **鲍本**赵肃侯十七年，此当十年。 ② **鲍本**徐州郡。补曰：《孟子》注，琅邪，齐东南境上邑。 ③ **姚本**清河，今甘陵，汉改也。 **鲍本**冀州郡。补曰：《正义》云，今贝州。 ④ **鲍本**幽州郡。补曰：《正义》云，今沧州。 ⑤ **姚本**言牢固也。 **鲍本**言四方皆有险固。 ⑥ **鲍本**补曰：《史》，三千余里。 ⑦ **姚本**五家，五国。 **鲍本**管仲军令，始于五家为轨。 ⑧ **姚本**锥矢，小矢。喻劲疾也。 **鲍本**锥，锐也。补曰：《吕氏春秋》，"所贵锥矢者，为其应声而至"。 ⑨ **姚本**雷电，喻威大也。 ⑩ **姚本**风雨，喻解散速疾。 ⑪ **姚本**临淄，齐鄙。 **鲍本**属齐郡。补曰：青州临淄县，古营丘地，城临淄，故云。见《正义》及《水经注》。渤海，《后语》北海，今青州北海是也。 ⑫ **姚本**度，计。 ⑬ **鲍本**补曰：《史》无"下"。 ⑭ **鲍本**"以"作"已"。○ **札记**今本"以"作"已"。丕烈案：《史记》作"已"。 ⑮ **鲍本**似笙，三十六簧。 ⑯ **鲍本**似琴，二十五弦。 ⑰ **鲍本**以竹曲五弦之乐。 ⑱ **鲍本**"蹹"作"鞠"。○ 刘向《别录》，蹙鞠，黄帝作，盖因娱戏以练武士。"蹹"，即"蹙"也。补曰：王逸云，投六箸，行六棋，谓之六博。"蹹"，《史》作"蹋"。《说文》，徒盍反，即"蹹"字。 **札记**丕烈案：《史记》作"鞠"。 ⑲ **姚本**途，道。 ⑳ **姚本**"毄"，刘作"毂"。击，相当。 **鲍本**"毄"作"毂"。○ 正曰："毄"者"擊"之讹。《说文》，擊，车辖相击也。《周礼》，"舟车擊互"。《穀梁传》，"擊者不得人"。《释文》音计，又古的反。此章《史》作"毂击"。按《秦策》，"车毂击驰"。《说苑》，"齐人好毂击"。扬雄书，"辨者毂击"。读亦通。 **札记**丕烈案："毄击"不误，"毄"者"毂"之别体字，犹"穀"字之别体作"槃"也。"擊"、"擊"同字，不得叠见。吴云，"毄"者"擊"之讹，其说非也。《秦策》读当以"使车毂擊"为一句，"驰言相结"为一句。"言"下有"语"字者，误本也。姚校云，钱、刘本无，是矣。 ㉑ **姚本**摩，相摩。 ㉒ **鲍本**帐属，在旁者。 ㉓ **鲍本**袂，袖也。 ㉔ **姚本**挥，振也，言人众多。 ㉕ **鲍本**补曰：《史》作"殷"。 **札记**丕烈案：《史记》作"家殷人

足，志高气扬”，与《策》文不同。 ㉖ **姚本**高，大也。扬，发扬。 ㉗ **姚本**当，敌。

“且夫韩、魏之所以畏秦者①，以与秦接界也。兵出而相当②，不至十日，而战胜存亡之机决矣③。韩、魏战而胜秦，则兵半折④，四境不守；战而不胜，以亡随其后。是故⑤韩、魏之所以重与秦战而轻为之臣也。

① **鲍本**无“之”字，补“以”字。○ 补曰：《史》此有“以”字。 **札记**丕烈案：“之”，《史记》有。 ② **姚本**“当”，刘作“攻”。 ③ **姚本**机，要。 ④ **鲍本**折，犹败。以秦敌强，虽胜，犹为失半也。 ⑤ **鲍本**“故”作“后”。○ 补曰：姚本作“故”，是。《史》同。 **札记**丕烈案：“后”乃因上讹耳。

“今秦攻齐则不然，倍韩、魏之地①，至闱②阳晋之道③，径亢父之险④，车不得方轨⑤，马不得并行，百人守险，千人不能过也。秦虽欲深入，则狼顾⑥，恐韩、魏之议其后也。是故恫疑虚猲⑦，高跃⑧而不敢进，则秦不能害齐，亦已明矣⑨。夫不深⑩料秦之不奈我何也，而欲西面事秦，是群臣之计过也⑪。今无臣事秦之名⑫，而有强国之实，臣固⑬愿大王之少留计⑭。”

① **鲍本**倍，言二国在其后。 ② **姚本**“至闱”一作“过卫”。 **鲍本**“闱”作“卫”。○ 补曰：《史》作“卫”。 ③ **鲍本**魏襄十六年，秦拔魏蒲坂、阳晋。《张仪传》，劫取卫阳晋。注皆不地。盖卫地，时属魏也。正曰：《正义》云，卫曹、濮等州。阳晋在曹州乘氏县西北。 ④ **姚本**亢父，今任城县也。 **鲍本**属东平。补曰：亢，音刚，又苦浪反。高注，任城县南。 ⑤ **姚本**车两轮间为

轨。 **鲍本**《尔雅》,方舟,并两舟,则此亦两也。轨,车辙。 ⑥ **鲍本**惊貌。正曰:狼性怯,走常还顾。 ⑦ **姚本**猲,喘息,惧貌。 **鲍本**"猲"作"喝"。○恫,痛也。言疑之甚。《集韵》,喝,呵也。补曰:《史》作"喝"。《索隐》云,亦作"猲",并呼合反。窃谓,作"恐猲"亦通。又注见《赵策》。 ⑧ **鲍本**补曰:《史》作"骄矜"。 ⑨ **鲍本**无"已"字。○ **札记**丕烈案:《史记》无。 ⑩ **鲍本**无"深"字。○ **札记**丕烈案:《史记》有。 ⑪ **鲍本**无"也"字。○ 补曰:一本此有"也"字。 **札记**今本"计过"误"过计"。丕烈案:《史记》"计过也"。⑫ **鲍本**"无臣"作"臣无"。○ **札记**今本"无臣"作"臣无"。丕烈案:《史记》"无臣"。 ⑬ **鲍本**"固"作"故"。○ 正曰:《策》"固"、"故"通。 **札记**丕烈案:《史记》作"臣是故"。 ⑭ **鲍本**留意计之。

齐王曰:"寡人不敏①,今主君②以赵王之教诏之③,敬奉社稷以从。"④

① **鲍本**此"敏",谓犹明,明则疾于事。补曰:一本注,晁本此下有云,"僻远守海,穷道东境之国也,未尝得闻余教"。 **札记**吴补,一本注,晁本此下有"僻远守海,穷道东境之国也,未尝得闻余教"。丕烈案:《史记》有此十七字。 ② **姚本**主君,谓苏秦也。 **鲍本**补曰:主君,称苏秦,恐衍"主"字。《史》作"足下"。 **札记**丕烈案:吴说非也。高注可证。后《策》文,楚、魏、韩、燕皆云"今主君"。《史记》韩、魏、楚同。小司马曰,主君,称苏秦也。《礼》,卿大夫称主。今嘉苏子合从诸侯,褒而美之,故称曰"主君"。其字不误甚明,吴失检耳。 ③ **姚本**诏,告。 **鲍本**"教诏"作"诏告"。○ **札记**丕烈案:《史记》作"诏诏"。此《策》文当作"教诏",高注可证。 ④ **鲍本**凡苏秦从横之说,本传皆有。此在说燕、赵、韩、魏后。

张仪为秦连横齐王

张仪为秦连横①齐②王曰:"天下强国无过齐③者,大臣父兄殷[④]众富乐，无过齐者。然而为大王计者，皆为一时说而不顾[⑤]万世之利。从人[⑥]说大王者，必谓齐西有强赵，南有韩、魏，负海之国也，地广人众，兵强士勇，虽有百秦，将无奈我何！大王览[⑦]其说，而不察其至实。

① **姚本**张仪，魏氏之余子，仕为秦相也。连关中之谓横，合关东之谓从。说齐王也。　**鲍本**《仪传》，连横，在郑袖出仪后，说楚，说韩、齐、赵，卒说燕，归报而惠王死。则此当秦十四年。此十三年。正曰：湣王二年。② **鲍本**"齐"上补"说"字。○　补曰：此处当有"说"字。　③ **姚本**齐宣王也。强，大。　④ **姚本**殷，盛。　⑤ **姚本**顾，念。　⑥ **姚本**从人，合关东六国为从，谓苏秦也。　⑦ **姚本**览，受。

"夫从人朋党比周[①]，莫不以从为可。臣闻之，齐与鲁三战而鲁三胜，国以危，亡随其后[②]，虽有胜名而有亡之实，是何故也？齐大而鲁小。今赵之与秦也，犹齐之于鲁也。秦、赵战于河漳[③]之上，再战而再胜[④]秦；战于番吾之下[⑤]，再战而再胜秦。四战之后，赵亡卒数十万，邯郸仅[⑥]存。虽有胜秦之名，而国破矣！是何故也？秦强而赵弱也。今秦、楚嫁子取妇，为昆弟之国[⑦]；韩献宜阳，魏效河外[⑧]，赵入朝黾池[⑨]，割河间以事秦[⑩]。大王不事秦，秦驱韩、魏攻齐之南地，悉赵涉河关[⑪]，指搏[⑫]关[⑬]，临淄、即墨[⑭]非王之有也。国一日被攻，虽欲事秦，不可得也。是故愿大王熟计之。"

① **鲍本**比周，亲周相比也，与《论语》意异。补曰：犹《传》言"相与比周"。　② **鲍本**鲁战胜齐，《史传》不书。时鲁故在，有亡形耳。正曰：此取

譬之说，犹《孟子》言邹人与楚人战，与下文不同。 ③ **姚本**河漳，漳水。 **鲍本**《史》不书。《说文》，浊漳，出上党长子鹿谷山，东入清漳。清漳，出沾山大黾谷，入河南。漳出南郡。 ④ **鲍本**绝句。正曰：误。当以"胜秦"句，下同。 ⑤ **鲍本**不书。苏秦传注，常山有蒲吾。 ⑥ **姚本**仪，裁。 ⑦ **鲍本**仪说怀王亦云然。 ⑧ **姚本**河外，河南。 ⑨ **姚本**赵入秦，朝于黾池也。 **鲍本**属弘农。补曰：今河南府黾池县。《水经注》，穀水，出崤东马头山穀阳谷东北，流历黾池川。汉景帝因崤、黾之地以为县。黾，弥尽、弥兖二反。 ⑩ **鲍本**据此，则说赵当在齐前。 ⑪ **鲍本**悉，悉起其兵。河关，属金城，《史》作清河是也。正曰：河之关亦通。 ⑫ **姚本**"搏"，曾作"博"。 **鲍本**"搏"作"博"。○ **札记**丕烈案：《史记》作"博"。 ⑬ **鲍本**《苏秦传》注，齐威六年，晋伐齐，至博陵。东郡有博平，以为博关。今按，泰山有博，亦近齐也。补曰：《后语》注云，今兖州博城县有古关，是博关。司马贞云，在博州。 ⑭ **鲍本**属胶东国。补曰：今莱州即墨县。

齐王曰："齐僻陋隐居，托①于东海之上，未尝闻社稷之长②利。今大客③幸而教之，请奉社稷以事秦。"献鱼盐之地三百④于秦也⑤。

① **姚本**托，附。 ② **姚本**长，久。 ③ **姚本**大客，谓张仪也。 **鲍本**《礼》，大行人掌大客之仪。 ④ **姚本**曾有"里"字。 **鲍本**三百里也。补曰：一本有"里"字。"为秦"之"为"，去声。 ⑤ **鲍本**无"也"字。○

战国策卷九

齐　二

韩齐为与国

韩、齐为与国[①]。张仪以秦、魏伐韩[②]。齐王[③]曰："韩，吾与国也。秦伐之，吾将救之。"田臣思[④]曰："王之谋过矣，不如听[⑤]之。子哙与子之国[⑥]，百姓不戴，诸侯弗与。秦伐韩，楚、赵必救之，是天下[⑦]以燕赐我[⑧]也。"王曰："善。"乃许韩使者而遣[⑨]之。

① **姚本**相与为党与也，有患难相救助也。　② **鲍本**仪复相时。补曰："伐韩"下有缺文，必著韩之请救，以下文许韩使者知之。　③ **姚本**宣王也。④ **姚本**田臣思，齐臣也。　⑤ **姚本**听伐韩也。　⑥ **姚本**子哙，燕易王子，昭王之父也。子之，其相也。苏代为子之说之于子哙曰，"尧以天下让许由，许由不受，尧有让天下之名"。子哙慕之，故与子之国也。　**鲍本**子哙，燕王。之，燕相。　⑦ **姚本**刘无"下"字。　**鲍本**补曰："下"字衍。一本无。《大事记》从之。　⑧ **姚本**我，臣思自谓也。　**鲍本**我，我齐。　⑨ **鲍本**"遣"作"还"。○　补曰：一本作"遣"，是。

韩自以得交于齐，遂与秦战。楚、赵果遽起兵而救韩，齐因起兵攻燕，三十日而举燕国[①]。[②]

① **姚本**举，拔也。孟子曰，子哙无王命而与子之国，子之无王命擅受子哙国，故齐宣王伐而取之也。 ② **鲍本**燕哙七年，此十年。补曰：此齐宣王所谓五旬而举之者。《大事记》改“三”为“五”。补曰：按《史·田齐世家》，桓公五年，秦、魏攻韩，韩求救于齐。桓公召大臣而谋，驺忌曰，“不若勿救”。段干朋曰，“不救，则韩且折而入于魏”。田臣思曰，“秦、魏攻韩，楚、赵救之，是天以燕与齐也”。因袭燕取桑丘。《策》即本章。 齐威王一十六年，魏围邯郸，赵求救于齐。威王召大臣而谋，驺忌曰，“不如勿救”。段干朋曰，“不救则不义且不利”云云，“不如南攻襄陵以弊魏，邯郸拔而乘魏之敝”。王从其计，败魏桂陵。《策·邯郸之难》章。“威王”作“田侯”，“段干朋”作“纶”，余略同。宣王二年，魏伐赵，“赵”当作“韩”，说见前。赵与韩亲，共击魏。赵不利，战于南梁，韩请救于齐，宣王召大臣而谋。驺忌子曰，“不如勿救”。田忌曰，“不如早救之”。孙子曰云云。宣王曰，“善”。起兵击之，败之马陵。《策·南梁之难》，韩请救于齐，田侯召大臣而谋，张丐曰，“不如早救”，田臣思曰云云。余皆略同。 《史》凡三节，与《策》三章互有同异。《邯郸之难》与威王条合。《南梁之难》与宣王条合。但《史》为张丐、田臣思，《策》为驺忌、孙子。唯桓公取桑丘，与威王伐魏、宣王伐燕相乱。按威王二十一年，邹忌始相，上距桓公取桑丘之岁二十余年，忌岂得已为大臣？《史》误以《邯郸》一章剿入之，明矣。田臣思即田忌，宣王二年战马陵，后出奔。至二十九年之、哙之役，凡二十七年，不应复见。使忌果在齐，则王安得弃之而将章子？《策》或误载其名也。且桓公时，秦、魏攻韩，楚、赵救之，齐不救，因而袭燕。宣王时，秦、魏伐韩，楚、赵救之，齐不救，因而举燕。何其事之吻合如此？是必可疑。考之桓公时，秦、魏攻韩事无见。《年表》，魏、韩、赵伐齐至桑丘。齐伐燕取桑丘，意者齐取桑丘，而韩、魏、赵伐之。韩且与赵、魏攻齐，则与求救于齐之文戾。且田臣思之辞曰“是天以燕与齐”，而仅为取桑丘乎？是《史》亦误以《宣王伐燕》章附之桓公也。故《大事记》书韩、魏、赵伐田齐至桑丘，而不书齐取桑丘。于宣王伐燕，则引《策》之文；谓秦伐韩，楚、赵救韩，即岸门之战。而齐之取燕，虽因之、哙之乱，亦由诸侯连兵不解，无与竞者也。故愚具列《史》、《策》所载，而著《大事记》之

说，俾览者得以考正焉。《正义》云，桑丘在易州遂城县东。 **札记**丕烈案：此当各依本书，改者非。

张仪事秦惠王

张仪事秦惠王①。惠王死，武王立。左右恶张仪，曰："仪事先王不忠。"言未已②，齐让又至③。

① **姚本**惠王，秦孝公之子也。 ② **姚本**已，毕也。 ③ **姚本**齐王使赴（刘无"赴"字）责于秦武王任用张仪之罪（一罪下有"也"字），又使至（一无"又使至"字）。 **鲍本**仪尝曰，"仪之所甚憎无大齐王"。则仪，齐所恶也，而秦任之，故齐以此责秦。

张仪闻之①，谓武王曰："仪有愚计，愿效②之王。"王曰："奈何？"曰："为社稷计者，东方有大变③，然后王可以多割地④。今齐王甚憎张⑤仪，仪之所在，必举兵而⑥伐之。故仪愿乞不肖身而之梁⑦，齐必举兵而⑧伐之。齐、梁之兵连于城下⑨，不能相去⑩，王以其间伐韩，入三川，出兵函谷⑪而无伐，以临周，祭器必出⑫，挟天子，案图籍，此王业也⑬。"王曰："善。"乃具革车⑭三十乘，纳之梁⑮。

① **鲍本**无"闻之"二字。○ 补曰：一本有"闻之"字。 **札记**丕烈案：《史记》作张仪惧诛，乃因谓秦武王曰。 ② **姚本**效，致。 ③ **鲍本**言有兵。 ④ **姚本**割，取。 **鲍本**割诸侯地。 ⑤ **姚本**一无"张"字。 **鲍本**衍"张"字。 **札记**丕烈案：《史记》无。 ⑥ **鲍本**无"而"字。○ **札记**丕烈案：《史记》无。 ⑦ **姚本**梁，魏都也。 ⑧ **鲍本**无"而"字。○ **札记**丕烈案：《史记》"而伐梁"。 ⑨ **姚本**于梁城下。 **鲍本**连，谓不解。 ⑩ **姚**

本去，离。 ⑪ **姚本**三川，宜阳邑也，从函谷关东出也。函谷在弘农城北，故言出函谷关。 ⑫ **鲍本**周有先周宗社礼器，诸侯所不备，今必出以赂秦。 ⑬ **姚本**周，西周王城也，天子所都。以兵临之，祭器可出，而挟天子，案其图籍，故曰此王业也。 ⑭ **姚本**革车，兵车也。 ⑮ **姚本**纳张仪于梁也。

齐果举兵伐之。梁王大恐①。张仪曰："王勿患，请令罢齐兵②。"乃使其舍人冯喜之楚，藉使之齐。齐、楚之事③已毕，因谓齐王："王甚憎张仪，虽然，厚矣王之托仪于秦王也。"齐王曰："寡人甚憎仪④，仪之所在，必举兵伐之，何以托仪也？"对曰："是乃王之托仪也。仪之出秦，因⑤与秦王约曰：'为王计者，东方有大变，然后王可以多割地。齐王甚憎仪，仪之所在，必举兵伐之。故仪愿乞不肖身⑥而之梁，齐必举兵伐梁。梁、齐之兵连于城下不能去，王以其间伐韩，入三川，出兵函谷而无伐，以临周，祭器必出，挟天子，案图籍，是王业也。'秦王以为然，与革车三十乘而纳仪于梁。而果伐之，是王内自罢⑦而伐与国，广邻敌以自临，而信仪于秦王也⑧。此臣之所谓托仪也。"王曰："善。"乃止⑨。⑩

① **鲍本**补曰：《后语》作魏襄王。 **札记**丕烈案：《史记》作哀王。恐《史记》之哀王，《世本》谓之襄王，《后语》依《世本》也。此秦武元年，魏襄九年。 ② **姚本**患，忧也。言今能令齐兵罢去也。 ③ **鲍本**事，使事。 ④ **鲍本**"仪"上有"张"字。○ **札记**丕烈案：《史记》无。 ⑤ **姚本**"因"，刘作"固"。 ⑥ **鲍本**"身"上有"之"字。○ **札记**丕烈案：《史记》有。 ⑦ **鲍本**罢，音疲，劳师故。 ⑧ **姚本**使仪言信于秦王也。 ⑨ **姚本**止，不伐梁也。 ⑩ **鲍本**《仪传》有。彪谓：此计之必售，策之必行者也。仪之所谟，于时有妾妇之所羞，市人之所不为者。若誉南后以取金，欺商於以卖

楚，皆可鄙也。唯此为文无害，仪亦明年死矣，宜其言之善欤！补曰：《大事记》，秦惠王死，公孙衍欲穷张仪，见《秦策》。仪之逐，其衍之力欤！正曰：鲍谓将死言善尔！反复诡诈之术，死犹未已，何善之可称？

犀首以梁为齐战于承匡而不胜

犀首[①]以梁[②]为[③]齐战于承匡[④]而不胜。张仪谓梁王[⑤]不用臣言以危国。梁王[⑥]因[⑦]相仪[⑧]，仪以秦、梁之齐合横亲[⑨]。犀首欲败[⑩]，谓卫君[⑪]曰[⑫]："衍非有怨于仪也[⑬]，值所以为[⑭]国者不同耳。君必解衍[⑮]。"卫君为告仪，仪许诺，因与之参[⑯]坐于卫君之前。犀首跪行，为仪千秋之祝[⑰]。明日张子行，犀首送之至于齐疆。齐王闻之，怒于仪，曰："衍也吾雠[⑱]，而仪与之俱[⑲]，是必与衍[⑳]鬻吾国矣。"遂不听[㉑]。[㉒]

① **姚本**犀首，公孙衍也。 ② **姚本**梁，魏惠王所都。 ③ **鲍本**"为"作"与"。〇 ④ **姚本**承匡，邑名。 **鲍本**本宋地，见陈留襄邑注。补曰：《大事记》，襄陵，故宋之承匡、襄牛之地，宋襄公所筑，故曰襄陵。 ⑤ **鲍本**哀。正曰：襄。 ⑥ **姚本**曾、刘作"魏王"。 ⑦ **姚本**"因"，一本作"困"。 ⑧ **鲍本**魏九年，此十四年。正曰：此四年。 ⑨ **姚本**合秦之横，与山东六国从亲也。 **鲍本**补曰：犹言从亲。 ⑩ **姚本**欲败张仪合横亲之事也。 ⑪ **鲍本**嗣君。 ⑫ **鲍本**时仪过卫。 ⑬ **鲍本**无"也"字。〇 ⑭ **姚本**为，理。 **鲍本**值，适当也。 ⑮ **姚本**解说衍于张仪也。 **鲍本**解说衍于仪，使之释怨。 ⑯ **姚本**参，三人并也。 **鲍本**三人合坐。 ⑰ **姚本**祝，祈。 ⑱ **姚本**雠，仇。 **鲍本**衍尝与齐战故。 ⑲ **姚本**俱，偕。 ⑳ **鲍本**"衍"作"仪"。〇 补曰：一本"与衍"。 ㉑ **姚本**一本"听"下有"也"字。鬻，卖。 ㉒ **鲍本**彪谓：此一时岌乎殆哉！一言一动，尽为机阱，岂可与同群哉！此在衍术中而不悟，是以知仪之疏也。故其智，暗于秦；其辨，屈于轸；而此谋

败于衍也。补曰:"为义"之"为",如字。

昭阳为楚伐魏

昭阳[①]为楚伐魏,覆军杀将得八城[②],移兵而攻齐。陈轸为齐王使[③],见昭阳,再拜贺战胜,起而问:"楚之法,覆军杀将,其官爵何也?"昭阳曰:"官为上柱国,爵为上执珪。"陈轸曰:"异贵于此者何[④]也?"曰:"唯令尹耳[⑤]。"陈轸曰:"令尹贵矣!王[⑥]非置两令尹也,臣窃为公譬可也[⑦]。楚有祠者[⑧],赐其舍人[⑨]卮[⑩]酒。舍人相谓曰:'数人饮之不足,一人饮之有余。请画地为蛇,先成者饮酒。'一人蛇先成,引酒且饮之[⑪],乃左手持卮,右手画蛇,曰:'吾能为之足。'未成,一人之蛇成,夺其卮曰:'蛇固无足,子安能为之足。'遂饮其酒。为蛇足者,终亡其酒。今君相楚而攻魏,破军杀将得八城,不弱兵[⑫],欲攻齐,齐畏公甚,公以是为名居[⑬]足矣,官之上非可重也。战无不胜而不知止者,身且死,爵且后归[⑭],犹为蛇足也。"昭阳以为然,解军而去[⑮]。

① **姚本**昭阳,楚怀王将。 ② **姚本**覆魏将,得八城。 **鲍本**楚怀六年,此元年。正曰:宣王二十年。 ③ **鲍本**衍"使"字。《史》言轸为秦使齐,齐问之,为齐见阳。 **札记**丕烈案:读以使字句。《史记》云,陈轸适为秦使齐,是其证。鲍误。 ④ **鲍本**问此外复有贵者不? ⑤ **姚本**言独令尹最贵耳。 **鲍本**楚相也。 ⑥ **鲍本**"王"作"主"。○ ⑦ **姚本**"也",刘作"乎"。公,昭阳。譬,喻。 ⑧ **姚本**祠,祭。 **鲍本**祠,春祭。 ⑨ **鲍本**《始皇纪》注,主厩内小史,或云侍从宾客者。正曰:颜师古曰,舍人,亲近左右之通,后遂以为私属官号。 ⑩ **鲍本**卮,器也。 ⑪ **鲍本**无"之"字。○ ⑫ **鲍本**言恃其强。 ⑬ **姚本**一本去"居"字。 **鲍本**"居"作"亦"。○ 正

曰：因下“足”字衍而讹。 ⑭ **鲍本**言身死后，爵归于国，故《史》言爵夺。 ⑮ **鲍本**《楚记》同。彪谓：此《策》虽其指为齐，亦持胜之善。正曰：“为楚”、“为齐”、“为公”之“为”，去声。

秦攻赵

秦攻赵。赵令楼缓以五城求讲于秦[1]，而与之伐齐。齐王恐，因使人以十城求讲于秦。楼子恐，因以上党二十四县许秦王[2]。赵足[3]之齐，谓齐王曰：“王欲秦、赵之解乎？不如从合于赵，赵必倍秦。倍秦则齐无患矣。”

① **姚本**五城，赵邑。讲，和。 ② **鲍本**惠文。 ③ **鲍本**凡赵皆赵人。

权之难齐燕战

权之难[1]，齐、燕战。秦使魏冉之赵[2]，出兵助燕击齐。薛公使魏处之赵[3]，谓李向[4]曰：“君助燕击齐，齐必急。急必以地和于燕，而身与赵战矣。然则是君自为燕东[5]兵，为燕取地也[6]。故为君计者，不如按兵勿出。齐必缓[7]，缓必复与燕战。战而胜，兵罢[8]弊，赵可取唐[9]、曲逆[10]；战而不胜，命悬[11]于赵。然则吾[12]中立而割穷齐与疲燕也[13]，两国之权，归于君[14]矣。”

① **姚本**权，地名(一下有也字)。齐、燕所战，故曰“之难”也。 **鲍本**《后志·南郡编》注，斗缗以权叛。又当阳注，县东南有权城，楚地也。盖燕自北进，齐自东进，而战于楚境。《燕策》为文公时。正曰：《大事记》，燕、齐交兵，必非此地。按，《记》合《燕策》并载而取鲍三说，文公末年云云，并属

中山云云，燕、齐合云云。故于此条著其说，而斥其非者，不著鲍氏取长弃短之意也。 ② **鲍本**《冉传》言，自王惠时任事，然则此役文公末年也。③ **姚本**薛公，田婴也。魏处，人名（一本有“之主也”三字）。 **鲍本**婴，时未封，后人称之耳。《婴传》言自威王时任职。 ④ **鲍本**赵人。正曰：《大事记》，赵用事者也。 ⑤ **鲍本**“东”作“束”。○ 束，犹敛。燕、齐和成，敛兵不战。 **札记**今本“东”作“束”。 ⑥ **鲍本**取齐地。 ⑦ **鲍本**赵之助燕不力，故齐无危急之势。 ⑧ **鲍本**“罢”，“疲”同。 ⑨ **姚本**唐，今卢奴北卢县也。 ⑩ **姚本**曲逆，今蒲阴也。是时属燕，故劝取之。 **鲍本**并属中山国。言二国战，不暇北顾，赵可以其间取中山也。 ⑪ **鲍本**悬，系也。⑫ **鲍本**吾，吾赵。 ⑬ **鲍本**割，割齐地。正曰：割齐、燕地。 ⑭ **姚本**君，李向也。

秦攻赵长平

秦攻赵长平[①]，齐、楚救之。秦计曰：“齐、楚[②]救赵，亲[③]，则将退兵；不亲，则且遂攻之。”

① **姚本**一本无“长平”二字。 **鲍本**此五年。 **札记**今本“攻”误“破”。② **姚本**一本无“楚”字。 ③ **鲍本**其交亲。

赵无以食，请粟于齐，而齐不听。苏秦[①]谓齐王曰：“不如听之以却秦兵，不听则秦兵不却，是秦之计中[②]，而齐、燕[③]之计过矣[④]。且赵之于燕、齐[⑤]，隐蔽也[⑥]，齿[⑦]之有唇也，唇亡则齿寒。今日亡赵，则明日及齐、楚矣。且夫救赵之务[⑧]，宜若奉漏瓮，沃焦釜[⑨]。夫救赵，高义也；却秦兵[⑩]，显名也。义救亡赵，威却强秦兵，不务为此，而务爱粟，则为国计者过矣[⑪]。”[⑫]

① **姚本**续：《史记》，周子，齐之谋臣，史失其名。《战国策》以周子为苏秦，而"楚"字皆作"燕"，然此时苏秦死久矣。 **鲍本**"秦"作"子"。○ 补曰：字误，《史》作"周子"。 **札记**丕烈案：此不与《策》文同。 ② **姚本**中，得。 ③ **鲍本**"燕"作"楚"。○ 补曰：《史》作"楚"，《通鉴》从之。 **札记**丕烈案：鲍改误甚。《索隐》引此文云，而"楚"字皆作"燕"。可见此文上"齐、楚救之"，"秦计曰，齐、楚救赵"，下则"明日及齐、楚矣"，三"楚"字皆本作"燕"。不知者，以《史记》改之耳。 ④ **姚本**过，失。 ⑤ **鲍本**"燕齐"作"齐楚"。○ 补曰：《史》作"齐、楚"。 **札记**丕烈案：此同上。 ⑥ **姚本**一本无"也"字。隐蔽，蕃蔽。 ⑦ **鲍本**"齿"上有"犹"字。○ 赵居二国西北。秦攻二国，必先径赵。赵存，则二国得以自隐，而有蔽障。 **札记**丕烈案：《史记》有。 ⑧ **鲍本**务，趣也，事也。 ⑨ **鲍本**喻救之急。 ⑩ **姚本**高，大。刘本无"兵"字。 ⑪ **姚本**过，误失也。 ⑫ **鲍本**《齐记》有云，周子谓最，是也，此最时三十余年矣。正曰：《索隐》云，周子盖齐之谋臣，史失其名，不必强为之说。

或谓齐王

或谓齐王曰："周、韩西有强秦，东①有赵、魏。秦伐周、韩之西，赵、魏不伐②，周、韩为割③，韩却周害也④。及韩却周割⑤之⑥，赵、魏亦不免与秦为患矣⑦。今齐⑧、秦伐赵、魏，则亦不果于赵、魏之应秦而伐周、韩⑨。令⑩齐入于秦而伐赵、魏，赵、魏亡之后，秦东面而伐齐，齐安得救⑪天下乎！"⑫

① **鲍本**"东"下有"北"字。○ ② **鲍本**不从秦伐周、韩。 ③ **鲍本**割地与赵、魏。正曰：割地与秦。 ④ **鲍本**言赵、魏徒不伐而不救韩，则韩兵必却而周有秦害。 ⑤ **鲍本**"割"作"害"。○ 正曰："害"、"割"，字恐有误混。 ⑥ **鲍本**"之"下补"后"字。○ ⑦ **鲍本**秦以其不应己，又无周、韩之捍，秦伐必及。 ⑧ **鲍本**"齐"下补"应"字。○ 补曰："今齐"下恐有缺字。

⑨ **鲍本**赵、魏近秦，其应秦不得不果；齐则远矣，应秦必不果矣。 ⑩ **鲍本**令，就令也。入，言应之果。正曰："令"恐亦"今"字。 ⑪ **鲍本**"救"下补"于"字。○ 补曰：一本有"救"字，是；下无"于"字，非。 **札记**丕烈案：吴说未是。此犹《魏策》云，虽欲行数千里，而助人可得乎也！"救天下"不误。 ⑫ **鲍本**此言赵、魏近秦，畏之不得不应，齐不可以其应而伐之也。正曰：此士之策，正谓秦伐周、韩，赵、魏虽不应秦，然周、韩既割，而赵、魏亦不免。况齐可以不应秦。今应秦伐赵、魏，赵、魏既亡，而齐亦不免矣！所以言此者，欲齐之援赵、魏也！

战国策卷十

齐　三

楚王死

楚王死①，太子在齐质②。苏秦③谓薛公④曰⑤："君何不留楚太子，以市其下东国⑥。"薛公曰："不可。我留太子，郢中⑦立王，然则是我抱空质⑧而行不义于天下也。"苏秦曰："不然。郢中立王，君因谓其新王曰：'与我下东国，吾为王杀太子。不然，吾将与三国共立之⑨。'然则下东国必可得也。"

① **姚本**怀王也。为张仪所欺，西与秦昭王会武关，秦胁与归，而死于秦也。　② **鲍本**楚二十九年，使太子质于齐，名横，是为顷襄王。按《史》，楚三十年，怀王入秦，秦留之，明年顷襄王立，立三年怀王乃死。与此驳。　③ **鲍本**"秦"作"子"。○　秦死至是二十年矣，此非代则厉也。补曰：字误，下并同。　④ **姚本**薛公，田婴也，田文之父。　**鲍本**田文。　⑤ **札记**今本误重"曰"字。　⑥ **姚本**市，犹求也。下东国，楚东邑，近齐也。　**鲍本**《楚策》云，"与我东地"。盖楚国之东，其地近齐，楚地高而此下。　⑦ **姚本**郢，楚都也。　⑧ **姚本**楚自立王，质之无益，故曰"抱空质"也。　⑨ **鲍本**齐尝与秦、韩、魏败楚，三国谓此。重立。

苏秦之事①，可以请行；可以令楚王②亟入③下东国；可以益割[4]于楚；可以忠太子而使楚益入地；可以为楚王走太子；可以忠太子使之[5]亟去；可以恶苏秦于薛公；可以为苏秦请封于楚；可以使人说[6]薛公以善苏子；可以使苏子自解于薛公。

① **鲍本**此著书者敘说。 ② **鲍本**并新王。 ③ **姚本**亟，速也。入，犹致也。 ④ **姚本**益，多。割，取。 ⑤ **姚本**一本无“之”字。 ⑥ **姚本**一本无“人说”二字。

苏秦谓薛公曰：“臣闻谋泄者事无功，计不决者名不成。今君留太子[1]者，以市下东国也。非亟得下东国者，则楚之计变，变则是君抱空质而负名于天下也[2]。”薛公曰：“善。为之奈何？”对曰：“臣请为君之楚，使亟入下东国之地。楚得成[3]，则君无败矣。”薛公曰：“善。”因遣之[4]。

① **姚本**太子，怀王太子也。 **鲍本**“太”上有“楚”字。〇 ② **姚本**变，改也。负天下不义之名。 ③ **鲍本**得，犹与也。齐求地而楚与之，为得成。 ④ **姚本**故曰“可以请行”也(曾，此七字不作注)。 **鲍本**“之”下有“故曰可以请行也”七字。〇 元作注字。此类亦著书者敘说。补曰：敘说者分其文而属之，故以此著例。

谓楚王[1]曰：“齐欲奉太子而立之[2]。臣观薛公之留太子者，以市下东国也。今王不亟入下东国，则太子且倍[3]王之割而使齐奉己[4]”。楚王曰：“谨受命。”因献下东国。故曰可以使楚亟入地也。

① **鲍本**以为怀王，则上言已死；以为顷襄，则顷襄即太子也；以为新立王，则顷襄外无他王。未详。　② **姚本**苏秦请行至楚，说楚王曰，所立顷襄王也。言楚所欲立怀王。　③ **鲍本**倍，多于前。　④ **姚本**己，太子也。使齐奉己，立以为王也。

谓薛公曰："楚之势可多割也。"薛公曰："奈何？""请告太子其故[①]，使太子谒之君[②]，以忠太子[③]，使楚王闻之，可以益入地。"故曰可以益割于楚。

① **鲍本**谓告苏子辞也，告以楚献地之故。　② **鲍本**君，薛公也。使太子白以亦欲割地。　③ **姚本**告，致。致故，谓太子倍割楚以许齐也。谒，告。告齐君也。齐得割则归太子，故曰"以忠太子"。

谓太子曰："齐奉太子而立之，楚王请割地以留太子，齐少其地[①]。太子何不倍楚之割地而资[②]齐，齐必奉太子。"太子曰："善。"倍楚之割而延齐[③]。楚王闻之恐，益割地而献之，尚恐事不成。故曰可以使楚益入地也。

① **姚本**割地与齐，使留太子，齐嫌其少也。　② **姚本**资，与。　③ **姚本**延，犹饶也，及也。　**鲍本**延，长行也，故有饶益意。

谓楚王曰："齐之所以敢[①]多割地者，挟太子也。今已得地而求不止者，以太子权[②]王也。故臣能去太子[③]。太子去，齐无辞，必不倍[④]于王也[⑤]。王因驰[⑥]强齐而为交，齐辞[⑦]，必听王。然则是王去雠[⑧]而得齐交也。"楚王大悦，曰："请以国因[⑨]。"故曰可以为楚王使太子亟去也。

① **鲍本**无“敢”字。〇　② **姚本**权，重。　**鲍本**权者，轻重所在。③ **鲍本**使人去齐。　④ **鲍本**多割。　⑤ **姚本**齐无立太子辞，必不倍求地于王也。　⑥ **鲍本**驰，亟往。　⑦ **姚本**一作“而为交于齐，齐辞”。　**鲍本**齐之说。　⑧ **姚本**雠，为太子。　⑨ **鲍本**因苏子交齐。

谓太子曰：“夫剬楚者王也[①]，以空名市者太子也，齐未必信太子之言也，而楚功见矣[②]。楚交成，太子必危矣。太子其图之。”太子曰：“谨受命。”乃约车而暮去。故曰可以使太子急去也。

① **鲍本**剬，断齐也，犹制。补曰：剬，本多丸反。《史》、《汉》作“制”字。《正义》论字例云。　② **姚本**齐未必信太子言也，而楚便致地，故曰“楚功见”。　**鲍本**功，谓入地。

苏秦使人请薛公曰：“夫劝留太子者苏秦也。苏秦非诚以为君也，且以便楚也[①]。苏秦恐君之知之，故多割楚以灭迹也[②]。今劝太子者[③]又苏秦也，而君弗知，臣窃为君疑之。”薛公大怒于苏秦。故曰可[④]使人恶苏秦于薛公也。

① **鲍本**太子去楚之便也。　② **鲍本**没其便楚之迹。　③ **鲍本**“者”上补“去”字。〇　补曰：一本标晁本有。　④ **鲍本**“可”下有“以”字。〇

又使人谓楚王曰：“夫使薛公留太子者苏秦也，奉王而代立楚太子者[①]又苏秦也，割地固[②]约者又苏秦也，忠王而走太子者又苏秦也。今人恶苏秦于薛公，以[③]其为齐薄而为楚厚也。愿王之[④]知之。”楚王曰：“谨受命。”因封苏秦为武

贞君[⑤]。故曰可以为苏秦请封于楚也。

① **鲍本**代太子立为王。 ② **鲍本**“固”作“因”。〇 因为之约齐。补曰：一本“固约”。 ③ **鲍本**“以”上有“之”字。〇 ④ **姚本**刘无“之”字。⑤ **姚本**武贞，楚邑。 **鲍本**封以美名，非邑。

又使景鲤[①]请薛公曰：“君之所以重于天下者，以能得天下之士而有齐权也[②]。今苏秦天下之辩士也，世与少有[③]。君因[④]不善苏秦，则是围塞天下士而不利说途也[⑤]。夫不善君者且奉苏秦，而于君之事殆矣[⑥]。今苏秦善于楚王，而君不蚤亲，则是身与楚为雠也[⑦]。故君不如因而亲之，贵而重之，是君有楚也。”薛公因善苏秦。故曰可以为苏秦说薛公以善苏秦[⑧]。[⑨]

① **姚本**景，姓；鲤，名也。楚怀王相也。 ② **姚本**言薛公所见重于天下者，能得天下士之心，故有齐国权势也。 ③ **鲍本**言如之者少。 ④ **姚本**刘作“固”。 ⑤ **姚本**途，道。 ⑥ **姚本**于，治。曾本无此二字注。 **鲍本**于，犹与。 ⑦ **鲍本**此亦非薛公之恐。楚王立，未能自定，安能难齐哉？故彪于《楚策》谓苏子以此策干薛公，不见用，世犹载其语也。正曰：谓不亲楚则与楚为雠，以事理言尔。于薛公不用，世犹载其语，亦臆度之辞。⑧ **姚本**苏秦巧辞反复，且在此以上也。 ⑨ **鲍本**按：此则怀王死，楚立新王，太子卒不得立。而顷襄非太子也。《史》不谓然，故其书东国之事亦略。补曰：《史》称怀王入秦，而顷襄立；《策》独以为怀王死，而顷襄立，前后屡见。窃以事势言之，楚人知怀王之必不归，而秦要之以割地，故立王以绝君。而丧君有君，所以靖国，顷襄之立，非怀王死后明矣。《史》谓，当时以诈赴之，《策》犹仍之尔，特所谓新王及太子不可晓。然以逐节考之，

皆有事实，又非饰说也。或者太子未返之时，郢中立王邪！姑缺所疑。“为之”、“为交”、“为武”、“为雠”之“为”，如字。

齐王夫人死

齐王①夫人死，有七孺子②皆③近④。薛公欲知王所欲立⑤，乃献七珥⑥，美其一，明日视美珥所在，劝王立为夫人⑦。⑧

① **姚本**齐威王子宣王也。 ② **姚本**孺子，幼艾美女也。 ③ **鲍本**“皆”上有“者”字。○ **札记**丕烈案：《韩子》作“中有十孺子，皆贵于王”。④ **姚本**近，幸也。 **鲍本**言其亲幸。 ⑤ **姚本**立为夫人。 ⑥ **鲍本**瑱也，所以充耳。 ⑦ **姚本**服美珥，则知王之所爱矣，故劝王立之也。 ⑧ **鲍本**补曰：与《楚策》谓昭鱼云云类，《韩非子》、《淮南子》皆有。

孟尝君将入秦

孟尝君①将入秦②，止者千数而弗听。苏秦③欲止之，孟尝曰④：“人事者，吾已尽知之矣；吾所未闻⑤者，独鬼事耳。”苏秦曰：“臣之来也，固不敢言人事也，固且以鬼事见君。”

① **姚本**一作孟尝。 ② **姚本**孟尝君，薛公田婴号靖郭君，子（“子”一作“又”）文号孟尝君也。 **鲍本**《传》言，秦昭王闻其贤，求见之，故将入。③ **鲍本**“秦”作“代”。○ 补曰：字误，宜作“代”，下同。《后语》并作“代”。**札记**今本“秦”作“代”，乃误涉鲍也。丕烈案：《风俗通·祀典》引此文亦作“秦”。鲍以《史记·孟尝君列传》改为“代”，未是也。李善注《文选》引苏秦说孟尝君曰“秦四塞之国”，高诱注云“四面有山关之固，故曰四塞之国也”，在此篇，亦其证。《说苑》载作“客”，当是改也。 ④ **鲍本**“曰”上有“君”字。

○ ⑤ **姚本**闻，知。

孟尝君见之。谓孟尝君曰："今者[①]臣来，过于淄上[②]，有土偶人[③]与桃梗[④]相与语。桃梗谓土偶人曰：'子，西岸之土也，挺[⑤]子以为人，至岁八月，降雨下[⑥]，淄水至，则汝残[⑦]矣。'土偶曰：'不然。吾西岸之土也，土则[⑧]复西岸耳。今子，东国之桃梗也，刻削子以为人，降雨下，淄水至，流子而去，则子漂漂者将何如耳[⑨]。'今秦四塞之国[⑩]，譬若[⑪]虎口，而君入之，则臣不知君所出矣。"孟尝君乃止[⑫]。[⑬]

① **鲍本**无"者"字。○ **札记**丕烈案：《风俗通》引作"臣之来也"。《说苑》同。 ② **鲍本**淄水出太山莱芜原。 ③ **鲍本**偶，相人也，比土为之。正曰：《索隐》云，偶，类于人也。 ④ **姚本**东海中有山，名曰度朔，上有大桃，屈槃三千里，其卑枝间东北曰鬼门，万鬼所由往来也。上有二神人，一曰荼与，一曰郁雷，主治害鬼。故使世人刻此桃梗，画荼与与郁雷首，正岁以置门户，辟号之门。荼与、郁雷，皆在东海中，故曰"东国之桃梗"也。**鲍本**《集韵》，梗，略也，荒也。正曰：梗，枝梗也。《赵策·苏秦说李兑》作"土梗"、"木梗"。谓木梗曰，"汝非木之根，则木之枝"。是枝、根皆可言梗。此谓刻桃木为人也。《史》及《说苑》作"土偶人"、"木偶人"。《索隐》谓，以土偶比泾阳君，木偶比孟尝君。时秦昭王使泾阳君为质以求孟尝。 高诱注，"荼"一本作"余"。 ⑤ **姚本**挺，治。 **鲍本**挺，拔也，拔于土中。正曰：挺，他鼎反，有也。《艺文类聚》及晁本作"埏"。 **札记**今本"挺"误"梃"。丕烈案：《风俗通》引作"埏"。此字当作"挺"。"挺"、"埏"同字，形近而讹作"挺"耳。《说苑》作"持"，亦误字。 ⑥ **鲍本**降，大雨自上下也，异于飘洒。⑦ **姚本**残，坏。 ⑧ **姚本**一作"吾残则"。 ⑨ **鲍本**"何如"作"如何"。○如，往也。不知其所在。正曰：如，恐止是语助。 **札记**丕烈案：《风俗通》引"将何如矣"。 ⑩ **姚本**四面有山关之固，故曰"四塞之国"也。 ⑪ **鲍**

本“若”作“如”。○ **札记**丕烈案:《风俗通》引作“若”。 ⑫ **姚本**止,犹还也。 ⑬ **鲍本**《传》有。补曰:此时不行,其人秦盖在后。

孟尝君在薛

孟尝君在薛①,荆人攻之。淳于髡为齐使于荆,还反过薛。而孟尝②令人体③貌而亲④郊迎之。谓淳于髡曰:“荆人攻薛,夫子弗忧,文⑤无以复侍矣⑥。”淳于髡曰:“敬闻命⑦。”

① **鲍本**《史》言文代立在薛,时未相也。补曰:代立在薛,归老亦在薛,此不可知为何时。 ② **姚本**一作“孟尝君”。 **鲍本**“而孟尝”作“孟尝君”。○ **札记**丕烈案:《吕氏春秋》作“孟尝君”。 ③ **姚本**“体”一作“礼”。刘作“体”。 **鲍本**有礼容也。 ④ **鲍本**无“亲”字。○ **札记**丕烈案:《吕氏春秋》有。 ⑤ **姚本**文,孟尝君名也。 ⑥ **鲍本**言且死。 ⑦ **姚本**下一有“矣”字。

至于齐,毕报①。王曰:“何见于荆?”对曰:“荆甚固②,而薛亦不量其力。”王曰:“何谓也?”对曰:“薛不量其力,而为先王③立清庙④。荆固而攻之,清庙必危。故曰薛不量力,而荆亦甚固。”齐王⑤和其颜色曰:“嘻⑥!先君之庙在焉!”疾兴兵救之。

① **鲍本**以使事悉报齐王。 ② **鲍本**言其不通。 ③ **姚本**先王,威王。 ④ **鲍本**《诗》注,祭有清德之宫。正曰:按本文,有清明之德者之宫。 ⑤ **姚本**齐宣王也,威王之子。 ⑥ **鲍本**《集韵》,痛也。正曰:徐云,痛而呼之言也。和其颜色,听其言也;痛而呼之,伤宗庙也。初不相碍。

颠蹶之请①，望拜之谒②，虽得则薄矣③。善说者，陈其势，言其方④，人之急也⑤，若自在隘⑥窘之中，岂用强力哉⑦！

① **鲍本**此著书者词也。言善说者，不劳而功。颠，倒；蹶，僵也。言其请救之遽。 ② **鲍本**望而拜之，言谒之恭。 ③ **姚本**言虽颠蹶而走，请救于齐，望仰而诉告之，而得齐救，比淳于之辞，则为薄也。 **鲍本**言他人请，谓虽有得，不如髡之厚。 ④ **鲍本**方，大略也。 ⑤ **鲍本**言应之疾。 ⑥ **鲍本**隘，险也。 ⑦ **姚本**言辩者之说，人急其如己自在厄窘之中，欲速免脱也。故曰"岂强力也哉"！

孟尝君奉夏侯章

孟尝君奉夏侯章①以四马百人之食②，遇之甚欢。夏侯章每言未尝不毁③孟尝君④也。或以告孟尝君，孟尝君曰："文有以事夏侯公矣，勿言⑤，董之。"繁菁⑥以问夏侯公，夏侯公曰："孟尝君重⑦非诸侯也，而奉我四马百人之食。我无分寸之功而得此，然吾毁之以为之也⑧。君所以得为长者⑨，以吾毁之者也⑩。吾以身为孟尝君，岂得持言也⑪。"⑫

① **鲍本**齐人。正曰：无考。下同。 ② **鲍本**言飨之厚。 ③ **姚本**毁，谤。 ④ **鲍本**"孟尝君"三字作"之"。〇 ⑤ **姚本**言，道也。 **鲍本**言事之厚，彼不害我。 ⑥ **姚本**"菁"，曾作"青"。 **鲍本**"繁"作"蘩"。〇齐人。 ⑦ **姚本**重，尊。 ⑧ **姚本**欲以为分寸之功也。 ⑨ **鲍本**贤有容之称。高祖曰，为其母不长者。 ⑩ **姚本**以吾毁之无憾言，故得为长者。 **鲍本**无下"者"字。〇 补曰：一本"以吾毁之者也"。"者"字，恐是"长者"字下脱衍在此。 ⑪ **姚本**刘作"岂特言也哉"。 **鲍本**"持"作"待"。〇补曰："持"者"待"之讹，"得"者"待"之讹衍。 ⑫ **鲍本**彪谓：君子所以报

知我者，亦多术矣，岂必毁之而后为之哉？此其说有似侯嬴而不及嬴，非正议也。

孟尝君讌坐

孟尝君讌①坐，谓三先生②曰："愿闻先生有③以补④之⑤阙者⑥。"一人曰："訾天下之主⑦，有侵君者⑧，臣请⑨以臣之血湔⑩其衽。"田瞀⑪曰："车轶⑫之所能至，请掩足下之短者⑬，诵足下之长；千乘之君与万乘之相，其欲有⑭君也，如使而弗及也⑮。"胜瞀⑯曰："臣愿以足下之府库财物，收天下之士，能为君决疑应卒⑰，若魏文侯之有田子方、段干木也⑱。此臣之所为君取矣⑲。"

① **鲍本**讌，合语也。正曰："讌"即"燕"。　② **姚本**先生，长老，先己以生者也。　③ **姚本**刘无"有"字。　④ **姚本**一本有"文"字。　⑤ **鲍本**"之"作"文"。〇　⑥ **姚本**愿闻贤者之善言，常补己缺失也。　**鲍本**"者"下有"也"字。〇　⑦ **鲍本**訾，不称意也。言孟尝有不得意于诸侯。　⑧ **鲍本**侵，凌之也。　⑨ **姚本**"请"，集、曾、刘作"轻"。　⑩ **姚本**湔，污也。湔洒。**鲍本**"湔"，"溅"同。《集韵》，水激也。　⑪ **姚本**瞀，晋、郑游眅。续："瞀"恐作"瞖"。《春秋传》，郑游眅字子明，或作"瞖"。　⑫ **姚本**轶也。辙曰轶。⑬ **鲍本**无"者"字。〇　补曰：疑当在"至"字下。　⑭ **姚本**"有"或作"又"。**鲍本**有，言欲得之。　⑮ **鲍本**若有使之，如恐弗及。　⑯ **鲍本**"胜"作"滕"，"瞖"作"臀"。〇　字书无之，亦可作"股"，齐人。补曰：姚云，恐作"瞖"。　**札记**丕烈案：姚校在上"田瞀"下，乃据高注。吴误以当此"瞖"字，亦有误。但所改未是。　⑰ **鲍本**与"猝"同。　⑱ **姚本**文敬交田子方，而敬段干木也。　**鲍本**二人文侯师友。　⑲ **鲍本**求以此为孟尝所取。正曰：为孟尝取此人也。

孟尝君舍人有与君之夫人相爱者

孟尝君舍人有与君之夫人①相爱②者。或以问③孟尝君曰："为君舍人而内与夫人相爱，亦甚不义矣，君其杀之④。"君曰："睹貌而相悦者，人之情也，其错⑤之勿言也。"

① **鲍本**夫人，姬媵之过称，非其配也。与下十妃同。 ② **姚本**爱，犹通也。 ③ **姚本**曾作"闻"。问，告。 ④ **姚本**《传》曰，淫为大罚。故曰杀之。 ⑤ **姚本**错，置。 **鲍本**"错"，"措"同也。

居期年，君召爱夫人者而谓之曰："子与文游久矣，大官未可得，小官公又弗欲。卫君①与文布衣交②，请具车马皮币③，愿君以此从卫君游。"于④卫甚重。

① **鲍本**嗣君。 ② **鲍本**言交于未贵时。 ③ **姚本**皮，鹿皮。币，束帛也。 **鲍本**皮，羔狐之属。《宗伯》，孤执皮帛。正曰：羔乃生贽，狐皮无据。《礼》注，皮帛者，束帛而表以虎豹皮为饰。《宗伯》之制，恐难引以言此。④ **鲍本**"于"上补"舍人游"三字。〇

齐、卫之交恶①，卫君甚欲约天下之兵以攻齐。是人谓卫②君曰："孟尝君不知臣不肖，以臣欺君③。且臣闻齐、卫先君，刑马压羊④，盟曰：'齐、卫后世无相攻伐，有相攻伐者，令其命如此⑤。'今君约⑥天下之兵以攻齐，是足下倍先君盟约而欺孟尝君也。愿君勿以齐为心⑦。君听臣则可；不听臣，若臣不肖也⑧，臣辄以颈血湔足下衿⑨。"卫君乃止。

① **姚本**恶，不睦也。 ② **鲍本**无"卫"字。○ ③ **鲍本**欺者，己不肖，而孟尝言其贤也。 ④ **姚本**杀马、羊，唼出其血，以相盟誓也。压，亦杀也。**鲍本**杀马歃其血，又压羊杀之以盟，使谕者如此。 ⑤ **姚本**如此马与羊也。⑥ **姚本**约，结。 ⑦ **姚本**无以伐齐为心。 ⑧ **鲍本**言或以此人为不肖。补曰："若"疑"者"字讹。 ⑨ **鲍本**交袄也。

齐人闻之曰："孟尝君可语[①]善为事矣，转祸为功[②]。"[③]

① **姚本**集、刘作"谓"。 **鲍本**言可与语。正曰：姚云，"语"，刘作"谓"，宜至"矣"字句。 ② **姚本**不杀其舍人，是转祸；使齐不伐，是为功。③ **鲍本**彪谓：周衰，礼义消亡，以若孟尝者，为能爱士。爱则爱矣，然非礼之爱也。以若舍人者，为能强争。强则强矣，然亦非义之强也。补曰：事亦可丑，而论著者以为美谈邪！袁盎从史事类此。

孟尝君有舍人而弗悦

孟尝君有舍人而弗悦[①]，欲逐之。鲁连[②]谓孟尝君曰："猿猕猴错木据水[③]，则不若鱼鳖[④]；历险乘危，则骐骥不如狐狸[⑤]。曹沫之[⑥]奋三尺之剑，一军不能当[⑦]；使曹沫释其三尺之剑，而操铫鎒与农夫居垄亩之中[⑧]，则不若农夫。故物舍其所长，之[⑨]其所短，尧亦有所不及矣[⑩]。今使人而不能，则谓之不肖；教人而不能，则谓之拙。拙则罢之，不肖则弃之，使人有弃逐，不相与处[⑪]，而来害相报者[⑫]，岂非世之立教首也哉[⑬]！"孟尝君曰："善。"乃弗逐。[⑭]

① **姚本**悦，敬。 ② **鲍本**齐人仲连。 ③ **姚本**错，置也。据，处也。猿弥猴置木而处于水，则不如鱼鳖之便也。 **鲍本**言自置木上。据，犹处。

补曰："错木据水"一句。错，舍置也。 ④ **鲍本**"鳖"下有"处"字。○ 补曰：姚本无。或上"据"字讹而脱在此，作"处水"胜。 **札记**丕烈案：此高注字之误入正文者。 ⑤ **姚本**各有所宜。 ⑥ **姚本**曹沫，鲁庄公士也。《传》曰，曹刿也。 **鲍本**衍"之"字。 ⑦ **鲍本**《鲁记》，庄公与齐桓公会柯，沫执匕首劫桓公，归鲁侵地。 ⑧ **鲍本**垄，田埒。补曰：铫，七遥反，与锹同。鎒，呼高反，《说文》，拔去田草也，即薅。 ⑨ **鲍本**之，犹于。 ⑩ **姚本**舍，收也。之，犹用也。收所长者，用所短者，故尧有所不能及为也。 ⑪ **鲍本**言党友以此士见弃逐，不屑与处。 ⑫ **鲍本**弃逐者必之他国，自彼来而害我，报其弃逐之怨。 ⑬ **鲍本**言后人视此为戒。 ⑭ **鲍本**彪谓：仲连，立言士也，言必有中。

孟尝君出行国至楚

孟尝君出行国①，至楚，献象床②。郢之登徒③，直使送之，不欲行④。见孟尝君门人公孙戌⑤曰："臣，郢之登徒也，直送象床。象床之直千金，伤此若发漂⑥，卖妻子不足偿之。足下⑦能使仆无行，先人有宝剑，愿得献之。"公孙⑧曰："诺⑨。"

① **鲍本**按，行，之。行，兼相他国故。正曰：行，当去声。 ② **鲍本**象齿为床。 ③ **鲍本**楚官也。《好色赋》登徒子注，以为姓，非。正曰：屈平为左徒，考烈王以左徒为令尹。鲍见此，故以登徒为官名，未见所据。然彼云大夫登徒子，则非官名。 ④ **姚本**直，当，曰直使也。登徒直使，不欲行送象床。 ⑤ **鲍本**"戍"作"戌"。○ 补曰：戌，音恤。 **札记**丕烈案：吴氏音恤者非。 ⑥ **姚本**续：别本"发標"。《通鉴》"毫发"。 **鲍本**"漂"，"飘"同，言其细若丝发。 ⑦ **姚本**足下，谓公孙戌。 ⑧ **鲍本**"孙"下补"戌"字。○ ⑨ **姚本**献，献公孙戌也。故曰"诺"。

入见孟尝君曰:“君岂受楚象床哉?”孟尝君曰:“然。”公孙戍曰:“臣愿君勿受。”孟尝君曰:“何哉?”公孙戍曰:“小国[①]所以皆致相印于君者,闻君于齐能振达贫穷,有存亡继绝之义。小国英桀[②]之士,皆以国事累君[③],诚[④]说君之义,慕君之廉也。今君到楚而受象床,所未至之国,将何以待君[⑤]?臣戍愿君勿受。”孟尝君曰:“诺。”

① **鲍本**补曰:“小国”疑当作“大国”。《后语》作“五国”,盖首句作“出行五国”也。　② **姚本**才胜万人曰“英”,千人曰“桀”。　③ **姚本**累,属。**鲍本**累,犹诿。诿之以事,所以累之。　④ **鲍本**无“诚”字。〇　⑤ **姚本**待,犹共也。

公孙戍趋而去。未出,至中闺[①],君召而返之,曰:“子教文无受象床,甚善[②]。今何举足之高,志之扬也?”公孙戍曰:“臣有大喜三,重[③]之宝剑一。”孟尝君曰:“何谓也?”公孙戍曰:“门下百数,莫敢入谏,臣独入谏,臣一喜;谏而得听,臣二喜;谏而止君之过,臣三喜。输[④]象床,郢之登徒不欲行,许戍以先人之宝剑。”孟尝君曰:“善。受之乎?”公孙戍曰:“未敢。”曰:“急受之。”因书门版曰:“有能扬文之名,止文之过,私得宝于外者,疾入谏。”[⑤]

① **姚本**闺,闳也。　**鲍本**特立之户,上圜下方。　② **姚本**善,快。③ **鲍本**重,言三喜外,复有此。　④ **鲍本**输,亦送也。　⑤ **鲍本**彪谓:孟尝君于是能立德矣!吾知欲止吾过而已,彼得宝,于我庸何伤?且谏者,士之所难,因得宝而摧折之,后孰敢以过闻乎吾哉?

淳于髡一日而见七人于宣王

淳于髡[①]一日而见七人[②]于宣王。王曰:“子来,寡人闻之,千里而一士,是比肩而立[③];百世而一圣,若随踵而至[④]也[⑤]。今子一朝而见七士,则士不亦众乎?”淳于髡曰:“不然。夫鸟同翼者而聚居,兽同足者而俱[⑥]行[⑦]。今求柴葫、桔梗于沮泽[⑧],则累世不得一焉。及之睾黍、梁父之阴[⑨],则郄车而载耳[⑩]。夫物各有畴[⑪],今髡贤者之畴也。王求士于髡,譬[⑫]若挹[⑬]水于河,而取火于燧[⑭]也。髡将复见之,岂特七士也[⑮]。”[⑯]

① **鲍本**齐人,见《滑稽传》。 ② **姚本**人,一作士。 ③ **鲍本**比,谓肩相次也。言士难得,千里有一,犹为并肩也。 ④ **姚本**曾,“至”一作“生”。刘作“主”。 ⑤ **姚本**言虽中也。 ⑥ **姚本**俱,侣。 ⑦ **鲍本**补曰:《后语》,鸟同翼者聚飞,兽同足者俱亡。 ⑧ **姚本**桔梗,山生之草也(曾作“生山之上也”,集作“山之中”)。于沮泽求之,虽累世不能得其一也。 **鲍本**二草,山生。而沮,水也,故求不可得。《孟子》注,沮泽,生草者,水名,出汉中。正曰:沮泽,但言渐湿之地,如《汉书》所谓生于沮泽之中者,不必因下文求地名以实之。 ⑨ **姚本**睾黍、梁父皆山名也。山北曰阴,桔梗生焉。言饶多也,故曰郄车载也。 **鲍本**地缺。疑为负黍,盖此与梁父皆东地也。梁父在泰山。山北曰阴。补曰:高注,睾黍、梁父皆山名。愚按,“皋”字或作“睾”。 ⑩ **鲍本**“郄”,“却”同。言多获,车重不前。 ⑪ **姚本**畴,类。**鲍本**耕治之田,禾所聚也,故为类。 ⑫ **鲍本**无“譬”字。○ ⑬ **鲍本**挹,酌也。 ⑭ **鲍本**夫燧,鉴也。 ⑮ **姚本**言将复见士于王也。 ⑯ **鲍本**补曰:两“见”字,贤遍反。

齐欲伐魏

齐欲伐魏。淳于髡谓[①]齐王曰:“韩子卢者,天下之疾犬也。东郭逡[②]者，海内之狡[③]兔也。韩子卢逐东郭逡，环[④]山者三，腾山者五，兔极于前，犬废于后，犬兔俱罢，各死其处。田父见之，无劳倦之苦[⑤]，而擅[⑥]其功。今齐、魏久相持，以顿[⑦]其兵，弊其众，臣恐强秦大楚承其后，有田父之功。”齐王惧，谢[⑧]将休士也[⑨]。[⑩]

① **鲍本**“谓”作“为”。○ 补曰：此书“为”、“谓”字通用。 ② **鲍本**逡，㕙同，狡兔名。 ③ **鲍本**《集韵》，狡，狯也，疾也。 ④ **姚本**环，旋。 ⑤ **姚本**苦，勤。 ⑥ **鲍本**擅者，无与争也。 ⑦ **鲍本**顿，亦劳敝。 ⑧ **鲍本**谢，辞去之，言不用也。 ⑨ **鲍本**无“也”字。○ ⑩ **鲍本**补曰：此与苏代鹬蚌、陈轸虎争人之说，异而同者也。逡，七伦反。

国子曰秦破马服君之师〔校一〕

〔校一〕此篇姚本与《齐欲伐魏》连篇，鲍本另列一篇。据文义，从鲍本。

国子[①]曰：“秦破马服君[②]之师，围邯郸。齐、魏亦佐秦伐邯郸，齐取淄鼠，魏取伊是[③]。公子无忌[④]为天下循便计[⑤]，杀晋鄙[⑥]，率魏兵以救邯郸之围，使秦弗有而失天下[⑦]。是齐入于魏而救邯郸之功也[⑧]。安邑者，魏之柱国也[⑨]；晋阳者，赵之柱国也；鄢郢者，楚之柱国也。故三国欲[⑩]与秦壤界[⑪]，秦伐魏取安邑，伐赵取晋阳，伐楚取鄢郢矣。福[⑫]三国之君[⑬]，兼二周之地，举韩氏取其地，且[⑭]天下之半。今又劫赵、魏，疏[⑮]中国，封[⑯]卫之东野[⑰]，兼魏之河南[⑱]，绝赵之东阳，则赵、魏亦[⑲]危矣。赵、魏危，则非齐之利也。韩、魏、赵、楚之志，恐秦兼天下而臣其君，故专兵一志以逆[⑳]秦。三国之与秦壤界而患[21]急，齐不与秦壤界而患缓。是以天下之势，不得不事齐也。故秦得齐，则权重于中国；赵、魏、楚得齐，则足以敌秦。故秦[22]、赵、魏得齐者重，失齐者轻。齐有此势，不能以重于天下者何也？其用者过也。”[23]

① **姚本**国子，齐大夫也。 ② **姚本**马服君，赵括也。秦将白起阬括四十万众于长平，而进围邯郸。括父奢，将有功，赐号马服，因以为氏，故曰马服君之师也。 ③ **姚本**淄鼠、伊是，皆赵邑也。 **鲍本**“是”作“氏”。○ 皆赵地，缺。 **札记**丕烈案：“是”、“氏”同字。“伊是”即“伊氏”，不知者乃改之。 ④ **鲍本**魏信陵君。 ⑤ **鲍本**循，行顺也。正曰：行便宜之计，言窃符夺兵事。补曰：齐、魏佐秦伐，因取二地。今云公子无忌云云，魏实救赵者，不应先佐之伐，恐当时无忌虽急于平原之请，而魏王实畏秦，如立晋鄙壁邺，未欲真欲救赵，或先取其地也。 ⑥ **鲍本**魏将。 ⑦ **姚本**秦围邯郸，魏使晋鄙帅师救赵，畏秦不敢进军，军次荡阴。赵国急，平原君胜使责信陵君公子无忌。无忌乃窃魏王所与晋鄙符信，以摄取其军。晋鄙疑之，不肯授。乃使朱亥椎杀晋鄙，取军救赵。故为天下备循计（曾无此七字，刘“循”作“脩”），解邯郸围。故曰“使秦不有而失天下”也。 **鲍本**魏安釐二十年，使鄙将以救赵。畏秦，不敢进。赵急，平原君使责无忌。无忌盗晋鄙兵符伐之，将进兵，秦军解去。补曰：按《史·年表》、《魏世家》、《公子无忌传》，公子矫杀晋鄙，破秦兵，皆在安釐王二十年。《通鉴》以矫杀晋鄙在前一年。《大事记》以晋鄙留军壁邺在前一年，谓以《传》修。今按，《传》亦止作一年事也。当考。 ⑧ **鲍本**齐与魏亲，初虽佐秦，今魏救赵，亦同救也。 ⑨ **姚本**柱国，都也。 **鲍本**言其于国如室有柱。 ⑩ **鲍本**衍“欲”字。补曰：疑“欲”字即“故”字，而上衍“故”字。故者，旧也。 **札记**今本无“欲”字，乃误涉鲍也。 ⑪ **姚本**界，犹比也。 **鲍本**壤，土；界，境也。言其地相接。 ⑫ **姚本**曾一作“覆”。刘一作“逼”。 **鲍本**“福”作“覆”。○ 补曰：愚按，“福”乃“偪”之讹。“偪”义长。 ⑬ **鲍本**“君”作“军”。○ ⑭ **鲍本**

且,犹几。 ⑮ **鲍本**疏,言离其友。 ⑯ **姚本**封,续:用。别本改作“刲”,下同。刲,取。 **鲍本**封,割也。正曰:封,疆之也。 **札记**今本“封”误“刲”。 ⑰ **鲍本**东野,犹东地。 ⑱ **鲍本**“南”作“内”。〇 ⑲ **姚本**一本“亦”下有“已”字。 ⑳ **姚本**逆,距。 **鲍本**逆,谓拒之。 ㉑ **姚本**三国,赵、魏、楚。界,比也。患,忧也。 ㉒ **鲍本**“秦”下补“楚”字。〇 正曰:叠句。上文宜有“楚”。 **札记**丕烈案:上文“楚”字在“魏”下。 ㉓ **鲍本**补曰:三《策》大概略同。谓三晋诸国为齐之屏蔽,相依为唇齿。秦攻诸国而齐不救,诸国灭亡,势必及齐。第三章谓,三国与秦界而患急,齐不与秦壤而患缓;秦得齐则权重,赵、魏、楚得齐,则足以敌秦,说尤明切。初《策》,攻长平时;次《策》,周、韩未亡时;三《策》,则韩既亡后也。始皇十八年灭韩。自秦人行远交近攻之术,善齐而不加兵,君王后谨事秦,王建不修战备,不助五国,其堕秦计中久矣。长平之战,当王建五年。灭韩,当三十五年。三十余年间,士之为齐谋者,其智非不及此,而卒不用,宜其及于亡也!

战国策卷十一

齐 四

齐人有冯谖者

齐人有冯谖[①]者，贫乏不能自存，使人属[②]孟尝君，愿寄食门下。孟尝君曰："客何好？"曰："客无好也。"曰："客何能？"曰："客无能也。"孟尝君笑而受之曰："诺。"左右以君贱之也，食以草具[③]。

① **鲍本**"谖"作"煖"。○ 补曰：即"谖"。故"谖"或作"喧"。 **札记**丕烈案：《史记》作"驩"。《集解》云，复作"煖"。鲍本当出此注也。 ② **鲍本**"属"，"嘱"同。 ③ **鲍本**草，不精也。具，馔具。正曰：草，菜也。《陈平传》"恶草具"注，去肴肉云云。

居有顷，倚柱弹其[①]剑[②]，歌曰："长铗归来乎[③]！食无鱼。"左右以告。孟尝君曰："食之，比门下之客[④]。"居有顷，复弹其铗，歌曰："长铗归来乎！出无车。"左右皆笑之，以告。孟尝君曰："为之驾，比门下之车客[⑤]。"于是乘其车，揭[⑥]其剑，过其友曰："孟尝君客我[⑦]。"后有顷，复弹其剑铗，歌曰："长铗归来乎！无以为家[⑧]。"左右皆恶之，以为贪而不知足。孟尝君问："冯公有亲乎？"对曰："有老母。"孟尝君使人给其食用，无使乏。于是冯谖不复歌。

① **姚本**一本无"其"字。 ② **鲍本**补曰：以下文例之，疑当有"铗"字。**札记**丕烈案：此文三句各不同，吴说未是。 ③ **鲍本**铗，剑把也。欲与俱去。补曰：《庄子音义》，铗，从棱向刃。 ④ **姚本**一本"客"上有"鱼"字。**鲍本**补曰：《列士传》，孟尝君厨有三列，上客食肉，中客食鱼，下客食菜。一本"比门下之鱼客"。 ⑤ **鲍本**乘车之客。 ⑥ **鲍本**《集韵》，揭，举也，担也。 ⑦ **鲍本**待我以客。 ⑧ **鲍本**补曰：吴氏《韵补》，家，叶工乎反。

后孟尝君出记①，问门下诸客："谁习计会②，能为文收责③于薛者乎？"冯谖署④曰："能。"孟尝君怪之，曰："此谁也？"左右曰："乃歌夫长铗归来者也。"孟尝君笑曰："客果有能也⑤，吾负之，未尝见也。"请而见之，谢曰："文倦于事⑥，愦于忧⑦，而性懧⑧愚，沉⑨于国家之事，开罪于先生⑩。先生不羞，乃有意欲为收责于薛乎？"冯谖曰："愿之。"于是约车治装，载券契⑪而行，辞曰："责毕收，以何市而反？"孟尝君曰："视吾家所寡有者。"

① **鲍本**记，疏也。 ② **鲍本**计会，会，总合也。正曰：会，古外反。《周礼》"司会"注，大计也。《小宰》"要会"注，计最之簿书，月计曰要，岁计曰会。 ③ **鲍本**"责"，"债"同。《集韵》，逋财也。 ④ **鲍本**署，书也。⑤ **鲍本**言果，则孟尝固意其能也。 ⑥ **鲍本**"事"作"是"。○ 是，谓国事。正曰：一本"是"作"事"，盖因音而讹。《说闵王》章"则是"作"则事"，亦此类。 ⑦ **鲍本**"愦"，"贵"同。愦，乱也，以忧思昏乱。 ⑧ **鲍本**"懧"，当作"愞"。《集韵》，弱也。 ⑨ **鲍本**补曰：沉，没溺也。下"沉于"义同。⑩ **鲍本**得罪于煖，自我启之。 ⑪ **鲍本**券，亦契。契别书之，以刀判其旁。

驱而之薛，使吏召诸民当偿者，悉来合券。券遍合①，起[②]矫命[③]以责赐诸民，因烧其券，民称万岁[④]。

① **鲍本**凡券，取者、与者各收一。责则合验之，遍合矣，乃来听命。② **鲍本**“起”作“赴”。〇　补曰：一本“赴”作“起”，则“起”属下文。谓作起而矫命也。“合”读，“起”句，亦通。　③ **鲍本**《汲黯传》注，矫，托也。托言孟尝之命。　④ **鲍本**祝孟尝也。

长驱到齐[①]，晨而求见。孟尝君怪其疾也，衣冠而见之，曰：“责毕收乎？来何疾也！”曰：“收毕矣。”“以何市而反[②]？”冯谖曰：“君云‘视吾家所寡有者’。臣窃计，君宫中积珍宝，狗马实外厩，美人充下陈[③]。君家所寡有者以义耳！窃以为君市义。”孟尝君曰：“市义奈何？”曰：“今君有区区之薛，不拊[④]爱子其民，因而贾利之。臣窃矫君命，以责赐诸民，因烧其券，民称万岁。乃臣所以为君市义也。”孟尝君不[⑤]说，曰：“诺，先生休[⑥]矣！”

① **鲍本**行不留也。　② **鲍本**孟尝问也。　③ **鲍本**陈，犹列。　④ **鲍本**拊，循，犹摩也。　⑤ **鲍本**“不”作“乃”。〇　补曰：一本作“不”。⑥ **鲍本**休，息也。

后期年，齐王谓孟尝君曰：“寡人不敢以先王之臣为臣[①]。”孟尝君就国于薛，未至百里，民扶老携幼，迎君道中[②]。孟尝君顾谓冯谖[③]：“先生所为文市义者，乃今日见之。”冯谖曰；“狡兔有三窟，仅[④]得免其死耳。今君[⑤]有一窟，未得高枕而卧也。请为君复凿二窟。”孟尝君予车五十乘，金五百斤，西游于梁，谓惠[6]王曰："齐放其大臣孟尝君于诸侯[7]，诸侯先迎之者，富而兵强。"于是，梁王虚上位，以故相为上将军[8]，遣使者，黄金千斤，车百乘，往聘孟尝君。冯谖先驱诫孟尝君曰："千金，重币也；百乘，显使也。齐其闻之矣。"梁使三反，孟尝君固辞不往也。齐王闻之，君臣恐惧，遣太傅[9]赍黄金千斤，文车[10]二驷，服剑[11]一，封书[12]谢孟尝君曰："寡人不祥，被于宗庙之祟，沉于谄谀之臣，开罪于君，寡人不足为也。愿君顾先王之宗庙，姑反国统[13]万人乎？"冯谖诫孟尝君曰："愿请先王之祭器，立宗庙于薛[14]。"庙成，还报孟尝君曰："三窟已就，君姑[15]高枕为乐矣。"

① **鲍本**补曰：此遣其就国而为之辞，犹汉世所谓列侯，亦无由教训其民。 ② **鲍本**"中"下有"正日"二字，又改"正"作"终"。○ 补曰：一本无此二字。 ③ **姚本**刘作"顾谓冯谖曰"。 ④ **鲍本**"仅"作"今"。○ 补曰：姚本"今"作"仅"。 ⑤ **鲍本**无"君"字。○ ⑥ **鲍本**"惠"作"梁"。○ 昭。正曰：文奔魏，在昭王时。此固辞不往，事必在前。《史》作秦王。 ⑦ **鲍本**此非当时所称，追书云尔。 ⑧ **鲍本**补曰：徙故相为上将军，而虚相位以待孟尝也。 ⑨ **鲍本**本周官，此齐大臣也。 ⑩ **鲍本**文，彩绘也。 ⑪ **鲍本**王所自佩者。 ⑫ **鲍本**"书"下有"一"字。○ 补曰：一本"书"下无"一"字，则上当以"封"字句。 **札记**丕烈案："封书"连文，吴说未是。 ⑬ **鲍本**《集韵》，统，摄理也。 ⑭ **鲍本**前自靖郭君时既立庙矣，今又请立，则所谓宗庙者，非一王也。 ⑮ **姚本**集、曾本无"姑"字。

孟尝君为相数十年，无纤介[1]之祸者，冯谖之计也[2]。

① **鲍本**介，独也。独则不众，故为微细之词。一说喻草芥也。正曰：

“介”，“芥”通。 ② **鲍本**《孟尝传》有。彪谓：能者客之，人孰不能？客无能者，孟尝于是为不可几也！煖之市义贤矣，而为之营窟，则亦声利之客耳！嗟乎，气俗之移，人莫觉悟也！以煖之贤而不能自擢于众，况不贤者乎？补曰：《史》文稍异，末无三窟之说为胜。正曰：冯公自言无能，非真无能也。孟尝盖已知之。故闻其署，则曰“客果有能也”。魏子予粟，冯公焚券，孟尝卒蒙其力。百乘之家，不畜聚敛之臣，岂迂也哉？“食以”、“食之”之“食”，音嗣。“为君”、“为文”、“足为”之“为”，去声。

孟尝君为从

孟尝君为从①。公孙弘②谓孟尝君曰：“君不③以④使人先观秦王⑤？意者⑥秦王帝王之主也，君恐不得为臣⑦，奚暇从以难之？意者秦王不肖之主也，君从以难之，未晚。”孟尝君曰：“善，愿因请公往矣。”

① **鲍本**文以襄王初中立为诸侯。楚顷襄二十三年，天下合从。此八年。正曰：文以襄王五年中立为诸侯，其后遂卒。襄王八年，诸侯无合从事。此闵王十六年，文怨秦，约韩、魏伐秦事也，当秦昭九年。鲍见《策》有薛地百里之文，遂以为文中立为诸侯时，误矣。 ② **鲍本**齐人。 ③ **姚本**刘本作“君何不使人先观秦王”。 ④ **鲍本**“以”作“如”。○ **札记**今本“以”作“如”，乃误涉鲍也，鲍改“以”为“如”。丕烈案：《吕氏春秋》作“若”。⑤ **鲍本**昭。 ⑥ **鲍本**设疑之辞。 ⑦ **鲍本**为秦臣。

公孙弘敬诺，以车十乘之秦。昭王闻之，而欲媿①之以辞。公孙弘见，昭王曰：“薛公之地，大小几何？”公孙弘对曰：“百里。”昭王笑而曰：“寡人地数千里，犹②未敢以有难也③。今孟尝君之地方百里，而因欲④难寡人，犹可乎？”公孙弘对曰："孟尝君好人[5]，大王不好人。"昭王曰："孟尝君之好人也，奚如？"公孙弘曰："义不臣[6]乎天子，不友乎诸侯，得志不惭为人主，不得志不肯为人臣，如此者三人；而治[7]可为管、商[8]之师，说义听行[9]，能致其[10]如此者五人；万乘之严主也；辱其使者，退而自刎[11]，必以其血洿其衣，如臣者十人。"昭王笑而谢之，曰："客胡为若此，寡人直与客论耳！寡人善孟尝君，欲客之必谕寡人之志也[12]！"公孙弘曰："敬诺。"

① **鲍本**"媿"作"愧"。〇　使弘愧。　**札记**丕烈案：《吕氏春秋》作"醜"。"媿"即"醜"字。无盐丑女，《武梁祠堂画像》作"媿女"，是其证。鲍本作"愧"者误。　② **鲍本**"犹"作"由"。〇　下同。补曰："由"，"犹"通。**札记**丕烈案：《吕氏春秋》作"犹"，下同。　③ **鲍本**为人之难。　④ **鲍本**"欲"下补"以"字。〇　⑤ **鲍本**人，贤人。　⑥ **姚本**臣，曾本作"不悳"，刘本作"不悳"。此武后字，恐非刘校。　⑦ **鲍本**补曰："而"字疑衍。"治"，当属下句；或"而"字上有缺文。　**札记**丕烈案：吴说未是。《吕氏春秋》作"能"。"而"、"能"同字。　⑧ **鲍本**管仲、商鞅。　⑨ **鲍本**所说有义，或能听而行之。　⑩ **鲍本**"能致其"下补"主霸王"三字。〇　**札记**丕烈案：有者是也。《吕氏春秋》作"其能致主霸王"。　⑪ **鲍本**《集韵》，刎，断也。⑫ **鲍本**以己之志晓告孟尝。

公孙弘可谓不侵矣[1]。昭王，大国也。孟尝，千乘也。立千乘之义而不可陵，可谓足[2]使矣。[3]

① **鲍本**著书者美其不可侵辱。　② **鲍本**足，犹能。　③ **鲍本**彪谓：公孙所陈，亦士之一概尔。自曹沫劫桓公，辨说士莫不以借口，彼盖未学《礼》也。夹谷之会，孔子诏之，士付之有司耳矣！岂厓柴若世之猘狗然哉？

帝曰，晓人不当如是乎？此说者之所当知也。

鲁仲连谓孟尝

鲁仲连谓孟尝[1]："君好士也[2]！雍门[3]养椒亦，[4]阳得子养[5]，饮食、衣裘与之同之[6]，皆得其死[7]。今君之家富于二公[8]，而士未有为君尽游者也[9]。"君曰："文不得是二人故也[10]。使文得二人者[11]，岂独不得尽？"对曰："君之厩马百乘，无不被绣衣而食菽粟者，岂有骐麟[12]騄耳哉？后宫十妃，皆衣[13]缟纻[14]，食梁肉，[15]岂有毛廧、西施哉？色与马取于今之世，士何必待古[16]哉？故曰君之好士未也。"[17]

① **姚本**续：别本有"君曰"二字。 ② **鲍本**"士"下补"未"字，"君"上有"君曰"二字。○ 补曰：一本"谓孟尝好士也"，一本"谓孟尝君曰好士也"。**札记**今本"士"下有"未"字，乃误涉鲍也。鲍补"未"字。丕烈案：此读以鲁仲连谓孟尝为一句，孟尝即孟尝君也。上文有"君好士也"四字，别为一句。"也"、"邪"同字，与下"君之好士未也"不相涉。鲍误用下补耳。 ③ **鲍本**"门"下补"子"字。○ 此士以所居为称。正曰：雍门下有缺文。《说苑》有雍门子秋、雍门子周。今曰雍门子，则亦无考。雍门见前。 **札记**丕烈案：此多脱字，但所补未是。 ④ **鲍本**养，犹公养之养。椒，姓；亦，名。雍门子之所养。正曰：未知果椒姓亦名不？ ⑤ **鲍本**此下脱所养人。 ⑥ **鲍本**"同"下无"之"字。○ ⑦ **鲍本**并未详。 ⑧ **鲍本**雍门、阳得。 ⑨ **鲍本**游，犹友也。言不尽于交游之道。 ⑩ **鲍本**椒亦等。 ⑪ **鲍本**"人"下无"者"字。○ ⑫ **鲍本**"骐"作"麒"。○ **札记**今本"麟"作"骥"。 ⑬ **鲍本**无"衣"字。○ ⑭ **鲍本**缟，鲜色绘也。纻，萘属细者。正曰：《书》注，缟，白也。 ⑮ **鲍本**梁，米名。《本草》注，青梁，粟类。正曰：梁米之善者，有黄、青、白三种。 ⑯ **鲍本**补曰："君之厩马"至此，与王斗云云合。正曰：

连上章有孟尝君,序次亦不当在此。 ⑰ **鲍本**补曰:孟尝君之门,高者如冯驩、魏子,能免难市誉而已。昔人讥其未尝得士,特鸡鸣狗盗之雄,世以为名言。今观鲁连曰,君之好士未也,则当时已有是论矣。仲连之言,亦引以自谓,而非区区于孟尝者。鸡鸣狗盗之出其门,宜仲连之不止也。

孟尝君逐于齐而复反

孟尝君逐于齐而复反①。谭拾子②迎之于境,谓孟尝君曰:"君得无有所怨③齐士大夫?"孟尝君曰:"有。""君满意杀之乎④?"孟尝君曰:"然。"谭拾子曰:"事有必至,理有固然,君知之乎?"孟尝君曰:"不知。"谭拾子曰:"事之必至者,死也;理之固然者,富贵则就之,贫贱则去之。此事之必至,理之固然者。请以市谕。市,朝则满,夕则虚,非朝爱市而夕憎之也,求存故往⑤,亡故去。愿君勿怨。"孟尝君乃取所怨五百牒⑥削去之,不敢以为言。⑦

① **鲍本**此三十年,孟尝奔薛,此言复反。《传》言"王召之,因谢病,老于薛",与此驳。正曰:二十年。 ② **鲍本**齐人。 ③ **鲍本**"怨"下有"于"字。○ ④ **鲍本**拾子借以杀之为惬乎? ⑤ **鲍本**所求者存,故往趋之。⑥ **鲍本**牒,札也,书所怨人。 ⑦ **鲍本**《冯驩传》略同。以此《策》及《驩传》考之,盖反而后谢病也。

齐宣王见颜斶〔校一〕

〔校一〕此篇姚本与《孟尝君逐于齐而复反》连篇,鲍本另列一篇,据文义,从鲍本。

齐宣王见①颜斶②,曰:"斶前!"斶亦曰:"王前!③"宣王不悦。左右曰："王，人君也。斶，人臣也。王曰'斶前'，亦[4]曰'王前'，可乎？"斶对曰："夫斶前为慕势，王前为趋士。与使斶为趋[5]势，不如使王为趋士。"王忿然作色曰："王者贵乎？士贵乎？"对曰："士贵耳，王者不贵。"王曰："有说乎？"斶曰："有。昔者秦攻齐，令[6]曰：'有敢去柳下季[7]垄五十步而樵采者，死不赦。'令曰：'有能得齐王头者，封万户侯，赐金千镒。'由是观之，生王之头，曾不若死士之垄也。"宣王默然不悦。

① **鲍本**补曰：见，贤遍反。 ② **鲍本**《集韵》音觸，引《吕春秋》，齐有颜斶。补曰：《春秋后语》作王蠋。 **札记**丕烈案：《古今人表》中上作颜歜，其王歜别在后，未知《后语》何据乃以为一人也。 ③ **鲍本**并使之即己。 ④ **鲍本**"亦"上有"斶"字。○ **札记**今本"亦"上有"斶"字。 ⑤ **鲍本**"趋"作"慕"。○ 趋，就也。 ⑥ **鲍本**无"曰"字。○ ⑦ **鲍本**鲁展禽字季，食采柳下，亦云居之。垄，其冢埒。秦伐齐，先径鲁，故云。

左右皆曰："斶来，斶来！大王据千乘之地，而建千石[1]钟，万石簴[2]。天下之士，仁义[3]皆来[4]役处[5]；辩知并进，莫不来语；东西南北，莫敢不服[6]。求万物不[7]备具，而百[8]无不亲附。今夫士之高者，乃称匹夫，徒步而处农亩，下则鄙野[9]、监门、闾里[10]，士之贱也，亦甚矣！"

① **鲍本**一石，百二十斤。 ② **鲍本**"簴"作"簾"。○ 钟鼓之桴。**札记**今本"簴"误"簾"。 ③ **鲍本**无"仁义"二字。○ 补曰：姚本，"天下之士仁义皆来役处"。恐"仁义"字当在"之士"上。 ④ **鲍本**"来"作"为"。○ ⑤ **鲍本**役，为之使。处，在其位。 ⑥ **鲍本**"服求"作"来服"。○ 补

曰:“求”属下句。 ⑦ **札记**今本“不”上有“无”字。 ⑧ **鲍本**“百”下有“姓”字。○ **札记**今本“百”下有“姓”字。 ⑨ **鲍本**五鄰为鄙,郊外曰野,亦所处也。补曰:鄙,五百家。 ⑩ **鲍本**闾,在乡;里,在野。并五百家,皆有门。正曰:《周礼·大司徒》,五家为比,五比为闾。《遂人》,五家为邻,五邻为里。闾、里皆二十五家。乡谓之闾,遂谓之里,二十五家共有巷,巷首有门。

斶对曰:“不然。斶闻古大禹之时,诸侯万国。何则?德厚之道,得贵士之力也[①]。故舜起农亩,出于野鄙,而为天子。及汤之时,诸侯三千。当今之世,南面称寡者,乃二十四。由此观之,非得失之策与[②]?稍稍诛灭,灭亡无族[③]之时,欲为监门、闾里,安可得而有乎[④]哉?是故《易传》不云乎:‘居上位,未得其实,以[⑤]喜其为名者,必以骄奢为行。据[⑥]慢骄奢,则凶从[⑦]之。是故无其实而喜其名者削[⑧],无德而望其福者约[⑨],无功而受其禄者辱,祸必握[⑩]。’故曰:‘矜功不立[⑪],虚愿不至[⑫]。’此皆幸乐其名,华[⑬]而无其实德者也。是以尧有九佐[⑭],舜有七友[⑮],禹有五丞[⑯],汤有三辅[⑰],自古及今而能虚成名于天下者,无有。是以君王无羞亟[⑱]问,不愧下学[⑲];是故[⑳]成其道德而扬功名于后世者,尧、舜、禹、汤、周文王是也。故曰:‘无形[㉑]者,形之君也。无端[㉒]者,事之本也。’夫上见其原,下通其流,至圣人[㉓]明学[㉔],何不吉之有哉!老子曰:‘虽贵,必以贱为本;虽高,必以下为基。是以侯王称孤、寡、不穀。是其贱之本与?’非[㉕]夫[㉖]孤寡者,人之困贱下位也,而侯王以自谓,岂非下人[㉗]而尊贵士与?夫尧传舜,舜传禹,周成王任周公旦,而世世称曰明主,是以明乎士之贵也。”

① **鲍本**言能贵士，故德厚。 ② **鲍本**昔诸侯多，由得策也；今失策，故诛灭而寡。得策，贵士也。 ③ **姚本**鼂去“灭亡无族”四字，三本同。一有四字，集无。 ④ **鲍本**“乎”作“也”。〇 ⑤ **鲍本**“以”作“而”。〇 补曰：恐当作“而”。 ⑥ **鲍本**补曰：“倨”、“据”通借。 ⑦ **鲍本**“从”上有“必”字。〇 ⑧ **鲍本**削地也。正曰：削弱也。 ⑨ **鲍本**约，穷也。 ⑩ **姚本**续云：《高士传》作“渥”。 **鲍本**言祸辱随之不舍也。 ⑪ **鲍本**言徒有矜大好功之志而不为，故功不立。 ⑫ **鲍本**不求、不为而欲得之，虚愿也，物不自至。 ⑬ **鲍本**无“华”字。〇 ⑭ **鲍本**九官也。 ⑮ **姚本**续云：《陶元亮集·圣贤群辅录》引《战国策》，舜有七友，雄陶、方回、续牙、伯阳、东不訾、秦不虚、灵甫。 **鲍本**雄陶、方回、续牙、伯阳、东不訾、秦不虚、灵甫见陶渊明《四八目》。正曰：雄陶云云，又见皇甫谧《逸士传》，不訾或云不识，不虚或云不空。《尸子》无灵甫。愚谓，此类皆不可深考，或后人所妄造。⑯ **鲍本**《楚辞》，八师三后外，有益、稷、皋陶、垂、契。 ⑰ **鲍本**《商书》，伊、虺二相外，有谊伯、仲伯、咎单，岂此？未详。 ⑱ **鲍本**亟，犹数。 ⑲ **鲍本**学于臣下。 ⑳ **姚本**“故”下曾、刘本有“能”字。 ㉑ **鲍本**“形”作“刑”。〇 无形，谓削约之未著者。补曰：当作“形”，下同。古书字通。“形民之力”，《家语》作“刑”。朱子谓当从《家语》。 ㉒ **鲍本**正曰：无形、无端，皆指实德言。 ㉓ **鲍本**衍“人”字。 **札记**今本无“人”字，乃误涉鲍也，鲍衍“人”字。 ㉔ **鲍本**明学，学之明者。言上见下，通圣明之事。 ㉕ **姚本**曾本无“非”字。 ㉖ **鲍本**犹言非邪。补曰：疑“非”字当在“欤”字上。而“夫”音“扶”，属下句，与下文“岂非下人而尊贵士欤？夫尧”云云同。一本作“本欤”，无“非”字，义明。 ㉗ **鲍本**以身下人。

宣王曰：“嗟乎！君子焉可侮哉，寡人自取病耳[①]！及今闻君子之言，乃今闻细人[②]之行，愿请受[③]为弟子。且颜先生与寡人游，食必太牢[④]，出必乘车，妻子衣服丽都[⑤]。”

① **鲍本**补曰：自取病，谓斶言士贵王贱。 ② **鲍本**细人，王自称。正曰：细人，前所谓无实德不贵士者。 ③ **姚本**刘本无"受"字。 ④ **鲍本**牛、羊、豕具为太牢。 ⑤ **鲍本**皆美称。

颜斶辞去曰："夫玉生于山，制[①]则破焉，非弗宝贵矣，然夫[②]璞不完。士生乎鄙野，推选则禄焉，非不得[③]尊遂[④]也，然而形神不全。斶愿得归，晚食以当肉[⑤]，安步以当车，无罪以当贵，清静贞正以自虞[⑥]。制言[⑦]者王也，尽忠直言者斶也。言要道已备矣，愿得赐归，安行而反臣之邑屋。"则再拜而[⑧]辞去也[⑨]。

① **姚本**曾本作"制取"，集无"取"。 **鲍本**制，裁断之。 ② **鲍本**"夫"作"大"。 ③ **鲍本**无"得"字。○ ④ **鲍本**遂，犹达。 ⑤ **鲍本**晚，言饥而食也，其美比于食肉。补曰：当，敌也，如字。 ⑥ **鲍本**"虞"，"娱"同，乐也。 ⑦ **鲍本**言，谓命令。 ⑧ **鲍本**无"而"字。○ ⑨ **鲍本**无"也"字。

斶[①]知足矣，归[②]反撲[③]，则终身不辱也[④]。[⑤]

① **鲍本**"斶"上有"曰"字，又补"君子"二字。○ ② **鲍本**"归"下有"真"字。○ ③ **鲍本**"樸"作"璞"。○ ④ **鲍本**无"也"字。○ ⑤ **鲍本**正曰："曰"者，斶既辞而又自言也。上言大璞不完，以喻士之形神不全，故曰归反璞云云。文意甚明，添字谬。

先生王斗造门而欲见齐宣王

先生王斗[①]造门而欲见齐宣王，宣王使谒者延入[②]。王斗曰："斗趋见王为好势，王趋见斗为好士，于王何如？"使者复还报。王曰："先生徐之[3]，寡人请从[4]。"宣王因趋而迎之于门，与入，曰："寡人奉先君之宗庙，守社稷，闻先生直言正谏不讳。"王斗对曰："王闻之过[5]。斗生于乱世，事乱君，焉敢直言正谏。"宣王忿然作色，不说。

① **鲍本**齐人。补曰：一本标《文枢镜要》作"王升"。　**札记**丕烈案："升"字当是也。《古今人表》中上作"王升"。今《高士传》作"王斗"，亦非。　② **鲍本**谒者，掌宾赞受事。延，引也。　③ **鲍本**使待其至。正曰：使无趋至。　④ **鲍本**就之也。　⑤ **鲍本**不如所闻。

有间，王斗曰："昔先君桓[1]公所好者[2]，九合诸侯，一匡天下，天子受[3]籍[4]，立为大伯[5]。今王有四焉。"宣王说，曰："寡人愚陋，守齐国，唯恐失[6]抎[7]之，焉能有四焉？"王斗曰："否[8]。先君好马，王亦好马。先君好狗，王亦好狗。先君好酒，王亦好酒。先君好色，王亦好色。先君好士，是[9]王不好士[10]"。宣王曰："当今之世无士，寡人何好？"王斗曰："世无骐驎騄耳[11]，王[12]驷已备矣。世无东郭俊[13]、卢氏之狗，王之走狗已具矣。世无毛嫱、西施，[14]王宫已充矣。王亦不好士也，何患无士？"王曰："寡人忧国爱民，固愿得士以治之。"王斗曰："王之忧国爱民，不若王爱尺縠[15]也。"王曰："何谓也？"王斗曰："王使人为冠，不使左右便辟[16]而使工者何也？为能之也[17]。今王治齐，非左右便辟无使也，臣故曰不如爱尺縠也。"

① **鲍本**此桓公虽非田氏之先，斗，齐人也，得称为先。　② **鲍本**"者"

下补"五"字。○ 补曰：一本标《文枢镜要》有"五"字。 **札记**丕烈案：有者当是也。《说苑》，淳于髡曰"古者所好四"，可为证。 ③ **鲍本**"受"作"授"。○ 补曰：当作"授"，字通借。 ④ **鲍本**土地人民之籍。犹赐履也。 ⑤ **鲍本**二伯之伯。 ⑥ **姚本**曾、集本作"夫"字。 **鲍本**"失"作"夫"。○ ⑦ **鲍本**抎，失也。《春秋传》，"抎子辱矣"。 ⑧ **鲍本**无"否"字。○ ⑨ **姚本**刘本无"是"字，曾有。 **鲍本**"是"作"而"。○ ⑩ **鲍本**补曰："先王好马"以下，《说苑》以为淳于髡之言，小异。 ⑪ **姚本**刘本有"之马"字，集无。 **鲍本**字书不说，骐骥不载。唯《玉篇》云，马，黑脊，亦不言良马。陆玑《疏》，"麒麟行中律吕"，则此马以麒麟比也。騄耳，八骏之一。正曰：《玉篇》单言"骥"尔。此二字单言，如《诗》及《说文》、《尔雅》不一。 ⑫ **鲍本**"王"下有"之"字。○ ⑬ **鲍本**补曰：一本作"逡"。前有。⑭ **鲍本**《庄子疏》，毛嫱，越王嬖妾。西施，越女，吴王姬。 ⑮ **鲍本**縠，细缕也。正曰：《增韵》，縠，绉纱。《齐三》"服官轻绡"注，今纱。下章"曳绮縠"，又章"帝省齐冰纨方空縠"，知齐产善也。《说文》，縠，细縛。恐此注字误。 ⑯ **鲍本**便，顺其所好；辟，避其所恶。 ⑰ **姚本**集本无"也"字。三同。

宣王谢曰："寡人有罪国家。"于是举士五人任官，齐国大治。①

① **鲍本**彪谓：王斗之义无所取，出门求见，自卑甚矣。而徒以趋见于咫尺之间以为高，此孟子所谓"不能三年而缌小功之察"者也。抑其陈谊迂而不切，独所谓学縠者可知耳。然不若魏牟之言之悫，而彪为序，舍牟而取斗，为牟之言出于斗也。正曰：王斗造门求见，徒以趋见于咫尺之间为高，鲍论当矣。其言王不好士，不可谓不切也。特桓公好狗马酒色之说，亦管仲不害霸之意。此其所以为辩士之言，而非君子之正尔。学縠之言与魏牟合，又何不若之有？战国论说相类者甚多，牟岂果出于斗乎？补曰：宣王喜

文学游说之士，赐列第为上大夫者七十六人，不治而议论，稷下学士至数百千人，士非不盛也。然邹衍、淳于髡之徒，类皆诙诞无实，不治而议，所养非所用，国何赖焉？故颜斶劝以贵士，王斗讥其不好士，有以也！然若斗与斶者，亦未知其何如也。有一孟子而不能用，安用彼数百千人哉！

齐王使使者问赵威后

齐王使使者问赵威后①。书未发②，威后问使者曰："岁亦无恙耶③？民亦无恙耶？王亦无恙耶？"使者不说，曰："臣奉使使威后，今不问王，而先问岁与民，岂先贱而后尊贵者乎？"威后曰："不然。苟无岁，何以④有民？苟无民，何以有君？故有问⑤舍本而问末者耶？"乃进而问之曰："齐有处士曰钟离子⑥，无恙耶？是其为人也，有粮者亦食，无粮者亦食；有衣者亦衣，无衣者亦衣。是助王养其民也⑦，何以至今不业也⑧？叶阳⑨子无恙乎？是其为人，哀鳏寡，恤孤独，振困穷，补不足。是助王息⑩其民者也，何以至今不业也？北宫之女婴儿子无恙耶？彻⑪其环瑱，至老不嫁，以养父母。是皆率民而出于孝情⑫者也，胡为至今不朝也⑬？此二士弗⑭业，一女不⑮朝，何以王齐国，子万民乎？於陵子仲尚存乎⑯？是其为人也，上不臣于王，下不治其家，中不索交诸侯。此率民而出于无用者，何为至今不杀乎？"⑰

① **鲍本**惠文后，孝威太后。 ② **鲍本**补曰：未发其封。 ③ **鲍本**恙，忧也。 ④ **姚本**刘本有两"以"字。 **鲍本**无两"以"字。○ ⑤ **姚本**一无"问"字。 ⑥ **鲍本**钟离属九江。正曰：《路史》云，沂之承（音惩）有钟离城，乃鲁、吴会处。成十五年杜云，淮南县。今属濠州者非。应劭云，钟离

子国在九江，盖其后徙于此，吴灭之。补曰：钟离，姓也，非地。汉有钟离昧，盖以地氏者。 ⑦ **鲍本**“也”上补“者”字。○ ⑧ **鲍本**言不得在位，成其职业。 ⑨ **鲍本**诸书叶阳皆不地。《范雎传》注，“华”一作“叶”。补曰：《正义》云，叶阳今许州叶县。又见《魏策》。 ⑩ **鲍本**息，生也。 ⑪ **鲍本**《集韵》，撤，去也，通作“彻”。 ⑫ **鲍本**情，犹诚。 ⑬ **鲍本**命妇则朝。 ⑭ **札记**今本“弗”误“不”。 ⑮ **姚本**“不”一作“弗”。 ⑯ **鲍本**於陵属济南。皆以所居为号，此自一人。若《孟子》所称，已是七八十年矣。补曰：《路史》，於陵，今淄之长山。正曰：此言於陵仲子之行与《孟子》所称者合，恐即此人也。赵惠文王与齐闵王同时，惠文后用事，实孝成之世，其在惠文时，则仲子犹相及。 ⑰ **鲍本**彪谓：威后贤矣，其是非乃不诡于圣！齐有此数士不能察，至使邻国老女子愧之，王建不足道也。时君王后故无恙，胡为亦无察乎？正曰：问王而不及后，必非君王后、王建时。鲍因《策》言谓后为贤智，故曲说至此。 “王使”之“使”，如字。瑱，它典、它甸二反。

齐人见田骈

齐人见田骈[①]，曰：“闻先生高议[②]，设为不宦[③]，而愿为役[④]。”田骈曰：“子何闻之？”对曰：“臣闻之邻人之女。”田骈曰：“何谓也？”对曰：“臣邻人之女，设为不嫁，行年三十而有七子，不嫁则不嫁，然嫁过毕[⑤]矣。今先生设为不宦，訾[⑥]养千鍾[⑦]，徒[⑧]百人，不宦则然矣，而富过毕也[⑨]”。田子辞[⑩]。

① **鲍本**齐处士。 ② **鲍本**补曰：恐是“义”字。 **札记**今本“议”误“谊”。 ③ **鲍本**设者，虚假之辞。 ④ **鲍本**为骈给使。 ⑤ **鲍本**毕，犹已。言过于嫁已矣。 ⑥ **鲍本**“訾”，“资”同。所资所养也。 ⑦ **鲍本**昭三年注，四豆为区，自四以登至于釜，十则鍾。又《桌氏》注，四升为豆，则钟凡六斛四斗也。 **札记**今本“鍾”误“鐘”。 ⑧ **鲍本**徒，从车者。 ⑨ **鲍本**“也”作“矣”。○ ⑩ **鲍本**谢之也。

管燕得罪齐王

管燕[①]得罪齐王，谓其左右曰：“子孰而[②]与我赴诸侯乎？”左右嘿然莫对。管燕连[③]然流涕曰：“悲夫！士何其易得而难用也！”田需[④]对曰：“士三食不得餍[⑤]，而君鹅鹜有余食[⑥]；下宫糅罗纨[⑦]，曳绮縠[⑧]，而士不得以为缘。[⑨]且财者君之所轻，死者士之所重，君不肯以所轻与士[⑩]，而责士以所重事君，非士易得而难用也。”[⑪]

① **鲍本**齐人。正曰：无考。《新序》作燕相。　**札记**丕烈案：《新序》当有误。　② **姚本**一本无“而”字。　**鲍本**而，辞也。　③ **鲍本**“连”与“涟”同，泣下也。　④ **鲍本**补曰：田需，见《魏策》，与公孙衍并相者，岂即此人欤？　⑤ **鲍本**饱也。　⑥ **鲍本**鹜，舒凫。　⑦ **鲍本**下宫，后宫下列。糅，杂；纨，素也。　⑧ **鲍本**绮，文绘。　⑨ **鲍本**缘，衣纯。　⑩ **札记**今本“士”误“亡”。　⑪ **鲍本**补曰：《说苑》，宗卫相齐罢归，召田饶等问，饶对亦与此合。　**札记**丕烈案：《韩诗外传》云，宋燕相齐见逐，罢归之舍，召门尉陈饶等二十六人。此《策》文当有误。

苏秦自燕之齐

苏秦[①]自燕之齐[②]，见于华章[③]南门[④]。齐王曰：“嘻[⑤]！子之来也。秦使魏冉致帝[⑥]，子以为何如？”对曰：“王之问臣也卒[⑦]，而患之所从生[⑧]者微[⑨]。今不听，是恨秦[⑩]也；听之，是恨天下也。不如听之以卒[⑪]秦，勿庸[⑫]称也以为天下。秦称之，天下听之，王亦称之，先后之事，帝名为无伤也[⑬]。秦称之，而天下不听，王因勿称，其[⑭]于以收天下，此大资也。”[⑮]

① **鲍本**"秦"作"子"。○ 《史》作"代",是。补曰:字误。 **札记**丕烈案:《史记》作苏代自燕来入齐。 ② **鲍本**此三十六年。正曰:二十六年。③ **鲍本**"华章"作"章华"。○ 补曰:姚及一本作"华章"。 ④ **鲍本**《史》作"东门"。注,《齐都赋》"小城北门",不知是一门,非也。补曰:《括地志》,齐城东有闾门、武鹿、章华之门。 ⑤ **鲍本**《集韵》,有所多大之声。正曰:叹声。 ⑥ **鲍本**致帝号于齐。 ⑦ **鲍本**与"猝"同。 ⑧ **鲍本**"生"作"往"。○ 补曰:一本作"生",是。 **札记**丕烈案:《史记》作"来"。⑨ **鲍本**患在后,故言"从往",与"从来"异也。今未著,故言微。 ⑩ **鲍本**违秦,秦恨之。 ⑪ **鲍本**"卒"作"为"。○ 犹善。正曰:卒成秦之事。⑫ **鲍本**庸,用也。 ⑬ **鲍本**虽称有先后,无害于帝。 ⑭ **姚本**一本无"其"字。 **鲍本**衍"其"字。 **札记**丕烈案:《史记》无"其于"二字。 ⑮ **鲍本**《齐记》三十六年有。彪谓:此《策》自为智则明,为人谋则忠,苏、张之巨擘也。正曰:受帝号以顺秦,而不称以收天下,无非诈谋耳!补曰:"子以为"之"为",如字。

苏秦谓齐王〔校一〕

〔校一〕此篇姚本与《苏秦自燕之齐》连篇,鲍本另列一篇,据文义,从鲍本。

苏秦[①]谓齐王曰[②]:"齐、秦立为两帝,王以天下为尊秦乎?且尊齐乎?"王曰:"尊秦。""释帝则天下爱齐乎?且爱秦乎?"王曰:"爱齐而憎秦。""两帝立,约伐赵[③],孰与伐宋之利也[④]?"对曰:"夫约然[⑤]与秦为帝,而天下独尊秦而轻齐;齐释帝,则天下爱齐而憎秦;伐赵不如伐宋之利。故臣愿王明释帝,以就天下;倍[⑥]约傧[⑦]秦,勿使争重;而王以其间举宋。夫有宋则卫之阳城[⑧]危;有淮北[⑨]则楚之东国危;有济西[10]则赵之河东[11]危；有阴[12]、平陆则梁门[13]不启。故释帝而贰之以伐宋之事[14]，则国重而名尊，燕、楚以形服[15]，天下不敢不听，此汤、武之举也。敬秦以为名，[16]而后使天下憎之，此所谓以卑易尊者也！愿王之熟虑之也！"[17]

① **鲍本**"秦"作"子"。○ 补曰：字误。《史》作"代"。 **札记**丕烈案：《史记》无此句，吴以意言之耳。当在上，入此者非。 ② **鲍本**苏子问。 ③ **鲍本**亦问辞。 ④ **姚本**刘本有"王曰，不如伐宋"。 **鲍本**"也"下有"对曰伐宋利"五字。○ **札记**丕烈案：《史记》有"王曰，伐桀宋利"。 ⑤ **姚本**一本无"然"字。 **鲍本**然其伐宋之约。补曰：《史》作"夫约钧然"，言齐、秦俱相约如此。一本无"然"字。愚恐"钧"，"约"字讹，无"然"字，而以"约与"连下文读为是。 **札记**丕烈案：《史记》，"夫约钧"句绝，"然"下属。此当有误。 ⑥ **鲍本**"倍"，背同。 ⑦ **鲍本**"傧"，"摈"同。《集韵》，弃也。补曰："摈"、"傧"、"宾"，古通用。《策》多有，后仿此。 **札记**丕烈案：《史记》作"宾"。 ⑧ **鲍本**汝南、颍川皆有。正曰：非卫地。《史》作"阳地"，注，濮阳之地。 ⑨ **鲍本**淮水之北。淮出平氏桐柏。正曰：淮出南阳平氏县胎簪山。禹自桐柏导之，东会泗、沂入海。 ⑩ **鲍本**庄十八年注，济水之西。 ⑪ **鲍本**赵河之东，非郡也。 ⑫ **鲍本**阴属南阳。正曰：阴即陶，说见《赵策》。 **札记**丕烈案：《史记》作陶。 ⑬ **鲍本**大梁之门。 ⑭ **鲍本**贰，不与秦合也。秦约伐赵，而此伐宋。 ⑮ **鲍本**"形"作"刑"。○ 刑，犹威也。言畏威而服。 **札记**丕烈案：《史记》作"形"。 ⑯ **鲍本**非实敬之。⑰ **鲍本**《齐记》与上为一章。今详上章犹欲听秦，此章决欲傧之，非一日之谈，为二章可也。

战国策卷十二

齐　五

苏秦说齐闵王

苏秦[①]说齐闵王曰："臣闻用兵而喜先天下者[②]忧，约结而喜主怨者孤[③]。夫后起者借[④]也，而远怨者时[⑤]也。是以圣人从事，必借于权[⑥]而务兴于时。夫权借者，万物之率[⑦]也；而时势者，百事之长也。故无权籍，倍[⑧]时势，而能事成者寡矣。

① **姚本**一本无"苏秦"二字。　**鲍本**"秦"作"子"。○　补曰：字误。说见后。　**札记**今本"秦"作"子"，乃误涉鲍也。鲍改"秦"为"子"。吴氏补曰，此《策》旧为苏秦，实误。前章代误为秦，或遂以此为代，则亦不然。一本无章首二字者是矣。丕烈案：吴说甚详此，最是。今本乃反依鲍改，致为误也。　② **鲍本**为天下先。　③ **鲍本**为约以结与国而伐人，人必怨之。又为之主，众所不与也，故孤。　④ **鲍本**借，言有所资权是也。　⑤ **鲍本**得其时也。人怨之，则虽欲乘时不能也。　⑥ **鲍本**权者，事之宜，重之所在也。上言"后起者借"，借此而已。　⑦ **鲍本**率，帅同，犹长也。　⑧ **鲍本**倍，背同。

"今虽干将、莫邪[①]，非得人力，则不能割刿[②]矣。坚箭利金，不得弦机之利，则不能远杀矣。矢非不铦[③]，而剑非不利也，何则？权借不在焉。何以知其然也？昔者赵氏袭卫，车舍人[4]不休傅[5]，卫国城割平[6]，卫八门土而二门堕[7]矣，此亡国之形也。卫君跣行，告遡[8]于魏。魏王[9]身被甲底[10]剑，挑赵索战。邯郸之中骛[11]，河、山之间乱。卫得是借也，亦收余甲而北面，残刚平，堕中牟[12]之郭。卫非[13]强于赵也，譬之卫矢而魏弦机也，借力[14]魏而有河东之地[15]。赵氏惧，楚人救赵而伐魏，战于州西[16]，出[17]梁门，军舍林中[18]，马饮于大河。赵得是借也，亦袭魏之河北[19]烧棘沟[20]，坠黄城[21]。故刚平之残也，中牟之堕也，黄城之坠[22]也，棘沟[23]之烧也，此皆非赵、魏之欲也。然二国劝行之者，何也？卫明于时权之借也。今世之为国者不然矣。兵弱而好敌强，国罢而好众怨[24]，事败而好鞠[25]之，兵弱而憎下人也[26]，地狭而好敌大，事败而好长[27]诈。行此六者而求伯，则远矣。

① **鲍本**《博物志》，干将，阳龙文；莫邪，阴漫理。此二剑，吴王使干将作。干将，越人；莫邪，其妻，亦善作剑。 ② **鲍本**刿，利伤也。 ③ **鲍本**《集韵》，利也。 ④ **鲍本**主车者。 ⑤ **鲍本**“傅”作“传”。○ 传，驿递也，言其警急。 **札记**“傅”，今本作“传”。 ⑥ **鲍本**言城中割地求成。平，成也。 ⑦ **鲍本**补曰：堕，许规反。 ⑧ **鲍本**遡，愬同。 ⑨ **鲍本**补曰：魏武侯也。时未称王，此辩士之词，犹下称孝公为秦王。 ⑩ **姚本**一作“砥”。 **鲍本**底，砥同，砺也。 ⑪ **鲍本**骛，乱驰也。 ⑫ **鲍本**中牟，属河南，赵献侯自耿徙此。《赵记》注详。正曰：此据《地理志》，瓒及《索隐》以为非。《正义》云，中牟，赵邑，在相州荡阴县西，有牟山，邑在山侧。 ⑬ **姚本**一本“非”下有“有”字。 ⑭ **姚本**曾，“力”下有“于”字。 ⑮ **鲍本**赵敬侯四年，筑刚平以侵卫。五年，齐、魏为卫败我刚平。 ⑯ **鲍本**州属河内。 ⑰ **姚本**一本“出”下有“于”字。 ⑱ **鲍本**《魏记》注，宛有林乡。 ⑲ **鲍本**

属河东。 ⑳ **鲍本**“沟”作“蒲”，下同。〇 补曰：《史·赵世家》作“蒲”。敬侯六年借兵楚，取魏棘蒲，不注。宣二年注，大棘，在陈留襄邑南。蒲，南蒲，蒲阪也，谓此。正曰：《正义》云，今赵州平棘县，古棘蒲邑。 ㉑ **鲍本**八年，拔魏黄城，陈留外黄是。正曰：《正义》云，《括地志》，故黄城在魏州冠氏县南十里，因黄沟为名。按，陈留外黄城，非隋所别也。《大事记》从上说，当考。 ㉒ **鲍本**“坠”作“队”。〇 ㉓ **札记**今本“棘”、“沟”误倒。㉔ **鲍本**罢，疲同音，下同。乐与众为怨。 ㉕ **鲍本**鞠，穷也，言遂事。㉖ **姚本**曾本无“也”字。 **鲍本**无“也”字。〇 ㉗ **鲍本**长，益之。

“臣闻善为国者，顺民之意，而料兵之能，然后从[1]于天下。故约不为人主怨，伐不为人挫强[2]。如此，则兵不费，权不轻，地可广，欲可成也。昔者，齐之与韩、魏伐秦、楚也[3]，战非甚疾也，分地又非多韩、魏也[4]，然而天下独归咎于齐者，何也？以其为韩、魏主怨也[5]。且天下遍用兵矣，齐、燕战，而赵氏兼中山，秦、楚战韩、魏不休，而宋、越专用其兵。此十国者，皆以相敌为意，而独举心于齐者，何也？约而好主怨，伐而好挫强也。

① **鲍本**从，谓后之。 ② **鲍本**不以兵为人挫强敌。 ③ **鲍本**无“秦”字。〇 正曰：齐闵王十一年，楚怀二十六年，齐与韩、魏为楚负其从亲而合秦，遂共伐楚。闵王十六年，合韩、魏以伐秦，秦昭王九年也。 ④ **鲍本**言得地等耳。 ⑤ **鲍本**是楚怀二十六年，此二十一年。正曰：此十一年。

“且夫强大之祸，常以王人为意[1]也；夫[2]弱小之殃，常以谋人为利也[3]。是以大国危，小国灭也。大国之计，莫若后起而重伐不义[4]。夫后起之籍与多而兵劲[5]，则事[6]以众强適[7]罢寡也,兵必立也[8]。事不塞天下之心,则利必附矣。大国行此,则名号不攘[9]而至,伯王不为而立矣。小国之情,莫如仅[10]静而寡信诸侯[11]。仅静,则四邻不反;寡信诸侯,则天下不卖。外不卖,内不反,则槟祸朽腐[12]而不用,币帛矫蠹[13]而不服矣[14]。小国道此[15],则不祠而福矣,不贷[16]而见足矣。故曰:祖仁者王,立义者伯,用兵穷者亡。何以知其然也?昔吴王夫差以强大为天下先,强[17]袭郢而栖越,身从诸侯之君[18],而卒身死国亡,为天下戮者,何也?此夫差平居而谋王,强大而喜先天下之祸也。昔者莱[19]、莒好谋,陈、蔡好诈,莒恃越而灭,蔡恃晋而亡[20],此皆内长诈,外信诸侯之殃也。由此观之,则强弱大小之祸,可见于前事矣。

① **鲍本**欲为人王。 ② **姚本**一无"夫"字。 ③ **鲍本**补曰:恃谋人以为利而致殃。 ④ **鲍本**不义虽可伐,亦不可轻。正曰:主于后起借权,不以伐不义为急也。 ⑤ **鲍本**人与之多。 ⑥ **姚本**"事",刘本作"是"字。**鲍本**"事"作"是"。○ ⑦ **鲍本**"適"作"敵"。○ 补曰:"適","敵"通。⑧ **鲍本**补曰:疑有缺字。 ⑨ **鲍本**攘,犹取。 ⑩ **鲍本**"仅"作"谨"。○补曰:"仅"字讹,疑"谨",下同。 ⑪ **鲍本**信,犹恃也。莒、蔡是矣。⑫ **鲍本**"槟祸"作"稽积"。○ 补曰:改"稽积"亦当是"积稸"。此书多"稸"字。 ⑬ **鲍本**矫,揉箭箝也,故有变意。此言变其初也。蠹,犹蚀。正曰:别本注,"矫"一作"燆",去尧切,火行也。 **札记**丕烈案:此以"矫"为"槁"字也,作"燆"非。 ⑭ **鲍本**无"而不服矣"四字。○ 正曰:姚及别本皆有"而不服矣"一句,文义明白,今添。 ⑮ **鲍本**道,犹行。 ⑯ **鲍本**贷,音代,从人求物也。 ⑰ **姚本**曾本无"强"字。 ⑱ **鲍本**诸侯从之。⑲ **鲍本**东莱,故莱子国。补曰:《春秋》,齐侯灭莱。《传》,莱恃谋也。⑳ **鲍本**莒、蔡皆恃远忽近而亡。正曰:《策》但言有恃。

“语曰：‘麒[①]骥之衰也，驽马先之；孟贲之倦也，女子胜之。’夫驽马、女子，筋骨力[②]劲，非贤于骐骥、孟贲也。何则？后起之借也。今天下之相与也不并灭[③]，有而[④]案兵而后起，寄[⑤]怨而诛不直，微用兵而寄于义[⑥]，则亡[⑦]天下可蹈[⑧]足而须也。明于诸侯之故，察于地形之理者，不约亲，不相质[⑨]而固，不趋而疾，众事[⑩]而不反，交割[⑪]而不相憎，俱强而加以亲。何则？形同忧而兵趋利也[⑫]。何以知其然也？昔者齐、燕[⑬]战于桓之曲[⑭]，燕不胜，十万之众尽。胡人袭燕楼烦[⑮]数县，取其牛马[⑯]。夫胡之与齐非素亲也，而用兵又非约质而谋燕也，然而甚于相趋者，何也？何则[⑰]形同忧而兵趋利也。由此观之，约于同形则利长，后起则诸侯可趋役也[⑱]。

① **鲍本**“麒”作“骐”。〇 **札记**今本“麒”作“骐”。 ② **鲍本**“骨力”作“力骨”。〇 ③ **鲍本**“与”，犹恃也。言与之相恃，亦不皆亡，在所处耳。 ④ **鲍本**“而”作“能”。〇 补曰：字或误衍。 **札记**丕烈案：鲍改、吴补皆非。“而”、“能”同字，《策》文多以“而”为“能”。如上文“子孰而与我赴诸侯乎”，下文“而解此环不”之属是也。 ⑤ **鲍本**寄，言假手于人，不为主也。 ⑥ **鲍本**犹假也。补曰：“寄怨而诛不直”者，使人诛之而己不主怨，即所谓“重伐不义”也。“微用兵而寄于义”者，隐其用兵之真情，而寄寓于义以为名也。 ⑦ **札记**今本“亡”误“霸”。 ⑧ **鲍本**蹈，不伸也。 ⑨ **鲍本**质，质子。 ⑩ **鲍本**众事，犹共事。 ⑪ **鲍本**交，言彼此割地。 ⑫ **鲍本**补曰：众事宜多反复，交割地者宜相憎，俱强者宜不相下。今皆不然，以其同忧趋利故也。 ⑬ **鲍本**“齐燕”作“燕齐”。〇 ⑭ **鲍本**《家语》所谓桓山，盖在齐、鲁之间。 ⑮ **鲍本**楼烦，属雁门。 ⑯ **鲍本**此盖之、哙败时。 ⑰ **鲍本**无下“何”字。〇 ⑱ **鲍本**可使趋我，而为我役。

“故明主察相[1]，诚欲以伯王也[2]为志，则战攻非所先。战者，国之残也[3]，而都县之费也[4]。残费已先，而能从诸侯者寡矣。彼战者之为残也，士闻战则输私财而富军市[5]，输饮食而待死士，令折辕[6]而炊之，杀牛而觞士[7]，则是路君之道也[8]。中人祷祝[9]，君翳酿[10]，通都小县置社，[11]有市之邑莫不止[12]事[13]而奉王，则此虚中之计也。夫战之明日，尸[14]死扶伤，虽若有功也，军出费，中哭泣，则伤主心矣。死者破家而葬，夷伤者空财而共药[15]，完者内酺[16]而华[17]乐，故其费与死伤者钧[18]。故民之所费也，十年之田而不偿也。军之所出，矛[19]戟折，镮弦[20]绝，伤弩，破车，罢马，亡矢之大半。甲兵之具，官[21]之所私出也，士大夫之所匿，厮[22]养士之所窃，十年之田而不偿也。天下有此再费者，而能从诸侯寡矣。攻城之费，百姓理襜蔽[23]，举冲橹[24]，家杂总[25]，身窟穴[26]，中罢于刀金[27]。而士困于土功，将不释甲，期数[28]而能拔城者为亟耳。上倦于教，士断[29]于兵，故三下城而能胜敌者寡矣。故曰：彼战攻者，非所先也。何以知其然也？昔智伯瑶攻范、中行氏，杀其君，灭其国，又西围晋阳，吞兼[30]二国，而忧一主[31]，此用兵之盛也。然而智伯卒身死国亡，为天下笑者，何谓也？兵先战攻，而灭二子[32]患[33]也。日[34]者，中山悉起而迎燕、赵，南战于长子，败赵氏；北战于中山，克燕军，杀其将。夫中山千乘之国也，而敌[35]万乘之国二，再战北[36]胜，此用兵之上节也[37]。然而国遂亡，君臣[38]于齐者[39]，何也？不啬[40]于战攻之患也。由此观之，则战攻之败，可见于前事[41]。

① **鲍本**相之明察者。 ② **姚本**刘本作去"也"字。 **鲍本**衍"也"字。 ③ **鲍本**有害于国。 ④ **鲍本**隐元年注,邑有宗庙之主曰都。周制,二千五百家为县。正曰:《周礼》,四甸为县,四县为都。又五鄙为县。又《礼》,小曰邑,大曰都。 ⑤ **鲍本**士众所聚,有市井焉。 ⑥ **姚本**集本作"折辕",曾本作"析骸"。 **鲍本**辕,辀也。 ⑦ **鲍本**觯实曰觞,盖以饮之。 ⑧ **鲍本**"路"疑作"露",言国中所有,悉出于路。又疑作"路窘",言财用窘于道路。正曰:正是道路之路。 **札记**丕烈案:此皆非也。路,羸也。下作"露"。《秦策》用"潞"字,又用"露"字。郑笺《诗》,"串夷载路"。赵岐注《孟子》,"是率天下而路也"。字同此。"君"是"军"字之误。下文是"虚中之计也",二句文相对。下文又云"军出费,中哭泣",亦以"军"与"中"相对,可为证。 ⑨ **鲍本**国中之人为行者祈。 ⑩ **鲍本**翳,华盖也,故有隐义。言酿于中以待饮至。 ⑪ **鲍本**戮不用命者。正曰:亦言祷祀之事。 ⑫ **鲍本**"止"作"正"。○ ⑬ **鲍本**事,谓财赋警备之事。 ⑭ **鲍本**"尸"作"尸"。○ 尸,未殓也。 ⑮ **鲍本**夷,亦伤。共,供同。 ⑯ **鲍本**酺,大饮也。⑰ **鲍本**华,犹奢。 ⑱ **鲍本**与"均"同。 ⑲ **鲍本**矛,酋矛也,兵车所建。补曰:《诗》"二矛"注,酋矛长二丈,夷矛长二丈四尺。戟,注见前。 ⑳ **鲍本**"弦"作"铉"。○ 镮,刀镮。 ㉑ **鲍本**"官"作"宫"。○ 宫,如父子异宫之宫。古者寓兵于农,故私家出之。 **札记**丕烈案:"宫",误字也,鲍所说全谬。 ㉒ **鲍本**斯,析薪养马者。 ㉓ **鲍本**襜,衣蔽前者。襜蔽,叠言也。言士作苦,衣易敝,故亟治之。 ㉔ **鲍本**冲,陷阵车。正作橦。补曰:城上露屋为橹,战阵高巢车亦为橹。此与冲并言,亦车也。 ㉕ **鲍本**全家并作。 ㉖ **鲍本**谓地道。 **札记**今本"窟"误"屈"。丕烈案:此以"窟"为"掘"字。连下"中"字读者非。 ㉗ **鲍本**兵器也。 ㉘ **鲍本**数,数月。㉙ **鲍本**断,音短,截也。 ㉚ **鲍本**"兼"作"并"。○ ㉛ **鲍本**赵襄子。㉜ **鲍本**有"之"字。○ **札记**今本"子"下有"之"字,乃误涉鲍也。鲍补"之"字。 ㉝ **鲍本**患在灭二子。 ㉞ **姚本**一作"昔"。 **鲍本**"日"作"昔"。○ ㉟ **鲍本**"敌"作"攻"。○ ㊱ **姚本**"北"一作"比"。 **鲍本**比,相次。㊲ **鲍本**节,犹等。 ㊳ **姚本**三本同作"恶"。 ㊴ **鲍本**此二十九年,书佐赵

灭中山。补曰：说见前及《燕策》。 ㊵ **鲍本**啬，吝也。 ㊶ **鲍本**补“矣”字。○ 补曰：“事”下或有缺字。 **札记**今本“事”下有“矣”字，乃误涉鲍也。鲍补“矣”字。

“今世之所谓善用兵者，终[①]战比胜，而守不可拔[②]，天下称为善，一国得而保之[③]，则非国之利也。臣闻战大胜者，其士多死而兵益弱；守而不可拔者，其百姓罢而城郭露[④]。夫士死于外，民残于内，而城郭露于境，则非王之乐也。今夫鹄的[⑤]非咎[⑥]罪于人也，便[⑦]弓引弩而射之，中者则善[⑧]，不中则愧，少长贵贱，则同心于贯之者，何也？恶其示人以难也[⑨]。今穷战比胜，而守必不拔，则是非徒示人以难也，又且害人者也，然则天下仇之必矣。夫罢士露国，而多与天下为仇，则明君不居也；素用强兵而弱之[⑩]，则察相不事[⑪]。彼明君察相者，则五兵不动[⑫]而诸侯从，辞让而重赂至矣。故明君之攻战也，甲兵不出于军而敌国胜，冲橹不施而边城降，士民不知而王业至矣。彼明君之从事也，用财少，旷日远而为[⑬]利长者[⑭]。故曰：兵后起则诸侯可趋役也。

① **鲍本**终，谓穷兵。 ② **鲍本**守城期于不拔。 ③ **鲍本**得所称为善者保恃之。 ④ **鲍本**外无居人，故暴露。 ⑤ **姚本**一作“杓”。 **鲍本**的，即鹄也，所谓侯中。补曰：栖皮曰鹄。 ⑥ **姚本**一作“柩”。刘，“咎”作“喜”。 **鲍本**补曰：按，《吕氏春秋》亦有“柩罪于先王”之语。 ⑦ **鲍本**便，谓巧。审弓得便巧乃发。 ⑧ **鲍本**人善之。补曰：一云，刘作“喜”。 ⑨ **鲍本**的以难中，人争欲贯之，如恶之然。人如的者，人所恶也。 ⑩ **鲍本**素，犹常也。言兵常用，虽强必弱。 ⑪ **鲍本**不从事于此。补曰：“事”下

当有“也”字。 ⑫ **鲍本**“五戎”注，刀、剑、矛、戟、矢。正曰：此据《淮南子》注。今按，诸说不一。《周礼·司右》“政令”注，弓矢、殳、矛、戈、戟；《司兵》“车”注，戈、殳、戟、夷矛、酋矛。《榖梁》注，矛、戟、钺、楯、弓矢。 ⑬ **鲍本**无“为”字。〇 ⑭ **鲍本**旷，阔也。日虽阔远，其利不穷。

“臣之所闻，攻战之道非师者[①]，虽有百万之军，比之堂上[②]；虽有阖闾、吴起之将[③]，禽之户内；千丈之城，拔之尊俎[④]之间；百尺之冲，折之衽[⑤]席之上[⑥]。故钟鼓竽瑟之音不绝，地可广而欲可成；和乐倡优[⑦]侏儒[⑧]之笑不之，[⑨]诸侯可同日而致也。故名配天地不为尊，利制海内不为厚[⑩]。故夫善为王业者，在劳天下而自佚，乱天下而自安，诸侯无成谋[⑪]，则其国无宿忧也[⑫]。何以知其然[⑬]？佚[⑭]治在我，劳乱在天下，则王之道也。锐兵来则[⑮]拒之，患至则趋[⑯]之，使诸侯无成谋，则其国无宿忧矣。何以知其然矣[⑰]？昔者魏王[⑱]拥土千里，带甲三十六万，其[⑲]强而拔邯郸[⑳]，西围定阳[㉑]，又从十二诸侯朝天子，以西谋秦。秦王[㉒]恐之，寝不安席，食不甘味，令于境内，尽堞[㉓]中为战具，竟[㉔]为守备，为死士置将，以待魏氏。卫鞅谋于秦王曰：‘夫魏氏其功大，而令行于天下，有十二诸侯而朝天子，其与必众。故以一秦而敌大魏，恐不如。王何不使臣见魏王，则臣请必北魏矣。’秦王许诺。卫鞅见魏王曰：‘大王之功大矣，令行于天下矣。今大王之所从十二诸侯，非宋、卫也，则邹、鲁、陈、蔡，此固大王之所以鞭棰[㉕]使也，不足以王天下。大王不若北取燕，东伐齐，则赵必从矣；西取秦，南伐楚，则韩必从矣。大王有伐齐、楚心，而从天下之志[㉖]，则王业见矣。大王不如先行王服[㉗]，然后图齐、楚。’魏王说于卫鞅之言也，故身广公宫，制丹衣柱㉘，建九斿㉙，从七星之旟㉚。此天子之位也，而魏王处之。于是齐、楚怒，诸侯奔齐，齐人伐魏，杀其太子，覆其十万之军。魏王大恐，跣㉛行按兵于国，而东次于齐㉜，然后天下乃舍之。当是时，秦王垂拱受㉝西河之外㉞，而不以德魏王。故曰㉟卫鞅之始与秦王计也，谋约不下席，言于尊俎之间，谋成于堂上，而魏将以㊱禽于齐矣；冲橹未施，而西河之外入㊲于秦矣。此臣之所谓比之堂上，禽将户内，拔城于尊俎之间，折冲席上者也。”㊳

① **鲍本**师，旅也。言不用师。 ② **鲍本**言谋之于堂，彼自败也。补曰："比"当作"北"。诸本皆作"比"，不知何故？此注亦作败释矣。章本字同。 ③ **鲍本**阖闾将孙武也。此以君臣互言之。正曰：将若阖闾之善用兵。 ④ **鲍本**俎，肉在豆上。 ⑤ **姚本**一无"衽"字。 **鲍本**郑玄《记》注，衽，卧席也。 ⑥ **姚本**一无"之"字。 ⑦ **鲍本**倡优，倡乐也。 ⑧ **鲍本**侏儒，短小人。 ⑨ **鲍本**"之"作"乏"。○ **札记**今本末"之"字作"乏"。⑩ **鲍本**言其功德之崇。虽名利若此，犹不足称也。 ⑪ **鲍本**图我之谋不成。 ⑫ **鲍本**言无一夕之忧。正曰：宿，留也，犹宿诺。 ⑬ **鲍本**"然"下有"也"字。○ 补曰：上文例，宜有"也"字。 ⑭ **姚本**一无"佚"字。⑮ **姚本**一本以"则"为"而"。 ⑯ **姚本**"则趋"一作"而移"。 **鲍本**趋，言往应之。 ⑰ **鲍本**"矣"作"也"。○ 补曰：上文例，当作"也"。 **札记**今本"矣"作"也"，乃误涉鲍也。鲍改"矣"为"也"。 ⑱ **鲍本**惠。 ⑲ **鲍本**"其"上补"恃"字。○ ⑳ **鲍本**十八年。 **札记**今本"其"上有"恃"字，乃误涉鲍也。鲍补"恃"字。丕烈案：此亦以"而"为"能"字。鲍补谬甚。㉑ **鲍本**属上党。 ㉒ **鲍本**此孝公也。此史，秦人故尊称之。正曰：说见前。 ㉓ **鲍本**堞，城上女墙。 ㉔ **鲍本**"竟"作"竞"。○ 补曰：即上文

“境”字也。堞中为战具,境内为守备。 ㉕ **鲍本**棰,马策。 ㉖ **鲍本**使天下从。 ㉗ **鲍本**王者服饰。 ㉘ **鲍本**以丹帛为柱衣。正曰:丹柱犹衣之也。 ㉙ **鲍本**旗旒。 ㉚ **鲍本**鸟隼为旟,又绘星焉。正曰:按《考工记》并注,龙旂九斿,诸侯所建;鸟旟七斿,鸟隼为旟,州里所建;弧旌枉矢,画枉矢。此与《曲礼》合。龙旂即青龙,鸟隼即朱雀,枉矢恐即招摇,注所谓画七星者。又《礼》,百官载旟。此言七星之旟,而又以天子言,战国不可以古制准也。 ㉛ **鲍本**跣,足亲地也。 ㉜ **鲍本**过信为次,往服齐也。 ㉝ **鲍本**“受”上有“而”字。○ ㉞ **鲍本**垂衣拱手,言无所事。西丧地于秦,谓此欤? ㉟ **姚本**一无“曰”字。 **鲍本**无“曰”字。○ ㊱ **姚本**一作“已”。 **鲍本**“以”作“已”。 ㊲ **鲍本**“入”上有“已”字。○ ㊳ **鲍本**彪谓:此《策》辗转皆中事机,而不诡于圣,虽钟竽倡乐,非所以启人主者,亦《孟子》色货之比。闵王骄不能听,以及鼓里之祸,百世之戒也!正曰:此《策》谈兵主于后起,借权不为人主怨。其云“案兵而后起,寄怨而诛不直,微用兵而寄于义”,最其术之深者。是岂仁义之师,正大之论乎?虽其后极言战之害,何救于失哉!钟鼓倡乐之云,视《孟子》与民同乐之意不类。鲍之不察甚矣。补曰:苏秦佯为得罪燕而亡走齐,说湣王厚葬以明孝,高宫室大苑囿以明得,意欲敝齐而为燕。苏代继之,实祖秦之故智。《大事记》云,齐之伐宋也,苏代实启之。秦之救宋也,苏代复止之。代为燕反间,骄其君,劳其民,而速其亡也。其说燕曰,“齐王长主也,而自用也,南攻楚五年,蓄积散,西困秦三年,民憔悴,士罢弊,又以余兵举五千乘之劲宋,而包十二诸侯,此其君之欲得也,其民力竭也”云云。此《策》之谋既中,而劝燕伐齐也。此《策》旧为苏秦,实误。前章代误为秦,或遂以此为代,则亦不然。代之谋如彼,岂能劝齐王后战哉?一本无章首二字者是矣。抑是言也,当在灭中山后,取淮北灭宋侵三晋之前。此士之明,盖已逆知闵王之败矣。 《策》文甚佳,首以“用兵后起”、“约结远怨”二端为言,而以“权借时势”明之。“今虽干将”以下止“求霸则远矣”,言先天下之祸,后借之得也。“臣闻善为国”以下止“好挫强也”,言远怨之得,主怨之祸也。“且夫”以下至“强弱大小之祸,可见于前事矣”为一节。“语曰”以下至“战攻之败,可见前事”为一节。“今世所谓善用兵”以下至篇终为一节。三节皆推言用兵不为天下先之意，而不主怨之意在其中，错综起应，变化不穷。只“何以知其然也”一语六用，而不觉其复。　刿，姑卫反。分，扶问反。鹄，工毒反。射，食亦反。“为人”、“为韩”、“为死”之“为”，“王天下”之“王”，去声。

战国策卷十三

齐　六

齐负郭之民有孤狐咺者

齐负[1]郭之民有孤狐咺者[2]，正议闵王，斮之檀衢[3]，百姓不附。齐孙室子[4]陈举直言，杀之东闾，宗族离心。司马穰苴为政者也[5]，杀之，大臣不亲。以故燕举兵，使昌国君[6]将而击之。齐使向子[7]将而应[8]之。齐军破，向子以[9]舆一乘亡。达子收余卒，复振，与燕战，求所以偿[10]者，闵王不肯与，军破走。

① **鲍本**负，犹背。　② **姚本**续云：《古今人表》，狐爰。师古曰，即狐咺也，齐人，见《战国策》。　**鲍本**补曰：孤狐咺，"孤"因"狐"字误衍，《大事记》去之。《吕氏春秋·贵直论》狐援云云，即谓此正议也。《古今人表》作狐爰。　**札记**今本"咺"误"喧"。丕烈案：咺、援、爰，皆声之转也。　③ **鲍本**斮，斩也。檀衢，盖齐市名。　④ **鲍本**公孙家子，犹宗室云。　⑤ **姚本**续云：子由《古史》以此为闵王时事，删《史记·穰苴传》。《通鉴》全引此段，不入穰苴事。　**鲍本**田完之裔，为景公将，去此时远甚，盖误其名。正曰：《大事记》引苏氏，谓《史》称齐景公时，晋伐阿鄄，燕侵河上，晏子荐穰苴斩监军庄贾，因以成功。《春秋左氏》无此事，意穰苴尝为闵王却燕、晋，而战国杂记妄以为景公时。　⑥ **鲍本**乐毅，魏乐羊之后。　⑦ **鲍本**及下达子，《史》不书。补曰：《吕氏春秋》作触子。　⑧ **鲍本**后起为应。　⑨ **鲍本**无"以"字。○　⑩ **鲍本**"偿"作"賞"。○　补曰：《吕氏春秋》作"賞"。　**札记**今

本“償”作“賞”，乃误涉鲍也。丕烈案：此以“償”为“賞”字耳，不当辄改。

王奔莒①，淖齿数之曰：“夫千乘②、博昌之间③，方数百里，雨血沾衣，王知之乎？”王曰：“不知。”“嬴、博④之间，地坼至泉，王知之乎？”王曰：“不知。”“人有当阙⑤而哭者，求之则不得，去之则闻其声，王知之乎？”王曰：“不知⑥。”淖齿曰：“天雨血沾衣者，天以告也；地坼至泉者，地以告也；人有当阙而哭者，人以告也。天地人皆以告矣，而王不知戒焉，何得无诛乎？”于是杀闵王于鼓里⑦。

① **鲍本**此四十年。正曰：三十年。 ② **鲍本**青州郡。 ③ **鲍本**属千乘。 ④ **鲍本**二县属太山。补曰：《礼·檀弓》注，今泰山县。 ⑤ **鲍本**阙，门观。 ⑥ **鲍本**补曰：三“不知”字，《春秋后语》皆作“知之”。《通鉴》从之。 ⑦ **鲍本**莒中里也。

太子①乃解衣免服，逃太史之家为溉园②。君王后，太史氏女③，知其贵人，善事之。田单以即墨之城，破亡余卒，破燕兵，绐骑劫④，遂以复齐⑤，遽迎太子于莒，立之以为王⑥。襄王即位⑦，君王后以为后，生齐王建。⑧

① **鲍本**名法章，是为襄王。 ② **鲍本**溉，灌注。 ③ **鲍本**“氏”上有“后”字。〇 “后”，姓也。以其姓“后”，不可曰“后后”，故曰“君王后”也。正曰：姚本作“太史氏女”，无“后”字。后《策》正云“太史氏”。 ④ **鲍本**绐，败也。劫，燕将，代乐毅者。《毅传》言，单设诈诳燕军。 ⑤ **鲍本**襄五年。 ⑥ **鲍本**时立五年矣，迎而立之齐耳。 ⑦ **姚本**一作“立”。 **鲍本**“位”下有“立”字。〇 补曰：“位”下有缺字。 ⑧ **鲍本**补曰：“雨”，音预；“为

溉”之“为”，去声。

王孙贾年十五事闵王

王孙贾年十五，事闵王。王出走，失王之处。其母曰："女朝出而晚来，则吾倚门而望；女暮出而不还，则吾倚闾而望。女今事王，王出走，女不知其处，女尚何归①？"

① **鲍本**责其亲王不如我之亲女。

王孙贾乃①入市中，曰："淖齿乱齐国，杀闵王②，欲与我诛者，袒右③！"市人从者四百人，与之诛淖齿，刺而杀之。④

① **姚本**一本添“反”字。　② **鲍本**无“闵”字。○　正曰：追书之辞。
③ **鲍本**右肩。　④ **鲍本**补曰：袒，荡旱反，今循习作徒案反。《说文》，裼也。露臂。

燕攻齐取七十余城

燕攻齐，取七十余城，唯莒、即墨不下①。齐田单以即墨破燕，杀骑劫。

① **鲍本**“不”作“未”。○

初，燕将①攻下聊城②，人或谗之③。燕将惧诛，遂保守聊城，不敢归。田单攻之岁余，士卒多死，而聊城不下。

① **鲍本**《史》亦不名。 ② **鲍本**属东郡。《高纪》注，在平原。正曰：《括地志》云，故聊城在博州聊城县西。 ③ **姚本**三同。集无此“初燕将攻下聊城人或谗之”十一字。《史记》有。 **鲍本**补曰：姚氏曰，三同，集无“初燕”止“谗之”十一字，则知此章首有误脱。正曰：自“燕攻齐”止“杀骑劫”二十五字，或他策脱简。而“初燕将”止“谗之”十一字，亦他本所无也。 **札记**丕烈案：《史记》无“燕攻齐”至“杀骑劫”，有“燕将攻下聊城，人或谗之”，当是。《策》文本与《史记》不同，校者以《史记》文记其异同，遂羼入也。吴所说甚详，然仍多不可通者，不若衍其羼入，余均依旧，以存《策》文与《史记》之异说。

鲁连乃书①，约之矢②以射城中，遗燕将曰：“吾闻之，智者不倍③时而弃利，勇士不怯④死而灭名，忠臣不先身而后君。今公行一朝之⑤忿，不顾燕王⑥之无臣，非忠也；杀身亡聊城，而威不信于齐，非勇也；功废名灭，后世无称，非知也。故知者不再计，勇士不怯死⑦。今死生荣辱，尊卑贵贱，此其一时也⑧。愿公之详计而无与俗同也。且楚攻南阳⑨，魏攻平陆⑩，齐无南面之心⑪，以为亡南阳之害，不若得济北之利，故定计而坚守之。今秦人下兵⑫，魏不敢东面⑬，横秦之势合⑭，则楚国之形危。且⑮弃南阳，断右壤⑯，存济北，计必为之。今楚、魏交退⑰，燕救不至⑱，齐无天下之规⑲，与聊城共据⑳期年之弊，即臣见公之不能得㉑也。齐必决之于聊城，公无再计。彼燕国大乱，君臣过计㉒，上下迷惑，栗腹㉓以百万㉔之众，五折于外，万乘之国，被围于赵，壤削主困，为天下戮㉕，公闻之乎？今燕王方寒心独立，大臣不足恃，国弊祸多，民心无所归。今公又以弊聊㉖之民，距全齐之兵㉗，期年不解，是墨翟之守也㉘；食人炊骨，士无反北之心，是孙膑、吴起之兵也。能以㉙见于天下矣！

① **鲍本**“书”上补“为”字。○ **札记**今本“书”上有“为”字，乃误涉鲍也。丕烈案：《史记》有。 ② **鲍本**缠束书于矢上。 ③ **鲍本**倍，背同。④ **鲍本**补曰：《史记》作“却”。 **札记**丕烈案：单本《索隐》是“却”字，王震泽本是“怯”字。 ⑤ **姚本**一作“亡”。 ⑥ **鲍本**惠王。 ⑦ **姚本**钱、刘，“勇士不再劫”。 **鲍本**补曰：一本云，晁本无此“故智者不再计，勇士不怯死”二句，而云“此三者，世主不臣，说士不载”。 **札记**丕烈案：《史记》作“三者，世主不臣，说士不载，故智者不再计，勇士不怯死”。 ⑧ **鲍本**此释上“不再计”，故《史》云“时不再至”。 ⑨ **鲍本**《史》云，“齐之南阳”。然则此荆州郡，时属齐。补曰：《索隐》云，“南阳即齐淮北、泗上之地也”。 ⑩ **鲍本**补曰：平陆，见前。 ⑪ **鲍本**楚、魏在齐之南，齐有燕难，不急此二县，故不南面与争。补曰：《正义》云，“齐无南面攻楚、魏之心，以为南阳、平陆之害小，不如聊城之利大”。 ⑫ **鲍本**此时齐善秦，故下兵救之。 ⑬ **鲍本**不攻齐也。 ⑭ **鲍本**齐善秦为横。 ⑮ **姚本**一本添“齐”字。 ⑯ **鲍本**谓平陆。断亦弃也。 ⑰ **鲍本**言其皆退。 ⑱ **鲍本**不救聊城。 ⑲ **鲍本**规，犹谋也。秦救之，而楚、魏退，无谋齐者。 ⑳ **鲍本**据，相持也。 ㉑ **姚本**钱、刘一作“待”。 **鲍本**不能胜齐。 ㉒ **鲍本**过，犹失。 ㉓ **鲍本**燕将。㉔ **鲍本**“百”作“十”。○ **札记**丕烈案：《史记》作“十”。 ㉕ **鲍本**按：燕王喜四年，赵孝成十五年，廉颇围破燕，杀栗腹，在齐襄、燕惠聊城事二十八年。以为此时，则自骑劫败死外，不书他将及赵国也。正曰：说见章末详之。 ㉖ **鲍本**“弊聊”作“聊城”。○ 补曰：一本以“敝聊”。 **札记**丕烈案：《史记》作“敝聊”。 ㉗ **鲍本**距，拒同，捍也。 ㉘ **鲍本**《墨子》曰，“公输般为云梯，将以攻宋。墨子闻之，见般，以带为城，以牒为械。般九设机变，墨九距之。般之械尽，墨之守固有余”。 ㉙ **鲍本**“以”作“已”。○ **札记**丕烈案：《史记》无此字。

“故为公计者[①]，不如罢兵休士，全车甲，归报燕王，燕王[②]必喜。士民见公，如见父母，交游攘臂而议于世[③]，功业可明矣。上辅孤主，以制群臣；下养百姓，以资说士[④]。矫国革俗于天下[⑤]，功名可立也。意者[⑥]，亦捐[⑦]燕弃世，东游于齐乎？请裂地定封，富比陶、卫[⑧]，世世称孤寡[⑨]，与齐久存[⑩]，此亦一计也。二者显名厚实也，愿公熟计而审处一也[⑪]。

① **鲍本**无“者”字。○ **札记**丕烈案：《史记》有。 ② **姚本**三本同一“燕王”字。 ③ **鲍本**攘，言推臂前也。正曰：《汉书·邹阳传》“攘袂”，《颜》云：“犹今人言将臂”。按，“攘臂”字见《孟子》，即此义。 ④ **鲍本**辩说之士，资以借口。正曰：资给说士。 ⑤ **鲍本**矫革，言变其国俗。 ⑥ **姚本**曾无“意者”字，《史记》有。 ⑦ **鲍本**捐亦弃。 ⑧ **姚本**续：延笃注《战国策》云，陶，陶朱公也；卫，卫公子荆也。非也。王邵曰，魏冉封陶，商君姓卫。富比陶、卫，谓此。 **鲍本**陶，穰侯邑。卫，自梁襄王后称君。正曰：《索隐》引延笃云，陶，陶朱；卫，卫公子荆。非也。 ⑨ **姚本**钱作“寡人”。**鲍本**无“孤”字。○ 补曰：一本“称孤寡”。 **札记**丕烈案：《史记》无“寡”字。 ⑩ **姚本**刘作“左齐据右”。 ⑪ **鲍本**补曰：下无历数之辞，疑“一”字讹或衍。 **札记**丕烈案：吴误读也，指上所云“二者”。《史记》作“而审处一焉”，可证。

“且吾闻，效小节者不能行大威，恶小耻者不能立荣名。昔管仲射桓公中钩，篡也；遗[①]公子纠而不能死，怯也；束缚桎桔[②]，辱身也。此三行者，乡里不通也，世主不臣也。使管仲终穷抑，[③]幽囚而不出，惭耻而不见，穷年没寿，不免为辱人贱行矣。然而[④]管子并[⑤]三行之过，据齐国之政，一匡天下，九合诸侯，为五伯首，名高天下，光照邻国。曹沫为鲁君将，三战三北，而丧地千里。使曹子之足不离陈，计不顾后，出必死而不生[6]，则不免为败军禽将。曹子以败军禽将，非勇也；功废名灭，后世无称，非知也。故去三北之耻，退而与鲁君计也，曹子[7]以为遭[8]。齐桓公有天下，朝诸侯[9]。曹子以一剑之任，劫桓公于坛位之上，颜色不变，而辞气不悖。三战之所丧，一朝而反之，天下震动[10]惊骇，威信吴、楚，传名后世。若此二公者，非不能行小节，死小耻也，以为杀身绝世，功名不立，非知也。故去忿恚[11]之心，而成终身之名；除感忿之耻，而立累世之功。故业与三王争流，名与天壤相敝也[12]。公其图之！"

① **鲍本**遗，忘也。 ② **鲍本**"桔"作"梏"。〇 桎，足械；梏，手械。**札记**今本"桔"误"梧"。鲍本作"梏"。 ③ **鲍本**抑，按也。人所按，故为困。④ **鲍本**无"而"字。〇 ⑤ **鲍本**补曰：一本云"并"，晁作"弃"。 **札记**丕烈案：《史记》作"兼"。 ⑥ **鲍本**出，计所出也。 ⑦ **姚本**曾无"也曹子"三字。 ⑧ **鲍本**正曰："遭"字句。谓曹沫忍耻，而与鲁君计，以为遭遇也。《史》无此句则尤明。 ⑨ **鲍本**此霸者之事。欲兴霸则可责以义，故沫与鲁君计言此。正曰：说见上。补曰："有天下"，"有"字恐误。《史》作"朝天下，会诸侯"。"朝天下"，谓率天下朝王也。 ⑩ **姚本**续：别本有"诸侯"二字。⑪ **鲍本**恚，恨也。 ⑫ **鲍本**言天壤敝，此名乃敝。

燕将曰："敬闻命矣！"因罢兵到读[1]而去。故解齐国之围，救百姓之死，仲连之说也[2]。

① **鲍本**"到读"作"倒韣"。〇 韣，弓衣。倒，示无弓。正曰：未详，或

误字衍文。 **札记**今本“读”作“椟”。丕烈案：鲍改、吴补皆非也。“到”即“倒”字，又以“读”为“椟”字耳。不当辄改。 ② **鲍本**《仲连传》有。彪按：此书以齐闵为宣王，苏代为苏秦，事时不合如此者甚众，得为后人传录之误？至于此章引栗腹之事说聊城之将，则非后人谬矣。盖好事者闻约矢之说，惜其书不存，拟为之以补亡；而其人意气横溢，肆笔而成，不暇检校细处。太史公亦爱其千里，而略其牝牡骊黄。至于今二千岁，莫有知其非者也！又按：燕昭二十八年，书齐之不下者，惟聊、莒、即墨。聊即聊城也。徐广注，此栗腹事去长平十年，而不论其在聊城事后。苏氏《古史》亦因之疏矣。故备论之。正曰：鲁仲连说燕将下聊城，《史》不著年。其书引栗腹之败，此事在其后，故《通鉴》、《大事记》载于秦孝文元年，当燕王喜五年，齐王建十五年。自赧王三十一年，燕率五国伐齐，闵王死，襄王立；三十六年，燕昭王卒；明年，惠王立。越武成王、孝王而至王喜，凡三十四年。此盖二事误乱为一。自“燕攻齐”止“杀骑劫”二十五字，或他《策》脱简；而“初燕将”止“谗之”十一字，亦他本所无也。且单由即墨起七十余城，即复为齐，不闻聊城尚为燕守。以齐之事势，岂有舍之三十余年而不攻，单之兵力，三十余年而不能下欤？今曰“攻之岁余不下”，可见为此时燕将守聊城事也。《史》称，毅破齐不下者，独莒、即墨；单纵反间，亦言二城。而《燕世家》书聊、莒、即墨，《策》亦有三城不下之言，果一时事，则聊城亦为齐守，而非燕将为燕守者。此误因聊城不下，而引与莒、即墨乱也。考之《单传》，自复齐之后，无可书之事。齐襄王十九年，当赵孝成王元年，赵割地求单为将；次年遂相赵，必不复返齐矣。距聊城之役，凡十六年，单岂得复为齐将哉？此因“岁余不下”之言，聊、莒、即墨之混，而误指以为单也。夫仲连之言，正谓栗腹败，燕国乱，聊城孤守，齐方并攻，势将必拔。其言初不涉滑、襄、昭、惠之际。所谓“楚攻南阳，魏攻平陆”，闵王时，楚取淮北，单复齐后，盖已复之，不闻楚、魏交攻之事，二事必在后也。燕将被谗惧诛，连书亦无此意，此因乐毅而讹也。《史》又称，燕将得书自杀，单遂屠聊城，尤非事实。齐前所杀燕将，惟骑劫尔，不闻其他，此因骑劫而讹也。连之大意，在于罢兵息民。而其料事之明，劝以归燕降齐，亦度其计之必可者。排难解纷，又素所蓄积也！迫之于穷，而致之于死，岂其心哉？夫其劝之，正将以全聊城之民，而忍坐视屠之哉！燕将死，聊城屠，连何功美之称，而齐欲爵之哉？《策》所云解兵而去者，当得其实，而《史》不可信也。故论此事者，一考之仲连之书，则《史》、《策》之舛误殽混者，皆可得而明矣。鲍不此之察，见其不通，遂谓好事者闻约矢之说，惜其书不存，拟之以补亡，二千余年，莫有觉者，何其谬哉？《史》误因《策》，《通鉴》、《大事记》称田单误因《史》。真文忠公反据鲍氏为断，而谓鲁连之说不可为训，皆失考也。

燕攻齐齐破

燕攻齐，齐破。闵王奔莒，淖齿杀闵王。田单守即墨之城，破燕兵，复齐墟。襄王为太子征[1]。齐以[2]破燕，田单之立疑，[3]齐国之众，皆以田单为自立也。襄王立，田单相之。

① **鲍本**征，犹信也。太子初易姓名为庸，人疑之，至是始有状可信也。② **鲍本**“以”作“已”。〇 ③ **鲍本**人疑单也。

过菑[1]水，有老人涉菑[2]而寒，出不能行，坐于沙中。田单见其寒，欲使后车分[3]衣，无可以分者，单解裘而衣之。襄王恶之，曰：“田单之施，将欲以取我国乎？不早图[4]，恐后之[5]。”左右顾无人，岩下[6]有贯珠者[7]，襄王呼而问之曰：“女闻吾言乎？”对曰：“闻之。”王曰：“女以为何若？”对曰：“王不如因以为己善。王[8]嘉单之善，下令曰：‘寡人忧民之饥也，单收而食之；寡人忧民之寒也，单解裘而衣之；寡人忧劳百姓，而单亦忧之，称寡人之意[9]。’单有是善而王嘉之，善单之善，亦王之善已[10]”王曰：“善！”乃赐单牛酒，嘉其行。

① **鲍本**菑，淄同。　② **姚本**曾一作“菑水”。　③ **姚本**一本下有“之”字。　④ **鲍本**“图”下有“之”字。○　⑤ **鲍本**恐单先发。　⑥ **姚本**续：别本“岩”字作“声”，句绝。《通鉴》作“岩下”。　⑦ **姚本**续：《元和姓纂》引《战国策》，“齐有贯殊”。则贯姓殊名，非贯珠者。　**鲍本**齐人。　⑧ **姚本**刘，“曰：奈何？曰”。　⑨ **鲍本**称，犹副。　⑩ **札记**今本“已”误“也”。

后数日，贯珠者复见王曰：“王至朝日，宜召田单而揖之于庭，口劳之。乃布令求百姓之饥寒者，收谷[①]之。”乃使人听于闾里，闻丈夫之相□与语，举□□□□曰[②]：“田单之爱人！嗟，乃王之教泽也！”[③]

① **鲍本**谷，犹养。　② **姚本**“相”下空一字，“举”下空四字。○　**鲍本**“举”字在“与”字上。○　补曰：此因“与”字误衍在此，姚本在“曰”字上。**札记**今本不空，鲍本不空。丕烈案：所空，疑本有姚氏校语而删去者。　③ **鲍本**彪谓：单之取疑，所谓威震主者欤？襄王亦不明甚矣！使单有异志，阖城阳而王，孰敢不听，岂俟今日哉？贯珠者，可谓君子人矣！为是言也，上足以掩王之非，下足以救单之死，一言而齐国定。君子哉！补曰：斯人者，又能免其身。不然，王惧其以前言告单，必杀之矣。

貂勃常恶田单

貂勃[①]常恶田单，曰：“安平[②]君，小人也。”安平君闻之，故为酒而召貂勃，曰：“单何以得罪于先生，故常见誉[③]于朝[④]？”貂勃曰：“跖之狗吠尧[⑤]，非贵跖而贱尧也，狗固吠非其主也。且今使公孙子贤，而徐子不肖。然而使公孙子与徐子斗，徐子之狗，犹时[⑥]攫公孙子之腓[⑦]而噬之也[⑧]。若乃得去不肖者，而为贤者狗，岂特攫其腓而噬之耳哉？”安平君曰："敬闻命。"明日，任之于王[9]。

① **鲍本**貂勃，齐人。 ② **鲍本**补曰：徐广云，此海东安平。《正义》云，在青州临淄县东，古纪国之酅邑。《索隐》云，单初起安平，故以为号。 ③ **姚本**曾一作"恶"。 ④ **鲍本**不欲正言其毁。 ⑤ **鲍本**跖，柳下季之弟盗跖。正曰：此庄生寓言，惠、跖时不相及。蒯通之言出于此。 ⑥ **鲍本**"犹"作"由"，"时"作"将"。〇 补曰："由"，"犹"通。一本作"犹"。 ⑦ **姚本**钱、刘一作"豝"。 ⑧ **鲍本**攫，持。腓，胫腨。噬，啗也。正曰：噬，啮也。 ⑨ **鲍本**白王使任用之。

王有所幸臣九人之属，欲伤安平君，相与语于王曰："燕之伐齐之时，楚王[1]使将军[2]将万人而佐齐。今国已定，而社稷已安矣，何不使使者谢于楚王？"王曰："左右孰可？"九人之属曰："貂勃可[3]。"貂勃使楚。楚王受而觞之，数日不反。九人之属相与语于王曰："夫一人[4]身，而牵留万乘者，岂不以据势也哉[5]？且安平君之与王也，君臣无礼[6]，而上下无别。且其志欲为不善[7]。内牧[8]百姓，循抚其心，振[9]穷补不足，布德于民；外怀戎翟、天下之贤士[10]，阴结诸侯之雄俊豪英。[11]其志欲有为也[12]。愿王之察之。"异日，而王曰："召相单来。"田单免冠徒跣肉袒而进[13]，退而请死罪。五日，而王曰："子无罪于寡人，子为子之臣礼，吾为吾之王礼而已矣。"

① **鲍本**顷襄。 ② **鲍本**淖齿也。 ③ **鲍本**欲去单之助。 ④ **姚本**一本下有"之"字。 ⑤ **鲍本**言勃据单势。正曰：言单据势。 ⑥ **鲍本**补曰：《通鉴》，"君臣无异"。 ⑦ **鲍本**谓反畔。 ⑧ **鲍本**"牧"作"收"。〇

⑨ **鲍本**振，举救也。 ⑩ **鲍本**怀翟与士。 ⑪ **鲍本**诸侯之人。 ⑫ **鲍本**为不善。 ⑬ **鲍本**肉袒，露肢体，示欲受刑。正曰：袒，即裼也。去上衣曰裼。

貂勃从楚来，王赐诸前[①]，酒酣[②]，王曰："召相田单而来。"貂勃避席稽首曰："王恶得此亡国之言乎？王上者孰与周文王？"王曰："吾不若也。"貂勃曰："然，臣固知王不若也。下者孰与齐桓公？"王曰："吾不若也[③]。"貂勃曰："然，臣固知王不若也。然则周文王得吕尚[④]以为太公，齐[⑤]桓公得管夷吾以为仲父，今王得安平君而独曰'单'。且自天地之辟[⑥]，民人之治[⑦]，为人臣之功者，谁有厚于安平君者哉？而王曰'单，单'。恶得此亡国之言乎？且王不能守先[⑧]王之社稷，燕人兴师而袭齐墟，王走而之城阳[⑨]之山中。安平君以惴惴[⑩]之即墨，三里之城，五里之郭，敝卒七千，禽其司马[⑪]，而反千里之齐，安平君之功也。当是时也，阖城阳而王[⑫]，城阳、天下[⑬]莫之能止。然而计之于道，归之于义，以为不可，故为栈道木阁[⑭]，而迎王与后于城阳山中，王乃得反，子临百姓。今国已定，民已安矣，王乃曰'单[⑮]'。且婴儿之计不为此。王不亟杀此九子者以谢安平君，不然，国危矣！"王乃杀九子而逐其家，益封安平君以夜[⑯]邑万户。

① **鲍本**补曰：一本"王觞赐诸前"，愚恐"赐"乃"觞"之讹。 ② **鲍本**酣，酒乐。 ③ **鲍本**无下"貂勃曰然臣固知王不若也"十一字。○ 补曰：此下姚本有。 ④ **鲍本**"尚"作"望"。○ ⑤ **鲍本**无"齐"字。○ ⑥ **鲍本**开也。 ⑦ **姚本**曾作"始"字。 ⑧ **鲍本**"先"作"乎"。○ ⑨ **鲍本**城阳，

兖州国，莒其县也。 ⑩ **鲍本**惴惴，忧惧也。 ⑪ **鲍本**主兵之官，谓骑劫。 ⑫ **鲍本**不通王而自王。补曰：《春秋后语》，"阖"作"舍"。 ⑬ **鲍本**城阳与天下之人。正曰："城阳"二字因上文衍。 ⑭ **鲍本**木阁、栈道，皆以通险。 ⑮ **鲍本**补增一"单"字。〇 正曰：与前连举不同。 **札记**今本"单"下复有"单"字，乃误涉鲍也。 ⑯ **姚本**"夜"一作"剧"。 **鲍本**"夜"，一作"剧"，属淄川。又东莱有掖，有不夜。疑"夜"字为"掖"不全，或"不夜"省"不"。补曰：《括地志》，剧城在青州寿光县南三十里。颜师古云，《齐地记》，古有日夜出，见于东莱，故莱子立此邑，以不夜为名。"使者"、"使楚"之"使"，去声。

田单将攻狄

田单将[①]攻狄[②]，往见鲁仲子[③]。仲子曰："将军攻狄，不能下也。"田单曰："臣以五里之城，七里之郭，破亡余卒，破万乘之燕，复齐墟。攻狄而不下，何也？"上车弗谢而去。遂攻狄，三月而不克之也。

① **鲍本**为大将。 ② **鲍本**狄，北胡。正曰：《史》，田儋，狄人。徐广注，今乐安临淄县。《正义》云，淄州高苑县西北，狄故城。 **札记**今本"狄"误"翟"。 ③ **鲍本**连也。

齐婴儿谣曰："大冠若箕[①]，修剑拄颐，攻狄不能[②]，下垒枯丘[③]。"田单乃惧，问鲁仲子曰："先生谓单不能下狄，请闻其说。"鲁仲子曰："将军之在即墨，坐而织蒉[④]，立则丈插[⑤]，为士卒倡[⑥]曰：'可[⑦]往矣！宗庙亡矣！云曰尚矣[⑧]！归于何党矣[⑨]！'当此之时，将军有死之心，而士卒无生之气，闻若言[⑩]，莫不挥泣奋臂而欲战，此所以破燕也。当今将军东有夜邑[⑪]之奉，西有菑上之虞，黄金横带，而驰乎[⑫]淄、渑[⑬]之间，有生之乐，无死之心，所以不胜者也。”田单曰：“单有心，先生志之矣。”明日，乃厉[14]气循[15]城，立于矢石之所，乃[16]援枹鼓[17]之，狄人乃下。[18]

① **鲍本**箕，簸器。 ② **姚本**续云：能，音泥。 ③ **姚本**续云：丘，音谿，古叶音。晁改作“垒于梧丘”。《说苑》同。 **鲍本**垒，军壁也。言大不能降一垒，小不能枯一丘。言无人物。补曰：吴氏《韵补》，能，叶年题反。丘，叶法其反。庐陵刘氏，“请垒枯丘”，谓空守一丘为垒。《说苑》，“攻狄不能下，垒于梧丘”。齐景公田于梧，地名也。一本引《北堂书钞》同《说苑》，无“能”字。一本“垒枯骨成丘”。《通鉴》从之。各有不同，似“梧丘”义长。④ **鲍本**蒉，草器。 ⑤ **鲍本**“丈”作“杖”。○ 插，锸同，刺土器。 ⑥ **鲍本**倡，导也。 ⑦ **札记**今本“可”误“何”。 ⑧ **姚本**一作“去日”。 **鲍本**“云曰”作“亡日”。○ 尚，犹久也。言见亡之兆，其日已久。 **札记**今本“云曰”作“亡日”。丕烈案：此“曰”字当作“白”。“云白”者，“魂魄”之省文。尚，读为惝，即《说苑》之“魂魄丧矣”也。作“亡日”者，非。 ⑨ **姚本**续：别本无“可往矣，宗庙亡矣，今日尚矣，归何党矣（叶音，“往”、“尚”皆有平声，“党”亦当平读）”。《说苑》，“宗庙亡矣，魂魄丧矣，归何党矣”。 **鲍本**党，犹乡也。言无所归。 ⑩ **鲍本**若，如此也。 ⑪ **姚本**《说苑》作“掖邑”。⑫ **姚本**《说苑》作“驰聘”。 ⑬ **鲍本**昭十二年注，渑水出临淄，入时水。⑭ **鲍本**厉，激昂也。 ⑮ **姚本**一作“脩”。 ⑯ **姚本**刘本作“及”。 ⑰ **鲍本**枹，击鼓杖。 ⑱ **鲍本**补曰：马谡对诸葛亮曰，“用兵之道，攻心为上，攻城为下”。其言出于此。 “夜”，《说苑》作“掖”，渑音黾，枹音浮。 按《史》，赵孝成王元年，田单将攻燕，拔中阳；又攻韩注，又拔之。次年，单为相。孝成之元年，齐襄之十九年也，赵王新立，秦攻赵，求救于齐，齐人使以长安君为质，齐师乃出，秦师退。又《策》云，赵王割济东三城城邑市五十七与齐，求安平君为将攻燕，亦是年事。盖齐、赵方睦也。考之《史》，单自复齐之后，唯有伐狄之战。《大事记》并书于一年。而襄王十年，赵、燕、周取

齐昌国、高唐。十三年，蔺相如伐齐，至平邑，秦客卿灶暨楚，仍岁攻刚寿。以单之在齐而丧地被兵，不闻其却战而克敌也。而一为赵用，遂以立功。意者，单以功高被谗，齐襄虽为之杀谮者，所以任单者，不能展尽欤？不然，则单之惧祸持怯而自晦也。《秦策》云，田单将齐之良，横行于中十四年，终身驰于封内。考之杀骑劫之岁，至襄王十八年，凡十四年。次年，而单为赵将。是年，襄王死，单不复返齐。明年，遂为相。然单之在赵，自二战之后，不闻他功。盖既试其端，而亦终不忍背宗国以为赵用也！单之心亦可见矣！

濮上之事

濮上①之事，赘子死，章子②走，盼子③谓齐王曰："不如易④余粮于宋，宋王⑤必说，梁氏不敢过宋伐齐。齐固⑥弱，是以余粮收宋也。齐国复强，虽复责之宋⑦，可⑧；不偿，因以为辞而⑨攻之，亦可。"⑩

① **鲍本**此东郡濮水之上，实卫地。 ② **鲍本**皆以名子之，犹婴子、文子。章，匡章。 ③ **鲍本**田盼也。威王言使守高唐者，并齐将。 ④ **鲍本**易，移与之。 ⑤ **鲍本**辟公。正曰：辟公说，见《宋策》。桓公未尝称王，宋偃十一年称王，当齐宣王二十五年，此非威王时。 ⑥ **鲍本**固，犹信。 ⑦ **姚本**刘添"不"字。 ⑧ **鲍本**可责其偿。 ⑨ **鲍本**无"而"字。〇 ⑩ **鲍本**盼子，威王臣。威自九年后，未尝败挠。此言二子死，盖九年前也。正曰：盼子虽见称于威王，宣王二年马陵之役，盼为将；十年，楚败齐，令齐逐田婴，张丑说楚王云，"婴逐，盼子必用"，则盼尤著于宣王之世。伐燕之役，章子将兵，亦宣王时。且《策》有"齐国复强"之言，决非威王时也。

齐闵王之遇杀〔校一〕

〔校一〕此篇姚本与《濮上之事》连篇，鲍本另列一篇。据文义，从鲍本。

齐闵王之遇杀，其子法章变姓名，为莒太史家庸夫[①]。太史敫[②]女，奇法章之状貌，以为非常人，怜而常窃衣食之，与[③]私焉。莒中及齐亡臣[④]相聚，求闵王子，欲立之。法章乃自言于莒。共立法章为襄王。襄王立，以太史氏女为王后，生子建。太史敫曰："女无谋[⑤]而嫁者，非吾种也，污吾世矣。"终身不睹。君王后[⑥]贤，不以不睹之故，失人子之礼也。

① **鲍本**佣，庸同，均直也。 ② **姚本**刘作"徼"。 **鲍本**敫，音跃。补曰：徐广云，一音皎。 ③ **姚本**曾添"之"字。 ④ **鲍本**臣之出亡者。⑤ **姚本**一作"媒"。 ⑥ **姚本**刘下更有"君王后"三字。

襄王卒，子建立为齐王。君王后事秦谨，与诸侯信，以故建立四[①]十有余年不受兵[②]。

① **鲍本**衍"四"字。 ② **鲍本**正曰：此要其终而言之，"建立"字可见。建四十四年为秦虏。补曰：秦远交齐而善之，故齐事秦谨，不悟其计也。与诸侯信，此恐未然。《史》称齐亦东边海上，秦日夜攻三晋、燕、楚，五国各自救，以故四十余年不受兵，此实录也。齐与诸侯信，则安得不助五国乎？

秦始皇[①]尝使[②]使者遗君王后玉连环[③]，曰："齐多知，而[④]解此环不？"君王后以示群臣，群臣不知解。君王后引椎[⑤]椎破之，谢秦使曰："谨以解矣。"

① **鲍本**"始皇"作"昭王"。〇 按后卒于庄襄之元，不逮始皇也。补曰：字误。 ② **鲍本**"使"作"遣"。〇 ③ **鲍本**两环相贯。 ④ **姚本**别本作"能"。 ⑤ **鲍本**"椎"作"锥"。〇

及君王后病且卒，诫建曰："群臣之可用者某。"建曰："请书之。"君王后曰："善。"取笔牍[①]受言。君王后曰："老妇已亡矣[②]！"

① **鲍本**牍，书版也。　② **鲍本**"亡"作"忘"。○　详其指，盖怒建之不心受，托以病昏耳。　**札记**今本"亡"作"忘"。丕烈案：《赵策》有此"亡"字。

君王后死，后后胜[①]相齐，多受秦间金玉，使宾客入秦，皆为变辞[②]，劝王朝秦，不修攻战之备。[③]

① **鲍本**疑即后之族。　② **鲍本**变诈之辞。盖使者还，以恐动王也。③ **鲍本**彪谓：君王后，贤智妇人也，惜其不能正始。乃其父，正烈男子也，义不能疚，利不能回，其斯人乎？正曰：《策》云，君王后贤，不失人子之礼；又秦王令解环，以齐多智为言。故鲍以贤赞之。不能正始，既不足言贤；信秦之谋，不助诸侯，又何智之有？

齐王建入朝于秦

齐王建入朝于秦，雍门司马前曰："所为立王者，为社稷耶？为王立王耶？"王曰："为社稷。"司马曰："为社稷主王，王何以去社稷而入秦？"齐王还车而反。

即墨大夫与[①]雍门司马谏而听之，则以为可可[②]为谋[③]，即入见齐王曰："齐地方数千里，带甲数百[④]万。夫三晋大夫，皆不便秦，而在阿、鄄之间者百数，王收而与之百[⑤]万之众，使收三晋之故地，即临晋[⑥]之关可以入矣；鄢、郢大夫，不欲为秦[⑦]，而在城[⑧]南下者百数，王收而与之百万之师，使收楚故地，即武关[9]可以入矣。如此，则齐威可立，秦国可亡。夫舍南面之称制[10]，乃西面而事秦，为大王不取也。”齐王不听。

① **姚本**一作“闻”。 **鲍本**“与”作“闻”。○ **札记**丕烈案：此当作“以”，互易下文。 ② **姚本**一作“以”。 **鲍本**无下“可”字。○ **札记**丕烈案：此当作“与”，误作“以”，互易上文。校者改作“与”，因形近而又讹为“可”。 ③ **鲍本**又疑“可为谋”本注字。 ④ **鲍本**“百”作“十”。○ ⑤ **鲍本**“百”作“十”。○ 补曰：《通鉴》作“数”，下同。 **札记**丕烈案：《通鉴》亦改耳。 ⑥ **鲍本**临晋，属左冯翊。 ⑦ **鲍本**不属之也。 ⑧ **鲍本**齐城。 ⑨ **鲍本**《始皇纪》注：武关，秦南关，在陕西弘农东。 ⑩ **鲍本**“夫”作“矣”。○ 此亦秦人之辞，时未有此。正曰：谓其弃王而为臣也。 **札记**今本无“夫”字。

秦使陈驰[1]诱齐王内之，约与五百里之地[2]。齐王不听即墨大夫而听陈驰，遂入秦。处之共[3]松柏之间，饿而死。先是齐为之歌曰：“松邪！柏邪！住建共者，客耶[4]！”

① **鲍本**齐客之入秦者。正曰：上章谓“齐宾客入秦，皆为变辞”。又陈为齐姓，故云。然不可考。 ② **鲍本**盖伪许之。 ③ **鲍本**共，属河内。补曰：卫州共城县。 ④ **姚本**续：《史记》，“松耶！柏耶！住建共者，客耶”！司马贞音“邪”，谓是建之“邪客”，说王狂言，遂致失策，令建迁共。《地理志》，河内有共县。柏，古音逋莫切。客，古音恪，古音亦叶。《史记》，歌云云，疾建用客之不详也。 **鲍本**客，谓陈驰。自秦称之，曰客。彪谓：建之听雍门似矣，而不卒于即墨，惟不明故也。不明以亡国，有国家者，可不以正心诚意为先乎？正曰：专指陈驰，非自齐称之曰客尔。《史》谓，建听奸人、宾客以亡。《秦策》，秦王资顿弱以游齐王入朝，知客非一也。忽出“正

心诚意”一语，论虽正而不切。上言“不明”，而此曰“以为先”，乌睹《大学》之序？

齐以淖君之乱〔校一〕

〔校一〕此篇鲍本在《楚策》。

齐以淖君之乱①秦。其后秦欲取齐②，故使苏涓③之楚，令④任固之齐。齐明谓楚王曰：“秦王⑤欲楚，不若其欲齐之甚也。其使涓来，以示齐之有楚⑥，以资固于齐⑦。齐见⑧楚，必受固。是王⑨之听涓也，适为固驱以合齐、秦也⑩。齐、秦合，非楚之利也。且夫涓来之辞⑪，必非固之所以之齐之辞也⑫。王不如令人以涓来⑬之辞谩固于齐⑭，齐、秦必不合。齐、秦不合，则王重矣。王欲收齐以攻秦，汉中可得也。王即欲以秦攻⑮齐，淮、泗之间亦可得也。”⑯

① **姚本**一本添“雠”字。　**鲍本**“秦”上有“事”字。○　**札记**丕烈案：鲍所补谬甚，与下文全不合。此有脱，但未详。　② **鲍本**与齐合。　③ **鲍本**涓、固皆秦人。　④ **姚本**三本同作“合”。　⑤ **鲍本**昭。　⑥ **鲍本**以有楚之亲示齐。　⑦ **鲍本**为任固资。　⑧ **姚本**一作“有”。　**鲍本**见其纳涓。　⑨ **鲍本**“王”作“楚”。○　补曰：一本此有“王”字。　⑩ **鲍本**所谓资固。　⑪ **鲍本**无“之辞”二字。○　补曰：一本此下有“之辞”二字。⑫ **鲍本**涓之辞必厚楚而薄齐，固之辞必厚齐而薄楚。　⑬ **鲍本**无“来”字。○　⑭ **鲍本**谩，欺也。以涓薄齐之辞告齐，则固言厚齐者非实，齐必以固为欺己。　⑮ **鲍本**补“攻”字。○　补曰：一本有“攻”字。　⑯ **鲍本**原在《齐策》。正曰：从旧可。

战国策卷十四

楚　一

鲍本楚　今之南郡、江夏、零陵、桂阳、武陵、长沙、汉中、汝南，皆其分也。江陵故郢都，西通巫、巴，东有云梦之饶。

齐楚构难

齐、楚构难，宋请中立。齐急宋[①]，宋许之。子象[②]为楚谓宋[③]王[④]曰："楚以缓失宋，将法齐之急也。齐以急得宋，后将常急矣。是从齐而攻楚，未[⑤]必利也。齐战胜楚，势必危宋；不胜，是以弱宋干强楚也[⑥]。而令两万乘之国，常以急求所欲，国必危矣。"

① **鲍本**告急于宋。补曰："请"字宜在"急"下，殽脱于此。中立岂待请耶？　② **鲍本**楚人。　③ **鲍本**无"宋"字。○　④ **姚本**刘作楚王。一作宋王。　**鲍本**公剔成。正曰：剔成未尝称王。此偃也，与怀、襄相接。⑤ **鲍本**"未"上有"之"字。○　⑥ **鲍本**言以助齐犯楚之怒。补曰：将法齐之急，言楚今结于宋；齐后将常急，言楚之攻齐未已；齐战胜楚，势必危宋，言齐强必并宋。

五国约以伐齐

五国约以伐齐[①]。昭阳谓楚王曰："五国以破齐[②]秦，必南图[③]楚。”王[④]曰：“然则奈何？”对曰：“韩氏辅国[⑤]也，好利而恶难。好利，可营也[⑥]；恶难，可惧也。我厚赂之以利，其心必营。我悉兵以临之，其心必惧我[⑦]。彼惧吾兵而营我利，五国之事必可败也。约绝之后，虽勿与地可。”

① **姚本**刘作“约秦”。 **鲍本**“齐”下有“秦”字，原注“衍齐字”。○ 秦惠后七年，赵、韩、魏、燕、齐共攻秦，此十一年。补曰：“齐”字疑误衍。五国伐秦可考，《策》并言齐，不可考。怀王为从长，率五国伐秦之明年，齐败魏、赵于观津，即《策》所谓齐反赵、魏者欤？ ② **鲍本**无“齐”字，“以”作“已”。○ ③ **鲍本**图楚。 ④ **鲍本**补曰：楚句。 ⑤ **姚本**钱、集“转国”。 **鲍本**言可为楚之助。 ⑥ **鲍本**营，犹求。可使求我。 ⑦ **鲍本**无“我”字。○

楚王曰：“善。”乃命大公事[①]之韩，见公仲曰：“夫牛阑之事[②]，马陵之难[③]，亲王之所见也[④]。王苟无以五国用兵，请效列城五，请悉楚国之众也[⑤]，以廧[⑥]于齐。”

① **鲍本**楚人。补曰：无考。一本“大”作“太”。 ② **鲍本**未详。 ③ **鲍本**魏三十年，齐破魏马陵。正曰：注缺“惠王”字。 ④ **鲍本**“王”作“主”。○ 主谓公仲。此言齐强不可使益强。补曰：“亲”字疑当在“见”字上。一本“主”作“王”。 ⑤ **鲍本**衍“也”字。 ⑥ **鲍本**“廧”作“图”。○ 补曰：字讹，当作“图”，上有“图楚”。 **札记**今本“廧”作“图”，乃误涉鲍也。

齐[①]之[②]反赵、魏之后，而楚果弗与地，则五国之事困也。

① **鲍本**此下著书者云。 ② **鲍本**“之”作“人”。〇

荆宣王问群臣

荆[①]宣王问群臣曰：“吾闻北方之畏昭奚恤也，果诚何如？”群臣莫对。江一[②]对曰：“虎求百兽而食之，得狐。狐曰：‘子无敢食我也。天帝使我长百兽，今子食我，是逆天帝命也。子以我为不信，吾为子先行，子随我后，观百兽之见我而敢不走乎？’虎以为然，故遂与之行。兽见之皆走。虎不知兽畏己而走也，以为畏狐也。今王之地方五千里，带甲百万，而专属之昭奚恤；故北方之畏奚恤也，其实畏王之甲兵也，犹百兽之畏虎也。”[③]

① **姚本**刘，一无“荆”字。 ② **鲍本**“一”作“乙”。〇 **札记**今本“一”作“乙”。 ③ **鲍本**补曰：《大事记》，江乙之言如此，则昭奚恤为敌国所畏可知。 一本标《十二国史》、《春秋后语》“食我”作“啖我”。又云，人臣见畏者，君威也，君不用，而威亡矣。注，《尹文子》有。 **札记**丕烈案：《新序》有此文，作“食我”，末有“故人臣而见畏者，是见君之威也，君不用，则威亡矣”。

昭奚恤与彭城君议于王前

昭奚恤与彭城君[①]议于王前，王召江乙而问焉。江乙曰：“二人之言皆善也，臣不敢言其后[②]。此谓虑贤也[③]。”

① **鲍本**彭城属楚，知为楚人。 ② **姚本**一本下更有“言其后”三字。 ③ **鲍本**虑，犹疑也。贤者言善，己复言之，将使王疑彼思虑之也。正曰：谓使我疑虑贤者。为疑词以两倾之也。

邯郸之难

邯郸之难[①]，昭奚恤谓楚王曰："王[②]不如无救赵，而以强魏[③]。魏强，其割赵必深矣。赵不能听，则必坚守，是两弊也[④]。"

① **姚本**刘，连。〔校一〕 **鲍本**赵成侯二十一年，魏拔邯郸，此十六年。补曰：《大事记》，昭奚恤为相，附宣王十五年，谓此章争论，乃明年事。按《史・年表》，围邯郸在此年；拔邯郸，齐败魏，在次年。 ② **鲍本**"王"作"里"，又改作"王"。○ ③ **鲍本**使魏为强。 ④ **鲍本**两国相持必俱敝。

〔校一〕刘，谓刘敞本；连，谓此篇与《昭奚恤与彭城君议于王前》连篇。

景舍曰："不然。昭奚恤不知也。夫魏之攻赵也，恐楚之攻其后[①]。今不救赵，赵有亡形，而魏无楚忧，是楚、魏共赵也[②]，害必深矣[③]！何以两弊也？且魏令兵以深割赵[④]，赵见亡形，而有[⑤]楚之不救己也[⑥]，必与魏合而以谋楚。故王不如少出兵，以为赵援。赵恃楚劲，必与魏战。魏怒于赵之劲，而见楚救之不足畏也，必不释赵。赵、魏相弊，而齐、秦应楚[⑦]，则魏可破也。"

① **鲍本**"后"下有"也"字。○ ② **鲍本**如与魏共攻之。 ③ **鲍本**赵之害。 ④ **鲍本**无"深"字。○ 补曰：一本"以深割赵"。 ⑤ **姚本**"有"，刘作"知"。 ⑥ **鲍本**言虽有楚而不见救。正曰："见"、"有"二字恐殽乱，上下文可证。 ⑦ **鲍本**应，言乘此起兵耳，非与楚合也。

楚因使景舍起兵救赵。邯郸拔[①]，楚取睢、涉之间[②]。

① **鲍本**楚兵少故。 ② **鲍本**《后志》梁国睢阳注,《征北记》,南淮有睢陵,梁国有涉阳,南临涉水。补曰:《大事记》,取涉阳,作睢阳。涉,呼外、乌外反。

江尹欲恶昭奚恤于楚王

江尹①欲恶昭奚恤于楚王,而力不能①,故为梁山阳君③请封于楚。楚王曰:"诺。"昭奚恤曰:"山阳君无功于楚国,不当封。"江尹因得山阳君与之共恶昭奚恤④。

① **鲍本**乙也。 ② **姚本**曾下有"之"字。 ③ **鲍本**山阳属魏,知为魏人。正曰:《策》文明曰梁山阳君,注赘。 ④ **鲍本**知其无功,奚恤必谏,而山阳怨,可以为党。

魏氏恶昭奚恤于楚王〔校一〕

〔校一〕姚本此篇与《江尹欲恶昭奚恤于楚王》连篇,鲍本另列一篇。据文义,从鲍本。

魏氏恶昭奚恤于楚王①,楚王告昭子。昭子曰:"臣朝夕以事听命②,而魏入吾君臣之间③,臣大惧。臣非畏魏也!夫泄吾君臣之交,而天下信之,是其为人也近苦矣④。夫苟不难为之外⑤,岂忘为之内乎?臣之得罪无日矣⑥。"王曰:"寡人知之,大夫何患?"

① **鲍本**以山阳君故。补曰:疑即山阳君。 ② **鲍本**言其亲近。 ③ **鲍本**以恶奚恤之言入。 ④ **鲍本**苦,犹恶也。此指江乙。 ⑤ **鲍本**为其泄外,谓魏也。 ⑥ **鲍本**无几日也。

江乙恶昭奚恤

江乙恶昭奚恤，谓楚王曰："人有以其狗为有执[①]而爱之。其狗尝溺[②]井。其邻人见狗之溺井也，欲入言之。狗恶之，当门而噬之。邻人惮之，遂不得入言。邯郸之难，楚进兵大梁，取[③]矣。昭奚恤取魏之宝器，以[④]居魏知之，故昭奚恤常恶臣之见王[⑤]。"

① **鲍本**执，言善守。 ② **鲍本**溺，去音。正曰：奴吊反。 ③ **姚本**曾作"拔"。 ④ **姚本**曾作"以臣"。 **鲍本**"以"作"臣"。○ ⑤ **鲍本**此言邯郸事，在乙居魏时。

江乙欲恶昭奚恤于楚

江乙欲恶昭奚恤于楚，谓楚王曰："下比周，则上危；下分争，则上安[①]。王亦知之乎？愿王勿忘也。且人有好扬人之善者，于王何如？"王曰："此君子也，近之。"江乙曰："有人好扬人之恶者，于王何如？"王曰："此小人也，远之。"江乙曰："然则且有子杀其父，臣弑其主者，而王终已[②]不知者，何也？以王好闻人之美而恶闻人之恶也。"王曰："善。寡人愿两闻之[③]。"

① **鲍本**分则不比，争则不周，为扬恶张本。 ② **姚本**"已"，曾、刘作"已"。 ③ **鲍本**彪谓：两闻之，是也，然必以明。夫苟不明，则适为江乙谗口之资耳。补曰：《大事记》曰，乙之言，术数家之论也。下比周，上固危矣。苟下皆纷争，如齐之田阚，唐之牛、李，上亦岂能安乎？愚按，此与前章言诸侯云云意同。

江乙说于安陵君

江乙说于安陵君[①]曰："君无咫尺之地[②]，骨肉之亲，处尊位，受厚禄，一国之众，见君莫不敛衽而拜，抚委而服[③]，何以也？"曰："王过举而已[④]。不然，无以至此。"

① **姚本**《新序》作"缠"。　**鲍本**名壇，失其姓，楚之幸臣。按《魏记》注，召陵有安陵，应属楚。而《魏策》亦有同号者，别一人也。正曰：按《说苑》作"安陵缠"，《艺文类聚》同。"坛"，"缠"字有讹。彼以为得幸于楚共王，今次之宣王，非也。《正义》云，鄢陵故城，在许州鄢陵县西北。李奇谓，六国时为安陵。按鄢陵、召陵皆属魏。又按《元和姓纂》，安陵，小国，后氏之。安陵缠，楚王妃，则以为女子。　**札记**丕烈案：《说苑》在《权谋》。姚校所云《新序》作"缠"，即其误。《新序》无此文。"壇"、"缠"同字。《古今人表》中下有"安陵纏"。师古曰，"纏"即"缠"字，可为证。　② **鲍本**"地"作"功"。○　③ **鲍本**抚物、委物，必下其手，皆卑下意。正曰：抚，犹伛也；委，曲也。补曰：衽，衣衿也。　④ **姚本**曾，"已"作"己"。一作"色"。　**鲍本**"而已"作"以色"。○　言谬以色见举。正曰：一本"而已"。姚云"已"一作"色"。按，"已"、"以"通，"色"、"已"字类，恐当作"而以色"为文。

江乙曰："以财交者，财尽而交绝；以色交者，华落而爱渝[①]。是以嬖女不敝席[②]，宠臣不避轩[③]。今君擅楚国之势，而无以深[④]自结于王，窃为君危之。"安陵君曰："然则奈何？[⑤]""愿君必请从死，以身为殉，如是必长得重于楚国[⑥]。"曰："谨受令。"

① **鲍本**华，菁华。渝，变也。　② **鲍本**"女"作"色"。○　嬖，贱而幸者。席不及敝而爱弛。　③ **姚本**续：不敝席，言不久之意。不"避"，是

"敝"字无疑。《真诰》曰,"女宠不弊席,男爱不尽轮",或出于此。"轩"、"轮"相近。 **鲍本**避,犹退。轩,曲辀藩车也。车敝则退去,今不及然。 ④ **鲍本**无"深"字。○ ⑤ **姚本**曾,下有"江乙曰"三字。 ⑥ **鲍本**此乙辞。

三年而弗言。江乙复见曰:"臣所为君道,至今未效[①]。君不用臣之计,臣请不敢复见矣。"安陵君曰:"不敢忘先生之言,未得间也。"

① **姚本**三同,"未有效"。

于是,楚王游于云梦[①],结驷千乘[②],旌旗蔽日[③],野火之起也若云蜺[④],兕[⑤]虎嗥之声若雷霆,有狂兕牂[⑥]车依[⑦]轮而至,王亲引弓而射,壹[⑧]发而殪[⑨]。王抽旃旄[⑩]而抑兕首,仰天而笑曰:"乐矣,今日之游也。寡人万岁千秋之后,谁与乐此矣[⑪]?"安陵君泣数行[⑫]而进曰:"臣入则编[⑬]席,出则陪乘[⑭]。大王万岁千秋之后,愿得以身试[⑮]黄泉,蓐蝼蚁[⑯],又何如得此乐而乐之。"王大说,乃封坛为安陵君。

① **鲍本**泽名,在南郡华容。补曰:《楚辞集注》,"云梦,泽名,方八九百里,跨江两岸。云在江北,今玉沙、监利、景陵等县是也。梦在江南,今公安、石首、建宁等县是也"。梦,音蒙,亦作去声。 ② **鲍本**补曰:结,连也。四马曰驷。 ③ **鲍本**"日"作"天"。 ④ **鲍本**蜺,虹也。 ⑤ **鲍本**兕,若牛而青。补曰:一角重千斤。 **札记**今本"兕"误"儿"。 ⑥ **鲍本**"牂"作"䍧"。○ 《集韵》,䍧,音详,趋行也。若牂则羊耳。补曰:字书有"牂"字,兹郎反。又"戕"与"牂"通,杙也。 **札记**今本"牂"作"䍧",乃误涉鲍也。 ⑦ **札记**今本"依"误"衣"。 ⑧ **鲍本**"壹"作"一"。○ ⑨ **鲍本**补曰:宋玉

《招魂》，“青骊结驷兮齐千乘，悬火延起兮玄颜烝”云云，“与王趋梦兮课先后，君王亲发兮惮青兕”，文颇与此合。 ⑩ **鲍本**旃，曲柄旗。旄，幢也。补曰：《尔雅》，旄，牛尾箸竿头。 ⑪ **鲍本**问安陵与谁。 ⑫ **鲍本**“行”下有“下”字。〇 ⑬ **鲍本**编，次简也。言与王相次如之。 ⑭ **鲍本**陪，重乘也。此言二人同车。 ⑮ **姚本**钱、刘，“试”一作“式”。曾云，又作“式”。 ⑯ **姚本**续：李善引“愿得式黄泉，蓐蝼蚁”。延叔坚《战国策论》曰，“为王先用填黄泉，为王作蓐以御蝼蚁”。《艺文类聚》引“安陵君缠拭黄泉，驱蝼蚁”。 **鲍本**愿为蓐以辟二物。蓐，陈草也。

君子闻之曰：“江乙可谓善谋，安陵君可谓知时矣。”①

① **鲍本**彪谓：此非君子之言也。安陵君，妾妇也。江乙为之谋，又其卑者。安有君子而美此流哉？

江乙为魏使于楚

江乙为魏使于楚①，谓楚王曰：“臣入竟，闻楚之俗，不蔽人之善，不言人之恶，诚有之乎？”王曰：“诚有之。”江乙曰：“然则白公之乱，得无遂②乎？诚如是，臣等之罪免矣。”楚王曰：“何也？”江乙曰：“州侯相楚，贵甚矣而主断③，左右俱曰‘无有’④，如出一口矣。”

① **鲍本**乙，魏人，时居魏，后乃仕楚。故其谮昭奚恤曰“臣居魏知之”。正曰：据居魏语以为魏人，未知果不？ ② **鲍本**遂，犹成。白公，太子建子胜。哀十六年，建以谗奔郑，郑杀之。胜请伐郑，子西不从。胜杀子西，劫惠王。 ③ **鲍本**谓其专决。 ④ **鲍本**言世无如之。

郢人有狱三年不决

郢人有狱三年不决者，故令[1]请其宅，以卜其罪[2]。客因为之谓[3]昭奚恤曰："郢人某氏之宅，臣愿之。"昭奚恤曰："郢人某氏，不当服罪，故其宅不得[4]。"

① **鲍本**"令"下有"人"字。○　② **鲍本**有罪则宅入官，故可请卜测知之也。　③ **姚本**钱，"客因谓"。刘，"客因请之"。　**鲍本**"为之谓"三字作"请之"。○　补曰：依姚本，则此上讹一字，此下缺一字。　④ **姚本**一作"不可得"。

客辞而去。昭奚恤已而悔之，因谓客曰："奚恤得事公，公何为以故[1]与奚恤？"客曰："非用故也。"曰："谓[2]而不得，有说色，非故如何也[3]？"

① **鲍本**故，谓设事以探己意。　② **姚本**"谓"，曾、刘作"请"。　**鲍本**"谓"作"请"。○　③ **鲍本**无"故"字。○　补曰：如，犹而。

城浑出周

城浑[1]出周[2]，三[3]人偶行[4]，南游于楚，至于新城[5]。

① **鲍本**周人。　② **鲍本**自周出。正曰："出周"下连"三人"之文，疑为人名，有误字，故《大事记》止云"城浑南游于楚"。　③ **鲍本**"三"作"二"。○　补曰："二"字恐有误。　④ **鲍本**偶，耦同。二人曰耦，两也。此盖一人先，二人后。　⑤ **鲍本**庄六年注，新城，郑新密，今荥阳密也。汉北海、河南皆有。此属楚，盖河南密也。正曰："僖"作"庄"，误。新城，说见《秦策》。下章言新城、阳人，阳人在汝州，当是与此近者。

城浑说其令[①]曰："郑、魏者，楚之耎[②]国；而秦，楚之强敌也。郑、魏之弱，而楚以上梁[③]应之；宜阳[④]之大也，楚以弱新城围[⑤]之。蒲反[⑥]、平阳相去百里，秦人一夜而袭之，安邑不知[⑦]；新城、上梁相去五百里，秦人一夜而袭之，上梁亦不知也。今边邑之所恃者，非江南泗上也[⑧]。故[⑨]楚[⑩]王何不以新城为主郡也[⑪]，边邑甚利之[⑫]。"

① **鲍本**补曰：周显王十九年，秦置令丞。《赵策》"受冯亭上党"亦云"千户封县令"。今楚亦有此称，变古者非特秦矣。 ② **鲍本**《集韵》，耎，弱也。补曰：而兖反。 ③ **鲍本**此山阳、济阳，故梁，近楚故也。正曰：故梁在汝州西南，说见《齐策》。此云上梁，非是。 ④ **鲍本**时秦已得之。⑤ **鲍本**"围"作"图"。〇 ⑥ **鲍本**"反"作"阪"。〇 **札记**丕烈案：蒲反，蒲阪也。见《汉书·地理志》。 ⑦ **鲍本**此言百里之地不相知，况于五百里邪？ ⑧ **鲍本**《汉志》，楚分野。言江南地广，云此皆远哉，故非所恃。《汉志》言楚分野，云江南平地，故知其稽。正曰：《策》语难晓，注强解尤甚。⑨ **姚本**"故"，刘作"则"。 ⑩ **鲍本**衍"楚"字。 ⑪ **鲍本**主，犹守也。为郡，则士马盛，可以备秦。正曰：《大事记》，郡者，县之主，故谓之主郡。又郡县说见《秦策》。 ⑫ **鲍本**此浑言，其欲说楚王大意。

新城公[①]大说，乃为[②]具驷马乘车五百金之楚[③]。城浑得之，遂南交于楚，楚王[④]果以新城[⑤]为主郡。

① **鲍本**楚县尹称公。 ② **鲍本**"为"下有"王"字，原注"衍王字"。〇 ③ **鲍本**"楚"下有"尽"字，原注"衍尽字"。〇 补曰：赆也，字通借。④ **姚本**曾、钱，一无"王"。 ⑤ **鲍本**"城"，旧作"成"。补曰：当作"城"，从改文。

韩公叔有齐魏

韩公叔有齐、魏[①]，而太子有楚、秦[②]以争国[③]。郑申为楚使于韩，矫以新城、阳人[④]予太子。楚王怒，将罪之。对曰："臣矫予之，以为国也。臣为太子得新城、阳人，以与公叔争国而得之[⑤]。齐、魏必伐韩。韩氏急，必悬命于楚，又何新城、阳人之敢求？太子不胜[⑥]，然[⑦]而不死，今将倒冠而至[⑧]，又安敢言地？"楚王曰："善。"乃不罪也。[⑨]

① **鲍本**得二国之援。 ② **鲍本**太子，幾瑟也。韩襄十二年苏代曰，公叔、伯婴恐秦、楚之纳幾瑟是也。此二十九年。 ③ **鲍本**补曰：公叔主咎，公仲主幾瑟也。伯婴，说见《韩策》。 ④ **鲍本**《秦纪》注，南阳县有阳人聚。补曰：《正义》引《括地志》云，阳人在汝州叶县西。 ⑤ **鲍本**得其国事。⑥ **鲍本**不胜公叔。 ⑦ **鲍本**"然"作"幸"。〇 ⑧ **鲍本**言其归楚之疾。⑨ **鲍本**《韩襄策》语同。

楚杜赫说楚王以取赵

楚杜赫说楚王以取赵。王且予[①]之五大夫[②]，而令私行。

① **鲍本**"且予"作"曰与"。〇 补曰：一本作"且与"。 ② **鲍本**楚官。

陈轸谓楚王曰："赫不能得赵，五大夫不可收也，得[①]赏无功也。得赵而王无加焉，是无善也[②]。王不如以十乘行之，事成，予之五大夫。"王曰："善。"乃以十乘行之[③]。

① **姚本**“得”,一作“是”。　**鲍本**“得”作“是”。○　② **鲍本**不赏其善,如不有之。　③ **鲍本**无“事成予之五大夫王曰善乃以十乘行之”十六字。○

杜赫怒而不行。陈轸谓王曰:“是不能得赵也。”

楚王问于范环

楚王问于范环[①]曰:“寡人欲置相于秦,孰可?”对曰:“臣不足以知之[②]。”王曰:“吾相[③]甘茂可乎?”范环对曰:“不可。”王曰:“何也?”曰:“夫史举,上蔡之监门也[④]。大不如[⑤]事君,小不如[⑥]处室,以苛[⑦]廉闻于世,甘茂事之顺焉[⑧]。故惠王之明,武王之察,张仪之好谮,甘茂事之,取十官而无罪,茂诚贤者也,然而不可相秦。秦之有贤相也,非楚国之利也。且王尝用滑[⑨]于越而纳句章[⑩],昧之[⑪]难,越乱,故楚南察濑胡[⑫]而野江东[⑬]。计王之功所以能如此者,越乱而楚治也。今王以用之于越矣,而忘之于秦,臣以为王巨[⑭]速忘矣。王若欲置相于秦乎?若公孙郝[⑮]者可。夫公孙郝之于秦王[⑯],亲也。少与之同衣,长与之同车,被王衣以听事[⑰],真大王之相已[⑱]。王相之,楚国之大利也。”[⑲]

① **姚本**续:《史记》作“范蜎”。徐广,一作“蠉”。　**札记**丕烈案:《索隐》曰,《战国策》云,作“蝝”也。考此“蝝”字当是“蠉”字误。小司马以徐广云一作“蠉”而云然也。蠉、蜎同字,坏作“环”耳。《韩子》作“干象”,不与此同。　② **鲍本**补曰:《史》,楚怀王新与秦婚而欢。秦闻甘茂在楚,使人谓楚王曰,愿选甘茂于秦云云。　③ **姚本**一作“吾欲相”。　④ **鲍本**补曰:上

蔡，《史》俱作“下蔡”。 **札记**丕烈案：《索隐》曰，《战国策》及《韩子》皆云，史举，上蔡监门。 ⑤ **姚本**“如”，一作“知”。 **鲍本**“如”作“知”。○ **札记**丕烈案：《韩子》无此字。《史记》作“为”，下句同。 ⑥ **姚本**“如”，一作“知”。 ⑦ **鲍本**苛，小草。 ⑧ **鲍本**言大不失其意。 ⑨ **鲍本**“滑”上补“召”字。○ 召滑，见《甘茂传》。补曰：《史》作“召滑”。 **札记**今本“滑”上有“召”字，乃误涉鲍也。丕烈案：《韩子》有“邵”字。滑，即召滑，不当补。李善注《文选·过秦论》“召滑”，引《韩子》、《史记》，而不引《策》，《策》本无“召”字，其明证也。贾谊《新书》作“召滑”。《秦本纪》作“昭滑”。后《策》作“卓滑”。《赵策》作“淖滑”。“召”、“昭”、“卓”、“淖”，声之转。 ⑩ **鲍本**属会稽。 ⑪ **鲍本**昧，唐昧，楚将。此二十八年，秦、齐、韩、魏共攻楚，杀昧。⑫ **鲍本**“胡”作“湖”。○ 察，犹治也。言楚有而治之。南阳有“厉”，音“赖”。正曰：察赖湖。《史》作塞厉门。地皆未详，恐有误字。“察”作“塞”胜。 **札记**丕烈案：徐广曰，一作“濑胡”。“厉”、“濑”同字，“胡”、“门”形相近也。 ⑬ **鲍本**以江之东为野。此言楚虽有唐昧之难，而能得越地，以召滑乱之也。 ⑭ **鲍本**巨，大也。正曰：巨，讵通。 ⑮ **鲍本**补曰：《史》作“向寿”。 **札记**丕烈案：《韩子》云，“不如相共立”。一云公子赫。 ⑯ **鲍本**昭。 ⑰ **鲍本**言其素重。 ⑱ **鲍本**秦相，而曰“王之相”，盖楚相之，必右楚也。 ⑲ **鲍本**《甘茂传》有，人地小异。补曰：未去，楚使使请秦相向寿，茂竟不得入，卒于魏。

苏秦为赵合从说楚威王

苏秦为赵合从[①]，说楚威王曰：“楚，天下之强国也。大王，天下之贤王也。楚地西有黔中、巫郡[②]，东有夏州[③]、海阳[④]，南有洞庭[⑤]、苍梧[⑥]，北有汾陉之塞[⑦]、郇阳[⑧]。地方五千里，带甲百万，车千乘，骑万匹，粟支十年，此霸王之资也。夫以楚之强与大王之贤[⑨]，天下莫能当也。今乃欲西面而事秦，则诸侯莫不南[⑩]面而朝于章台[⑪]之下矣。秦之所害于天下莫如楚，楚强则秦弱，楚弱则秦强，此其势不两立。故为王至[12]计，莫如从亲以孤秦。大王不从亲，秦必起两军：一军出武关；一军下黔中。若此，则鄢、郢[13]动矣。臣闻治之其未乱，为之其未有也；患至而后忧之，则无及已[14]。故愿大王之早计之。

① **鲍本**此在连横仪入秦后，当为七或八年。正曰：《大事记》，在威七年。　② **鲍本**属南郡。补曰：徐广云，黔中，今武陵；巫郡，南郡之西界。③ **鲍本**车胤云，夏口城上有洲，曰夏州。补曰：《左传》，楚庄伐陈，乡取一人焉以归，谓之夏州。即此。《正义》云，夏水口，在荆州江陵县。一本标卢藏用注《后语》云，屈原《离骚》"过夏口而西浮"，盖是山也。　④ **鲍本**海之南耳，非辽西郡也。正曰：卢藏用云，在广陵东，今扬州海陵县。刘氏云，楚之东境。　⑤ **鲍本**补曰：洞庭，在今巴陵。　⑥ **鲍本**交州郡。正曰：《正义》云，苍梧山，在道州南。按，此乃楚粤穷边处。交州苍梧，则粤地也。⑦ **姚本**钱、刘作"陉"，集作"陆"。　**鲍本**陉，召陵陉亭。补曰：陉，见《秦策》。汾陉乃韩地。此句有误，四字连郇阳读，亦不顺。《史》作"陉塞"，是。《大事记》亦谓，即陉山也。　**札记**丕烈案：徐广云，一本"北有汾陉之塞"也。　⑧ **鲍本**徐注，今顺阳，属汝南。正曰：《正义》云，顺阳故城，在邓州穰县西。《索隐》云，郇，音荀；郇阳，当汝南颍川之界，当是新阳，声近字变尔。汝南有新阳县，在新水之阳。徐说盖疏。　⑨ **鲍本**无"与"字。○　补曰：一本"与大王"。　**札记**丕烈案：《史记》有。　⑩ **鲍本**"南"作"西"。○　**札记**丕烈案：《史记》作"西"。　⑪ **鲍本**秦台。在咸阳，见《楚记》。　⑫ **鲍本**"王至"作"大王"。○　**札记**丕烈案：《史记》作"大王"。　⑬ **鲍本**补曰：鄢、郢，见前。　⑭ **鲍本**"已"作"矣"。○　**札记**丕烈案：《史记》作"已"。

"大王诚能听臣，臣请令山东之国，奉四时之献，以承[1]大王之明制，委社稷宗庙[2]，练士厉兵，在大王之所用之。大王诚能听臣之愚计，则韩、魏、齐、燕、赵、卫[③]之妙音美人，必充后宫矣。赵[④]、代良马橐他[⑤]，必实于外厩。故从合则楚王，横成则秦帝。今释霸王之业，而有事人之名，臣[⑥]窃为大王不取也。

① **姚本**一作“奉”。　② **鲍本**言诸侯轻去其国以从楚。正曰：委置其宗庙社稷以托于楚。　③ **鲍本**无“卫”字。〇　**札记**丕烈案：《史记》有。④ **姚本**一作“燕”。　⑤ **鲍本**“他”作“驼”。〇　匈奴奇畜。　**札记**丕烈案：《史记》作“驼”。　⑥ **鲍本**无“臣”字。〇　**札记**丕烈案：《史记》有。

“夫秦，虎狼之国也，有吞天下之心。秦，天下之仇雠也，横人皆欲割诸侯之地以事秦，此所谓养仇而奉雠者也。夫为人臣而割其主之地，以外交强虎狼之秦，以侵天下，卒有秦患，不顾其祸。夫外挟强秦之威，以内劫其主，以求割地，大逆不忠，无过此者。故从亲，则诸侯割地以事楚；横合，则楚割地以事秦。此两策者，相去远矣，有亿兆之数。两者大王何居焉？故弊邑赵王[①]，使臣效愚计，奉明约，在大王命之。”

① **鲍本**肃侯。

楚王曰：“寡人之国，西与秦接境，秦有举巴蜀、并汉中之心。秦，虎狼之国，不可亲也。而韩、魏迫于秦患，不可与深谋[①]，恐反人以入于秦，故谋未发而国已危矣。寡人自料，以楚当秦，未见胜焉。内与群臣谋，不足恃也。寡人卧不安席，食不甘味，心摇摇如悬旌[②]，而无所终薄[③]。今君[④]欲一天下，安诸侯，存危国[⑤]，寡人谨奉社稷以从。”[⑥]

① **姚本**《史记》、集、刘下更有“与深谋”三字。曾无。　**鲍本**重“与深谋”三字。〇　**札记**丕烈案：《史记》复有。　② **鲍本**旌，析羽注竿首，以精进士卒。　③ **鲍本**“薄”，“泊”同。　④ **姚本**曾作“今主君”。　**札记**今本“今”误“令”。　⑤ **札记**今本“危”误“亡”。　⑥ **鲍本**《传》有，在说五国后。彪谓：五国之听苏子也，革面而已，非能深究横、从之利害也。唯威王雅有难秦之心，念之熟矣。异夫患诸国之不可合，徒称从命者也！补曰：《大事记》取。

张仪为秦破从连横

张仪为秦破从连横，说楚王[①]曰：“秦地半天下，兵敌四国[②]，被[③]山带河，四塞[④]以为固。虎贲[⑤]之士百余万，车千乘，骑万匹，粟如丘山。法令既明，士卒安难乐死[⑥]。主严以明，将知以武。虽无出兵甲，席卷常山之[⑦]险，折天下之脊，天下后服者先亡。且夫为从者，无以异于驱群羊而攻猛虎也。夫虎之与羊，不格[⑧]明矣。今大王不与猛虎而与群羊，窃以为大王之计过矣。

① **鲍本**在郑袖出仪后。　② **鲍本**四方之国。　③ **鲍本**被，寝衣也，喻其亘延。　④ **鲍本**无“四塞”二字。〇　补曰：姚及别本有“四塞”字，《史》同。此脱。　⑤ **鲍本**《汉官仪》，虎贲戴鹖冠，属中郎将。正曰：《牧誓》注，若虎贲兽，言其猛也。《周礼》有“虎贲氏”，非始汉。　⑥ **鲍本**死难，兵革之事。　⑦ **鲍本**收取之，如席卷之易，无遗也。恒山属赵之元氏，此作“常”，刘向避文帝讳也。补曰：《正义》云，常山在镇州西。正曰：《史记》已作

"常",汉时传写所改。 ⑧ **鲍本**格,犹敌。

"凡天下强国,非秦而楚,非楚而秦。两国敌侔[1]交争,其势不两立。而大王不与秦,秦下甲兵,据宜阳,韩之上地[2]不通;下河东,取成皋,韩必入臣于秦。韩入臣[3],魏则从风而动。秦攻楚之西,韩、魏攻其北,社稷岂得无危哉?

① **鲍本**侔,齐等也。 ② **鲍本**上流之地。补曰:《后语》作"上党地"。**札记**丕烈案:《史记》作"上地"。 ③ **姚本**钱作"臣秦"。

"且夫约从者,聚群弱而攻至强也。夫以弱攻强,不料敌而轻战,国贫而骤举兵,此危亡之术也。臣闻之,兵不如者,勿与挑战;粟不如者,勿与持[1]久。夫从人者,饰[2]辩虚辞,高主之节行,言其利而不言其害,卒有楚[3]祸,无及为已,是故愿大王之熟计之也。

① **鲍本**持,相持。 ② **鲍本**饰,缘饰,非实也。 ③ **姚本**曾,一作"秦"。 **鲍本**秦伐楚之祸。《史》作"秦祸",意同。

"秦西有巴蜀,方船积粟,起于汶山[1],循江而下,至郢三千余里。舫船[2]载卒,一舫载五十人,与三月之粮,下水而浮,一日行三百余里;里数虽多,不费马汗[3]之劳,不至十日而距扞关[4];扞关惊,则从竟陵已东[5],尽城守矣,黔中、巫郡非王之有已。秦举甲出之武关,南面而攻,则北地[6]绝。秦兵之攻楚也,危难在三月之内。而楚恃诸侯之救,在半岁之外，此其势不相及也。夫恃弱国之救，而忘强秦之祸，此臣之[7]所以为大王之患也。且大王尝与吴人五战[8]三胜而亡之，陈[9]卒尽矣；有[10]偏守新城[11]而居民苦矣。臣闻之，攻大者易危，而民弊者怨于上。夫守易危之功，而逆强秦之心，臣窃为大王危之。

① **鲍本**居贫切。属蜀都湔氐道，即岷山。故《唐志》茂州汶山注有岷山。 ② **姚本**刘，一作"方舡"。 **鲍本**舫，平音，并舟也。正曰：舫，甫望切。 ③ **鲍本**"马汗"作"汗马"。○ **札记**今本"马汗"作"汗马"。丕烈案：《史记》作"汗马"。 ④ **鲍本**距，本鸡足，故训至。《楚记》，晋伐楚，楚为扞关以距之，《仪传》注，巴郡鱼复有扞水关。正曰：徐广云，鱼复有扞水关。《史》楚肃王四年，蜀伐楚，取兹方，于是楚作扞关拒之。 ⑤ **鲍本**"已"作"以"。○ **札记**丕烈案：《史记》作"则从境以东"。 ⑥ **鲍本**北境之地，非幽州郡。 ⑦ **鲍本**无"之"字。○ **札记**丕烈案：《史记》无。 ⑧ **鲍本**《史》不书。 ⑨ **姚本**"陈"，曾作"阵"。 **鲍本**陈，犹故。正曰："陈"，古"阵"字。 ⑩ **姚本**一本无"有"字。 ⑪ **鲍本**一偏之戍，缮筑之城。

"且夫秦之所以不出甲于函谷关十五年以攻诸侯者，阴谋有吞天下之心也[1]。楚尝与秦构[2]难，战于汉中。楚人不胜，通侯[3]、执珪死者七十余人，遂亡汉中。楚王大怒，兴师袭秦[4]，战于蓝田，又郤[5]。此所谓两虎相搏者也。夫秦、楚相弊，而韩、魏以全制其后，计无过[6]于此者矣，是故愿大王熟计之也。

① **鲍本**补曰：攻大，即下"功"字。攻诸侯，自当作"攻"。不出甲函谷关十五年，此辩士夸词，非实。《史》作"攻齐、赵"。按此前二年、五年、六

年，皆有攻赵之事，而攻齐则无之。若云不攻齐，则犹可通也。"阴谋"，一本无"谋"字。　**札记**吴补，一本无"谋"字。丕烈案：《史记》有。　② **姚本**一本作"角"。　③ **鲍本**彻侯，汉讳武帝作"通"。此亦刘向所易也。正曰：说见前。　④ **鲍本**无"兴师袭秦"四字。〇　补曰：诸本有此四字，今依诸本增。　**札记**丕烈案：《史记》作"兴兵袭秦"。　⑤ **鲍本**秦惠王十三年，取汉中，又败之蓝田，此十七年。此处与上章所称楚王，皆后人追书耳。⑥ **姚本**一本作"危"。

"秦下兵攻卫、阳晋，必开[1]扃天下之匈[2]，大王悉起兵[3]以攻宋，不至数月而宋可举。举宋而东指，则泗上十二诸侯，尽王之有已。

① **姚本**一作"晋必大开"。曾，"大开"一作"关"。　**鲍本**"开"作"关"。〇　补曰：《史》同。按诸本多作"开"，或作"大开"，不若"关"义长。　**札记**丕烈案：《史记》作"必大关天下之匈"。徐广曰，"关"一作"开"，此当是。《策》文作"必扃天下之匈"。"开"、"关"字，皆所记《史记》异文而误入者。"关"、"扃"同义。　② **鲍本**上二邑，天下之中也，故喻之匈。秦下兵，二邑必拒之，则闭不通，故楚可以此时举宋。正曰：《索隐》云，以常山为天下脊，则卫及阳晋当天下匈。其地是秦、晋、齐、楚之交道也，据之是关天下匈，他国不得动也。　③ **姚本**集无"兵"字。三同。

"凡天下所信约从亲坚者苏秦，封为武安君而相燕，即阴与燕王谋破齐共分其地。乃佯有罪，出走[1]入齐，齐王[2]因受而相之。居二年而觉，齐王大怒，车裂苏秦于市[3]。夫以一诈伪反复之苏秦，而欲经营天下，混一诸侯，其不可成也亦明矣。

① **鲍本**“走”作“奔”。○ **札记**丕烈案：《史记》作“走”。 ② **鲍本**闵。 ③ **鲍本**按《史》，秦事觉，在其死后，仪以此明其以诈死耳。补曰：苏秦为客所刺，设计以取贼，故车裂而得贼。今仪言如此，盖借事为说破从亲也。

“今秦之与楚也，接境壤界，固形亲之国也[①]。大王诚能听臣，臣请秦太子入质于楚，楚太子入质于秦，请以秦女为大王箕箒[②]之妾，效万家之都，以为汤沐之邑，长为昆弟之国，终身无相攻击。臣以为[③]计无便于此[④]者。故敝邑秦王[⑤]，使使臣献书[⑥]大王[⑦]之从车下风[⑧]，须以决事。”

① **鲍本**其势当亲。 ② **鲍本**帚，粪也。以洒扫之役自居。补曰：《大事记》，其说诸侯皆曰事秦，独楚曰云云，以楚最强故尔。 ③ **鲍本**“为”作“谓”。○ **札记**丕烈案：《史记》作“为”。 ④ **姚本**续：《史记》此后有屈原谏止之辞。 ⑤ **鲍本**惠。 ⑥ **鲍本**书，国书，非此书。 ⑦ **鲍本**无“大王”二字。○ ⑧ **鲍本**将迎之际，必有风焉。不敢当立，故言下风。

楚王曰：“楚国僻陋，托东海之上。寡人年幼[①]，不习国家之长计。今上客幸教以明制[②]，寡人闻之，敬以国从。”乃遣使车百乘，献鸡骇之犀[③]、夜光之璧[④]于秦王。[⑤]

① **鲍本**言其为从时。 ② **鲍本**秦王之制诏。 ③ **鲍本**《抱朴子》，通天犀中有一白理如线，置米其上以饲，鸡见之惊，故名“骇鸡犀”。 ④ **鲍本**邹阳言，魏文侯归白圭夜光之璧。 ⑤ **鲍本**《传》，在诸国之先。补曰：《大事记》，六国连衡，魏先听仪说事秦。故楚赦仪之后，所说止五国。仪说楚王与秦和亲，楚王既得张仪而重出黔中地，欲许之，屈平谏不听，卒许仪。遂说韩、齐、赵、燕，皆听仪。归报未至，惠王薨，而约亦解。 “为秦”、两

“为大”之“为”，去声。“挑”，上声。

张仪相秦

张仪相[①]秦，谓昭雎曰：“楚无鄢、郢、汉中，有所更得乎[②]？”曰：“无有。”曰：“无昭雎[③]、陈轸，有所更得乎[④]？”曰：“无所更得。”张仪曰：“为仪谓楚王逐昭雎[⑤]、陈轸，请复鄢、郢、汉中[⑥]。”昭雎归报楚王[⑦]，楚王说之。

① **鲍本**复相时。 ② **鲍本**此皆楚之要地，无此则危亡，安能有他。 ③ **鲍本**“雎”作“过”。○ ④ **鲍本**二臣，楚之良也。无此二臣，不能复得良臣。此仪为秦谋去楚谋臣也。 ⑤ **鲍本**“雎”作“过”。○ ⑥ **鲍本**秦惠王十三年取汉中，故至是许复之。鄢、郢，此时不书。此《策》，仪知楚王重地轻人，故使雎言之。二人逐，则楚无良臣，雎必得其处也。 ⑦ **鲍本**雎盖畔楚善仪者。

有人谓昭雎[①]曰：“甚矣，楚王不察于争[②]名者也。韩求相工陈籍[③]而周不听；魏求相綦母恢而周不听，何以也？周是[④]列县畜我[⑤]也。今楚，万乘之强国也；大王，天下之贤主[⑥]也。今仪曰逐君与陈轸而王听之，是楚自行[⑦]不如周，而仪重于韩、魏之王也。且仪之所行，有功名者秦也[⑧]，所欲贵富者魏也[⑨]。欲为攻于魏[⑩]，必南伐楚。故攻有道，外绝其交[⑪]，内逐其谋臣。陈轸，夏[⑫]人也，习于三晋之事，故逐之，则楚无谋臣矣。今君能用楚之众，故亦逐之，则楚众不用矣。此所谓内攻之者也，而王不知察。今君何不见臣于王，请为王使齐交不绝。齐交不绝[⑬]，仪闻之，其效鄢、郢、汉中必缓矣[14]。是昭雎之言不信也，王必薄之。”

① **鲍本**“雎”作“过”。〇　**札记**丕烈案：三“雎”字皆作“过”者为是。下文三“君”字皆称“过”也，故下文云“是昭雎之言不信也”。若谓“雎”，何得云尔？可为明证。作“雎”者，相涉致误耳。　② **鲍本**无“争”字。〇　③ **鲍本**《周策》，“陈”作“师”，求周使相之。　④ **姚本**一作“周曰是”。　**鲍本**“周”下补“曰”字。〇　⑤ **鲍本**待我如县吏。　⑥ **鲍本**“主”作“王”。〇　⑦ **鲍本**“行”作“待”。〇　补曰：当是“待”字。　**札记**今本“行”作“待”，乃误涉鲍也。　⑧ **鲍本**欲立功名于秦。　⑨ **鲍本**取富贵于魏。　⑩ **鲍本**为魏伐人。　⑪ **鲍本**交，谓与国。　⑫ **鲍本**夏，中国也。　⑬ **鲍本**“齐交不绝”四字不重。〇　⑭ **鲍本**齐、楚，大国也，仪恶其合。今合而与之地，则楚益劲，仪必不为也。

威王问于莫敖子华

威王问于莫敖[1]子华曰：“自从先君文王以至不穀之身，亦有不为爵劝，不为禄勉，以忧社稷者乎？”莫敖子华对曰：“如华[2]不足[3]知之矣。”王曰：“不于大夫，无所闻之？”莫敖子华对曰：“君王将何问者也？彼有廉其爵，贫其身，以忧社稷者；有崇其爵，丰其禄，以忧社稷者；有断脰[4]决腹，壹[5]瞑[6]而万世不视，不知所益[7]，以忧社稷者；有劳其身，愁其志，以忧社稷者[8]；亦有[9]不为爵劝，不为禄勉，以忧社稷者。”王曰：“大夫此言，将何谓也[10]？”

① **鲍本**楚官。　② **姚本**孙本“华”作“章”。　③ **鲍本**“足”下有“以”字。〇　④ **鲍本**脰，项也。　**札记**今本“脰”误“头”，下同。　⑤ **鲍本**“壹”作“一”，下同。〇　⑥ **鲍本**瞑，不视也，谓死。　⑦ **鲍本**志于死耳，不求利

也。 ⑧ **鲍本**无"有劳其身愁其志以忧社稷者"十二字。○ ⑨ **鲍本**无"有"字。○ ⑩ **鲍本**言谓谁。

莫敖子华对曰:"昔令尹子文①,缁帛②之衣以朝,鹿裘以处;未明而立于朝,日晦而归食;朝不谋夕,无一月③之积。故彼廉其爵,贫其身,以忧社稷者,令尹子文是也。

① **鲍本**鬥穀於菟。 ② **札记**今本"帛"误"布"。 ③ **鲍本**"月"作"日"。○ **札记**今本"月"作"日",乃误涉鲍也。

"昔者叶公子高①,身获于表薄②,而财于柱国③;定白公之祸④,宁楚国之事;恢先君以揜方城之外⑤,四封不侵⑥,名不挫于诸侯。当此之时也,天下莫敢以兵南乡。叶公子高,食田六百畛⑦,故彼崇其爵,丰其禄,以忧社稷者,叶公子高是也。

① **鲍本**名诸梁。 ② **鲍本**表,野外。薄,林也。言其初贱。 ③ **鲍本**财,材同。柱国以子高为材。 ④ **鲍本**见哀公十六年。 ⑤ **鲍本**恢,大也。《集韵》,揜,覆取也。言取地以大先君之封。 ⑥ **鲍本**"侵"作"廉"。○ 封,封城。廉,犹《礼》六廉。言无事故不察治。补曰:一本"四封不侵"。正曰:"廉隅"之"廉"。谓四境完固,不见廉隅也。 ⑦ **鲍本**畛,井田间陌。补曰:《周礼》,十夫有沟,沟上有畛。朱子曰,沟间千亩,畛为阡。

"昔者吴与楚战于柏举①,两御②之间夫③卒交。莫敖大心抚其御之手,顾而大息曰:'嗟乎子④乎,楚国亡之月⑤至矣!吾将深入吴军,若扑⑥一人,若捽⑦一人,以与大心者也，社稷其为庶几[8]乎？'故断脰决腹，壹瞑而万世不视，不知所益，以忧社稷者，莫敖大心是也。[9]

① **鲍本**定四年注，楚地。 ② **鲍本**"御"作"军"。○ **札记**今本"御"作"军"，乃误涉鲍也。 ③ **鲍本**"千夫"、"百夫"之"夫"。 ④ **鲍本**一本"子"作"予"。 ⑤ **姚本**"月"，一作"日"。 ⑥ **鲍本**若，犹。扑，击也。正曰：若，发语辞。扑，普卜反。 ⑦ **鲍本**捽，持发也。 ⑧ **鲍本**无"为"字。○ 以是为可以厉众也。 ⑨ **鲍本**《传》不书。正曰：《左传》，柏举之战，楚大夫史皇以其乘广死，司马沈尹戌伤而死，句卑刭而裹之。司马戌，即大心也，叶公诸梁之父也。王氏应麟谓鲍失考。

"昔吴与楚战于柏举，三战入郢。寡君[1]身出，大夫悉属，[2]百姓离散。棼冒勃苏[3]曰：'吾被坚执锐[4]，赴强敌而死，此犹一卒也，不若奔诸侯。'于是赢粮潜行，上峥山[5]，逾深溪，蹠穿膝暴[6]，七日而薄秦王[7]之朝。雀立[8]不转，昼吟宵哭。七日不得告。水浆无入口，瘨而殚闷[9]，旄[10]不知人。秦王闻而走之[11]，冠带不相及，左奉其首，右濡其口，勃苏乃苏[12]。秦王身问之：'子孰谁也？'棼冒勃苏对曰：'臣非异[13]，楚使[14]新造盩[15]棼冒勃苏。吴与楚人战于柏举，三战入郢，寡君身出，大夫悉属，百姓离散。使下臣来告亡，且求救。'秦王顾令不[16]起：'寡人闻之，万乘之君，得罪一士，社稷其危，今此之谓也。'遂出革车千乘，卒万人，属之子满[17]与子虎，下塞以东，与吴人战于浊水[18]而大败之，亦闻于遂浦[19]。故劳其身，愁其思，以忧社稷者，棼冒勃苏是也。

① **鲍本**昭王。 ② **鲍本**属连俱亡。 ③ **鲍本**定四年以为申包胥。补曰：棼冒，即蚡冒。勃苏、包胥声近。岂蚡冒之裔欤？蚡：符分反。冒，亡北反。《索隐》云，“蚡”，古本作“羒”，音愤，亦符分反。 **札记**丕烈案：吴说本《困学纪闻》，是也。申包胥为蚡冒氏，犹斗子文之言若敖氏。 ④ **鲍本**坚，甲；锐，兵也。 ⑤ **鲍本**峥嵘之山。 ⑥ **鲍本**蹠，足下。暴，伤也。⑦ **鲍本**襄公。 ⑧ **鲍本**雀立，踊也。 ⑨ **鲍本**瘨，狂。殚，气绝也。正曰：《诗》“瘨我”注，病也。非“癫狂”之“癫”。 ⑩ **鲍本**旄，眊同。无目也。正曰：“旄”、“眊”、“耄”，字通，并昏也。 ⑪ **鲍本**走，去音，疾趋也。 ⑫ **鲍本**苏，死更生也。 ⑬ **鲍本**言非它人。 ⑭ **鲍本**去音。 ⑮ **鲍本**楚官。正曰：鲍见秦官有上造、大良造，遂为此谬说。按字书，盩，张留反，引击也。山曲曰盩，此无义。盭，音戾，字通。又音列，罪也。当是此字。新造盭，似言始构难，今降戾之云。文当有讹舛，或在“吴”字下。 ⑯ **鲍本**“不”作“之”。○ 补曰：字误或衍。 ⑰ **鲍本**补曰：子满，《左传》“子蒲”。⑱ **鲍本**出齐郡广之妫山东。盖齐、楚壤界。 ⑲ **鲍本**楚地。缺，或是夫遂也。盖闻一说在彼，一在此。补曰：云在稷与沂。注楚地，当考。夫遂，见前《秦策》。

“吴与楚战于柏举，三战入郢。君王身出，大夫悉属，百姓离散。蒙谷[①]给[②]斗于宫唐[③]之上，舍斗奔郢曰：‘若有孤[④]，楚国社稷其庶几乎？’遂入大[⑤]宫，负鸡次[⑥]之典以浮于江，逃于云梦之中。昭王反郢，五官[⑦]失法，百姓昏乱；蒙谷献典，五官得法，而百姓大治。此蒙谷之功，多与存国[⑧]相若，封之执圭，田六百畛。蒙谷怒曰：‘谷非人臣，社稷之臣，苟社稷血[⑨]食，余岂悉[⑩]无君乎？’遂自弃于磨山[⑪]之中，至今无冒[⑫]。故不为爵劝，不为禄勉，以忧社稷者，蒙谷是也[⑬]。”

① **鲍本**楚将。 ② **鲍本**“给”作“结”。〇 结，犹交。 **札记**今本“给”作“结”。 ③ **鲍本**宫唐，岂高唐耶？ ④ **鲍本**时未知昭王存亡，故意其子。 ⑤ **姚本**曾，一无“大”字。 ⑥ **姚本**一本作“离”。 **鲍本**楚国法也。“鸡”，一作“离”，是所以治离局者。正曰：是时典守者皆离其局，故负其典以逃。 ⑦ **鲍本**补曰：五官见《齐策》。 ⑧ **札记**今本“国”误“田”。 ⑨ **鲍本**血，谓牲牢。 ⑩ **姚本**一作“余岂患”。 **鲍本**“悉”作“患”。〇 补曰：“余”当作“余”。 ⑪ **姚本**《汉》注引历山。 **鲍本**《后志》，磨城，子胥所造。盖以此山名城也。正曰：“磨”字，说见《秦策》。 ⑫ **鲍本**冒，谓犯法。正曰：一本“无位”。 ⑬ **姚本**续：《汉·李通传》论曰，“昔蒙谷负书，不徇楚难”。注引《战国策》吴、楚战于柏举，蒙谷奔入宫，负离次之典，浮江逃于云梦之中云云，“苟利社稷血食，余岂患无君乎”？遂弃于历山也。

王乃大息曰：“此古之人也。今之人，焉能有之耶？”

莫敖子华对曰：“昔者先君灵王好小要，楚士约[①]食，冯[②]而能立，式[③]而能起。食之可欲，忍而不入；死之可恶，然[④]而不避。章[⑤]闻之，其君好发[⑥]者，其臣抉拾[⑦]。君王直不好，若君王诚好贤，此五臣者，皆可得而致之。”

① **鲍本**“要”作“腰”。〇 约，犹节。 ② **鲍本**冯，依也。 ③ **鲍本**式，小低貌。补曰：轼，车前横木，有所敬则俯冯之。据而后能立，冯而后能起，言以约食，故无力也。或疑士不当言细腰。《荀子》云，“楚庄王好细腰，故朝有饿人”。一本标《墨子》云，“楚灵王好士细腰，故其臣皆三饭为节，胁息而腹带，渊墙而后起”。《尹文子》、《韩非子》皆言，“一国有饥色饿人”。今按，《墨子》三卷中无此文，三卷者，别本也。古《墨子》篇数不止此。 ④ **姚本**一作“就”。 ⑤ **鲍本**“章”作“华”。〇 补曰：当作“华”。 **札记**丕烈案：鲍改、吴补皆非也。章，当是子华之名。上文“如华”，姚校云，孙本

作"章",是其证。 ⑥ **鲍本**发,发矢。 ⑦ **鲍本**"抉"作"决"。〇 《车攻》注,决,钩弦。拾,遂也;遂,发也。正曰:《诗》注无此三字。决,以象骨为之,著于右手大指,所以钩弦闿体。拾,以皮为之,著于左臂以遂弦,亦名"遂"。

战国策卷十五

楚 二

魏相翟强死

魏相翟强死。为甘茂谓楚王曰："魏之几相者[①]，公子劲也[②]。劲[③]也相魏，魏、秦之交必善[④]。秦、魏之交完，则楚轻矣。故王不如与齐约，相甘茂于魏。齐王[⑤]好高人以名，今为其行人[⑥]请魏之相，齐必喜。魏氏不听，交恶于齐；齐、魏之交恶，必争事楚。魏氏听，甘茂与樗里疾，贸首[⑦]之雠也；而魏、秦之交必恶[⑧]，又交重楚也。"

① **鲍本**言危欲相之。 ② **鲍本**秦人。 ③ **姚本**刘，一无下"也"字。④ **鲍本**劲，秦人而魏相之故。正曰：俱无考。 ⑤ **鲍本**闵。 ⑥ **鲍本**楚为齐请如其使者。《礼》，行人使适四方。 ⑦ **鲍本**贸，言欲易取其首。⑧ **鲍本**疾相秦，茂相魏故。

齐秦约攻楚

齐、秦约攻楚，楚令景翠以六城赂齐[①]，太子为质[②]。昭雎谓景翠曰："秦恐且因景鲤、苏厉而效地于楚。公出地以取[③]齐，鲤与厉且以收地取秦[④]，公事必败[⑤]。公不如令王重赂景鲤、苏厉，使入秦[⑥]，秦[⑦]恐[⑧]，必不求地[⑨]而合于楚。若齐不求，是公与约也。"[⑩]

① **姚本**一本下有“以”字。 ② **鲍本**此二十九年，太子横。 ③ **姚本**“取”一作“收”，别本作“牧”。 **鲍本**取，犹收，犹悦。 ④ **鲍本**收前所效者。盖二人之辞。曰楚出地取齐，楚既弱矣，何足与地。秦收所效，必悦二人也。正曰：景鲤乃楚臣，秦可因之以责地。见楚弱，而劝秦收所效之地，恐非。 ⑤ **鲍本**楚不得秦地，景翠赂齐，楚必怨翠。 ⑥ **鲍本**二人得楚赂，不复为秦收地矣。 ⑦ **姚本**一本下有“齐”字。 **札记**吴氏正曰，“秦”字疑当作“齐”，是也。 ⑧ **鲍本**以齐、楚合故。 ⑨ **鲍本**不收所效。⑩ **鲍本**两国各不取地而止攻，是约者复和也。与，如与国之与，和好也。言翠能和两国之约。正曰：战国之时，秦之割地希矣，惟赧王十七年割三城和齐、韩、魏一事尔。怀王末年，楚益以弱，虽合齐，秦未必遽惧而割也。效地于楚者，令楚效地。恐者，恐或如此之辞也。景翠必与景鲤、苏厉不合者，故睢言翠既以地赂齐，则秦恐或且因苏厉、景鲤而令楚效地，是翠出地取齐，而二人收所出之地以取秦，翠事岂不败乎？今不如重赂二人，使入秦为解，则秦恐或必不求地而与楚合。齐见秦、楚之合，若不求地，则是公能和好结约也。“秦恐必不求地”，“秦”字疑当作“齐”字。谓重赂二人入秦，则齐和。秦、楚之和，恐不敢求所赂地。若果不求，是公能和好结约也。说亦通。

术视伐楚

术视[①]伐楚，楚令昭鼠以十万军汉中。昭睢胜秦于重丘[②]，苏厉谓宛公昭鼠[③]曰：“王[④]欲昭睢之乘[⑤]秦也，[⑥]必分公之兵以益之。秦知公兵之分也，必出汉中[⑦]。请为公令辛戎[⑧]谓王[⑨]曰：‘秦兵且出汉中。’则公之兵全矣。[⑩]”

① **鲍本**秦人。 ② **姚本**别本“丘”作“兵”。 **鲍本**属平原。正曰：恐非。 ③ **鲍本**鼠为宛尹。 ④ **鲍本**王，楚王。 ⑤ **鲍本**乘，犹凌。⑥ **鲍本**无“也”字。○ ⑦ **鲍本**出兵伐此。 ⑧ **鲍本**“辛”作“芈”。○

戎，楚人，贵于秦。补曰：当作“芈”。 ⑨ **鲍本**如以私告楚王者。 ⑩ **鲍本**欲其备秦，故不分其兵。

四国伐楚〔校一〕

〔校一〕姚本此篇与《术视伐楚》连篇，鲍本另列一篇。据文义，从鲍本。

四国伐楚①，楚令昭雎将以距②秦。楚王欲击秦，昭侯③不欲。桓臧为昭雎谓楚王曰：“雎战胜④，三国恶楚之强也，恐秦之变而听楚也，必深攻楚以劲秦⑤。秦王⑥怒于战不胜，必悉起而击楚，是王与秦相罢⑦，而以⑧利三国也。战不胜秦，秦进兵而攻。不如益昭雎之兵，令之示秦必战。秦王恶与楚相弊而令天下⑨，秦可以少割而收害也⑩。秦、楚之合，而燕、赵、魏不敢不听，三国可定也。”

① **鲍本**《楚记》，二十八年，秦、齐、韩、魏共攻楚。 ② **鲍本**拒同。 ③ **鲍本**“侯”作“雎”。〇 ④ **姚本**一本下有“秦”字。 ⑤ **鲍本**坚其伐楚之心。 ⑥ **鲍本**昭。 ⑦ **鲍本**音疲。 ⑧ **姚本**一本无“以”字。 ⑨ **鲍本**“下”下补“利”字。〇 正曰：谓以相弊，令以天下使知。 **札记**今本“下”下有“利”字，乃误涉鲍也。丕烈案：“令”乃“全”字之讹，吴说亦未是。 ⑩ **鲍本**秦见楚将必战，必割地与楚和，战伐之害可息也。收，犹息。正曰：秦恶与楚相敝而不战，则楚可以少割地而收秦。一本无“害”字，是。 **札记**吴氏正曰，一本无“害”字，是。丕烈案：此因上文“割”字而误衍。“害”、“割”同字。

楚怀王拘张仪

楚怀王拘张仪①，将欲杀之。靳尚②为仪谓楚王曰：“拘张仪，秦王必怒。天下见楚之无秦也，楚必轻矣。”又谓王之幸夫人郑袖曰：“子亦自知且贱于王乎？”郑袖曰：“何也？”尚曰：“张仪者，秦王③之忠信有功臣也。今楚拘之，秦王欲出之。秦王有爱女而美，又简择宫中佳玩丽好玩习音者④，以欢从之；资之金玉宝器，奉以上庸六县为汤沐邑⑤，欲因张仪内之楚王。楚王必爱，秦女依强秦以为重，挟宝地以为资，势⑥为王妻以临于楚。王惑于虞乐，必厚尊敬亲爱之而忘子，子益贱而日疏矣。”郑袖曰：“愿委之于公，为之奈何？”曰：“子何不急言王，出张子。张子得出，德子无已时，秦女必不来，而秦必重子。子内擅楚之贵，外结秦之交，畜张子以为用，子之子孙必为楚太子矣，此非布衣之利也。⑦”郑袖遽说楚王出张子。⑧

① **鲍本**以其欺楚以商於故。 ② **鲍本**楚人。 ③ **鲍本**惠。 ④ **鲍本**原注衍上“玩”字。○ 好玩，人之可好可玩者。《书》曰，“玩人丧德”。习音，所谓欢也，以从爱女。补曰：一本无上“玩”字。正曰：习于音声者。⑤ **鲍本**以邑为女汤沐之具。 ⑥ **鲍本**“势”下补“必”字。○ 补曰：此下疑有缺字。 **札记**丕烈案：鲍、吴皆非。此无缺，读以“势为王妻以临于楚”八字为一句。 ⑦ **鲍本**利在为王。 ⑧ **鲍本**此十八年。补曰：《史》，楚愿得张仪而献黔中，秦王欲遣之，口弗忍言。仪请行，曰，“臣善靳尚，尚得事郑袖，袖所言皆从”。遂使楚。仪固已料是谋之必中矣。

楚王将出张子

楚王将出张子，恐其败己也①，靳尚谓楚王曰：“臣请随之。仪事王不善，臣请杀之。”

① **姚本**“败”一作“欺”。

楚小臣，靳尚之仇也，谓张旄[①]曰：“以张仪之知，而有秦、楚之用，君必穷矣。君不如使人微要靳尚而刺之[②]，楚王必大怒仪也。彼仪穷，则子重矣。楚、秦相难，则魏无患矣。”

① **鲍本**魏之用事者。　② **鲍本**“刺”作“杀”。〇　微，不显也，使若仪杀之。

张旄果令人要靳尚刺之。楚王大怒，秦构[①]兵而战。秦、楚争事魏，张旄果大重。[②]

① **鲍本**“构”上补“楚”字。〇　② **鲍本**彪谓：张旄欲穷仪，则如杀仪斯已矣。今不杀仪，顾从说者杀尚，以仪之智，为足以免于死也。补曰：《大事记》，靳尚之出张仪，欲以求福也，反以杀身。事变之来，亦安可迎随哉？此可为小人之戒。屈原曰，“前大王见欺于张仪，仪至，臣以为大王烹之”。吁！岂惟屈原，虽庸人孰不谓然？怀王听靳尚，随袖之言而出之。既出之，又恐其欺己，而使尚随之，不悟其诳。尚之见杀，则虽怒而终不能诛仪也。杜忠言，惑邪说，玩弄于仪掌股之上，召寇衄师，丧国亡身，死有余责。特以为秦人诈诱天下，反从而怜之，计其愚暗强愎，六国之主，无与辈也。

秦败楚汉中

秦败楚汉中[①]。楚王入秦，秦王[②]留之。游腾为楚谓秦王曰：“王挟楚王，而与天下攻楚，则伤行矣。不与天下共攻之，则失利矣。王不如与之盟而归之。楚王畏[③]，必不敢倍[4]盟。王[5]因与三国攻之，义也。”[6]

① **鲍本**此三十年，秦伐我，取入城，宜得汉中。 ② **鲍本**昭。 ③ **鲍本**畏，畏秦。 ④ **鲍本**“倍”作“背”。○ ⑤ **鲍本**“王”下补“背盟”二字。○ 补曰：宜复有“背盟”二字。 ⑥ **鲍本**彪谓：此言亦可听也。而秦志在乱楚，不为之动，所以卒并天下。后人守此。

楚襄王为太子之时

楚襄王为太子之时，质于齐。怀王薨，太子辞于齐王[1]而归。齐王隘[2]之：“予我东地五百里，乃归子。子不予我，不得归。”太子曰：“臣有傅，请追[3]而问傅。”傅慎子曰：“献之地，所以为身也。爱地不送死父，不义。臣故曰，献之便[4]。”太子入，致命齐王曰[5]：“敬献地五百里。”齐王归楚太子。

① **鲍本**闵。 ② **鲍本**隘，犹阻。未即许，求地也。补曰：隘，从厄音，下同。 ③ **鲍本**“追”作“退”。○ 补曰：“退”字讹。 **札记**今本“追”作“退”，乃误涉鲍也。 ④ **姚本**“便”一作“使”。曾作“便”。 ⑤ **鲍本**致命，归诚之言。正曰：送致命令，如项羽使人致命怀王。

太子归，即位为王。齐使车五十乘，来取东地于楚。楚王告慎子曰：“齐使来求东地，为之奈何？”慎子曰：“王明日朝群臣，皆令献其计。”

上柱国子良入见。王曰：“寡人之得求反[1]，王[2]坟墓、复[3]群臣、归社稷也，以东地五百里许齐。齐令[4]使来求地，为之奈何？”子良曰：“王不可不与也。王身出玉声，许强万乘之齐而不与，则不信，后不可以约结诸侯。请与而复攻之。与之信，攻之武。臣故曰与之。”

① **鲍本**求反国而得。 ② **鲍本**“王”作“主”。○ **札记**今本“王”作“主”。 ③ **鲍本**复，见之。 ④ **姚本**“令”一作“今”。

子良出，昭常入见。王曰：“齐使来求东地五百里，为之奈何？”昭常曰：“不可与也。万乘者，以地大为万乘。今去东地五百里，是去战国之半也，有万乘之号而无千乘之用也，不可。臣故曰勿与。常请守之”。

昭常出，景鲤入见。王曰：“齐使来求东地五百里，为之奈何？”景鲤曰：“不可与也。虽然，楚不能独守。王身出玉声，许万乘之强齐也而不与，负不义于天下。楚亦不能独守①。臣请西索救于秦。”

① **姚本**曾圈去“王身”至“独守”二十七字。

景鲤出，慎子入，王以三大夫计告慎子曰：“子良见寡人曰：‘不可不与也，与而复攻之。’常见寡人曰：‘不可与也，常请守之。’鲤见寡人曰：‘不可与也，虽然楚不能独守也，臣请索救于秦。’寡人谁用于三子之计？”慎子对曰：“王皆用之。”王怫然作色①曰：“何谓也？”慎子曰：“臣请效其说，而王且见其诚然也。王发上柱国子良车五十乘，而北献地五百里于齐。发子良之明日，遣昭常为大司马，令往守东地。遣昭常之明日，遣景鲤车五十乘，西索救于秦。”王曰：“善。”乃遣子良北献地于齐。遣子良之明日，立昭常为大司马，使守东地。又遣景鲤西索救于秦。

① **鲍本**佛，郁也。正曰：佛，音拂，当与《孟子》"艴然"之"艴"同义，怒变色也。

子良至齐，齐使人以甲受东地。昭常应齐使曰："我典主东地，[①]且与死生[②]。悉五尺至六十，三十余万弊甲钝兵，愿承下尘[③]。"齐王谓子良曰："大夫来献地，今常守之何如？"子良曰："臣身受命弊邑之王，是常矫也。王攻之。"齐王大兴兵，攻东地，伐昭常。未涉疆，秦以五十万临齐右壤。曰："夫隘楚太子弗出，不仁；又欲夺之东地五百里，不义。其缩甲则可[④]，不然，则愿待战。"齐王恐焉。乃请子良南道楚，西使秦，解齐患。士卒不用，东地复全。[⑤]

① **鲍本**典，犹职。主，犹守。 ② **鲍本**地有则生，无地死之。 ③ **鲍本**凡人相趋则有尘，战亦有尘。不敢与齐抗，故言下。 ④ **鲍本**缩，蹙也。盖东之。 ⑤ **鲍本**彪谓：此四臣皆国士也。襄王无若人，岂能反国？慎子能兼用之，其最优乎？方之晋五臣，其舅犯欤？此书三书怀王薨而太子归。《史记》独谓"太子归而王乃薨"，又谓"王逃归不达，薨"。夫秦能劫留之，岂不能卫之？孟尝之逃，先以计免，犹危不脱。楚王何以能逃？可疑也。楚王亡死，太子在外，郢中必立王以绝秦望。太子以齐之重，归义嗣也，其谁敢干之？于是王乃定。《齐策》乃云，"忠王而走太子"，则是太子卒不得位，亦非也。盖郢中立王时，苏子以此策干田文，而语人以九可，文不之用，世犹载其语也。正曰：顷襄之辞于齐，齐隘之以割地，虽不雠，非不信也。齐使之来，当直拒之，昭常之不与，是矣。然不知出地而较计于大小之间，抑

末矣。子良之与而复攻，缪矣。景鲤为之索救于秦，夫不共戴天之雠，在所当绝，尚忍乞哀而求援哉！鲤罪特甚也。慎子不知择其是非，决以大义，请皆用之，则兼其失矣。且秦之责齐曰，“隘楚太子不仁，夺东地不义”。斯言也，出于雠国之口，而四人皆无一语及之，尚何足称乎？余说并见《齐策》。春秋、战国之时，在他国而逃归者多矣，岂无卫之者邪？以此疑怀王之逃不可也。补曰：“使车”、“使人”之“使”，如字。“为身”之“为”，去声。

女阿谓苏子

女阿谓苏子曰①：“秦栖楚王②，危太子者，公也。今楚王归③，太子南④，公必危。公不如令人谓太子曰：‘苏子知太子之怨己也，必且务不利太子。太子不如善苏子，苏子必且为太子入矣⑤。’”苏子乃令人谓太子。太子复请善于苏子⑥。

① **鲍本**未详。补曰：疑此乃《齐策》“苏子说薛公”章脱简。首“女阿”二字，又他章错脱。又“说薛公”《策》末，欠苏子自解于薛公一节，此为苏子自解于太子也。疑亦有差舛。 **札记**丕烈案：吴说误。女阿者，太子之阿，《内则》所谓可者，与《齐策》不相涉。 ② **姚本**“栖”，别本作“西”。 **鲍本**怀王见劫，客秦如栖。 ③ **鲍本**以此书及《史》考之，王皆不归。今此盖其丧归。正曰：此谋度之言。 ④ **鲍本**自齐归楚为南。 ⑤ **鲍本**入，言其归之之深。正曰：使太子得入也。 ⑥ **鲍本**详此，亦无走太子之事。

战国策卷十六

楚　三

苏子谓楚王

苏子谓楚王曰："仁人之于民也，爱之以心，事之以善言。孝子之于亲也，爱之以心，事之以财。忠臣之于君也，必进贤人以辅之。今王之大臣父兄，好伤贤以为资①，厚赋敛诸臣百姓，使王见疾于民，非忠臣也。大臣播王之过于百姓，多赂诸侯以王之地，是故退王之所爱②，亦非忠臣也，是以国危。臣愿无听群臣之相恶也，慎大臣父兄③；用民之所善，节身之嗜欲，以④百姓。人臣莫难于无妒而进贤。为主死易，垂沙之事⑤，死者以千数⑥。为主辱易，自令尹以下，事王者以千数。至于无妒而进贤，未见一人也。故明主之察其臣也，必知其无妒而进贤也。贤⑦之事其主也，亦必无妒而进贤。夫进贤之难者，贤者用且使己废，贵且使己贱，故人难之。"⑧

① **鲍本**为己资借。　② **鲍本**王所爱者，必不播割，与大臣异趣，故大臣退之。　③ **鲍本**言不轻用之。　④ **鲍本**"以"下补"与"字。○　补曰：此下有缺文。　**札记**今本"以"下有"与"字，乃误涉鲍也。　⑤ **鲍本**未详。《兵略训》，"楚兵殆于垂沙"，亦不注。　⑥ **鲍本**补曰："为主死易"止"千数"，下句同。如此则意明。　⑦ **鲍本**"贤"下有"臣"字。○　⑧ **鲍本**此

《策》本次《苏秦之楚》之上，知苏子，秦也。然不可先于《之楚》，故次之此。彪谓：此《策》，人主所当先务，人臣之上节也。苏氏弟兄言之若此者，二三策而已。正曰：苏子未知果秦否？序次无据。进贤之说，而出于苏氏，不过欲时君用己而发，言是而意则非也。

苏秦之楚三日

苏秦之楚，三日[①]乃得见乎王。谈卒，辞而行。楚王曰："寡人闻先生，若闻古人。今先生乃不远千里而临寡人，曾不肯留，愿闻其说。"对曰："楚国之食贵于玉，薪贵于桂，谒者难得见如鬼，王难得见如天帝。今令臣食玉炊桂，因鬼见帝。"王曰："先生就舍，寡人闻命矣。"[②]

① **鲍本**补曰：一本标《后语》、《十二国史》皆作"三年"。　② **鲍本**正曰：一本标《类要》引《北堂书钞》作"宣王"。

楚王逐张仪于魏

楚王逐张仪于魏[①]。陈轸曰："王何逐张子？"曰："为臣不忠不信。"曰："不忠，王无以为臣；不信，王勿与为约。且魏臣不忠不信，于王何伤？忠且信，于王何益？逐而听则可，若不听，是王令困也。且使万乘之国免其相，是城下之事也[②]。"

① **鲍本**使魏逐之。仪初相魏时，此七年。　② **鲍本**此言魏耻之。桓十三年，主城下之盟，诸侯所耻。正曰：十二年。

张仪之楚贫

张仪之楚，贫[1]。舍人怒而[2]归。张仪曰："子必以衣冠之敝，故欲归。子[3]待我为子见楚王。"当是之时，南后[4]、郑褎[5]贵于楚。

① **鲍本**初至，王未之重。 ② **鲍本**"而"下有"欲"字。〇 ③ **鲍本**无"子"字。〇 ④ **鲍本**怀王后。 ⑤ **鲍本**美人。补曰："袖"，"褎"同。周紫芝《楚辞说》云"郑国之女多美而善舞。楚怀王幸姬郑袖，当是善舞，故名。袖者，所以舞也"。

张子见楚王，楚王不说[1]。张子曰："王无所用臣，臣请北见晋君。"楚王曰："诺。"张子曰："王无求于晋国乎？"王曰："黄金珠玑[2]犀象出于楚，寡人无求于晋国。"张子曰："王徒不好色耳？"王曰："何也？"张子曰："彼郑、周之女，粉白墨黑[3]，立于衢间，非知而见之者，以为神。"楚王曰："楚，僻陋之国也，未尝见中国之女如此其美也。寡人之独何为不好色也[4]？"乃资之以珠玉。

① **鲍本**前尝欲逐之于魏。正曰：彼此前后不可考。疑此为初见楚王时事，当在前。 ② **鲍本**玑，珠不圆者。 ③ **姚本**别本作"黛黑"。 **鲍本**黑，言其发。正曰：墨，别本作"黛"，画眉墨也。 ④ **鲍本**"之"上补"见"字。〇 补曰：此当有"见"字。 **札记**今本"之"上有"见"字，乃误涉鲍也。丕烈案：鲍、吴皆非，读以十字为一句。

南后、郑褎闻之大恐。令人谓张子曰："妾闻将军之晋国，偶有金千斤，进之左右，以供刍秣[1]。"郑褎亦以金五百斤。

① **鲍本**秣，饲马。

张子辞楚王曰："天下关闭[①]不通，未知见日也，愿王赐之觞。"王曰："诺。"乃觞之。张子中饮[②]，再拜而请曰："非有他人于此也，愿王召所便习而觞之[③]。"王曰："诺。"乃召南后、郑袖而觞之。张子再拜而请曰："仪有死罪于大王。"王曰："何也？"曰："仪行天下遍矣，未尝见人如此其美也[④]。而仪言得美人，是欺王也。"王曰："子释[⑤]之。吾固以为天下莫若是两人也。"[⑥]

① **鲍本**"关闭"作"闭关"。○　② **鲍本**正曰：《上林赋》"酒中乐酣"注，饮酒半醉半醒也。中，直众反。　③ **鲍本**便，所安者。习，所昵者。补曰：便习，犹便嬖。便，毗连反。　④ **鲍本**无"也"字。○　⑤ **鲍本**释，犹置。　⑥ **鲍本**仪自辱于楚相，未尝至楚。其至楚在复相秦之四岁，此十六年。正曰：不可考。补曰：《大事记》引苏氏云，仪之所以求用者，其术至此！此所以言必信而功多也，可不悲乎？愚谓，此正孟子所谓妾妇之道；庄生所谓所治愈下，则所得愈多者也。《策》南后、郑袖为二人，苏氏止为郑袖一人。"为子"之"为"，去声。

楚王令昭睢之秦重张仪

楚王令昭睢之秦重张仪[①]。未至，惠王死。武王逐张仪。楚王因收昭睢以取齐[②]。桓臧[③]为睢谓楚王曰："横亲之不合也[④]，仪贵惠王[⑤]而善睢也。今惠王死，武王立，仪走，公孙郝、甘茂贵。甘茂善魏，公孙郝善韩。二人固不善睢也，必以秦合韩、魏。韩、魏之重仪[⑥]，仪有秦而睢以楚重之。今仪困秦而睢收楚[⑦]，韩、魏欲得秦，必善二人者[⑧]。将收韩、魏轻仪而伐楚[⑨]，方城必危。王不如复睢[⑩]，而重仪于韩、魏。仪据楚势，挟魏重，以与秦争。魏不合秦[⑪]，韩[⑫]亦不从[⑬]，则方城无患。”

① **鲍本**说秦，使重之。 ② **鲍本**无“楚”字。○ 收，捕系之也。睢善仪而齐恶仪，秦既逐仪，楚故捕系睢以外仪而合于齐。补曰：以收为捕系，则与“收韩、魏”字义顿异，恐有差误。 ③ **鲍本**楚人。 ④ **鲍本**“横”作“从”。○ **札记**丕烈案：鲍改误甚。此横亲，指秦、韩、魏也。 ⑤ **鲍本**为王所贵。 ⑥ **鲍本**言昔重之。 ⑦ **鲍本**困，谓见逐于秦。 ⑧ **姚本**一本有两“二人”字。 **鲍本**“者”下补“二人者”三字。○ ⑨ **鲍本**以楚尝重仪故。 ⑩ **鲍本**复其位。 ⑪ **鲍本**绝句。 ⑫ **姚本**“韩”，三同。旧作“王”。**鲍本**“韩”作“王”。○ ⑬ **鲍本**不从秦。补曰：姚云，“王”，三本同作“韩”。愚谓此义长。

张仪逐惠施于魏

张仪逐惠施于魏[①]。惠子之楚，楚王受之。

① **鲍本**仪时隙秦相魏。此十九年。

冯郝[①]谓楚王曰：“逐惠子者，张仪也。而王亲与约[②]，是欺仪也，臣为王弗取也。惠子为仪者来[③]，而恶王之交于张仪，惠子必弗行也[④]。且宋王[⑤]之贤惠子也，天下莫不闻也。今之不善张仪[⑥]也，天下莫不知也。今为事之故[⑦]，弃所贵于仇人[⑧]，臣以为大王轻矣。且为事耶[⑨]？王不如举惠子而纳之于宋，而谓张仪曰：'请为子勿纳也。'仪必德王[10]。而惠子穷人，而王奉之，又必德王。此不失为仪之实，而可以德惠子。"楚王曰："善。"乃[11]奉惠子而纳之宋。[12]

① **鲍本**楚人。 ② **鲍本**与施相结。 ③ **鲍本**"者来"作"来者"。〇**札记**今本"者来"作"来者"，乃误涉鲍也。 ④ **鲍本**此设辞也。施以仪逐之而来，必有恶仪之言。使施善仪，为仪而来，岂行此恶仪之言哉？正曰：谓逐惠施者张仪，而王与施结约，则是欺仪，臣所以为王不取。惠施为仪逐，来归，而使王与仪交恶，施亦不必行此。 ⑤ **鲍本**君偃。 ⑥ **鲍本**今，谓施。 ⑦ **鲍本**今为楚国事。 ⑧ **鲍本**贵谓仪，仇谓施不善仪也。楚王尝贵仪，而今受施，是为仪之仇而弃仪也。 ⑨ **鲍本**诚有意为国事者。⑩ **鲍本**"仪"作"今"。〇 今，谓仪。补曰：一本"仪必君王"。 ⑪ **札记**今本脱"乃"字。 ⑫ **鲍本**补曰："以为"之"为"，如字。

五国伐秦

五国伐秦。魏欲和[1]，使惠施[2]之楚。楚将入之秦[3]而使行和。

① **鲍本**补曰：《大事记》，此六国既败，求和于秦之事也。 ② **鲍本**魏相。 ③ **鲍本**纳施于秦。

杜赫谓昭阳曰："凡为伐秦者楚也[1]。今施以魏来，而公入之秦，是明楚之伐而信魏之和也。公不如无听惠施，而阴使人以请听秦[2]。"昭子曰："善。"因谓惠施曰："凡为攻秦者魏也，今子从楚为和，楚得其利[3]，魏受其怨。子归，吾将使人因魏而和。”

① **鲍本**据此，则楚时与伐，非燕也。正曰：“凡为伐秦者楚也”，指为从长而言。余说见《秦策·义渠君》章。 ② **姚本**“听”，刘作“德”。 **鲍本**以请和于秦而听其命。 ③ **鲍本**“得”作“将”。○ 补曰：当作“得”，《大事记》改。

惠子反，魏王[1]不说。杜赫谓昭阳曰：“魏为子先战，折兵之半[2]，谒病不听，请和不得，魏折而入齐、秦[3]，子何以救之[4]？东有越累[5]，北无晋，而交未定于齐、秦，是楚孤也。不如速和[6]。”昭子曰：“善。”因令人谒和于魏。[7]

① **鲍本**哀。正曰：襄。 ② **鲍本**补曰：折阅之折，减损也。 ③ **鲍本**此折，犹屈。 ④ **鲍本**救其折。 ⑤ **鲍本**“纍”作“累”。○ 此言越有伤楚之心，越近楚故。正曰：此书纍、累通。 ⑥ **鲍本**赫此言，盖两忠楚、魏。正曰：赫陈楚阴请秦之谋以诳魏，今恐魏之折入秦，而复为是说，非有忠魏之心也。 ⑦ **鲍本**正曰：“为子”之“为”，去声。

陈轸告楚之魏

陈轸告[1]楚之魏。张仪恶之于魏王曰[2]：“轸犹善楚，为求地甚力。”左爽[3]谓陈轸曰：“仪善于魏王，魏王甚信之，公虽百说之，犹不听也。公不如以仪之言为资[4]，而得复楚[5]。”陈轸曰：“善。”因使人以仪之言闻于楚。楚王喜，欲[6]复之。[7]

① **鲍本**“告”作“去”。○ 补曰：恐当作“去”。 **札记**今本“告”作

"去",乃误涉鲍也。 ② **鲍本**哀。正曰:当是惠王。 ③ **鲍本**未详。④ **鲍本**仪言己为楚,因以其言闻之楚。 ⑤ **鲍本**楚闻其为楚,故复之。⑥ **姚本**刘作"果欲"。 ⑦ **鲍本**补曰:《魏策》有,同。

秦伐宜阳

秦伐宜阳[①]。楚王谓陈轸曰:"寡人闻韩侈[②]巧士也,习诸侯事,殆能自免也[③]。为其必免,吾欲先据之以加德焉。"陈轸对曰:"舍之,王勿据也。以韩侈之知,于此困矣。今山泽之兽,无黠于麋[④]。麋知猎者张罔,前而驱己也,因还走而冒人[⑤],至数[⑥]。猎者知其诈,伪举罔而进之[⑦],麋因得矣。今诸侯明知此多诈,伪举罔而进者必众矣。舍之,王勿据也。韩侈之知,于此困矣。"楚王听之,宜阳果拔。陈轸先知之也。[⑧]

① **鲍本**此二十一年。 ② **鲍本**"侈"作"朋"。○ ③ **鲍本**免于危亡也。公仲时守宜阳。 ④ **鲍本**鹿属。补曰:黠,慧也。慧者,儇敏也。⑤ **鲍本**蒙犯即人,不趋网。 ⑥ **鲍本**数,音朔。 ⑦ **鲍本**伪举网,使其进而即人,乃以网网之。 ⑧ **鲍本**此策亦可作韩侈。以公仲实守宜阳,故作朋。正曰:说见《秦》、《韩》等《策》。

唐且见春申君

唐且[①]见[②]春申君[③]曰:"齐人饰身修行得为益,[④]然臣羞而不学也。不避绝江河[⑤],行千余里来,窃慕大君之义[⑥],而善君之业。臣闻之,贲、诸怀锥刃[⑦]而天下为[⑧]勇,西施衣褐[⑨]而天下称美。今君相万乘之楚,御中国之难,所欲者不成，所求者不得，臣等少也。夫枭棊⑩之所以能为⑪者，以散棊佐之也⑫。夫一枭之不如⑬不胜五散⑭，亦明矣。今君何不为天下枭，而令臣等为散乎？”

① **鲍本**“且”作“雎”。○ 今从《秦策》。 ② **鲍本**“见”上有“且”字。○ ③ **鲍本**黄歇，楚相。 ④ **鲍本**益，谓有禄位。 ⑤ **鲍本**言虽险不避。 ⑥ **鲍本**大，言其高义。 ⑦ **鲍本**孟贲、专诸。诸，吴人，刺王子庆忌者。言二人不待盛兵而后称勇。 ⑧ **鲍本**补曰：“为”当作“谓”。 ⑨ **鲍本**褐，粗衣。补曰：《说文》，编枲袜，一曰粗衣。《诗·豳风》、《孟子》注、《贡禹传》注并云“毛布”。 ⑩ **姚本**一无“棊”字。 **鲍本**补曰：《正义》云，博头有刻枭鸟形者。 ⑪ **鲍本**“能为”作“为能”。○ ⑫ **鲍本**散，谓众棊。 ⑬ **姚本**刘无“不如”二字。 ⑭ **鲍本**独善不如众智。补曰：当云“一枭之不胜，不如五散”。

战国策卷十七

楚　四

或谓楚王

或谓楚王曰："臣闻从者欲合天下以朝大王，臣愿大王听之也。[1]夫因诎为信[2]，舊患有成[3]，勇者义之。摄祸为福，[4]裁少为多，知者官之[5]。夫报报之反[6]，墨墨之化，[7]唯大君能之。祸与福相贯[8]，生与亡为邻，不偏于死[9]，不偏于生[10]，不足以载大名[11]。无所寇艾[12]，不足以横世[13]。夫秦捐德绝命之日久矣，而天下不知。今夫横人嚂口利机[14]，上干主心，下牟[15]百姓，公举[16]而私取利，是以国权轻于鸿毛，而积祸重于丘山。"[17]

① **鲍本**燕昭末年，用苏代说，复约从。此二十二年。春申遂为从长。正曰：此《策》时不可考，以为春申合从，无明据，与下章不同。　② **鲍本**诎，谓怀王劫死。正曰：不专指此。　③ **鲍本**"舊"作"奋"。○　奮于患难，以能有成。　**札记**今本"舊"作"奮"。　④ **鲍本**补曰：摄，收也。⑤ **鲍本**官，尊荣之称。正曰：裁之，谓制其宜也；官之，谓主其事也。⑥ **鲍本**报，犹反也。言屈申祸福，相反不一。　⑦ **鲍本**墨，默同。化，犹治也。言治之其未著。正曰：报报之反，言反复相寻。墨墨之化，言变化无形。惟大君能之者，言其转旋变化之妙，又非勇智者所可及也。《新序》，"晋平公谓师旷，甚矣，子之墨墨也。旷曰，天下有五墨墨"。《史・商君

传》,“殷纣墨墨以亡”。《汉书·窦婴传》,“墨墨不得意”。皆同。此字义或有异。 ⑧ **鲍本**贯,犹通。 ⑨ **鲍本**偏,犹专也。死,谓患难。 ⑩ **鲍本**专于卫生,加两臂重于天下者。 ⑪ **姚本**“载”一作“戴”。 **鲍本**正曰:载,承也。不专一于致死,不专一于求生者,不足以承载大名。 ⑫ **鲍本**寇,外兵。艾,己所惩创。正曰:寇,犹贼害。艾即刈。不遭贼害而惩创,则不足以横行于世。 ⑬ **鲍本**横,言莫之敌。 ⑭ **鲍本**《集韵》,嚂,声也。言声说所利之事。正曰:嚂,力暂切,食貌。利机者,利其发动之机。 ⑮ **鲍本**牟,取也。 ⑯ **鲍本**举,谓举措。 ⑰ **鲍本**补曰:此主从而黜横者之说。然意多未详。

魏王遗楚王美人

魏王[①]遗楚王美人,楚王说之。夫人郑褎知王之说新人也,甚爱新人。衣服玩好,择其所喜而为之;宫室卧具,择其所善[②]而为之。爱之甚于王。王曰:“妇人所以事夫者,色也;而妒者,其情也。今郑褎知寡人之说新人也,其爱之甚于寡人,此孝子之所以事亲,忠臣之所以事君也。”

① **鲍本**哀。正曰:无考。 ② **姚本**“善”一作“喜”。

郑褎知王以己为不妒也,因谓新人曰:“王爱子美矣。虽然,恶子之鼻。子为见王,则必掩子鼻[①]。”新人见王,因掩其鼻。王谓郑褎曰:“夫新人见寡人,则掩其鼻,何也?”郑褎曰:“妾知也。”王曰:“虽恶必言之。”郑褎曰:“其似恶闻君王之臭也[②]。”王曰:“悍哉!”令劓之,无使逆命[③]。

① **鲍本**为此恶鼻故。正曰:为,如字。 ② **鲍本**无“君”字。○ 王盖

有臭疾。 **札记**丕烈案:《韩子》无。 ③ **鲍本**不通新人之言。补曰:"虽恶"之"恶",如字。

楚王后死

楚王后死①,未立后也。谓昭鱼曰:"公何以不请立后也?"昭鱼曰:"王不听,是知②困而交绝于后③也。""然则④不买⑤五双珥,令其一善而献之王,明日视善珥所在,因请立之。"⑥

① **鲍本**自张仪拘时,独言郑袖,则后死久矣。正曰:无据。使真为怀王,郑袖必不待视珥所在矣。 ② **鲍本**"知"作"智"。〇 ③ **鲍本**"于"作"立"。〇 补曰:一本"立"作"于"。新所立后。 ④ **鲍本**说者辞。⑤ **鲍本**补曰:"不买"上宜有"何"字。 ⑥ **鲍本**补曰:说见《齐策》。此等何足记载!

庄辛谓楚襄王

庄辛谓楚襄王①曰:"君王左州侯,右夏侯,辇从鄢陵君与寿陵君②,专淫逸侈靡,不顾国政,郢都必危矣。"襄王曰:"先生老悖乎③?将以为楚国袄祥乎?"庄辛曰:"臣诚见其必然者也,非敢以为国袄祥也。君王卒幸四子者不衰,楚国必亡矣。臣请辟于赵,淹留以观之④。"庄辛去,之赵,留五月,秦果举鄢、郢、巫、上蔡、陈之地⑤,襄王流揜于城阳⑥。于是使人发驺⑦,征⑧庄辛于赵。庄辛曰:"诺。"庄辛至,襄王曰:"寡人不能用先生之言,今事至于此,为之奈何?"

① **姚本**《荀子》，“庄辛谓楚庄王”。　**鲍本**楚人。补曰：《元和姓纂》，庄辛，楚庄王之后，以谥为号。　② **鲍本**皆楚之宠幸臣也。辇从，谓辇出则二人从之。　③ **鲍本**悖，背道也。正曰：悖，乱也，言老而耄乱也。　④ **鲍本**淹，亦留。　⑤ **鲍本**此二十一年，白起拔郢，置南郡。　⑥ **鲍本**“城”作“成”。○　流，谓走；揜，覆也，谓自匿。成阳，属汝南；若城阳，乃齐也。补曰：《史》，“东北保于陈城”，当是指此城尔。　⑦ **鲍本**驺，车御也。　⑧ **鲍本**征，谓召也。

庄辛对曰：“臣闻鄙语曰：‘见兔而顾犬，未为晚也；亡羊而补牢[①]，未为迟也。’臣闻昔汤、武以百里昌，桀、纣以天下亡。今楚国虽小，绝长续短，犹以数千里，岂特百里哉？

① **鲍本**牢，闭养之圈。

“王独不见夫蜻蛉[①]乎？六足四翼，飞翔乎天地之间，俛啄蚊虻而食之，仰承甘露而饮之，自以为无患，与人无争也。不知夫五尺童子，方将调鈆[②]胶丝[③]，加己乎四仞之上，而下为蝼蚁食也。蜻蛉其小者也[④]，黄雀因是以。俯噣[⑤]白粒，仰栖茂树，鼓翅[⑥]奋翼，自以为无患，与人无争也。不知夫公子王孙，左挟弹，右摄丸[⑦]，将加己乎十仞之上，以其类为招[⑧]。昼游乎茂树，夕调乎酸咸[⑨]，倏忽之间，坠于公子之手[⑩]。

① **鲍本**虫，一名“桑根”。　② **鲍本**“鈆”作“飴”。○　补曰：“鈆”当作“飴”。飴，米蘖所煎，调以饵之。又施胶于丝以系之。正曰：颜师古《急就章》注，“以蘖消末，取汁而煎之，湠弱者为飴，形怡怡然。此谓调以胶丝

也”。《淮南子》,“柳下惠见飴曰,‘可以养老’;盗跖见飴曰,‘可以黏牡’”。《吕氏春秋》,“仁人得飴,以养疾侍老;跖、蹻得飴,以开闭取楗,皆以黏也”。**札记**今本“鈆”作“飴”,乃误涉鲍也。 ③ **鲍本**补曰:一本标“胶”或作“缪”,言纠缪缠绕也。 **札记**丕烈案:《新序》作“胶丝竿”。 ④ **鲍本**无“蜻蛉其小者也”六字。〇 **札记**丕烈案:《新序》有。 ⑤ **鲍本**噣,啄也。盖以喙啄。补曰:一本“噣”作“嘱”。 **札记**丕烈案:《新序》作“啄”。 ⑥ **鲍本**翅,强羽。 ⑦ **鲍本**摄,引持也。 ⑧ **鲍本**补曰:一本标《后语》云“以其颈为的”。“的”,或为“招”。 **札记**丕烈案:“类”字形近之讹也。李善注《咏怀诗》引作“以其颈为的”。“的”、“招”同义。《齐策》所谓“今夫鹄的”,《魏策》所谓“兵为招质”者也。 ⑨ **鲍本**以为馔也。 ⑩ **姚本**三同。集无以上十字。 曾本云,一本有此十字。

“夫雀①其小者也,黄鹄②因是以。游于江海,淹乎大沼,俯噣鰋③鲤,仰啮蔆衡④,奋其六翮⑤,而凌清风,飘摇乎高翔,自以为无患,与人无争也。不知夫射者,方将修其䓘卢⑥,治其缯缴⑦,将加己乎百仞之上。彼礛磻⑧,引微缴,折清风而抎⑨矣。故昼游乎⑩江河,夕调乎⑪鼎鼐⑫。

① **姚本**一本,“夫黄雀”。 ② **鲍本**鹄,鸿也。正曰:水鸟也。 ③ **鲍本**“鰋”作“鳝”。〇 字书无“鰋”字。 **札记**丕烈案:《新序》作“鰋鲤”。④ **鲍本**衡,香草。正曰:《周礼》,“蔆,芰蔆”。“蔆”、“蔆”字通。《凡将篇》,“蔆,从遴,今俗书作菱”。《武陵记》云,“四角、三角曰芰,两角曰菱”。衡与菱并言即荇,接余,水草也。 ⑤ **鲍本**翮,羽本。 ⑥ **鲍本**“䓘”作“碆”。〇 字书无“䓘”字。“碆”与“䓘”声近。《集韵》,“碆”可为镞。“卢”,“旅”同,黑弓也。正曰:下文“磻”,即“碆”,此不当复有“黑弓”之注,恐是此字形声讹。**札记**“䓘”作“碆”,乃误涉鲍也。丕烈案:“䓘”当读为“蒲”。《左氏》所谓“董泽之蒲”也。《新序》作“修其防翳”,不与此同。 ⑦ **鲍本**“缯”作“矰”。〇 正曰:

“矰”通，见《三辅黄图》。矰，弋射矢。缴，生绢缕。补曰：缴，音灼。 **札记**今本“缯”作“矰”，乃误涉鲍也。丕烈案：《新序》是“缯”字。 ⑧ **姚本**续：“磻”，补左、补何二切。以石维缴也。 **鲍本**“磁”作“𥓓”。 〇“𥓓”，利也。《集韵》，磻，以石着维缴也。正曰：《广韵》，磁，力甘反，治玉之石。 **札记**丕烈案：《新序》作“扬微波”。“波”、“磻”同字。 ⑨ **鲍本**以系矢，从高。《集韵》，抎，下也，如折然。补曰：抎，羽粉反。徐按《吕氏春秋》，与“陨”同。⑩ **姚本**集，一无“乎”字。 ⑪ **姚本**集，一无“乎”字。 ⑫ **鲍本**鼒，鼎之绝大者。

“夫黄鹄其小者也，蔡圣侯[①]之事因是以。南游乎高陂[②]，北陵乎巫山，饮茹溪流[③]，食湘波之鱼[④]，左抱幼妾，右拥嬖女，与之驰骋乎高蔡之中[⑤]，而不以国家为事。不知夫子发方受命乎宣王[⑥]，系己以[⑦]朱丝而见之也[⑧]。

① **鲍本**“圣”作“灵”。〇 《春秋》及《史》无“圣侯”。补曰：“圣”当作“灵”，或者古通称欤。下同。 **札记**丕烈案：吴说非，见下。《新序》作“蔡侯”。《咏怀诗》注引作“蔡圣侯因是已”。延叔坚《战国策》论曰，“因是已，因事已，复有事也”。依此，当读“以”字句绝，连下者误。上下句尽同。② **鲍本**陂，阪也。正曰：池也。此引《说文》上一句。 ③ **姚本**续：《后语》“饮茹溪之流”注云，茹溪，巫山之溪。 **鲍本**茹，饮马也。故与吐反。④ **鲍本**湘水，出零陵，属长沙。 ⑤ **鲍本**即上蔡。 ⑥ **鲍本**“宣”作“灵”。〇 补曰：“宣”当作“灵”。 **札记**丕烈案：吴氏说非，《新序》作“宣”。此《策》文本作“圣侯”、“宣王”，非《春秋》蔡灵侯、楚灵王事。子发事楚宣，高诱注《淮南子》有其证。 ⑦ **姚本**三同，无“以”字。 ⑧ **鲍本**昭十一年，楚子诱蔡侯般，杀之于申。《经》传不书子发，盖使子发召之。楚子，灵王。若宣王，蔡灭八十年矣。道应训“子发伐蔡，宣王郊迎”，《人间训》又言“获罪威王”者，皆失考也。

"蔡圣侯之事其小者也,君王之事因是以。左州侯,右夏侯,辇从鄢陵君与寿陵君①,饭封禄之粟②,而戴方府之金③,与之驰骋乎云梦之中,而不以天下国家为事。不④知夫穰侯方受命乎秦王⑤,填黾塞之内⑥,而投己乎黾塞之外。"

① **姚本**一无此"辇"字。　**鲍本**"辇"作"辇"。○　补曰:"鄢陵",《新序》作"新安"。　**札记**今本"辇"作"辇"。　② **鲍本**所封之禄。　③ **鲍本**"戴"作"载"。○　方,四方。金,其所贡。　**札记**今本"戴"作"载"。④ **鲍本**"不"上有"而"字。○　**札记**丕烈案:《新序》无。　⑤ **鲍本**昭。⑥ **鲍本**填,兵满也。江夏有鄳,即《魏策》鄳隘之塞。补曰:《策》本《韩》,鲍改作《魏》,故云。然《燕策》亦有。案,《左氏》定四年,左司马戌谓子常"直辕、冥阨"注,汉东隘道。《史・春申传》,秦逾黾隘之塞而攻楚。《苏秦传》,塞鄳阨。《正义》云,申州罗山县,本汉鄳县,州有清平关,盖古鄳县之阨塞。又云,石城山,楚母家涉鄳塞。亦指此。而《正义》误以为河东太阳郹城,初不与楚相涉,何遽忘前说也?《大事记》作"钟山县"。按《唐志》,申州有钟山、罗山两县。申州,今信阳军也。黾、鄳字同,谟萌反。隘,当从阨音。

襄王闻之,颜色变作,身体战栗。于是乃以执珪而授之为阳陵君①,与淮北之地也②。③

① **姚本**一本无"以"字。曾,"为"上有"封之"二字。　② **鲍本**无"也"字。○　③ **鲍本**彪谓:此《策》,天下之善规也。襄王虽失之东隅,而收之桑榆。故其季年保境善邻,差为无事,此《策》为有力焉。补曰:"与淮北"云云句上有缺文。《新序》曰,"身体悼栗,曰'谨受令'。乃封庄辛为城陵君而用计焉。与举淮北之地十二诸侯"。《后语》云,"而与谋秦,复取淮北之

地”。《大事记》，顷襄既失郢都，复召庄辛，闻其言，至于色变体栗，此其所以能稍复故地也。复取江南十五邑，在顷襄二十三年。《新序》又载，楚襄用庄辛计，举淮北之地十二诸侯。盖丧乱之后，补败扶倾之计，皆出于辛，特不能大有所为耳。刘辰翁极诋辛小人，谓何《策》之有？皆失考。

齐明说卓滑以伐秦

齐明说卓滑①以伐秦，滑不听也。齐明谓卓滑曰：“明之来也②，为樗里疾卜交也。明说楚大夫以伐秦，皆受明之说也，唯公弗受也，臣有辞以报樗里子矣。”卓滑因重之③。

① **鲍本**疑即淖滑。 ② **鲍本**盖自秦来。 ③ **鲍本**此明因败为成之说也。樗里，滑之所欲交也。滑不听明，明惧见轻，为善于疾，而言以此报疾，故滑重之。

或谓黄齐

或谓黄齐曰：“人皆以谓公不善于富挚①。公不闻老莱子②之教孔子事君乎？示之其齿之坚也③，六十而尽相靡也④。今富挚能⑤，而公重⑥不相善也，是两尽也⑦。谚曰⑧：‘见君之乘，下之⑨；见杖，起之⑩。’今也，王爱富挚，而公不善也，是不臣也。”⑪

① **鲍本**皆楚人。 ② **鲍本**楚有道之士。 ③ **姚本**一本“齿”下有“曰齿”二字。 ④ **鲍本**“靡”，“摩”同，研也。 ⑤ **鲍本**有材能。 ⑥ **鲍本**重，犹甚。 ⑦ **鲍本**补曰：谓两强俱毙，若齿之相摩，以就尽也。 ⑧ **鲍本**传言曰“谚”。 ⑨ **鲍本**乘，马也。在车则下。 ⑩ **鲍本**在坐则起。补曰：“下”，音户。“起”，音去，上声。 ⑪ **鲍本**彪谓：王之所爱，诚善人也，正人

也。尊之敬之，礼也。如不善不正，方当为王力排而亟去之。今曰王爱之亦爱，何义也？此正盍以富挚能为足爱也。夫能之不善不正亦多矣，不可不察也。补曰：《说苑》，"常从告老子曰，'舌之存也，岂非以其治之柔邪？齿之亡也，岂非以其刚邪'"？《孔丛子》云，"老莱子谓子思曰，'子不见夫齿乎？虽坚刚，卒尽相摩；舌柔顺，终以不敝'"。按《史记》及《汉志》并云，孔子与老子、老莱子同时，《孔丛子》所记，舛也。

长沙之难

长沙[①]之难，楚太子横为质于齐。楚王死，薛公归太子横，因与韩、魏之兵，随而攻东国。太子惧[②]。昭盖曰："不若令屈署以新[③]东国为和于齐以动秦。秦恐齐之败东国[④]，而令行于天下也，必将救我。"太子曰："善。"遽令屈署以东国为和于齐[⑤]。秦王[⑥]闻之惧，令辛[⑦]戎告楚曰："毋与齐东国，吾与子出兵矣。"

① **鲍本**长沙，荆州国。怀二十九年，秦大破楚，楚王恐，使太子质齐。楚盖破于此。　② **鲍本**本其初言之，亦明此非新立王也。　③ **鲍本**"新"字疑衍。　④ **鲍本**上言齐兴兵攻故地，此恐其败。　⑤ **鲍本**此即子良之策，盖与署偕。　⑥ **鲍本**昭。　⑦ **鲍本**"辛"作"芈"。○　补曰：当作"芈"。

有献不死之药于荆王者

有献不死之药于荆王者，谒者操以入。中射之士[①]问曰："可食乎？"曰："可。"因夺而食之。王怒，使人杀中射之士。中射之士使人说王曰："臣问谒者，谒者曰可食，臣故食之。是臣无罪，而罪在谒者也。且客献不死之药，臣食之而王杀臣，是死药也。王杀无罪之臣，而明人之欺王。”王乃不杀。[②]

① **鲍本**射人之在中者。正曰：《韩非子》注，中射士，官，有上、中、下。
② **鲍本**彪谓：此谩上，乃不可不杀。荆王赦之，以不能答之也。于答是也何有？谒者曰“可食”，非谓“汝可食”也。药之能不死者，平人耳，非能使刑者不死。且人以献王，何与汝？而问之，是安得无罪也。正曰：人献药于王，夺而食之，固不得为无罪，而罪不至于死者。世岂有不死之药哉？明臣之欺王，此士之欲以悟王也，其志则忠矣。鲍谓不可不杀，悖哉！补曰：自齐威宣、燕昭使人入海求三神山而方士盛，楚臣有献不死之药者，知当时此术蔓延浸淫，不独燕、齐然也。屈平《远游》之篇曰，“一气孔神兮于中夜存，虚以待之兮无为之先”。长生久视之方，无以易此。惜乎楚王之不知也。此《策》时亦无考。

客说春申君

客说春申君曰：“汤以亳[①]，武王以鄗[②]，皆不过百里以有天下。今孙子[③]，天下贤人也，君籍之以百里势[④]，臣窃以为不便于君。何如？”春申君曰：“善。”于是使人谢孙子。孙子去之赵，赵以为上卿[⑤]。

① **鲍本**《皇览》，今梁谷熟。补曰：《史正义》引《括地志》云，宋州谷熟县西南南亳故城，即汤都。宋州北大蒙城为景亳，汤所盟地，所谓北亳。河东偃师为西亳，帝喾及汤所都。盘庚亦徙都云。汤即位后，都南亳，后徙西亳。　② **鲍本**“鄗”作“镐”。〇　属京兆。正曰：“鄗”，“镐”通。《史》，复都丰鄗。《国语》，社伯射王于鄗。鄗，一音黑各反。《公羊》桓十五年，公会齐侯于鄗。常山有邑名鄗是也，故与镐异。案，鄠县上林。即今长安县昆明池北镐坡。　③ **鲍本**荀卿。补曰：“荀”作“孙”，避宣帝讳也。孙子时为兰陵令。　④ **鲍本**“势”上补“之”字。〇　**札记**丕烈案：《韩诗外传》有。

⑤ **姚本**续：荀子未尝为上卿。《后语》作“上客”，当是。 **鲍本**《史》言孙子，春申君死而贫困，家兰陵，不言之赵。

客又说春申君曰：“昔伊尹[1]去夏入殷，殷王而夏亡。管仲去鲁入齐，鲁弱而齐强。夫贤者之所在，其君未尝不尊，国未尝不荣也。今孙子，天下贤人也。君何辞之？”春申君又曰：“善。”于是使人请孙子于赵。

① **鲍本**无“尹”字。〇 补曰：缺“尹”字。 **札记**丕烈案：《外传》有。

孙子为书谢曰：“疠人怜王[1]，此不恭之语也。虽然[2]，不可不审察也。此为劫弑死亡之主言也。夫人主年少而矜材，无法术以知奸，则大臣主断国[3]私以禁诛于己也[4]，故弑贤长而立幼弱，废正适而立不义。《春秋》戒之曰：‘楚王子围聘于郑，未出竟，闻王病，反问疾，遂以冠缨绞王，杀之，因自立也[5]。齐崔杼之妻美，庄公通之。崔杼帅其君党而攻。庄公请与分国[6]，崔杼不许；欲自刃于庙，崔杼不许。庄公走出，逾于外墙，射中其股，遂杀之，而立其弟景公[7]。’近代所见：李兑用赵，饿主父于沙丘，百日而杀之；淖齿用齐，擢[8]闵王之筋，县于其庙梁，宿夕而死。夫厉虽痈肿胞疾[9]，上比前世，未至绞缨射股[10]；下比近代，未至擢筋而饿死也。夫劫弑死亡之主也，心之忧劳，形之困苦，必甚于疠矣。由此观之，疠虽怜王可也。”因为赋曰[11]：“宝珍隋珠[12]，不知佩兮[13]。祎布与丝[14]，不知异兮。闾姝子奢[15]，莫知媒兮。嫫母[16]求之，又甚喜之兮。以瞽为明，以聋为聪，以是为非，以吉为凶。呜呼上天，曷惟其同[17]！”《诗》曰：“上天甚神，无自瘵也。”[18]

① **姚本**续：《韩非子》，“谚曰，疠怜王”。 **鲍本**疠虽恶疾，犹愈于劫弑，故反怜王。补曰：疠，癞也。刘辰翁曰，此韩非语，孙不应用。不知非正用孙语也。 ② **鲍本**补曰：一本此下有“古无虚谚”四字。 ③ **鲍本**专断其国。 ④ **鲍本**察其私，则恐人诛己，故主断以禁之。 ⑤ **鲍本**昭元年。 ⑥ **鲍本**重“庄公”二字。○ **札记**丕烈案：《韩子》作“而攻公，公入室，请与之分国”。 ⑦ **鲍本**襄三十二年。 ⑧ **鲍本**擢，引也。 ⑨ **鲍本**补曰：痈，委勇切。胞，当皮交切。 ⑩ **札记**今本“绞缨”误“缨绞”。丕烈案：《韩子》及《外传》皆作“绞颈”。 ⑪ **姚本**续：亦见《荀子赋》篇、《韩诗外传》。**鲍本**补曰：“赋曰”以下，即《佹诗》，文小异。 ⑫ **鲍本**隋侯见大蛇伤，疗而愈之，蛇衔明珠报之。世之所宝所珍。 ⑬ **鲍本**“佩”作“俾”。○ **札记**丕烈案：《荀子》、《外传》皆作“佩”。 ⑭ **姚本**“纬”，孙作“褋”。 **鲍本**《礼》，后服。袆衣谓画袍。 **札记**今本“丝”误“县”。丕烈案：《荀子》、《外传》皆作“锦”。 ⑮ **鲍本**姝，好也。奢，即子都，美人也。补曰：《荀子》作“闾娵”。韦昭云，梁王魏婴之美女。《楚辞注》云，“奢”或作“都”，故以为郑之美人。 **札记**丕烈案：《外传》作“闾娵、子都”。“姝”、“娵”、“奢”、“都”，皆同字。 ⑯ **鲍本**嫫母，都丑也。正曰：丑妇人。《楚辞注》云，黄帝妻。⑰ **鲍本**言举世皆然。正曰：朱子谓，此言衰乱之极，人怀私意，乖异反易，至于如此。故呼天而问之曰，何为而可使之同乎？同则合乎天理之公，是非善恶，皆当于理，而天下治矣。明天意悔祸，则转祸为福，拨乱反正不难矣。 ⑱ **鲍本**瘵，病也。言天理甚明，如是者必有患祸。彪谓：春申君之愚昏甚矣！人惟不知贤，故不能用。岂有知之，以一人言去之，又以一人言召之，其持操安在也？荀卿绝之宜哉！卿书有与赵孝成王论兵，而《史》不言之赵，失之。卿，礼义人也，使卿而在楚，春申必无李园之祸。此书盖知之矣。补曰：按“《诗》曰”以下，《荀子》无之。二句乃《菀柳》之辞。“神”，《诗》作“蹈”，《传》谓当从《策》；“也”，《诗》作“焉”。本言人谁不欲朝事王，而

王甚神，朝之无不自取病。今借以言天之威神甚可畏，不可不畏天而自取祸也。　朱子谓，黄歇，乱人，卿乃以为托身行道之所，则已误矣。愚谓，卿虽非孟子比，然以诗书礼义言治，禁暴除害言兵，要为异于战国之士者。此篇不载于其书，赋即《佹诗》末章。其言弑贤良而立幼弱，废正适而立不义，远引楚围、崔杼，近述李兑、淖齿，劘切春申，甚然。首以法术知奸为言，则亦出申、商，可谓惑流俗而不笃于自信者也。《策》独载此而不及其他，其人又可知矣。　《史》，"荀卿年五十始游学于齐，襄王时，最为老师，齐尚修列大夫之缺，而卿三为祭酒"。刘向曰，"方齐宣王、威王之时，聚天下贤士于稷下，尊宠之。若邹衍、田骈、淳于髡之属，号曰列大夫。是时荀卿年十五，始游学至。襄王时，最为老师，齐尚修列大夫之缺，而卿三为祭酒焉"。据二书之文，则襄王时三为祭酒也。《大事记》取《史》文，书"卿为列大夫祭酒，在襄王五年"，是也。朱子采刘向而文稍异，曰，"卿少游学于齐，历威、宣至襄王，三为稷下祭酒"。按《史》，"春申君死而卿家兰陵"。春申之死在考烈王二十五年，齐王建之二十七年也。上历襄王二十九年，湣王、宣王通五十九年，乃及威王之世。自王建二十九年至宣王元年，已为一百有五年，卿之不逮事威王明矣。盖向之言，但为历叙威、宣之多士，其言犹先宣而后威，不主为卿言也。祭酒者，古人饮食必祭，席中之尊者一人当祭，后因以为官号。髡、衍为列大夫之时，卿年尚小。其徒既死，齐修其缺，而卿与焉。故卿在襄王时，最为老师，而三处众士之上也。向之言，视《史》犹明，朱子偶未之察耳。《史》云"五十始游学"，向云"十五"，《史》字倒置无疑，朱子改之当矣。　**札记**丕烈案："《诗》曰"以下，《外传》有之，"神"作"蹈"，"也"作"焉"。考此，必韩氏《诗》作"神"、作"也"，与毛氏《诗》作"蹈"、作"焉"不同。今《外传》有误字。

天下合从

天下合①从。赵使魏加②见楚春申君曰："君有将乎？"曰："有矣，仆欲将临武君③。"魏加曰："臣少之时好射，臣愿以射譬之，可乎？”春申君曰：“可。”加曰：“异日者，更羸[4]与魏王处京[5]台之下，仰见飞鸟。更羸谓魏王曰：‘臣为王[6]引弓虚发而下鸟。’魏王曰：‘然则射可至此乎？’更羸曰：‘可。’有间，雁从东方来，更羸以虚发而下之。魏王曰：‘然则射可至此乎？’更羸曰：‘此孽也[7]。’王曰：‘先生何以知之？’对曰：‘其飞徐而鸣悲。飞徐者，故疮痛也；鸣悲者[8]，久失群也，故疮未息，而惊心未至也[9]。闻弦音，引而高飞[10]，故疮陨也[11]。’今临武君，尝为秦孽[12]，不可为拒秦之将也。”

① **姚本**“合”，曾作“舍”。 ② **鲍本**赵人，全晋旧姓。正曰：鲍见《策》云赵使，故云尔，无据。 ③ **鲍本**未详。补曰：《荀子·议兵》篇“临武君与卿议兵于赵孝成王前”注，楚将。刘向称“卿至赵，与孙膑议兵于孝成王前”。膑为齐宣王军师，世远，非是。 ④ **鲍本**更羸，人姓名。 ⑤ **鲍本**京，高也。正曰：或台名。 ⑥ **鲍本**“王”作“君”。〇 ⑦ **鲍本**有隐痛于身，犹孽子。正曰：徐锴曰，“妾隶之子曰孽。孽之言糵也，女没废而有所生，若木既伐而生枿。故于文，‘子薛’为‘孽’。孽者，罪也”。按此，则取废而复生之义，以譬伤弓之鸟。 ⑧ **札记**今本“鸣悲”误倒。 ⑨ **鲍本**“至”作“去”。〇 补曰：一本“未忘”。 **札记**今本“至”作“去”。 ⑩ **鲍本**“音引”二字作“者音烈”三字。〇 烈，猛也。高飞欲避箭。补曰：姚及一本无“者”字，“烈”作“引”，其义为是。“者”，“音”之讹而衍也。“烈”，“引”之讹也。**札记**丕烈案：“烈”者，“裂”之误，当本在“疮”字下，云“故疮裂而陨也”。各本皆有错脱。 ⑪ **鲍本**以疮痛而坠。 ⑫ **鲍本**尝败于秦。未详。

汗明见春申君

汗明[1]见春申君，候问[2]三月，而后得见。谈卒，春申君大说之。汗明欲复谈，春申君曰："仆已知先生，先生大息矣[3]。"汗明憱[4]焉曰："明愿有问君而恐固[5]。不审君之圣，孰与尧也？"春申君曰："先生过矣，臣何足以当尧？"汗明曰："然则君料臣孰与舜？"春申君曰："先生即舜也。"汗明曰："不然，臣请为君终言之。君之贤实不如尧，臣之能不及舜。夫以贤舜事圣尧，三年而后乃相知也。今君一时[6]而知臣，是君圣于尧而臣贤于舜也。"春申君曰："善。"召门吏为汗先生著客籍[7]，五日一见。

① **鲍本**未详。　② **姚本**一作"候间"。　③ **鲍本**异于小休。　④ **姚本**"憱"，刘作"慨"。　**鲍本**"憱"作"蹵"。○　补曰：即"蹴"。字书无"憱"字。蹵踖，惊貌。正曰：蹴，不安貌。踧踖之踧，非蹵。　⑤ **鲍本**固，陋也。⑥ **鲍本**"时"作"旦"。○　⑦ **鲍本**著者，书此语也。正曰：著其名字于宾客之籍。

汗明曰："君亦闻骥乎？夫骥之齿至[1]矣，服[2]盐[3]车而上太行。蹄申膝折[4]，尾湛胕溃[5]，漉汁洒地[6]，白汗[7]交流，中[8]阪迁延[9]，负辕不能上[10]。伯乐[11]遭之，下车攀而哭之，解纻衣以幂[12]之。骥于是俛而喷，仰而鸣，声达于天，若出金石声[13]者，何也[14]？彼见伯乐之知己也。今仆之不肖，厄于州部[15]，堀穴穷巷，[16]沈洿[17]鄙俗之日久矣，君独无意湔拔仆也[18]，使得为君高鸣屈于梁乎[19]？"

① **鲍本**至，言可服乘之时。　② **鲍本**服，在车前。　③ **鲍本**"盐"作"槛"。○　补曰：字讹，当作"盐"。　④ **鲍本**申，犹展，皆用力故然。

⑤ **鲍本**“湛”，“沉”同，汗多故然。“胕”，当作“肤”，与“膚”同。亦汗出于肤如溃。 ⑥ **鲍本**“汁”作“汗”。〇 渗漉之汗。正曰：下有“汗”字，“汁”与“汗”对，言其重者。 ⑦ **鲍本**白汗，不缘暑而汗也。正曰：白，言其色。⑧ **姚本**“中”，一作“外”。 **鲍本**“中”作“外”。〇 ⑨ **鲍本**阪，坡也。迁延，不进貌。 ⑩ **姚本**续：《索隐》引《战国策》改“棘”作“辕”。 **鲍本**“辕”作“棘”，“不”上有“而”字。〇 负，所戴也。棘，言步蹇。正曰：负在背，姚本作“负辕”是。 **札记**今本“辕”作“棘”。 ⑪ **鲍本**补曰：伯乐，姓孙名阳，秦穆公时人。 ⑫ **鲍本**幂，覆也。 ⑬ **鲍本**补曰：此“声”字宜衍。⑭ **鲍本**问其声何以然。 ⑮ **鲍本**《集韵》，部，统也，界也。 ⑯ **姚本**三同，“堀”上有“陪”字。 **鲍本**堀，窟也，以穷巷为窟穴。 ⑰ **鲍本**洿，浊溽也。⑱ **姚本**湔，音荐。 **鲍本**“拔”作“祓”。〇 湔，手浣也。祓，去恶也。 **札记**丕烈案：“祓”误也，李善引作“拂”。“拂”、“拔”同字。 ⑲ **鲍本**声已之屈。梁，南梁。彪谓：世之怀材抱德之士，陆没于时，若此骥者不少。而伯乐之不世有，长鸣之无其时，可不为之大哀邪？故招延不可不博，试用不可不详也。补曰：高鸣屈于梁，疑明尝困于梁者。 一本标云，《类要》“高鸣”作“长鸣”。李善注《广绝交论》曰，“翦拂使其长鸣”，引《策》云。

楚考烈王无子

楚考烈王无子①，春申君患之，求妇人宜子者进之，甚众，卒无子。

① **鲍本**补曰：此时无子也。《古史》云，“楚幽王悍卒，同母弟犹立。犹庶兄负刍之徒，袭杀犹而立负刍”。司马贞云，“犹有庶兄负刍及昌平君”。刘向《列女传》，“犹乃考烈王遗腹子”。

赵人李园，持其女弟，欲进之楚王，闻其不宜子，恐又①无宠。李园求事春申君为舍人。已而谒归，故失期②。还谒[3]，春申君问状[4]。对曰："齐王遣使求臣女弟[5]，与其使者饮，故失期。"春申君曰："聘入乎？"对曰："未也。"春申君曰："可得见乎？"曰："可。"于是园乃[6]进其女弟，即幸于春申君。知其[7]有身，园乃与其女弟谋。

① **姚本**曾，"又"作"久"。 ② **鲍本**后于所期日。 ③ **鲍本**自赵还，入谒。 ④ **鲍本**状，事状。 ⑤ **鲍本**诡言王遣。 ⑥ **姚本**一无"乃"字。 ⑦ **姚本**一无"其"字。

园女弟承间说春申君曰："楚王之贵幸君，虽兄弟不如。今君相楚王[1]二十余年，而王无子，即百岁后将更立兄弟。即楚王更立[2]，彼亦各贵其故[3]所亲，君又安得长有宠乎？非徒然也？君用事久，多失礼于王兄弟，兄弟诚立[4]，祸且及身，奈何以保相印、江东之封乎[5]？今妾自知有身矣，而人莫知。妾之幸君未久，诚以君之重而进妾于楚王，王必幸妾。妾赖天而有男，则是君之子为王也，楚国封尽可得[6]，孰与其临不测之罪乎？"春申君大然之。乃出园女弟谨舍，而言之楚王。楚王召入，幸之。遂生子男，立为太子，以李园女弟立为王后。楚王贵李园，李园用事。

① **姚本**一无"王"字。 ② **鲍本**王，后王。 ③ **鲍本**无"故"字。○ **札记**丕烈案：《史记》有。 ④ **鲍本**补曰："兄"上恐亦当有"王"字，叠上文。 **札记**丕烈案：《史记》无，吴说未是。 ⑤ **姚本**一无"奈"字。 **鲍本**补曰：《后语》云，江东十二县之封。《湖州图经》有春申君封邑。 ⑥ **姚本**一无"尽"字。 **鲍本**四封之内。

李园既入其女弟为王后，子为太子，恐春申君语泄而益骄，阴养死士，欲杀春申君以灭口[①]，而国人颇有知之者。

① **姚本**续：《越绝书》记：昔楚考烈王相春申君也，吏李园。园女弟环谓园曰："我闻王老无嗣，可见我于春申君。我欲假于春申君。我得见于春申君，径得幸于王矣。"园曰："春申君，贵人也，千里佐，吾胡敢托言？"女环曰："即不见我，汝求谒于春申君：'才人告有远道客，因请归待之。'彼必问汝：'汝家何等远道客者？'因对曰：'园有女弟，闻之使，使来求之园，才人使告园也。'彼必问汝：'女弟何能？'对曰：'能鼓音，读《诗书》，通一经。'故彼必见我。"园曰："诺。"明日，辞春申君："才人有远道客，请归待之。"春申君果问："汝家何等远道客？"对曰："园有女弟，鲁相闻之，使使来求之。"春申君曰："何能？"对以鼓音，读《诗书》，通一经。春申君曰："可得见乎？"园曰："可。""明日使待于离亭。"园曰："诺。"既归，告女弟环曰："吾辞于春申君，与我明日夕于离亭。"女环曰："园宜先供待之。"春申君到，园驰人呼女环到。黄昏，女环至，大纵酒，鼓琴。曲未终，春申君重言"善"。女环鼓琴而歌，春申君大悦。留宿。明日，女环谓春申君曰："妾闻王老无嗣，属邦于君。君外淫不顾政事，使王闻之，君上负于王，使妾兄下负于夫人，为之奈何？无泄此口，君召而戒之。"春申君以告官属莫有闻淫女也，皆诺。与女环通，未终月，女环谓春申君曰："妾闻王老无嗣，今怀君子一月矣。可见妾于王。幸产子男，君即王公也，何为而佐乎？君试念之。"春申君曰："诺。"念之五日而道之："邦中有好女，中相呼属嗣者。"烈王曰："诺。"即召而可之。烈王大悦，取之，十月产子男。烈王死，幽王嗣立。女环使园相春申君。相之三年，然后告园，以吴封春申君，使备东边。园曰："诺。"即封春申君于吴。幽王后怀王，使张仪诈杀之。怀王子顷襄王，秦始皇帝使王翦灭之。《越绝书》又云：春申君，楚考烈王相也。烈王死，幽王立，封春申君于吴。三年，幽王征春申君为楚令尹，春申君自使其子亲为假君。治十一年，幽王征假君与春申君，并杀之。二君治吴凡十四年。

春申君相楚二十五年，考烈王病。朱英谓春申君曰[①]："世有无妄之福[②]，又有无妄之祸。今君处无妄之世，以事无妄之主，安不有无妄之人乎?"春申君曰："何谓无妄之福?"曰："君相楚二十余年矣，虽名为相国，实[③]楚王也。五子皆相诸侯。今王疾甚，旦暮且崩，太子衰弱，疾而不起，而君相少主，因而代立当国[④]，如伊尹、周公。王长而反政，不[⑤]，即遂南面称孤，因而有楚国。此所谓无妄之福也。"春申君曰："何谓无妄之祸?"曰："李园不治国[⑥]，王之舅也。不为兵将，而阴养死士之日久矣。楚王崩，李园必先入，据本议制断君命[⑦]，秉权而杀君以灭口。此所谓无妄之祸也。"春申君曰："何谓无妄之人?"曰："君先仕臣为郎中，君王崩[⑧]，李园先入，臣请为君劀其胸杀之[⑨]。此所谓无妄之人也。"春申君曰："先生置之，勿复言已[⑩]。李园，软弱人也，仆又善之，又何至此?"朱英恐，乃亡去。

① **鲍本**楚人。正曰：《后语》云，观人朱英。注，观地在河北平原。《史》，观津人朱英。班《志》，信都国观津县。观，古玩反。《正义》以为"魏州观城县观音馆"者，非是，又见《韩策》"观鞅"章。鲍移在魏，作"魏鞅"。 ② **鲍本**无妄，言可必。正曰：朱子解《易》"无妄"，云《史》作"无望"。谓无所期望而有得焉者，义亦通。 ③ **姚本**一本"实"下有"如"字。 ④ **鲍本**立，谓摄也。 ⑤ **鲍本**不，不反政。 ⑥ **姚本**钱、刘下有"而"字。 **鲍本**言非将相。 ⑦ **鲍本**据，言不移。议，欲杀春申君也。制断，矫也。君，楚王也。 ⑧ **鲍本**此章唯"楚王更立"、"楚王"可曰楚王，余皆后人称之。正曰：《策》中有"当曰王"、"当曰楚王"，亦有两称皆通者。 ⑨ **鲍本**补曰："劀"，《玉篇》作"㓂"，尺庸反，刺也。"为君"之"为"，去声。 ⑩ **鲍本**"已"作"也"。○

后十七日，楚[1]考烈王崩，李园果先入，置死士，止于棘门之内[2]。春申君后入，止棘门。园死士夹刺春申君，斩其头，投之棘门外。于是使吏尽灭春申君之家。而李园女弟，初幸春申君有身，而入之王所生子者，遂立为楚幽王也。

① **鲍本**无"楚"字。○ ② **鲍本**宫门，以棘卫之。

是岁，秦始皇立九年矣。嫪毐[1]亦为乱于秦[2]。觉，夷三族，而吕不韦废。[3]

① **鲍本**吕不韦所进，以说始皇母帝太后者也。 ② **鲍本**《不韦传》，毐与太后私乱，生子二人，与后谋曰，"王即薨，以子为后"。补曰：《策》于章末并叙嫪毐之事，岂无意哉？二国宗姓已灭绝，吕政虽一天下，世仅再传，奚异楚幽也。赵与秦同姓，王迁母倡，族类不正，亦以灭亡。盖伦纪媟乱，其不永也固宜。抑诸国运尽祚穷，乖戾并于一时也欤？ ③ **鲍本**彪谓：春申君所以至于此，锢宠而暗于事也。使万有一如李氏女所陈者，归相印而老江东之封，不已优乎？春申于楚，非若商君之于惠文。又如不可，则杖策而去，扁舟五湖，为世陶朱抑可矣！春申不为此，而计出于灭宗，盖小人患失之祸，势必有此，不可不戒也。朱英之言深矣，然未闻道也。春申之纳女，前日事耳。英不以此时，匡之以大臣之义，而以一卒自任，虽多言亦何救于乱哉？正曰：凡鲍氏责春申以归老江东，杖策扁舟之事，在未纳女之前可也。既纳之后，又入其乘间之言，祸根已牢，异时纵欲归印杖策，祸亦随之，岂有脱理邪？其论朱英以未闻道，尤谬。纳女事秘，人岂知之？英之事歇又浅，观其说而不听，可见责以匡正大臣之义，岂其然乎？

续：《越绝书》，隋《经籍志》称为子贡作。今杂记秦、汉事，疑后人所羼，不敢尽信。《史记》、《战国策》、《列女传》，不载女环之名，止见于此。其画策终始，信如此，皆出于女环，尤为异也。至言烈王死后，李园相春申君，方封于吴，又立其子为假君，皆与《史记》、《国策》不合。聊记于此，以广异闻。〔校一〕

〔校一〕"续：《越绝书》"篇次，姚本在卷十七《楚策》之后，卷十八《赵策》之前，作为附录另为一篇；鲍本在篇注之末"吴氏补曰"的注中。现仍作附录，但篇次放在《楚考烈王无子》之后。

虞卿谓春申君

虞卿①谓春申君曰："臣闻之《春秋》②，于安思危，危则虑安。今楚王之春秋高矣，而君之封地，不可不早定也。为主君虑封者，莫如远楚。秦孝公封商君，孝公死，而后③不免杀之。秦惠王封冉子④，惠王死，而后王夺之。公孙鞅，功臣也；冉子，亲姻也。然而不免夺死者，封近故也。太公望封于齐，邵公奭⑤封于燕，为其远王室矣。今燕之罪大而赵怒深⑥，故君不如北兵以德赵，践⑦乱燕，以定身封，此百代之一时也⑧。"

① **鲍本**《史》不书何所人。 ② **鲍本**补曰：此二字恐因下文衍。 ③ **鲍本**"后"下补"王"字。○ ④ **鲍本**穰侯也，宣太后弟。子，男子。 ⑤ **鲍本**"奭"作"鄭"。○ ⑥ **鲍本**"怒"作"怨"。○ 赵自燕王喜以栗腹之谋伐赵，起燕四年至十二年，无岁不战。十二年，此二十一年。正曰：不可

考。补曰：一本"赵怒深"。 ⑦ **鲍本**践奄之践。 ⑧ **鲍本**补曰：此数语，与《秦策·谓穰侯》章，《赵策·齐将攻宋》章、《齐攻宋》章，皆相类。

君曰："所道攻燕，非齐则魏。魏、齐新怨楚①，楚君②虽欲攻燕，将道何哉？"对曰："请令魏王可③。"君曰："何如？"对曰："臣请到魏，而使所以信之④。"

① **鲍本**景阳救燕之役。正曰：《燕策》，齐、韩、魏共攻燕，楚使景阳救之。景攻魏雍丘，以与宋云云。时犹有宋，去此时远甚。鲍指以为怀王二十七年。此为考烈王二十一年。就使果然，则相去亦皆远。《策》固云"魏、齐新怨楚"，岂得为彼时事哉？ ② **鲍本**"君"作"军"。〇 ③ **鲍本**景闵王。可，听其道魏。 ④ **鲍本**为所可信者。

乃谓魏王曰："夫楚亦强大矣，天下无敌，乃且攻燕。"魏王曰①："乡也，子云天下无敌；今也，子云乃且攻燕者，何也？"对曰："今为②马多力则有矣，若曰胜千钧③则不然者，何也？夫千钧非马之任也。今谓楚强大则有矣，若越赵、魏而斗兵于燕，则岂楚之任也我④？非楚之任而楚为之，是敝楚也。敝楚见强魏也⑤，其于王孰便也？"⑥

① **鲍本**补曰："王曰"以下脱简，误衍在前章。 ② **鲍本**"为"作"谓"。〇 丕烈案：《楚策》作"谓"。 ③ **鲍本**钧，三十斤。 ④ **姚本**"我"一作"哉"。 **鲍本**"我"作"哉"。〇 **札记**丕烈案：《楚策》作"哉"。 ⑤ **姚本**一本"敝楚见强魏也"作"强楚敝楚"。 **鲍本**"见"作"是"。〇 ⑥ **姚本**曾云，此下恐欠。 **鲍本**补曰：按《史》考烈王元年，封歇春申君，赐淮北地。后十五年，以地边齐，言于王以为郡，请封江东，因城吴故墟。《大事记》谓

利吴之安富也。此《策》言楚王春秋高，君之封地不可不早定，则在未封之前，顷襄之时乎？顷襄之三十四年，赵尝伐燕。岂或此时劝以践燕定封，亦欲其取地于他国如魏冉乎？淮北边齐犹难之，况燕地乎？亦非计之便也。然远楚徙封，卒用于城吴之时，皆斯言有以启之也。

战国策卷十八

赵　一

鲍本赵　初分晋，得赵国。北有信都、真定、常山、中山，又得涿郡之高阳、鄚、州乡。东有广平、巨鹿、清河、河间、渤海之东平舒、中邑、文安、束州、成平、章武，河以北。南至浮水、繁阳、内黄、斥丘。西有太原、定原、上党。

知伯从韩魏兵以攻赵

知伯从韩、魏兵①以攻赵，围晋阳而水之，城下②不沉者三板。郄疵③谓知伯曰："韩、魏之君必反矣。"知伯曰"何以知之？"郄疵曰："以其人事知之。夫④从韩、魏之兵⑤而攻赵，赵亡，难必及韩、魏矣。今约胜赵⑥而三分其地。今城不没者三板，臼灶生鼃，人马相食，城降有日，而韩、魏之君无憙⑦志而有忧色，是非反如⑧何也？"

① **鲍本**二国兵从之。　② **鲍本**"下"作"之"。○　补曰：疑衍，或是"之"字。　③ **姚本**《元和姓纂》，郄，己姓，青阳氏之后，赵有郄疵。　**鲍本**晋人。补曰：郄，刺黎反，孙本作"郗"，《说文》作"絺"。　④ **鲍本**"夫"作"矣"。○　一本作"夫"，"夫"当属下句。　⑤ **鲍本**"兵"作"君"。○　⑥ **姚本**四本无"胜赵"二字。　⑦ **鲍本**"憙"作"喜"。○　⑧ **鲍本**补曰：犹而。

明日，知伯以告韩、魏之君曰："郄疵言君之且反也。"韩、魏之君曰："夫胜赵而三分其地，城今且将拔矣。夫三[①]家虽愚，[②]不弃美利于前，背信盟之约，而为危难不可成之事，其势可见也。是疵为赵计矣，使君疑二主之心[③]，而解[④]于攻赵也。今君听谗臣之言，而离二主之交，为君惜之。"趋而出。郄疵谓知伯曰："君又何以疵言告韩、魏之君为？"知伯曰："子安知之？"对曰："韩、魏之君视疵端而趋疾[⑤]。"

① **姚本**钱、刘作"二"。　**鲍本**"三"作"二"。○　② **鲍本**补曰："愚"下恐当有"必"字。　**札记**丕烈案：吴说未是。　③ **鲍本**二主自称曰"主"，亦非当时语。　④ **鲍本**"解"，"懈"同。　⑤ **鲍本**视端，畏之；趋疾，避之。恐疵要之与见知伯而辞屈也。

郄疵知其言之不听，请使于齐，知伯遣之。韩、魏之君果反矣。[①]

① **鲍本**彪谓：智伯至是，眩于得而不顾其祸，殆天夺其魄者。至以谋人之言，质人以反，夫非狂昏痴懵，孰肯自承其反哉？

知伯帅赵韩魏而伐范中行氏

知伯帅赵、韩、魏而伐范中行氏[①]，灭之。休数年，使人请地于韩。韩康子欲勿与，段规[②]谏曰："不可。夫知伯之为人也，好利而鸷[③]复[④]，来请地不与，必加兵于韩矣。君其与之。与之[⑤]彼狃[⑥]，又将请地于他国，他国不听，必乡之以兵；然则韩可以免于患难，而待事之变。"康子曰："善。"使使者致万家之邑一于知伯。知伯说,又使人请地于魏,魏宣[7]子欲勿与。赵葭[8]谏曰:“彼请地于韩,韩与之。请地于魏,魏弗与,则是魏内自强,而外怒知伯也。然则其错兵于魏必矣!不如与之。”宣子曰:“诺。”因使人致万家之邑一于知伯。知伯说,又使人之赵,请蔡[9]、皋狼之地;赵襄子弗与。知伯因[10]阴结韩、魏,将以伐赵。

① **鲍本**补曰:范氏,士会之后。荀林父将中行,后因以官为氏。② **鲍本**韩人。晋旧姓,故魏亦有。补曰:《姓谱》,段,郑共叔段之后。③ **鲍本**鸷,杀鸟也,喻其残忍。 ④ **姚本**四本只作“复”,刘作“愎”。 **鲍本**补曰:《韩子》作“鸷愎”。 ⑤ **鲍本**“与之”不重。○ **札记**丕烈案:《韩子》复有。 ⑥ **鲍本**狃,犬性骄也。补曰:狃,习也。 ⑦ **鲍本**“宣”作“桓”。○ 补曰:《韩子》、《说苑》亦并作“宣”,恐“桓”字讹,下同。 ⑧ **鲍本**魏人,亦晋旧姓。 ⑨ **鲍本**“蔡”作“蔺”。○ 蔡非赵地,皋狼属西河。补曰:恐名偶同。《汉志》,西河郡有皋狼县,又有蔺县。或“蔺”字讹。 **札记**丕烈案:《韩子》作“蔡”。 ⑩ **鲍本**无“因”字。○ **札记**丕烈案:《韩子》有。

赵[1]襄子召张孟谈而告之曰:“夫知伯之为人,阳亲而阴疏[2],三使韩、魏,而寡人弗与焉,其移兵寡人必矣。今吾安居而可?”张孟谈曰:“夫董阏安于,简主[3]之才臣也,世治晋阳,而尹泽[4]循[5]之,其余政教犹存,君其定居晋阳。”君[6]曰:“诺。”乃使延陵王[7]将车骑先之晋阳,君因从之。至,行城郭,案[8]府库,视仓廪,召张孟谈曰:“吾城郭之完,府库足用,仓廪实矣,无矢奈何?”张孟谈曰:“臣闻董子之治晋阳也,公宫之垣[9],皆以狄蒿苫楚廧之[10],其高至丈余,君发而用之。”

于是发而试之，其坚则箘簬[11]之劲不能过也。君曰："足[12]矣，吾铜少若何？"张孟谈曰："臣闻董子之治晋阳也，公宫之室，皆以炼铜为柱质[13]，请发而用之，则有余铜矣。"君曰："善。"号令以定，备守以具。

① **姚本**曾、钱无"赵"字。 ② **鲍本**他日阴疏，今则显矣。 ③ **鲍本**"主"作"子"。〇 补曰：一本作"主"。 **札记**丕烈案：《韩子》作"主"。 ④ **鲍本**"尹"作"君"。〇 君泽，赵臣，继安于者。补曰：《大事记》，晋阳，汉太原郡所治，龙山在西北，晋水所出。一本"尹泽"。《大事记》谓"泽"字误，《韩子》、《国语》作"尹铎"。 **札记**丕烈案："泽"、"铎"同字耳。 ⑤ **姚本**曾、钱皆作"修"。 ⑥ **鲍本**君，谓襄子。 ⑦ **鲍本**"王"作"君"。〇 此襄子臣，不得称王。"王"当作"生"。正曰：《韩子》云，赵襄子召延陵生令将云云。浚仪王氏谓鲍失考。 **札记**今本"王"作"君"，乃误涉鲍也。 ⑧ **鲍本**"案"，"按"同。行也。 ⑨ **鲍本**垣，墙也。 ⑩ **鲍本**"狄"作"荻"。〇 荻，萑苇属。《尔雅》"萧荻"注，即蒿。又蘩丑，秋为蒿。苫，盖也。楚，荆也。以是为墙。"廧"，"墙"同。 **札记**今本"苫"作"楛"，"之"下有"有楛"二字。丕烈案：《韩子》作"皆以荻蒿楛楚墙之，有楛高至于丈"。此"苫"字当作"苦"，即《韩子》之"楛"字。《韩子》"有楛"二字依此，《策》文当衍。今本反依之添入，误也。 ⑪ **鲍本**补曰：箘，音窘。簬，即簵，见《禹贡》。 ⑫ **鲍本**"足"上有"矢"字。〇 **札记**丕烈案：《韩子》作"吾箭已足矣"。 ⑬ **鲍本**质，础也。

三国之兵乘晋阳城，遂战。三月不能拔，因舒军而围之，决晋水而灌之。围晋阳三年，城中巢居而处，悬釜而炊，财食将尽，士卒病羸。襄子谓张孟谈曰："粮食匮，城[1]力尽，士大夫病，吾不能守矣。欲以城下[2]，何如？"张孟谈曰："臣闻之，亡不能存，危不能安，则无为贵知士也。君释此计，勿复言也。臣请见韩、魏之君。”襄子曰：“诺。”

① **鲍本**“城”作“财”。〇 **札记**丕烈案：《韩子》作“财”。 ② **鲍本**谓将降。

张孟谈于是阴见韩、魏之君曰：“臣闻唇亡则齿寒，今知伯帅二国之君伐赵，赵将亡矣，亡则二君为之次矣。”二君曰：“我知其然。夫知伯为人也，麄中[①]而少亲，我谋未遂而知，则其祸必至，为之奈何？”张孟谈曰：“谋出二君之口，入臣之耳，人莫之知也。”二君即与张孟谈阴约三军，与之期曰[②]，夜[③]，遣入晋阳。张孟谈以报襄子，襄子再拜之。

① **鲍本**“麄”作“麤”。〇 “麤”，“粗”同，疏也。正曰：相厉少仁爱。**札记**丕烈案：《韩子》作“麤”。 ② **鲍本**无“曰”字，补“日”字。〇 **札记**丕烈案：《韩子》有，作“日”。 ③ **鲍本**曰既夜。

张孟谈因朝[①]知伯而出，遇知过[②]辕门之外[③]。知过入见知伯曰：“二主殆将有变。”君[④]曰：“何如？”对曰：“臣遇张孟谈于辕门之外，其志矜，其行高。”知伯曰：“不然。吾与二主约谨矣，破赵三分其地，寡人所亲之[⑤]，必不欺也。子释之，勿出于口。”知过出见二主，入说知伯曰：“二主色动而意变，必背君，不如令杀之。”知伯曰：“兵箸[⑥]晋阳三年矣，旦暮当拔之[⑦]而飨其利，乃有他心？不可，子慎勿复言。”知过曰：

"不杀则遂亲之。"知伯曰:"亲之奈何?"知过曰:"魏宣子之谋臣曰赵葭,康子之[8]谋臣曰段规[9],是皆能移其君之计。君其与二君约,破赵则封二子者各万家之县一,如是则二主之心可不变,而君得其所欲矣。"知伯曰:"破赵而三分其地,又封二子者各万家之县一,则吾所得者少,不可。"知过见君之不用也,言之不听,出,更其姓为辅氏,遂去不见。

① **鲍本**兵交,使在其间,胡得朝之? ② **姚本**一云"知果"。 **鲍本**"过",一作"果",智伯之族。补曰:《晋语》,"智宣子将以瑶为后,知果曰:'不如宵也。'弗听"。知果,别族,于太史为辅氏。《通鉴》取此,与《策》先后不同。 ③ **鲍本**以车为门,而辕外向。 ④ **鲍本**君,智伯。 ⑤ **鲍本**言亲与二国约。 ⑥ **鲍本**箸,言附其城。 ⑦ **鲍本**无"之"字。○ **札记**丕烈案:《韩子》有。 ⑧ **鲍本**"宣"上有"桓"字,"康"上补"韩"字。○ 补曰:恐缺"韩"字。 **札记**丕烈案:《韩子》有。 ⑨ **鲍本**二谥皆非当时语。

张孟谈闻之,入见襄子曰:"臣遇知过于辕门之外,其视有疑臣之心,入见知伯,出更其姓[1]。今暮不击,必后之矣。"襄子曰:"诺。"使张孟谈见韩、魏之君曰[2]:"夜期杀守堤之吏,而决水灌知伯军。"知伯军[3]救水而乱,韩、魏翼而击之[4],襄子将卒犯其前,大败知伯军而禽知伯。

① **鲍本**恐智伯以过之去之决,有感动矣。 ② **鲍本**"曰"作"日"。○ **札记**丕烈案:《韩子》作"至于期日之夜"。 ③ **鲍本**原无"军"字,补"军"字。○ **札记**丕烈案:《韩子》有。 ④ **鲍本**左右夹击。

知伯身死,国亡地分,为天下笑,此贪欲无厌也。夫不听知过,亦所以亡也。知氏尽灭,唯辅氏存焉。[①]

① **鲍本**彪谓:段规之策,智伯、智过之察,孟谈皆如在其目中,可谓明也已矣。此一时三晋、智氏皆有士,三晋之应之如响,智氏独不用之而亡,则士岂非天下之重宝乎?虽然,水灌晋阳,城之不沈者三板,于此时,使智伯杀韩、魏之君,亦难听矣。其次,欲其分封二子,是岂不可为与?智伯惟没于利,故昏于智,故《孟子》之说曰,"何必曰利"?

张孟谈既固赵宗

张孟谈[①]既固赵宗,广[②]封疆,发五百[③],乃称简之涂[④]以告襄子曰:"昔者,前国地君之御[⑤]有之曰:'五百之所以致天下者,约[⑥]两[⑦]主势能制臣,无令臣能制主。故贵为列侯者,不令在相位,自将军以上,不为近大夫。'今臣之名显而身尊,权重而众服,臣愿捐[⑧]功名去权势以离众。"襄子恨然曰:"何哉?吾闻辅主者名显,功大者身尊,任国者权重,信忠在己而众服焉。此先圣之所以集国家,安社稷乎[⑨]!子何为然?"张孟谈对曰:"君之所言,成功之美也。臣之所谓,持国之道也。臣观成事,闻往古,天下之美同[⑩],臣主之权均之[⑪]能美,未之有也。前事之不忘,后事之师。君若弗图,则臣力不足。"怆然有决[⑫]色。襄子去之。卧三日,使人谓之曰:"晋阳之政,臣下不使者[⑬]何如[⑭]?"对曰:"死僇[⑮]。"张孟谈曰:"左司马[⑯]见使于国家,安社稷,不避其死,以成其忠,君其行之[⑰]。"君曰:"子从事。"乃许之[⑱]。张孟谈[⑲]便厚以便名[⑳],纳地释事以去权尊,而耕于负亲之丘[㉑]。故曰,贤人之行,明主之政也[㉒]。

① **鲍本**补曰："谈"，《史》作"同"，太史公避父讳也。 ② **鲍本**"广"作"庙"。〇 补曰：一本"庙"作"广"，是。 ③ **鲍本**"百"作"霸"。〇 下同。伯业不振，今复发之。补曰：即"伯"，古通。 ④ **鲍本**称者，举其说也。此士国地君之御。 **札记**丕烈案：此《策》文多不可通，当阙。 ⑤ **鲍本**国地犹武安之类，御则之涂。 ⑥ **鲍本**约者，自断之辞。 ⑦ **鲍本**衍"两"字。补曰：恐字有误。 **札记**今本无"两"字，乃误涉鲍也。 ⑧ **鲍本**"捐"作"损"。〇 补曰：一本作"捐"。 ⑨ **姚本**刘改作"也"。 ⑩ **鲍本**有美而同，必相嫉。 ⑪ **鲍本**补曰：《外记》"之"作"而"。 **札记**丕烈案：此《外记》改耳。 ⑫ **鲍本**虽欲决去，而犹怆然，明不得已也。一说，决，犹别。 ⑬ **鲍本**不为国用。 ⑭ **札记**今本"何如"误"如何"。 ⑮ **鲍本**"僇"，"戮"同。 ⑯ **鲍本**失其名。 ⑰ **鲍本**行，犹用也，疑当作"任"。补曰：左司马，恐孟谈自谓之辞。行之者，许之，僇之，推□也。 ⑱ **鲍本**使谈自从其所欲之事，以其荐贤自代，故许其去。 ⑲ **鲍本**此下著书者美之也。 ⑳ **鲍本**便，安。厚，重也。去权所以安其重，损名所以安其名。㉑ **鲍本**赵地，缺。 ㉒ **鲍本**此美襄子。

耕三年，韩、魏、齐、燕[①]负亲以谋赵[②]，襄子往见张孟谈而告之曰："昔者知氏之地，赵氏分则多十城，复来[③]，而今诸侯孰[④]谋我，为之奈何？"张孟谈曰："君其负剑而御臣以之国[⑤]，舍臣于庙，授吏大夫[⑥]，臣试计之。"君曰："诺。"张孟谈乃行，其妻之楚[⑦]，长子之韩，次子之魏，少子之齐。四国疑而谋败[⑧]。[⑨]

① **鲍本**"燕"作"楚"。〇 补曰：下文有楚无燕，必有一误。 ② **鲍本**言五国昔约亲，今背之。正曰：上言"负亲之丘"，不应此义顿异。恐"负亲"字衍，或上有缺文。 ③ **鲍本**言分地多自与，韩、魏尝以为言矣，今复来也。正曰："复来"字恐舛误在上。当云"而今诸侯复来"，句似顺。 ④ **鲍本**衍

“孰”字。补曰：孰为我谋。 **札记**今本无“孰”字，乃误涉鲍也。 ⑤ **鲍本**君自为御。 ⑥ **鲍本**授谈之吏以为大夫，示尊显之也。 ⑦ **鲍本**使妻之楚。 ⑧ **鲍本**谈，赵之谋臣，而其妻子分适四国，故四国更相疑，以为厚赵也。 ⑨ **鲍本**彪谓：孟谈，有道之士也。国有危难，不顾万死，出入行阵，以就其谋，功成事遂，则委而去之。已去而复出，以销国家之难。非有道，孰能出处语默若是之裕哉？范蠡始终之际贤矣，方之孟谈犹一间也。正曰：孟谈可谓谋智之士，有道则未也。

晋毕阳之孙豫让〔校一〕

〔校一〕此篇姚本与上篇《张孟谈既固赵宗》连篇，鲍本分为两篇。现据文义，从鲍本。

晋毕阳①之孙豫让，始事范中行氏而不说，去而就知伯，知伯宠之。及三晋分知氏，赵襄子最怨知伯，而将其头以为饮器②。豫让遁逃山中，曰：“嗟乎！士为知己者死，女为悦己者容③。吾其报知氏之雠矣。”乃变姓名，为刑人，入宫涂厕，欲以刺襄子。襄子如厕，心动，执问涂者，则豫让也。刃其扞④，曰：“欲为知伯报雠！”左右欲杀之。赵襄子曰：“彼义士也，吾谨避之耳。且知伯已死，无后，而其臣至为报雠，此天下之贤人也。”卒释之。豫让又漆身为厉⑤，灭须去眉，自刑以变其容，为乞人而往⑥乞，其妻不识，曰：“状貌不似吾夫，其音何类吾夫之甚也。”又吞炭为哑，变其音。其友谓之曰：“子之道甚难而无功，谓子有志则然矣，谓子智则否。以子之才，而善事襄子，襄子必近幸子；子之得近而行所欲，此甚易而功必成。”豫让乃笑而应之曰：“是为先知报后知，为故君贼新君，大乱君臣之义者无⑦此矣。凡吾所谓为此者，以明君臣之义，非从易也。且夫委质而事人，而求弑之，是怀二心以事君也。吾所为难，亦将以愧天下后世人臣怀二心者。”

① **鲍本**毕万之后。正曰：无明据。《晋语》，伯宗索士庇州犁，得毕阳。及栾弗忌之难，诸大夫害伯宗，毕阳实送州犁于荆。让乃其孙，义烈有自来矣。 ② **鲍本**补曰：《史》，漆其头。《说苑》，异日智伯与襄子饮，而灌襄子之首，后败智伯，漆其首为饮器。《索隐》云，案《大宛传》，匈奴以月氏王头为饮器。裴氏引韦昭云“椑榼也”，晋灼曰“虎子也”，皆非。椑榼所以盛酒，非用饮者。皆以《韩子》、《吕氏春秋》并云“漆智伯头以为饮器”故也。③ **鲍本**修其容色。补曰：司马子长用此语，“死”作“用”。 ④ **姚本**曾本作“拚”。 **鲍本**“扞”，“焊”同。《集韵》，矛镈谓之焊。刃，施刃其端。 ⑤ **鲍本**补曰：《索隐》曰，癞，恶疮。凡漆有毒，近之多患疥肿，若癞病然。故让以漆涂身，令若癞。“厉”、“癞”，声近假借。 ⑥ **鲍本**补曰：《史》作“行”。**札记**丕烈案：《史》作“行乞于市”，与此《策》文多不同也。 ⑦ **鲍本**补曰：“无”字下恐有缺字。

居顷之，襄子当出，豫让伏所当[①]过桥下。襄子至桥而马惊。襄子曰：“此必豫让也。”使人问之，果豫让。于是赵襄子面数豫让曰：“子不尝事范中行氏乎？知伯灭范中行氏，而子不为报雠，反委质事知伯。知伯已死，子独何为报雠之深也？”豫让曰：“臣事范中行氏，范[②]中行氏以众人遇臣，臣故众人报之；知伯以国士[③]遇臣，臣故国士报之[④]。”襄子乃喟然叹泣曰：“嗟乎，豫子！豫[⑤]子[⑥]之为知伯，名既成矣，寡人舍子，亦以[⑦]足矣。子自为计，寡人不舍子。”使兵环之。豫让曰：“臣闻明主不掩人之义，忠臣不爱死以成名。君前已[⑧]宽舍臣，天下莫不称君之贤。今日之事，臣故[⑨]伏诛,然愿请君之衣而击之,虽死不恨。非所望也[10],敢布腹心。”于是襄子义之,乃使使者[11]持衣与豫让。豫让拔剑三跃,呼天击之[12]曰:“而可以报知伯矣[13]。”遂伏剑而死。死之日,赵国之士闻之,皆为涕泣。[14]

① **鲍本**“所当”二字作“以”。○ 补曰:一本“伏所当过”。 **札记**丕烈案:《史记》作“所当”。 ② **鲍本**原无“范”字,补“范”字。○ **札记**丕烈案:《史记》有。 ③ **鲍本**国士,名盖一国者。 ④ **鲍本**为国士所为以报之。 ⑤ **姚本**刘去“豫”字。 **鲍本**无“豫”字。○ **札记**丕烈案:《史记》无。 ⑥ **鲍本**衍“子”字。 **札记**丕烈案:《史记》有。 ⑦ **鲍本**“以”作“已”。○ **札记**丕烈案:《史记》作“已”。 ⑧ **札记**今本“已”误“以”。 ⑨ **鲍本**补曰:“故”,“固”通。 ⑩ **鲍本**言有此心,望不及此。 ⑪ **札记**今本“者”下误衍“者”字。 ⑫ **姚本**钱无“呼天”二字,刘作“呼天而击之”。 ⑬ **鲍本**而,自呼也。 ⑭ **姚本**续云:司马贞引《战国策》,“衣尽血,襄子回车之轮,未周而亡”。此不言衣出血者,太史公恐涉怪妄,故略之耳。今本无此,乃后人所删。《说苑》,“襄子自置车库中,水浆不入口三日,以礼豫让”。 **鲍本**《刺客传》有。彪谓:襄子、豫子皆千载人也。豫子能报旧君,能厉天下后世之为臣。使他人为之,必一失于此矣。或以其无成事为空自苦。夫壮士能行其志而已,成不成则有命焉,吾何以必之哉?智伯有如此臣,以国士遇之,而不免于亡,殆与郭君善善为辈者欤!补曰:让,义士也,史迁列之《刺客》,而苏辙氏《古史》亦谓之非贤,失之矣。《朱子纲目》附见于三晋始命之下,则以其事在前,不得特书以表之尔。《大事记·解题》略见,而《记》不书,未知吕子之旨。按《索隐》引《策》云,“衣尽出血,襄子回车,车轮未周而亡”。今无此文,或以其怪而删之欤。

魏文侯借道于赵攻中山

魏文侯借道于赵攻中山[1]。赵侯将不许。赵利曰:“过矣。魏攻中山而不能取，则魏必罢[2]，罢则赵重。魏拔中山，必不能越赵而有中山矣。是用兵者，魏也；而得地者，赵也。君不如许之，许之大劝，彼将知矣[3]利之也，必辍。君不如借之道，而示之不得已。”

① **鲍本**魏十七年，此元年。 ② **鲍本**音疲。 ③ **姚本**刘无“矣”字。**鲍本**“矣”作“赵”。○ 补曰：此本“赵利”又举人姓名，皆难解，疑有舛误。**札记**丕烈案：《韩子》有此事，云“彼将知君利之也”。“赵”字当是，吴氏失考也。

秦韩围梁燕赵救之〔校一〕

〔校一〕此篇鲍本在《魏策》。

秦、韩围梁[1]，燕、赵救之。谓山阳君[2]曰：“秦战而胜三国，秦必过周、韩而有梁。三国而胜秦，三国之力，虽不足以攻秦，足以拔郑[3]。计[4]者不如构三国攻秦。”[5]

① **鲍本**衍“韩”字。 秦献公二十三年战少梁，此九年。正曰：据鲍说以为魏败韩、赵于浍之年。少梁，即获公叔痤之战，不闻燕、赵之救也，时方败赵，赵岂得救之？此皆无据之言。且《策》云围梁，不云少梁，围梁必惠王徙都大梁后，不可考矣。徙都大梁在惠王三十一年。 ② **鲍本**《楚宣策》言此人，正同时也。 ③ **鲍本**新郑。郑近梁，故云。正曰：韩哀侯二年已灭郑，此郑即谓韩。 ④ **鲍本**为梁计。 ⑤ **鲍本**原在《赵策》。正曰：证据不明，且当从旧。

腹击为室而巨

腹击[1]为室而巨，荆敢[2]言之主。谓腹子曰：“何故为室之巨也?"腹击曰:"臣羁旅也,爵高而禄轻,宫室小而帑不众。[3]主虽信臣,百姓皆曰:'国有大事,击必不为用。'今击之巨宫[4],将以取信于百姓也。"主君曰:"善。"[5]

① **鲍本**他国人,仕赵。 ② **鲍本**楚人,仕赵。正曰:无据。荆轲,卫人,荆岂专为楚姓? ③ **鲍本**帑,金币所藏。正曰:"帑","孥"通。《诗》注,子孙也。金币与"众"义不协。 ④ **姚本**曾改作"室"。 ⑤ **鲍本**此曰"主"、曰"主君",主父故在也。然则上章"王"当作"主"。正曰:齐侯使高张唁公,称"主君"。子家子曰"齐卑君矣。主君,大夫之称也"。《秦策》,甘茂引乐羊曰"主君之功"。《魏策》,鲁侯择言称"主君之尊"云云,盖三晋以大夫为诸侯,故犹仍之。赵称襄主、简主是也。《策》后亦多称"主",武灵自称"主父",与称"主"者不同。此《策》时不可考。鲍妄置于惠文时,故为之说。又齐、韩、魏攻秦,在惠文元年。灭中山在三年。《大事记》从世家,以《年表》为误。愚考中山亡,实在前。见《齐策》。主父死在四年,上章五年,自有所指,初不与此相涉,安得以此改彼文也?补曰:巨宫以信百姓,诳主甚矣。

苏秦说李兑

苏秦[1]说李兑曰:"雒阳[2]乘轩车[3]苏秦[4],家贫亲老,无罢车驽马[5],桑轮蓬箧羸[6]幐,负书担橐[7],触尘埃,蒙霜露,越漳、河[8],足重茧[9],日百而舍,[10]造外阙,愿见于前,口道天下之事。"李兑曰:"先生以鬼之言见我则可,若以人之[11]事,兑尽知之矣。"苏秦对曰:"臣固以鬼之言见君,非以人之言也。"李兑见之。苏秦曰:"今日臣之来也暮,后郭门[12],藉[13]席无所得,寄宿人田中,傍有大丛[14]。夜半,土梗[15]与木梗斗曰:'汝不如我,我者[16]乃土也。使我逢疾风淋[17]雨,坏沮[18],

乃复归土。今汝非木之根，则木之枝耳。汝逢疾风淋雨，漂入漳、河，东流至海，泛滥无所止。’臣窃以为土梗胜也[19]。今君杀主父而族之[20]，君之立于天下，危于累卵。君听臣计则生，不听臣计则死。”李兑曰：“先生就舍，明日复来见兑也。”苏秦出。

① **鲍本**“秦”作“子”。〇　补曰：字误，下同。　**札记**丕烈案：吴氏补曰，字误，下同。非也。又曰，太史公所谓异时事有类之者皆附之苏秦，其此类邪？是也。《策》文本如此。　② **姚本**《元和姓纂》，洛阳，苏秦之后，今无闻。　③ **鲍本**补曰：一本“乘轩里”。既曰“乘轩车”，而下又云：“无罢车驽马”，则此作“里”字为是。《河南志》，洛阳城东御道北孝义里西北隅，有苏秦冢。　**札记**丕烈案：《史记正义》引《策》云，“苏秦，洛阳轩里之人也”。则张守节所见本是“里”字，可证一本之善也。　④ **鲍本**“秦”作“某”。〇　**札记**丕烈案：鲍改误甚，《策》文无作“某”之例。　⑤ **鲍本**“罢”，“疲”同。犹敝也。车劳败敝。　⑥ **鲍本**“羸”作“嬴”。〇　正曰：说见《秦策·苏秦》章。　⑦ **鲍本**“橐”作“囊”。〇　⑧ **鲍本**“漳河”作“河漳”。〇　补曰：浊漳合清漳，东北至阜城，入北河。汉初，漳犹入河，其后河徙日东，而漳自入海。《策》中凡言“漳河”、“河漳”者，以漳入河相连也。此下又有“漳河”字。　⑨ **鲍本**茧，足胝也。　⑩ **鲍本**日行百里乃就舍。　⑪ **鲍本**无“之”字。〇　⑫ **鲍本**郭门后至，不及其开时。　⑬ **鲍本**藉，谓借。　⑭ **鲍本**补曰：丛，见《秦策》。　⑮ **鲍本**土亦言梗，因木为类也。补曰：说见《齐策》。⑯ **姚本**曾去“者”字。　**鲍本**补曰：愚谓有“者”字语胜。　⑰ **鲍本**淋，言其大能沃物。　⑱ **鲍本**“沮”作“阻”。〇　**札记**丕烈案：“阻”字误。　⑲ **鲍本**此喻不切于兑之事，盖以鬼事发其言耳。　⑳ **鲍本**杀在四年，言族，则其宗多死者。

李兑舍人谓李兑曰：“臣窃观君与苏公谈也，其辩过君，其博过君，君能听苏公之计乎？”李兑曰：“不能。”舍人曰：“君即不能，愿君坚塞两耳，无听其谈也。”明日复见，终日谈而去。舍人出送苏君，苏秦谓舍人曰：“昨日我谈粗而君动，今日精而君不动，何也？”舍人曰：“先生之计大而规高，吾君不能用也。乃我请君塞[1]两耳，无听谈者。虽然，先生明日复来，吾请资先生厚[2]用。”明日来，抵掌而谈。李兑送苏秦明月之珠[3]，和氏之璧[4]，黑貂之裘，黄金百镒[5]。苏秦得以为用，西入于秦。[6]

① **鲍本**“塞”上有“坚”字。〇 ② **鲍本**言使兑厚而用之。正曰：用，财费也。 ③ **鲍本**《览冥训》注，隋侯珠云。 **札记**今本“月”误“日”。④ **鲍本**下和所献楚文王者。补曰：赵得楚和氏璧，秦昭王欲以十五城易之。李兑所送必非。 ⑤ **鲍本**“镒”作“溢”，又改作“镒”。〇 ⑥ **鲍本**补曰：苏秦之死在慎靓王四年，去主父见杀时远甚。此《策》言杀主父事，非秦明矣。其代、厉与？首尾亦与《秦策·苏秦》章类，抑本秦言事，而剿入后事欤？土梗、木梗之喻，与《齐策》止田文说同。彼亦秦死后事，而指为秦皆不合。太史公所谓异时事有类之者皆附之苏秦，其此类耶？

赵收天下且以伐齐

赵收天下，且以伐齐。苏秦[1]为[2]齐上书说赵王曰：“臣闻古之贤君，德行非施于海内也，教顺慈爱，非布于万民也，祭祀时享，非当于鬼神也。甘露降，风雨时至[3]，农夫登[4]，年谷丰盈，众人喜之[5]，而贤主恶[6]之。今足下功力[7]，非数痛加于秦国，而怨毒积恶，非曾深凌于韩也[8]。臣窃外闻大臣及下吏之议，皆言主前专据[9]，以秦为爱赵而憎韩。臣窃以事观之，秦岂得爱赵而憎韩哉？欲亡韩吞两周之地，故以韩为饵[⑩]，先出声于天下，欲邻国闻而观之也[⑪]。恐其事不成，故出兵以佯示[⑫]赵、魏。恐天下之惊觉，故微韩以贰之[⑬]。恐天下疑己，故出质以为信。声德于与国，而实伐空韩[⑭]。臣窃观其图之也，议[⑮]秦以谋计，必出于是。

① **鲍本**“秦”作“厉”。〇　补曰：《史》作“厉”。　② **鲍本**补曰：去声。　③ **鲍本**无“至”字。〇　**札记**丕烈案：《史记》作“时雨至”。　④ **鲍本**谷熟曰登。　⑤ **鲍本**“喜”作“善”。〇　补曰：一本“喜之”。　**札记**丕烈案：《史记》作“善”。　⑥ **鲍本**恶，心不安也。以其无以致之故。　⑦ **鲍本**谓战伐。　⑧ **姚本**曾本，“非素深于韩、齐也”。　**鲍本**补曰：“曾”恐即“增”。　⑨ **鲍本**言行之不疑。　⑩ **鲍本**赵时恶韩，故秦以亡韩悦赵，赵遂以为爱己也。补曰：秦两“憎韩”及“以韩为饵”之“韩”，《史》并作“齐”，说见后。且亡韩吞两周，文义明，作“齐”则不顺。　⑪ **鲍本**观其爱赵。　⑫ **鲍本**虚以伐韩示之。　⑬ **鲍本**“微”下补“伐”字。〇　补曰：“微”下有缺文，《史》作“征兵于韩以威之”。贰，犹疑。　**札记**今本“微”下有“伐”字，乃误涉鲍也。　⑭ **鲍本**如上文，则伐韩非秦所急也。此言实伐者，韩之在秦掌握中物耳，故不急于伐。恐赵不以为德，故终伐之。其伐之，亦欲以吞周而非爱赵也。正曰：实欲伐空虚之韩。　⑮ **鲍本**议，犹意。正曰：一本“议以为秦计谋”。

“且夫说士之计，皆曰韩亡三川，魏灭晋国[①]，恃[②]韩未穷，而祸及于赵[③]。且物固有势异而患同者，又有势同而患异者。昔者，楚人久伐而中山亡[④]。今燕尽韩之河南[⑤]，距沙丘，而至巨鹿[⑥]之界三百里[⑦]；距于扞关，至于榆中千五百里[⑧]。秦尽韩、魏之上党，则地与国都[⑨]邦属而壤挈者[⑩]七百里。秦以三军强弩坐羊唐[11]之上，即地去邯郸二十里。且秦以三军攻王之上党而危其北，则句注之西[12]，非王之有也。今鲁[13]句注禁常山而守[14]，三百里通于燕之唐、曲吾[15]，此代马胡驹[16]不东，而昆山之玉[17]不出也。此三宝者，又非王之有也。今从于强秦国[18]之伐齐，臣恐其祸出于是矣。昔者[19]，五国[20]之王，尝合横而谋伐赵，参分赵国壤地，著之盘盂[21]，属之雠柞[22]。五国之兵有日矣，韩[23]乃西师以禁[24]秦国，使秦发令素服而听[25]，反温、枳[26]、高平[27]于魏，反三公、什清[28]于赵，此王之明知也。夫韩事赵宜正为上交[29]；今乃以抵[30]罪取伐，臣恐其后事王者之[31]不敢自必也。今王收[32]天下，必以王为得[33]。韩危[34]社稷以事王，天下必重王。然则韩[35]义王以天下就之[36]，下至韩慕王以天下收之[37]，是一世之命，制于王已。臣愿大王深与左右群臣卒计而重谋，先事成虑而熟图之也。"[38]

① **鲍本**晋国，谓安邑。 ② **鲍本**"恃"作"是"。〇 补曰：恃，非所恃也。 **札记**今本"恃"作"是"，乃误涉鲍也。丕烈案：《史记》作"市朝未变，而祸已及矣"，与《策》文不同。 ③ **鲍本**三晋，唇齿之国，故韩亡则魏灭，魏灭而祸及于赵，不待韩灭尽也。 ④ **鲍本**此言楚受秦伐，赵无秦患，故破中山灭之。故秦昭八年，再败楚，遂言赵破中山。正曰：《大事记》，中山恃魏，楚、魏久连兵，中山失助而亡。今详此言亦失考。《年表》，武灵王二十五年攻中山，而秦、韩、魏、齐击楚，败唐昧，亦此时也。说见燕、魏等《策》。⑤ **鲍本**尽，言得其地。补曰："尽韩之河"，《史》作"燕尽齐之北地"。⑥ **鲍本**巨鹿，冀州郡。 ⑦ **鲍本**自此皆言近赵。 ⑧ **鲍本**衍"千"字。榆中属金城。补曰："距于"云云，《史》作"秦之上郡，近扞关，至于榆中，千五百里"。榆中、上郡见前。自上郡至榆中，则千五百里为是。楚有扞关，说

见前《策》。《大事记》云，扞者，扞敌之扞，非关名也。此赵扞敌之关，非独楚有之。赵之扞关，陆地之关；楚之扞关，水道之关也。　⑨ **鲍本**国，谓赵。⑩ **鲍本**言为秦所取。挈，言取之易。　⑪ **鲍本**“唐”作“肠”。〇　**札记**鲍改“唐”为“肠”。丕烈案：因《史记》有羊肠之西而改耳。此多不同，未是也。⑫ **鲍本**属雁门。补曰：《括地志》云，句注山在雁门县西北。　⑬ **鲍本**“鲁”作“逾”。〇　补曰：字义未详。　**札记**今本“鲁”作“逾”，乃误涉鲍也。丕烈案：《史记》作“逾句注，斩常山而守之”。　⑭ **鲍本**守，犹闭。　⑮ **鲍本**“吾”作“遇”。〇　正曰：当作“曲逆”。遇，音颙。《史》注，中牟、曲遇、聚，郑州县，非此所指。按《齐策・权之难》章云，燕战胜兵罢，赵可以取唐、曲逆。唐，即唐县；曲逆，蒲阴县。并属中山。此“曲”下必“逆”字也，一本止作“唐曲”，亦缺误。　**札记**今本“吾”作“遇”，乃误涉鲍也。丕烈案：“吾”、“逆”声之转也，当存旧。《史记》无“之唐曲吾”四字，文不同。　⑯ **鲍本**补曰：“胡驹”，《史》作“胡犬”。郭璞云，胡地野犬，似狐而小也。　⑰ **鲍本**《后志》，金城临羌有昆山。正曰：《禹贡》，雍州贡球琳、琅玕。《尔雅》，昆仑虚之璆琳、琅玕。《李斯传》，昆山之玉。《正义》云，昆冈在于阗国东北，出玉。按，武帝以于阗山出玉，故号玉所出曰昆仑。　⑱ **鲍本**“国”作“与”。〇　**札记**今本“国”作“与”，乃误涉鲍也。丕烈案：《史记》作“王久伐齐，从强秦攻韩”。　⑲ **鲍本**无“昔者”二字。〇　⑳ **鲍本**齐、楚、魏、韩、燕。　㉑ **鲍本**“参”作“三”。〇　盘盂，取太公为武王作《盘盂之铭》。补曰：言其日见而不忘。　㉒ **鲍本**“雠柞”，“酬酢”同。言其相属伐赵于酬酢之间。㉓ **鲍本**“韩”作“齐”。〇　下并同。正曰：专据《史》文辄改，大不然也。㉔ **鲍本**禁，闭拒之。　㉕ **鲍本**今令其国素服者，兵败以丧礼自居也。《史》不书。　㉖ **姚本**一作“根柔”。　**鲍本**“枳”作“轵”。〇　并属河内。㉗ **鲍本**高平，属临淮，安定亦有。正曰：《括地志》云，高平故城，在怀州河阳县西。言临淮者，缪。安定，秦地，亦非。温、枳皆河内，故当以怀州者为正。　㉘ **姚本**续云：《史记》改“三公、什清”作“巠分、先俞”。　**鲍本**“公”字疑误。安定有三水，朔方有三封，勃海有三户，皆近赵。张仪塞什谷之口，当屯留之道，则什近屯留。《后志》中牟注有清口，皆赵地也。正曰：“三公”二字有误。《史》云，反高平、根柔于魏，反坙分、先俞于赵。根柔未详，文已明。《括地志》云，句注山一名正陉山。《尔雅》云，陵西逾、鄢门。疑此坙分乃坙山，先俞即西俞也。 **札记**丕烈案：徐广注云，一作“王公”，即出于此。当各依本文。吴氏专以张守节说为据，未是也。 ㉙ **鲍本**“韩”作“齐”，无“正”字。○ 以其有志为赵闭秦。 **札记**今本“韩”上有“齐”字，乃误涉鲍也。鲍改“韩”为“齐”。今本两存，尤误之甚者也。今本无“正”字，鲍本无。丕烈案：《史记》无。 ㉚ **鲍本**“抵”作“邸”。○ “邸”，“抵”同，坐也。正曰：姚本作“抵”，当也。 **札记**丕烈案：《史记》作“抵”。 ㉛ **鲍本**无“者之”二字。○ 补曰：一本“事王者之”云云。 **札记**丕烈案：《史记》有。 ㉜ **鲍本**“收”下补“齐”字。○ **札记**丕烈案：《史记》作“今王毋与天下攻齐，天下必以王为义”。 ㉝ **鲍本**“得”下“韩”作“齐”。○ ㉞ **姚本**“危”，曾作“抱”。 **鲍本**“危”上补“齐”字。○ **札记**鲍改“韩”为“齐”，读上属。丕烈案：鲍读误也。《史记》作“齐抱社稷以厚事王”。《史记》“齐”，即此文“韩”，不得上属。 ㉟ **鲍本**“韩”作“齐”。○ ㊱ **鲍本**赵得天下之交而屈就齐，故齐以为义。 ㊲ **鲍本**“韩”作“齐”。○ 就之，上也，故收言下。正曰：就者，屈就之；收者，收结之。 **札记**鲍改“韩”为“齐”。丕烈案：吴氏有正，见上。《史记》作“王以天下善秦，秦暴，王以天下禁之”。此《策》文有误字。 ㊳ **姚本**此段与《史记》文多不同，盖讹谬，当用《史记》全篇观之。 **鲍本**赵惠文十六年有。正曰：《史·赵世家》，惠文十五年，燕昭王与赵、韩、魏、秦共击齐，齐败走，燕独深入，取临淄。十六年，秦复与赵数击齐，齐人患之，苏厉为齐遗赵王书云云，于是赵乃辍，谢秦不击齐。《大事记》，是时齐地皆入燕，独莒、即墨仅存。苏厉之书皆不及之，恐非此时事。按《策》多为韩言，乃赵将击韩，而厉为韩止之者，其间事实，皆明为韩，而首云伐齐、为齐殊不合，决有误。而《史》一切以“韩”为“齐”，抑马迁之所改欤？然赵伐韩事，亦不知在何时，其文及地名亦多舛异不同，强为之说。鲍专据《史》文辄改，大不然也。 **札记**丕烈案：吴说是也。《策》文本皆作“韩”，或以《史记》“齐”字乱之。

齐攻宋奉阳君不欲

齐攻宋，奉阳君不欲。客请奉阳君曰："君之春秋高矣，而封地不定，不可不熟图也。秦之贪，韩、魏危，卫[①]、楚正[②]，中山之地薄，宋罪重，齐怒深，残伐乱宋，定身封，德强齐，此百代之一时也。"[③]

① **鲍本**"卫"作"燕"。○　正曰：上章作"燕"。　**札记**丕烈案：鲍依后公孙衍说文也。　② **鲍本**"正"作"僻"。○　盖"僻"、"匹"声近，"匹"又讹作"正"字。补曰：宜注原文下。　**札记**丕烈案：鲍依后公孙衍说文也。③ **鲍本**正曰：《赵策》说奉阳君取阴之辞，自"宋罪重"以下至"百世之一时"已，凡两见，而《秦策》亦有之，以为谓穰侯。《赵策》又曰，"魏冉必妒君之有阴"。按阴即陶，宋地，冉所封也。《秦记》，昭王十二年，楼缓免，穰侯魏冉为相；十六年，冉免，封公子市宛，公子悝邓，魏冉陶，为诸侯。《冉传》云，免楼缓而魏冉相，冉谢病免，以烛寿为相；烛免，复相冉，乃封于穰，后益封陶，号曰穰侯。《大事记》先书穰侯魏冉为相，从《本》；后书复以魏冉为丞相，封于穰与陶，谓之穰侯，又封公子市为宛侯，公子悝为邓侯，从《传》。又谓三子之封，皆取于邻国。秦去年取宛，今年取邓，穰、陶虽不载何年得之，盖亦近岁。按赧王十四年，秦伐韩取穰，《大事记》已书之矣。独以陶为近岁所取，则眩于《史》文，未考其实。且据《秦纪》，则冉始相已封穰，后相封陶。于《传》则复相时封穰，后益以陶，已有不合。《大事记》从之，亦偶未察，独见于《策》者可考。李兑约五国伐秦，后欲取阴定封，说穰侯者亦劝之。《策》文容有复混，而其事实并一时。是时齐欲攻宋，秦禁之，齐欲与赵，故说者劝李兑，上距冉复相秦五岁尔。使冉已封陶，兑安得欲之，而言者亦安得云"冉妒君之有阴"？因此言而知冉之未封陶而欲得之也。其后，齐灭宋两年而为五国所破，赵既不取陶，而齐亦卒不能有。穰侯之取陶在此时欤？或谓《魏策》谓穰侯云，"君攻楚取宛、穰，以广陶封"，以封陶在前。窃谓秦之取穰、冉之封穰，固无疑矣。独取陶定封，岁月不载。而《史》所谓后益封

陶，号曰穰侯者，辞亦不明。意者陶之封大而入厚，冉国于陶，如取刚寿之类，皆云广陶封，故《魏策》之言如此。而宛亦非冉封，不足据信。使冉封陶，当曰陶侯，而称穰侯，知始封穰必非误也。

秦王谓公子他

秦王①谓公子他曰："昔岁殽下之事②，韩为中军，以与诸侯攻秦。韩与秦接境壤界，其地不能千里，展转③不可约。日者秦、楚战于蓝田④，韩出锐师以佐秦，秦战不利，因转与楚，不固信盟，唯便是从。韩之在我，心腹之疾。吾将伐之，何如?"公子他曰："王出兵韩⑤，韩必惧，惧则可以不战而深取割。"王曰："善。"乃起兵，一军临荥阳⑥，一军临太行。

① **鲍本**昭。　② **鲍本**即秦惠七年，五国攻函谷事。函、殽地近，故云。补曰：按《赵世家》，孝成二年，受韩上党。长平之败，在七年。秦惠七年，五国攻秦，至孝成二年，凡五十四年。秦惠十三年，败楚蓝田，距此四十九年。又韩襄王十四年，与齐、魏共击秦于函谷，河渭绝一日，距孝成二年为三十五年，稍近。然远引前事者，只欲言韩之不可不伐耳。《年表》，破长平在孝成六年，与《世家》异。　③ **鲍本**展转，犹反复。　④ **鲍本**秦惠文后十三年。　⑤ **鲍本**军于其地。　⑥ **鲍本**"荥"作"荥"。○

韩恐，使阳城君入谢于秦①，请效上党之地以为和。令韩阳告上党之守靳黈②曰："秦起二军以临韩，韩不能有③。今王④令韩兴兵⑤以上党入和于秦，使阳言之太守⑥，太守其效之。"靳黈曰："人有言：挈瓶之知⑦，不失守器⑧。王则有令，而臣太守⑨，虽王与子，亦其猜焉⑩。臣请悉发守以应秦⑪，若不能卒，则死之⑫。"韩阳趋以报王，王曰："吾始已诺于应侯矣，今不与，是欺之也。”乃使冯亭代靳黈。

① **鲍本**“恐”上无“韩”字，补“韩”字。○ 疑当作“成阳”，秦昭十七入朝者也。 **札记**丕烈案：鲍以为《秦本纪》昭十七年，城阳君入朝者。今考《集解》、《索隐》无说，《正义》亦不以为韩。鲍所说，殊无据，其缪多此类。 ② **鲍本**“黈”作“黊”。○ 黈，字书无此字，下同。 **札记**今本“黈”作“黊”，乃误涉鲍也。丕烈案：此字有误，但所改未是。 ③ **鲍本**“有”作“支”。○ **札记**今本“有”作“支”。 ④ **鲍本**桓惠。 ⑤ **鲍本**恐守不效地故。 ⑥ **鲍本**补曰：《索隐》云，汉景时始称太守，“太”者衍字。愚按，《史》文止一称太守，故《索隐》云然。此《策》凡五言之，决非衍，当时已有此称矣。 ⑦ **鲍本**挈瓶之人之智。 ⑧ **鲍本**所守之器，谓瓶。 ⑨ **札记**今本“太”误“失”。丕烈案：此吴所数之一，不得改去。 ⑩ **鲍本**“亦其”作“其亦”。○ 嫌其不能守。 ⑪ **鲍本**发兵。正曰：悉发守兵。 ⑫ **鲍本**言战败不终事。

冯亭守三十日，阴使人请赵王曰：“韩不能守上党，且以与秦，其民皆不欲为秦，而愿为赵。今有城市之邑七十[①]，愿拜内之于王，唯王才[②]之。”赵王喜，召平原君[③]而告之曰：“韩不能守上党，且以与秦，其吏民不欲为秦，而皆愿为赵。今[④]冯亭令使者以与寡人，何如？”赵豹对曰：“臣闻圣人甚祸无故之利[⑤]。”王曰：“人怀吾义，何谓无故乎？”对曰：“秦蚕食韩氏之地，中绝不令相通，故自以为坐受上党也。且夫韩之所以内赵者，欲嫁其祸也。秦被其劳，而赵受其利，虽强大不能得之于小弱，而小弱顾能得之强大乎？今王取之，可谓有故乎？且秦以牛田[⑥]，水通粮，其死士皆列之于上地[⑦]，令严政行，不可与战。王自图之！”王大怒曰：“夫用百万之众，攻战[⑧]逾年历岁，未见一城也。今不用兵而得城七十，何故不为?”赵豹出。

① **鲍本**补曰:《史》作“十七”,下同。 ② **鲍本**“才”,“财”、“裁”同。 ③ **鲍本**“平原君”作“平阳君”。〇 《史》作“平阳君”,赵豹是也。若果平原,下文不应复云召赵胜。补曰:“原”当作“阳”。 ④ **札记**今本“今”误“令”。 ⑤ **鲍本**无“臣闻”二字。〇 无故得利,圣人以为祸。 **札记**丕烈案:《史记》无。 ⑥ **姚本**钱、刘作“甲”。 **鲍本**牛田,秦地,缺,因其水为漕。正曰:牛耕积谷,水漕通粮。秦从渭水漕运入河洛。或以为汉世始用牛耕。窃以为古用木耜,未有金耜,用人耕未用牛耕。耦耕者,二人并耕,或一人一牛亦可。汉始专用牛耕也。字书,“犁”从牛。冉耕字伯牛,司马牛名犁,不可谓牛耕非古也。 ⑦ **鲍本**韩之上流。正曰:地之上者。 ⑧ **姚本**三本同作“齐”。

王召赵胜、赵禹而告之曰:“韩不能守上党,今其守以与寡人,有城市之邑七十。”二人对曰:“用兵逾年,未见一城,今坐而得城①,此大利也。”乃使赵胜往受地。

① **鲍本**“城”下补“七十”二字。〇 补曰:《史》此有“七十”二字。

赵胜至曰:“敝邑之王,使使者臣胜,太①守有诏②,使臣胜谓曰:‘请以三万户之都封太守,千户封县令③,诸吏皆益爵三级,民能相集者,赐家六金。’”冯亭垂涕而勉④曰:“是吾处三不义也:为主守地而不能死,而以与人,不义一也;主内之秦,不顺主命,不义二也;卖主之地而食⑤之,不义三也。”辞封而入韩⑥,谓韩王曰:“赵闻韩不能守上党,今发兵已取之矣。”

① **鲍本**“太”上补“告”字。○ **札记**今本“太”上有“告”字,乃误涉鲍也,鲍补“告”字。丕烈案:《史记》无此句。《策》文本如此,不误,述冯亭所云也。下文“使臣胜谓曰”,方是告冯亭。鲍补误甚。 ② **鲍本**诏,告也,谓太守有告。有诏,秦人语耳。 ③ **鲍本**补曰:县令,说见《楚策》。 ④ **鲍本**“勉”作“免”。○ 免,辞也。补曰:此书“勉”、“免”通。 **札记**丕烈案:此以“勉”为“俛”字也,吴说未是。 ⑤ **鲍本**食,食封户也。 ⑥ **鲍本**补曰:《汉书》,赵封冯亭为华阳君,与赵将括距秦,战死长平,与此异。

韩告秦曰:“赵起兵取上党。”秦王怒,令公孙起、王齮①以兵遇赵于长平。②

① **鲍本**补曰:公孙起即白起。《史》王龁非齮,秦将有桓齮,此恐讹舛。**札记**丕烈案:吴说非也。《白起传》曰,“乃阴使武安君白起为上将军,而王龁为尉裨将”。《秦始皇纪》“王齮、麃公”等,徐广注,一作“龁”。《索隐》曰,“王齮即王龁。昭王二十九年,代大夫陵伐赵者”。《六国表》,“秦庄襄王三年,王龁击上党”。徐广亦注,一作“龁”。是王齮即王龁,其证甚明,与桓齮迥不相涉。吴偶失考也。王震泽本《索隐》,“龁”作“骑”,单本并删去“王龁”二字,皆误。 ② **鲍本**《赵记》四年有,冯亭下。彪谓:平阳嫁祸之言,岂不易晓,而孝成怒之,昏于利也。胜、禹入而顺旨,以济其欲,不几于一言而丧邦欤?故为邦者以远佞人为急。正曰:胜、禹浅谋,非佞也。

苏秦为赵王使于秦

苏秦为赵王使于秦①,反,三日不得见。谓赵王曰:“秦乃者过柱山②,有两木焉。一盖呼侣③,一盖哭。问其④故,对曰:‘吾已大矣,年已长矣,吾苦夫匠人,且以绳墨案规矩刻镂我。一盖曰:‘此非吾所苦也,是故吾事也⑤。吾所苦夫铁鉆[6]然，自入而出夫人者[7]。’今臣使于秦，而三日不见，无有[8]谓[9]臣为铁鉆者乎？”

① **鲍本**本传不书。 ② **鲍本**盖砥柱。正曰：无考。 ③ **鲍本**招其徒。 ④ **姚本**一本“秦问其故”。 ⑤ **鲍本**事，犹分。补曰：“故”，“固”通。 ⑥ **鲍本**“鉆”作“銛”，下同。〇 銛，言铁之利。若鉆，则铁鋷也，义不合此。正曰：鉆，《玉篇》，其沾、敕淹二反。鋷，音镊。《后汉·章帝诏》有“鉆”、“钻”字。《苍颉篇》，鉆，持也。盖字与钳同，以铁有所劫束也。 **札记**丕烈案：吴氏正以为“盖字与钳同”者亦非也。闻诸金坛段先生玉裁云，“鉆”与“櫼”同，《说文》“楔”也。其说得之矣。下文“自入而出夫人者”为一句，言櫼入而木出也。故云“谓臣为铁鉆者”，秦言其人自入而出，臣有似于楔也者。 ⑦ **鲍本**人，谓木屑，自铁言之为人。正曰：难通，其义未详。 ⑧ **鲍本**无有，言得无有也。 ⑨ **姚本**集、钱、刘作“为”。 **鲍本**“谓”作“为”。〇

甘茂为秦约魏以攻韩宜阳

甘茂为秦约魏以攻韩宜阳[1]，又北之赵，冷向谓强国[2]曰：“不如令赵拘甘茂，勿出，以与齐、韩、秦市。齐王[3]欲求救宜阳，必效县狐氏[4]。韩欲有[5]宜阳，必以路涉[6]、端氏[7]赂赵。秦王[8]欲得宜阳，不爱名宝[9]，且拘茂也，且以置公孙赫、樗里疾[10]。”

① **鲍本**秦武王三年，此十八年。 ② **鲍本**赵人。 ③ **鲍本**闵。 ④ **鲍本**地缺。 ⑤ **鲍本**“有”作“存”。〇 ⑥ **鲍本**地缺。 ⑦ **鲍本**属河东。 ⑧ **鲍本**武。 ⑨ **鲍本**宝之名世者。齐、韩之赂，欲拘茂，败其约也；秦赂，则欲出之。 ⑩ **鲍本**茂不还秦，则二人用。

谓皮相国

谓皮相国①曰："以赵之弱而据②之建信君③，涉孟之雠④然者⑤何也？以从为有功也。齐不从⑥，建信君知从⑦之无功。建信者⑧安能以无功恶秦⑨哉？不能以无功恶秦，则且出兵助秦攻魏，以楚、赵分齐⑩，则是强毕矣⑪。建信、春申⑫从，则无功而恶秦⑬。秦分齐⑭，齐亡魏⑮，则有功而善秦⑯。故两君者⑰，奚择有功之⑱无功为知哉？"

① **鲍本**赵相。　② **鲍本**据，犹任。　③ **鲍本**建信，赵幸臣。　④ **鲍本**盖为横者，与建信异趣，故赵雠之。补曰："涉孟之雠"四字未详，或言建信、涉孟二人，以其反有害于赵，故以雠称。　⑤ **鲍本**补曰："然者"，下章亦有此文法，当至"也"字句。　**札记**丕烈案：下章在平原君请冯忌见彼下。⑥ **鲍本**正曰：句。　⑦ **鲍本**此"从"如字。　⑧ **姚本**一作"君"。　⑨ **鲍本**恶，犹害也。从有功乃能害秦尔。　⑩ **鲍本**为从无功，则反助秦，不则分齐。齐虽不为从，然与秦争衡，故助秦则分齐之地。分，分其地。　⑪ **鲍本**言建信图强之计尽于此。补曰：谓不能害秦，则可助秦攻魏。怒齐之不从，则合楚以分齐。二策必居一焉。则图强之计，毕于此矣。　⑫ **鲍本**春申，悼襄四年主从约，发议于此时也。　⑬ **鲍本**言楚、赵合，则虽未见功，有害秦之形。　⑭ **鲍本**"分"作"合"。○　秦见二国合，亦与齐合。　⑮ **鲍本**正曰："秦分齐，齐亡魏"，语不可解，疑有舛误。当是"分齐亡魏"，而衍"秦齐"二字。盖曰建信、春申从，则虽无功而其势可以恶秦，此合楚、赵之策也。分齐亡魏则有功，而可以善秦，此助秦之策也。　**札记**丕烈案：吴说是也。上文"则且出兵助秦攻魏，以楚、赵分齐"，即其事。　⑯ **鲍本**齐本不从建信，今秦来合，故助之攻魏以善之。　⑰ **鲍本**两，齐、赵也。赵知据建信，而不知其不合楚不能成功。齐不从建信，而不知其合楚足以成功。不知所择也。正曰：两君，指皮相国、建信君，或指建信君，涉孟，将何所择于有功无功二者而为智哉。　⑱ **鲍本**"之"下补"与"字。○　补曰："之"字疑当在

“无功”下。

或谓皮相国

或[①]谓皮相国曰：“魏杀吕辽[②]而卫兵[③]，亡其北[④]阳[⑤]而梁危，河间封不定而齐[⑥]危[⑦]，文信不得志[⑧]，三晋倍之忧也[⑨]。今魏耻未灭[⑩]，赵患又起，[⑪]文信侯之忧大矣[⑫]。齐不从[⑬]，三晋之心疑矣[⑭]。忧大者不计而构[⑮]，心疑者事秦急。秦、魏之构，不待割而成[⑯]。秦从楚、魏攻齐，独吞赵[⑰]，齐、赵必俱亡矣。”[⑱]

① **鲍本**无“或”字。○　② **鲍本**魏臣，秦所重者。正曰：魏臣无考。后章作吕遗，未知孰是？又言收河间，何异杀吕遗，则吕为秦重者。　③ **鲍本**正曰：卫兵，句。　④ **姚本**一作“比”。　**鲍本**“北”作“比”。○　正曰：一本“比”作“北”。　⑤ **鲍本**属南阳。卫附秦者也。故魏杀秦重，卫为之亡魏之鄙以危之。正曰：卫附魏者也。卫兵，卫被兵也。兵，秦兵也。　⑥ **鲍本**“齐”作“赵”。○　正曰：河间近齐，后言攻齐，必此时并欲攻齐。⑦ **鲍本**时魏、赵欲以封文信，而不果。正曰：《秦策》所谓不果攻赵，赵赂以河间十二县，在前事也。战国封地，往往取之他国。是时秦以河间地封不韦，《秦策》称不韦欲攻赵以广河间，是也。时赵方与诸侯合从，欲收河间，故言封不定。　⑧ **鲍本**文信，吕不韦也。庄襄元年封，此十七年也。未得河间，故不得志。正曰：按《史》，封文信侯，食河南洛阳十万户，河间后封。⑨ **鲍本**文信欲得河间，必伐赵。韩、魏，赵之与国，故其忧倍。正曰：倍，犹背也。三晋之忧也。“倍”字，疑“信”字讹衍。　⑩ **鲍本**言尝分魏之忧。正曰：见上文。　⑪ **鲍本**患文信也。　⑫ **鲍本**文信为三晋之忧。补曰：文信之忧未详，恐有字误。　⑬ **鲍本**不与山东约从。　⑭ **鲍本**疑从之不可合。　⑮ **鲍本**“构”作“讲”，下同。○　言赵必求和于秦，不待计也。正曰：下文言秦、魏无赵。　⑯ **鲍本**凡讲，必割地。今急于成，不待已割盖先讲

也。 ⑰ **鲍本**赵近秦,秦攻之,不待楚、魏。 ⑱ **鲍本**此说欲赵以河间广文信封也,下有一章合此。

赵王封孟尝君以武城

赵王封孟尝君以武城[①]。孟尝君择舍人以为武城吏,而[②]遣之曰:“鄙语岂不曰,借车者驰之[③],借衣者被[④]之哉?”皆对曰:“有之。”孟尝君曰:“文甚不取也。夫所借衣车者,非亲友,则兄弟也。夫驰亲友之车,被兄弟之衣,文以为不可。今赵王不知文不肖,而封之以武城,愿大夫之往也,毋伐树木,毋发[⑤]屋室,訾然使赵王悟而知文也[⑥]。谨使[⑦]可全而归之。”

① **鲍本**属清河,即下东武城。此当田文奔薛后。正曰:无考。 ② **札记**今本“而”误“之”。 ③ **鲍本**借车与衣,固将驰且被也。今云然,盖常常驰被而弗爱也。 ④ **姚本**被,平声叶音。 **鲍本**补曰:被,姚叶音披。⑤ **鲍本**补曰:一本标《御览》“发”作“废”。 ⑥ **鲍本**无“也”字。〇 訾,不思称意也,言其不期得知而见知,知其善任人也。补曰:一本“知文也”。⑦ **鲍本**遣吏之辞。正曰:“谨使”,属下句。使,如字。补曰:一本标《御览》“谨”作“仅”。

谓赵王曰三晋合而秦弱

谓赵王曰:“三晋合而秦弱,三晋离而秦强,此天下之所明[①]也。秦之有燕而伐赵,有赵而伐燕;有梁而伐赵,有赵而伐梁;有楚而伐韩,有韩而伐楚[②];此[③]天下之所明见也。然山东不能易其路[④],兵弱也。弱而不能相壹,是何楚[⑤]之知,山东之愚也。是臣所为山东之忧也。虎将即禽[⑥],禽不知虎之即己也，而相斗两罢[⑦]，而归其死于虎。故使禽知虎之即己，决不相斗矣。今山东之主不知秦之即己也，而尚相斗两敝，而归其国于秦，知不如禽远矣。愿王熟虑之也。

① **鲍本**补曰："明"下疑有缺字。　② **鲍本**补曰：有者，善之也。③ **札记**今本"此"误"而"。　④ **鲍本**言易横秦之路，以合三晋。正曰：山东六国，不能易其合秦之道以合。　⑤ **鲍本**"楚"作"秦"。○　补曰：当作"秦"。　**札记**今本"楚"作"秦"，乃误涉鲍也。　⑥ **鲍本**走兽总名。⑦ **鲍本**补曰：音疲。

"今事有可急者，秦之欲伐韩、梁，东窥于周室甚，惟寐亡[①]之。今南攻楚者，恶三晋之大合[②]也。今攻楚休而复之[③]，已五年矣[④]，攘地千余里。今谓楚王[⑤]：'苟来举玉趾而见寡人，必与楚为兄弟之国[⑥]，必为楚攻韩、梁，反楚之故地。'楚王美秦之语，怒韩、梁之不救己，必入于秦。有谋故杀[⑦]使之赵，以燕饵赵[⑧]，而离三晋[⑨]。今王美秦之言，而欲攻燕，攻燕，食未饱而祸已及矣。楚王入秦，秦、楚为一，东面而攻韩。韩南无楚，北无赵[⑩]，韩不待伐，割挈马兔[⑪]而西走。[⑫]秦与韩为上交，秦祸[⑬]安[⑭]移于梁矣。以秦之强，有楚、韩之用，梁不待伐矣[⑮]。割挈马兔而西走，秦与梁为上交，秦祸案攘于赵矣[⑯]。以强秦之有韩、梁、楚，与燕之怒[⑰]，割必深矣[⑱]。国之举此[⑲]，臣之所为来。臣故曰：事有可急为者。

① **姚本**刘本作"忘"。　**鲍本**"亡"作"忘"。○　**札记**丕烈案：此以"亡"为"忘"字耳。　② **鲍本**"大"作"相"。○　合，合楚也。楚强晋弱，先

攻其强，则弱者沮，不敢合矣。 ③ **鲍本**休，罢兵。复，复攻。补曰：复，扶又反。 ④ **鲍本**先是秦取汉中，取召陵，又败之重丘。 ⑤ **鲍本**怀。⑥ **鲍本**楚怀三十年，秦昭云然。此二十七年。 ⑦ **姚本**刘作“发”。 **鲍本**“有谋”上补“秦”字，“杀”作“发”。〇 **札记**今本“秦”下复有“秦”字。乃误涉鲍也。鲍补“秦”字，改“杀”为“发”。丕烈案：此读“有谋”连下，以“有”为“又”字也，鲍补于“谋”字句，误甚。 ⑧ **鲍本**言欲与赵攻燕。 ⑨ **鲍本**韩、魏时不合秦，而赵合之，必不善赵。 ⑩ **鲍本**美秦反地饵燕之说，故不救韩，亦离三晋之策也。 ⑪ **姚本**曾作“免”。 **鲍本**补曰：一本作“免”，下同。 ⑫ **鲍本**割地挈而走秦，疾于马兔。 ⑬ **鲍本**祸，兵祸。 ⑭ **姚本**续云：改“安”作“案”。《荀子》“上不能好其人，下不能隆礼，安特将学杂识志，顺诗书而已耳，则末世穷年，不免为陋儒而已”注，“安”，语助，犹言抑也，或作“案”。荀子多用此字。《礼记·三年问》作“焉”。《战国策·谓赵王》曰，“秦与韩为上交，秦祸按移于梁矣”，“秦与梁为上交，秦祸按攘于赵矣”。《吕氏春秋》吴起谓商文曰，“今置质为臣，其主安重；释玺辞官，其主安轻”。盖当时人通以“安”为语助，或方言耳，特犹言直也。杂志记之，书百家之说，言既不能好其人，又不能隆礼，直学杂说顺诗书而已，岂免为陋儒乎？言不知通变也。 **鲍本**安，言其不劳。 ⑮ **姚本**一无“矣”字。 **鲍本**衍“矣”字。 ⑯ **鲍本**“攘于”作“环中”。〇 “案”，“安”同，故荀卿书多用“案”字。此言秦视赵在其度内，如物在环中。“环中”一作“移于”字可也。正曰：姚本“案攘于赵”，愚以“攘”即“移”字讹，当作“移于”。鲍本说是。 **札记**“攘于”鲍本作“环中”。吴氏正曰，愚以“攘”即“移”字讹，当作“移于”。丕烈案：吴说未是。杨倞《荀子注》引作“攘”字。 ⑰ **鲍本**秦有三国，赵之患也，燕又怒之。 ⑱ **鲍本**秦割赵地。 ⑲ **鲍本**国，谓赵。举，犹行。

“及楚王之未入也，三晋相亲相坚[①]，出锐师以戍韩、梁西边，楚王闻之，必不入秦，秦必怒而循攻楚[②]，是秦祸不离楚也，便于三晋。若楚王入，秦[3]见三晋之大合而坚也，必不出楚王[4]，即多割[5]，是秦祸不离楚也，有利于三晋。愿王之熟计之也急[6]！”

① **鲍本**坚其约。　② **鲍本**循前而攻。　③ **鲍本**“秦”下补“秦”字。○ **札记**丕烈案：此读“入”句绝。《魏策》支期曰，“王视楚王，楚王入”；又曰，“楚王不入”。皆可为证。鲍补误也。　④ **鲍本**恐其合晋。　⑤ **鲍本**楚求出故。　⑥ **鲍本**重言急以促之。补曰：一本无“急”字，是。此下盖叙述者之辞。

赵王因起兵南戍[1]韩、梁之西[2]边。秦见三晋之坚也，果不出楚王印[3]，而多求地[4]。

① **鲍本**“南”下有“伐山戎”三字。○　戎近秦，伐之以偪秦。补曰：姚本有“戍”，无“伐山戎”三字，是。　② **鲍本**“西”作“恶”，又改作“西”。○补曰：一本作“西”。　③ **姚本**刘改“卬”作“印”。　**鲍本**衍“印”字。补曰：字误衍，姚云，刘改作“印”，亦难通。　**札记**丕烈案：此与上文“即多割”，“即”、“印”二字皆有误，但衍者未是。　④ **鲍本**彪谓：从横之说，未有善于此者也。赵少尝之，其效已见，是以知张仪之可折也。为其效不大见于后，则是诸侯之不一也，是其计之不明不智也。吁，惜哉！补曰：此《策》自“割必深矣”以上，其论从横之利害当矣。自“事有可急者”以下，劝三晋之相坚，而移祸于楚，亦未得为尽善。盖陈轸不得已之计也。愚考《齐策·秦伐魏陈轸合三晋而东》章及《韩》、《燕策》与此章多合。此章言楚王入秦，正秦诱怀王武关之岁，在赧王十六年，详见《齐策》。“所为”、“为楚”、“为来”之“为”，去声。

战国策卷十九

赵　二

苏秦从燕之赵始合从

苏秦从燕之赵[①]，始合从，说赵王曰："天下之卿相人臣，乃至布衣之士，莫不高贤大王之行义，皆愿奉教陈忠于前之日久矣。虽然，奉阳君妒[②]，大王不得任事，是以外[③]宾[④]客游谈之士，无敢尽忠于前者。今奉阳君捐馆舍[⑤]，大王乃今然后得与士民相亲，臣故敢献其愚，效愚忠[⑥]。为大王计，莫若安民无事，请无庸有为也。安民之本，在于择交[⑦]。择交而得则民安，择交不得则民终身[⑧]不得安。请言外患：齐、秦为两敌[⑨]，而民不得安；倚秦攻齐，而民不得安；倚齐攻秦，而民不得安。故夫谋人之主，伐人之国，常苦[⑩]出辞断绝人之交[⑪]，愿大王慎无出于口也。

① **鲍本**此十六年。　② **鲍本**《秦传》言肃侯令其弟成为相，号奉阳君。妒，嫉贤也。正曰：奉阳君，说见后。　③ **鲍本**外，疏之也。　④ **姚本**钱、刘去"宾"字。　⑤ **鲍本**《礼》，妇人死曰捐馆舍，盖亦通称。　⑥ **鲍本**"献"作"进"，无"效愚"二字。○　**札记**丕烈案：《史记》作"进其愚虑"。此《策》文当是"献其愚"下脱"虑"字。"效愚忠"三字别为句。　⑦ **鲍本**与诸侯交。⑧ **鲍本**终赵王身。　⑨ **鲍本**为赵敌。　⑩ **鲍本**苦，言其力。　⑪ **鲍本**横人盖然。

“请屏左右，曰[①]言所以异，阴阳[②]而已矣。大王诚能听臣，燕必致毡裘狗马之地，齐必致海隅鱼盐之地，楚必致橘柚云梦之地，韩、魏皆可使致封地[③]汤沐之邑，贵戚父兄皆可以受封侯。夫割地效实[④]，五伯之所以覆军禽将而求也；封侯贵戚，汤、武之所以放杀而争也[⑤]。今大王垂拱而两有之，是臣之所以为大王愿也。大王与秦，则秦必弱韩、魏；与齐，则齐必弱楚、魏。魏弱则割河外[⑥]，韩弱则效宜阳[⑦]。宜阳效则上郡绝[⑧]，河外割则道不通。楚弱则无援。此三策者，不可不熟计也。夫秦下轵道[⑨]则南阳动[⑩]，劫韩包周则赵自销铄，据卫取淇则齐必入朝。秦欲已得行[⑪]于山东，则必举甲而向赵。秦甲涉河逾漳，据番吾[⑫]，则兵必战于邯郸之下矣。此臣之所以为大王患也。

① **鲍本**“曰”作“白”。〇　补曰：《史》作“请别白黑所以异”。《大事记》谓，当从《策》。按《索隐》引《策》作“白言”，尤明。　**札记**丕烈案：此“曰”即“白”之讹。　② **鲍本**阴阳，言事只有两端，指谓从横。　③ **鲍本**封内之地。正曰：下文封侯之类。　④ **鲍本**实，如毡裘之类。　⑤ **鲍本**此非所以言汤、武，盖游士之词。　⑥ **鲍本**补曰：《正义》云，河外，同华等地，此即西河之外也。　⑦ **鲍本**皆以地与秦。　⑧ **鲍本**并州郡。正曰：《正义》云，上郡在同州西北。则屯《广记》云，今鄜、延安、丹、坊部，银、夏、绥德、保安之地。　⑨ **鲍本**《秦纪》注，亭名，在霸陵。正曰：故轵城在怀州济源县东南，以下言修武之南阳知之。按《大事记》，显王十一年，韩使计息以枳道易鹿于魏。《水经注》，《年表》，赧王三十六年，秦伐魏至轵，取城大小六十一，皆魏之轵也。“轵”，“枳”通。《策》又作“咫”。《苏秦传》云，秦下轵道则南阳危。又云，我下轵道、南阳、封冀。亦指此。其言秦者在雍州万年县东北，去霸水百步。轵道亭，秦王降处也。苏代云，楚得枳而国亡，则巴郡之

枳也。 ⑩ **鲍本**修武者。 ⑪ **姚本**钱、刘去“行”字。 ⑫ **鲍本**补曰：《正义》云，番，音婆，又音蒲、音盘。《徐广》云，常山蒲吾县。淇、常山、河、漳、清河皆见前。

“当今之时，山东之建国，莫如赵强。赵地方二千里[①]，带甲数十万，车千乘，骑万匹，粟支十年；西有常山，南有河、漳，东有清河，北有燕国。燕固弱国，不足畏也。且秦之所畏害于天下者，莫如赵[②]。然而秦不敢举兵甲而伐赵者，何也？畏韩、魏之议其后也。然则韩、魏，赵之南蔽也。秦之攻韩、魏也，则不然。无有名山大川之限，稍稍蚕食之，傅之国都而止矣[③]。韩、魏不能[④]支秦，必入臣。韩、魏臣[⑤]于秦，秦无韩、魏之隔，祸中[⑥]于赵矣。此臣之所以为大王患也。

① **鲍本**“二”作“三”。○ **札记**丕烈案：《史记》作“二千余里”。 ② **鲍本**言秦于天下，独畏赵害己。 ③ **鲍本**“傅”，“附”同。止，兵止于此。 ④ **姚本**钱、刘本无“能”字。 ⑤ **鲍本**无“韩魏臣”三字。○ **札记**丕烈案：《史记》无。 ⑥ **鲍本**“中”上有“必”字。○ 犹射中的。 **札记**丕烈案：《史记》有。

“臣闻，尧无三夫之分，舜无咫尺之地，以有天下。禹无百人之聚，以王诸侯[①]。汤、武之卒不过三千人，车不过三百乘，立为天子。诚得其道也。是故明主外料其[②]敌国之强弱，内度其士卒之众寡、贤与不肖，不待两军相当，而胜败存亡之机节[③]，固已见于胸中矣，岂掩[④]于众人之言，而以冥冥决事哉！

① **鲍本**一夫有田百亩。此未为唐侯时。正曰：此说士无据之辞。且舜，颛顼后，有国于虞。其侧微，特在下尔。禹乃崇伯鲧子，亦有国土者。今曰云云，岂足信哉？枚乘书"舜无立锥之地，禹无十户之聚"，李善注又引《韩子》云云，皆此类。 ② **姚本**一本无"其"字。 ③ **姚本**一本无"节"字。**鲍本**节，节目。 ④ **姚本**钱、刘作"暗"。 **鲍本**掩，犹蔽。

"臣窃以天下地图案之。诸侯之地五倍于秦，料诸侯之卒，十倍于秦。六国并力为一，西面而攻秦，秦[1]破必矣。今见破于秦，[2]西面而事之，见臣于秦。夫破人之与破于人也，臣人之与臣于人也，岂可同日而言之哉！夫横人者，皆欲割诸侯之地以与秦成。与秦成，则高台[3]，美宫室，听竽瑟[4]之音，察五味之和，前有轩辕[5]，后有长庭[6]，美人巧笑，卒[7]有秦患，而不与其忧。是故横人日夜务以秦权恐猲[8]诸侯，以求割地。愿大王之熟计之也。

① **鲍本**原无"秦"字，"破"上补"秦"字。○ 补曰：一本复有"秦"字。**札记**丕烈案：《史记》有。 ② **姚本**一本无此"见破于秦"四字。 **鲍本**无"今见破于秦"五字，补"今"字。○ 补曰：一本"今见破于秦西面"云云。**札记**丕烈案：《史记》有"今"字，无"见破于秦"四字。 ③ **鲍本**"台"下补"榭"字。○ 台有木曰榭。补曰：《史》作"台榭"。 ④ **鲍本**"竽"下有"笙琴"二字。○ 补曰：一本无"笙琴"字。 **札记**丕烈案：《史记》无。 ⑤ **鲍本**《天文志》，"权轩辕，象后宫"。此言美人之所处也。 ⑥ **姚本**一本改"庭"作"姣"。 ⑦ **鲍本**"卒"，"猝"同。 ⑧ **鲍本**"猲"作"喝"。○ 正曰："喝"，"猲"通。见《齐策》。此章《史》作"愒"，相恐胁也。《前汉·王子侯表》，"坐恐猲"，并许葛反。

“臣闻，明王绝疑去谗，屏流言之迹，塞朋党之门，故尊主广地强兵之计，臣得陈忠于前矣。故窃为大王计，莫如一韩、魏、齐、楚、燕、赵，六国从亲[1]，以傧[2]畔秦。令天下之将相，相与会于洹水[3]之上，通质刑白马以盟之。约曰：秦攻楚，齐、魏各出锐师以佐之，韩绝食道，赵涉河、漳，燕守常山之北。秦攻韩、魏，则楚绝其后，齐出锐师以佐之，赵涉河、漳，燕守云中[4]。秦攻齐，则楚绝其后，韩守成皋，魏塞午道[5]，赵涉河、漳、博关[6]，燕出锐师以佐之。秦攻燕，则赵守常山，楚军武关，齐涉渤海，韩、魏出锐师以佐之。秦攻赵，则韩军宜阳，楚军武关，魏军河外，齐涉渤海，燕出锐师以佐之。诸侯有先背约者，五国共伐之。六国从亲以擯[7]秦，秦必不敢出兵于函谷关以害山东矣！如是则伯业成矣！”

① **札记**今本“亲”误“国”。 ② **札记**丕烈案：此句“傧”字，当是因下句而衍。《史记》无。 ③ **鲍本**补曰：洹水，见《秦策》。 ④ **鲍本**并州郡。⑤ **鲍本**《王莽传》注，“今京城直南山有谷，通汉、梁道者，名子午谷。又宜州西、庆州东有山名子午岭，南北直相当。此则北山是子，南山是午，共为子午道。”详此，则午道，秦南道也。塞之使不得通。莽所通者因秦也。正曰：《索隐》云，当在赵东齐西。午道，地名也。郑玄云，“一从一横为道，谓交道也。”按下张仪说赵王章亦有。 ⑥ **鲍本**补曰：博关见《齐策》。 ⑦ **鲍本**“擯”作“傧”。○ “傧”元作“擯”，无异义，今并从前作“傧”。正曰：说已见前。 **札记**丕烈案：《史记》作“宾”。

赵王曰：“寡人年少，莅国之日浅，未尝得闻社稷之长计。今上客有意存天下，安诸侯，寡人敬以国从。”乃封苏秦为武安君，饰车百乘，黄金千镒，白璧百双，锦绣千纯，以约诸侯。[①]

① 鲍本《秦传》有，在说燕后。彪谓：从约者，天下之心，亦其势也。夫秦有吞天下之心，不尽不止。诸侯皆病之，而欲傧之，此其心也。同舟遇风，胡、越之相救，如手足于其头目，此其势也。以天下之心，行天下之势，如水之就下，孰能御之？故谓之从。从者，从也，顺也。其所不可者，诸侯之心不一。夫其心不一者，非明计智算也，或见少利而相侵，或修小怨而相伐，或眩于名实而为横人之所恐喝。此张仪所以投隙而起。使诸侯之智少灵于连鸡，则秦人自保之不给，安能图并吞之举耶！仪谓秦地形势便，兵强士武，足以横天下，然则天时、人和，道德之威，仁义之泽，举无与于兴亡之数乎？虽然，一从一横，皆一偏之论，有王者作，则从横皆废，而天下定，而非所以论于此时也。补曰：璧、纯，并见《秦策》。

秦攻赵〔校一〕

〔校一〕此篇鲍本在《秦策》。

秦攻赵，苏子为[①]谓秦王曰："臣闻明王之于其民也，博论而技艺[②]之，是故官无乏事而力不困；于其言也，多听而时用之，是故事无败业而恶不章。臣愿王察臣之所谒，而效之于一时之用也。臣闻怀重宝者，不以夜行；任大功者，不以轻敌。是以贤者任重而行恭，知者功大而辞顺[③]。故民不恶其尊，而世不妒[④]其业。臣闻之：百倍之国者[⑤]，民不乐后也[⑥]；功业高世者，人主不再行也[⑦]；力尽之民，仁者不用也；求得而反静[⑧]，圣主[⑨]之制也；功大而息民，用兵之道也。今用兵终身不休，力尽不罢，赵怒[⑩]必于其己邑[⑪]，赵仅存哉[⑫]！然而四轮[⑬]之国也，今虽[⑭]得邯郸，非国之长利也。意者，地广而不耕，民羸而不休，又严之以刑罚[15]，则虽从而不止矣。[16]语曰：'战胜而国危者，物不断也[17]。功大而权轻者，地不入也[18]。'故过任之事，父不得于子[19]；无已之求，君不得于臣。故[20]微之为著者强，察乎息民之为用者伯，明乎轻之为重者王[21]。"

① 姚本一本无"为"字。 鲍本无"为"字。○ ② 鲍本试之以事。 ③ 鲍本皆不伐也。 ④ 鲍本"妒"作"妬"。○ 补曰：讹，当作"妒"。 ⑤ 鲍本谓地广也。 ⑥ 鲍本争先附之。正曰：地既广矣，民不乐其后之复有事也。 ⑦ 鲍本一举成之，不待后。正曰：大功不再。 ⑧ 鲍本复于无事。 ⑨ 鲍本"主"作"王"。○ ⑩ 鲍本"赵怒"作"怒赵"。○ 补曰：当作"怒赵"。 札记丕烈案：此有误字。 ⑪ 鲍本必欲战服，使为己邑。 ⑫ 鲍本言所存无几。 ⑬ 鲍本轮，犹通，言其民于适四方，无所不通。故下言"从而不止"。正曰：姚本作"四输"，是言四面输写之国。 札记今本"轮"作"输"。丕烈案：作"输"者，姚别本。 ⑭ 鲍本时攻邯郸不拔，故曰"今虽"。 ⑮ 鲍本新民未服故。 ⑯ 鲍本言且去之。 ⑰ 鲍本物，事也。断，犹止。言战事不止。 ⑱ 鲍本补曰：战胜国宜安，而愈战则国危。功大权宜重，而愈求功则权轻。危，故物不止。轻，故地不入。不断、不入，因上文"用兵不休"与"虽从而不止"言之。 ⑲ 鲍本虽父责之其子使必为，不可得也。 ⑳ 鲍本补曰：此下当有缺字，以下文推之可见。 ㉑ 鲍本不伐人，人所轻也，重莫大焉。

秦王曰："寡人案兵息民，则天下必为从，将以逆秦。"

苏子曰："臣有以知天下之不能为从以逆秦也。臣以田单、如耳为大过也[1]。岂独田单、如耳为大过哉？天下之主亦尽过矣！夫虑收亡[2]齐[3]、罢[4]楚、敝魏与不可知之赵[5]，欲以穷秦折韩，臣以为至愚也。夫齐威、宣[⑥]，世之贤主也，德博而地广，国富而用民[⑦]，将武而兵强。宣王用之，后富[⑧]韩威魏，以南伐楚，西攻秦[⑨]，为齐兵困于殽塞[⑩]之上[⑪]，十年攘[⑫]地，秦人远迹不服[⑬]，而齐为虚戾[⑭]。夫齐兵之所以破，韩、魏之所以仅存者，何也[⑮]？是则伐楚攻秦，而后受其殃也。今富非有齐威、宣之余也[⑯]，精兵非有富韩劲魏之库也，而将非有田单、司马[⑰]之虑也。收破齐、罢楚、弊魏、不可知之赵，欲以穷秦折韩，臣以为至误。臣以[⑱]从一[⑲]不可成也。客有难者[⑳]，今臣[㉑]有患于世。夫刑名之家[㉒]，皆曰'白马非马'也。已如白马实马，乃使有白马之为也[㉓]。此臣之所患也[㉔]。

① **鲍本**补曰：如耳，见前。此时必二人欲为从，故云然。 ② **姚本**曾改"亡"作"破"。 ③ **鲍本**言世主志虑欲尔。补曰："亡齐"，指其尝亡于燕言之。下作"破齐"。 ④ **鲍本**并音疲。 ⑤ **鲍本**未亡而有亡形。正曰：言其存亡不可知。 ⑥ **鲍本**"宣"下有"者"字。○ ⑦ **鲍本**"用民"作"民用"。○ 民为之用。补曰：当作"民用"。 ⑧ **鲍本**"富"作"破"。○ 补曰：字因下误，疑为"逼"。 ⑨ **鲍本**"秦"下补"秦"字。○ 补曰：宜复有"秦"字。 ⑩ **鲍本**"塞"作"函"。○ ⑪ **鲍本**补曰：按秦惠后七年，五国击秦，齐师独后不败，他战无考。一本"殽塞之上"。 ⑫ **鲍本**攘，推也，犹拓。 ⑬ **鲍本**远迹，畏而避之也，然终不服。 ⑭ **鲍本**战败，其地为虚，其民为戾。戾，疾也。按《齐记》及《表》不书秦败齐。唯《秦记》惠十三年，东攻齐；昭二十二年，伐齐河东，取九县；三十六年，攻齐，取刚寿，不至是也。此乐毅入临淄之役也，秦与五国共败之。补曰：《赵策》亦有"社稷为虚戾"之语。《庄子》，"国为虚厉"。《释文》，"虚，如字，又音墟。李云，居宅无人曰虚，死而无后为厉"。恐此"戾"即"厉"也。 ⑮ **鲍本**破韩、魏，宜能强，而适足自

存者何？正曰：齐宜强而反遭破，韩、魏宜亡而乃仅存，何也？故下文言齐之受殃。注读句误。 ⑯ **鲍本**今，谓世主。 ⑰ **鲍本**司马穰苴。以齐言之耳，非威、宣将。正曰：说见《齐策》。 ⑱ **鲍本**“以”下有“为”字。○ ⑲ **鲍本**合从为一。正曰：当作“一不可成”。下文“从之一成”可见。 ⑳ **鲍本**难者，如刑名家，苏子所患也。 ㉑ **鲍本**“臣”作“人”。○ ㉒ **鲍本**申、韩之徒。 ㉓ **鲍本**如使白马实马，必有白马之为，而天下之马不皆为白马，故曰非马。 ㉔ **鲍本**言难者皆无端若此，故可患。而今非若此也。

“昔者，秦人下兵攻怀[①]，服其人，三国从之[②]。赵奢、鲍佞[③]将[④]，楚有四人[⑤]起而从之。临怀而不救，秦人去而不从[⑥]。不识三国之憎秦而爱怀邪？忘[⑦]其[⑧]憎怀而爱秦邪？夫攻而不救，去而不从，是以[⑨]三国之兵困，而赵奢、鲍佞之能也[⑩]。故裂地以败于齐[⑪]。田单将齐之良，以兵横行于中十四年，终身不敢设兵以攻秦折韩也，而驰于封内，[⑫]不识从之一成恶存也。”

① **鲍本**属河内。 ② **鲍本**赵，赵奢；齐，鲍佞；并楚为三。 ③ **姚本**一作“接”。 ④ **鲍本**绝句。 ⑤ **鲍本**不名告之。 ⑥ **鲍本**赵、鲍、楚四人，本起救怀而不救，又听秦之自去，不随击也。 ⑦ **鲍本**“忘”作“亡”。○ ⑧ **鲍本**“亡其”，犹“亡亦”云。正曰：“亡其”前有，似不必注。 ⑨ **鲍本**“以”下补“知”字。○ 补曰：此下或有缺文。 ⑩ **鲍本**以不救不从为能，知秦之不可当也。 ⑪ **鲍本**此下申言上殽、函之败。正曰：裂地败齐，当是指五国伐齐之事。三国之不救怀，卒裂地以败齐，皆言从之不能合。 ⑫ **鲍本**言不出战，所谓横行于中。

于是秦王解兵不出于境，诸侯休，天下安，二十九年不相攻。[①]

① **鲍本**以此《策》为苏秦合从时，则所称赵奢，惠安、孝成将也，苏秦不当称之。自昭讫始皇定天下，无年不战，则天下不相攻之说，不可晓也。今定为孝成九年邯郸围后，说是。后秦独攻取两周，犹息兵五六年。前此后此，皆无解兵之事。补曰：二十九年不相攻，必有误字。辩士增饰之辞固多，然不应如此之甚。原在《赵策》，为赵而说也，当从。

张仪为秦连横说赵王

张仪为秦连横，说赵王曰："弊邑秦王[①]使臣敢献书于大王御史[②]。大王收率天下以傧秦，秦兵不敢出[③]函谷关十五年矣。大王之威，行于天下山东[④]。弊邑恐惧慑伏，缮[⑤]甲厉兵，饰车骑，习驰射，力田积粟，守四封之内[⑥]，愁居慑处，不敢动摇，唯大王有意督[⑦]过之也。今秦以大王之力[⑧]，西举巴蜀，并汉中，东收两周而西迁九鼎[⑨]，守白马之津。秦虽辟远，然而[⑩]心忿悁[⑪]含怒之日久矣。今宣[⑫]君有微[⑬]甲钝兵，军于渑池，愿渡河逾漳，据番吾，迎战邯郸之下。愿以甲子之日合战，以正殷纣之事。敬使臣先以闻于左右。

① **鲍本**惠。　② **鲍本**周宗伯属官，秦因之，而赵亦有。言此者，不斥王也。补曰：御史，周官，以中士、下士为之，特小臣之传命者。战国其职益亲，故此云云。秦、赵之会，御史书事，而淳于髡亦云"御史在前"，掌记事纠察之任也。秦益重矣。　③ **鲍本**"出"作"去"。○　补曰：疑"出"字。**札记**丕烈案：《史记》作"出"。　④ **鲍本**补曰：一本无"山东"字。　**札记**丕烈案：《史记》作"行于山东"。　⑤ **姚本**一作"缀"。　⑥ **姚本**三本同，无"之内"字。　⑦ **鲍本**《高纪》注，督，视责也。　⑧ **鲍本**因畏赵而饰兵故。

⑨ **鲍本**《史》不书。正曰：迁鼎之说，大言之也。 ⑩ **姚本**三本同，无“而”字。 ⑪ **鲍本**悁，亦忿。 ⑫ **鲍本**“宣”作“寡”。○ 补曰：字讹，当作“寡”。 ⑬ **鲍本**“微”作“敝”。○ 补曰：《史》作“敝”。

“凡大王之所信以为从者，恃苏秦之计。荧[1]惑诸侯，以是为非，以非为是，欲反复齐国而不能，自令车裂于齐之市[2]。夫天下之不可一亦明矣。今楚与秦为昆弟之国，而韩、魏称为东蕃之臣[3]，齐献鱼盐之地，此断赵之右臂也。夫断右臂而求与人斗，失其党而孤居，求欲无危，岂可得哉？今秦发三将军，一军塞午道[4]，告齐使兴师度清河，军于邯郸之东；一军军于成皋，敺[5]韩、魏而军于河外[6]；一军军于渑池。约曰，四国为一以攻赵，破赵而四分其地。是故不敢匿意隐情，先以闻于左右。臣切[7]为大王计，莫如与秦遇于渑池，面相见而身相结也。臣请案兵无攻，愿大王之定计。”

① **鲍本**“荧”上补“秦”字。○ 荧，火光也，犹眩。补曰：《史》有“苏秦”字。 ② **鲍本**补曰：说见《楚策》。 ③ **鲍本**“为”作“于”，“蕃”作“藩”，无“之臣”二字。○ 补曰：一本“东藩之臣”，《史》同。 **札记**丕烈案：《史记》作“为”。 ④ **鲍本**补曰：说见前章。 ⑤ **鲍本**“敺”，“驱”同。 ⑥ **鲍本**补曰：《正义》云，河外，谓郑滑州，北临河。 ⑦ **鲍本**“切”作“窃”。○ **札记**丕烈案：《史记》作“窃”。

赵王曰：“先王之时，奉阳君[1]相，专权擅势，蔽晦先王，独制官事。寡人宫居，属于师傅，不能与国谋。先王弃群臣，寡人年少，奉祠祭之日浅，私心固窃疑焉。以为一从不事秦，非国之长利也。乃且愿变心易虑，剖地谢前过以事秦。方将约车趋[2]行，而适闻使者之明诏。”于是乃以车三[3]百乘入朝渑池，割河间以事秦。[4]

① **鲍本**补曰：奉阳君，说见后。 ② **鲍本**“趋”，“趣”同。 ③ **鲍本**“三”作“二”。○ ④ **鲍本**《传》在楚、韩、齐后，盖此十五六年。彪谓：约从以难秦者赵也。使秦得诸侯力，足以制赵，不告赵也。告之者，是力不足也。此时，诸侯惑于横人之说，皆辞屈，貌从心不与也。使季子可作，则三国横约可立解而坐破也。武灵此时血气未定，而苏氏兄弟适不在赵，故仪得以售其恐喝之说。加之数年，如议服之时，其必有以折仪也。燕昭末年，苏代重燕而从约复举，岂非天下之心之势矣哉？

武灵王平昼间居

武灵王平昼[1]间居，肥义[2]侍坐，曰：“王虑世事之变，权[3]甲兵之用，念简、襄之迹，计胡、狄之利乎[4]？”王曰[5]：“嗣立不忘先德，君之道也；错[6]质务明主之长，臣之论也。是以贤君静而[7]有道民便事之教，动[8]有明古先[9]世之功。为人臣者，穷有弟[10]长辞让之节，通有补民益主之业。此两者，君臣之分也。今吾欲继襄主[11]之业，启胡、翟之乡，而卒世[12]不见也。敌弱者[13]，用力少而功多，可以无尽百姓之劳，而享往古之勋。夫有高世之功者，必负遗俗之累；[14]有独知之虑者，必被庶人之恐[15]。今吾将胡服[16]骑射以教百姓，而世必议寡人矣[17]。”

① **鲍本**无事之日，犹平日。 ② **鲍本**赵相也，余并公族。正曰：鲍指公子成、王孙緤、赵文、赵造言。文、造无他据。《元和姓纂》引《策》云，肥义，赵贤人。 ③ **鲍本**权，犹度。 ④ **姚本**曾本添“乎”字。 **鲍本**无“乎”

字。○　⑤ **姚本**曾本添“曰”字。　⑥ **鲍本**错，犹委。　⑦ **姚本**一本无“而”字。　⑧ **鲍本**“动”下补“而”字。○　⑨ **鲍本**先，犹高。　⑩ **鲍本**弟，顺也。　⑪ **鲍本**“主”作“王”。○　**札记**丕烈案：“王”误也，《史记》作“主”。⑫ **鲍本**卒世，犹举世，言举世无能察此。正曰：《正义》云，卒，尽也。愚谓，犹言没世。　⑬ **鲍本**与弱为敌，谓胡、翟。　⑭ **鲍本**不与俗同，俗所遗也。⑮ **鲍本**所谓黎元惧焉。补曰：一本标“恐”。刘作“怨”。　**札记**丕烈案：《史记》作“任骜民之怨”。　⑯ **鲍本**补曰：《正义》云，胡服，今时服，废除裘裳也。　⑰ **姚本**曾本改“矣”字作“奈何”二字。

肥义曰：“臣闻之，疑事无功，疑行无名。今王即定[1]负遗俗之虑，殆毋顾天下之议矣。夫论至德者，不和于俗；成大功者，不谋于众。昔舜舞有苗[2]，而禹袒入裸国[3]，非以养欲而乐志也，欲以论德而要功也。愚者暗于成事，智者见于未萌，王其遂行之。”王曰：“寡人非疑胡服也，吾恐天下笑之。狂夫之乐，知者哀焉；愚者之笑，贤者戚焉[4]。世有顺我者，则胡服之功[5]未可知也。虽毆世以笑我，胡地[6]中山吾[7]必有之。”

① **鲍本**定，言自定于心，不为俗移。　② **鲍本**不用兵而舞干羽，欲以服人，亦异于俗。正曰：舞羽非为服苗，苗格非因舞羽，舜修德教，苗至，适当其时。　③ **鲍本**非中国之礼。　④ **鲍本**以此异趣，知俗必见遗。⑤ **札记**“功”，鲍本作“攻”。丕烈案：误也，《史记》作“功”。　⑥ **鲍本**元作“服”。　补曰：姚本作“地”，《史》同。依“服”字，则句。　⑦ **鲍本**“吾”作“我”。○　**札记**丕烈案：《史记》作“吾”。

王遂胡服。使王孙緤告公子成曰：“寡人胡服，且将以朝，亦欲叔之服之也。家听于亲，国听于君，古今之公行也；子不反亲，臣不逆主，先王之通谊也。今寡人作教易服，而叔不服，吾恐天下议之也。夫制国有常，而利民为本；从政有经，而令行为上。故明德在于论贱，行政在于信[①]贵。今胡服之意，非以养欲而乐志也。事有所出[②]，功有所止[③]。事成功立，然后德且[④]见也。今寡人恐叔[⑤]逆从政之经，以辅公叔之议。且寡人闻之，事利国者行无邪，因贵戚者名不累。故寡人愿募[⑥]公叔之义，以成胡服之功。使緤谒之叔[⑦]，请服焉。"

① **鲍本**"信"，"伸"同。所谓行法自近始。正曰："信"，如字，言必行于贵者。　② **姚本**曾本"出"改作"止"。　③ **姚本**曾本"止"改作"出"。　**鲍本**止，犹至。补曰：姚云，曾本改互"出"、"止"字。愚按，此据《史》文。④ **鲍本**"且"作"可"。〇　⑤ **鲍本**补曰："叔"字疑衍。　**札记**丕烈案：吴说非也，《史记》有。　⑥ **鲍本**"募"作"慕"。〇　**札记**丕烈案：《史记》作"慕"。　⑦ **鲍本**补曰：《索隐》，句。

公子成再拜曰："臣固闻王之胡服也，不佞寝疾，不能趋走，是以不先进。王今命之，臣固敢竭其愚忠。臣闻之，中国者，聪明睿知之所居也，万物财用[①]之所聚也，贤圣之所教也，仁义之所施也，诗书礼乐之所用也，异敏[②]技艺之所试也，远方之所观赴也，蛮夷之所义行也[③]。今王释此，而袭远方之服，变古之教，易古之道，逆人之心，畔学者，离中国，臣愿大王图之。"

① **鲍本**“用”作“货”。〇　**札记**丕烈案：《史记》作“用”。　② **鲍本**异，出类。敏，疾于事也。　③ **鲍本**以中国为有义有行。补曰：自“中国者”至此，似《周官·大司徒》文。

使者报王。王曰：“吾固闻叔之病也。”即之公叔成家，自请之曰：“夫服者，所以便用也；礼者，所以便事也。是以圣人观其乡而顺宜，因其事而制礼，所以利其民而厚其国也。被[1]发文身，错臂左衽[2]，瓯[3]越[4]之民也。黑齿雕题[5]，鳀冠秫缝[6]，大吴之国也。礼服不同，其便一也。是以乡异而用变，事异而礼易。是故圣人苟可以利其民，不一其用；果可以便其事，不同其礼。儒者一师而礼异，中国同俗而教离，又况山谷之便[7]乎？故去就之变，知者不能一；远近之服，贤圣不能同。穷乡多异[8]，曲学多辨，不知而不疑[9]，异于己而不非者，公于求善也。今卿[10]之所言者，俗也。吾之所言者，所以制俗也。今吾国东有河、薄洛之水[11]，与齐、中山同之，而无舟楫之用。自常山以至代、上党，东有燕、东胡之境，西有楼烦、秦、韩之边[12]，而无骑射之备。故寡人且聚舟楫之用，求水居之民，以守河、薄洛之水；变服骑射，以备其[13]参胡[14]、楼烦、秦、韩之边[15]。且昔者简主不塞[16]晋阳，以及上党，而襄王[17]兼戎取代[18]，以攘诸胡，此愚知之所明也。先时中山负齐之强兵，侵掠吾地，系累[19]吾民，引水围鄗[20]，非社稷之神灵，即鄗几不守。先王忿之，其怨未能报也。今骑射之服，近可以备上党之形，远可以报中山之怨。而叔也顺中国之俗以逆简、襄之意，恶变服之名，而忘国事之耻，非寡人所望于子！”

① **姚本**“被”，三本同作“祝”。 **鲍本**补曰：“被”字，《史》作“剪”。 ② **姚本**钱、刘无“错臂”二字。“错臂”一作“拃面”。孔衍作“右臂左衽”，右袒其臂也。 **鲍本**以两臂交错而立，言无礼容。补曰：《索隐》云，错臂，亦文身，谓以丹青错画其臂。孔衍作“右臂”，谓右袒其臂也。愚谓，既言文身，则画臂为复，恐后说是。“错”或“袒”字讹。姚云，刘无“错臂”字，一作“拃面”。《吴世家》“断发文身”，应劭注，常在水中，故以象龙子，不见伤害。劭注本《说苑》。 **札记**吴氏补曰，“错”或“袒”字伪。丕烈案：吴说未是，《史记》作“错”。 ③ **姚本**“瓯”一作“林”。 ④ **姚本**《后语》作“临越”。注云，临，亦百越之一名也。《战国策》作“林”，今俗尚称“林奴”。临林，今雷州左侧。 **鲍本**即汉东瓯、闽、粤。补曰：汉东瓯、闽中地。《舆地志》，交趾，周为骆越，秦为西瓯。《索隐》云，今珠厓、儋耳谓之瓯人，是有瓯越。《文选》“三越”注，吴越、南越、闽越。东瓯，即闽越。骆越，瓯人，即南越也。 ⑤ **鲍本**《史》注，以草染齿为黑。雕题者，刻其肌，以丹青涅之。 ⑥ **姚本**曾作“鳀冠秫缝”，一作“鲑冠黎緤”。《史记》作“却冠秫绌”，注，《战国策》作“秫缝”，亦“缝纨”之别名。鉥者，綦针也。古字多假借，故作“秫绌”耳。盖言女工针缕之粗拙也。 **鲍本**鳀，大鲇，以其皮为冠。秫，綦针也。言女工之拙。补曰：“秫”，即“鉥”字通借，时橘反。鳀，太计反。 ⑦ **姚本**“便”，孙作“士”。 ⑧ **鲍本**异，异俗。 ⑨ **鲍本**言各不知其异而不疑之。 ⑩ **札记**今本“卿”误“乡”。丕烈案：《史记》作“叔”。 ⑪ **鲍本**《史记》，安平泾县西有漳水，津名薄洛津。《后志》，安定乌枝谷名。补曰：《淮南子》，“峣山崩而薄洛之水涸”，注谓薄洛在冯翊临晋。今按本文，谓在赵东，与齐、中山同之，恐皆非。此所指未详。 ⑫ **鲍本**补曰：《正义》云，东胡，乌丸之先也，后为鲜卑，在匈奴东，故曰东胡。《括地志》云，东胡，汉初冒顿灭之，余保乌丸山，因号乌丸。又曰，林胡楼烦即岚、胜之北也。岚、胜以南石州、离石、蔺等，赵边邑也，秦隔河也。晋、洛、潞、泽等州皆七国时韩地，赵西境也。 ⑬ **鲍本**“其”作“燕”。○ 补曰：《史》作“燕”，姚引。 ⑭ **姚本**续云：《史》，备燕、三胡、秦、韩之边。 ⑮ **鲍本**言参错居其边地。正曰：“参”，《史》作“三”，因音而讹也。据上文，则“参”当作“东”，字讹。 ⑯ **鲍本**“不

塞”者，志在远略。 ⑰ **鲍本**“王”作“主”。○ **札记**丕烈案：“主”字是也。《史记》作“主”。 ⑱ **姚本**集、刘、钱作“简主实晋阳，而襄主兼戎取代”。⑲ **鲍本**“累”，“纍”同。 ⑳ **鲍本**属常山。补曰：光武即位于此，改高邑。

公子成再拜稽首曰：“臣愚不达于王之议，敢道世俗之间[①]。今欲继简、襄之意，以顺先王之志，臣敢不听今[②]。”再拜。乃赐胡服。

① **姚本**一作“闻”。 **鲍本**“间”作“闻”。○ 补曰：一本“闻”作“间”，与下文同。 **札记**丕烈案：《史记》作“闻”。 ② **鲍本**“今”作“令”。○ **札记**丕烈案：“令”字是也，《史记》作“命”。

赵文进谏曰：“农夫劳[①]而君子养焉，政之经也。愚者陈意而知者论焉，教之道也。臣无隐忠，君无蔽[②]言，国之禄[③]也。臣虽愚，愿竭其忠。”王曰：“虑无恶扰[④]，忠无过[⑤]罪，子其言乎。”赵文曰：“当[⑥]世辅俗，古之道也。衣服有常，礼之制也。修[⑦]法无愆，民之职也。三者，先圣之所以教。今君释此，而袭远方之服，变古之教，易古之道，故臣愿王之图之。”王曰：“子[⑧]言世俗之间[⑨]。常民溺于习俗，学者沉于所闻。此两者，所以成官而顺政也，非所以观远而论始也[⑩]。且夫三代不同服而王，五伯不同教而政[⑪]。知者作教，而愚者制焉。贤者议俗，不肖者拘焉。夫制于服之民，不足与论心；拘于俗之众，不足与致意。故势与俗化，而礼与变俱，圣人之道也。承教而动，循法无私[⑫]，民之职也。知学之人，能与闻迁[⑬]；达于[⑭]礼之变，能与时化。故为己者不待人，制今者不法古，子其释之。”

① **鲍本**“劳”下补“力”字。○　正曰：“劳”下恐有缺字。　② **鲍本**蔽，犹伏。　③ **鲍本**禄，犹福。　④ **鲍本**“恶”作“变”。○　言能定虑，则不乱于物。　⑤ **鲍本**过者，罪之小者。　⑥ **鲍本**当，犹顺。　⑦ **鲍本**“修”作“脩”，又改作“循”。○　补曰：姚云一作“循礼”。《商君传》正作“循”。朱子《韩文考异》著方氏说云，唐人书“脩”近“循”，《楚辞》亦有误者，则此字古已混矣。下文两有“循法”字，为“循”无疑。　⑧ **鲍本**“子”作“卿”。○　⑨ **鲍本**言其所言不能出俗。　⑩ **鲍本**若今胡服自我始也。　⑪ **鲍本**政，言治行于下。　⑫ **鲍本**不敢有私意。　⑬ **鲍本**有所闻，则改前之为。　⑭ **姚本**一无“于”字。

赵造谏曰：“隐忠不竭，奸之属也。以私诬国，贱[1]之类也。犯奸者身死，贱[2]国者族宗[3]。反[4]此两者，先圣[5]之明刑，臣下之大罪也。臣虽愚，愿尽其忠，无遁其死。”王曰：“竭意不讳[6]，忠也。上无蔽言，明也。忠不辟危，明不距人。子其言乎。”

① **姚本**刘改“贱”作“贼”。　**鲍本**贱，谓轻国。　② **姚本**刘改“贱”作“贼”。　③ **鲍本**族灭其宗。　④ **姚本**刘本无“反”字。　**鲍本**“反”作“有”。○　⑤ **鲍本**“圣”作“王”。○　⑥ **鲍本**“讳”作“让”。○　补曰：一本“让”作“讳”。

赵造曰：“臣闻之，圣人不易民而教，知者不变俗而动。因民而教者，不劳而成功；据[1]俗而动者，虑径[2]而易见也。今王易初不循俗，胡服不顾世，非所以教民而成礼也。且服奇者志淫，俗辟者乱民。是以莅国者不袭奇辟之服，中国不近蛮夷之行，非所以教民而成礼者也。且循法无过，脩[3]礼无邪，臣愿王之图之。”

① **鲍本**据，犹依。 ② **鲍本**径以步道，喻其省便。 ③ **姚本**“脩”，一作“循”。 **札记**吴氏补曰，《商君传》作“循”。

王曰：“古今不同俗，何古之法？帝王不相袭，何礼之循？宓戏[1]、神农教而不诛，黄帝、尧、舜诛而不怒。及至三王，观时而制法，因事而制礼，法度制令，各顺其宜；衣服器械，各便其用。故礼世[2]不必[3]一其[4]道[5]，便国不必法古。圣人之兴也，不相袭而王。夏、殷之衰也，不易礼而灭。然则反古未可非，而循礼未足多也。且服奇而志淫，是邹、鲁无奇[6]行也[7]；俗辟而民易，是吴、越无俊民也[8]。是以圣人利身之谓服，便事之谓教，进退之谓节，衣服之[9]制，所以齐常民，非所以论贤者也[10]。故圣与俗流[11]，贤与变俱。谚曰：‘以书为御者，不尽于[12]马之情。以古制今者，不达于[13]事之变。’故循法之功，不足以高世；法古之学，不足以制今。子其勿反也。”[14]

① **鲍本**“宓戏”作“伏羲”。 **札记**丕烈案：《史记》作“虙戏”。 ② **姚本**“礼”一作“理”。 **鲍本**礼施于世。补曰：宜从《商君传》作“治世”。 ③ **鲍本**无“必”字。〇 ④ **姚本**一本无“其”字。 ⑤ **姚本**刘作“后世不一其道”。 **札记**丕烈案：《史记》作“礼也不必一道”。 ⑥ **姚本**钱改“奇”作“衺”。 ⑦ **姚本**曾、集无“也”字。 ⑧ **鲍本**邹属鲁国。言二国虽无奇服，

不无奇行。正曰：赵造言“服奇者志淫，俗辟者乱民，莅国者不袭奇辟之服，中国不近蛮夷之行”，故此举其言而诘之。按《索隐》云，“邹、鲁好长缨，是奇服也。服非其志，皆淫辟也。而有孔门颜、冉之属，岂无奇行哉？方俗僻处山谷，而人皆改易，不通大化，则是吴、越无秀士，何得有季札、大夫种之属哉”？今欲略改云“方俗僻陋”，删“处山谷”三字。 ⑨ **鲍本**“服之”下有“谓”字。〇 ⑩ **鲍本**此谓“进退”以下。补曰：《史》“进退之节，衣服之制”，无两“谓”字，接下文为是。 ⑪ **鲍本**言其顺俗。 ⑫ **鲍本**无“于”字。〇 ⑬ **鲍本**无“于”字。〇 **札记**丕烈案：《史记》无。 ⑭ **鲍本**《赵记》十九年有，无二赵谏词。彪谓：拓地开边，非有国之所先也。不得已而有攘却之事，严兵而已。兵严而士用命，虽不胡服，其无成功？如其不然，虽易服变古，何救于败哉！《孟子》曰，“行一不义而得天下，不为也”。武灵之志，欲得中山、胡地而已，遂举国而夷，甚矣其不权于轻重小大之差也！且其所称反古之说，皆钩金一舆羽之类，古所谓以辩言乱旧政者也，何足取哉？而史无讥，故备论之。补曰：《史·卫鞅传》与此章多同，今考列于后：

卫鞅曰：“疑事无功，疑行无名。”

肥义曰：同。

“有高人之行者，固见非于世；有独知之虑者，必见敖于民。”

王曰：“有高世之功者，必有遗俗之累；有独智之虑者，必被庶人之恐。”

“愚者暗于成事，智者见于未萌。论至德者不和于俗，成大功者不谋于众。”

肥义曰：同。

“圣人苟可以强国，不法其故；苟可以利民，不循其礼。”

王曰：“圣人苟可以利其民，不一其用；果可以便其事，不同其礼。”

甘龙曰：“圣人不易民而教，智者不变法而动。因民而教者，不劳而成功，缘法而治者，吏习而民安之。”

赵造曰：“圣人不易民而教，智者不变法而动。因民而教者，不劳而成功，据俗而动者，虑径而易见。”

卫鞅曰：“龙之所言，世俗之言也。常人安于故俗，学者溺于所闻，以此两言居官守法可也，非所以论于法之外也。三代不同礼而王，五伯不同法而霸。智者作法，愚者制焉。贤者更礼，不肖者拘焉。”

王曰：“卿言世俗之间，常民溺于习俗，学者沉于所闻，此两者所以成官而顺政也，非所以观远而论始也。且夫三代不同服而王，五伯不同教而政。智者作教，而愚者制焉。贤者议俗，不肖者拘焉。”

杜挚曰：“法古无过，循礼无邪。”

赵造曰：“循法无过，脩礼无邪。”

卫鞅曰：“治世不一道，便国不法古。汤、武不循古而王，夏、殷不易礼而亡。反古者不可非，而循礼者不足多。”

王曰：“礼世不一其道，便国不必法古。圣人之兴也，不相袭而王。夏、殷之衰也，不易礼而灭。然则反古未可非，而循礼不足多也。”

卫鞅、赵武灵所称“民不可虑始，治不必相袭”者，初不全非，但所以行是言者悖耳。《商君传》语，《策》具有之，唯“民不可与虑始，而可与乐成”语，不袭用，而用其意也。史迁于《赵世家》所不载者，二赵谏词耳。二事皆变古者也。当时纪载与迁所录，固不能无混欤？然《商君传》文法而简，《策》文错以他语，奇而肆，可以参观。汉韩安国、王恢议伐匈奴辩难之辞，亦类此，亦间采其数语。　《史》云，赵文、赵造、周绍、赵俊皆谏。按周绍，即后章周绍傅王子何者，绍辞傅而未尝谏易服也；赵俊，即赵燕后服者，王让之即受服。《史》谬云谏也。牛赞尝有谏而《史》不言。

王立周绍为傅

王立周绍为傅，曰：“寡人始行[①]县，过番吾，当子为子之时，践石[②]以上者皆道子之孝。故寡人问子以璧[③]，遗子以酒食，而求见子。子谒[④]病而辞。人有言子者曰：‘父之孝子，君之忠臣也。’故寡人以子之知虑，为辨足以道人，危[⑤]足以持难，忠可以写[⑥]意，信可以远期[⑦]。诗[⑧]云：‘服难以勇，治乱以知，事之计也。立傅以行[⑨]，教少以学，义之经也。循计之事[10]，失[11]而[12]累；访议之行，穷而不忧[13]。'故寡人欲子之胡服以傅王乎[14]。"

①**鲍本**补曰：去声。　②**鲍本**践石，谓能骑乘者。《礼》"洗王石"注，乘马石。　③**鲍本**问，以礼遗之。　④**鲍本**"谒"作"谓"。〇　⑤**鲍本**危，言有危苦之节。正曰：危，高状也。　⑥**鲍本**写，犹宣。　⑦**鲍本**久而不渝。　⑧**鲍本**"诗"作"谚"。〇　⑨**鲍本**去音。　⑩**鲍本**先计而顺行之。⑪**鲍本**"失"作"佚"。〇　⑫**鲍本**"而"下补"不"字。〇　补曰：以下句例之，此恐缺"不"字。　**札记**今本"而"下有"不"字，乃误涉鲍也。　⑬**鲍本**穷，言尽事之情。正曰：此言勇智为事之计，指胡服言。行学为事之经，指立傅言。循计谋之事，虽有故失而无累。访谋议之行，虽有穷急而不忧。"访义"，又疑"放义"，谓放于义也。　⑭**鲍本**"乎"作"子"。〇　补曰："乎"当作"子"，《大事记》改。　**札记**今本"乎"作"子"，乃误涉鲍也。

周绍曰："王失论矣，非贱臣所敢任也。"王曰："选子莫若父，论臣莫若君。君，寡人也。"周绍曰："立傅之道六。"王曰："六者何也？"周绍曰："知虑不躁达于变，身行宽惠达于礼，威严不足以易于位[1]，重利不足以变其心，恭于教而不快[2]，和于下而不危。六者，傅之才，而臣无一焉。隐中不竭[3]，臣之罪也。傅[4]命仆[5]官，以烦有司，吏之耻也。王请更论。"

①**鲍本**素位而行，不为威严所移。　②**鲍本**快，谓纵逸。　③**鲍本**"竭"作"谒"。〇　隐，自匿也。中，谓情实。此疑与赵造谏本一说。补曰："不谒"，一作"不竭"。"中"，一作"忠"。即赵造语。　④**鲍本**"傅"，"附"同。比也。　⑤**鲍本**仆，犹辱。

王曰："知此六者，所以使子。"周绍曰："乃国未通于王[①]胡服。虽然，臣，王之臣也，而王重命之，臣敢不听令乎？"再拜，赐胡服。

① **鲍本**"王"下补"之"字。○

王曰："寡人以王子为子任，欲子之厚爱之，无所见丑。御道之以行义，勿令溺苦于学[①]。事君者，顺其意，不逆其志。事先[②]者，明其高，不倍其孤。故有臣可命，其国之禄也。子能行是，以[③]事寡人者毕矣。《书》云：'去邪无疑，任贤勿贰[④]。'寡人与子，不用人矣。"遂赐周绍胡服衣冠，具带[⑤]黄金师比[⑥]，以傅王子也[⑦]。[⑧]

① **鲍本**溺、苦，皆劳也。劳于学，以无导之者故也。正曰：丑，言恶事也。学，言诵习也。谓厚爱教之，毋使见丑事。以行义导之，毋沉溺困苦于诵习之末也。武灵安知行义，盖习闻古语，犹绍之论立傅尔。方务胡服骑射，宜以诵习为溺苦也。秦异人不习于诵，而王罢之。当时气习类是，焚书之祸兆矣。　② **鲍本**先，先君。　③ **鲍本**"以"上补"所"字。○　④ **鲍本**《禹谟》。　⑤ **鲍本**带饰之备也，犹具剑。补曰：《淮南子》云，赵武灵王具带鵕鸃而朝。此以"具"作"贝"。《汉书·佞幸传》，孝惠时，郎、侍中皆冠鵕鸃贝带，注，"以贝饰带"。　**札记**今本"具"作"且"。　⑥ **姚本**续云：《史记·匈奴传》，汉遗单于有黄金饰贝带一饰。《汉书音义》曰，腰中大带，黄金胥纰一。徐广曰，或作"犀毗"。注引《战国策》"赵武灵王赐周绍贝带黄金师比"。延笃云，胡革带钩也。则此带钩，亦名"师比"。则"胥"、"犀"与"师"并相近，而说各异耳。　**鲍本**未详，盖衣章。《主术训》"武灵王贝带鵕鸃而朝"注，翙翔，读曰"私钳头"。三字与此小异。正曰：《汉书》"黄金犀

比”，师古云，胡带之钩也。延笃说同，《大事记》引又谓“师比”。《史记》“胥纰”。“师”、“犀”、“胥”一也。 ⑦ **鲍本**无“也”字。○ ⑧ **鲍本**补曰：《大事记》书赵惠后卒，使周绍胡服傅王子。《解题》云，惠后，吴娃也。娃方死，怜其子而将立之，废长立少之意已见于此。而其论傅时，有古之遗言。愚谓，命胡服而诵古之遗言，岂其然乎？

赵燕后胡服

赵燕后胡服[①]，王令让之曰：“事主之行，竭意尽力，微谏而不哗[②]，应对而不怨，不逆上以自伐，不立私以为名。子道顺而不拂，臣行让而不争。子用私道者家必乱，臣用私义者国必危。反亲以为行，慈父不子；逆主以自成，惠[③]主不臣也。寡人胡服，子独弗服，逆主罪莫大焉。以从政[④]为累，以逆主为高，行私莫大焉。故寡人恐亲[⑤]犯刑戮之罪，以明有司之法。”赵燕再拜稽首曰：“前[⑥]吏命胡服，施及贱臣，臣以失令过期，更[⑦]不用侵辱教[⑧]，王之惠也。臣敬循[⑨]衣服，以待今日[⑩]。”

① **鲍本**服后于众。 ② **鲍本**欢也。 ③ **鲍本**惠，犹慈。 ④ **鲍本**政，胡服之政。 ⑤ **鲍本**燕，公族也，故称亲。正曰：亲身犯之也。 ⑥ **鲍本**前，前日。 ⑦ **姚本**一作“史”。 **鲍本**更，犹反。正曰：更，改也。⑧ **鲍本**侵辱，刑也。言己宜服刑，王反不刑而教之。正曰：侵辱教，刑也。⑨ **姚本**一作“修”。 ⑩ **鲍本**“今”作“令”。○ 令，善也。补曰：施，以豉反，更，居行反。 **札记**今本“今日”作“令甲”。

王破原阳

王破[①]原阳[②]，以为骑邑[③]。牛赞[④]进谏曰：“国有固籍[⑤]，兵有常经。变籍则乱，失经则弱。今王破原阳，以为骑邑，是变籍而弃经也。且习其兵者轻其敌[⑥]，便其用者[⑦]易[⑧]其难。今民便其用而王变之，是损[⑨]君而弱国也。故利不百者不变俗[⑩]，功不什者不易器。今王破卒散兵，以奉骑射，臣恐其攻获之利，不如所失之费也。”

① **鲍本**正曰：破者，破卒散兵以为骑。 ② **鲍本**属云中。 ③ **鲍本**居骑士于此。 ④ **鲍本**赵人。 ⑤ **鲍本**固，言不变。籍，犹令甲。正曰：“固”，“故”通。 ⑥ **鲍本**习于敌人之兵，则玩而易之。 ⑦ **鲍本**此言本国械用。 ⑧ **鲍本**补曰：易，以豉反。 ⑨ **姚本**一作“捐”。 ⑩ **鲍本**补曰：此亦《商君传》杜挚语，“俗”作“法”。

王曰：“古今异利，远近易[①]用。阴阳不同道，四时不一宜。故贤人观时，而不观于时[②]；制兵，而不制于兵。子知官府之籍，不知器械之利；知兵甲之用，不知阴阳之宜[③]。故兵不当于用，何兵之不可易？教不便于事，何俗之不可变？昔者先君襄主与代交[④]地，城境封之[⑤]，名曰无穷之门，所以昭[⑥]后而期远也。今重甲循[⑦]兵[⑧]，不可以逾险；仁义道德，不可以来朝[⑨]。吾闻信不弃功，知不遗时。今[⑩]子以官府之籍，乱寡人之事，非子所知[⑪]。”

① **鲍本**易，入音。 ② **鲍本**时，犹俗也。视俗而变，不为俗所窥。 ③ **鲍本**赵居胡之南，阳也，欲攻胡而用赵兵，非其宜也。正曰：阴阳之宜，言天地气化之运，人事刚柔之节。其详则若范蠡之所以答越王者，语见国语。《大事记·解题》，周元王元年载之。 ④ **鲍本**交，犹接。 ⑤ **鲍本**筑城境上，为之封域。 ⑥ **鲍本**“昭”作“诏”。〇 ⑦ **姚本**一作“修”。

⑧ **鲍本**赵甲重，不若新甲之轻。循，言其因旧。正曰：循，行也。言被重甲执兵而行，不可以逾险，不若胡服之骑射便利。 ⑨ **鲍本**此言胡也。⑩ **札记**今本“今”误“令”。 ⑪ **鲍本**“知”作“智”。○

牛赞再拜稽首曰：“臣敢不听令乎？”至[1]遂胡服，率骑入胡，出于遗遗之门[2]，逾九限之固，绝五俓[3]之险，至榆中[4]，辟地千里。[5]

① **姚本**集、刘作“王”。 **鲍本**“至”作“王”。○ ② **鲍本**此门义取胡者古今所遗。正曰：无据而谬。 **札记**丕烈案：所标姚氏列遗逸有之，见后附录。 ③ **鲍本**“俓”作“径”。○ **札记**丕烈案：此当是“陉”之假借耳。④ **鲍本**“榆”作“胡”。○ 补曰：“胡中”，一本“榆中”，《世家》二十年，王西略胡地至榆中。《正义》云，胜州所治榆林。 ⑤ **鲍本**补曰：《大事记》谓，赐周绍胡服衣冠，具带黄金师比，此胡服也。又引《水经注》、《竹书纪年》，邯郸命将军、大吏、适子、代吏皆貂服。即胡服之事，按胡广曰，赵武灵王改胡服，以金珰饰前，前摇貂尾为贵职。或以北土多寒，胡人以貂皮温额，后代效之。亦曰惠文。汉曰武弁，曰女冠，武官冠之。侍中、中常侍加黄金珰，附蝉为文，貂尾为饰。《汉官仪》又名“鵔䴊冠”。愚谓，貂服者，此类也。今之靴，亦武灵所制云。 一本标《春秋后语》云，武灵王十九年春正月，大朝信武宫，乃召肥义与议天下事，五日而毕。遂北略中山，登黄华之上。注云，黄华，山名也。《战国策》云，武陵王游于大陵，梦见处女，鼓瑟而歌，登黄华之上。今按《史》，十六年，游大陵，梦处女；十九年大朝信武宫，召肥义议事，略中山至房子之代地，至无穷，西至河，登黄华之上。先后不同。所载《战国策》云云者，今缺，姑记以广异闻。

战国策卷二十

赵　三

赵惠文王三十年

赵惠文王三十年，相都平君田单[①]问赵奢曰："吾非不说将军之兵法也，所以不服者，独将军之用众。用众者，使民不得耕作，粮食挽赁[②]不可给也。此坐而自破之道也，非单之所为也。单闻之，帝王之兵，所用者不过三万，而天下服矣。今将军必负十万、二十万之众乃用之，此单之所不服也。"

① **鲍本**"都平"作"平都"，下同。○　按《史》，单无都平之称。《魏策》三言平都，今从之。又按，孝成元年，单将赵师攻燕，二年为相。盖相平都而将之，实自惠文。至孝成，乃攻燕复相也。正曰：《史·赵世家》，惠文王三十三年卒，孝成王元年，田单将赵师攻燕及韩，二年，田单为相。此称都平君，是仍齐相之称。都平，即安平也，故《大事记》俱作安平君。《魏策·长平之役》，平都君云云，不言是田单也。惠文三十年，正赵奢破秦军阏与后一岁，单未至赵也。疑三十年下有缺文。　② **鲍本**赁，所税于民者。

马服曰[①]："君非徒不达于兵也[②]，又不明其时势[③]。夫吴干之剑[④]，肉试则断牛马，金试则截盘匜[⑤]；薄之柱上而击之[⑥]，则折为三，质[⑦]之石上而击之，则碎为百。今以三万之众而应强国之兵，是薄柱击石之类也[8]。且夫吴干之剑材，难[9]夫毋[10]脊之厚，而锋不入；无脾[11]之薄，而刃不断。兼有是两[12]者，无钓罕镡蒙须[13]之便，操其刃而刺，则未入而手断。君无十余[14]、二十万之众，而为此钓罕镡蒙须之便，而徒以三万行于天下，君焉能乎？且古者，四海之内，分为万国。城虽大，无过三百丈[15]者；人虽众，无过三千家者。而以集[16]兵三万，距此奚难哉！今取古之为万国者，分以为战国七，能[17]具数十万之兵，旷日持久，数岁，即君之齐已[18]。齐以二十万之众攻荆，五年乃罢。赵以二十万之众攻中山，五年乃归[19]。今者，齐、韩相方[20]，而国围攻焉，[21]岂有敢曰，我其以三万救是者乎哉？今千丈之城，万家之邑相望也，而索[22]以三万之众，围千丈之城，不存其一角[23]，而野战不足用也[24]，君将以此何之？”都平君喟然太息曰：“单不至也[25]！”

① **鲍本**“曰”上有“君”字。○　补曰：马服，注见《秦策》。张华曰，赵奢家在邯郸西山上，谓之马服山。　**札记**丕烈案：马服，即马服君也。后有。　② **鲍本**兵，则吴干之喻。　③ **鲍本**时势，则万国、七国之异。④ **姚本**续云：《荀子》注引作“吴干将之剑”。　**鲍本**吴王使干将铸之，故云。　⑤ **鲍本**匜，盥器。补曰：《荀子》作“劙盘盂”。注，铜器，引《策》文。⑥ **鲍本**薄，犹迫。补曰：薄，音搏。　⑦ **鲍本**质，以石为锧。　⑧ **鲍本**“类”作“谓”。○　补曰：言剑虽利，然薄之于柱，质之于石而击之，则不敌于柱石之坚，必折且碎。一本，“之谓”作“之类”。《荀子》注引“吴干将”。⑨ **鲍本**材，谓脊脾之类，不易得也。　⑩ **鲍本**“毋”作“无”○　补曰：“无”通。　**札记**丕烈案：吴补亦未是也。下句乃以“无”为“毋”。“难”字属此句读，连上者非。　⑪ **鲍本**脾，近刃处。　⑫ **鲍本**“两”作“二”。○　⑬ **姚本**曾作“顷”，下同。　**鲍本**“钓”作“钩”。“罕”作“罕”，又改作“竿”。○　钩，

剑头镮。竿，与“榟”同。《集韵》，柄也。镡，珥鼻也。蒙须，疑为剑绳，犹蒯缑也。《尔雅》，“草有夫须”，盖以草为绳。正曰：钩，亦剑属。一本作“罕”，是，下同。“罕”即“咢”字，“锷”同，刃锋也。姚云，曾本“须”作“顷”，亦未详。补曰：镡，徐心反。 **札记**今本“钓”作“钩”。 ⑭ **鲍本**正曰：恐即上文“万”字。 **札记**丕烈案：吴说非是也，此不当改。 ⑮ **姚本**集作“三丈”。 ⑯ **鲍本**集，言平时团集，非乌合也。 ⑰ **鲍本**“能”上补“不”字。〇 ⑱ **鲍本**言以三万拒数十万，必败亡也。齐尝为燕昭所破，故云。正曰：“能具”云云，即下云齐以二十万众攻荆五年之事。 ⑲ **鲍本**此言虽众犹不亟得志，况三万乎？ ⑳ **鲍本**方，犹比，犹敌。 ㉑ **鲍本**两国或围或攻。 ㉒ **鲍本**索，犹求。 ㉓ **鲍本**言城大兵少，曾不处城之一角，岂能合围？ ㉔ **鲍本**既不能围，亦不可战。 ㉕ **鲍本**至，犹及也，言虑不及此。彪谓：兵不期少多，商敌为数耳。单也以少击众，奇兵也。奢也以众敌众，正兵也。论兵者当以正为常，而用之则务出奇。奇不可论也。单也狃于即墨之胜，欲以奇为常而废正，此其论所以屈也。补曰：兵不期少多，商敌为数，此论是矣。而有所未尽，以其论兵而不论将也。单之破燕，盖乘众之愦懈，而设奇骇之。奢之救阏与，曰道远险狭，犹两鼠斗穴中，将勇者胜。其后卒以计败秦。而长平之役，括以四十五万之众，而不免于白起。将善则能以少而胜，不善则虽多而亦败尔。虽然，人知少之害而未知多之累。曹操以八十万而败于赤壁，将非不善也。故韩信之论高帝曰，“不过能将十万”，而多多益办，独信能之。论兵者可以不知将哉？

赵使机郝之秦

赵使机郝[①]之秦，请相魏冉。宋突[②]谓机郝曰：“秦不听，楼缓必怨公[③]。公不若阴辞[④]楼子曰：‘请无急秦王。[⑤]’秦王见赵之相魏冉之不急也[⑥]，且不听公言也[⑦]，是事而不成[⑧]，魏冉固德公矣。”[⑨]

① **鲍本**“机郝”作“仇赫”。〇　下同。《史》作“仇液”。补曰：“仇”讹。**札记**丕烈案：《东周策》有“仇赫之相宋”，鲍所据也。此文《史记》作“仇液”。《索隐》曰，《战国策》作“机郝”。盖一人而记别也。考后《策》有“齐人戎郭、宋突谓仇郝曰”，又有“令仇郝相宋”，即此。“机”者，“杌”之别体，于“仇”为同字。“郝”、“赫”、“液”，声之转也。　② **鲍本**齐人，郝客。正曰：无据。《史》作“宋公”，《索隐》引《策》云“宋交”。　③ **鲍本**秦时已相缓。　④ **鲍本**辞，告之也。　⑤ **鲍本**昭王。言为缓故，请之不力。　⑥ **鲍本**无“也”字。〇　⑦ **鲍本**公，谓郝。　⑧ **鲍本**“成”下补“以德楼子事成”六字。〇　以《史》补此六字。补曰：《史》此下有“以德楼子事成”六字，恐《策》有缺文。⑨ **鲍本**《穰侯传》有，云秦昭七年。此二十六年。补曰：《史》，赵人楼缓来相秦，数不利，乃使仇液云云。于是仇液从之，而秦果免楼缓，而魏冉相。

齐破燕赵欲存之

齐破燕[1]，赵欲存之。乐毅谓赵王曰：“今无约而攻齐，齐必雠赵[2]。不如请以河东易燕地于齐[3]。赵有河北，齐有河东[4]，燕、赵必不争矣。是二国亲也。以河东之地强齐[5]，以燕以[6]赵辅之[7]，天下憎之[8]，必皆事王以伐齐。是因天下以破齐也。”王曰：“善。”乃以河东易齐，楚、魏憎之，令淖滑、惠施之赵，请伐齐而存燕。[9]

① **鲍本**之、哙之乱。燕七年，此十二年。　② **鲍本**不约与国而独攻齐，故齐怨。若有与同攻，则怨有所分矣。　③ **鲍本**齐破燕，所谓地近赵，赵以河东易之。　④ **鲍本**此二非郡。　⑤ **鲍本**言齐得河东则益强。⑥ **姚本**刘去“以”字。　⑦ **鲍本**与之易地，是助之也。　⑧ **鲍本**害其强。⑨ **鲍本**补曰：《大事记》，按《乐毅传》，毅贤好兵，赵人举之。及武灵王有沙丘之乱，乃去赵适魏。毅尝事赵也。又云，赵纳公子职于燕，《世家》不书其立，盖燕人不受也。

秦攻赵蔺离石祁拔

秦攻赵，蔺、离石、祁拔。赵以公子部[①]为质于秦，而请内焦[②]、黎[③]、牛狐之城[④]，以易蔺、离石、祁于赵[⑤]。赵背秦，不予焦、黎、牛狐。秦王[⑥]怒，令公子缯请地。赵王乃令郑朱对曰："夫蔺、离石、祁之地，旷远于赵，而近于大国。有先王之明与先臣之力，故能有之。今寡人不逮[⑦]，其社稷之不能恤，安能收恤蔺、离石、祁乎？寡人有不令之臣，实为此事也，非寡人之所敢知。"[⑧]卒倍秦。

① **鲍本**补曰：音吾。　② **姚本**一作"应"。　**鲍本**弘农郡有焦城。正曰：《大事记》据此。愚疑非此地。　③ **鲍本**东郡有黎，即黎阳。　④ **鲍本**地缺。　⑤ **鲍本**"赵"作"秦"。〇　**札记**今本"赵"作"秦"，乃误涉鲍也。⑥ **鲍本**昭。　⑦ **鲍本**不及先王。　⑧ **鲍本**补曰：郑朱之对，辞气类《左氏》。

秦王大怒，令卫胡易[①]伐赵，攻阏与[②]。赵奢将救之。[③]魏令公子咎以锐师居安邑，以挟秦[④]。秦败于阏与，反攻魏幾[⑤]，廉颇救幾，大败秦师。[⑥]

① **鲍本**《史》无"易"字。补曰：《秦纪》，"中更胡伤"，说见后。　**札记**丕烈案："易"当作"昜"，"昜"、"伤"同字。　② **鲍本**《后志》，上党涅有阏与。补曰：《大事记》，潞州铜鞮县西北，阏与震。阏，阿葛切。与，音预。③ **鲍本**此二十九年，破赵阏与下。　④ **鲍本**挟，牵制之。正曰：夹持之。⑤ **鲍本**魏将。正曰：幾，邑名。《正义》云，或属齐，或属魏，当在相、潞之间。幾音机，一音祈。　⑥ **鲍本**补曰：按《西周策》，苏厉谓周君曰，败韩、魏，杀犀武，攻赵，取蔺、离石、祁者，皆白起。则此举乃起将也。按显王四

十一年，秦败赵，杀赵相，取离石。赧王二年，秦拔赵蔺，虏赵庄蔺引。而此言取二城，在伊阙战后，《史》载于赧王三十四年。岂战国地里不常，后复属赵，而今为秦所拔欤？赧之三十四年，当惠文十八年。前一年秦拔我两城，是年秦拔我石城。岂即此三邑，而石城即离石邪？末言战阏与攻幾事，皆因此。按《史》，赵奢攻秦阏与，在惠文二十九年，廉颇攻幾，在惠文二十三年。今《策》战阏与而后攻幾，前后不同。《大事记》谓，幾本属魏，廉颇取之，自是遂属赵。秦师既为赵奢所败，师还，因击幾，故下文称救幾也。又按，《秦纪》，中更胡伤攻赵阏与，在赵奢破秦次年。《年表》，秦击我阏与，城不拔，是再攻阏与也。与《策》亦舛。《大事记》从《史》书之而不辨，当详之。

富丁欲以赵合齐魏

富丁[①]欲以赵合齐、魏，楼缓欲以赵合秦、楚。富丁恐主父之听楼缓而合秦、楚也。

① **鲍本**赵人。

司马浅[①]为富丁谓主父曰："不如以顺齐[②]。今我不顺齐伐秦，秦、楚必合而攻韩、魏[③]。韩、魏告急于齐，齐不欲伐秦[④]，必以赵为辞[⑤]，则[⑥]伐秦者赵也，韩、魏必怨赵。齐之兵不西[⑦]，韩必听秦违齐[⑧]。违齐而亲[⑨]，兵必归于赵矣。今我顺而齐不西，韩、魏必绝齐，绝齐则皆事我。且我顺齐，齐无而西[⑩]。日者[⑪]，楼缓坐魏[⑫]三月，不能散齐、魏之交[⑬]。今我顺而齐、魏果西，是罢[⑭]齐敝秦也，赵必为天下重国。"主父曰："我与三国攻秦[⑮]，是俱敝也"。曰："不然。我约三国而告之秦[⑯]，以未构[⑰]中山也[⑱]。三国欲伐秦之果也，必听我，欲和我[⑲]。中山听之，是我以王因[⑳]饶中山而取地也[㉑]。中山不听，三国必绝之，是中山孤也。三国不能和我，虽少出兵可也。我分兵而孤乐㉒中山，中山必亡㉓。我已亡中山，而以余兵与三国攻秦，是我一举而两取地于秦、中山也。”㉔

① **鲍本**赵人。 ② **鲍本**齐本欲伐秦，今顺之。 ③ **鲍本**无齐之难，因得取其邻也。 ④ **鲍本**上言顺齐伐秦，此又言齐不欲伐者，前时秦、楚未合，今合故也。 ⑤ **鲍本**以赵不顺齐伐秦告二国。 ⑥ **鲍本**“则”下补“不”字。〇 补曰：“则”下宜有“不”字。 ⑦ **鲍本**不伐秦。 ⑧ **鲍本**畏秦故。 ⑨ **鲍本**秦亲韩。 ⑩ **鲍本**“而”作“不”。〇 补曰：字讹，或上文有误。 **札记**今本“而”作“不”，乃误涉鲍也。 ⑪ **鲍本**言昔日。 ⑫ **鲍本**时欲离齐、魏。坐，言有所待。 ⑬ **鲍本**言二国本亲，宜与之伐秦。 ⑭ **鲍本**“罢”，“疲”同。 ⑮ **鲍本**韩、魏、齐为三。 ⑯ **鲍本**衍“秦”字。补曰：恐衍。 ⑰ **鲍本**“构”作“讲”。〇 元作御名。 ⑱ **鲍本**此言可以少出兵也。此二十七年，赵破中山，未灭也，赵宜自备。 ⑲ **鲍本**使赵与中山讲。 ⑳ **鲍本**“王因”作“三国”。〇 补曰：当作“三国”，字讹。 ㉑ **鲍本**饶，犹益也。以三国欲和我，故益得取地于中山。 ㉒ **鲍本**衍“乐”字。补曰：字误，或衍。 ㉓ **鲍本**“亡”作“之”。〇 之，犹去。补曰：一本“之”作“亡”，是。 ㉔ **鲍本**补曰：中山，说见《齐策》。此《策》当在上章之前，多误字。“为富”之“为”，去声。

魏因富丁且合于秦〔校一〕

〔校一〕此篇姚本与《富丁欲以赵合齐魏》连篇，鲍本另列一篇，据文义，从鲍本。

魏因富丁且合于秦①，赵恐，请效地于魏而听薛公②。教子欬③谓李兑曰：“赵畏横之合也④，故欲效地于魏而听薛公。公不如令主父以地资周最，而请相之于魏。周最以天下辱[5]秦者也，今相魏，魏、秦必虚矣[6]。齐、魏虽劲，无秦不能伤赵。魏王[7]听，是轻齐也[8]。秦、魏虽劲，无齐不能得赵。此利于赵而便于周最也。”

① **鲍本**丁本欲以赵合齐、魏，今魏欲因以合秦，赵不听故。 ② **鲍本**文，时合齐、魏。 ③ **鲍本**或者“教之欤”，赵人。正曰：无考。 ④ **鲍本**合秦，故言横。 ⑤ **鲍本**“辱”作“厚”。〇 **札记**丕烈案：“厚”字误。 ⑥ **鲍本**厚秦而舍之相魏，秦必恶之，故二国不合。虚，言其不合也。 ⑦ **鲍本**哀。正曰：襄。 ⑧ **鲍本**齐亦重最故。正曰：最于齐厚，语见《周策》。魏用齐所厚以为相，是轻齐也。

魏使人因平原君请从于赵

魏使人因平原君请从于赵。三言之，赵王不听。出遇虞卿曰：“为[1]入必语从。”虞卿入，王曰：“今者平原君为魏请从，寡人不听。其于子何如？”虞卿曰：“魏过矣。”王曰：“然，故寡人不听。”虞卿曰：“王亦过矣。”王曰：“何也？”曰：“凡强弱之举事，强受其利，弱受其害。今魏求从，而王不听，是魏求害，而王辞利也。臣故曰，魏过，王亦过矣[2]。”

① **鲍本**为，为我。 ② **鲍本**“过”下无“矣”字。〇 《虞卿传》有。彪谓：虞卿之言，为皆不倍道，非反复揣摩为人缓颊人也。从之利害正尔。虽微平原之说，卿亦必云尔。终之赵利魏亦利矣。惟不能必赵听己，从而先有轻发，则是有受害之形也。

平原君请冯忌

平原君请[1]冯忌[2]曰：“吾欲北伐上党，出兵攻燕，何如？”冯忌对曰：“不可。夫以秦将武安君公孙起[3]乘七胜之威[4]，而与马服之子战于长平之下，大败赵师，因以其余兵，围邯郸之城。赵以亡败之余众，收破军之敝守[5]，而秦罢于邯郸之下，赵守而不可拔者[6]，以[7]攻难而守者易也。今赵非有七克之威也，而燕非有长平之祸也。今七败之祸未复，而欲以罢[8]赵攻强燕，是使弱赵为强秦之所以攻，而使强燕为弱赵之所以守。而强秦以休兵[9]承赵之敝，此乃强吴之所以亡，而弱越之所以霸。故臣未见燕之可攻也。”平原君曰：“善哉！”

① **姚本**刘本，“请”作“谓”。 **鲍本**“请”作“谓”。○ ② **鲍本**后称“外臣”，知非赵人。 ③ **鲍本**补曰：即白起，前有。 ④ **鲍本**胜赵。 ⑤ **鲍本**敝守，守邯郸。 ⑥ **鲍本**“者”上有“然”字。○ 言所以然。 **札记**丕烈案：“然者”，上有。 ⑦ **鲍本**无“以”字。○ ⑧ **鲍本**罢，音疲。 ⑨ **鲍本**休息之兵。

平原君谓平阳君

平原君谓平阳君曰：“公子牟[1]游于秦，且东[2]，而辞应侯[3]。应侯曰：‘公子将行矣，独无以教之乎？’曰：‘且微君之命命之也，臣固且有效于君。夫贵不与富期，而富至；富不与粱肉期，而粱肉至；粱肉不与骄奢期，而骄奢至；骄奢不与死亡期，而死亡至。累世以前，坐此者多矣。’应侯曰：‘公子之所以教之者厚矣。’仆[4]得闻此，不忘于心。愿君之亦勿忘也。”平阳君曰：“敬诺。”[5]

① **鲍本**魏公子。即下魏牟。若《庄子》所称中山者，不与应侯同时。正曰：按《庄子》，“中山公子牟谓瞻子”下云，“魏牟，万乘之公子也”。是中山公子牟，即魏牟，非二人也。又云“公孙龙问于魏牟”。公孙龙，平原君之门，正应侯同时也。《史》，赧王四十九年，范雎为相，封应侯。赧王之元年，之、哙死，《庄子》书及称之、哙。则魏牟之上及庄子，下及应侯，无疑。② **鲍本**东归魏。 ③ **鲍本**正曰：《说苑》载此，以为公子牟谓穰侯。④ **鲍本**仆，平原自称。 ⑤ **鲍本**彪谓：此言者，富贵之金石也。有能书诸绅，铭之几杖，勒之盘盂，则何亡国败家之有？补曰：魏牟尝言身居江海，心在魏阙。瞻子告以重生则利轻，则曰虽知而未能自胜，于是又得夫重伤之说焉。故庄子许其虽未至道，可谓有其意，其人可知矣。所以告范雎者，亦以富贵骄奢警之。是时，雎方擅秦权，广身封，快意恩雠，沉于富贵。公子特自其所急者言之，其微旨固非雎所得闻也。正曰：此五章平原君，皆当与平原君不受封诸章相次，旧《策》所载是矣。

秦攻赵于长平

秦攻赵于长平，大破之，引兵而归。因使人索六城于赵而讲[①]。赵计未定。楼缓新从秦来，赵王与楼缓计之曰：“与秦城何如？不与何如？”楼缓辞让曰：“此非人[②]臣之所能知也。”王曰：“虽然，试言公之私。”楼缓曰：“王亦闻夫公甫文伯母乎？公甫文伯官于鲁，病死。妇人为之自杀于房中者二八。其母闻之，不肯哭也。相室曰：‘焉有子死而不哭者乎？’其母曰：‘孔子，贤人也，逐于鲁，是人[③]不随。今死，而妇人为死者十六人[④]。若是者，其于长者薄，而于妇人厚？’故从母言之，之[⑤]为贤母也；从妇言之，必不免为妒妇也。故其言一也，言者异，则人心变矣。今臣新从秦来，而言勿与，则非计也；言与之，则恐王以臣之为秦也。故不敢对。使臣得为王计之，不如予之。”王曰：“诺。”

① **鲍本**“讲”作“媾”，又改作“讲”。○ 《史》书此事在邯郸围解后。按邯郸之围，非秦德赵而解也，赵赖魏之力尔。何事朝秦而讲以六城？此《策》以长平破，惧而赂之，是也。 ② **鲍本**衍“人”字。 **札记**丕烈案：《史记》、《新序》无。 ③ **鲍本**称是人，不子之也。 ④ **鲍本**补曰：《正义》云，相室、傅姆之类。愚按，《檀弓》文伯之丧，敬姜据其床而不哭曰云云，与楼缓之言相出入。辩士之言或过。《史》及《新序》并作“二人”，是。上文“八”字，乃“人”字之讹。 **札记**丕烈案：吴说非也。《史记》、《新序》“二人”，皆“二八”之讹。 ⑤ **鲍本**“之”字不重。○ **札记**丕烈案：《史记》作“故从母言之，是为贤母；从妻言之，是必不免为妒妻”。《新序》有两“是”字，无两“之”字。此当“必”上脱一“之”字。

虞卿闻之，入见王，王以楼缓言告之。虞卿曰：“此饰说也[①]。”秦既解邯郸之围，而赵王入朝，使赵郝[②]约事于秦，割六县而讲[③]。王曰：“何谓也？”虞卿曰：“秦之攻赵也，倦而归乎？王以[④]其力尚能进，爱王而不攻乎？”王曰：“秦之攻我也[⑤]，不遗余力矣，必以倦而归也。”虞卿曰：“秦以其力攻其所不能取，倦而归。王又以其力之所不能攻以资之，是助秦自攻也。来年秦复攻王，王无以救矣。”

① **鲍本**犹饰辩。 ② **姚本**音释，作“赦”。 ③ **鲍本**原注衍“秦既解邯郸之围而赵王入朝使赵郝约事于秦割六县而讲”二十四字。○ 补曰：此二十四字脱简误在此，《史》以为章首者。此《策》实非邯郸围解后事也。**札记**丕烈案：《史记》以此篇列后《秦赵战长平赵不胜》篇之下，首有此二十四字。此下至“其势必无赵矣”，“楼缓”尽为“赵郝”，列于前；下接“赵计未

定”，至“此饰说也”；下接“王必无与”，至末。《新序》亦如此。考此，乃《策》文先后，本不与《史记》同，或就此间标《史记》文而误入正文，遂致与“赵计未定”上文复出。吴氏以为脱简者，非是。当删此二十四字。其余次序仍《策》文之旧。　④ **姚本**钱、刘去“王以”字，添“亡”字。　⑤ **札记**今本“攻”误“伐”。

王又以虞卿之言告楼缓①。楼缓曰：“虞卿能尽知秦力之所至乎②？诚知秦力之不至③，此弹丸之地，犹不予也，令秦来年复攻王，得无割其内而媾乎？”王曰：“诚听子割矣，子能必来年秦之不复攻我乎？”楼缓对曰：“此非臣之所敢任也。昔者三晋之交于秦，相善也。今秦释韩、魏而独攻王，王之所以事秦必不如韩、魏也。今臣为足下解负亲之攻④，启关通敝⑤，齐交韩、魏⑥。至来年而王独不取于秦⑦，王之所以事秦者，必在韩、魏之后也。此非臣之所敢任也。”

① **鲍本**《史》云楼缓事。正曰：《史》云赵郝，《新序》同，止“其势必无赵矣”。　**札记**丕烈案：此《策》文与《史记》不同，《策》无赵郝。《新序》出《史记》，说见上。　② **鲍本**至，犹及也。虞卿言秦力倦而归，谓秦力所及止是耳。秦力岂止是而已乎？　③ **鲍本**“诚”下补“不”字，“之”下“不”作“所”。○　**札记**今本“诚”下有“不”字，“之”下有“所”字，乃误涉鲍也。丕烈案：《史记》、《新序》作“诚知秦力之所不至”。　④ **鲍本**赵尝亲秦而复负之，故秦攻之，今为媾所以解也。　⑤ **鲍本**“敝”作“弊”。○　正曰：当作“幣”。**札记**今本“敝”作“幣”，乃误涉鲍也。丕烈案：《新序》作“幣”，《史记》作“弊”。　⑥ **鲍本**使其交秦与韩、魏等。　⑦ **鲍本**不为秦所取。

王以楼缓之言告。虞卿曰①：“楼缓言不媾，来年秦复攻王，得无更割其内而媾。今媾，楼缓又不能必秦之不复攻也，虽割何益？来年复攻，又割其力之所不能取而媾也，此自尽之术也。不如无媾。秦虽善攻，不能取六城；赵虽不能守，而不至失六城②。秦倦而归，兵必罢③。我以五城④收天下以攻罢秦，是我失之于天下，而取偿于秦也。吾国尚利，孰与坐而割地，自弱以强秦？今楼缓曰：'秦善韩、魏而攻赵者，必王之事秦不如韩、魏也。'是使王岁以六城事秦也，即坐而地尽矣。来年秦复求割地，王将予之乎？不与，则是弃前贵⑤而挑秦祸也⑥；与之，则无地而给之。语曰：'强者善攻，而弱者不能自守。'今坐而听秦，秦兵不敝而多得地，是强秦而弱赵也。以益愈⑦强之秦，而割愈弱之赵，其计固不止矣⑧。且秦虎狼之国也，无礼义之心。其求无已，而王之地有尽。以有尽之地，给无已之求，其势必无赵矣。故曰：此饰说⑨也。王必勿与。"王曰："诺。"

① **鲍本**"虞卿"下补"虞卿"二字。〇　补曰：《史》此下复有"虞卿"二字。　**札记**丕烈案：《新序》有。　② **鲍本**上"媾"皆作"讲"，"而"作"亦"。〇　**札记**丕烈案：《史记》作"终不失"，《新序》作"亦不失"。　③ **鲍本**并音疲。　④ **鲍本**"五"作"六"。〇　下同。正曰：此五城，与后"五城赂齐"、"得王五城"之"五"，且当从本文。　**札记**丕烈案：《史记》作"六城"，《新序》作"五县"。考此，当《策》文作"城"，《史记》作"县"，《新序》出《史记》。今本《史记》"城""县"错出。《新序》后二处亦作"六城"。皆有误。　⑤ **鲍本**"贵"作"资"。〇　补曰：恐作"资"。《史》作"功"。　**札记**今本"贵"作"资"，乃误涉鲍也。丕烈案：《新序》作"功"。　⑥ **鲍本**《史》注"挑战"为"致师"，则此言祸自我致也。　⑦ **鲍本**衍"愈"字。正曰：《新序》同，《史》作"益强"，然有"愈"字亦通。益，谓增益之也。　⑧ **鲍本**言割不止。

⑨ **鲍本**补曰：按此“饰说”二字，与前相应，则文有乱脱无疑。 **札记**丕烈案：说见上。

楼缓闻之，入见于王，王又以虞卿言告之。楼缓曰：“不然，虞卿得其一，未知其二也。夫秦、赵构难，而天下皆说，何也？曰‘我将因强而乘[①]弱’。今赵兵困于秦，天下之贺战者[②]，则必尽[③]在于秦矣。故不若亟割地求和，以疑天下，慰秦心。不然，天下将因秦之怒，秦[④]赵之敝而瓜分之[⑤]。赵且亡，何秦之图？王以此断之，勿复计也。”

① **鲍本**乘，犹陵。 ② **鲍本**“者”上补“胜”字。○ 正曰：《史》有“胜”字。 **札记**丕烈案：《新序》有。 ③ **鲍本**无“尽”字。○ **札记**丕烈案：《史记》、《新序》有。 ④ **姚本**一作“乘”。 **鲍本**“秦”作“乘”。○ ⑤ **鲍本**分其地如破瓜然。

虞卿闻之，又入见王曰：“危矣，楼子之为秦也[①]！夫赵兵困于秦，又割地为和，是愈疑天下，而何慰秦心哉？是不亦大示天下弱乎？且臣曰勿予者，非固勿予而已也。秦索六城于王，王以五城赂齐。齐，秦之深雠也[②]，得王五城，并力而西击秦也[③]，齐之听王，不待辞之毕也。是王失于齐而取偿于秦[④]，一举结三国之亲[⑤]，而与秦易道也。”赵王曰：“善。”因发虞卿东见齐王[⑥]，与之谋秦。

① **鲍本**为秦计深，而赵势危。 ② **鲍本**尝争为帝。正曰：不特此。 ③ **姚本**刘本去“也”字。 ④ **姚本**孙本抹去此十字。 ⑤ **鲍本**韩、魏本赵

与国，与齐为三。 ⑥ **鲍本**王建。

虞卿未反，秦之使者已在赵矣。楼缓闻之，逃去。[①]

① **鲍本**《虞卿传》有，次第不同。先云“秦既解邯郸”，与今所衍二十四字同。次“虞卿谓赵王曰，秦之攻王也倦而归乎”止“势必无赵矣”。次“赵王计未定，楼缓从秦来”止“此饰说也”。次“王必勿与，楼缓闻之”止“缓闻之逃去”。彪谓：虞卿可谓见善明者矣。当赵以四十万覆于长平之下，凡在赵庭之臣，孰不魄夺气丧，顾讲秦以偷须臾之宁？卿独为之延虑却顾，折楼缓之口，挫强秦之心，反使秦人先赵而讲。于此亦足以见从者，天下之势。七国辩士，策必中，计必得，而不失其正，唯卿与陈轸有焉。贤矣哉！正曰：《大事记》引苏氏云，虞卿终始事赵，专持从说，非说客也。鲍以卿与陈轸并称，轸料事明切，不下于卿，其劝怀王赂秦而取偿于齐，意亦类此。他虽辩给可善，而言稍浮。至其往来秦、楚，争宠张仪，徼贵犀首，未离说客之习也！岂卿比哉？

秦攻赵平原君使人请救于魏

秦攻赵，平原君使人请救于魏。信陵君发兵至邯郸城下，秦兵罢。虞卿为平原君请益地，谓赵王曰：“夫不斗一卒，不顿[①]一戟，而解二国患者，平原君之力也[②]。用人之力，而忘人之功，不可。”赵王曰：“善。”将益之地。公孙龙[③]闻之[④]，见平原君曰：“君无覆军杀将之功[⑤]，而封以东武城。赵国豪杰之士，多在君之右[⑥]，而君为相国者以亲故[⑦]。夫君封以东武城不让无功[⑧]，佩赵国相印不辞无能，一解国患，欲求益地，是亲戚受封，而国人计功也[⑨]。为君计者，不如勿受便。”平原君曰：“谨受令。”乃不受封。[⑩]

① **鲍本**顿剑之顿。正曰：顿，义见《秦策》。 ② **鲍本**无“也”字。○ 补曰：一本有“也”字。 ③ **鲍本**赵人，著《守白论》，《庄子》称之。距是远甚，岂同姓名如公孙弘者乎？正曰：《庄子》称公孙龙之学“合同异，离坚白”。而《史·平原传》，称公孙龙善为坚白同异之辨。《荀卿传》末以为赵人。又见《列子》等书，同此人也。《史》称庄子与梁惠、齐宣同时，楚威王欲以为相。威王元年，当显王三十年，故《大事记》以楚相之事附见。下至赧王十七年，赵胜封平原君，则周距平原未远也。《庄子》书称之、哙。之、哙事当宣王末年，赧王元年也。下至魏破秦军邯郸时，以为赧王五十八年。则周之称公孙龙，龙之在平原君门，皆相及也。惟以为仲尼弟子公孙龙者，则误。盖相去远尔。 ④ **姚本**刘添“闻”字。 **鲍本**原无“闻”字，补“闻”字。○ 补曰：《史》有。 ⑤ **鲍本**言初封时以公子耳。 ⑥ **鲍本**右者，人道所尊。补曰：秦、汉以前，用右为上，如云“位在廉颇右”。 ⑦ **鲍本**“亲”下补“也”字。○ 正曰：“故”句。《史》作“亲戚故也”。 ⑧ **鲍本**不以无功辞之。 ⑨ **鲍本**国人受封，必计其功，与平原异。补曰：胜本无功，向之受封也，已不当得，今又欲益地。是在亲戚，则无功受封，国人则计功乃受赏，轻重不伦也。汉光武封阴识，识引此语。 ⑩ **鲍本**彪谓：平原失计于冯亭，以挑秦祸，几丧赵国之半，驯致邯郸之围，何功之足论哉？然因人成事，亦有桑榆之收，不可忘也。虞卿之请，帝王懋赏之举；公孙龙之辞，明哲让功之谊。皆君子之善言也。正曰：赵胜功不赎罪，虞卿此为失言。

秦赵战于长平

秦、赵战于长平，赵不胜[①]，亡一都尉[②]。赵王召楼昌与虞卿曰：“军战不胜，尉复死[③]，寡人使卷甲而趍之[④]，何如？”楼昌曰：“无益也，不如发重使而为媾[⑤]。”虞卿曰：“夫言媾者，以为不媾者军必破，而制媾者在秦[⑥]。且王之论秦也，欲破王之军乎？其不邪？”王曰：“秦不遗余力矣，必且破赵军。”虞卿曰：“王聊听臣，发使出重宝以附楚、魏。楚、魏欲得王之重宝，必入吾使。赵使入楚、魏，秦必疑天下合从也，且必恐。如此，则媾乃可为也。”

① **鲍本**无“不胜”二字。○ **札记**丕烈案：《史记》、《新序》有。 ② **鲍本**军尉也。 ③ **鲍本**“复”作“系”。○ 系，尉名。正曰：《史》同。 **札记**《新序》作“系”。徐广注《史记》云，“复”一作“系”。 ④ **鲍本**“趍”作“趋”。○ 袭之也。 ⑤ **鲍本**“媾”作“讲”。○ 从女从冓，求和也，与“讲”无异义。而此书两字互用。今以御名，并作“讲”。 **札记**丕烈案：《史记》作“媾”，《新序》作“构”。 ⑥ **鲍本**制，言听否由之。

赵王不听，与[①]平阳君为媾，发郑朱入秦，秦内之。赵王召虞卿曰：“寡人使平阳君媾秦，秦已内郑朱矣，子以为奚如？”虞卿曰：“王必不得媾，军必破矣，天下之贺战胜者皆在秦矣。郑朱，赵之贵人也，而入于秦，秦王[②]与应侯必显重以示天下。楚、魏以赵为媾，必不救王。秦知[③]天下不救王，则媾不可得成也[④]。”赵卒不得媾，军果大败。王入秦，秦留赵王而后许之媾。[⑤]

① **鲍本**与，从之也。 ② **鲍本**昭。 ③ **姚本**一本去“秦知”字。 ④ **姚本**一无“成”字。 ⑤ **鲍本**《虞卿传》有。

秦围赵之邯郸

秦围赵之邯郸[①]。魏安釐王使将军晋鄙救赵。畏秦，止于荡阴[②]，不进。魏王使客将军新[③]垣衍[④]间[⑤]入邯郸，因平原君谓赵王曰：“秦所以急围赵者，前与齐湣王[⑥]争强为帝，已而复归帝，以齐故[7]。今齐湣王已益弱[8]。方今唯秦雄天下，此非必贪邯郸，其意欲求为帝。赵诚发使尊秦昭王为帝[9]，秦必喜，罢兵去。”平原君犹豫未有所决。

① **鲍本**此九年。 ② **姚本**钱、刘改“荡”作“汤”。 **鲍本**属河内。补曰：《正义》云，荡，天郎反。相州县。 ③ **鲍本**“新”作“辛”。○ **札记**《史记》作“新”。此涉之而误也。下文尽作“辛”。 ④ **鲍本**称客，则衍他国人仕魏也。补曰：《元和姓纂》，衍，毕公高之后。 ⑤ **鲍本**间，谓微行。⑥ **鲍本**“湣”作“闵”。○ **札记**丕烈案：《史记》作“湣”。此涉之而误也。《齐策》作“闵”。 ⑦ **鲍本**由齐不称，秦亦失之。 ⑧ **鲍本**无“已”字，原注衍“闵王”二字。○ 今乃襄王尔，《史》亦误。正曰：谓今之齐，视闵王已益弱。 **札记**丕烈案：《史记》作“今齐湣王已益弱”。 ⑨ **鲍本**称谥，非当时语。补曰：追书之辞。

此时鲁仲连适游赵，会秦围赵。闻魏将欲令赵尊秦为帝，乃见平原君曰：“事将奈何矣？”平原君曰：“胜也何敢言事？百万之众折于外，今又内围邯郸而不能[1]去。魏王使[2]将军辛垣衍令赵帝秦。今其人在是，胜也何敢言事？”鲁连曰：“始吾以君为天下之贤公子也，吾乃今然后知君非天下之贤公子也。梁客辛垣衍安在？吾请为君责而归之。”平原君曰：“胜请召而见之于先生[3]。”平原君遂见辛垣衍曰：“东国有鲁连先生[4]，其人在此，胜请为绍介[5]而见之于将军[6]。”辛垣衍曰：“吾闻鲁连先生，齐国之高士也。衍，人臣也，使事有职。吾不愿见鲁连先生也。”平原君曰：“胜已泄之矣[7]。”辛垣衍许诺。

① **姚本**曾本添“能”字。 **鲍本**无“能”字。○ **札记**丕烈案：《史记》有。 ② **鲍本**“使”下有“客”字。○ **札记**丕烈案：《史记》有。 ③ **姚本**钱、刘作“为召而见之”。 **鲍本**“召”上有“为”字。○ **札记**丕烈案：《史记》作“请为绍介”。 ④ **鲍本**东国，谓齐。补曰：一本“先生者”。 **札记**丕烈案：《史记》有。 ⑤ **鲍本**郭璞曰，绍介，相佑助也。补曰：《索隐》曰，《礼》，宾至，必因介以传辞。绍者，继也。故《礼》云，介绍而传命。 ⑥ **姚本**钱、刘作“请为绍交之于将军”。 ⑦ **鲍本**泄，言已白之。

鲁连见辛垣衍而无言。辛垣衍曰：“吾视居北[1]围城之中者，皆有求于平原君者也。今吾视先生之玉貌，非有求于平原君者，曷为久居此[2]围城之中而不去也？”鲁连曰：“世以鲍焦[3]无从容而死者，皆非也[4]。今众人不知，则为一身[5]。彼秦者[6]，弃礼义而上首功之国也[7]。权使其士，虏使其民[8]。彼则肆然而为帝，过而遂正于天下[9]，则连有赴东海而死矣。[10]吾不忍为之民也！所为见将军者，欲以助赵也。”辛垣衍曰：“先生助之奈何？”鲁连曰：“吾将使梁及燕助之。齐、楚则[11]固助之矣。”辛垣衍曰：“燕则吾请以从矣。若乃梁，则吾乃梁人也，先生恶能使梁助之耶？”鲁连曰：“梁未睹秦称帝之害故也，使梁睹秦称帝之害，则必助赵矣。”辛垣衍曰：“秦称帝之害将奈何？”鲁仲连曰：“昔齐威王尝为仁义矣，率天下诸侯而朝周。周贫且微，诸侯莫朝，而齐独朝之。居岁余，周烈王崩，诸侯皆吊，齐后往。周怒，赴于齐曰：‘天崩地坼，天子下席。东藩之臣田婴齐后至，则斮之。’威王勃然怒曰：‘叱嗟[12]，而母婢也[13]。’卒为天下笑。故生则朝周，死则叱之，诚不忍其求也。彼天子固然，[14]其无足怪。”辛垣衍曰："先生独未见夫仆乎？十人而从一人者，宁力不胜，智不若耶？畏之也。"鲁仲连曰："然梁之比于秦若仆耶？"辛垣衍曰："然。"鲁仲连曰："然吾将使秦王烹醢梁王⑮。"辛垣衍怏然不悦曰："嘻，亦太甚矣，先生之言也⑯！先生又恶能使秦王烹醢梁王？"

① **鲍本**"北"作"此"。○ **札记**今本"北"作"此"。丕烈案："此"字是也。《史记》作"此"。 ② **鲍本**"此"原作"若"，又改作"此"。○ 补曰："若"疑"居"字讹衍。《史》作"此"，无亦可。 ③ **鲍本**鲍焦，周之介士，见《庄子》。补曰：《韩诗外传》云，周时隐者，无子胤，不臣天子，不友诸侯。④ **鲍本**其人介，故人谓之然。 ⑤ **鲍本**不知者，以其抱木死为无以自养，不知其非世也。明己今亦然。 ⑥ **鲍本**无"者"字。○ **札记**丕烈案：《史记》有。 ⑦ **鲍本**秦制爵二十等，战获首级者，计功受爵，时所尊上也。⑧ **鲍本**视民如所虏获。 ⑨ **鲍本**过，犹不幸。补曰：《正义》云，旧读"帝过"句，谓遍行天子之礼。过，失也。愚按，此句亦难通。过，即过甚之义。《史》作"过而为政"。 ⑩ **鲍本**"矣"作"耳"。○ 补曰：《史》作"耳"。⑪ **鲍本**无"则"字。○ **札记**丕烈案：《史记》有。 ⑫ **鲍本**嗟，咨也。⑬ **鲍本**补曰：《正义》云，赴，告也。今文作"讣"。《索隐》云，下席，言其寝苫居庐，谓烈王太子安王骄也。《正义》云，"而母婢"，骂烈王后也。 ⑭ **鲍本**固，犹必。 ⑮ **鲍本**"然"下补"则"字。○ 醢，肉酱也。 **札记**丕烈案：《史记》无"然"字。凡古言"然"，与今言"然则"同。鲍本误。 ⑯ **鲍本**补曰：嘻，叹；言也，句。

鲁仲连曰："固也，待吾言之。昔者，鬼侯①之②鄂侯③、文王，纣之三公也。鬼侯有子而好，故入之于纣，纣以为恶，醢鬼侯。鄂侯争之急，辨之疾，故脯鄂侯。文王闻之，喟然而叹，故拘之于牖里[4]之车[5]，百日而欲舍[6]之死。曷为与人俱称帝王，卒就脯醢之地也？齐闵王将之鲁，夷维子执策而从[7]，谓鲁人曰：'子将何以待吾君？'鲁人曰：'吾将以十太牢待子之君。'维子[8]曰：'子安取礼而来待吾君？彼吾君者，天子也。天子巡狩，诸侯辟舍，纳于[9]管键[10]，摄衽抱几[11]，视膳于堂下，天子已食，退而听朝也[12]。'鲁人投其籥[13]，不果纳。不得入于鲁，将之薛，假涂于邹。当是时，邹君死，闵王欲入吊。夷维子谓邹之孤曰：'天子吊，主人必将倍殡柩[14]，设北面于南方，然后天子南面吊也。'邹之群臣曰：'必若此，吾将伏剑而死。'故不敢入于邹。邹、鲁之臣，生则不得事养[15]，死则不得饭含[16]。然且欲行天子之礼于邹、鲁之臣，不果纳。今秦万乘之国，梁亦万乘之国。俱据万乘之国[17]，交有称王之名，赌[18]其一战而胜，欲从而帝之，是使三晋之大臣不如邹、鲁之仆妾也。且秦无已而帝[19]，则且变易诸侯之大臣。彼将夺其所谓不肖，而予其所谓[20]贤；夺其所憎，而与其所爱。彼又将使其子女谗妾为诸侯妃姬，处梁之宫，梁王安得晏然而已乎？而将军又何以得故宠乎？"

① **鲍本**徐曰，邺县有九侯城，"九"一作"鬼"。　② **鲍本**"鬼侯"下无"之"字。○　**札记**丕烈案：《史记》无。　③ **鲍本**鄂，属江夏。正曰：《左传》隐六年"纳诸鄂"注，晋别邑。《路史》云，在大夏。《世本》云，叔虞居鄂。未知即此否？　④ **鲍本**牖里，在荡阴。　⑤ **鲍本**"车"作"库"。○　**札记**丕烈案：《史记》作"库"。　⑥ **姚本**钱本添"舍"字。　**鲍本**"舍"作"令"。○　**札记**丕烈案：《史记》作"令"。　⑦ **鲍本**策，马策也。补曰：《索隐》云，维，东莱之邑。其居夷也，号夷维子。故晏子为莱之夷维人。愚按，维即维

地。《志》,维水出密州莒县东北维山,北至今维州昌邑入海。莱夷,即今莱州也。 ⑧ **鲍本**“维”上有“夷”字。○ **札记**丕烈案:《史记》有。 ⑨ **鲍本**衍“于”字。补曰:疑衍,《史》无。 ⑩ **鲍本**管,钥也。键,其牡。避纳者,示不敢有其国。 ⑪ **鲍本**几,所据也。 ⑫ **鲍本**“退”在“听”下。○补曰:一本“天子已食,退而听朝也”。《史》同,“退”上有“乃”字。 ⑬ **鲍本**“籥”,“鑰”同,关下牡也。投者,下其牡。 ⑭ **鲍本**倍,言背之去。正曰:《索隐》云,主人不在殡东,将背其殡棺,立西阶上,北面哭,是倍也。天子乃于阼阶上,南面吊之也。 ⑮ **鲍本**齐时强,二国不纳,必见伐,国人不得养老事幼。正曰:《索隐》云,谓时君弱臣强,邹、鲁君生时,臣不得尽事养,死不得行赙襚之礼。然齐欲行天子礼于邹、鲁,其臣皆不果纳之,是犹秉礼而有大体也。 ⑯ **鲍本**以珠玉实死者之口曰含。此谓邹。补曰:饭,扶晚反。含,胡绀反。 ⑰ **鲍本**无“俱据万乘之国”六字。○ **札记**丕烈案:《史记》有。 ⑱ **鲍本**“赌”作“睹”。○ **札记**今本“赌”作“睹”。丕烈案:“睹”字是也。 ⑲ **鲍本**无已,言无止之者。正曰:无已,必欲为之而不止也。 ⑳ **鲍本**补曰:《史》无两“谓”字。

于是,辛垣衍起,再拜谢曰:“始以先生为庸人,吾乃今日而[①]知先生为天下之士也。吾请去,不敢复言帝秦。”秦将闻之,为却军五十里。

① **姚本**曾本无“而”字。

适会魏公子无忌[①]夺晋鄙军以救赵击秦,秦军引而去[②]。于是平原君欲封鲁仲连。鲁仲连辞让者三,终不肯受。平原君乃置酒,酒酣,起前以千金为鲁连寿。鲁连笑曰:“所[③]贵于天下之士者,为人排患、释难、解纷乱而无所取也。即有所取者，是商贾之人也，仲连不忍为也。”遂辞平原君而去，终身不复见。[4]

① **鲍本**无“魏”字。○ **札记**丕烈案：《史记》有。 ② **鲍本**补曰：秦将闻仲连之言，为却军五十里。说者以为辩士夸辞，愚窃以为信。盖仲连毅然不肯帝秦，则魏救必至。声天下之大义，以作三军之气，不战而自倍矣。是时公子无忌且至，连之智，足以知其事之克济。不然，则且有俶傥非常之画，以佐赵之急，彼秦将者，必闻其言而惮其谋故尔。不然，岂为虚言却哉？ ③ **鲍本**“所”作“此”。○ 补曰：《史》作“所”。 ④ **鲍本**《仲连传》有。彪谓：仲连，孔子之所谓逸民，非周衰辩者之囿也。太史公赞之贬矣。夫说人者不可一概，或委而顺之若触聋，或折而服之若仲连，然后济天下之务。不然，谀且愎矣。正曰：史迁论仲连，谓指意不合大义，固未当。鲍以为孔子所谓逸民，连虽贫贱肆志，然时出而救时，亦非逸也。《大事记》引苏氏曰，辩过仪、秦，气凌髡、衍，从横之利，不入于口，因事放言，切中机会，排难解纷，不终日而成功，逃避爵赏，脱屣而去，战国一人而已。斯言蔑以加矣。愚谓，仲连事皆可称，而不肯帝秦一节尤伟。战国之士，皆以势为强弱，而连独以义为重轻，此其所以异尔。补曰：“请为”、“所为”、“为却”之“为”，去声。

说张相国

说张相国[1]曰：“君安能少赵人，而令赵人多君[2]？君安能憎赵人，而令赵人爱君乎？夫胶漆，至黏也[3]，而不能合远；鸿毛，至轻也，而不能自举。夫飘于清风[4]，则横行四海。故事有简而功成者，因也。今赵万乘之强国也，前漳、滏[5]，右常山，左河间，北有代，带甲百万，尝抑强齐[6]，四十余年而秦不能得所欲[7]。由是观之，赵之于天下也不轻。今君易万乘之强赵，而慕思不可得之小梁[⑧]，臣窃为君不取也。”君[⑨]曰：“善。”自是之后，众人广坐之中，未尝不言赵人之长者也，未尝不言赵俗之善者也。

① **鲍本**盖梁人相赵，尝怀梁而鄙赵者。正曰：无考。 ② **鲍本**少多，犹薄厚。 ③ **鲍本**“黏”作“黏”。〇 补曰：“黏”，一本作“黏”，女乙反。《周礼》注，黏，黏也。 ④ **鲍本**举鸿毛以见胶漆。 ⑤ **鲍本**《后志》，滏水，在邺。 **札记**今本“滏”作“釜”。丕烈案：此误涉《魏策》“釜”字耳。 ⑥ **鲍本**“齐”作“秦”。〇 此言苏秦从时也。 ⑦ **鲍本**正曰：此不可知为何时。考之《史》，自慎靓王四年，齐败魏、赵观津军二事，在武灵九年。是后，赵伐齐则有之，惠文之世，而不闻齐伐赵也。所谓强齐，当是指闵王。苏秦约从摈秦，不久而解。赵虽强，非秦敌。不得所欲，亦大言耳。然与抑强齐之言，不能无轻重矣。 ⑧ **鲍本**不可复得归也。意者相国以罪亡梁欤？正曰：无考。 ⑨ **鲍本**“君”字误。正曰：相国称君。

郑同北见赵王

郑同[①]北见赵王。赵王曰：“子南方之传士也[②]，何以教之？”郑同曰：“臣南方草鄙之人也[③]，何足问[④]？虽然，王致之于前，安敢不对乎？臣少之时，亲尝教以兵。”赵王曰：“寡人不好兵[⑤]。”郑同因抚手[⑥]仰天而笑之曰：“兵固天下之狙喜也[⑦]，臣故[⑧]意大王不好也。臣亦尝以兵说魏昭王，[⑨]昭王亦曰：‘寡人不喜。’臣曰：‘王之行能如许由乎？许由无天下之累，故不受也[⑩]。今王既受先王之传，欲宗庙之安，壤地不削，社稷之血食乎？’王曰：‘然。’今[⑪]有人操随侯之珠，持丘之环[⑫]，万金之财，时[⑬]宿于野，内无孟贲之威，荆庆之断[⑭]，外无弓弩之御，不出宿夕[⑮]，人必危之矣。今有强贪之国，临王之境，索王之地，告以理则不可，说以义则不听。王非战国守圉之具⑯，其将⑰何以当之？王若无兵，邻国得志矣。”赵王曰：“寡人请奉教。”⑱

① **鲍本**同，郑人。郑在赵之南。 ② **姚本**“传”，一作“博”。 **鲍本**“传”作“博”。○ 博士，辩博之士。补曰：秦官有博士。或战国儒士有此称。 ③ **鲍本**鄙，犹野。 ④ **札记**今本“问”误“间”。 ⑤ **鲍本**补曰：故为反辞也。 ⑥ **鲍本**抚，摩也。 ⑦ **鲍本**狙，玃属而狡黠，言兵家如之而可喜。正曰：狙，犹杨雄所谓狙诈也。言此固诈者之所喜。 ⑧ **姚本**“故”，一作“固”。 **鲍本**补曰：“故”，“固”通。 ⑨ **鲍本**昔日。 ⑩ **鲍本**“受”作“爱”。○ **札记**丕烈案：受尧天下也。鲍改误甚。 ⑪ **鲍本**此下同对。 ⑫ **鲍本**“持”下脱一字。“丘之环”，未详。 **札记**鲍“持”下云脱一字。丕烈案：非也。“持丘”不可考，二字与上“隋侯”为对文。 ⑬ **鲍本**补曰：一本标作“特”。 **札记**丕烈案：“特”字当是。特宿，谓独宿。 ⑭ **鲍本**荆，成荆。《范雎传》注，古勇士。又“庆”、“卿”，古字通。《道应训》，荆有佽非斩蛟，孔子闻之。《博物志》以为荆轲，非也。又或是成荆、庆忌二人。《说林训》曰，王子庆忌，足蹑麋鹿，手博兕虎。补曰：《吴越春秋》，庆忌，吴王僚子。 ⑮ **鲍本**一宿一夕。夕，初夜。 ⑯ **鲍本**“圉”作“圄”。○ 圄，亦守。 ⑰ **鲍本**无“将”字。○ ⑱ **鲍本**彪谓：郑同陈喻甚高，然自春秋至是，天下未尝无兵。故孔、孟皆以兵为讳。今舍俎豆之事，仁义之说，而专谈兵，此益多之论也。

建信君贵于赵〔校一〕

〔校一〕此篇姚本与下篇《卫灵公近雍疸弥子瑕》连篇，列在《赵策》。鲍本分列两篇，此篇在《赵策》，《卫灵公近雍疸弥子瑕》在《卫策》。今据鲍本分成两篇，据姚本皆列在《赵策》。

建信君贵于赵。公子魏牟过赵，赵王迎之，顾反至坐①，前有尺帛，且令工以为冠。工见客来也，因辟②。赵王曰："公子乃驱后车，幸以临寡人，愿闻所以为天下。"魏牟曰："王能重王之国若此尺帛，则王之国大治矣。"赵王不说，形于颜色，曰："先生③不知寡人不肖，使奉社稷，岂敢轻国若此？"魏牟曰："王无怒，请为王说之。"曰："王有此尺帛，何不令前郎中以为冠？"王曰："郎中不知为冠④。"魏牟曰："为冠而败之，奚亏⑤于王之国？而王必待工而后乃使之。今为天下之工⑥，或非也，社稷为虚戾⑦，先王不血食，而王不以予工，乃与幼艾⑧。且王之先帝⑨，驾犀首而骖马服⑩，以与秦角逐⑪。秦当时适其锋⑫。今王憧憧⑬，乃辇建信以与强秦角逐，臣恐秦折王之椅⑭也。"⑮

① **鲍本**迎客面之，有顾则反。 ② **鲍本**"辟"作"避"。〇 补曰：句。③ **姚本**一作"王"。 **鲍本**"生"作"王"。〇 ④ **鲍本**补曰：郎中，官，不独秦。 ⑤ **鲍本**亏，犹损。 ⑥ **鲍本**所与治国之人。 ⑦ **鲍本**补曰：虚戾，见《秦策》。 ⑧ **鲍本**赵岐曰，艾，美好。 ⑨ **鲍本**帝、王、皇，人君之尊称，此与称秦孝公为先王者同也。 ⑩ **鲍本**驾、骖，以御马喻也。《陈轸传》言衍与燕、赵之王有故，盖衍虽相魏，实赵任之为外相也。 ⑪ **鲍本**角，有斗争意。 ⑫ **鲍本**"适"作"避"。〇 补曰："适"，恐当作"避"。 **札记**丕烈案：鲍改吴补皆非也。"适"即"敌"字。此以车为喻，或"锋"字有误。⑬ **鲍本**往来不绝貌。 ⑭ **鲍本**"椅"作"输"。〇 输，车旁也。以辇喻，故云。补曰：《诗》"猗重较兮"。猗，隐绮反。注，依也。此"椅"字虽不同，然义亦当与"输"通。余见《齐策·王斗》章。 **札记**丕烈案：此以"椅"为"输"字耳。 ⑮ **鲍本**正曰：旧本《卫灵公近痈疽弥子瑕》章，在此章之后，下章之前。今按二臣皆卫幸臣，亦建信之类，宜属上下章，不应自为章也。鲍以

其章置之卫，非是。

卫灵公近雍疸弥子瑕〔校一〕

〔校一〕此篇姚本与上篇《建信君贵于赵》连篇，列在《赵策》。鲍本分列两篇，此篇在《卫策》。

卫灵公近雍疸①、弥子瑕②。二人者，专君之势以蔽左右。复涂侦③谓君曰："昔日臣梦见君。"君曰："子何梦？"曰："梦见灶君。"君忿然作色曰："吾闻梦见人君者，梦见日。今子曰梦见灶君而言君也，有说则可，无说则死。"对曰："日，并烛天下者也，一物不能蔽也。若灶则不然，前之人炀④，则后之人无从见也。今臣疑人之有炀于君者也，是以梦见灶君。"君曰："善。"于是，因废雍疸、弥子瑕，而立司空狗。⑤

① **鲍本**"雍"作"痈"，"疸"作"疽"。〇 《孟子》有其人，盖医之幸者。补曰：痈疽，疡医。 **札记**吴氏补曰，宜属上下章。丕烈案：此公子牟引卫事以告王，宜连上。卫灵公未入战国也。 ② **鲍本**补曰：灵公幸臣，其妻与子路之妻兄弟，亦见《孟子》。 ③ **鲍本**卫人。补曰：《韩非子》亦有此文而稍异，云侏儒善假梦以见主道。恐此"复涂侦"字，或"侏儒"之讹。然彼以"痈疽"为"雍鉏"，则误也。 **札记**丕烈案："雍鉏"即"雍疸"，吴以为误，未是。 ④ **鲍本**炀，炙燥也。补曰：炀，余亮反。《庄子》，炀者避灶。《释文》，炊也，盖炊而向灶者。 ⑤ **鲍本**元在《赵策》。正曰：宜从旧，说见《赵策》。

或谓建信君之所以事王者

或谓建信①："君之所以事王者，色也。葺②之所以事王者,知也。色老而衰,知老而多。以日多之知,而逐衰恶之色,君必困矣。”建信君曰:“奈何?”曰:“并骥而走者,五里而罢[③];乘骥而御之,不倦而取道多。君令葺乘独断之车[④],御独断之势,以居邯郸;令之内治国事,外刺诸侯[⑤],则葺之事有不言者矣[⑥]。君因言王而重责之,葺之轴今折矣[⑦]。”建信君再拜受命,入言于王,厚任葺以事能[⑧],重责之。未期年而葺亡走矣。[⑨]

① **鲍本**“建信”下补“君”字。〇 正曰:当有缺字。或曰“君”下有“曰”字。 **札记**丕烈案:鲍补、吴正皆非也。此“谓建信”句绝,“君”下属。建信即建信君也。上有“建信者,安能以无功恶秦哉”可证。 ② **姚本**一作“胥”。 **鲍本**葺,赵人名。补曰:字书解“葺”字。盖“葺”,《仪礼》注,“胥”,俗作“娼”。晋、唐人书“咠”多作“肙”。前章“盛气胥之”,一本“揖之”。《魏策》“肙中”,一本“咠中”,一“咠亡”,一本“咠云”。《韩策》“咠夫”,一本“肙臣”。盖“月”、“耳”字易混也。 ③ **鲍本**罢,音疲。 ④ **鲍本**不与之分治。⑤ **鲍本**刺,言探候其事。 ⑥ **鲍本**所治者多,不暇悉言于上。 ⑦ **鲍本**不胜多事之任。 ⑧ **鲍本**“能”作“而”。〇 正曰:“能”字句,犹言为。⑨ **鲍本**彪谓:奸人之不可知,甚矣!智知所无奈何。彼厚任以事,葺以为不世之遇矣,殚力毕虑,恐不给焉,而不知建信之困之也。故国有奸人,贤智之得全者寡矣!

苦成常谓建信君

苦[①]成常[②]谓建信君曰:“天下合从[③],而独以赵恶秦[④],何也?魏杀吕遗[⑤],而天下交之[⑥]。今收河间[⑦],于[⑧]是与杀吕遗何以异[⑨]?君唯释[⑩]虚[⑪]伪疾[⑫],文信[⑬]犹且知之也[⑭]。从而有功乎,何患不得收河间?从而无功乎,收河间何益也?”⑮

① **鲍本**“苦”作“晋”。〇　② **鲍本**未详。　③ **鲍本**“合”作“公”。〇公,犹同。补曰:一本“公”作“合”。　④ **鲍本**言从者皆恶秦也,而世独言赵。　⑤ **鲍本**“遗”作“辽”。〇　元作“遗”,从上文。正曰:上章作“辽”。未知孰是?　**札记**今本“遗”作“辽”,乃误涉鲍也。　⑥ **鲍本**天下恶秦,秦重辽,故杀辽而诸国交之。然则秦恶魏深矣。补曰:“交”下当有缺字,即上章卫兵之事。　⑦ **鲍本**不封文信。正曰:不韦欲攻赵以广河间,赵欲收河间。　⑧ **姚本**一无“于”字。　⑨ **鲍本**文信亦秦所重,今不与地,秦必恶赵。　⑩ **鲍本**“释”作“饰”。〇　⑪ **鲍本**惧秦觉也。　⑫ **鲍本**“疾”作“侯”。〇　正曰:一本“侯”作“疾”,亦难通。疑“侯”字当在“文信”下,殽乱。上文从“伪”字句,意明。　**札记**今本“信”下有“侯”字。丕烈案:吴说未是,此以“疾”字句。文信,即文信侯也,上有“文信不得志”可证。　⑬ **鲍本**虚与之河间。　⑭ **鲍本**如是秦犹知其不善己,况收河间乎?　⑮ **鲍本**正曰:“君唯释虚伪”,谓合从之国,虚伪难信,君独释而不合,则文信侯犹且知之也。上言天下合从,独以赵恶秦,故此言文信侯知赵之不合,犹可以免攻也。补曰:从,皆七恭反。

希写见建信君

希写①见建信君。建信君曰:“文信侯之于仆也,甚无礼。秦使人来仕,仆官之丞相②,爵五大夫③。文信侯之于仆也,甚矣其无礼也④。”希写曰:“臣以为今世用事者,不如商贾。”建信君悖然曰:“足下卑用事者而高商贾乎?”曰:“不然。夫良商不与人争买卖之贾,而谨司时⑤。时贱而买,虽贵已贱矣;时贵而卖,虽贱已贵矣。昔者,文王之⑥拘于牖里,而武王羁于玉门⑦,卒断⑧纣之头而县于太白者⑨,是武王之功也。今君不能与文信侯相伉以权，而责文信侯少礼，臣窃为君不取也。”

① **鲍本**赵人。 ② **鲍本**使为丞相官属。 ③ **鲍本**补曰：秦武王二年，初置丞相。秦爵，五大夫第九。刘昭曰，军吏也。据此《策》，则不特秦官，赵亦有之。战国改制，递相效也。 ④ **鲍本**言己待之厚，彼不宜无礼。⑤ **鲍本**“司”，“伺”同。 ⑥ **鲍本**衍“之”字。 ⑦ **鲍本**《项羽纪》注，成皋北门名玉门。此事不《经》见。 ⑧ **鲍本**“断”作“斩”。○ ⑨ **鲍本**太白，旗名。

魏魀谓建信君

魏魀[①]谓建信君曰：“人有置系蹄者[②]而得虎。虎怒，决蹯而去[③]。虎之情，非不爱其蹯也。然而不以环寸之蹯，害七尺之躯者，权也。今有国，非直七尺躯也。而君之身于王，非环寸之蹯也[④]。愿公之熟图之也。”

① **鲍本**“魀”作“尬”。○ 尬，音介，字书无之。补曰：一本标或作“魀”。《楚辞》“九魀”，北斗星名。《说文》“尬”，尲尬，行不正貌。公介、公鎋二反，字亦不从允。 ② **鲍本**用绳以系兽蹄。 ③ **鲍本**蹯，兽足。补曰：蹯，音烦。 ④ **鲍本**言王且以爱国，故去之。

秦攻赵鼓铎之音闻于北堂

秦攻赵，鼓铎之音闻于北堂。希卑[①]曰：“夫秦之攻赵，不宜急如此。此召兵也[②]。必有大臣欲衡者耳[③]。王欲知其人，旦日赞[④]群臣而访之，先言横者，则其人也。”建信君果先言横。[⑤]

① **鲍本**赵人。 ② **鲍本**兵，赵兵，内应者，盖以鼓铎为信。 ③ **鲍本**衡即横。 ④ **鲍本**赞者，美其事以开说者。 ⑤ **鲍本**补曰：魏牟谓赵王曰，王之先帝，驾犀首，骖马服，今王乃辇建信君。则在孝成之时明矣。建信始欲合从，今先言横，为国召兵，罪不容诛。然以嬖幸小人，委国听之，罪在王尔。《大事记》谓，孝成虽有上党将赵括之失，犹能用颇、牧以持国。李伯之事，犹能驾御豪杰。愚观其时，秦兵日至，疆宇日蹙，客所谓贼在内者，切中其病。未有内治而国不强者也。

齐人李伯见孝成王

齐人李伯见孝成王。成王说之，以为代郡守。而居无几何，人告之反。孝成王方馈[①]，不堕食[②]。无几何，告者复至，孝成王不应。已，乃使使者[③]言："齐举兵击燕，恐其以击燕为名，而以兵袭赵，故发兵自备。今燕、齐已合，臣请要其敝[④]，而地可多割。"自是之后，为孝成王从事于外者，无自疑于中者。

① **鲍本**"馈"，"餽"同。 ② **鲍本**方食而祭，不堕失匕箸，异矣。正曰：《大事记》，不惊，故食不堕也。愚谓，堕祭食，犹放下也，见《仪礼》。堕，许规反。 ③ **鲍本**伯之使。 ④ **鲍本**两国战，必有一疲，因以兵邀击之。

戰國策

下

〔汉〕刘向集录
〔南宋〕姚宏 鲍彪 等注

中国史学要籍丛刊

上海古籍出版社

战国策卷二十一

赵　四

为齐献书赵王

为齐献书赵王，使臣与复丑[①]曰："臣一见，而能令王坐而天下致名宝[②]。而臣窃怪王之不试见臣，而穷[③]臣也。群臣必多以臣为不能者，故王重[④]见臣也。以臣为不能者非[⑤]他，欲用王之兵，成其私[⑥]者也。非然[⑦]，则交有所偏者也[⑧]；非然，则知不足者也；非然，则欲以天下之重恐王，而取行于王[⑨]者也[⑩]。臣以齐循[⑪]事王，王能亡燕，能亡韩、魏，能攻秦，能孤秦。臣以为[⑫]齐致尊名于王，天下孰敢不致尊名于王？臣以齐致地于王，天下孰敢不致地于王？臣以齐为王求名于燕及韩、魏，孰敢辞之？臣之能也，其前可见已[⑬]。齐先重王，故天下尽重王[⑭]；无齐，天下必尽轻王也。秦之强，以无齐之[⑮]故重王，燕[⑯]、魏自以无齐故重王[⑰]。今王无齐独安得无重天下[⑱]？故劝王无齐者，非知不足也[⑲]，则不忠者也。非然，则欲用王之兵成其私者也；非然，则欲轻王以天下之重，取行于王者也；非然，则位尊而能卑者也[⑳]。愿王之熟虑无齐之利害也。"[㉑]

① **姚本**曾无此以上五字。　**鲍本**无"使臣与复丑"五字。○　补曰：

愚按，其文未详，恐他简脱误。 ② **鲍本**“宝”作“实”。○ 即下“致地”。 ③ **鲍本**穷，犹困也。困于不得见。 ④ **鲍本**重，犹难。 ⑤ **鲍本**非，若无也。 ⑥ **鲍本**无“成其私”三字。○ ⑦ **鲍本**无“非然”二字。○ ⑧ **鲍本**言卖赵与诸国，焉私？ ⑨ **鲍本**无“于王”二字。○ 补曰：姚本云，“欲用王之兵，成其私者也。非然，则交有所偏者也；非然，则知不足者也；非然，则欲以天下之重恐王，而取行于王者也”。愚按，此文为是。 ⑩ **鲍本**王畏惧之，必行其说。 ⑪ **姚本**曾作“脩”。 ⑫ **鲍本**衍“为”字。 ⑬ **鲍本**言可见于未效之前。 ⑭ **鲍本**“王”下复有“重王”二字，原注“衍重字”。○ ⑮ **鲍本**无“之”字。○ ⑯ **鲍本**“燕”下补“韩”字。○ ⑰ **鲍本**赵得齐，故四国无齐。 ⑱ **鲍本**犹四国重赵。 ⑲ **鲍本**无“也”字。○ ⑳ **鲍本**补曰：能卑者，才能卑下也。 ㉑ **鲍本**此《策》时不可考。

齐欲攻宋

齐欲攻宋[①]，秦令起贾[②]禁之。齐乃捄[③]赵以伐宋[④]。秦王[⑤]怒，属怨于赵。李兑约五国[⑥]以伐秦，无功，留天下之兵于成皋，而阴構[⑦]于秦。又欲与秦攻魏，以解其怨[⑧]而取封[⑨]焉。

① **鲍本**闵三十八年，此十三年。正曰：闵二十八年。 ② **鲍本**人姓名。 ③ **姚本**一作“收”。 **鲍本**“捄”作“援”。○ 补曰：姚云，“捄”一作“收”，《大事记》取。 ④ **鲍本**以赵自助。补曰：齐欲攻宋，乃收赵以助己，实未伐也，故赵李兑合五国以伐秦。《大事记》，赧王二十九年，先书赵李兑约五国伐秦，后书齐灭宋。《解题》云，此大事也，见于《策》者，前后非一章。《史》遗略不载，《策》亦不载伐秦之年，然兵端起于秦怨赵助齐伐宋，故附齐灭宋年。 ⑤ **鲍本**昭。 ⑥ **鲍本**韩、赵、魏、燕、齐也。《史》不书，独《赵策》见之。补曰：《大事记》书楚、齐、赵、韩、魏。按《魏策》“五国约而攻秦，楚王为从长，不能伤秦，兵罢而留成皋”，与此李兑约五国攻秦无功，留天下

兵于成皋语合。又谓兑虽主谋，楚犹以大国为从长，据此故也。按楚王为从长，乃怀王十一年，苏秦约楚、齐、赵、韩、魏、燕伐秦也。《秦纪》无楚，《年表》无齐，故以五国称。《楚世家》书特详。诸侯至函谷关，击秦不胜而归，其事又相类。兵罢留成皋一语，记者遂误附之，非李兑合从时也。按兑伐秦时，当楚顷襄王十二年，十年楚迎妇于秦，十四年与秦昭王好会于宛，中间未尝搆兵。《大事记》据下章书楚、齐、赵、韩、魏，又据《魏策》，因遂长楚。考之下章，虽有楚而不明言在五国之数，后亦屡言燕，是时固有燕矣。又此章劝齐劫天下，未及秦而后楚。下章云，齐将攻宋，秦、楚禁之，可见秦、楚方睦，必无楚伐秦之事矣。鲍以五国为韩、赵、魏、燕、齐者得之，然赵当首书。 ⑦ **姚本**曾作"講"字。 **鲍本**"構"作"講"。○ 补曰：《大事记》同，以下有"已講"字故也。 ⑧ **鲍本**解秦怨。 ⑨ **鲍本**自封之封，非封地。正曰：下文言取阴定封。

魏王[①]不说。之齐[②]，谓齐王曰："臣为足下谓魏王曰：'三晋皆有秦患。今之攻秦也，为赵也[③]。五国伐赵，赵必亡矣[④]。秦逐李兑[⑤]，李兑必死。今之伐秦也，以救李子之死也。今赵留天下之甲于成皋，而阴鬻之于秦，已讲，则令秦攻魏以成其私封，王之事赵也何得矣？且王尝济于漳，而身朝于邯郸，抱阴、成[⑥]，负蒿[⑦]、葛、薜[⑧]，以[⑨]为赵蔽，而赵无为王行也。今又以何[⑩]阳、姑密[⑪]封其子[⑫]，而乃令秦攻王，以便取阴[⑬]。人比然而后如[⑭]贤不，如王[⑮]若用所以事赵之半收齐，天下有敢谋王者乎？王之事齐也，无入朝之辱，无割地之费。齐为王之故，虚国[⑯]于燕、赵之前，用兵于二千里之外，故攻城野战，未尝不为王先被矢石也。得二都，割河东，尽效之于王。自是之后，秦攻魏，齐甲[⑰]未[⑱]尝不岁至于王之境也。请问王之所以报齐者可乎？韩呡[⑲]处于赵[⑳]，去齐三千里，王以此疑齐[21]，曰有秦阴[22]。今王又挟故薛公以为相[23]，善韩徐以为上交，尊虞商以为大[24]客，王固可以反疑[25]齐乎[26]？'于[27]魏王听此言也甚诎[28]，其欲事王[29]也甚循[30]。其怨于赵[31]。臣愿王[32]之曰[33]闻魏[34]而无庸见恶也，臣请为王推其怨于赵[35]，愿王之阴重[36]赵，而无使秦之见王之重赵也。秦见之且亦重赵[37]。齐、秦交重赵，臣必见燕与韩、魏亦且重赵也，皆且无敢与赵治[38]。五[39]国事赵，赵从亲以合于秦，必为王高矣[40]。臣故欲王之偏劫天下，而皆私甘之也[41]。王使臣以韩、魏与燕劫赵，使丹[42]也甘之；以赵劫韩、魏[43]，使臣[44]也甘之；以三晋劫秦，使顺也甘之；以天下劫楚，使呡也甘之。则天下皆偪秦以事王[45]，而不敢相私也。交定，然[46]后王择焉。"[47]

① **鲍本**昭。　② **鲍本**"齐"下补"人"字。○　正曰：《大事记》，魏王不说，齐人谓王云云。愚谓，"之齐"上有缺文，当是人姓名。　③ **鲍本**本以秦属怨于赵故。　④ **鲍本**此设辞也。言赵初约伐秦，今乃与秦讲，若同伐赵，赵可亡也。　⑤ **鲍本**"秦"作"齐"。○　讲秦、背齐、不伐宋者，兑也。正曰：姚本作"秦逐"。《大事记》取。　⑥ **鲍本**成属涿郡。又《孔子世家》注，太山巨平有武城。正曰：阴、成未详，鲍注皆非魏地。　⑦ **鲍本**地缺。⑧ **鲍本**"薜"作"薛"，又改作"孽"。○　《赵记》注，在马丘。又葛城在高阴，属涿郡。补曰：当作"孽"。正曰：抱、负言其势。按《魏策》，叶阳君约魏，魏王将封其子，谓魏王曰，"王尝身济漳，朝邯郸，抱葛、薛、阴、成以为赵养邑"。据此文，则"蒿"字因"葛"而误衍。四邑皆魏地。《赵世家》，"遇于葛孽"，则知此文"薛"字误也。徐广云者，在马丘。《正义》引《括地志》云也□□□□□魏县西南。　**札记**丕烈案："薛"即"孽"字也。　⑨ **鲍本**无"以"字。○　⑩ **鲍本**"何"作"河"。○　属河内。　**札记**今本"何"作"河"。

⑪ **鲍本**“密”,“葭”同。鲁卜县有姑葭城,地未详。 ⑫ **鲍本**兑子。正曰:说见后。 ⑬ **鲍本**正曰:以下三章俱有。三其文,则时欲文木而取此乃宋地也。《传》昭十九年,公尹赤迁阴于下阴,乃襄之□□□□□非此所指也。《齐策》,三子说齐王伐宋之三曰,有大平陆则梁门不启。□□□□南阳则亦指在六成者误矣。《史记》作陶、平陆。盖平陆,兖州县;定陶,今会州。皆大梁之东,时皆有宋也之定□□□□□□□也。济阴之名后出,抑□□□□□欤? 按《史》□□□封陶,徐广曰,“陶”一作□□□□□□曰“阴必亡”,《史》作“陶邑必亡”。《魏策》“阴启”,《史》作“陶人”。是云“陶”、“阴”字易惑。定陶见有魏冉冢。作阴者误。是直以□字误,此说是也。刘歆《七略》云,古文□□以陶为阴,然则阴之为陶信矣。〔校一〕 ⑭ **鲍本**“如”作“知”。○ 言人必以类比乃可知。 ⑮ **鲍本**言如今王者。正曰:下有“若”字,“如王若用”不成语,当以“王”字句。言人类相比,知贤以如王。**札记**丕烈案:吴说未是。此“如”、“若”二字,当衍其一。 ⑯ **鲍本**虚国,谓悉出兵。 ⑰ **鲍本**无“甲”字。○ 补曰:一本“齐甲”。 ⑱ **姚本**曾、刘作“不”。 ⑲ **姚本**刘“岷”一作“岷”。 **鲍本**“岷”作“珉”。○ 从《韩策》,后并同。正曰:“珉”、“岷”未知孰讹,且当各依本文。 ⑳ **姚本**刘“赵”作“楚”。 **鲍本**珉下皆齐人之去齐者。正曰:韩岷必韩人。《韩策》云,岷相齐。赵将有韩徐,《赵世家》惠文十三年。虞商无见。除薛公为齐人,余无考。 ㉑ **鲍本**珉处赵,意别有谓。以其相赵,疑齐亲赵。 ㉒ **鲍本**疑齐亲赵,因私于秦,以赵尝讲秦也。 ㉓ **鲍本**《史》称文去齐如魏,在闵王三十八年后。按此,则其如魏,以齐王骄也。伐宋前,已去齐矣。正曰:《大事记》,孟尝君去齐相魏,在赧王二十九年齐灭宋前,说见《东周策》。 ㉔ **姚本**刘“大”作“一”。 ㉕ **鲍本**“固”作“顾”,“疑”下有“于”字。○ ㉖ **鲍本**用齐之所不善,失在魏也,安可疑齐? 补曰:此语《大事记》取。 ㉗ **鲍本**补曰:此下恐当有“是”字。 **札记**丕烈案:此当是“疑”下有“于”字,错在“乎”下。
㉘ **鲍本**此下,此士自陈其说魏之效。诎,犹顺。正曰:韵书,诎,辞塞也。
㉙ **鲍本**齐王。 ㉚ **姚本**曾“循”作“脩”。 ㉛ **鲍本**言其事齐,比于怨赵则又顺也。正曰:“循”,姚云曾作“脩”,则当属上文。愚谓,以“甚循”句,文势

顺。"于赵"下有缺文,或"其怨于赵"句因下文衍。 **札记**丕烈案:吴说非也。此"其"字乃"甚"字之误,四字为一句。 ㉜ **鲍本**"臣愿王"之"王",谓齐王。下并同。 ㉝ **鲍本**"曰"作"亟"。○ 补曰:一本作"重",是。 ㉞ **鲍本**与魏相闻。 ㉟ **鲍本**推,犹移。怨,魏怨。 ㊱ **鲍本**元作"曰",又改作"重"。○ 补曰:上例,字当是"重"。 ㊲ **鲍本**天下得赵则强。使秦知齐重赵,恐齐强,亦必重之。 ㊳ **鲍本**治,犹校。 ㊴ **鲍本**"五"作"三"。○ ㊵ **鲍本**言赵居齐上。 ㊶ **鲍本**"偏"作"徧"。○ 私,则所谓无使见也。甘,言说之。补曰:徧劫者,众胁之以威。私甘者,独说之以言。 ㊷ **鲍本**丹、顺皆人名。 ㊸ **鲍本**此下皆且甘且劫。 ㊹ **姚本**一作"甘"。 ㊺ **鲍本**自以见偪于秦也。秦于天下,有偪而已,不如齐之有劫有甘也。正曰:相与偪秦也。偪者,侵迫也。 ㊻ **鲍本**"然"作"而"。○ ㊼ **鲍本**此章亦可为《齐》,姑因旧。

〔校一〕吴氏"正曰"主要说明:阴是宋地,阴即陶。但注文脱漏甚多,难以校清,只能根据现存文字,点其大意,仅供参考。

齐将攻宋而秦楚禁之

齐将攻宋,而秦、楚[①]禁之。齐因欲与赵,赵不听。齐乃令公孙衍说李兑[②]以攻宋而定封焉。李兑乃谓齐王[③]曰:"臣之所以坚三晋以攻秦者,非以为齐得利秦之毁也[④],欲以使攻宋也。而宋置太子以为王,下亲其上而守坚,臣是以欲足下之速归休士民也。今太子走,诸善太子者,皆有死心[⑤]。若复攻之,其国必有乱,而太子在外,此亦举宋之时也。

① **姚本**一作"阴"。 ② **鲍本**正曰:下"李兑"二字必误。下云"使公孙衍说奉阳君",即述上文"令公孙衍说李兑"也。其下岂得为兑言乎?又后有"循燕观赵"语,以为兑言,则不通。 **札记**丕烈案:吴氏定奉阳君为李兑,其说最确。元和顾氏广圻曰,"此下皆当为苏代谓齐王语,当是李兑下

有缺文也”。说详其所著《思适斋笔记》。 ③ **鲍本**闵。 ④ **鲍本**不以毁秦为齐之利。 ⑤ **鲍本**太子为王及走,《史》不书。太子为王矣,而走,必王之党逐之,故太子之人,以死报之。

“臣为足下使公孙衍说奉阳君[①]曰:‘君之身老矣,封不可不早[②]定也。为君虑封,莫若于宋,他国莫可。夫秦人贪,韩、魏危[③],燕、楚辟[④],中山[⑤]之地薄,莫如于阴。失今之时,不可复得已。宋之罪重,齐之怒深,残乱宋,得[⑥]大齐,定身封,此百代之一时也。’以[⑦]奉阳君甚食[⑧]之,唯[⑨]得大封,齐无大异[⑩]。臣愿足下之大发攻宋之举,而无庸致兵,姑待已耕[⑪],以观奉阳君之应足下也。县[⑫]阴以甘之,循[⑬]有燕以临之,而臣待忠之封[⑭],事必大成。臣又愿足下有地效于襄安君[⑮]以资臣也。足下果残宋,此两地[⑯]之时也,足下何爱焉?若足下不得志于宋,与国何敢望也[⑰]。足下以此资臣也,臣循燕观[⑱]赵,则足下击溃而决天下矣[⑲]”。[⑳]

① **鲍本**苏秦从时,已言奉阳死,岂或袭称如马服者乎?补曰:按《史·苏秦传》,赵肃侯令其弟成为相,号奉阳君。弗说秦,秦去之燕。奉阳君死,秦复说肃侯称奉阳君捐馆舍。而张仪之说武灵王,亦谓先王时奉阳君相,专权擅势,蔽晦先王。然武灵胡服,请于公叔成,而成与李兑弑主父,则是肃侯之世,成未亡,何其前后相戾邪?故《大事记》从《古史》,定以奉阳君为公子成,而削去“捐馆”之语。考之《策》,屡言奉阳君,而《赵策》尤著,见于李兑约五国伐秦后谋取宋之时。苏秦说赵,当肃侯十六年,而五国伐秦,在惠文十三年,相去五十年,公子成执国柄何久也!《史》、《策》明言捐馆舍,岂得皆误?武灵易服之请,犹惓惓敬事其答,张仪岂得公言其罪而无所讳哉?《荀子》以奉阳君为篡臣,而杨倞注,亦疑非公子成,苏秦所值者,必别

一奉阳君，非公子成明矣。然则奉阳君果公子成乎？曰，谓奉阳君为公子成，亦史迁之言，而《策》无明文也。五国攻秦时，成、兑方并用，以成为奉阳君，其时则可矣。愚尝反复《策》文而有疑焉。《赵策》言“李兑约伐秦，无功，阴讲于秦，欲与秦攻魏以解怨，取阴以定封”。又云“齐令公孙衍说李兑以攻宋定封”。又云“公孙衍说奉阳君，封地莫善于宋，莫如于阴”。又“苏代谓齐王，臣为足下说奉阳君，天下散而争秦，阴必不可得”。既言李兑取阴，又言奉阳君取阴，不应为二人事。窃以为李兑即奉阳君也。何以明之？《赵策》，说魏之辞曰“李兑留天下之甲于成皋，令秦攻魏，以成其私，王尝身朝邯郸，抱阴、成，负葛、蘖，为赵蔽，今又以河阳、姑密封其子”。《魏策》则曰“叶阳君约魏，魏王将封其子，谓魏王曰”云云，正与前同。则知“叶阳”者“奉阳”之讹。奉阳君之为李兑，其征一也。《赵策》，苏代说奉阳之辞曰“五国愿得赵，与韩氏大吏东勉，齐王必无召（原作‘名’，有说，见本条）岷”。《燕策》，苏代举奉阳君之辞曰“齐王使公王曰命说曰，必不反韩岷，今召之矣”。其事亦同。奉阳自称说，“说”者“兑”之讹。奉阳君之为李兑，其征二也。《燕策》又有“奉阳君李兑甚不取苏秦”之言，奉阳君李兑者，并举其封邑姓名言之也。其下误以苏代为苏秦，则亦因苏秦所云而然，说见本条。奉阳君之为李兑，其征三也。按《赵世家》，公子成、李兑既杀公子章、田不礼而定王室，公子成为相，号安平君，则安平乃成之封。《史·表》“安平属涿郡”，《后志》“青州有安平县，原属定州”，皆赵地也。奉阳则未有考而非奉阳矣。史迁不明奉阳君为二人，又误以为公子成，是以纷纭殽舛，论者莫知所从。今以《策》文考之，而得其说如此。余见各章，可参观也。　② **鲍本**“早”上有“可”字。〇　③ **鲍本**近秦故。　④ **鲍本**“辟”作“僻”。〇　**札记**丕烈案：“辟”、“僻”同字，鲍改非。　⑤ **鲍本**补曰：时中山已灭，此言其故地尔。　⑥ **鲍本**“得”作“德”。〇　补曰：“得”字讹。　⑦ **鲍本**“以”作“已”。〇　⑧ **鲍本**“食”作“贪”。〇　补曰：恐“贪”字讹。　⑨ **姚本**曾作“虽”。　⑩ **鲍本**言奉阳欲得阴以大其封，而齐待之未有异数，不可。⑪ **鲍本**无“姑待已耕”四字。〇　⑫ **鲍本**许之而未与，故曰“县”。　⑬ **鲍本**循，言与燕顺；临，犹制也。不徒甘之，必或制之。　⑭ **鲍本**待，犹将。

忠，犹实也。王待之封而已实之。正曰：劝之定封，故曰臣且将忠之以封。⑮ **鲍本**盖赵人。正曰：无考。 ⑯ **鲍本**言有齐又得宋。正曰：两地，言齐与赵可并得宋地。此谓齐王言，岂得言有齐乎？ ⑰ **鲍本**与国，赵也。言奉阳、襄安不敢望封。正曰：上言两得地，此言齐不得志，则赵不敢望。⑱ **鲍本**观，言其无所事。 ⑲ **鲍本**溃，溃痈也。盖喻其制天下之易也。决，犹制。正曰：溃，坏也。此喻宋。击溃坏之宋，而决制天下矣。 ⑳ **鲍本**补曰：公孙衍为秦相而逐，在秦武王四年，武灵王之十九年也。后为魏所杀，虽不知何年，然去李兑合从时已远，此公孙衍恐非犀首也。考之《秦策》，亦有"宋罪重，此百世之一时已"数语，彼以为穰侯之言，亦此时事也。说见后。"为足"、"为君"之"为"，去声。

五国伐秦无功

五国伐秦无功，罢于成皋。赵欲构[①]于秦，楚与魏、韩将应之，秦[②]弗欲。苏代谓齐王[③]曰："臣以[④]为足下见奉阳君矣。臣谓奉阳君曰：'天下散而事[⑤]秦，秦必据宋。魏冉必妒君之有阴也。秦王贪，魏冉妒，则阴不可得已矣。君无构，齐必攻宋。齐攻宋，则楚必攻宋，魏必攻宋，燕、赵助之。五国据宋，不至一二月，阴必得矣。得阴而构，秦虽有变，则[⑥]君无患矣[⑦]。若不得已而必构[⑧]，则愿五国复坚约[⑨]。愿[⑩]得赵[⑪]，足下雄[⑫]飞，与韩氏大吏东免[⑬]，齐王必无召[⑭]呡[⑮]也。使臣守约，若与[⑯]有倍[⑰]约者，以四国攻之。无倍约者，而秦侵约，五国复坚而宾[⑱]之。今韩、魏与齐相疑也，若复不坚[⑲]约而讲[⑳]，臣恐与国之大乱也。齐、秦非复合也，必有踦重者矣[㉑]。后合[㉒]与踦重者，皆非赵之利也。且天下散而事秦，是秦制天下也。秦制天下，将何以天下为[㉓]？臣愿君之蚤计也。

① **鲍本**"构"作"讲"。○ 原从扌从冓。下同。正曰：本文惟"坚约而讲"、"君必无讲"二处作"讲"字，今当悉从旧。 ② **鲍本**"秦"作"齐"。○ ③ **鲍本**闵。 ④ **鲍本**"以"作"已"。○ ⑤ **鲍本**"事"作"争"。○ "争"一作"事"，争先事之。 ⑥ **鲍本**无"则"字。○ ⑦ **鲍本**赵非不可以与秦讲，而不可独讲，独讲则示秦弱，秦必轻之。今助四国攻宋而得阴，是五国为一也，不惧秦矣。 ⑧ **鲍本**据此时，赵可以无讲，故云。正曰：不得已而必讲，非可以无讲也。疑此句"已"字误，上句"得阴而讲"，此句当云"不得阴而必讲"，乃顺。 ⑨ **鲍本**同伐秦也，先伐后讲，则不示弱。 ⑩ **鲍本**"愿"上补"五国"二字。○ ⑪ **鲍本**时赵强故。 ⑫ **鲍本**雄者，众雌所从。⑬ **鲍本**"免"作"勉"。○ 补曰："勉"即"免"，通。 ⑭ **鲍本**"召"作"名"，"名"下补"禁"字。○ 正曰：姚本"必无召氓也"，此"名"字讹，当作"召"。⑮ **鲍本**"氓"作"珉"。○ 下同。前齐尝使韩珉处赵，有秦私也。今五国约讲秦，勉齐同之，诸国必无辞止珉，使无私秦。正曰：《燕策》，苏代说燕之辞曰"奉阳君告朱讙与赵足曰，齐王"云云，"必不反韩氓，今召之矣"。此"名"字，当作"召"无疑。前《策》言韩氓处赵，魏疑齐有秦私。《韩策》，秦王曰"韩氓与我交"，又云"韩氓相齐"。此下文云，"天下争秦，秦内韩氓于齐"。氓，盖韩人之善于齐、秦者。今代劝奉阳君合诸侯，与韩氏大吏勉齐王共合从，则齐必不召氓也。 ⑯ **鲍本**"与"下有"国"字。○ 秦本非与，今讲必使之如与也。正曰：与国，言五国也。故云有倍约者，则四国攻之；无倍约者，而秦侵败约，则五国复坚摈之。 **札记**今本"与"下有"国"字。 ⑰ **鲍本**倍，并音背。 ⑱ **鲍本**"宾"作"傧"。○ 补曰："摈"通。《庄子》"宾于乡里"。 ⑲ **姚本**曾无"坚"字。 ⑳ **鲍本**此因旧。 ㉑ **鲍本**"踦"作"觭"。○ 下同。角一俯一仰曰觭，言有一重。正曰：《公羊传》"踦闾"，何休说，开一扇，闭一扇，一人在内，一人在外，曰"踦"。《说苑》"切踦"即"倚"字。义皆训偏。 ㉒ **鲍本**补曰："后合"，即上"复合"。 **札记**丕烈案："后"乃"复"形近之讹耳。 ㉓ **鲍本**天下自为秦用，赵无所用之也。

"'天下争秦[①]有六举，皆不利赵矣。天下争秦，秦王[②]

受负海内之国[3]，合负亲之交[4]，以据中国，而求利于三晋，是秦之一举也。秦行是计，不利于赵，而君终不得阴，一矣。天下争秦，秦王内韩珉[5]于齐，内成阳君于韩，相魏怀于魏[6]，复合衍[7]交两王[8]，王贲、韩他[9]之曹[10]，皆起而行事，是秦之一举也。秦行是计也，不利于赵，而君又[11]不得阴，二矣。天下争秦，秦王受齐受赵，三疆三亲[12]，以据[13]魏而求[14]安邑，是秦之一举也。秦行是计，齐、赵应之，魏不待伐，抱安邑而信[15]秦，秦[16]得安邑之饶，魏为上交，韩必入朝秦，过赵已安邑矣[17]，是秦之一举也[18]。秦行是计，不利于赵，而君必不得阴，三矣。天下争秦，秦坚燕、赵之交，以伐齐收楚，与韩呡而攻魏[19]，是秦之一举也。秦行是计，而燕、赵应之。燕、赵伐齐，兵始用[20]，秦因收楚而攻魏[21]，不至一二月，魏必破矣。秦举安邑而塞女戟[22]，韩之太原绝[23]，下轵[24]道、南阳、高[25]，伐魏，绝韩，包二周，即赵自消烁[26]矣。国燥[27]于秦，兵分[28]于齐，非赵之利也。而君终身不得阴，四矣。天下争秦，秦坚三晋之交攻齐，国破曹[29]屈[30]，而兵东分[31]于齐，秦桉兵攻魏，取安邑[32]，是秦之一举也。秦行是计也，君桉[33]救魏，是以攻齐之已弊，救[34]与秦争战也；君不救也，韩、魏焉免西合[35]？国在谋之中[36]，而君有[37]终身不得阴，五矣。天下争[38]秦，秦按为义，存亡继绝，固危扶弱，定无罪之君，必起中山与胜[39]焉。秦起中山与胜，而赵、宋同命[40]，何暇言阴？六矣。故曰君必无讲，则阴必得矣。’

① **鲍本**补曰："争秦"，一本此下皆作"事秦"。 ② **鲍本**昭。 ③ **鲍本**衍"内"字。山东皆负海。正曰：三晋非负海也，恐"负"字因下文衍。 ④

鲍本天下尝横而亲秦矣。已而负之，今复合之。 ⑤ **札记**“珉”，鲍本作“呡”，改为“珉”。 ⑥ **鲍本**此皆其国人之与秦事者，故秦纳之。正曰：韩呡非齐人。 ⑦ **姚本**刘作“术”。 **鲍本**公孙衍时相魏，雅不善秦。今相怀，因使合之。正曰：公孙衍非犀首，说见前。 ⑧ **鲍本**秦、魏。正曰：上言齐、韩、魏，此两王谓燕、赵也。 ⑨ **鲍本**此皆秦人。正曰：韩他恐韩人，余无考。 ⑩ **鲍本**“曹”作“楚”。○ 正曰：曹，辈也。下有“皆”字，文势宜然。五国必无楚。 ⑪ **鲍本**无“又”字。○ ⑫ **鲍本**“疆”作“强”。○此三皆强国自相亲。 **札记**今本“疆”作“彊”。 ⑬ **鲍本**据，犹临之。⑭ **鲍本**秦求之。 ⑮ **鲍本**“信”作“倍”。○ 此倍益也。 ⑯ **姚本**刘无下“秦”字。 ⑰ **鲍本**过，犹胜也。言秦行此策，不论其他，止得安邑，已胜于赵矣。补曰：“已”，“以”通。言秦之胜赵，以得魏之安邑。按，魏献安邑，在赧王二十九年。《大事记》书于五国伐秦之前。据此《策》，则伐秦后事也。⑱ **姚本**一本无上六字。 **鲍本**无“是秦之一举也”六字。○ ⑲ **鲍本**伐齐得之，则呡为用。正曰：前言内韩呡于齐者，谋如此也。呡自善于秦者，前时魏疑有秦私，必不合于魏，故使之攻魏。 ⑳ **鲍本**交锋之初。 ㉑ **鲍本**三国交锋，势不得解，故得以此时收攻二国。 ㉒ **鲍本**地缺。正曰：女戟，地名，在太行西。 ㉓ **鲍本**补曰：太原，《正义》以为太行，当是，说见《燕策》。 **札记**今本“绝”上误衍“之”字。 ㉔ **鲍本**“轵”作“咫”，又改为“轵”。○ 补曰：说见前。 **札记**“轵”，鲍本作“咫”，改为“轵”。 ㉕ **鲍本**“高”作“而”。○ 补曰：疑字有误。 **札记**今本“高”作“而”，乃误涉鲍也。㉖ **姚本**刘本无“烁”字。 ㉗ **姚本**一作“烁”。 **鲍本**燥，犹烁。 ㉘ **姚本**一作“孤”。 ㉙ **鲍本**“曹”作“财”。○ 补曰：一本作“财”。 **札记**今本“曹”作“财”，乃误涉鲍也。 ㉚ **鲍本**三晋破屈也。 ㉛ **鲍本**兵分谓魏。正曰：谓三晋。 ㉜ **鲍本**“桉”作“按”，下同。○ 此与上始用兵而攻收同。正曰：不同。 ㉝ **鲍本**按，谓安然。正曰：即上文“按兵”之“按”。㉞ **鲍本**“救”下补“之而”二字。○ 补曰：一本无“救”字。“救”即“敝”字讹衍。 **札记**今本“救”下有“之而”二字，乃误涉鲍也。 ㉟ **鲍本**合，合秦。补曰：焉，于虔切。 ㊱ **鲍本**在秦谋中。 ㊲ **姚本**刘作“又”。 **鲍本**有，犹又。 ㊳ **姚本**一作“事”。 ㊴ **鲍本**胜，中山之后。正曰：无据。 ㊵ **鲍本**此时宋小弱。言赵失中山，听命于秦，与宋同也。

“奉阳君曰：‘善。’乃绝和于秦，而收齐、魏以成取阴。”①

① **鲍本**补曰：苏代为燕反间，劝齐伐宋，将以敝齐，其劝赵之共攻者，恐赵之合秦，而齐、秦方恶尔。然赵卒不合齐伐宋者，害齐之骄而止欤？抑别有故也？按《燕策》，苏代说燕于赵以伐齐，奉阳君不听，乃入齐恶赵，令齐绝于赵。又代谓燕昭王曰，“臣离齐、赵，齐、赵已孤矣”。赵之不合齐，其后竟合燕以破齐，殆以此欤？ 《大事记》，齐湣王与魏、楚灭宋，三分其地，魏得其梁、陈留；齐得其济阴、东平；楚得其沛。考之《史·年表》、《齐》、《魏世家》，皆止言齐灭宋。独《宋世家》称与楚、魏伐宋，三分其地。此《大事记》所据也。按苏代说燕之辞曰，“齐王南攻楚，西困秦，又以其余兵举五千乘之劲宋”。谓秦之辞曰，“攻宋所以为王也，齐强辅之以宋，楚、魏必恐，恐必西事秦”。使当时齐与楚、魏合，其言岂若是乎！《史》称齐既灭宋，南割楚之淮北，西侵三晋，是其乘灭宋之强，并夺楚、魏地，而谓与之分宋地，岂其实哉？乐毅劝燕昭王约赵、楚、魏伐齐，其言曰，“主若欲攻齐，莫若结于赵，且又淮北、宋地，楚、魏之所欲也”。《年表》，燕破齐之年，书楚、赵取齐淮北。《大事记》因之。按此言则楚、魏分地，当是乐毅破齐后事，《宋世家》所记者，岂非误邪？

楼缓将使伏事辞行

楼缓将使，伏事，辞行①，谓赵王曰：“臣虽尽力竭知，死不复见于王矣。”王曰：“是何言也？固且为书而厚寄卿。”楼子曰：“王不闻公子牟夷②之于宋乎？非肉不食③。文张④善宋⑤，恶公子牟夷，寅然⑥。今臣之于王非宋之于公子牟夷也，而恶臣者过文张。故臣死不复见于王矣[⑦]。”王曰：“子勉行矣，寡人与子有誓言矣。”楼子遂行。

① **鲍本**伏，犹隐也。将出使，恐王疑之，于辞曰以隐伏之事要王，使信己也。正曰：“伏事”句，隐秘之事也。 ② **鲍本**宋公子。 ③ **鲍本**言其贵。《庄》十年注，肉食，在位者。 ④ **鲍本**他国人。正曰：无考。 ⑤ **鲍本**宋王善之。正曰：此引前事。 ⑥ **鲍本**“寅”作“宋”，“然”下补“之”字。○ ⑦ **鲍本**言牟夷之亲，而文张以游客能使宋听其说，况己乎？正曰：“寅然”上下有缺误。

后以中牟反，入梁[①]。候者来言，而王弗听，曰：“吾已与楼子有言矣[②]。”

① **鲍本**《史》不书。补曰：中牟，赵邑也，见前《策》。赵败长平后欲割地搆秦，楼缓自秦来，赵王与之计云云。此章时不可考。以中牟反，入梁，或者秘谋之事欤？ ② **鲍本**此言奸人不可尽信。

虞卿请赵王〔校一〕

〔校一〕此篇鲍本在《魏策》。

虞卿请[①]赵王[②]曰：“人之情，宁朝人乎？宁朝于人也[③]？”赵王曰：“人亦宁朝人耳，何故宁朝于人？”虞卿曰：“夫魏为从主，而违者范座[④]也。今王能以百里之地，若万户之都，请杀范座于魏。范座死，则从事可移于赵[⑤]。”赵王曰：“善。”乃使人以百里之地，请杀范座于魏。魏王许诺，使司徒[⑥]执范座，而未杀也。

① **姚本**一作“谓”。 **鲍本**“请”作“谓”。〇 ② **鲍本**惠文。 ③ **姚本**曾作“乎”。 ④ **鲍本**“座”作“痤”，下同。〇 魏相。补曰：一本作“座”，《史》与此同。 **札记**丕烈案：《古今人表》中下亦作“座”。 ⑤ **鲍本**赵主从也。 ⑥ **姚本**曾、刘作“空”。 **鲍本**周卿，此时主徒隶者耳。

范座献书魏王曰：“臣闻赵王以百里之地，请杀座之身。夫杀无罪范座，座[1]薄故也[2]；而得百里之地，大利也。臣窃为大王美之。虽然，而有一焉，百里之地不可得，而死者不可复生也，则主[3]必为天下笑矣！臣窃以为与其以死人市，不若以生人市使[4]也。”

① **姚本**刘无下“座”字。 **鲍本**衍“痤”字。补曰：字衍。 ② **鲍本**犹细事。 ③ **鲍本**“主”作“王”。〇 **札记**今本“主”作“王”。 ④ **姚本**一本无“使”字。 **鲍本**“使”作“便”。〇 补曰：《史》同。

又遗其后相信陵君书曰：“夫赵、魏，敌战之国也。赵王以咫尺之书来，而魏王轻为之杀无罪之座，座虽不肖，故魏之免相望[1]也。尝以魏之故，得罪于赵。夫国内[2]无用臣[3]，外虽得地，势不能守。然今能守魏者，莫如君矣。王听赵杀座之后，强秦袭[4]赵之欲[5]，倍赵之割，则君将何以止之？此君之累也。”信陵君曰：“善。”遽言之王而出之。[6]

① **姚本**刘作“室”。 **鲍本**衍“望”字。补曰：姚云刘作“室”，《史》无。② **鲍本**无“内”字。〇 ③ **鲍本**用，言可任者。补曰：一本“国内无用”，是。④ **鲍本**袭，言犹因赵之故态。 ⑤ **姚本**刘作“俗”。 ⑥ **鲍本**十一年有。“与其以死市”下，原在《赵策》。补曰：从旧在《赵》可。

燕封宋人荣蚠为高阳君

燕封宋人荣蚠[①]为高阳君，使将而攻赵。赵王因割济东三城令[②]卢[③]、高唐[④]、平原[⑤]陵[⑥]地城邑市[⑦]五十七，命以与齐，而以求安平君而将之。马服君谓平原君曰："国奚无人甚哉！君致安平君而将之，乃割济东三令[⑧]城市邑五十七以与齐，此夫[⑨]子[⑩]与敌国战，覆军杀将之所取、割地于敌国者也[⑪]。今君以此与齐，而求安平君而将之，国奚无人甚也[⑫]！且君奚不将奢也？奢尝抵罪居燕，燕以奢为上谷守，燕之通谷要塞，奢习知之。百日之内，天下之兵未聚，奢已举燕矣。然则君奚求安平君而为将[⑬]乎？"平原君曰："将军释之矣，仆已言之仆主矣。仆主幸以[⑭]听仆也。将军无言已。"马服君曰："君过矣！君之所以求安平君者，以齐之于燕也，茹肝涉血之仇耶[⑮]。其于奢[⑯]不然[⑰]。使安平君愚，固不能当荣蚠；使安平君知，又不肯与燕人战。此两言者，安平君必处一焉。虽然，两[⑱]者有一也。使安平君知，则奚以赵之强为？赵强则齐不复霸矣。今得强赵之兵，以杜[⑲]燕将，旷日持久[⑳]数岁，令士大夫余子之力，尽于沟垒，车甲羽毛裂敝[㉑]，府库仓廪虚，两国交以习[㉒]之，乃引其兵而归。夫尽两国之兵，无明此者矣。"夏[㉓]，军也县釜而炊[㉔]。得三城也[㉕]，城大无能过百雉者[㉖]。果如马服之言也。[㉗]

① **鲍本**补曰：蚠，符分反。 ② **鲍本**"令"作"合"。○ 下同。③ **鲍本**属太山。 ④ **鲍本**属平原。 ⑤ **鲍本**平原属青州。 ⑥ **姚本**一本无"陵"字。 ⑦ **鲍本**"邑市"作"市邑"。○ ⑧ **姚本**一本无"令"字。**鲍本**"三"下补"城"字，"令"作"合"。○ 补曰：《大事记》去"令"字。

⑨ **鲍本**夫，辞也。谓三城。 ⑩ **鲍本**“子”原作“予”，又改为“子”。〇 补曰：字误。《大事记》并删“夫予”二字。 ⑪ **鲍本**此取之，彼割之也。 ⑫ **鲍本**“也”作“哉”。〇 补曰：一本此作“甚也”，应上“甚哉”，盖反复叹惜之辞。 ⑬ **姚本**刘本添“将”字。 ⑭ **鲍本**“以”作“已”。 ⑮ **鲍本**谓即墨之役。 ⑯ **鲍本**“奢”下有“也”字。〇 ⑰ **鲍本**奢于燕非仇。正曰：奢以为不然。 ⑱ **姚本**曾、刘作“然”。 ⑲ **鲍本**杜，犹拒。 ⑳ **鲍本**兵相持日久。 ㉑ **鲍本**羽毛，谓箭。袀，即裂字。正曰：羽毛，即羽旄。 ㉒ **姚本**曾、刘作“交敝”。 **鲍本**习，言玩其兵。 ㉓ **鲍本**“夏”作“是”。〇 补曰：未详，恐上下文有缺误。 **札记**今本“夏”作“是”，乃误涉鲍也。 ㉔ **鲍本**悬釜而炊，前章围晋阳云。此时或有水害。《大事记》无“夏”至“炊”七字，云“已而得三城”。 ㉕ **鲍本**衍“也”字。 ㉖ **鲍本**隐元年注，方丈曰堵，三堵为雉。 ㉗ **鲍本**彪谓：马服之请将，自知明也；其策安平，知彼明也。夫安平，齐宗也，其不强赵以夺齐之霸，人之情也。此言若易听而不见听，孰谓平原君智乎？

三国攻秦赵攻中山

三国攻秦①，赵攻中山，取扶柳②，五年以擅③呼沲。齐人戎郭、宋突④谓仇郝⑤曰：“不如尽归中山之新埊⑥。中山案⑦此言于齐曰，四国⑧将假道于卫，以过章子之路⑨。齐闻此，必效⑩鼓⑪。”

① **鲍本**魏哀二十一年，与齐、韩共攻秦，此元年。正曰：襄。 ② **鲍本**属信都。补曰：《汉志》，其地有扶泽，泽中多柳，故名。 ③ **鲍本**擅，言固有之。 ④ **鲍本**虽齐人而倍齐。 ⑤ **鲍本**“郝”作“赫”。〇 ⑥ **姚本**续云：《新唐史》、《集韵》皆以为武后所制字。窦苹作《唐史释音》，乃云古“地”字，见《战国策》，抑别有所据？今《国策》中“地”字甚多，间作“埊”字，安知非自武后时传写相承，如“臣”作“恴”？以谓曾、刘所校，亦未所喻。然古文

“地”字乃作“坔”。又《鹖冠子》、《亢仓子》皆有“埊”字，姑存之，以俟博识。**鲍本**“埊”作“地”。〇 “埊”，武后时字耳，今并从古。地，谓扶柳。正曰：愚按《郑氏书略》，籀文“地”作“坔”，武后盖有所本。意本书“坔”而后转从“埊”欤？后多此字，以义通，不复出。 ⑦ **鲍本**案，犹据。 ⑧ **鲍本**赵与上三。 ⑨ **鲍本**地缺。盖章子以齐军守此。正曰：无考。 ⑩ **姚本**曾、刘作“放”。 ⑪ **鲍本**莒鼓里是也。齐南又有二鼓。

赵使赵庄合从

赵使赵庄合从，欲伐齐。齐请效地，赵因贱赵庄。齐明为[①]谓赵王曰：“齐畏从人[②]之合也，故效地。今闻赵庄贱，张懃[③]贵，齐必不效地矣。”赵王曰：“善。”乃召赵庄[④]而贵之。[⑤]

① **姚本**刘本无“为”字。 ② **姚本**刘本无“人”字。 ③ **姚本**刘“懃”作“汉”。 **鲍本**懃，盖败从者。 ④ **姚本**刘“庄”作“庀”。 ⑤ **鲍本**正曰：按《史·年表》，“武灵王十三年，秦拔我蔺，虏将赵庄。”此《策》必未虏之前，岂得为孝成王将哉？

翟章从梁来

翟章从梁来，甚善赵王。赵王三延之以相，翟章辞不受。田驷谓柱国[①]韩向曰：“臣请为卿刺之。客[②]若死，则王必怒而诛建信君[③]。建信君死，则卿必为相矣。建信君不死，以为交[④]，终身不敝，卿因以德建信君矣。”

① **鲍本**柱国，楚官。盖赵亦有。 ② **鲍本**客，谓章。 ③ **鲍本**疑其杀章，欲以专事。 ④ **鲍本**以杀章故，建信交之。

冯忌为庐陵君谓赵王

冯忌[①]为庐陵君[②]谓赵王曰："王之逐庐陵君，为燕也。"王曰："吾所以重者，无燕、秦也[③]。"对曰："秦三[④]以虞卿为言，而王不逐也[⑤]。今燕一以庐陵君为言，而王逐之。是王轻强秦而重弱燕也。"王曰："吾非为燕也，吾固将逐之。""然则王逐庐陵君，又不为燕也。行[⑥]逐爱弟，又兼无燕、秦，臣窃为大王不取也。"

① **姚本**一本作"思"，曾本无此注。 ② **鲍本**孝成母弟。见《赵记》。正曰：《赵记》未见。 ③ **鲍本**无如二国。正曰：言不畏之也。 ④ **鲍本**"三"作"王"。○ 昭。正曰：一本"秦三以"。以下文"一以"字推之，当是"王"字误。 ⑤ **鲍本**前事尔，非今。 ⑥ **鲍本**行，卉行。

冯忌请见赵王

冯忌请见赵王，行人见之。冯忌接手[①]免[②]首，欲言而不敢。王问其故，对曰："客有见人于服子者[③]，已而请其罪。服子曰：'公之客独有三罪：望我而笑，是狎也；谈语而不称师，是倍[④]也；交浅而言深，是乱也。'客曰：'不然。夫望人而笑，是和也；言而[⑤]不称师，是庸说也[⑥]；交浅而言深，是忠也。昔者尧见舜于草茅之中，席[⑦]陇亩而荫庇桑[⑧]，阴移而授[⑨]天下传[⑩]。伊尹负鼎俎而干汤，姓名未著而受三公[⑪]。使夫交浅者不可以深谈，则天下不传，而三公不得也。'"赵王曰[⑫]："甚善。"冯忌曰[⑬]："今外臣交浅而欲深谈可乎？"王曰："请奉教。"于是冯忌乃谈。[⑭]

① **鲍本**交两手。 ② **鲍本**"免"作"俛"。○ 补曰：此书"俛"、"免"通。 **札记**今本"免"作"俛"，乃误涉鲍也。 ③ **鲍本**未详。 ④ **鲍本**倍，言背其师。 ⑤ **鲍本**"而"作"是"。○ ⑥ **鲍本**言之常者，人所同称，非必师矣。 ⑦ **鲍本**席，设席。 ⑧ **鲍本**桑之能庇人者，于之取荫。 ⑨ **鲍本**"授"作"受"。○ **札记**丕烈案："受"字是也。 ⑩ **姚本**刘去"传"字。 **札记**丕烈案："传"、"禅"同字。 ⑪ **鲍本**补曰：伊尹负鼎俎干汤，《孟子集注》所谓战国时有为此说者，指此。《说苑》，尧、舜相见，不违桑阴。亦此类。 ⑫ **鲍本**衍"赵王曰"三字。 ⑬ **姚本**一本无此以上五字。 ⑭ **鲍本**此忌初见之谈也，应在平原谓冯忌之上，然亦得为此，《史》本其初言之，故因旧。

客见赵王

客见赵王曰："臣闻王之使人买马也，有之乎？"王曰："有之。""何故至今不遣？"王曰："未得相[①]马之工也。"对曰："王何不遣建信君乎？"王曰："建信君有国事，又不知相马。"曰："王何不遣纪姬乎？"王曰："纪姬妇人也，不知相马。"对曰："买马而善，何补于国？"王曰："无补于国。""买马而恶，何危于国？"王曰："无危于国。"对曰："然则买马善而若恶，皆无危补于国。然而王之买马也，必将待工。今治[②]天下，举错[③]非也，国家为虚戾，而社稷不血食，然而王不待工，而与建信君，何也？"赵王未之应也。客曰："燕郭之法[④]，有所谓桑[⑤]雍[⑥]者，王知之乎？"王曰："未之闻也。""所谓桑雍[⑦]者，便辟左右之近者[⑧]，及夫人优[⑨]爱孺子[⑩]也。此皆能乘王之醉昏，而求所欲于王者也。是能得之乎[⑪]内，则大臣为之枉法于外矣。故日月晖于外[⑫]，其贼在于内，谨备其所憎，而祸在于所爱。"[⑬]

① **鲍本**"相"作"买"。○ 补曰：一本"相马"。 ② **鲍本**"治"作"将"。

○ ③ **鲍本**举置也,有举有置。 ④ **姚本**刘作“法”,曾作“郭偃之淫”。**鲍本**补曰:晋掌卜大夫郭偃,乃卜偃也。 ⑤ **姚本**曾作“柔”。 ⑥ **鲍本**“雍”,“癰”同。桑中有蠹,则外碨磈,如人之癰。正曰:桑中有蠹,以膏腋流于外,如癰溃然。姚云,曾、刘并作“柔雍”,下同。 ⑦ **姚本**刘作“柔癰”。⑧ **鲍本**“近者”作“人”。○ 补曰:一本“便辟左右之近者”。 ⑨ **鲍本**优,饶也,言爱之甚。一曰倡。 ⑩ **鲍本**孺子,见《秦》、《齐策》。 ⑪ **鲍本**“乎”作“于”。○ ⑫ **姚本**续云:东坡本“日月雕晖于外”。 **鲍本**《说林训》,“月照天下,食于蟾蠩”。补曰:《朱子》云,“晦朔而日月之合,东西同度,南北同道,则月揜日而日食;望而日月之对,同度同道,则月亢日而月食”。又谓,“蟾兔桂树之说,其惑久矣”。然《策》政以此为喻。 ⑬ **鲍本**彪谓:王斗、魏牟及此三士,其言若出一口,所谓理义人心之所同然者欤?至于此章肆直而慈惠,尤可喜可爱。有国有家者,宜寘之座右。

秦攻魏取宁邑〔校一〕

〔校一〕姚本《客见赵王》与《秦攻魏取宁邑》连篇,鲍本另为篇,据文义,从鲍本。

秦攻魏,取宁邑①,诸侯皆贺。赵王使往②贺,三反不得通。赵王忧之,谓左右曰:“以秦之强,得宁邑,以制齐、赵。诸侯皆贺,吾往贺而独不得通,此必加兵我,为之奈何?”左右曰:“使者三往不得通者,必所使者非其人也。曰③谅毅者,辨士也,大王可试使之。”

① **鲍本**秦昭五十年拔宁,魏地邑,徐以为赵,非也。《后志》,朝歌有宁乡。盖秦围邯郸,魏信陵救之,秦怒,故解邯郸而取宁。此九年。正曰:按《秦纪》,王龁取邯郸,不拔,还奔汾,军攻汾城。即从唐拔宁新中。宁新中更名安阳。《正义》云,今相州外城。《年表》止书“新中”,《大事记》因之。又

书“韩、魏、楚救赵新中”。此《策》“秦攻魏，取宁邑”，非宁新中也。宁乡在朝歌，属魏，或如鲍所云。然以《策》文称赵豹、平原君为母弟推之，知为惠文之世，而与孝成邯郸围后取宁新中事，不相涉也。秦昭王少，而魏冉为政，叶阳、泾阳贵。四十一年，冉免而二贵衰。赵惠文王元年，平原始封。二十七年，豹封平阳君，此《策》不称豹封，则在其未封之前。按《魏策》“秦拔宁邑，魏冉曰”云云，此《策》正冉用事时也。鲍误次于孝成之世，而不察母弟之云，何也？　② **鲍本**无“往”字。○　③ **鲍本**曰，犹有。

谅毅亲[1]受命而往。至秦，献书秦王[2]曰：“大王广地宁邑，诸侯皆贺，敝邑寡君亦窃嘉之，不敢宁居，使下臣奉其币物三至王廷，而使不得通。使若无罪，愿大王无绝其欢；若使[3]有罪，愿得请之。”秦王使使者报曰：“吾所使赵国者，小大皆听吾言，则受书币。若不从吾言，则使者归矣。”谅毅对曰：“下臣之来，固愿承大国之意也，岂敢有难？大王若有以令之，请奉而西[4]行之，无所敢疑。”

① **姚本**一本无“亲”字。　② **鲍本**昭。　③ **鲍本**“使”下有“者”字。○　④ **鲍本**衍“西”字。补曰：疑“西”字讹或衍。

于是秦王乃见使者，曰：“赵豹、平原君，数欺弄寡人。赵能杀此二人，则可。若不能杀，请今率诸侯受命邯郸城下[1]。”谅毅曰：“赵豹、平原君，亲寡君之[2]母弟也，犹大王之有叶阳、泾阳君也[3]。大王以孝治闻于天下，衣服使[4]之便于体，膳啗使[5]之嗛于口[6]，未尝不分于叶阳、泾阳君。叶阳君、泾阳君之车马衣服，无非大王之服御者。臣闻之：‘有覆巢毁卵，而凤皇不翔；刳胎焚夭[7]，而骐驎[8]不至。’今使臣受大王之令以还报，敝邑之君，畏惧不敢不行，无乃伤叶阳君、泾阳君之心乎？”

① **鲍本**欲战而言受命，谦辞也。 ② **札记**今本脱“之”字。 ③ **鲍本**《史》注，“叶阳”一作“华阳”。华阳，芈戎也。此言叶阳为主之母弟，则非戎矣。“叶”不可作“华”。补曰：叶阳，公子悝；泾阳，公子市。《大事记》谓范雎论四贵，王弟二人，曰高陵，曰泾阳，独无所谓叶阳者。高陵或其别名。又按赵惠文王元年封公子胜为平原君，二十七年封赵豹为平阳君。《魏公子传》称胜为惠文王弟，而豹无纪，其为王弟，以《策》知之也。武灵王元年，阳文君赵豹相，彼又一赵豹欤？不然，则有舛误也。《大事记·解题》引此，而止云平原君亲寡君之母弟，岂有所疑而则之欤？ ④ **姚本**刘本无“使”字。 **鲍本**衍“使”字。正曰：姚本“膳啗”下亦有“使”字。 ⑤ **姚本**刘本无“使”字。 **鲍本**无“使”字。○ ⑥ **鲍本**啗，食也。膳之可食者。《集韵》，慊，惬也。补曰：嗛，口簟反，口有所衔也。乌兽颊贮食，通作慊。 ⑦ **鲍本**“夭”，“么”同，小儿。正曰：《王制》“不殀夭”注，殀，断杀，少长曰夭。夭，乌老反。少，诗照反。又“毋杀胎夭”疏，胎，腹中未出者；夭，胎已出者。正曰：麟凤两语，《史·孔子世家》“将西见赵简子，闻窦鸣犊、舜华之死”亦云。梅福书“戴鹊遭害，则仁鸟增逝”，类此。 ⑧ **鲍本**“骐骥”作“麒麟”。○

秦王曰：“诺。勿使从政。”谅毅曰：“敝邑之君，有母弟不能教诲，以恶大国，请黜之，勿使与政事，以称大国。”秦王乃喜，受其弊[①]而厚遇之。[②]

① **鲍本**“弊”作“币”，无“其”字。○ ② **鲍本**彪谓：谅毅可谓有专对之材矣。观其辞令，如见晋叔向、郑子产相与周旋于一堂之上，而折论豹、胜之事，何甚似萧同叔子也。毅其深于《春秋》者乎？是举也，不辱君命，不失秦之心，与触讋同传可也。正曰：惠文王之世，赵势尚强，秦虽屡夺赵地，而

赵亦屡伐秦。阏与之败，秦终不能逞志于赵。当时之臣，外则廉颇、赵奢为之御侮，内则蔺相如之徒，一璧之微，一鼓瑟之耻，为之死争。今而告其使曰，“必杀而二母弟以听命”，则虽垂亡之国，犹有所不受，而秦岂能必赵之从哉？特大言以虚喝之耳！谅毅之对，婉而不迫，称譬当于人心。秦知其不可夺，故转而言曰，“勿使从政”，其情亦穷矣。毅因而顺其意，则未免失辞。使毅应之曰，“敝邑之君之有母弟而授之以政也，亦惟先王之故，以共卫社稷。大国冯恃其威，日寻于兵，是以二子大惧殄灭之及，以与寡君周旋。其获戾于大国，则职此之由。忠而不贰，臣之职也。讨贰劝忠，大国之义也。今将讨二子之忠，而使之释敝邑之政，其何以为劝？虽大国亦将有不利焉！臣不知所命”。以是告之，庶几不失其对矣。萧同叔子云云，此《传》语。“所使”、“试使”、“王使”，“所使”、“今使”、“勿使”之“使”，如字。

赵使姚贾约韩魏

赵使姚贾约韩、魏①，韩、魏以②友③之。举茅④为姚贾谓赵王曰：“贾也，王之忠臣也。韩、魏欲得之，故友⑤之，将使王逐之，而己因受之。今王逐之，是韩、魏之欲得，而王之忠臣有罪也。故王不如勿逐，以明王之贤，而折韩、魏招之⑥。”

① **鲍本**正曰：姚贾，说见《秦策》。此章时不可考。 ② **鲍本**衍“以”字。 ③ **姚本**刘作“反”。 ④ **鲍本**“举茅”作“茅举”。○ 赵人。 **札记**今本“举茅”作“茅举”，乃误涉鲍也。 ⑤ **姚本**刘作“反”。 ⑥ **姚本**刘点此二字。曾作“之招”。 **鲍本**“招之”作“之招”。○

魏败楚于陉山

魏败楚于陉山，禽唐明①。楚王惧，令昭应奉太子以委和于薛公②。主父欲败之，乃结秦连楚③、宋之交，令仇郝④

相宋，楼缓相秦。楚王禽[5]赵、宋[6]，魏[7]之和卒败[8]。

① **鲍本**楚威十一年，魏败我陉山，时武灵未立。怀二十八年，秦、齐、韩、魏攻楚，杀唐眛，此三十五年。"明"岂"眛"之讹邪？　② **鲍本**怀二十九年，使太子质于齐。　③ **姚本**曾去"楚"。　④ **鲍本**"郝"作"赫"。〇　下章同。补曰：即"赫"。　⑤ **鲍本**"禽"作"合"。〇　补曰：字恐讹。　**札记**今本"禽"作"合"，乃误涉鲍也。　⑥ **鲍本**楚与二国合。正曰，无据。⑦ **鲍本**"魏"作"齐"。〇　⑧ **鲍本**楚得二国之援，故不与齐和。正曰："楚王禽"以下有缺误。

秦召春平侯

秦召春平侯[1]，因留之。世[2]钧[3]为之谓[4]文信侯曰："春平侯者，赵王之所甚爱也，而郎中甚妒之，故相与谋曰：'春平侯入秦，秦必留之。'故谋而入之秦。今君留之，是空绝赵，而郎中之计中也。故君不如遣春平侯而留平都侯。春平侯者言行于赵王，必厚割赵以事君，而赎平都侯。"文信侯曰："善。"因与接意而遣之。[5]

① **鲍本**及平都皆赵人。正曰：徐广引《年表》云，太子从质秦归。《正义》云，太子即春平君也。　② **鲍本**"世"作"泄"。〇　补曰：《史》作"泄"。**札记**今本"世"作"泄"，乃误涉鲍也。丕烈案："世"、"泄"同字。《韩非子》云，"卫嗣君重如耳，爱世姬"。杨倞注《荀子》引作"泄姬"，可证也。鲍改误。③ **鲍本**秦人。　④ **姚本**一作"请"。　⑤ **鲍本**《赵记》二年有。

赵太后新用事

赵太后[1]新用事，秦急攻之。赵氏求救于齐。齐曰："必以长安②君为质，兵乃出。”太后不肯，大臣强谏。太后明谓左右：“有复言令长安君为质者，老妇必唾其面。”

① **鲍本**惠文王威后。 ② **鲍本**长安，孝成母弟。补曰：《索隐》云，赵亦有长安，今地缺。按《赵世家》，封长安君以饶。《正义》云，即饶阳也。明长安是号。 **札记**今本“长”误“赵”。

左师①触詟②愿见太后。太后③盛气而揖④之。入⑤而⑥徐趋，至而自谢，曰：“老臣病足，曾不能疾走，不得见久矣。窃自恕⑦，而⑧恐太后玉体之有所郄⑨也，故愿望见太后。”太后⑩曰：“老妇恃辇而行。”曰：“日食饮得无衰乎？”曰：“恃鬻⑪耳。”曰：“老臣今者殊不欲食，乃自强步，日三四里，少益耆⑫食，和于身也。”太后⑬曰：“老妇不能。”太后之色少解。

① **鲍本**官名。 ② **姚本**一本无“言”字。 **鲍本**补曰：《史》亦作“龙”。按《说苑》，“鲁哀公问孔子，夏桀之臣，有左师触龙者，谄谀不正”。人名或有同者。此当从“詟”以别之。 **札记**丕烈案：吴说非也，当作“龙”。《古今人表》中下云“左师触龙”，即此。“言”字本下属“愿见”读，误合二字为一。《史记》云“触龙言愿见”，不误。 ③ **鲍本**“太后”二字不重。〇 补曰：姚本复有“太后”字。《史》同。 ④ **鲍本**补曰：《史》云“胥之入，徐趋而坐”，“胥”字当是。 ⑤ **札记**丕烈案：“入”字句。 ⑥ **姚本**一本无“而”字。⑦ **鲍本**久不见，宜得罪。今自宽，而求见。 ⑧ **鲍本**无“而”字。〇 **札记**丕烈案：《史记》有。 ⑨ **鲍本**“郄”，“郤”同。以己病足，因恐后不能前，亦自恕以及人也。 ⑩ **鲍本**“太后”二字不重。〇 补曰：“望见太后”，姚本复有“太后”字。《史》同。 ⑪ **姚本**一本去“鬲”字。 **鲍本**“鬻”，“粥”同。⑫ **鲍本**“耆”作“嗜”。〇 ⑬ **鲍本**无“也太后”三字。〇 **札记**丕烈案：《史

记》有。

左师公曰："老臣贱息舒祺[①]，最少，不肖。而臣衰，窃爱怜之。愿令得[②]补黑衣[③]之数[④]，以卫王官[⑤]，没[⑥]死以闻。"太后曰："敬诺。年几何矣？"对曰："十五岁矣。虽少，愿及未填沟壑[⑦]而托之。"太后曰："丈夫亦爱怜其少子乎？"对曰："甚于妇人。"太后笑[⑧]曰："妇人异甚[⑨]。"对曰："老臣窃以为媪[⑩]之爱燕后贤于长安君。"曰："君过矣，不若长安君之甚。"左师公曰："父母之爱子，则为之计深远。媪之送燕后也，持其踵为之泣，念悲其远也[⑪]，亦哀之矣。已行，非弗思也，祭祀必祝之，祝[⑫]曰：'必勿使反[⑬]。'岂非计久长，有[⑭]子孙相继为王也哉？"太后曰："然。"左师公曰："今三世以前，至于赵之为赵，赵主[⑮]之子孙侯者，其继有在者乎？"曰："无有。"曰："微[⑯]独赵，诸侯有在者乎？"曰："老妇不闻也[⑰]。""此其近者祸及身，远者及其子孙。岂人主之子孙[⑱]则必不善哉？位尊而无功，奉厚而无劳，而挟重器[⑲]多也。今媪尊长安君[⑳]之位，而封之[㉑]以膏腴之地，多予之重器，而不及今令有功于国。一旦山陵崩，长安君何以自托于赵？老臣以媪为长安君计短也，故以为其爱不若燕后。"太后曰："诺。恣君之所使之。"于是为长安君约车百乘质于齐，齐兵乃出。

① **鲍本**息，其子。舒祺，名也。　② **鲍本**无"得"字。○　补曰："愿令"，一本"愿得"。　**札记**丕烈案：《史记》作"愿得"。　③ **鲍本**尸祝之服，所谓袨服。又《萧望之传》注，"朝时皆着皂衣"。正曰：袨服，韵书，好衣也。按《晋·舆服志》，秦人以袀玄为祭服。鲍其误以"袀"为"袨"乎？《增韵》，

黑衣，戎服。《左氏》，均服振振。“均”即“袀”。以下文“卫王官”推之，戎服是也。 ④ **鲍本**补曰：“数”，《史》作“缺”。 ⑤ **鲍本**“官”作“宫”。○ **札记**丕烈案：《史记》作“宫”。 ⑥ **鲍本**没者，沉溺之辞。补曰：“没”，《史》作“昧”。 ⑦ **鲍本**死则填壑。 ⑧ **鲍本**无“笑”字。○ **札记**丕烈案：《史记》有。 ⑨ **鲍本**异于丈夫而有甚焉。 ⑩ **鲍本**媪，女老称。后，太后女。补曰：一本标“媪”，一本作“太后”。“太后”称“媪”非也。《春秋后语》并作“太后”。媪，乌老反。 **札记**丕烈案：吴说非也。《史记》并作“媪”。考《高祖纪》云，“母曰刘媪”。《汉书》孟康注引此，又云，《礼乐志》，地神曰“媪”。媪，母别名也。最为得之。小司马云，“近有人云母温氏”，此不达“媪”字义耳。其所云班固《泗水亭长古碑》，必出赝造。不然，固既云尔，何其撰《汉书》乃仍云“媪”也。 ⑪ **姚本**刘作“而泣之甚”。悲念其远也。 **鲍本**念且悲。 ⑫ **札记**今本“祝”误“甚”。 ⑬ **鲍本**失意于燕乃反尔。 ⑭ **姚本**曾作“为”。 ⑮ **鲍本**“主”作“王”。○ **札记**丕烈案：《史记》作“主”。⑯ **鲍本**微，犹非。 ⑰ **鲍本**此下左师对。补曰：《史》此下有“曰”字。⑱ **鲍本**“孙”作“侯”。○ 补曰：一本作“孙”。 **札记**丕烈案：《史记》作“侯”。 ⑲ **鲍本**重器，谓名位金玉。正曰：“位”字上下文可考。 ⑳ **鲍本**无“君”字。○ **札记**丕烈案：《史记》有。 ㉑ **鲍本**无“之”字。○ **札记**丕烈案：《史记》有。

子义[①]闻之曰：“人主之子也，骨肉之亲也，犹不能恃无功之尊，无劳之奉，而守金玉之重也，而况人臣乎？”[②]

① **鲍本**赵之贤士。 ② **鲍本**《赵记》元年有。彪谓：触詟、谅毅，皆以从容纳说而取成功，与夫强谏于廷，怒骂于坐，发上冲冠，自待必死者，力少而功倍矣。元帝谓张猛曰，“晓人不当如是邪”？二士有焉。补曰：程子释《易》“纳约自牖”曰，“左师触詟因其明而导之，故其听也如响”，谓张良招四皓辅太子亦然。愚谓二事同传可也。《燕策·陈翠说太后》章与触詟类，亦

可并观。谅毅事不同，后亦失对，辨说见后。

秦使王翦攻赵

秦使王翦攻赵，赵使李牧、司马尚禦[①]之。李牧数破走秦军，杀秦将桓齮[②]。王翦恶之，乃多与赵王宠臣郭开等金，使为反间，曰："李牧、司马尚欲与秦反赵，以多取封于秦。"赵王疑之，使赵葱[③]及颜冣[④]代将，斩李牧，废司马尚。后三月[⑤]，王翦因急击，大破赵，杀赵军[⑥]，虏赵王迁及其将颜冣，遂灭赵。[⑦]

① **鲍本**原作"御"，又改作"禦"。〇 补曰："禦"通。《诗》"亦以禦冬"。② **鲍本**补曰：齮，音蚁。 ③ **鲍本**"葱"作"葱"。〇 补曰：一本"葱"作"思"。注，一作"忩"。 **札记**丕烈案：《世家》作"忽"，《列传》作"葱"。④ **鲍本**《史》作"聚"。 **札记**今本"冣"误"最"。丕烈案：《史记·世家》、《列传》，皆作"聚"。"聚"、"冣"同字也。 ⑤ **鲍本**"三"作"五"。〇 补曰：据司空马云云，则当作"五"。 **札记**丕烈案：鲍改吴补皆误也。《列传》亦云"后三月"，不得专据《秦策》。 ⑥ **鲍本**补曰：《史》作"赵葱"。 ⑦ **鲍本**《牧传》有。

战国策卷二十二

魏　一

鲍本魏　自高陵以东，尽河东、河内；南有陈留及汝南之召陵、隐强、新汲、西华、长平，颍川之舞阳、郾、许、傿陵，河南之开封、中牟、阳武、酸枣、卷。

知伯索地于魏桓子

知伯索地于魏桓子，魏桓子弗予。任章①曰："何故弗予？"桓子曰："无故索地，故弗予。"任章曰："无故索地，邻国必恐；重②欲无厌，天下必惧。君予之地，知伯必憍③。憍④而轻敌，邻国惧而相亲。以相亲之兵，待轻敌之国，知氏之命不长矣！《周书》曰：'将欲败之，必姑辅之；将欲取之，必姑与之⑤。'君不如与之，以骄知伯。君何释⑥以天下图知氏，而独以吾国为知氏质乎⑦？"君曰："善。"乃与之万家之邑一。知伯大说。因索蔡、皋梁⑧于赵，赵弗与，因围晋阳。韩、魏反于外，赵氏应之于内，知氏遂亡。

① **鲍本**魏人。　② **鲍本**重，犹多。　③ **鲍本**"憍"作"骄"。○　**札记**丕烈案：《韩子》作"骄"。"憍"即"骄"字。下文"君不如与之，以骄知伯"，疑本亦是"憍"。　④ **鲍本**"憍"上有"彼"字，"憍"作"骄"。○　⑤ **鲍本**补曰：王应麟曰，《周书》云云，此岂苏秦所读《周书阴符》者欤？老氏之言出于此。朱子曰，老子为柱下史，故见此书。　⑥ **鲍本**释，犹舍也。何舍此而不为？

⑦ **鲍本**“质”作“资”。○　舍此不图，适足为智氏来伐之资。正曰：当音致。与之以地，犹质也。　**札记**今本“质”下有“一作资”三小字，乃以鲍记于旁而误入也。丕烈案：吴说亦未是。质，的也。下卷“兵为招质”，与此同义。吴氏以为“招质”未详，非也。《韩子》有此文，亦作“质”。又《存韩》篇有“则秦必为天下兵质矣”之语，皆可互证也。　⑧ **鲍本**“梁”作“狼”。○　补曰：《赵策》作“狼”。

韩赵相难〔校一〕

〔校一〕此篇姚本与《知伯索地于魏桓子》连篇，鲍本另列一篇。据文义，从鲍本。

韩、赵相难。韩索兵于魏曰：“愿得借师以伐赵。”魏文侯曰：“寡人与赵兄弟，不敢从。”赵又索兵以攻韩，文侯曰：“寡人与韩兄弟，不敢从。”二国不得兵，怒而反。已乃知文侯以[①]讲于己也[②]，皆朝魏。

① **鲍本**“以”作“已”。○　补曰：一本“以讲”。　**札记**丕烈案：《韩子》作“以”。　② **鲍本**二国不伐，知魏和之。

乐羊为魏将而攻中山

乐羊为魏将而攻中山。其子在中山，中山之君烹其子而遗之羹，乐羊坐于幕下而啜[①]之，尽一盃。文侯谓睹师[②]赞曰：“乐羊以我之故，食其子之肉。”赞对曰：“其子之肉尚[③]食之，其[④]谁不食！”乐羊既罢中山，文侯赏其功而疑其心。[⑤]

① **鲍本**啜，饮也。　② **姚本**续云：《后语》作“堵”。　**鲍本**魏人。　补

曰：姚云，后语作“堵师”。愚案，《左传》，褚师段，宋共公子石，食采于褚。其后可师号褚师，后因氏焉。又有褚师比。“堵”亦姓也，郑有堵汝父。但此作“堵师”，则恐字有讹。 ③ **姚本**一本无此以上三字。 ④ **姚本**一作“且”。 ⑤ **鲍本**彪谓：乐羊所谓隐忍以成就功名者也。子则既烹矣，敌人遗之羹，将以乱其心也。有如不忍而以慈爱沮其杀敌之心，则大事去矣，何救于亡子。故羊忍为此以怒众而成功，乃其情则非恝然无以天性为者也。睹师赞之言，其谤书之渠乎？虽然，羊之义，视分羹为有余，比覆醢为不足，使其投盂慷慨，一鼓而摅家国之愤，亦收功必矣。介胄之士，未可望之以圣人之地也。正曰：舜窃负而逃，林回弃千金之璧，轻重之分审矣。岂肯以彼易此哉？刘子政以此事与“西巴放麑”并载，而曰“巧诈不如拙诚”，真名言也。鲍虽为之曲说万端，奚救哉！项羽坐太公俎上，高祖杯羹一语，贻愧千古，亦幸而不杀尔！不然，何以自立于天下乎？

西门豹为邺令

西门豹为邺[①]令，而辞乎魏文侯。文侯曰：“子往矣[②]，必就子之功，而成子之名。”西门豹曰：“敢问就功成名，亦有术乎？”文侯曰：“有之。夫[③]乡邑老者而先受坐之士[④]，子入而问其贤良之士而师事之，求其好掩人之美而扬人之丑者[⑤]而参验之。夫物多相类而非也，幽莠之幼也似禾[⑥]，骊牛[⑦]之黄也似虎，白骨疑象，武夫类玉[⑧]，此皆似之而非者也。”[⑨]

① **鲍本**邺，属魏郡。 ② **鲍本**补曰：一本“子往子往矣”。 ③ **鲍本**“夫”作“矣”。〇 补曰：一本“有之夫”，“夫”属下句。 ④ **鲍本**老者坐先于众。 ⑤ **姚本**曾、刘无“者”字。 ⑥ **鲍本**莠，禾下生草。幽，言其色茂。正曰：《说文》本云，禾粟下生莠，今狗尾也。 ⑦ **鲍本**“骊”作“黧”。〇黧，黑黄色也。骊，乃深黑马耳。正曰：骊牛，犹言犛牛、狸牛，不必拘以色论。黧，亦黑色也。《尔雅》，“仓庚，黧黄”，盖言仓庚色黧黑而黄。《增韵》

注,“黧黑而黄”,误也。 ⑧ **鲍本**武夫石似玉。补曰:武夫即武砆。⑨ **鲍本**补曰:夫子曰,“不如乡人之善者好之,其不善者恶之”,文侯之言亦此类。而曰,“求其好掩人之美而扬人之丑者参验之”,则其好贤也不诚,而且将以来谗贼之徒,意则异矣。

文侯与虞人期猎

文侯与虞人[①]期猎。是日,饮酒乐,天雨。文侯将出,左右曰:“今日饮酒乐,天又雨,公将焉之?”文侯曰:“吾与虞人期猎,虽乐,岂可不[②]一会期哉[③]!”乃往,身自罢之。魏于是乎始强。

① **鲍本**虞人,掌山泽之官。正曰:《孟子》注,守苑囿之吏。鲍误以《书》注“虞”言之。 ② **姚本**曾作“无”。 ③ **鲍本**昔与之期,今往会之。

魏文侯与田子方饮酒而称乐

魏文侯与田子方饮酒而称乐[①]。文侯曰:“钟声不比[②]乎,左高[③]。”田子方笑。文侯曰:“奚笑?”子方曰:“臣闻之,君明则乐官[④],不明则乐音。今君审于声[⑤],臣恐君之聋于官也。”文侯曰:“善,敬闻命。”[⑥]

① **鲍本**音岳。 ② **鲍本**比,犹协。正曰:比,音毗。不比,言不和也。③ **鲍本**言左方之声高。 ④ **鲍本**音洛,以治官为乐。正曰:《通鉴》无两“则”字。乐,仍音岳,下文二语甚明,可推。愚恐“则”乃“明”字讹衍。 **札记**丕烈案:此不误。吴说非是。 ⑤ **鲍本**审,言听之察。 ⑥ **鲍本**彪谓:周衰,世主无如魏文侯之贤者。夫其师友渊源,有子方、子夏之徒,诲诱规切之,虽欲无贤可得乎!然则用真儒无敌于天下,信矣!补曰:《大事记》,

《史》以田子方为文侯师。《说苑》载翟璜谓子方曰，“公孙成进子夏而君师之，进段干木而君友之，进先生而君敬之”，盖得其实。故书曰，“晋魏斯好贤，师卜商，友段干木，敬田子方”。

魏武侯与诸大夫浮于西河

魏武侯与诸大夫浮于西河①，称曰：“河山之险，岂②不亦信固哉！”王鍾③侍王④，曰：“此晋国之所以强也。若善修之，则霸王之业具矣。”吴起对曰：“吾君之言，危国之道也；而子又附之，是⑤危也。”武侯忿然曰：“子之言有说乎？”

① **鲍本**补曰：《正义》云，西河，即龙门河也。 ② **鲍本**无“岂”字。○ ③ **姚本**一作“錯”。 ④ **鲍本**“王”作“坐”。○ ⑤ **鲍本**“是”下补“重”字。○ **札记**丕烈案：有者当是。

吴起对曰：“河山之险，信①不足保也；是②伯王之业，不从此也。昔者，三苗之居，左③彭蠡④之波，右有⑤洞庭之水，文山⑥在其南，而衡山⑦在其北。恃此险也，为政不善，而禹放逐之。夫⑧夏桀之国，左天门⑨之阴，而右天谿之阳⑩，庐⑪、睪在其北，伊、洛⑫出其南。有此险也，然为政不善，而汤伐之。殷纣之国，左孟门⑬而右漳、釜⑭，前带河，后被山。有此险也，然为政不善，而武王伐之。且君亲从臣而胜降城，城非不高也⑮，人民非不众也，然而可得并者，政恶故也。从是观之，地形险阻，奚足以霸王矣！”

① **姚本**一本无“信”字。 ② **姚本**一本无“是”字。 ③ **鲍本**“左”下补

"有"字。○　正曰：姚云下句一本无"有"字，是。按《史》及下文可见。　④ **鲍本**彭蠡湖在豫章彭泽。　⑤ **姚本**一本无"有"字。　⑥ **鲍本**"文"作"汶"。○　补曰："文"未详。《史》以"岷"作"汶"，此或远言之。　**札记**丕烈案：文山即汶山，见《管子》、《国语》。又《韩诗外传》云"岐山在北"，"岐"字讹。　⑦ **鲍本**衡，南岳，在长沙湘南。　⑧ **鲍本**衍"夫"字。　⑨ **鲍本**《后志》，高都有天井关。注云，《战国策》，桀居天门，即此关也。　⑩ **鲍本**今按天门，即《史》太华、伊阙，彼言右，故此言左之阴。天谿即河、济，彼言左，故此言右之阳。正曰：按《史》，左河、济，右泰（即太）华，伊阙在其南，羊肠在其北。文不同。　⑪ **姚本**曾作"卢"。　**鲍本**"庐"作"卢"。○　地缺。补曰：一本"卢"作"庐"，未详。　⑫ **鲍本**孔曰，伊水出陆浑，洛水之上洛。正曰：伊水出今商州上洛县南熊耳山，至洛阳县入洛。洛水出今商州洛南县冢领山，至巩县入河。　⑬ **鲍本**《太公世家》注，晋山险。补曰：《索隐》云，在朝歌东北。　⑭ **鲍本**"釜"作"滏"。○　补曰："滏"通借。　⑮ **姚本**刘本添"也"字。　**鲍本**无"也"字。○

武侯曰："善。吾乃今日闻圣人之言也！西河之政，专委之子矣。"①

① **鲍本**《起传》有，小异。补曰：《起传》与《说苑》文同。末云，"由此观之，在德不在险。君若不修德，舟中之人尽为敌国也"。　史迁曰，吴起说武侯以形势不如德，然行之于楚，以刻暴少恩亡其躯。杨雄曰，美哉言乎！使起之用兵每若斯，则太公何以加诸？二子论之当矣。然其言不可以人废也。西河，龙门之河。地即同、华等州，魏之险厄也。一传惠王，其地日削于秦，至纳上郡之时尽矣。险岂足恃也哉？起之言于是乎验矣。

魏公叔痤为魏将

魏公叔痤为魏将，而与韩、赵战浍北①，禽乐祚②。魏王说，迎郊，以赏田百万禄之[3]。公叔痤反走，再拜辞曰："夫使士卒不崩，直而不倚[4]，挠拣而[5]不辟者，此吴起余教也，臣不能为也。前脉形埊[6]之险阻，决利害之备，使三军之士不迷惑者，巴[7]宁、爨襄[8]之力也。县赏罚于前，使民昭然信之于后者，王之明法也。见敌之可也鼓之，不敢怠倦者，臣也。王特为臣之右手不倦赏臣，何也？若以臣之有功，臣何力之有乎？"王曰："善。"于是索吴起之后，赐之田二十万。巴[9]宁、爨襄田各十万。

① **鲍本**《说文》，浍水出霍山西南，入汾。此二年，败韩马陵，败赵于怀。补曰：痤，祖戈反。　② **鲍本**赵将。　③ **鲍本**闲田以待赏有功者。④ **鲍本**直，直前。倚，邪行。　⑤ **姚本**一本无"而"字。　**鲍本**"挠拣"作"拣挠"。〇　挠，折也，喻敌之厌已。　**札记**今本"挠拣"作"拣挠"。⑥ **鲍本**"形埊"作"地形"。〇　脉，见其幽。形，见其显。　**札记**今本"形埊"作"埊形"。　⑦ **姚本**一作"已"。　⑧ **鲍本**二人，乃所谓能士。　⑨ **姚本**一作"已"。

王曰："公叔岂非长者哉！既为寡人胜强敌矣，又不遗贤者之后，不揜能士之迹，公叔何可无益乎？"故又与田四十万，加之百万之上，使百四十万。故《老子》曰："圣人无积，尽[1]以为人，己愈有；既以与人，己愈多。"公叔当之矣。[2]

① **姚本**刘作"既"。　**鲍本**"既"，亦"尽"也。　② **鲍本**彪谓：公叔此言何其似魏绛也。方之郤至，骤称其伐，彼已隘矣。补曰：按《史》，田文既死，公叔为相，而害吴起，以计疑起于武侯，起惧得罪而去之楚。公叔即痤也。浍北之战，痤乃归功于起之余教，而使其嗣受赏，何其前后之戾邪？《大事

记》，显王七年，魏公孙痤败韩师、赵师于浍。秦庶长国伐浍，获其将公孙痤。《史记·秦本纪》及《魏世家》云，虏公孙痤。惟《赵世家》、《秦魏年表》云，虏太子痤。《孟子》，“梁惠王长子死焉”。盖太子申战没于齐者也。凡《史记》是年言秦虏太子痤者，非。

魏公叔痤病

魏公叔痤病，惠王往问之。曰：“公叔病，即不可讳①，将奈社稷何？”公叔痤对曰：“痤有御庶子②公孙鞅，愿王以国事听之也。为弗能听，勿使出竟。”王弗应，出而谓左右曰：“岂不悲哉！以公叔之贤，而谓寡人必以国事听鞅，不亦悖③乎！”

① **鲍本**死者，人之所不能避，故云。 ② **鲍本**此公族官，别于国官及太子官。正曰：公叔曰“痤有御庶子”，知为痤之家臣。如甘罗为文信侯少庶子之比。说又见秦、韩等《策》。 ③ **鲍本**补曰：《史》载鞅之言曰，“彼不能用君之言任臣，又安能用君之言杀臣乎”？由是观之，公叔知鞅而不能进，将死之言，上不能量其君之听否，下不能测鞅之去就，非悖而何？

公叔痤死，公孙鞅闻之，已葬①，西之秦，孝公受而用之。秦果日以强，魏日以削。此非公叔之悖也，惠王之悖也。悖者之患，固以不悖者为悖。②

① **姚本**刘作“出奔”。 **鲍本**补曰：《大事记》，显王八年，公孙痤卒。《解题》，痤去年为秦所获，寻归之，而终于相位也。今年卫鞅自魏适秦，则痤死必在今年。 ② **鲍本**《商君传》略同。

苏子为赵合从说魏王

苏子为赵合从，说魏王曰："大王之埊，南有鸿沟[①]、陈、汝[②]南，有许、鄢、昆阳、邵陵、舞阳[③]、新郪[④]；东有淮、颖[⑤]、沂[⑥]、黄[⑦]、煮枣、海盐、无疏[⑧]；西有长城之界[⑨]；北有河外、卷、衍、燕[⑩]、酸枣[⑪]，埊方千里。埊[⑫]名虽小，然而庐田庑舍[⑬]，曾无所刍牧牛马之地[⑭]。人民之众，车马之多，日夜行不休已，无以异于三军之众[⑮]。臣窃料之，大王之国，不下于楚。然横人谋[⑯]王，外交强虎狼之秦，以侵天下，卒有国[⑰]患，不被其祸[⑱]。夫挟强秦之势，以内劫其主，罪无过此者[⑲]。且魏，天下之强国也；大王，天下之贤主[⑳]也。今乃有意西面而事秦，称东藩，筑帝宫[㉑]，受冠带[㉒]，祠春秋[㉓]，臣窃为大王媿之。

① **鲍本**《项羽纪》注详，在荥阳。补曰：苏子，秦也。下"南有"字恐衍。 ② **鲍本**汝水出弘农入淮。补曰：陈，宛丘、豫州界。"汝"恐连下"南"字，汝南郡也。而下衍"有"字。 **札记**今本无"南有"二字。丕烈案：吴氏补曰恐衍者，非也。又曰，"汝"恐连下"南"字，汝南郡也，而下衍"有"字者，是也。《史记》正作陈、汝南、许，可证。今本误依吴前一说而辄删耳。 ③ **鲍本**鄢下并属颍川。正曰：鄢，《史》作郾。《索隐》云，颍川有许、郾二县，又有鄢陵县，故所称多惑。昆水出南阳，昆阳、舞阳属颍川，邵陵属汝南。 ④ **鲍本**属南阳。正曰：《索隐》云，属汝南郡，即郪丘。郪，七思反，又音妻。《史》有"新都"字，新都属南阳。鲍误入。 ⑤ **鲍本**水出颍川阳城。补曰：淮，见前。 **札记**今本"颖"作"颍"。丕烈案：《史记》作"颍"。 ⑥ **鲍本**水出泰山盖县。 ⑦ **鲍本**即陈留外黄。正曰：黄，说见《秦策》。《大事记》如鲍说。 ⑧ **姚本**曾作海盐、无胥。 **鲍本**无"海盐"二字。〇 补曰：姚本"煮枣"下有"海盐"字。徐广云，煮枣在济阴宛句。《正义》云，冀州信都县

东北有煮枣田。宛句者，在河南。信都者，在河北。无疏，姚注，曾作无胥，《史》同。按苏代曰，决宿胥之口，魏无虚、顿丘。徐广云，《纪年》，魏救山塞集胥口。《正义》云，《魏志》武帝于清淇口东，因宿胥故渎开白沟，道清、淇二水入焉。 **札记**丕烈案：《史记》无此“海盐”二字。 ⑨ **鲍本**荥阳、卷县有长城经阳武到密。补曰：《大事记》，今开封阳武县。魏惠王十二年，魏龙贾帅师筑长城于西边。长城即上所指。又十九年，魏筑长城，塞固阳。《正义》云，自郑滨洛，北达银州至胜州固阳县为塞。固阳有连山，东至黄河，西南至夏、会等州。按苏秦说合从，在惠王后二年。后七年纳上郡地，则此时固阳之长城犹魏地也。 ⑩ **姚本**曾去“燕”字。 ⑪ **鲍本**补曰：《正义》云，河外谓河南地。卷，丘权反，在郑州原武县北。衍、燕、酸枣，见《秦策》。《史》无“燕”字。按张仪说魏亦云，秦下兵攻河外，拔卷、衍、燕、酸枣。《正义》谓河外即其地也。 ⑫ **鲍本**无“埊”字。○ **札记**丕烈案：《史记》有。⑬ **姚本**曾作“田舍庐庑”。 **鲍本**庐，田间屋。庑，廊下周屋。 ⑭ **鲍本**居人多故。 ⑮ **鲍本**行人多故，如军阵。 ⑯ **鲍本**“谋”作“訹”。○ 《史》作“怵”。正曰：怵，音黜，恐也。訹，音恤，诱也。《策》字通，见前。然作“谋”，自可谓横人为王谋。 **札记**今本“谋”作“訹”，乃误涉鲍也。 ⑰ **鲍本**国，谓魏。 ⑱ **鲍本**谓横人。 ⑲ **姚本**曾、集、刘无以上五字。 ⑳ **札记**今本“主”作“王”。丕烈案：《史记》作“王”。 ㉑ **鲍本**为秦筑宫，备其巡幸。 ㉒ **鲍本**受服于秦。 ㉓ **鲍本**助秦祭。

“臣闻越王勾践以散[①]卒三千，禽夫差于干遂[②]；武王卒三千人，革车三百乘，斩纣于牧之野。岂其士卒众哉？诚能振其威也。今窃闻大王之卒，武力二十余万，苍头[③]二千[④]万，奋击二十万，厮徒[⑤]十万，车六百乘[⑥]，骑五千疋[⑦]。此其过越王勾践、武王远矣！今乃劫于辟[⑧]臣之说，而欲臣事秦。夫事秦必割地效质[⑨]，故兵未用而国已亏矣。凡群臣之言事秦者，皆奸臣，非忠臣也。夫为人臣，割其主之埊以求[⑩]外交,偷[11]取一旦之功而不顾其后,破公家而成私门,外挟强秦之势以内劫其主以求割埊,愿大王之熟察之也。

① **鲍本**散,则非枭勇。 ② **鲍本**补曰:干遂见《秦策》。 ③ **鲍本**盖以青帕首。《项纪》注,士卒皂巾。补曰:《史记》注,魏氏武卒衣三属之甲,操十二石之弩,负矢五十,置戈其上,冠胄带剑,赢三日之粮,日中而趋百里。《大事记》,荀卿所谓魏之武卒也。 ④ **鲍本**"千"作"十"。○ **札记**丕烈案:"十"字是也。《史记》亦作"十"。 ⑤ **鲍本**补曰:《正义》云,厮徒,谓烹炊供养杂役。厮,音斯。 ⑥ **姚本**曾、刘无"乘"字。 ⑦ **姚本**曾、刘无"疋"字。 ⑧ **鲍本**"辟"作"群"。○ **札记**今本"辟"作"群"。丕烈案:《史记》作"群",盖不与《策》文同。 ⑨ **姚本**刘作"实"。 ⑩ **鲍本**无"求"字。○ **札记**丕烈案:《史记》有。 ⑪ **鲍本**偷,苟且也。

"《周书》曰:'绵绵不绝[1],缦缦奈何[2];毫毛不拔[3],将成斧柯[4]。'前虑不定,后有大患,将奈之何?大王诚能听臣,六国从亲,专心并力,则必无强秦之患。故敝邑赵王[5]使使臣献愚计,奉明约,在大王诏之。"魏王曰:"寡人不肖,未尝得闻明教。今主君以赵王之诏诏之,敬以国从。"[6]

① **鲍本**绵,薄弱也。正曰:《诗》,"绵绵瓜瓞"。《传》,不绝貌。 ② **鲍本**"缦"作"蔓","奈"作"若"。○ 蔓,延也。若"缦"则无文之称耳。"若何"言不可奈何。正曰:"蔓"、"缦"字通借。补曰:《家语》,孔子观周庙《金人之铭》曰,"焰焰不灭,炎炎若何?涓涓不壅,终为江河。绵绵不绝,或成网罗;豪末不札,将寻斧柯"云云。《策》谓《周书》,其指此欤? **札记**丕烈案:《史记》作"蔓蔓奈何"。考此所引《周书》四句,乃《和寤解》文。吴氏以为《家语》,非也。今本《周书》作"蔓蔓若何"。 ③ **鲍本**喻树之萌。 ④ **鲍本**

柯,斧柄。 ⑤ **鲍本**肃侯。 ⑥ **鲍本**《秦传》有。

张仪为秦连横说魏王

张仪为秦连横,说魏王曰:“魏地方不至千里,卒不过三十万人。埊四平,诸侯四通,条达辐凑[①],无有名山大川之阻。从郑至梁,不过百里;从陈至梁,二百余里。马驰人趋,不待倦而至梁[②]。南与楚境,西与韩境,北与赵境,东与齐境,卒戍四方[③],守亭障者参列[④]。粟粮漕庾[⑤],不下十万。魏之埊势,故战场也。魏南与楚而不与齐,则齐攻其东;东与齐而不与赵,则赵攻其北;不合于韩,则韩攻其西;不亲[⑥]于楚,则楚攻其南。此所谓四分五裂之道也。

① **鲍本**如木枝分布,而四方凑之,如辐于毂。 ② **鲍本**言陈、郑所至皆平地。 ③ **鲍本**他国境或有山川关塞,惟梁无之,皆以卒戍守。 ④ **鲍本**十里一亭。障,隔也,筑城垒为之。补曰:障,关塞边候,开封有右夷门关。 ⑤ **鲍本**漕,水运。庾,水漕仓。 **札记**今本“漕庾”误“糟庾”。 ⑥ **姚本**刘作“合”。

“且夫诸侯之为从者,以安社稷、尊主、强兵、显名也。合从者,一天下、约为兄弟、刑白马以盟于洹水之上以相坚也。夫亲昆弟,[①]同父母,尚有争钱财。而欲恃诈伪反覆苏秦之余谋,其不可以成亦明矣。

① **札记**今本“昆”误为“兄”。

“大王不事秦，秦下兵攻河外，拔卷、衍、燕[①]、酸枣，劫卫取晋阳[②]，则赵不南；赵不南，则魏不北；魏不北，则从道绝[③]；从道绝[④]，则大王之国欲求无危不可得也。秦挟韩而攻魏，韩劫于秦，不敢不听。秦、韩为一国，魏之亡可立而须也，此臣之所以[⑤]为大王患也。为大王计，莫如事秦，事秦则楚、韩必不敢动；无楚、韩之患，则大王高枕而卧，国必无忧矣。

① **姚本**曾作“点”。 ② **鲍本**补曰：《史》作“阳晋”。《正义》云，阳晋故城在曹州乘氏县西北。 ③ **鲍本**主从者赵，故不言其他。 ④ **鲍本**“从道绝”三字不重。○ 补曰：一本复有“从道绝”三字，《史》同。 ⑤ **鲍本**无“以”字。○ **札记**丕烈案：《史记》无。

“且夫秦之所欲弱莫如楚，而能弱楚者莫若魏。楚虽有富大之名，其实空虚；其卒虽众，多言[①]而轻走，易北，不敢坚战。魏[②]之兵南面而伐，胜楚必矣。夫亏楚而益魏，攻楚而适[③]秦，内嫁祸安国，此善事也。大王不听臣，秦甲出而东[④]，虽欲事秦而不可得也。

① **鲍本**“言”作“然”。○ **札记**丕烈案：《史记》作“然”。详《策》文，当读“众”字句绝，“多言”下属。“多言”，谓嚣也。《史记》不与《策》文同，鲍本误。 ② **鲍本**“魏”上补“悉”字。○ 正曰：《史》作“悉”。 ③ **鲍本**适，犹归。 ④ **鲍本**“东”下补“伐”字。○ **札记**丕烈案：《史记》有。

“且夫从人多奋辞[①]而寡可信，说一诸侯之王，出而乘其车;约一国而反,成而[2]封侯之基。是故天下之游士,莫不日夜扼腕[3]瞋目[4]切齿[5]以言从之便,以说人主。人主览其辞,牵其说,恶得无眩哉?臣闻积羽沉舟,群轻折轴,众口铄金[6],故愿大王之熟计之也。"

① **鲍本**犹大言。 ② **鲍本**"反成"作"成反","而"下补"取"字。 **札记**今本"而反成而"作"而成反而取",乃误涉鲍也。鲍本作"成反",补"取"字。丕烈案:考《史记》,云"而成封侯"。可见"取"字系臆补,而今本又误依之也。 ③ **鲍本**扼,把;腕,手也。 ④ **鲍本**瞋,张目也。 ⑤ **鲍本**言之力也。正曰:《荆轲传·索隐》云,齿相摩切,奋怒意。 ⑥ **鲍本**《周语》"众口铄金"注,"众口所毁,虽金石犹可销"。《史》下又有"积毁销骨"一句。江淹书,"积毁销金,积谗磨骨"。

魏王曰:"寡人蠢愚[1],前计失之。请称东藩,筑帝宫,受冠带,祠春秋,效河外。"[2]

① **姚本**曾、刘无"愚"字。 ② **鲍本**《仪传》在诸国之先。彪谓:魏迩秦而无阻固,凡横人之辞,若可听唯魏也。故仪先之魏,一摇而诸国动矣。败从之约,魏其过欤!使魏而绎其说曰,"秦岂能有爱于我哉?兵来不除道,何为以说客先之,是知其不可而诉我也。且我事秦,安得高枕而无忧哉?"如是展转计之,则仪之辞屈矣。魏不摇,诸侯将又曰,"彼魏四达之国,又迩于秦,彼犹坚约不动,我何惧乎秦?"如是,则诸侯一矣。惜魏之不知出此也。补曰:《史》,张仪留魏四岁而襄王卒,实惠王;哀王立,实襄王。张仪复说王,王不听,于是仪阴令秦伐魏。魏与秦战,败。明年,齐又败魏观津。秦复欲攻魏,先败韩申差,诸侯震恐。张仪复说魏王云云,王乃倍从约而因仪请成于秦。事在襄王二年。正曰:显王三十六年,苏秦约六国合从。次年,秦使犀首欺齐、魏以伐赵,而从约解。慎靓王三年,苏秦约六国伐秦,再

申前约也。兵至函谷关，秦击之而走。次年，齐败魏、赵观津，则齐败约矣。既而韩与魏、赵伐秦而败，张仪留魏六年，说而不听。今因其兵败从散而说之，得其隙矣，魏不得不听也。魏非不知从之利而秦之不可信也，劫于秦之强而患于与国之不一。后三年，魏复背秦合从，其情可见矣。惜其自同连鸡中兄弟争财之料，而相与以趋于亡。从之不可合，合之不可久，其势则然矣。鲍之责魏，殆未深究夫事情也！补曰：扼，音厄。惷，愚也，书容、抽江、丑用、陟降四反，义并同。

齐魏约而伐楚

齐、魏约而伐楚，魏以董庆为质于齐。楚攻齐，大败之，而魏弗救。田婴怒，将杀董庆。盱夷①为董庆②谓田婴曰："楚攻齐，大败之，而不敢深入者，以魏为将内之于齐③而击其后。今杀董庆，是示楚无魏也。魏怒合于楚，齐必危矣。不如贵④董庆以善魏，而疑之于楚也。"⑤

① **姚本**刘作"干夷"。 **鲍本**"盱"作"盰"。〇 皆魏人。补曰：一本"盰"作"吁"。 **札记**丕烈案：《史记·孟荀列传》有吁子，作"吁"亦可通。② **鲍本**无"为董庆"三字。〇 ③ **鲍本**言纵楚使深入乃击之也。 ④ **姚本**一作"舍"。 ⑤ **鲍本**正曰：时不可考。

苏秦拘于魏

苏秦①拘于魏，欲走而之韩②，魏氏闭关而不通。齐使苏厉为之谓魏王曰："齐请以宋地封泾阳君③，而秦不受也。夫秦非不利有齐而得宋垦也④，然其所以不受者，不信齐王⑤与苏秦⑥也⑦。今秦见齐、魏之不合也⑧如此其甚也，则齐必不欺秦，而秦信齐矣。齐、秦合而泾阳君有宋地，则非魏之利也。故王不如复东苏秦[9]，秦必疑齐而不听也。夫齐、秦不合，天下无忧[10]，伐齐成，则塞广矣[11]。”

① **鲍本**“秦”作“代”。○ 下同。补曰：《燕策》及《史》作“代”。 **札记**今本“秦”作“代”，乃误涉鲍也。 ② **鲍本**“韩”作“齐”。○ **札记**今本“韩”上有“齐”字，乃误涉鲍也。丕烈案：今本并存“齐韩”二字，误甚矣。③ **鲍本**时未举宋，此侵伐所得耳。正曰：《正义》云，泾阳君，秦王弟悝也。齐苏子告秦兵伐宋，以封泾阳君。然齐假设此策以救代。 ④ **鲍本**无“也”字。○ **札记**丕烈案：《史记》有。 ⑤ **鲍本**闵。 ⑥ **鲍本**补曰：《燕策》及《史》作“子”，下同。 **札记**今本“秦”作“代”。 ⑦ **鲍本**疑其善魏。⑧ **鲍本**衍“也”字。 **札记**丕烈案：《史记》无。 ⑨ **鲍本**使得之齐。⑩ **鲍本**补曰：一本标一作“变”。 **札记**丕烈案：《史记》作“无变”。⑪ **鲍本**齐无秦而魏伐之，可以得地。《苏传》有，在齐伐宋之前。补曰：《燕策》及《史》曰，魏为燕执代，齐使人谓魏王曰云云，于是出苏代，代之宋。

陈轸为秦使于齐

陈轸为秦使于齐，过魏，求见犀首。犀首谢陈轸[1]。陈轸曰：“轸之所以来者，事也。公不见轸，轸且行，不得待异日矣。”犀首乃见之。陈轸曰：“公恶事乎？何为饮食而无事？无事必来[2]。”犀首曰：“衍不肖，不能得事焉，何敢恶事？”陈轸曰：“请移天下之事于公。”犀首曰：“奈何？”陈轸曰：“魏王使李从[3]以车百乘使于楚，公可以居其中而疑之。公谓魏王曰[4]：‘臣与燕、赵故矣[5]，数令人召臣也，曰无事必来。今臣无事，请谒而往。无久[6]，旬、五之期[7]。’王必无辞以止公。公得行，因自言于廷曰：‘臣急使燕、赵[8]，急约车为行具[9]。’”犀首曰：“诺。”谒魏王，王许之，即明言使燕、赵。

① **鲍本**辞不之见。 ② **鲍本**衍“无事必来”四字。补曰：四字恐因下文衍。 **札记**丕烈案：《史记》作“公何好饮也？犀首曰，无事也”。此当有误。 ③ **鲍本**诸多赵人。补曰：《轸传》以李从为田需。 ④ **鲍本**轸教衍。 ⑤ **鲍本**言与之故。 ⑥ **鲍本**言不久于彼。 ⑦ **鲍本**期以十日五日。 ⑧ **鲍本**言有急事出使。 ⑨ **鲍本**行所当具。

诸侯客闻之，皆使人告其王曰：“李从以车百乘使楚，犀首又以车三十乘[1]使燕、赵。”齐王[2]闻之，恐后天下得魏[3]，以事属犀首，犀首受齐事。魏王止其行使[4]。燕、赵闻之，亦以事属犀首。楚王[5]闻之，曰：“李从约寡人，今燕、齐、赵皆以事因犀首[6]，犀首必欲寡人，寡人欲之。”乃倍李从，而以事因犀首[7]。魏王曰：“所以不使犀首者，以为不可[8]。令[9]四国属以事，寡人亦以事因焉。”犀首遂主天下之事，复相魏。[10]

① **札记**今本“十”误“千”。 ② **鲍本**闵。 ③ **鲍本**恐得魏后于诸侯。 ④ **鲍本**无“行”字。〇 初以无事请行。今有齐事，魏亦且任之，故止之。**札记**今本无“使”字，鲍本无“行”字。丕烈案：二字当复衍其一。 ⑤ **鲍本**怀。 ⑥ **鲍本**魏为主约，故诸侯因衍以合魏。 ⑦ **鲍本**从与衍，皆为魏约耳，而因衍者众，故楚亦因之。背从者，欲专于衍也。 ⑧ **鲍本**不可任。 ⑨ **鲍本**“令”作“今”。〇 **札记**今本“令”作“今”。丕烈案：“今”字是也。 ⑩ **鲍本**复，言得四国又相魏也，非已相罢而又复。《衍传》有，在张仪初相之后。彪谓：轸之所立，唯此有七国捭阖风气，不然，醇乎醇矣！正曰：陈轸过犀首而不见，宜若有憾焉，而必见之，又教之以收天下之事任，何也？二人皆不善于张仪者也。激犀首以重任，皆所以倾仪而已。鲍氏于轸深所归

重，此章知其失不可揜，则曰“不然，醇乎醇矣”！鲍因轸答秦王之楚之对，而亟加矜奖，曲为之说。故愚亦屡擿其微，非好为攻发也。犀首相在惠王时，说见下章。

张仪恶陈轸于魏王

张仪恶陈轸于魏王曰：“轸善事楚，为求壤埊也，甚力之①。”左华②谓陈轸曰：“仪善于魏王，魏王甚爱之。公虽百说之，犹不听也。公不如③仪之言为资，而反于楚王④。”陈轸曰：“善。”因使人先言于楚王。⑤

① **鲍本**衍“之”字。 **札记**今本无“之”字，乃误涉鲍也，鲍衍“之”字。丕烈案：《楚策》无。 ② **鲍本**未详。补曰：《楚策》作“左爽”。 ③ **鲍本**“如”下补“以”字。○ 补曰：“如”下宜有“以”字，《楚策》有。 **札记**今本“如”下有“以”字，乃误涉鲍也。 ④ **鲍本**反，言报之。王，怀王。 ⑤ **鲍本**轸自是如楚。正曰：《楚策》云，楚王喜欲复之，未知即以此时如楚否？《策》云，仪善于魏王，王甚爱之，当是惠王时事。补曰：轸之答魏王曰，“子胥忠其君，天下皆欲以为臣；孝己爱其亲，天下皆欲以为子。臣不忠于王，楚何以臣为忠”？斯言宜若自信矣。今也因张仪谓其善事楚，为求壤地，乃以为资而反楚，则前日所云，一时口给御人耳，岂其情哉？

张仪欲穷陈轸

张仪欲穷陈轸①，令②魏王召而相之，来将悟③之。将行，其子陈应止其公④之行，曰：“物之湛⑤者，不可不察也。郑强出秦⑥曰⑦，应为知⑧。夫魏欲绝楚、齐，必重迎公⑨。郢中不善公者，欲公之去也，必劝王多公之车⑩。公至宋，道称疾而毋行，使人谓齐王⑪曰：‘魏之所以迎我者，欲以绝齐、楚也。’”

① **鲍本**时在楚。 ② **札记**今本"令"误"今"。 ③ **姚本**曾作"梏"。 **鲍本**"悟"作"倍"。○ 补曰：字误。 **札记**丕烈案：此以"悟"为"圄"字耳。 ④ **鲍本**公，翁同。《项羽纪》注，谓父。 ⑤ **鲍本**湛，谓其谋之深。 ⑥ **鲍本**强自秦出在楚。补曰：《韩策》，郑强载金入秦，请伐韩。此云出秦也。 ⑦ **札记**"曰"，鲍本作"日"。 ⑧ **姚本**曾作"之"。 **鲍本**言能止其父。 ⑨ **鲍本**轸在楚，必合齐，而魏欲离之，故迎轸。 ⑩ **鲍本**王，楚怀。补曰："郢中"止"去也"读，"车"字句。 ⑪ **鲍本**闵。 正曰：《大事记》，张仪相魏，在惠王后十三年，寻以公孙衍代。襄王二年，因请成于秦，为秦相。后八年，秦出之魏。次年死。其在位，多惠王时，与齐宣相涉。

齐王曰："子果[①]无之魏而见寡人也，请封子。"因以鲁侯之车迎之。

① **鲍本**"果"作"东"。○ 使东来齐。 **札记**今本"果"作"东"。

张仪走之魏

张仪走之魏[①]，魏将迎之。张丑谏于王，欲勿内，不得于王[②]。张丑退，复谏于王曰："王亦闻老妾事其主妇者乎？子长色衰，重[③]家[④]而已。今臣之事王，若老妾之事其主妇者。"魏王因不纳张仪。[⑤]

① **鲍本**《传》言秦武元年，群臣恶之，乞之梁。此九年。正曰：按襄王九年，仪走魏，魏纳而相之。此云不内，恐非是时事。 ② **鲍本**王不听也。 ③ **鲍本**重，犹再。 ④ **姚本**一本作"嫁"。 **鲍本**"家"作"嫁"。○ **札记**丕烈案："嫁"字当是。 ⑤ **鲍本**彪谓：丑之自比若此，岂可望于士君子之行哉？哀王听其所说，是亦魏媪之耄者耳。

张仪欲以魏合于秦韩

张仪欲以魏合于秦、韩而攻齐、楚。惠施欲以魏合于齐、楚以案兵。人多为张子于王所[①]。惠子谓王曰："小事也，谓可者谓不可者正半，况大事乎？以魏合于秦、韩而攻齐、楚，大事也，而王之群臣皆以为可。不知是其可也，如是其明耶？而[②]群臣之知术也，如是其同耶？是其可也，未如是其明也，而群臣之知术也，又非皆同也，是有其半塞也[③]。所谓劫主[④]者，失其半者也。"[⑤]

① **鲍本**所，犹处。 ② **鲍本**"而"作"亡"。〇 亡，得无也。正曰：下文有。 **札记**丕烈案："亡"字当是，此不与下句同。《秦策》、《赵策》、《韩策》皆有此字，可证也。 ③ **鲍本**"有其"作"其有"。〇 塞，不明。 ④ **鲍本**"主"作"王"。〇 **札记**丕烈案："王"字误，《韩子》作"主"，可证。 ⑤ **鲍本**事不明而欲王必从，是劫王也；王而从之，失其半矣。正曰：此《策》言小事，人可否者且正半，而此大事，人皆同声，必非皆知其可，而智术之皆同者，则明与不明者居半也。彼劫王以必从，失其明者之半也。此《策》云欲以魏合于秦、韩，亦当是惠王时。

张子仪以秦相魏

张子[①]仪以秦相魏，齐、楚怒而欲攻魏。雍沮[②]谓张子曰："魏之所以相公者，以公相则国家安，而百姓无患。今公相而魏受兵，是魏计过也。齐、楚攻魏，公必危矣。"张子曰："然则奈何？"雍沮曰："请令齐、楚解攻。"雍沮谓齐、楚之君[③]曰："王亦闻张仪之约秦王[④]乎？曰：'王若相仪于魏，齐、楚恶仪，必攻魏。魏战而胜，是齐、楚之兵折，而仪固得魏矣；

若不胜魏[5]，魏必事秦以持其国，必割地以赂王。若欲复攻[6]，其敝不足以应秦[7]。'此仪之所以与秦王阴相结也。今仪相魏而攻之，是使仪之计当于秦也，非所以穷仪之道也。"齐、楚之王曰："善。"乃遽[8]解攻于魏。[9]

① **姚本**刘去"子"字。 **鲍本**衍"子"字。 ② **鲍本**魏人。 ③ **鲍本**闵、怀。 ④ **鲍本**惠。 ⑤ **鲍本**衍"魏"字。 ⑥ **鲍本**秦攻齐、楚。正曰：言魏割地合于秦，齐、楚复攻魏，而秦救之，则齐、楚罢敝，不足以应秦。此《策》亦当在惠王时。 ⑦ **鲍本**二国尝战，今必弊，故不能当秦。 ⑧ **鲍本**"遽"作"遂"。○ ⑨ **鲍本**补曰：《齐策》，秦惠王死，仪乞之梁，以致齐伐。仪使冯喜说齐王云云，其言颇与雍沮类。

张仪欲并相秦魏

张仪欲并相秦、魏[1]，故谓魏王曰："仪请以秦攻三川，王以其间约南阳，韩氏亡[2]。"史厌[3]谓赵献[4]曰："公何不以楚佐仪求相之于魏，韩恐亡，必南走[5]楚。仪兼相秦、魏，则公亦必并相楚、韩也[6]。"

① **鲍本**仪相魏在此十三年。正曰：秦惠后三年，魏惠后十三年。 ② **鲍本**约，谓使韩以此与魏。韩氏必亡。 ③ **鲍本**史名厌。 ④ **鲍本**与厌俱在楚，正曰：无考。 ⑤ **鲍本**补曰：走，音奏。 ⑥ **鲍本**仪因献得相，必德献。楚得韩，仪必缓攻，韩亦德献也。

魏王将相张仪

魏王将相张仪，犀首弗利[1]，故令人谓韩公叔曰："张仪以[2]合秦、魏矣。其言曰：'魏攻南阳，秦攻三川，韩氏必亡。'

且魏王所以贵张子者，欲得埊[3]，则韩之南阳举矣。子盍少委焉[4]，以为衍功[5]，则秦、魏之交可废矣[6]。如此，则魏必图秦而弃仪，收韩而相衍。”公叔以为信[7]，因而委之，犀首以为功，果相魏[8]。

① **鲍本**补曰：《大事记》，魏惠王后十三年，张仪相魏，魏不事秦，以公孙衍代相。 ② **姚本**一作“已”。 **鲍本**“以”作“已”。○ **札记**丕烈案：《史记》作“已”。 ③ **鲍本**“埊”下有“也”字。○ **札记**丕烈案：《史记》有。④ **鲍本**请以事委衍。 ⑤ **鲍本**有功，魏乃任之。正曰：《大事记》，令韩以与魏南阳，为公孙衍之功。 ⑥ **鲍本**魏任衍，则听其所为。 ⑦ **姚本**曾作“便”，刘作“信”。 **鲍本**“信”作“然”。○ **札记**丕烈案：《史记》作“便”。⑧ **鲍本**《衍传》有。补曰：《大事记》，魏王不听仪者，公孙衍间之也。《衍传》称衍相魏，张仪去，则不然。以《仪传》考之，仪惭无以归报，留魏四岁而魏王卒，复说其嗣君，久之始去魏相秦尔。愚谓，仪说魏合秦，襄王久而后听，惠王之崛强，犹未入其言，故公孙衍之间易为力也。

楚许魏六城

楚许魏六城，与之伐齐而存燕。张仪欲败之，谓魏王曰：“齐畏三国[1]之合也，必反燕埊[2]以下楚，楚、赵[3]必听之，而不与魏六城。是王失谋于楚、赵[4]，而树怨而[5]于齐、秦也。齐遂伐赵[6]，取乘丘[7]，收侵地，虚、顿丘[8]危。楚破南阳九夷[9]，内沛[10]，许、鄢陵危。王之所得者，新观[11]也。而道涂宋、卫为制[12]，事败为赵驱[13]，事成功县宋、卫[14]。”魏王弗听也[15]。

① **鲍本**楚、魏、燕。 ② **鲍本**此齐宣因丧伐燕所得。正曰：按《史》，易

王初立，齐宣王因丧伐我，取十城。苏秦说齐，使复归燕十城，必非此时。策云伐齐存燕，盖齐人破燕后事也。 ③ **鲍本**衍“赵”字。 正曰：姚本下句亦云失谋于楚、赵。 ④ **鲍本**无“赵”字。○ ⑤ **鲍本**衍“而”字。 补曰：疑衍。 **札记**今本无下“而”字，乃误涉鲍也。 ⑥ **鲍本**赵，魏邻也，伐之以动魏。 ⑦ **鲍本**属泰山。补曰：《正义》云，乘丘故城在兖州瑕丘县西北。 ⑧ **鲍本**补曰：虚，谓殷虚，今相州所理。顿丘故城，在魏州顿丘县东北。《括地志》，二城时属魏。余见《秦策》。 ⑨ **鲍本**疑当为九嶷。正曰：此南阳堵赭、同阳属荆州者，以下文连九嶷、许、鄢言之故也。《大事记》，李斯书云，惠王用张仪计，南取汉中，包九夷，制鄢、郢。九夷，即属楚之夷方。孔子在陈、蔡，相去不远，所以有欲居九夷之言，此与《集注》异。愚谓，此言破南阳之九夷也。 ⑩ **鲍本**豫州郡。“内”，言入其地。正曰：“内沛”，地名，必非豫州者。 ⑪ **鲍本**属魏郡。补曰：《正义》引《括地志》，观津在冀州枣阳，一云武邑县东南，本赵邑，今属魏。今详名新观者，恐以此。《大事记》主属清河。又云，魏惠王三年，齐伐魏取观津。赧王四十二年，魏冉败赵，魏取赵观津，所属不常。 ⑫ **鲍本**言虽得新观，路所从出，又限二国。⑬ **鲍本**败，谓楚不与也。楚不与，则齐伐赵，亡将及魏，故奔走援之。⑭ **鲍本**成，谓楚与之地。受地必由二国。县，言轻重系之。 ⑮ **姚本**刘，连上。曾，题。

张仪告公仲〔校一〕

〔校一〕此篇姚本与《楚许魏六城》分为二篇，鲍本与《楚许魏六城》合为一篇。据文义，从姚本。

张仪告公仲，令以饥故，赏韩王以近河外①。魏王惧，问张子。张子曰：“秦欲救齐，韩欲攻南阳②，秦、韩合而欲攻南阳，无异也③。且以遇卜王④，王不遇秦，韩之卜也决矣⑤。”魏王遂尚⑥遇秦，信韩、广⑦魏、救赵，尺⑧楚人，遽于革下⑨。

伐齐之事遂败。

① **鲍本**赏,犹劝也。韩时饥,因劝之就粟于河外。河外近魏,故魏恐。韩王,宣惠也。正曰:此句不可解,恐"韩王"字当在"令"下,而衍一"以"字。谓公仲令韩王以饥故,赏赐近河外之民。 ② **鲍本**补曰:此河内修武。 ③ **鲍本**言无他。 ④ **鲍本**两君相遇,则讲信修睦,故遇者,相好也。 ⑤ **鲍本**决,无他疑。韩以魏不与秦遇,知其恶我,必合秦而攻魏。 ⑥ **鲍本**尚,言欲之甚。 ⑦ **鲍本**广,犹心广体胖,云乐之也。此著书者述其遇秦之效,魏昔惧而今心广,又岂能止齐伐赵也?正曰:宽广也,宽魏之忧也。 ⑧ **鲍本**"尺"作"斥"。〇 补曰:未详。 ⑨ **鲍本**"萆"作"革"。〇 地缺。"革"岂"鬲"邪?遽,传遽。楚以传来许地,魏斥之也。补曰:姚本"萆下"、"遽"未详,恐有缺误,"萆"疑"华"。

徐州之役

徐州之役[①],犀首谓梁王曰:"何不阳与齐而阴结于楚?二国恃王,齐、楚[②]必战。齐战胜楚,而与乘之[③],必取方城之外;楚战胜齐败[④],而与乘之,是太子[⑤]之仇报矣。"

① **鲍本**"徐"作"俆"。〇 楚败齐也。齐宣十年,此二年。正曰:惠王后二年。补曰:徐州,见《齐策》。 ② **鲍本**"齐"下无"楚"字,原注"衍齐字"。〇 补曰:一本"齐"下有"楚"字。 ③ **鲍本**与齐乘楚。 ④ **姚本**一本无"败"字。 **鲍本**衍"败"字。正曰:即楚败齐将申缚泗上之役,见《秦策》。 ⑤ **鲍本**太子申。

秦败东周

秦败东周,与魏战于伊阙,杀犀武[①]。魏令公孙衍乘胜而留于境[②]，请卑辞割埊，以讲于秦。为窦屡[③]谓魏王曰："臣不知衍之所以听于秦之少多，然而臣能半衍之割，而令秦讲于王。"王曰："奈何？"对曰："王不若与窦屡关内侯[④]，而令赵[⑤]。王重其行而厚奉之。因扬言曰：'闻周、魏令窦屡以割魏于奉阳君，而听秦[⑥]矣。'夫周君、窦屡、奉阳君之与穰侯，贸首之仇也[⑦]。今行和者，窦屡也；制割者，奉阳君也。太后恐其不因穰侯[⑧]也，而欲败之，必以少割请合于王，而和于东周与魏也。"

① **鲍本**此三年。 ② **鲍本**乘，言因秦胜我，留而与之讲。若秦既去，则无及已。补曰：公孙衍，说见前。 ③ **鲍本**魏人。 ④ **鲍本**侯于关内耳。此时未为爵。补曰：关内侯之称，不独起于秦。 ⑤ **鲍本**"令"下有"之"字。○ **札记**丕烈案：有者当是。此读"赵"字句绝，"王重"以下别为句。 ⑥ **鲍本**因地讲秦。 ⑦ **鲍本**补曰：奉阳君即李兑，说见《赵策》。此言与穰侯贸首之仇，则二人欲阴取以定封之事也。 ⑧ **鲍本**后，穰侯之姊。

齐王将见燕赵楚之相于卫

齐王[①]将见燕、赵、楚之相于卫，约外魏[②]。魏王惧，恐其谋伐魏也，告公孙衍。公孙衍曰："王与臣百金，臣请败之。"王为约车，載[③]百金。犀首期齐王至之曰[④]，先以车五十乘至卫间齐，行以百金[⑤]，以请先见齐王，乃得见。因久坐安，从容谈三国之相怨。

① **鲍本**闵。 ② **鲍本**不亲之。 ③ **姚本**孙作"齎"。 ④ **鲍本**"曰"作"日"。○ 度其至卫之日。 **札记**今本"曰"作"日"。 ⑤ **鲍本**无"车"

字，“行”下补“人”字。○　间，私见之。正曰：间，居谏反，投间隙也。行以百金，犹云行几金于某。　**札记**今本“行”下有“人”字，乃误涉鲍也。

谓齐王曰：“王与三国约外魏，魏使公孙衍来，今久与之谈，是王谋三国也也[①]。”齐王曰：“魏王闻寡人来，使公孙子劳寡人，寡人无与之语也。”三国之不相[②]信齐王之遇，遇事遂败[③]。

① **鲍本**“也”字不重。○　**札记**今本“也”字不重。丕烈案：下“也”字当是“已”字之误，辄删者未是。　② **鲍本**“不相”作“相不”。○　补曰：字毃次，当作“相不”。　**札记**今本“不相”作“相不”，乃误涉鲍也。　③ **鲍本**按上章，张仪将相魏，犀首以计去之，乃得相。而仪相魏四岁，则所谓以计去之，在仪欲相之初；衍得相，宜在仪复相秦之时也。补曰：《大事记》书魏惠王后十三年，秦张仪免相相魏，魏不事秦，以公孙衍代相。《解题》云，《衍传》称衍相魏仪去则不然，仪惭无以归报，留魏四岁，而惠王卒。后魏襄王二年，始去魏复相秦。

魏令公孙衍请和于秦

魏令公孙衍请和于秦，綦母恢教之语曰：“无多割[①]。曰，和成，固有秦重和[②]，以与王遇；和不成，则后必莫能以魏合于秦者矣[③]。”

① **鲍本**“割”下无“曰”字。○　补曰：一本此下有“曰”字，乃教衍说秦之辞。　② **鲍本**补曰：一本标孙本无“和”字。　**札记**丕烈案：无者是也。③ **鲍本**衍已相秦故。正曰：此《策》，惠、襄之世不可定。

公孙衍为魏将

公孙衍为魏将，与其相田繻[①]不善。季子[②]为衍谓梁王曰："王独不见夫服牛骖骥乎？不可以行百步。今王以衍为可使将，故用之也；而听相之计，是服牛骖骥也[③]。牛马俱死，而不能成其功，王之国必伤矣！愿王察之。"[④]

① **鲍本**"繻"作"需"。○ 从下章及《史》。补曰："繻"即"需"。 ② **鲍本**未详。 ③ **姚本**一作"之道"。 ④ **鲍本**彪谓：此用贤而使不肖间之之说也，而衍也非其人也。补曰：此策若作魏将，则恐在襄王时。

战国策卷二十三

魏　二

犀首田盼欲得齐魏之兵以伐赵

犀首、田盼欲得齐、魏之兵以伐赵，梁君与田侯[①]不欲。犀首曰："请国出五万人，不过五月而赵破。"田盼曰："夫轻用其兵者，其国易危；易用其计者，其身易穷。公今言破赵大易，恐有后咎。"犀首曰："公之不慧也。夫二君者，固已不欲矣。今公又言有[②]难以惧之，是赵不伐，而二士[③]之谋困也。且公直言易，而事已去矣。夫难构而兵结，田侯、梁君见其危，又安敢释卒不我予乎？"田盼曰："善。"遂劝两君听犀首。犀首[④]、田盼遂得齐、魏之兵。兵未出境，梁君、田侯恐其至而战败也，悉起兵从之，大败赵氏。

① **鲍本**闵王。正曰：事在齐宣十一年，魏惠后三年，赵肃侯十八年。公孙衍欲败从，田盼本非与谋，故其闻衍之说，犹能以用兵难之。既而怵于其言，劝两君以听衍而身将齐、魏之兵，盖狃于战斗之习，堕衍计中，以成其欺，以败和好，快仇秦之欲，皆盼之为也。观马陵之役，魏客之言，张丑说楚之辞，知盼为邻国所畏，百姓所服。今以此事观之，盼亦优于勇而短于谋者也。　② **姚本**曾添"有"字。　**鲍本**无"有"字。○　③ **姚本**一作"君"。**鲍本**二士，衍、盼。　④ **鲍本**"犀首"二字不重。○　补二字。

犀首见梁君

犀首见梁君曰："臣尽力竭知，欲以为王广土取尊名，田需[①]从中败君[②]，王又听之，是臣终无成功也。需亡，臣将侍；需侍，臣请亡。"王曰："需，寡人之股掌[③]之臣也。为子之不便也，杀之亡之[④]，毋谓天下何，内之无若群臣何也[⑤]！今吾为子外之，令毋敢入[⑥]子之事。入子之事者，吾为子杀之亡之，胡[⑦]如？"犀首许诺。于是东见田婴，与之约结；召文子[⑧]而相之魏，身相于韩。[⑨]

① **姚本**前作田繻，今直言需。　② **鲍本**补曰：一本标"君"一作"臣"，又作"之"。　**札记**今本"君"作"臣"。　③ **鲍本**犹股肱。　④ **鲍本**补曰：一本标云，有"外之"字。　**札记**丕烈案：有者当是。此读"外之毋谓天下何"七字为一句，与下"内之"为对文，涉"今吾为子外之"而脱。　⑤ **鲍本**内，谓亲之。称"群臣"，则衍与焉。正曰：言杀之亡之，天下之人与内之群臣，皆不以为然也。　⑥ **姚本**入，犹与也。曾、刘无此注。　⑦ **鲍本**胡，犹何。　⑧ **鲍本**田文。　⑨ **姚本**曾题，刘连。〔校一〕　**鲍本**补曰：田文为魏相，盖犀首约结于婴，召其子而相之也。下章与此同。事宜在襄王时，非文奔魏相昭王事也。　身相韩，衍欲相韩也。下言置田需以稽二人，则衍仍留魏矣。　一本此下别为一章。

〔校一〕曾巩本，另篇。刘敞本，此篇与下篇《苏代为田需说魏王》连篇，鲍本亦同。

苏代为田需说魏王

苏代为田需说魏王曰："臣请问文之为[①]魏，孰与其为齐也？"王曰："不如其为齐也。""衍之为魏，孰与其为韩也[②]？"王曰："不如其为韩也。"而[③]苏代曰："衍将右韩而左魏[④]，文将右齐而左魏。二人者，将用王之国，举事于世，中道[5]而不可，王且无所闻之矣[6]。王之国虽渗[7]乐而从[8]之可也[9]。王不如舍[10]需于侧，以稽二人者之所为。二人者曰：'需非吾人也[11]，吾举事而不利于魏，需必挫我于王。'二人者必不敢有外心矣。二人者之所为之[12]，利于魏与不利于魏，王厝[13]需于侧以稽之，臣以为身利[14]而[15]便于事[16]。"王曰："善[17]。"果厝需于侧。[18]

① **姚本**为，助也。曾、刘无此注。 ② **鲍本**衍，阴晋人，时属韩，故下苏代说昭鱼亦云。正曰：阴晋，魏地，衍实魏人，其善韩非以此。 ③ **鲍本**衍"而"字。 ④ **姚本**右，近；左，远。曾、刘无此注。 **鲍本**右，言助之力。正曰：时尚右，说见《赵策》。 ⑤ **鲍本**中道，犹中立也，言不能两全二国。⑥ **鲍本**不闻所以救之。正曰：彼有外心，王不得而闻之。 ⑦ **鲍本**言浸微浸弱，如漏器然。 ⑧ **姚本**曾作"后"。 ⑨ **鲍本**言如漏器，尚足乐，虽从二子可也。然从二子必亟亡，不得如是也。补曰："渗乐"未详。**札记**丕烈案：此当作"操药"，形近之讹也。言国病甚。鲍所读非。 ⑩ **鲍本**舍，犹厝。 ⑪ **鲍本**需非二人之党。 ⑫ **姚本**刘去"之"。 ⑬ **鲍本**"厝"，"措"同。 ⑭ **姚本**刘去"身利"字。 **鲍本**身，王身。 ⑮ **姚本**一本无"而"字。⑯ **鲍本**"而"下有"国"字。〇 补曰：一本"而便于事"。又姚注云，刘去"身利"字，一无"而"字，似义长。 ⑰ **札记**今本"善"误"然"。 ⑱ **鲍本**彪谓：哀王于是有人君之言，不亡需是也。惜其不旋踵，需不入衍之事，苏代入之矣！待衍如是可也，如得贤而付之阃外，若此者不亦殆乎！正曰：魏王始听犀首而欲外田需，复因苏代而置需以稽二人。贤否之不知，用舍之不能，荧惑于游士之言，而拱手以听之，其孱昏甚矣！

史举非犀首于王

史举[1]非犀首于王。犀首欲穷之，谓张仪曰："请令王让先生以国[②]，王为尧、舜矣；而先生弗受，亦许由也。衍请[③]因令王致万户邑于先生[④]。”张仪说，因令史举数见犀首。王闻之而弗任也[⑤]，史举不辞而去。[⑥]

① **鲍本**即甘茂所事。 ② **鲍本**衍以此说仪，使之为己解举，故举后见之。 ③ **鲍本**无“请”字。○ ④ **鲍本**弗受国，故致邑。 ⑤ **鲍本**任，犹信也。举既非之，而数见之，故王疑之。 ⑥ **鲍本**补曰：据此，让国之说，不特鹿毛寿之愚燕哙也。此恐惠王时事。

楚王攻梁南

楚王[①]攻梁南，韩氏因围蕾[②]。成恢[③]为犀首谓韩王[④]曰：“疾攻蕾，楚师必进矣。魏不能支，交臂而听楚，韩氏必危，故王不如释蕾。魏无韩患，必与楚战，战而不胜，大梁不能守，而又况存蕾乎？若战而[⑤]胜，兵罢[⑥]敝，大王之攻蕾易矣。”[⑦]

① **鲍本**怀。 ② **姚本**一本作“蕾”。 **鲍本**“蕾”作“黄”。○ 下同。补曰：未详。一本作“蕾”。 **札记**今本“蕾”作“蕾”。 ③ **鲍本**魏人。④ **鲍本**襄。 ⑤ **姚本**刘添“而”字。 **鲍本**无“而”字。○ ⑥ **鲍本**罢，音疲。 ⑦ **鲍本**正曰：此《策》时不可考。

魏惠王死

魏惠王死，葬有日矣。天大雨雪，至于牛目[①]，坏城郭，且为栈道而葬。群臣多谏太子者，曰：“雪甚如此而丧行，民必甚病之。官费又恐不给，请弛期[②]更日。”太子曰：“为人子,而以民劳与官费用之故,而不行先王之丧,不义也[3]。子勿复言。”

① **鲍本**驾车用牛,故以及其目为深候。 ② **鲍本**弛,解也。昔约今解。 ③ **姚本**一本无“也”字。

群臣皆不敢言,而以告犀首。犀首曰:“吾未有以言之也[1],是其唯惠公[2]乎!请告惠公[3]。”

① **鲍本**未得其说以说。 ② **姚本**一作薛公。旁出云,一本皆惠子。然其后与此本皆直言惠子,恐惠子者是。 **鲍本**施也。 ③ **姚本**一作“子”。

惠公[1]曰:“诺。”驾而见太子曰:“葬有日矣。”太子曰:“然。”惠公曰:“昔王季历葬于楚山[2]之[3]尾,栾水啮其墓[4],见棺之前和[5]。文王曰:‘嘻!先君必欲一见群臣百姓也夫,故使栾水见之。’于是出而为之张于朝[6],百姓皆见之,三日而后更葬。此文王之义也。今葬有日矣,而雪甚,及牛目,难以行,太子为及日之故,得毋嫌于欲亟葬乎?愿太子更日。先王必欲少留而扶社稷、安黔首[7]也,故使雪甚。因弛期而更为[8]日,此文王之义也。若此而弗为,意者羞法文王乎?”太子曰:“甚善。敬弛期,更择日。”

① **姚本**一作“子”。 ② **姚本**续云:《吕氏春秋》作“惠公”、“涡山”。 ③ **姚本**一本无“之”字。 ④ **姚本**续云:《后语》作“蛮水”。注,盛弘之《荆

楚记》曰,“宜都县有蛮水,即乌水也。今襄州南有乌水”。按,古公亶父以修德为百姓所附,遂杖策去之,与太姜逾梁山而止于岐山之阳。故《诗》曰,“率西水许,至于岐下。”是为太王。太王生季历,季历卒,葬鄠县之南,今之葬山名。而皇甫谧云,“楚山一名潏山,鄠县之南山也”。纵有楚山之名,不宜得蛮水所啮,虽惠子之书五车,未为稽古也。续云:栾,音鸾。《说文》云,漏流也,一曰渍也。墓为漏流所渍,故曰“栾水啮其墓”,不必讥惠子也。**鲍本**补曰:《吕氏春秋》作“葬于涡水之尾”,后云“天故使明水见之”。《初学记》引一作“涡山”,《论衡》作“滑山”。 **札记**丕烈案:“初学记引”四字乃吴氏自注语,吴本注中有注,今刻本多误,说已见《齐策》。 ⑤ **鲍本**和,棺两头木。补曰:《玉篇》作“栭”,胡戈、户卧二反;《广韵》作“㮝”,皆云棺头也。此作“和”,盖音通。 ⑥ **姚本**《后语》,“张帐以朝”。 **鲍本**无“于”字。○张幕帟如朝廷然。补曰:姚本“张于朝”注,《后语》,“张帐以朝”。按《周礼》,“掌次以待张事”。 **札记**“于”,鲍本无。丕烈案:《吕氏春秋》、《论衡》作“张朝”。 ⑦ **鲍本**秦称民“黔首”,非此时语也。正曰:《礼·祭义》亦有“黔首”字,非始于秦。 ⑧ **鲍本**为,犹撰。正曰:下文有。

惠子非徒行其说也,又令魏太子未葬其先王而因又[①]说文王之义。说文王之义以示天下,岂小功也哉![②]

① **鲍本**“因又”作“又因”。○ **札记**丕烈案:《吕氏春秋》作“因有”。
② **鲍本**补曰:雨,去声。“为之”、“为及”之“为”,去声。张,之亮反。

五国伐秦

五国伐秦[①],无功而还。其后,齐欲伐宋,而秦禁之。齐令宋郭之秦,请合而以伐宋。秦王[②]许之。魏王畏齐、秦之合也,欲讲于秦。

① **鲍本**成皋之役。此十年。　② **鲍本**昭。

谓魏王曰："秦王谓宋郭曰：'分宋之城，服宋之强者，六国也。乘宋之敝，而与王[1]争得者，楚、魏也。请为王毋禁楚之伐魏也，而王独举宋。王之伐宋也，请刚柔而皆用之[2]。如宋者，欺之不为逆者[3]，杀之不为[4]仇者也。王无与之讲以取埊，既已得埊矣[5]，又以力攻之，期于啗宋而已矣。'

① **鲍本**王，齐闵。　② **鲍本**宋强、宋弱，皆必伐之。　③ **姚本**曾添"者"字。　**鲍本**无"者"字。〇　④ **姚本**曾作"而无"。　⑤ **姚本**刘添"矣"字。　**鲍本**无"矣"字。〇

"臣闻此言，而窃为王悲[1]，秦必且用此于王矣[2]。又必且曰王以[3]求埊，既已得埊，又且以力攻王。又必谓王曰[4]使王轻齐，齐、魏之交已丑[5]，又且收齐以更[6]索于王。秦尝用此于楚矣，又尝用此于韩矣，愿王之深计之也。秦善魏不可知也已[7]。故为王计，太上伐秦，其次宾秦，其次坚约而详讲，与国无相离也[8]。秦、齐合，国不可为也已。王其听臣也，必无与讲[9]。

① **鲍本**"悲"作"患"。〇　② **鲍本**用楚伐魏。　③ **鲍本**"以"作"必"，"曰"作"劫"。〇　**札记**丕烈案："曰"当作"因"，形近之讹也，鲍改非。④ **鲍本**衍"曰"字。　**札记**丕烈案："谓"当作"讲"，"曰"当作"因"，形近之讹也。　⑤ **鲍本**恶也。　⑥ **鲍本**"更"作"东"。〇　补曰：一本"更索"。⑦ **鲍本**言不可信。　⑧ **鲍本**"离"作"仇"。〇　补曰："详"，"佯"通，史多有。"媾"字句。佯媾于秦，此即赵策所谓不得已而必媾，则愿五国复坚约

者。此“宾”即“摈”。“仇”,一本作“离”。 **札记**今本“离”作“仇”。 ⑨ **鲍本**与秦讲。

“秦权重魏,魏再明孰①,是故又为②足下伤③秦者,不敢显也④。天下可令伐秦,则阴劝而弗敢图也。见天下之伤秦也,则先鬻与国而以自解也⑤。天下可令宾秦,则为劫于与国而不得已者。天下不可,则先去⑥,而以秦为上交以自重也。如是人者,鬻王以为资者也,而焉能免国于患?免国于患⑦者,必穷三节⑧,而行其上。上不可,则行其中;中不可,则行其下;下不可,则明不与秦。而⑨生以残秦⑩,使秦皆无百怨百利,唯已之曾安⑪。令足下鬻之以合于秦⑫,是免国于患者之计也。臣何足以当之?虽然,愿足下之论臣之计也。

① **鲍本**“再”作“冉”,“孰”作“熟”。○ 言此明且熟。补曰:即“熟”。 **札记**丕烈案:此当读“秦权重”为一句,“魏冉明”为一句。“魏”字误复,“孰”字亦有误。“是”字属下句读。鲍、吴皆非也。 ② **鲍本**“又为”作“有谓”。○ 或人谓魏王当如下。补曰:“又”,“有”通。 **札记**丕烈案:“为”,当去声读,鲍所改误甚。 ③ **鲍本**伤,犹。 ④ **鲍本**恐秦觉之。 ⑤ **鲍本**言与国为之,非我也。 ⑥ **鲍本**背诸国也。 ⑦ **姚本**曾、刘无此以上四字。 ⑧ **鲍本**补曰:三节,即上文太上、其次之说。 ⑨ **姚本**一作“两”。 ⑩ **鲍本**生,犹进,言伐之不已。正曰:不能伐,不能摈,又不能媾,必为秦所伐,则誓斗而必死,不与秦俱生以残秦。 ⑪ **鲍本**已,止。曾,则也。言使秦见残,不择利害,唯务止魏之残以自安也。 ⑫ **鲍本**“令”上补“无”字,“足”作“天”。○ 所谓鬻王以秦为上交者。补曰:“令”字上恐有缺误。 **札记**今本“令”误“今”。

"燕，齐仇国也[①]；秦，兄弟之交也[②]。合仇国以伐婚姻[③]，臣为之苦矣[④]。黄帝战于涿鹿之野，而西戎之兵不至；禹攻三苗，而东夷之民不起[⑤]。以燕伐秦[⑥]，黄帝之所难也，而臣以致燕甲而起齐兵矣。

① **鲍本**两国自宣闵、易昭再世相仇。 ② **鲍本**燕、齐与秦。 ③ **鲍本**犹兄弟也。此士欲为魏合燕、齐以伐秦。 ④ **鲍本**言伐秦之难而己为之。 ⑤ **鲍本**"起"作"赴"。〇 言帝王用兵，犹有不从者。不经见。 **札记**今本"起"作"赴"，乃误涉鲍也。 ⑥ **鲍本**"燕"下补"齐"字。〇 **札记**丕烈案：上《策》文云，"燕，齐仇国也；秦，兄弟之交也"。"燕"字逗，乃总下二句，故此云，"以燕伐秦，黄帝之所难也"。下云，"而臣以致燕甲而起齐兵矣"，以见其能使燕忘齐为仇国之意耳。鲍读之不审，乃以"燕齐"二字为连文，说"秦兄弟之交也"，云燕、齐与秦，遂于此补"齐"字，其误甚矣。吴氏不正，亦非。

"臣又偏事三晋之吏，奉阳君、孟尝君、韩呡[①]、周寂[②]、周、韩余为徒[③]从而下之[④]，恐其伐秦之疑也。又身自丑于秦[⑤]，扮[⑥]之请焚天下之秦符者，臣也；次传[⑦]焚符之约者，臣也；欲使五国约闭秦关者，臣也[⑧]。奉阳君、韩余为既和矣，苏脩、朱婴[⑨]既皆阴在邯郸，臣又说齐王而往败之[⑩]。天下共讲，因使苏脩游[⑪]天下之语，而以齐为上交[⑫]，兵[⑬]请伐魏，臣又争之以死。而果西因苏脩重报[⑭]。臣非不知秦劝[⑮]之重也，然而所以为之者，为足下也。"[⑯]

① **鲍本**"偏"作"遍"，"呡"作"珉"。〇 ② **札记**今本"寂"误"最"。 ③ **鲍本**与为徒友。 ④ **鲍本**补曰：韩余，疑即《赵策》韩徐。"周""韩"之间

有脱字，不然衍“周”字。 “为徒从而下之”句，谓徒党合从也。又恐“从”，“徒”字讹衍。 **札记**丕烈案：吴说未是。当云，“徒为从而下之”。徒，但也；从，合从。 ⑤ **鲍本**与秦恶。 ⑥ **姚本**扮，博幻切，握也。 **鲍本**扮，并也，握也。言合诸国。补曰：扮，抚吻反。 ⑦ **鲍本**传之诸国。 ⑧ **鲍本**“欲”作“次”。○ 不通秦。补曰：《燕策》，苏代谓焚天下之秦符，上计破秦，其次长宾之，皆与此合。 **札记**今本“使”误“伐”。丕烈案：上《策》文云，“扮之请焚天下之秦符者，臣也；次传焚符之约者，臣也”。“扮”当作“初”，形近之讹也。二句是一事，上云“初”，下云“次”，自为对文。鲍不审，乃并改此。姚读扮，博幻切，吴读抚吻反，皆未是。 ⑨ **鲍本**此皆三晋之吏也。 ⑩ **鲍本**败宋郭合秦之约。 ⑪ **鲍本**游，揄扬之。 ⑫ **鲍本**盖诈。 ⑬ **鲍本**兵，齐兵。 ⑭ **鲍本**脩，在邯郸，齐之西也。报以齐不伐魏。 ⑮ **鲍本**“劝”作“权”。○ 补曰：恐作“权”，上有。 ⑯ **鲍本**彪谓：此非苏代不能也。故《史》言代复约从亲如苏秦时，独所谓行其上不可，则行其中，下为不可用也。夫伐秦不胜，窜走求成之不给，安能宾之？诸侯见其败，轻之矣，岂有听其坚约之说哉？盖代之计，专以伐之为上，而游辞见其多策耳，计不出于此也。正曰：按《赵策·五国伐秦》章，苏代说奉阳君云云，中有与此章出入者，知此必代之辞也。三《策》并陈，上则伐之，中则摈之，下则媾之，未及伐之败也，鲍说谬矣。

魏文子田需周宵相善

魏文子①、田②需、周宵③相善，欲罪犀首。犀首患之，谓魏王曰：“今所患者，齐也。婴子言行于齐王④，王欲得齐，则胡不召文子而相之？彼必务以齐事王。”王曰：“善。”因召文子而相之。犀首以倍田需、周宵⑤。

① **鲍本**衍“魏”字。田文。正曰：提魏事也。 ② **札记**今本“田”误“曰”。 ③ **鲍本**“宵”作“霄”。○ 孟子时有此人，至是三十年矣。正曰：

田文前相魏，当襄王时，孟子见梁襄王相去不远也。 ④ **鲍本**闵。 ⑤ **鲍本**二人虽善文，今衍荐文，文必善衍，善衍则复背其所善。

魏王令惠施之楚

魏王令惠施[1]之楚，令犀首之齐。钧二子者[2]，乘数钧[3]，将测交也[4]。楚王闻之[5]，施因令人[6]先之楚，言曰："魏王令犀首之齐，惠施之楚，钧二子者，将测交也[7]。"楚王闻之，因郊迎惠施。

① **鲍本**施自孟子时至此亦三十余年。正曰：施屡见《策》文，盖惠、襄时人。此《策》不可考。 ② **鲍本**言恩礼之等。 ③ **鲍本**车乘之。 ④ **鲍本**测，犹卜也。视何国厚吾使，因知其厚我。下衍"楚王闻之"四字。 ⑤ **鲍本**补曰：四字恐因下文衍。 ⑥ **札记**"人"，鲍本作"之"。 ⑦ **鲍本**施欲楚之厚己。

魏惠王起境内众

魏惠王起境内众，将太子申而攻齐。客谓公子理[1]之传[2]曰："何不令公子泣王太后，止太子之行？事成则树德，不成则为王矣。太子年少，不习于兵。田肦[3]宿将也，而孙子[4]善用兵。战必不胜，不胜必禽。公子争之于王，王听公子，公子不[5]封；不听公子，太子必败；败，公子必立；立，必为王也。"[6]

① **鲍本**申弟也。正曰：注以下说推之，无明征。 ② **鲍本**"传"作"傅"。○ **札记**丕烈案："傅"字是也。 ③ **鲍本**"肦"作"盼"。○ **札记**今本"肦"作"盼"。 ④ **姚本**孙膑也。 ⑤ **鲍本**"不"作"必"。○ **札记**今本

“不”作“必”。 ⑥ **鲍本**彪谓：止太子之行，正谊也；而志于树德、为王，则谲矣。故夫谲正之间不容发，人议论岂以或出于正言未卒而谲随之，惟其心之不正故也。

齐魏战于马陵

齐、魏战于马陵，齐大胜魏，杀太子申，覆十万之军。魏王召惠施而告之曰：“夫齐，寡人之仇也，怨之至死不忘。国虽小，吾常欲悉起兵而攻之，何如？”对曰：“不可。臣闻之，王者得度[①]，而霸者知计。今王所以告臣者，疏于度而远于计。王固先属怨于赵[②]，而后与齐战。今战不胜，国无守战之备，王又欲悉起而攻齐，此非臣之所谓[③]也。王若欲报齐乎，则不如因变服[④]折节而朝齐，楚王[⑤]必怒矣。王游[⑥]人而合其斗，则楚必伐齐。以休楚而伐罢[⑦]齐，则必为楚禽矣。是王以楚毁齐也。”魏王曰：“善。”乃使人报于齐，愿臣畜[⑧]而朝。

① **鲍本**法度。 ② **鲍本**《记》，三十年伐赵，赵告急于齐，齐救赵伐魏。正曰：按魏伐赵，赵告急于齐，齐救赵伐魏，乃惠王十八年败于桂陵时事。此三十年，魏庞涓伐韩，齐田忌、孙膑伐魏以救韩。魏大发兵，使太子申将，与庞涓合军拒之，战于马陵，魏师大败，杀太子申、庞涓。“魏庞”以下，并《大事记》文，从《孙膑传》。《记》又见《秦》、《齐策》。 ③ **鲍本**谓，谓得度知计。 ④ **鲍本**“因”作“固”。〇 不为人君服。 ⑤ **鲍本**威王。 ⑥ **鲍本**游，谓使人游二国之间也。 ⑦ **鲍本**罢，音疲。 ⑧ **鲍本**畜，自比犬马也。

田婴许诺。张丑曰：“不可。战不胜魏[①]，而得朝礼，与魏和而下楚，此可以大胜也[②]。今战胜魏，覆十万之军，而禽太子申；臣万乘之魏，而卑秦、楚[3]，此其暴于[4]戾定矣[5]。且楚王之为人也，好用兵而甚务名，终为齐患者，必楚也。”田婴不听，遂内魏王，而与之并朝齐侯再三。

① **鲍本**此设辞也。 ② **鲍本**胜，谓不败耳，非战胜。 ③ **鲍本**“卑”作“甲”。○ 居二国之上。 ④ **姚本**曾添“于”字。 **鲍本**无“于”字。○ ⑤ **鲍本**言二国谓齐暴戾决矣。正曰：定，止也，谓齐之怒止。

赵氏丑之。楚王怒，自将而伐齐，赵应之，大败齐于徐州。[1]

① **鲍本**“徐”作“俆”。○ 彪谓：施之策齐、楚，如视白黑、数一二，可谓明矣。而不能止太子之将，何邪？岂言之而不听邪？以施之智，其于策马陵之战不劳虑矣。张丑者，亦施之伦欤？

惠施为韩魏交

惠施为[1]韩[2]、魏交，令太子鸣[3]为质于齐。王[4]欲见之，朱仓[5]谓王曰：“何不称病？臣请说婴子曰：‘魏王之年长矣，今有疾，公不如归太子以德之。不然，公子高在楚，楚将内而立之，是齐抱空质而行不义也。’”

① **鲍本**为，犹合。 **札记**今本“为”误“谓”。 ② **鲍本**“韩”作“齐”。○ ③ **鲍本**《魏记》唯申及赫名，余不名。 ④ **鲍本**魏王。 ⑤ **鲍本**魏人。

田需贵于魏王

田需贵于魏王，惠子曰：“子必善左右。今夫杨，横树之则生，倒[1]树之则生，折而树之又生。然使十人树杨，一人拔之，则无生杨矣。故以十人之众，树易生之物，然而不胜一人者，何也？树之难而去之易也。今子虽自树于王，而欲去子者众，则[2]子必危矣。”[3]

① **姚本**刘作“侧”。 **鲍本**正曰：姚云，“倒”刘作“侧”。愚谓“倒”字胜。 ② **姚本**曾去“则”字。 ③ **鲍本**补曰：此与《孟子》“虽有天下易生之物”云云，语相类，而意在自树。又云“子必善左右”，则君子小人之用心可见矣。

田需死

田需死。昭鱼谓苏代曰：“田需死，吾恐张仪、薛公[1]、犀首之有一人相魏者。”代曰：“然则相者以[2]谁而君便之也？”昭鱼曰：“吾欲太子之自相也。”代曰：“请为君北见梁王，必相之矣。”昭鱼曰：“奈何？”代曰：“君[3]其为梁王，代请说君。”昭鱼曰：“奈何？”对曰：“代也从楚来，昭鱼甚忧。代曰：‘君何忧？’曰：‘田需死，吾恐张仪、薛公、犀首有一人相魏者。’代曰：‘勿忧也。梁王，长主也，必不相张仪。张仪相魏，必右秦而左魏。薛公相魏，必右齐而左魏。犀首相魏，必右韩而左魏[4]。梁王，长主也，必不使相也[5]。’代曰：‘莫如太子之自相。是三人皆以[6]太子为非固[7]相也，皆将务以其国事魏，而欲丞相之玺[8]。以魏之强，而持[9]三万乘之国辅之，魏必安矣。故曰，不如太子之自相也。’”遂北见梁王，以此语告之，太子果自相。[10]

① **鲍本**婴。正曰:《史·索隐》以为田文。按婴卒于闵王之世。《大事记》附见于闵元年,此事在四年后。 ② **姚本**一本无"者以"字。 ③ **鲍本**"君"作"若"。○ 若,汝也。补曰:一本"君其为"。考下文是。 **札记**今本"君"作"若"。丕烈案:《史记》作"君"。 ④ **姚本**右,亲也。左,疏外也。 ⑤ **鲍本**"也"下补"王曰然则寡人孰相"八字。○ 正曰:《史》有此八字。按此乃苏代请昭鱼为王,而设为说王之辞,无此句可也。 **札记**丕烈案:《史》亦设辞,但不必与《策》文同耳。 ⑥ **鲍本**"皆以"作"不以"。○ 补曰:"不以",一本作"皆以"。《史》同。 ⑦ **姚本**固,犹久。 ⑧ **鲍本**印也。补曰:秦武王初置丞相,用樗里子、甘茂,在张仪死后。此云丞相玺,则魏已有此名。 ⑨ **姚本**一本无"持"字。 ⑩ **鲍本**《魏记》九年有。补曰:《大事记》,赧王八年书秦逐公孙衍,谓衍既去秦,事不复见。《韩非子》载犀首与张寿为怨,陈需新入,不善犀首,因使人微杀张寿。魏王以为犀首也,乃诛之。然则衍去秦后,终为魏所杀也。愚按,陈需即《策》中田需,而《策》以田需死后,魏欲相犀首,其说不同,当考。又赧王二十二年,伊阙之败,《策》云公孙衍割地和秦。《大事记》犹著其名,岂别一人耶?李兑约五国攻秦时亦有公孙衍,去此又九年。上距犀首为秦大良造时几五十年,尝疑其甚远。说见《赵策》。

秦召魏相信安君

秦召魏相信安君①,信安君不欲往。苏代为说秦王②曰:"臣闻之,忠不必当③,当必不忠。今臣愿④大王陈臣之愚意,恐其不忠于下吏,自使有要领⑤之罪。愿大王察之。今大王令人执事于魏⑥,以完其交,臣恐魏交之益疑也。将以塞赵也⑦,臣又恐赵之益劲也⑧。夫魏王之爱习魏信⑨也,甚矣;其智能而任用之也,厚矣;其畏恶⑩严尊秦也,明矣。今⑪王之使人入魏而不用,则王之使人入魏无益也。若用⑫,魏必舍所爱习而用所畏恶,此魏王之所以⑬不安也。

夫舍万乘之事而退[14]，此魏信之所难行也。夫令人之君处所不安，令人之相行所不能，以此为亲，则难久矣。臣故恐魏交之益疑也。且魏信舍事[15]，则赵[16]之谋者必曰：'舍于秦[17]，秦必令其所爱信者用赵。'是赵存而我亡也[18]，赵安而我危也。则上有野战之气[19]，下有坚守之心，臣故恐赵之益劲也[20]。

① **鲍本**《史》不书。 ② **鲍本**武或昭。正曰：无考。 ③ **姚本**一本作"党"。 **鲍本**"当"作"党"。〇 为信安说，疑于党之。 ④ **鲍本**"愿"下补"为"字。〇 补曰："愿"下有缺字。 ⑤ **鲍本**要领，斩刑也。 ⑥ **鲍本**谓别置相，以代信安。 ⑦ **鲍本**信安必右赵者，秦召而伐之，欲魏不通赵。⑧ **鲍本**交魏益坚。 ⑨ **鲍本**魏信即信安，省言之。 ⑩ **鲍本**恶，犹惮。⑪ **姚本**曾作"令"。 ⑫ **鲍本**用秦所使。 ⑬ **姚本**刘添"以"字。 **鲍本**无"以"字。〇 ⑭ **鲍本**谓去相位。 ⑮ **鲍本**亦去信也。 ⑯ **鲍本**"赵"作"魏"。〇 ⑰ **鲍本**此舍，犹弃。夺其爱习，是秦弃魏也。 ⑱ **鲍本**我，魏也。秦本欲塞赵而云然，此魏自疑之辞，非必秦意。 ⑲ **鲍本**将与秦战。⑳ **鲍本**魏不能独抗秦，必结赵。正曰：赵之谋事者曰，魏信见舍于秦，秦亦将易置赵之臣，令其所爱信者用于赵，我之权去势夺，是赵存而我已亡，赵安而我独危，则必战必守，不听秦命，是赵益以强。

"大王欲完魏[1]之交，而使赵小心乎？不如用魏信而尊之以名。魏信事王，国安而名尊；离王[2]，国危而权轻。然则魏信之事主[3]也，上所以为其主者忠矣，下所以自为者厚矣，彼其事王必完矣。赵之用事者必曰：'魏氏之名族不高于我，土地之实不厚于我。魏信以韩[4]、魏事秦，秦甚善之，国得安焉，身取尊焉。今我讲[5]难于秦兵为招质[6]，国处削危之形，非得计也。结怨于外，主[7]患于中，身处死亡之埊，非完事也。'彼将伤其前事，而悔其过[8]行；冀其利，必多割埊以深下[9]王。则是大王垂拱之[10]割埊以为利重[11]，尧、舜之所求而不能得也。臣愿大王察之[12]。"

① **鲍本**无"魏"字，"完"下补"魏"字。〇 ② **鲍本**不事之。 ③ **鲍本**"主"作"王"。〇 **札记**丕烈案："王"字是也。 ④ **鲍本**衍"韩"字。补曰：疑衍。 **札记**丕烈案：此"韩"当作"辅"，形近之讹也。 ⑤ **鲍本**"讲"作"构"。〇 补曰：宜从"构"读。 **札记**今本"讲"作"构"，乃误涉鲍也。⑥ **鲍本**言于用兵为招为质。招，言召兵；质，犹本也，为之张本。正曰："招质"未详。 ⑦ **鲍本**"主"作"生"。〇 ⑧ **鲍本**"其过"作"过其"。〇 ⑨ **鲍本**下，亦事也。 ⑩ **姚本**一作"多"。 **鲍本**"之"作"多"。〇 ⑪ **鲍本**得地则益重。 ⑫ **鲍本**彪谓：尧、舜让天下而何爱于地！此特辩士欲重其事而言之过，若此者不一也。正曰：此类注，不必辨。

秦楚攻魏围皮氏

秦、楚攻魏，围皮氏[1]。为魏谓楚王[2]曰："秦、楚胜魏，魏王之恐也[3]见亡矣[4]，必舍[5]于秦，王何不倍秦而与魏王？魏王喜，必内太子[6]。秦恐失楚，必效[7]城埊于王，王虽复与之攻魏可也。"楚王曰："善。"乃倍秦而与魏。魏内太子于楚。

① **鲍本**无"魏"字。〇 亦十三年。补曰：一本"攻魏，围皮氏"。属河东。 ② **鲍本**怀。 ③ **鲍本**衍"也"字。正曰：下章有此句法。 **札记**丕烈案：下卷《策》文云"魏王之惧也见亡"，吴据此也。 ④ **鲍本**"矣"作"也"。〇 ⑤ **姚本**一作"合"。 **鲍本**"舍"作"合"。〇 ⑥ **鲍本**岂秦归太子而攻耶？正曰：说见前章。 ⑦ **札记**今本"效"误"攻"。

秦恐，许楚城埊，欲兴之复攻魏。樗里疾怒，欲与魏攻楚，恐魏之以太子在楚不肯也。为疾谓楚王曰："外臣疾使臣谒之，曰：'敝邑之王[①]欲效城埊[②]，而为魏太子之尚在楚也，是以未敢。王出魏质，臣[③]请效之，而复固秦、楚之交，以疾[④]攻魏。'"楚王曰："诺。"乃出魏太子。秦因合魏以攻楚。[⑤]

① **鲍本**昭。 ② **鲍本**前许之，未入也。 ③ **姚本**曾作"太子"。④ **鲍本**此疾，速也，非名。正曰：作名，通。 ⑤ **鲍本**补曰：《大事记》，赧王九年，秦甘茂、樗里疾伐魏皮氏，未拔，甘茂弃军奔齐，樗里疾与魏和，罢兵。按《茂传》，茂言秦昭王以武遂归韩，向寿、公孙衍怨，谗茂，茂辍伐魏云。

庞葱与太子质于邯郸

庞葱[①]与太子[②]质于邯郸，谓魏王曰："今一人言市有虎，王信之乎？"王曰："否。""二人言市有虎，王信之乎？"王曰："寡人疑之矣。""三人言市有虎，王信之乎？"王曰："寡人信之矣。"庞葱曰："夫市之无虎明矣，然而三人言而成虎。今邯郸去大梁也远于市，而议臣者过于三人矣。愿王察之矣[③]。"王曰："寡人自为知[④]。"于是辞行，而谗言先至。后太子罢质，果不得见。[⑤]

① **姚本**孙作"恭"。 ② **鲍本**魏太子。 ③ **鲍本**"矣"作"也"。〇④ **鲍本**言不信人。 ⑤ **姚本**曾作"于是辞行，而谗言先至，后果不得见魏君矣"。刘作"于是辞行，而谗言先至，后果不见庞君。王曰：'寡人自为知'。太子罢质，果不得见"。 **鲍本**《史》不书太子质事。以下章年时，因

旧次之于此。正曰：此《策》言邯郸去大梁也远，则徙都大梁以后事。惠王三十一年，秦虏公子卬，后徙梁，而韩、宋、鲁、卫之朝，乃惠王十五年也，旧次恐不以此。

梁王魏婴觞诸侯于范台

梁王魏婴①觞诸侯于范台②。酒酣，请鲁君举觞③。鲁君兴，避席择言④曰："昔者，帝女⑤令⑥仪狄⑦作酒而美，进之禹，禹饮而甘之，遂疏仪狄，绝旨酒，曰：'后世必有以酒亡其国者。'齐桓公夜半不嗛⑧，易牙⑨乃煎敖⑩燔炙⑪，和调五味而进之，桓公食之而饱，至旦不觉⑫，曰：'后世必有以味亡其国者。'晋文公得南之威⑬，三日不听朝，遂推南之威而远之，曰：'后世必有以色亡其国者。'楚王登强台⑭而望崩山⑮，左江而右湖，以临彷徨⑯，其乐忘死⑰，遂盟强台而弗登，曰：'后世必有以高台陂池⑱亡其国者⑲。'今主君之尊，仪狄之酒也；主君之味，易牙之调也；左白台而右闾须⑳，南威之美也；前夹林而后兰台㉑，强台之乐也。有一于此，足以亡其国。今主君兼此四者，可无戒与！"梁王称善相属。㉒

① **鲍本**《史》作"罃"，音相近。　② **鲍本**此十五年，鲁、卫、宋、郑君来朝。补曰：《大事记》书韩、宋、鲁、卫为序。《解题》云，是时魏惠王方强，诸侯相率而朝之也。《索隐》，按《纪年》，鲁恭侯、宋桓侯、卫成侯、郑釐侯。桓侯即公剔成，釐侯即昭侯。　③ **鲍本**鲁共公。补曰：李善注《文选》引《战国策》皆作"举觚"。《大事记》，鲁君举觞，古者于旅也，语于是道古，即晋所谓杜举也。　**札记**丕烈案：此《七启》注。　④ **鲍本**择善而言。　⑤ **鲍本**盖尧、舜女。正曰：无考。　⑥ **姚本**一本无"令"字。　⑦ **鲍本**《博物志》言禹时人。　⑧ **姚本**快也。　**鲍本**嗛，口有所衔也，言不善食。补曰：嗛，苦

箄反。高注快也，则当苦劫反。　⑨ **鲍本**《太公世家》注，雍巫字。补曰：知味者。　⑩ **鲍本**"敖"作"熬"。○　补曰：熬，古字通。　**札记**今本"敖"作"熬"，乃误涉鲍也。　⑪ **鲍本**燔，火爇物。补曰：有汁而干曰煎，干煎曰熬，肉爇之曰燔，近火曰炙。　⑫ **鲍本**饱而寝安。补曰：觉，居效反。⑬ **姚本**一本无"之"字。　**鲍本**未详。　⑭ **姚本**一作"荆"。　**鲍本**补曰：《说苑》，"楚昭王欲之荆台"。后汉边让《游章华台赋》，"息于荆台之上"。荆台即章华也。《淮南子》云，"昭王曰，吾闻子乐于强台"。　**札记**丕烈案："荆"、"强"声之转也。　⑮ **姚本**一作"崇山"，《艺文类聚》引。　**鲍本**补曰：《说苑》，"南望猎山"。《游章华台赋》，"南眺巫山之阿"。《淮南子》，"南望料山"。　**札记**丕烈案："猎"、"料"声之转也。　⑯ **姚本**一作"方湟"，《艺文类聚》引。　**鲍本**自上观下曰临。《集韵》，彷徨，彷佯，仿佯，徙倚也。补曰：《说苑》，"下临方淮"。《游章华台赋》，"前方淮之水"。《淮南子》，"以临方皇"。　**札记**丕烈案：二"淮"字皆当作"湟"，形近之讹也。"徨"，"皇"、"湟"同字耳。　⑰ **鲍本**补曰：《说苑》云，"楚昭王欲之荆台。司马子綦进谏曰，'荆台之游，左洞庭之波，右彭蠡之水，南望猎山，下临方淮，其地使人遗老而忘死，王不可游也'"。后汉边让《游章华台赋》云，"楚王游云梦之泽，息于荆台之上，前方淮之水，左洞庭之波，右顾彭蠡之隩，南眺巫山之阿，延目广坐，骋观终日，顾谓左史倚相曰，'盛哉斯乐，可以遗老而忘死也'"。荆台即章华也。《淮南子》云，"令尹子佩请饮庄王，庄王许诺云云。庄王曰，吾闻子乐于强台，强台者，南望料山以临方皇，左江而右淮，其乐忘死。若吾薄陋之人，不可以当此乐也"。注，料山，山名；方皇，水名。右三说聊记以广闻。　⑱ **鲍本**《书》注，泽障曰陂，停水曰池。　⑲ **鲍本**盖庄王云。⑳ **鲍本**皆美人。补曰：闾须，见《荀子》。　㉑ **鲍本**台、林，地缺，各在其国。㉒ **鲍本**彪谓：鲁，周公之后也，其教泽存焉。故齐仲孙湫曰，"犹秉周礼"。韩起亦云，"周礼尽在鲁矣"。仲尼氏作，缙绅先生萃焉。于是特为中国礼义之邦。观鲁君之所称说，则周、孔之泽深矣。举觞一时，而为天下万世之明戒，鲁君岂非贤君哉！补曰："观鲁"至"深矣"二语，《大事记》取。

战国策卷二十四

魏　三

秦赵约而伐魏

秦、赵约而伐魏①，魏王患之。芒卯② 曰："王勿忧也。臣请发张倚③ 使谓赵王④ 曰，夫邺，寡人固刑⑤ 弗有也。今大王收秦而攻魏，寡人请以邺事大王。"赵⑥ 王喜，召相国而命之曰："魏王请以邺⑦ 事寡人，使寡人绝秦。"相国曰："收秦攻魏，利不过邺。今不用兵而得邺，请许魏。"

① **鲍本**"赵约"作"约赵"。○　② **姚本**《淮南子》注，孟卯，齐人也，《战国策》作"芒卯"。　③ **鲍本**魏人。　④ **鲍本**惠文。　⑤ **姚本**一作"形"。**鲍本**"刑"作"形"。○　形，犹势也。高注为刑法，虽通，而此书多作"形"。补曰：此书"刑"、"形"字通。　⑥ **姚本**一本无"赵"字。　⑦ **姚本**曾、刘一作"国"。

张倚因谓赵王曰："敝邑之吏效城者，已在邺矣。大王且何以报魏？"赵王因令闭关绝秦。秦、赵大恶。

芒卯应赵使曰："敝邑所以事大王者，为完邺也。今郊① 邺者，使者之罪也，卯不知也。"赵王恐魏承秦之怒，遽割五城以合于魏而支秦。②

① **姚本**孙一作“效”。 **鲍本**“郊”作“效”。〇 补曰：当从上文。**札记**今本“郊”作“效”，乃误涉鲍也。丕烈案：作“效”自是，但与姚氏校语矛盾也。 ② **鲍本**此六年，书卯以诈重者此也。彪谓：此冯亭上党之事也，惠文失之于魏，孝成失之于韩，虽所丧败有多寡之差，其贪而不明，真父子也。

芒卯谓秦王

芒卯谓秦王[①]曰：“王之士未有为之中[②]者也。臣闻明王不胥[③]中而行。王之所欲于魏者，长羊[④]、王屋[⑤]、洛林[⑥]之地也。王能使臣为魏之司徒[⑦]，则臣能使魏献之。”秦王曰：“善。”因任之[⑧]以为魏之司徒。

① **鲍本**昭。 ② **鲍本**中，谓用事于诸国之中，犹内应云。 ③ **鲍本**“胥”作“咠”，又改作“背”。〇 补曰：一本作“胥”，俱未详。“胥”，说见《赵策》。 **札记**今本“胥”作“背”，乃误涉鲍也。 ④ **鲍本**“羊”作“平”。〇下同，属汝南。补曰：地未详，或字误。 ⑤ **鲍本**在河东垣县东北。⑥ **鲍本**即苏代所谓林中，河南宛陵林乡也。 ⑦ **鲍本**本周官，此所谓为之中。 ⑧ **鲍本**无“之”字。〇

谓魏王曰：“王所患者上地[①]也。秦之所欲于魏者，长羊、王屋、洛林之地也。王献之秦，则上地无忧患。因请以下兵东击齐，攘地必[②]远矣。”魏王曰：“善。”因献之秦。

① **鲍本**上流之地，近秦。正曰：未知所指。 ② **鲍本**“必”下有“不”字。〇

地入数月，而秦兵不下。魏王谓芒卯曰："地已入数月，而秦兵不下，何也？"芒卯曰："臣有死罪。虽然，臣死，则契折于秦[1]，王无以责秦。王因赦其罪，臣为王责约于秦。"

① **鲍本**折，毁也，言不可有责于秦。

乃之秦，谓秦王曰："魏之所以献长羊、王屋、洛林之地者，有意[1]欲以下大王之兵东击齐也。今地已入，而秦兵不可下，臣则死人也。虽然，后山东之士，无以利事王者矣。"秦王戄[2]然曰："国有事，未澹[3]下兵也，今以兵从。"后十日，秦兵下。芒卯并将秦、魏之兵，以东击齐，启地二十二县。

① **鲍本**无"有意"二字。○　② **鲍本**"戄"作"懼"。○　补曰：姚本作"戄"。　**札记**丕烈案："懼"、"瞿"同字，作懼亦可通。　③ **鲍本**"澹"作"赡"。○　赡，给也。补曰：即赡。《前汉志》"澹"用□。

秦败魏于华走芒卯而围大梁

秦败魏于华[1]，走芒卯而围大梁。须贾[2]为魏谓穰侯曰："臣闻魏氏大臣父兄皆谓魏王曰：'初[3]时惠王伐赵，战胜乎三梁[4]，十万之军拔邯郸[5]，赵氏不割，而邯郸复归。齐人攻燕，杀子之，破故国[6]，燕不割，而燕国复归。燕、赵之所以国全兵劲，而地不并乎诸侯者，以其能忍难而重出地也。宋、中山数伐数割，而随以亡。臣[7]以为燕、赵可法，而宋、中山可无为也。夫秦贪戾之国而无亲，蚕食魏，尽晋国，战胜睾子[8]，割八县，地未毕入而兵复出矣。夫秦何厌之有哉！

今又走芒卯，入北地[9]，此非但攻梁也，且劫王以多割也，王必勿听也。今王循楚、赵而讲[10]，楚、赵怒而与王争事秦，秦必受之。秦挟楚、赵之兵以复攻，则国救亡不可得也[11]已。愿王之必无讲也。王若欲讲，必少割而有质[12]；不然必欺[13]。'是臣之所闻于魏也，愿君之以是虑事也。

① **鲍本**华山。在弘农华阴。《秦纪》作华阳。注，亭名，在密县。事在此二年。正曰：华阴之"华"，去声。华下、华阳，《史》无音。 ② **鲍本**魏人。 ③ **札记**今本"初"误"幼"。 ④ **鲍本**《春秋》，秦取梁，汉夏阳也。河内有梁，周小邑也。陈留、浚仪、大梁为三，皆魏地。正曰：《索隐》云云，梁即南梁，又说见《齐策》。 ⑤ **鲍本**秦十二年攻赵，虏庄贾。正曰：魏惠王十八年拔赵邯郸，二十年归赵邯郸。 ⑥ **鲍本**补曰：通鉴、《大事记》在宣王二十九年。 ⑦ **姚本**曾本无"臣"字。 **鲍本**此臣，魏大臣所称。⑧ **姚本**《史记》作"暴子"。 **鲍本**"睪"作"罢"。○ 地缺。正曰：皋，上刀反；睪，羊益反。又"滜"作"澤"。古书三字皆通，此未有据。《史》"睪"作"暴"，下同。徐广云，暴鸢也。《大事记》作"暴吏"。未详。 ⑨ **鲍本**梁之北，非郡。正曰：《史记》作"宅"，《策》字讹，下同。《正义》引《竹书》云，宅阳一名北宅。《括地志》云，故城在郑州荥阳县西。 **札记**丕烈案：北宅，徐广云，宅阳也。张守节同。 ⑩ **鲍本**循，犹顺也。以下文考之，秦时盖合楚、赵共攻魏，魏见二国为秦用，遂欲讲秦，不反复思之也。正曰："循"即"徇"。**札记**丕烈案：吴说未是也。《史记》"循"作"有"，谓魏方有楚、赵之救，此当与之同意。"循"必误字也。下句"楚赵怒而与王争事秦"，《史记》"而"下多"去王"二字，意尤明。鲍说则更误矣。 ⑪ **鲍本**衍"也"字。 ⑫ **鲍本**亦事验也。正曰：《索隐》云，少割地而求秦质子。 ⑬ **鲍本**补曰：《索隐》云，必称秦欺。

"《周书》曰：'维命不于常。'此言幸之不可数也。夫战胜睾子，而割八县，此非兵力之精，非计之工[①]也，天幸[②]为多矣。今又走芒卯，入北地，以攻大梁，是以天幸自为常也。知者不然。

① **鲍本**“工”作“功”。○ ② **鲍本**《汉史》“天幸”语，本此。

“臣闻魏氏悉其百县[①]胜兵，以止成大梁，臣以为不下三十万。以三十万之众，守十仞之城，臣以为虽汤、武复生，弗易攻也。夫轻信楚、赵之兵，陵十仞之城，戴[②]三十万之众，而志必举之，臣以为自天下之始分以至于今，未尝有之也。攻而不能拔，秦兵必罢[③]，阴[④]必亡，则前功必弃矣。今魏方疑，可以少割收也。愿[⑤]之及楚、赵之兵未任于大梁也[⑥]，亟以少割收。魏[⑦]方疑，而得以少割为和，必欲之，则君得所欲矣。楚、赵怒于魏之先已讲也[⑧]，必争事秦。从[⑨]是以散，而君后择焉[⑩]。且君之尝割晋国取地也，何必以兵哉[⑪]？夫兵不用，而魏效绛、安邑，又为阴启[⑫]两机，尽[⑬]故宋，卫效尤惮[⑭]。秦兵[⑮]已令[⑯]，而君制之，何求而不得？何为而不成？臣愿君之熟计而无行危也。”

① **姚本**曾本作“姓”。 ② **鲍本**补曰：一本标孙作“战”。 **札记**丕烈案：作“戴”者误也。《史记》作“战”。 ③ **鲍本**音疲。 ④ **鲍本**阴，穰侯别邑。正曰：阴即陶，说见《赵策》。 **札记**丕烈案：《史记》作陶邑。 ⑤ **鲍本**“愿”下补“君”字。○ 补曰：《史》，愿君逮楚、赵。 **札记**今本“愿”下有“君”字，乃误涉鲍也。 ⑥ **鲍本**未以攻梁自任。 ⑦ **鲍本**“魏”字重。○ **札记**丕烈案：重者当是。 ⑧ **鲍本**已兵未至，而与秦讲。 ⑨ **鲍本**从横之

“从”。 ⑩ **鲍本**择其所与于散从之后。 ⑪ **鲍本**先割取时不用兵。 ⑫ **鲍本**言得亡国以拓阴之封地。补曰:“又为”止“已令”,《策》文有脱误,见后。 ⑬ **鲍本**两,谓得县启封。尽,无遗也。 ⑭ **鲍本**“尤惮”作“惮尤”。○ 魏自比小国,二国,小国也。 ⑮ **鲍本**出地而小,故愈畏秦。 ⑯ **姚本**续云:《史》,卫效单父,秦兵已全。 **鲍本**“令”作“合”。○ 魏合秦。补曰:《史》云,“又为陶开两道,几尽故宋,卫必效单父,秦兵可全”云云。按此文明顺,姚注亦宜引从之。《正义》云,“故宋及单父,是陶南道;魏安邑及绛,是陶北道”。《索隐》云,“穰侯封陶,魏效绛、安邑,是得河东地,言从秦通陶,开河西、河东之两道”。此时宋已灭,是秦将尽得宋地也。愚谓“可全”,即上言不用之意。

穰侯曰:“善。”乃罢梁围。①

① **鲍本**彪谓:贾之说,不足以已秦也,为其为魏也过深,而说秦者不切。夫以秦为天幸,而欲其无行危也,秦岂信之哉!秦行是何危之有?且其为魏之过深也,适足以疑秦,岂沮于是哉!梁围之解,将别有故,非贾力也。正曰:《大事记》略载此章及穰侯攻大梁章,谓同一术。愚谓,魏利于少割,穰侯喜得此地而罢兵,亦无不可。《大事记》,周赧王四十年,秦昭三十二,魏安釐二,韩釐二十一,赵惠文二十四年,秦以魏冉为相国,伐韩,暴鸢救魏,魏冉破之,斩首四万,鸢走开封,魏割八县以和。魏冉复伐魏,走芒卯,入北宅,遂围大梁,魏割温以和。四十一年,魏背秦与齐从亲,秦魏冉伐魏,拔四城,斩首四万。四十二年,赵、魏伐韩华阳,秦魏冉、白起、客卿胡伤救韩,败魏将芒卯华阳,斩首十三万,取卷、蔡阳、长社。又败赵将贾偃,沉其卒二万于河,取观津。魏予秦南阳以和。以其地为南阳郡,迁免臣居之。 《通鉴纲目》书略同,不著暴鸢、芒卯等及以地为南阳郡一节。补曰:按《史》,魏安釐王二年、三年、四年,连岁魏冉将兵来伐。二年之战,韩暴鸢救魏败走。《年表》、《秦纪》、《魏世家》、《魏冉传》皆云兵至大梁。次年之战不地。最后华阳之战,赵、魏伐韩,秦救韩,败赵、魏,走芒卯。但《史》所载

有差互,《纪》以击芒卯华阳,《传》以走暴鸢,并为次年事。华阳之战,或云得三晋将,或云攻赵、韩、魏。八县、三县之殊,十万、十五万之舛。故《大事纪》参定书之。今考此《策》,须贾之辞,谓战胜暴子,割八县,地未毕而兵复出。此《大事记》所以书此役继于走暴鸢之后。但《策》首书秦败魏于华,恐"于华"二字因下章误衍也。又按《秦纪》,昭王三十四年,书秦与魏韩上庸地为一郡南阳,免臣迁居之。三十五年初,置南阳郡。《大事记》于魏予秦南阳后,书以其地为南阳郡,迁免臣居之,即以此为是年事。按南阳凡二,其一河南之脩武,其一邓州之堵阳。免臣者,以罪免,迁守新边。秦不信敌国之民,故徙其国人使错居之。前此二十七年,攻楚,赦罪人迁之南阳。《大事记》必谓前已备楚,故今以新得之南阳,而不知《纪》书乃谓秦与魏韩上庸地为一郡于南阳。上庸属汉中,今房州竹山县,则正邓之南阳也。次年乃书置南阳郡。秦南阳郡即邓,而脩武更置河内郡,不闻两南阳也。昭王四十四年,秦白起攻韩取南阳,绝大行道,使秦已置郡,不应复云尔。《大事记》亦书之矣。此条盖因魏入南阳以和,偶与下文南阳免臣相次,而致误尔。因上论《大事记》文附于此。

秦败魏于华魏王且入朝于秦

秦败魏于华,魏王且入朝于秦。周訢[①]谓王曰:"宋人有学者,三年反而名其母。其母曰:'子学三年,反而名我者,何也?'其子曰:'吾所贤者,无过尧、舜,尧、舜名。吾所大者,无大天地,天地名。今母贤不过尧、舜,母大不过天地,是以名母也。'其母曰:'子之于学者[②],将尽行之乎?愿子之有以易名母也。子之于学也,将有所不行乎[③]?愿子之且以名母为后也。'今王之事秦,尚有可以易入朝者乎?愿王之有以易之,而以入朝为后。"魏王曰:"子患寡人入而不出邪?许绾为我祝曰:'入而不出,请殉寡人以头。'"周訢对曰:"如臣之贱也，今人有谓臣曰，入不测之渊而必出，不出，请以一鼠首为女殉者，臣必不为也。今秦不可知之国也，犹不测之渊也；而许绾之首，犹鼠首也。内王于不可知之秦，而殉王以鼠首，臣窃为王不取也。且无梁孰与无河内急？"王曰："梁急。""无梁孰与无身急？"王曰："身急。"曰："以三者，身，上也；河内，其下也。秦未索其下，而王效其上，可乎？"

① **鲍本**"䜣"作"诉"。补曰：一本"诉"作"䜣"，是，下同。 ② **鲍本**于其所学。 ③ **鲍本**"乎"作"也"。○

王尚未听也。支期曰："王视楚王[1]。楚王入秦[2]，王以三乘先之[3]；楚王不入，楚、魏为一，尚足以捍秦。"王乃止。王谓支期曰："吾始已诺于应侯矣，今不行者欺之矣。"支期曰："王勿忧也。臣使长信侯[4]请无内王，王待臣也。"

① **鲍本**顷襄。 ② **鲍本**绝句。 ③ **鲍本**先楚至秦。 ④ **鲍本**魏相之善应侯者。

支期说于长信侯曰："王命召相国。"长信侯曰："王何以臣为？"支期曰："臣不知也，王急召君。"长信侯曰："吾内王于秦者，宁以为秦邪？吾以为魏也。"支期曰："君无为魏计，君其自为计。且安[1]死乎？安生乎？安穷乎？安贵乎？君其先自为计，后为魏计。"长信侯曰："楼公将入矣[2]，臣今从。"支期曰："王急召君，君不行，血溅君襟矣！"

① **鲍本**问何所安。 ② **鲍本**缓也。偻其人欲与之议。正曰：无考。楼缓、楼鼻，《韩策》并见楼梧，皆此时人。

长信侯行，支期随其后。且见王，支期先入谓王曰："伪病者乎而见之[①]，臣已恐之矣。"长信侯入见王，王曰："病甚奈何！吾始已诺于应侯矣，意虽道死[②]，行乎[③]？"长信侯曰："王毋行矣！臣[④]能得之于应侯[⑤]，愿王无忧。"[⑥]

① **鲍本**令王见而辞疾。 ② **姚本**曾本作"虽欲道死"，刘本作"意虽死"。 ③ **鲍本**虽死于路，犹将行。 ④ **姚本**刘本作"且"。 ⑤ **鲍本**"侯"下有"矣"字。〇 能使应侯止王之行。 ⑥ **鲍本**彪谓：周䜣之爱王也甚忠，其论王也甚切，贤智人也。纛王不能听而听支期，期岂贤于䜣哉？盖期之所效者事，而䜣之所谕者理，庸人固可示以事，而难以理谕也。微二臣者纛其为楚怀与！补曰："为我"、"为王"、"以为秦"、"以为魏"之"为"，去声。

华军之战

华[①]军之战，魏不胜秦。明年，将使段干崇割地而讲。

① **姚本**一本有"阳"字。 **鲍本**"军"作"阳"。〇

孙臣[①]谓魏王曰："魏不以败之上[②]割，可谓善用不胜矣；而秦不以胜之上割，可谓不能[③]用胜矣。今处期年乃欲割，是群臣之私[④]而王不知也。且夫欲玺者[⑤]，段干子也，王因使之割地；欲地者，秦也，而王因使之受[⑥]玺。夫欲玺者制地，而欲地者制玺，其势必无魏矣。且夫奸臣[⑦]固皆欲以地事秦。以地事秦，譬犹抱薪而救火也。薪不尽，则火不止。

今王之地有尽，而秦之求[8]无穷，是薪火之说也。"

① **鲍本**并魏人。 ② **鲍本**上，谓当其时。 ③ **鲍本**"能"作"善"。○ ④ **鲍本**计不及也。 ⑤ **鲍本**得秦封，受其玺。 ⑥ **鲍本**"受"作"授"。○ ⑦ **鲍本**"臣"作"人"。○ ⑧ **鲍本**"之求"作"求之"。○

魏王曰："善。虽然，吾已[1]许秦矣，不可以革[2]也。"对曰："王独不见夫博者之用枭邪[3]？欲食则食，欲握则握[4]。今君劫于群臣而许秦，因曰不可革，何用智之不若枭也？"魏王[5]曰："善。"乃案其行[6]。

① **鲍本**"已"作"以"。○ ② **鲍本**革，更也。 ③ **鲍本**犹上善用胜矣。补曰：《正义》云，博头有刻为枭鸟形者，掷得枭者，合食其子。若不便，则为余行也。 ④ **鲍本**握，不食也。食者行棋，握不行也，故《史》曰，"便则行，不便则止"。 ⑤ **札记**今本脱"王"字。 ⑥ **鲍本**按，犹止。《记》四年有。补曰：《史》，安釐王四年，华阳战败后，段干子请予南阳以和。此《策》云"按其行"。《通鉴纲目》云，"王不听，卒以南阳为和"。

齐欲伐魏〔校一〕

〔校一〕此篇鲍本在《齐策》。

齐欲伐魏，魏使人谓淳于髡曰："齐欲伐魏，能解魏患，唯先生也。敝邑有宝璧二双，文马二驷[1]，请致之先生。"淳于髡曰："诺。"入说齐王曰："楚，齐之仇敌也；魏，齐之与国也[2]。夫伐与国，使仇敌制其余敝[3]，名丑而实危[4]，为王弗取也。"齐王曰："善。"乃不伐魏。

① **鲍本**文，毛色成文。马四匹为驷。 ② **鲍本**《魏策》，马陵之败，魏请臣畜朝齐，楚王怒，伐齐，则此所言也。 ③ **鲍本**言楚将因齐兵劳而伐之。 ④ **鲍本**伐与国，丑也，而有楚伐之危。

客谓齐王曰："淳于髡言不伐魏者，受魏之璧、马也。"王以谓淳于髡曰："闻先生受魏之璧、马，有诸？"曰："有之。""然则先生之为寡人计之何如？"淳于髡曰："伐魏之事不便[1]，魏虽刺髡，于王何益？若诚不[2]便，魏[3]虽封髡，于王何损？且夫王无伐与国之诽，魏无见亡之危，百姓无被兵之患，髡有璧、马之宝，于王何伤乎？"[4]

① **鲍本**伐魏不便，魏所欲也，而髡止之，故魏刺之。虽刺髡而齐实不便，非益也。此设辞也。正曰：强注终不通，说见下。 ② **姚本**刘无"不"字。 **鲍本**补曰：姚云，"若诚"下刘本无"不"字。愚案，上句当无"不"字，义乃通，恐有讹舛。 ③ **姚本**曾无"魏"字。 ④ **鲍本**原在《魏策》。正曰：为魏而说，当从旧。

秦将伐魏

秦将伐魏。魏王闻之，夜见孟尝君[1]，告之曰："秦且攻魏，子为寡人谋，奈何？"孟尝君曰："有诸侯之救，则国可存也。"王曰："寡人愿子之行也。"重为之约车百乘。

① **鲍本**本《传》，齐闵骄，故奔魏，魏相之。此十一年。正曰：见后。

孟尝君之赵，谓赵王[1]曰："文愿借兵以救魏。"赵王曰："寡人不能。"孟尝君曰："夫敢借兵者，以忠王也。"王曰："可得闻乎?"孟尝君曰:"夫赵之兵,非能[②]强于魏之兵;魏之兵,非能[③]弱于赵也。然而赵之地不岁危,而民不岁死;而魏之地岁危,而民岁死者,何也?以其西为赵蔽[④]也。今赵不救魏,魏歃[⑤]盟于秦,是赵与强秦为界也,地亦且岁危,民亦且岁死矣。此文之所以忠于大王也。"赵王许诺,为起兵十万,车三百乘。

① **鲍本**惠文。 ② **姚本**曾无"能"字。 ③ **姚本**曾无"能"字。 ④ **鲍本**魏在赵西,为之蔽秦。 ⑤ **鲍本**歃之血也。

又北见燕王[①]曰:"先日公子[②]常约两王[③]之交矣。今秦且攻魏,愿大王之救之。"燕王曰:"吾岁不熟二年矣,今又行数千里而以助魏,且奈何?"田文曰:"夫行数千里而救人者,此国之利也。今魏王出国门而望见军,虽欲行数千里而助人,可得乎?"燕王尚未许也。田文曰:"臣效便计于王,王不用臣之忠计,文[④]请行矣。恐天下之将有大变也。"王曰:"大变可得闻乎?"曰:"秦攻魏未能克之也,而台已燔,游已夺矣[⑤]。而燕不救魏,魏王折节割地,以国之半与秦,秦必去矣。秦已去魏,魏王悉韩、魏之兵,又西借秦兵,以因赵之众[⑥],以四国攻燕,王且何利?利行数千里而助人乎?利出燕南门而望见军乎?则道里近而输[⑦]又易矣,王何利[⑧]?"燕王曰:"子行矣,寡人听子。"乃为之起兵八万,车二[⑨]百乘,以从[⑩]田文。

① **鲍本**昭。 ② **鲍本**称其父婴。 ③ **鲍本**"王"作"主"。○ ④ **札**

记今本“文”误“臣”。 ⑤ **鲍本**不暇游观。 ⑥ **札记**今本“赵之”误“之赵”。 ⑦ **鲍本**输以饷军。 ⑧ **姚本**曾添“入乎”字。 ⑨ **鲍本**“二”作“三”。○ ⑩ **姚本**一本无“从”字。

魏王大说，曰：“君得燕、赵之兵甚众且亟矣。”秦王[①]大恐，割地请讲于魏[②]。因归燕、赵之兵，而封田文。[③]

① **鲍本**昭。 ② **姚本**一本添“魏”字。 ③ **鲍本**彪谓：田文可谓善言者矣。其说赵也，迩而不偪。其说燕也，直而不倨。与夫嚂口虚喝者，异矣。补曰：孟尝相魏，在齐灭宋前。《大事记》附见于昭王十年，详见《周策》。此事实昭王十三年。《秦纪》，秦昭二十四年取魏安城至大梁，燕、赵救之，秦军去。

魏将与秦攻韩

魏将与秦攻韩，朱己[①]谓魏王曰：“秦与戎、翟同俗，有虎狼之心，贪戾好利而无信，不识礼义德行。苟有利焉，不顾亲戚兄弟，若禽兽耳。此天下之所同知也，非所施厚[②]积德也。故太后母也，而以忧死[③]；穰侯舅也，功莫大焉，而竟逐之；两弟无罪，而再夺之国。此于其亲戚兄弟若此，而又况于仇雠之敌国也[④]。

① **鲍本**《史》作无忌。补曰：《史》，魏王以秦救之故，欲亲秦而伐韩，以求故地，无忌谓魏王曰云云。《大事记》据之。以其辞云秦太后母也，以忧死，故附载于宣太后之薨之后，在赧王五十年。按朱己，即無忌，字讹也。**札记**丕烈案：《策》文“無”多作“无”，故形近而讹也。“己”、“忌”同字。② **姚本**刘作“惠”。 ③ **鲍本**秦昭四十二年，此十二年。 ④ **鲍本**补曰：

一本标"也"作"乎"。　**札记**丕烈案:《史记》作"乎"。

"今大王与秦伐韩而益近秦,臣甚或[①]之,而王弗识也,则不明矣。群臣知之,而莫以此谏,则不忠矣。今夫韩氏以一女子承一弱主[②],内有大乱,外安能支强秦、魏之兵,王以为不破乎?韩亡,秦尽[③]有郑地[④],与大梁邻,王以为安乎?王[⑤]欲得故地[⑥],而今负强秦之祸也[⑦],王以为利乎?

① **鲍本**"或"作"惑"。○　**札记**丕烈案:《史记》作"惑"。"或"、"惑"同字。　② **鲍本**此十二年,桓惠立八年矣。补曰:《大事记》云,《韩世家》不载其事,必是时韩王少,母后用事也。愚按,是时秦宣太后、赵惠文后、齐君王后皆专政,韩亦然也。　③ **鲍本**无"尽"字。○　**札记**丕烈案:《史记》无。　④ **鲍本**时郑亡,属韩。　⑤ **鲍本**无"王"字。　**札记**丕烈案:《史记》无。　⑥ **鲍本**盖尝丧地于韩,今欲取之。　⑦ **鲍本**正曰:《史》,"负强秦之说"。据此,则"负"当从"恃"训。从《策》文,则负任在背以为喻也。《史》义长。　**札记**丕烈案:吴说未是,此不与《策》文同耳。下文"然而无与强秦邻之祸"语相应,当各依本书。

"秦非无事之国也,韩亡之后,必且便事;便事[①],必就易与利;就易与利,必不伐楚与赵矣。是何也?夫越山逾河,绝韩之上党[②]而攻强赵,则是复阏与之事也[③],秦必不为也。若道河内,倍[④]邺、朝歌,绝漳、滏之水,而以与赵兵决胜于邯郸之郊,是受智伯之祸也,秦又不敢。伐楚,道涉而[⑤]谷,行三十里而攻危隘之塞[⑥],所行者甚远,而所攻者甚难,秦又弗为也。若道河外,背大梁,而右上蔡、召陵,以与楚兵决于陈郊[⑦],秦又不敢也。故曰,秦必不伐楚与赵矣,又不攻卫与齐矣[8]。韩亡之后,兵出之日,非魏无攻矣。

① **鲍本**补曰:“便事”,《史》并作“更事”。 ② **鲍本**补曰:《史》作“绝上党”。《正义》云,韩上党,从太行山西北泽、潞等州是也。 **札记**丕烈案:《史记》有“韩”字,吴误。 ③ **鲍本**先时赵奢败秦于此。补曰:复,扶又反。阏与,音遏豫。 ④ **鲍本**倍,音背。 ⑤ **鲍本**“而”作“山”。○ **札记**今本“而”作“山”,乃误涉鲍也。丕烈案:今《史记》作“伐楚,道涉山谷”。衍“山”字也。《索隐》作“道涉谷”云。道,犹行也。涉谷是往楚之险路。《策》文亦本云“道涉谷”,衍“而”字。鲍乃依今《史记》改,误甚。今本初刻“道”误“赵”,改刻不误。 ⑥ **姚本**刘作“国”。 **鲍本**正曰:“三十”,《史》作“三千”者是。“危隘”,《史》作“冥厄”,即“黾厄”也。说见《楚策》。《大事记》,秦向楚有两道,涉山谷是西道,河外是东道。此是采《索隐》、《正义》之文。按二家本文,以“涉谷”为地名,当考。《正义》云,从褒斜入梁州,即东南至申州,攻石城山险厄之塞也。 **札记**丕烈案:“危”即“黾”字形近之讹。 ⑦ **鲍本**正曰:《大事记》引《正义》云,从河外出函谷关,历同州,南至郑州,东向陈州,则背大梁也。《大事记》今本作“东向郑州者”,恐因上文讹。《史》“右蔡左召陵”,《正义》云,上蔡县在豫州北,邵陵故城在豫州郾城县东,并在陈州西。从汴州南行向陈州之西郊,则上蔡、召陵在南面,向东皆身之右,定无左字也。 ⑧ **鲍本**正曰:卫、齐皆在赵、韩、魏之东。

“秦故有怀地刑丘[1]、之城、垝津[2],而以之临河内,河内之共、汲莫不危矣[3]。秦有郑地,得垣雍[4],决荧泽[5],而水大梁,大梁必亡矣[6]。王之使者大过矣,乃恶安陵氏于秦[7],秦之欲许之久矣[8]。然而秦之叶阳、昆阳与舞阳、高陵邻[9],听使者之恶也,随安陵氏而欲亡之。秦绕舞阳之北,以东临许,则南国[10]必危矣。南国虽无危,则魏国岂得安哉[11]?且夫憎韩不受安陵氏可也,夫不患秦之不爱南国非也[12]。

① **鲍本**"刑"作"邢"。○ ② **鲍本**地缺。 ③ **鲍本**正曰：《史》作"秦固有怀茅"。"固"，"故"通。《正义》云，怀州武陵县西故怀城。《括地志》云，怀州获嘉县东北有茅亭，即苏忿生邑攒茅。邢丘，见《秦策》。 《史》"城、垝津"，《索隐》引《策》云，"邢丘、安城"。今本无"安"字，恐"之"字即"安"讹也。《史》此段后有"安城"字。《正义》云，在郑州原武县东南。垝津，《索隐》云在河北。垝，九毁反。《正义》引杜预以为汲郡城南延津。愚按，安釐王十一年，秦拔我廪丘，或作邢丘、郪丘。余无见。盖地皆怀界也。《索隐》云，共、汲皆县名，属河内。共，居庸反。又见下。刘辰翁以为共、汲、河者谬。 ④ **鲍本**《秦纪》注，河内卷有垣雍城。正曰：《正义》引《括地志》云，垣雍故城在郑州原武县西北。雍，于用反。 ⑤ **鲍本**"荧"作"荥"。○ 属荥阳，《书》注在敖仓东南。补曰：《史》作"荧"，一本同。 ⑥ **鲍本**补曰：《正义》云，言韩亡后，秦有郑地，得垣雍城，从荥泽决沟，历雍灌大梁也。《大事记》云，始皇灭魏，果用此策。 ⑦ **鲍本**安陵，魏之不欲攻韩者，与群臣异，故恶之。 ⑧ **鲍本**许，言听之久，言秦之先自恶之。正曰：《史》作"王之使者出，过而恶安陵氏于秦"。《大事记》引《策》文，则以《策》为明顺。"许"，《史》作"诛"。《正义》引《括地志》云，安陵在鄢陵县西北。详见前。《大事记》，按《策》安陵君曰，"吾先君成侯受诏襄王，以守此地"。盖安陵，赵襄子所封，其后远别为十国，附庸于魏，今魏反令使者恶之于秦。 ⑨ **鲍本**高陵，属琅邪。此二县安陵封地，以与昆阳、叶阳邻，故秦久恶安陵。正曰：高陵属京兆，与下文地不相近。《史》无"高陵"字，《策》或误也。注尤非。《正义》云，叶阳今许州叶县，昆阳故城在叶县北，舞阳故城在叶县东。此时叶阳、昆阳属秦，舞阳属魏。《大事记》，叶阳今属汝州。 **札记**丕烈案：《史记》"舞"作"武"。 ⑩ **鲍本**《周纪》注，南国，江、汉之间，又曰南阳也。今详此时属韩。正曰：《正义》云，南国，今许州许昌县南西许昌故城。此时属韩，在魏之南，故言南国。《大事记》，安陵在鄢陵县西北。则去许、汝不远矣。愚按，韩公云，绕舞阳、叶、襄城，其地皆壤界也，故曰南国。⑪ **鲍本**正曰："魏国岂得安哉"，《史》作"国无害"。《大事记》注引《策》文，当从《策》。 ⑫ **鲍本**补曰：《史》，"不爱安陵氏"。下文可推。《大事记》，秦

得南国，则诸侯之势危矣，魏不可以为非己地而不恤也。

“异[①]日者，秦乃在河西，晋国之去梁也，千里有余，河[②]山以兰[③]之，有周、韩而间之。从林军[④]以至于今，秦十攻魏，五入国中，边城尽拔。文台堕，垂都焚[⑤]，林木伐，麋鹿尽，而国继以围[⑥]。又长驱梁北，东至陶、卫之郊[⑦]，北至乎阚[⑧]，所亡乎秦者，山北[⑨]、河外、河内[⑩]，大县数百，名都数十[⑪]。秦乃在河西，晋国之去大梁也尚千里，而祸若是矣。又况于使秦无韩而有郑地，无河山以兰之，无周、韩以间之，去大梁百里，祸必百此[⑫]矣。异日者，从之不成矣[⑬]，楚、魏疑而韩不可得而约也。今韩受兵[⑭]三年矣，秦挠之以讲[⑮]，韩知[⑯]亡，犹弗听，投质[⑰]于赵，而请为天下雁行[⑱]顿刃。以臣之观[⑲]之，则楚、赵必与之攻矣。此何也？则皆知秦[⑳]之无穷也，非尽亡天下之兵，而臣海内之民，必不休矣。是故臣愿以从事乎[㉑]王，王速受楚、赵之约，而挟韩、魏[㉒]之质，以存韩为务，因求故地于韩，韩必效之。如此则士民不劳而故地得，其功多于与秦共伐韩，然而无与强秦邻之祸。

① **鲍本**异，犹他。 ② **鲍本**“河”上补“有”字。○ 言都绛、安邑时。补曰：史无上文“余”字，即以“有”字属“河山”云云。《策》文则当有“有”字。**札记**丕烈案：此当是《策》文衍“余”字，以千里与百里相较也。下文云“尚千里”，亦无“余”之证。 ③ **鲍本**“兰”作“阑”。○ 下同。阑入之阑。正曰：按字书，阑，门遮也。拦，闭也，牢也。通作兰。《王莽传》“牛马同兰”。师古云，兰，谓遮兰，则“阑”亦可通。阑入之“阑”，本作“闌”，亦作“兰”，于此义不切。 **札记**丕烈案：《史记》作“阑”。“兰”、“阑”同字也。 ④ **鲍本**“林”作

“横”。○　横之军。正曰：《史》作“林乡军”。林乡，地名，见《芒卯谓秦王》章。《大事记》，自秦伐林乡以来至于今也。　**札记**丕烈案：今《史记》作“林乡军”。考《索隐》引刘氏云，林，地名。是《史记》亦本无“乡”字。徐广曰“林乡在宛县”者，以林乡解“林”也。后人因注改正文耳。　⑤ **鲍本**勾阳有垂都亭。正曰：此引徐广说，彼文原无“都”字。补曰：《索隐》云，有庙曰都。《正义》引《括地志》云，文台在曹州冤句县。《索隐》云，文台，台名。《大事记》不取者，岂以他《策》有“台已燔，游已夺”之云，与此类，特泛言之邪！堕，许规反。　⑥ **鲍本**正曰：《大事记》，赧王四十年，穰侯围大梁。　⑦ **鲍本**卫在河、淇之间，与陶接，故范蠡亦云。　⑧ **鲍本**《魏记》注，在东平须昌。补曰：《史》，北至平、监。正义云，平即兖州平陆，监即故阚城，在平陆县西南。　**札记**丕烈案：“监”、“阚”同字，见徐广注也。　⑨ **鲍本**山，吴华之属。正曰：《史》，“山南、山北”。《策》无“山南”字，疑缺文。《正义》云，山，华山也。华山之东南，七国时，邓州属韩，汝州属魏。华山之北，同、华、银、绥并魏地也。　⑩ **鲍本**补曰：河外，谓华州以东至陕、虢。河内，谓蒲州以东至怀、卫。　⑪ **鲍本**补曰：《史》，大县数十，名都数百。　⑫ **鲍本**补曰：《史》作“由此”。《大事记》从《策》文改。　⑬ **姚本**刘作“也”。　**鲍本**“矣”作“也”。○　补曰：“也”，《史》同。　⑭ **鲍本**受秦兵。　⑮ **鲍本**以求地擿挠之。　⑯ **鲍本**补曰：《史》“识亡”。宜从《策》。　**札记**丕烈案：吴说非也，“识”即“知”，见《索隐》。上文此天下之所同知也，下文则皆知秦之无穷也，《史记》亦皆云“识”，是其证矣。　⑰ **鲍本**质，约也。见下。　⑱ **鲍本**雁行，言以次进。补曰：为，去声。　⑲ **鲍本**“观”上补“愚”字。○　⑳ **鲍本**“秦”下补“欲”字。○　补曰：《史》“之”下有“欲”字。《大事记》从之。　㉑ **鲍本**《史》无“乎”字。《大事记》从《策》补。　**札记**丕烈案：从，合从也，见《索隐》。　㉒ **鲍本**衍“魏”字。补曰：字衍，《史》无。《大事记》以《策》补“而”字。　**札记**丕烈案：《史记》作“赵挟韩之质”，与《策》文不同也。

“夫存韩安魏而利天下，此亦王之大时[①]已。通韩之上党于共、莫，使[②]道已通，因而关之，出入者赋[③]之，是魏重质韩以其上党也④。共有其赋⑤，足以富国，韩必德魏、爱魏、重魏、畏魏，韩必不敢反魏。韩是魏之县也。魏得韩以为县，则卫⑥、大梁、河外必安矣。今不存韩，则二周必危，安陵必易⑦。楚、赵楚⑧大破，卫、齐甚畏⑨，天下之西乡而驰秦，入朝为臣之日不久。”⑩

① **鲍本**补曰：《史》作“天时”。《大事记》从《策》。 ② **鲍本**使，去音。通其道，不通他使，将为关也。正曰：“莫”句。补曰：《史》作“共、甯”。下云“使道安城，出入赋之”云云，《大事记》从之。《正义》云，共，卫州共城县；甯，怀州修武县。《解题》云，是时秦欲取韩上党，故蚕食其地，使与韩国中绝。故劝魏假道，使韩得与上党往来，岂专为韩而已哉。韩不失上党，则三晋之势犹完也。 ③ **鲍本**赋，征取。 ④ **鲍本**质，有要也。正曰：质，犹贽。韩以上党为质也。 ⑤ **鲍本**韩、魏共之。补曰：史作“今有”，当从《策》。 ⑥ **鲍本**卫，时已附梁。 ⑦ **鲍本**秦轻之也。正曰：易，改易也。 ⑧ **鲍本**衍“楚”字。补曰：字衍，《史》无。《大事记》从。 **札记**今本无下“楚”字，乃误涉鲍也。 ⑨ **鲍本**皆为秦所胜制。 ⑩ **姚本**集本有“矣”字。**鲍本**《记》有，与上二章相次。彪谓：言秦之情者众矣，无白于此者也。补曰：《大事记》云，信陵君之谏，《世家》不载，其从违亦不书，与秦同伐韩，取故地，必以其言而止也。信陵之言，深切综练，识天下之大势，使魏能用其计，纠率楚、赵，竭力助韩，则韩不至失上党，赵不至败长平，六国不至为秦所吞矣！谋既不用，又以矫杀晋鄙，流落于外。六国垂亡，魏始再用之，犹能收合诸侯，折强秦之锋。若用之于上党、长平未败之前，天下雌雄之势，未可量也！ 此章《大事记》据《史》文具载，又以《策》文易《史》之难通者，注释甚详，而于信陵尤惓惓归重焉。太史公谓，说者皆以魏不用信陵君，故国削弱至于亡，天方令秦平海内，魏虽得阿衡之佐，曷益乎！刘知幾讥其舍人事而言天。《大事记》之言，殆为迂发也。愚谓，战国四公子并称，特以好士之故。黄歇乱人，其事恶矣。赵胜不能用赵奢、廉颇，而割地以召田单，

受冯亭之嫁祸，几至亡国。田文怒小丈夫之讥，而灭一县，不忍吕礼之嫉害，而为宗国召兵，尚奚足言哉？若其合从难秦，歇既败衄，胜仅合楚、赵之交，以佐魏救。独孟尝、信陵，两战败秦。文临函谷，无攻以求楚东国，而名义索然。信陵存赵却秦，义烈甚高，河外之战，威震天下。且退让不伐，闻过能悔，其才与智，皆非余子比也。因《大事记》称惜之言，辄附著之。

叶阳君约魏

叶阳君①约魏，魏王将封其子，谓魏王曰："王尝身济漳，朝邯郸，抱葛、薜②、阴、成以为赵养邑③，而赵无为王有也。王能又封其子问④阳姑⑤衣⑥乎⑦？臣为王不取也。"魏王乃止。⑧

① **鲍本**赵人。补曰："叶"即"奉"之讹，李兑也。说见《赵策》。 ② **姚本**曾作"薛"。 **鲍本**"薜"作"薛"，又改作"孽"。○ 补曰：《赵世家》作"孽"者是，一本作"薛"亦非。 **札记**丕烈案：吴说未是。"薜"即"孽"字之省；"薛"，形近之讹也。 ③ **鲍本**供养之邑。 ④ **鲍本**"问"作"河"。○ 补曰：字讹，《赵策》作"河"。 ⑤ **姚本**曾作"茹"。 ⑥ **鲍本**"衣"作"密"。○ 补曰：字讹，《赵策》作"密"。 **札记**今本"问"作"河"，"衣"作"密"，乃误涉鲍也。 ⑦ **鲍本**赵惠文十三年有，与此语同，云封李兑子，则叶阳君兑之封乎？ ⑧ **鲍本**惠之十三年，此十年。

秦使赵攻魏

秦使赵攻魏，魏谓赵王①曰："攻魏者，亡赵之始也。昔者②，晋人欲亡虞而伐虢，伐虢者，亡虞之始也。故荀息以马与璧假道于虞，宫之奇谏而不听，卒假晋道。晋人伐虢，反而取虞。故《春秋》书之，以罪虞公。今国莫强于赵，而并齐[3]、秦，王[4]贤而有声者相之[5]，所以为腹心[6]之疾者，赵也[7]。魏者，赵之虢也；赵者，魏之虞也。听秦而攻魏者，虞之为也。愿王之熟计之也。”

① **鲍本**惠文。正曰：无考。 ② **姚本**曾作“也”。 ③ **鲍本**衍“齐”字。正曰：见下。 ④ **鲍本**昭。正曰：见下。 ⑤ **鲍本**并，犹兼。声，威声。相，助也。言赵强矣，兼得秦助。正曰：“今国莫强于赵而兼齐、秦”句，“王贤而有声者相之”句。言赵强兼齐、秦，王既贤而又有声望者相之，所以为秦腹心之疾也。如此乃协。此士引喻明切，谓《春秋》罪虞，亦不悖。秦使赵攻魏之事无见，或因其言而止欤？ **札记**丕烈案：“而并齐、秦”四字，当为一句，“而”即“能”字，言所能并于二国也。 ⑥ **鲍本**“腹心”作“心腹”。○ ⑦ **鲍本**言秦以赵为疾。

魏太子在楚〔校一〕

〔校一〕此篇姚本与《秦使赵攻魏》连篇，鲍本另列一篇。据文义，从鲍本。

魏太子在楚。谓[1]楼子[2]于鄢陵[3]曰：“公必且待齐、楚之合也，以救皮氏。今齐、楚之理，必不合矣。彼翟子[4]之所恶于国者，无公矣[5]。其人[6]皆欲合齐、秦外楚以轻公，公必谓齐王[7]曰：‘魏之受兵，非秦实首伐之也，楚恶魏之事王也，故劝秦攻魏。’齐王故欲伐楚[8]，而又怒其不已善也，必令魏以地听秦而为和。以张子之强[9]，有秦、韩之重，齐王恶之，而魏王不敢据也[10]。今以齐、秦之重，外楚以轻公，臣为公患之。钧[11]之出地，以为和于秦也，岂若由楚乎？秦疾攻楚，楚[12]还兵，魏王必惧[13]，公因寄[14]汾北以予秦而为和[15]，合亲以孤齐[16]，秦、楚重公，公必为相矣。臣意秦王[17]与樗里疾之欲之也，臣请为公说之。”

① **鲍本**“谓”作“为”。○ ② **鲍本**廪也，从太子为质，而楚任之。③ **鲍本**楚用事者所封。正曰：此语本记其人与楼子言于鄢陵之地。鄢，楚别都，在宜城。此鄢陵，即《策》所谓许、鄢陵者，魏地也。楼廪主合楚之谋，非从太子而楚任之也。 ④ **鲍本**强也，魏人，仕齐。正曰：魏王所用，下文甚明。《楚策》，魏相翟强死。 ⑤ **鲍本**无如鄢陵。正曰：公，指楼廪。⑥ **鲍本**人，翟之人。 ⑦ **鲍本**闵。 ⑧ **鲍本**此士言齐本自欲尔。补曰：故，固通。 ⑨ **鲍本**言仪往日。 ⑩ **鲍本**言魏襄为齐逐仪。正曰：《策》谓齐王不如资韩朋与之逐张仪于魏者，谋如此耳。魏襄之时，不闻逐仪也。且此语本谓以仪有秦、韩之重，而齐王恶之，魏王不敢据之以为安，二国之于仪，犹如此也。 ⑪ **鲍本**钧，言齐与楚。 ⑫ **鲍本**衍“楚”字。 ⑬ **鲍本**正曰：楚还兵者，复兵与秦合攻魏也，故魏王惧。 ⑭ **鲍本**“寄”作“割”。○ 补曰：恐字有讹。 ⑮ **鲍本**汾北，魏地鄢陵。宜因其惧，使割予秦，此所谓由楚。 ⑯ **鲍本**秦、楚、魏合。 ⑰ **鲍本**昭。

乃请樗里子曰：“攻皮氏，此王之首事也[1]，而不能拔，天下且以此轻秦。且有皮氏，于以攻韩、魏，利也。”樗里子曰：“吾已合魏矣，无所用之[2]。”对曰：“臣愿以鄙心意[3]公，公无以为罪。有皮氏，国之[4]大利也，而以与魏，公终自以为不能守也，故以与魏。今公[5]之力有余守之[6]，何故而弗有也?”樗里子曰：“奈何?”曰：“魏王之所恃者，齐、楚也；所用者，楼廪、翟强[7]也。今齐王谓魏王曰：‘欲讲攻于齐王兵之辞也[8]，是弗救矣[9]。’楚王[10]怒于魏之不用楼子，而使翟强为和也[11]，怨颜已绝之矣[12]。魏王之惧也见亡[13]，翟强欲合齐、秦外楚，以轻楼廪[14]；楼廪欲合秦、楚外齐，以轻翟强[15]。公不如按[16]魏[17]之和，使人谓楼子曰：'子能以汾北与我乎？请合于楚外齐，以重公也，此吾事也。[18]'楼子与楚王必疾矣[19]。又谓翟子[20]：'子能以汾北与我乎？必为[21]合于齐外于[22]楚，以重公也。'翟强与齐王必疾矣。是公外得齐、楚以为用，内得楼廪、翟强以为佐[23]，何故不能有地于河东乎？"[24]

① **鲍本**"请"作"谓"。〇　首，言出兵。正曰：首事，犹言第一事也。　② **鲍本**故《史》书未拔而解。　③ **鲍本**意，犹度。　④ **鲍本**"之"下有"所"字。〇　⑤ **姚本**曾作"攻"。　⑥ **鲍本**于守为有余。　⑦ **鲍本**"廪"，字书无此字。《韩策》作"鼻"，即"廪"也。《策》又有"管鼻之令翟强与秦事"云云，与此事合，疑楼廪即管鼻也。　**札记**今本"廪"作"瘼"。　⑧ **鲍本**"王"作"主"。〇　言欲讲秦、攻秦皆于我。夫魏求救，欲讲而已，而齐兼言攻，故下言"主兵"。正曰："讲"当作"构"。讲攻，犹言构兵。　⑨ **鲍本**"矣"作"也"。〇　⑩ **鲍本**怀。　⑪ **鲍本**和齐、秦。　⑫ **鲍本**怨魏欲绝之，见于颜色。　⑬ **鲍本**以有亡形而惧。　⑭ **鲍本**此强之和。　⑮ **鲍本**补曰：此二语当时事情也。　⑯ **鲍本**按，谓主之。正曰：按，止也。　⑰ **姚本**曾作"亲"。　⑱ **鲍本**疾言此事吾所欲为。　⑲ **鲍本**言应之速。　⑳ **鲍本**强。亦魏人。　㉑ **札记**今本"为"误"不"。　㉒ **鲍本**衍"于"字。　㉓ **鲍本**主魏言之，故言内。　㉔ **鲍本**言且得皮氏。按，此盖楼廪在楚，欲因楚和秦以息攻鄢陵，不顺也，故此士说之，又说樗里。凡其辞两言齐楚、翟楼，示无所偏也。而于楚，独曰"吾事"，则是为楼子也。

战国策卷二十五

魏　四

献书秦王

阙文 献书秦王[①]曰："昔窃闻大王之谋出事于梁[②]，谋恐不出于计矣[③]，愿大王之熟计之也。梁者，山东之要[④]也。有蛇于此[⑤]，击其尾，其首救；击其首，其尾救；击其中身，首尾皆救。今梁王，天下之中身也[⑥]。秦[⑦]攻梁者，是示天下要断山东之脊也[⑧]，是山东首尾皆救中身之时也。山东见亡必恐，恐必大合，山东尚强，臣见秦之必大忧可立而待也。臣窃为大王计，不如南出。事于南方[⑨]，其兵弱，天下必能救[⑩]，地可广大[⑪]，国可富，兵可强，主可尊。王不闻汤之伐桀乎？试之弱密须氏[⑫]以为武教，得密须氏而汤之[⑬]服桀矣。今秦国[⑭]与山东为仇，不先以弱为武教，兵必大挫，国必大忧。"秦果南攻蓝田、鄢、郢[⑮]。

① **鲍本**昭。正曰：无考。　② **鲍本**"昔"作"臣"。○　谓攻之。③ **鲍本**非得计也。　④ **鲍本**腰。人身之中。　⑤ **鲍本**兵法所谓"率然"。补曰：见孙武书及李靖《问答》。　⑥ **鲍本**"皆"作"俱"，"王"作"者"，"中身"作"脊"。○　补曰：一本"今梁王，天下之中身也"。　⑦ **鲍本**"秦"上有"夫"字。○　⑧ **鲍本**要，犹欲。正曰：要，同上义。"山东脊"、"天下要"，与上互言之。示者，显取之之意。　⑨ **鲍本**谓楚。　⑩ **鲍本**"必"上

补"不"字。○ 补曰：作"必不"语顺。又"必"字，恐当作"不"。 ⑪ **姚本**曾无"大"字。 **鲍本**言秦地。 ⑫ **鲍本**试，谓先之以其弱，可必克也。《周纪》注，密须在安定阴密。补曰：密，姞姓国，在今宁州。《史·周纪》"西伯伐密须"，《诗》所谓"密人不恭"者也。此误以为汤，又云"试之于弱"。战国游士言圣贤事多妄谬，此尤显然者也。 ⑬ **鲍本**"之"作"知"。○ **札记**丕烈案："知"字当是。 ⑭ **鲍本**"国"作"欲"。○ **札记**丕烈案："欲"字当是。 ⑮ **鲍本**蓝田，秦地，疑衍文。彪谓：征伐先后，理正应尔。故司马为秦议，以伐蜀为先。而我艺祖欲平太原诸国，亦先平蜀。正曰：秦之攻楚，多道蓝田、武关以出攻，如败楚蓝田之云。秦人善远交近攻之策，蚕食诸侯，先三晋而后齐、楚，卒以成功，其用兵之序可考矣。此《策》，魏畏秦攻，移祸于楚，故饰为之辞。而鲍谓"征伐先后，理正应尔"，夫岂识当时大势哉！又以司马错先伐蜀，宋欲平太原，亦先平蜀，为试于弱之征，谬矣。

八年谓魏王

八年[①]，阙文 谓魏王曰："昔曹[②]恃齐而轻晋，齐伐釐、莒[③]而晋人亡曹[④]。缯恃齐以悍越[⑤]，齐和子[⑥]乱而越人亡缯[⑦]。郑恃魏以轻韩，伐[⑧]榆关[⑨]而韩氏亡郑。原恃秦、翟以轻晋，秦、翟年谷大凶而晋人亡原[⑩]。中山恃齐、魏以轻赵，齐、魏伐楚而赵亡中山[⑪]。此五国所以亡者，皆其[⑫]所恃也。非独此五国为然而已也，天下之亡国皆然矣。夫国之所以不可恃者多，其变不可胜数也。或以政教不修，上下不辑，而不可恃者；或有诸侯邻国之虞，而不可恃者；或以年谷不登，稸[⑬]积竭尽，而不可恃者；或化[⑭]于利，比[⑮]于患。臣以此知国之不可必恃也。今王恃楚之强，而信春申君之言，以是质[⑯]秦，而久[⑰]不可知。即春申君有变，是王独受秦患也。即[⑱]王有万乘之国，而以一人之心为命也。臣以此为不完，愿王之熟计之也。”

① **鲍本**“八”上补“十”字。○　此八年，春申未到。正曰：追称之辞。② **鲍本**曹，今定陶。　③ **鲍本**鳌，疑扶风嫠。正曰：此不相涉。《齐策》，“昔者莱、莒好谋，陈、蔡好诈，莒恃越而灭，蔡恃晋而亡”。此“鳌”字即“莱”。《左传》，“公会郑伯于郲”，杜注，“鳌城”。刘向引“来牟”作“鳌牟”。古字通。　④ **鲍本**《史》，曹伯阳十五年背晋，宋灭之。哀公八年。正曰：即僖二十八年晋侯伐曹，分曹、卫田事。凡言亡，非必国灭也。　⑤ **鲍本**“以悍”作“而轻”。○　缯，禹后，属东海。补曰：姚本“恃齐以捍越”。《春秋》“鄫”，《穀梁》作“缯”。杜注，“今琅邪鄫县”。　⑥ **鲍本**太公田和。正曰：恐非。　⑦ **鲍本**哀六年，莒人灭鄫，与此异。补曰：《左氏》，“莒人灭鄫，鄫恃赂也”。注，“鄫有贡赋之赂在鲁，恃之而慢莒”。此或讹为“齐”。⑧ **鲍本**“伐”上补“魏”字。○　补曰：此宜有“魏”字。　**札记**今本“伐”上有“魏”字，乃误涉鲍也。丕烈案：此因即说本国事，故不更云“魏”，取便文也，补者非是。　⑨ **鲍本**《九域图》，在平州界。正曰：《大事记》，安王三年，楚归郑榆关。十一年，魏、韩、赵败楚师于大梁榆关。《正义》云，榆关在郑之南，大梁西。　⑩ **鲍本**僖二十五年，原降，使赵衰处原。　⑪ **鲍本**补曰：《周策》，宫他谓周君曰云云，略同。　齐、魏伐楚而赵亡中山，此襄王十八年秦、韩、魏、齐共败楚将唐昧事。《大事记》谓《史》称赵与燕、齐灭中山，齐非中山与国者，亦未然，说见《燕》、《赵》等《策》。　⑫ **鲍本**“其”作“有”。○　**札记**今本“其”作“有”，乃误涉鲍也。丕烈案：其者，其五国也。鲍改误甚。　⑬ **鲍本**“稸”作“畜”。○　补曰：一本“畜”作“稸”，此书多作“稸”。⑭ **鲍本**化，犹移。　⑮ **鲍本**比，犹近。　⑯ **鲍本**“质”作“宾”。○　补曰：未详。　⑰ **鲍本**久，犹后。　⑱ **鲍本**即，犹是。

魏王问张旄

魏王问张旄曰：“吾欲与秦攻韩，何如？”张旄对曰：“韩且坐而胥[①]亡乎？且割而从天下乎？"王曰："韩且割而从天下。"张旄曰："韩怨魏乎？怨秦乎？"王曰："怨魏。"张旄曰："韩强秦乎？强魏乎[②]？"王曰："强秦。"张旄曰："韩且割而从其所强，与所不怨乎？且割而从其所不强，与其所怨乎？"王曰："韩将割而从其所强，与其所不怨。"张旄曰："攻韩之事，王自知矣。[③]"

① **鲍本**"胥"作"胥"。〇 "胥"，"胥"同，待也。补曰：一本"胥"作"胥"。 ② **鲍本**问以何国为强。 ③ **鲍本**补曰：此恐与信陵所谏同一事。

客谓司马食其

客谓司马食其[①]曰："虑久[②]以天下为可一者，是不知天下者也。欲独以魏支秦者，是又不知魏者也。谓兹公[③]不知此两者，又不知兹公者也。然而兹公为从，其说何也？从则兹公重，不从则兹公轻，兹公之处重也，不[④]实为期[⑤]。子何不疾及三国方坚也，自卖于秦[⑥]，秦必受子。不然，横者将图子以合于秦，是取子之资[⑦]，而以资子之仇也[⑧]。"

① **鲍本**魏人，音异基。补曰：《索隐》云，郦、审、赵三人，并以六国时魏有司马食其，慕其名也。 ② **姚本**刘无"久"字。 **鲍本**虑久，熟虑也。③ **鲍本**指合从之人。补曰："兹公"未详。《史》，夏侯婴食兹氏，注，太原县名。《春秋》昭五年注"莒邑"者，又地不相涉。 ④ **姚本**一本添"以"字。⑤ **鲍本**言期约不实。 ⑥ **鲍本**谓阴倍从，以收秦利。 ⑦ **鲍本**资，谓从。食其所资者，从也。 ⑧ **鲍本**谓横人将以食其之从恶之于秦。仇，秦也。正曰：时与人不可考。

魏秦伐楚

魏、秦[①]伐楚[②]，魏王不欲。楼缓谓魏王曰："王不与秦攻楚，楚且与秦攻王。王不如令秦、楚战，王交制之[③]也[④]。"

① **姚本**刘作"秦、魏"。 ② **鲍本**秦昭六年与韩、魏共攻楚，此十八年。 ③ **鲍本**缓时为秦计耳，故明年相秦。 ④ **鲍本**无"也"字。○

穰侯攻大梁

穰侯攻大梁[①]，乘北郢[②]，魏王且从[③]。谓穰侯曰："君攻楚得宛、穰以广陶，攻齐得刚、博[④]以广陶，得许[⑤]、鄢陵以广陶，秦王[⑥]不问者，何也？以大梁之未亡也。今日大梁亡，许、鄢陵必议[⑦]，议则君必穷。为君计者，勿攻便。"[⑧]

① **鲍本**秦昭二十四年，攻魏至大梁，此十三年。 ② **鲍本**"北郢"作"郢北"。○ 郢，楚别邑，其北近魏。正曰：北郢乃楚之宜城，即郡也。《史·魏冉传》，"入北宅，遂围大梁"。此讹为"乘北郢"也。又《策》作"入北地"，亦字讹。 ③ **鲍本**从，顺服也。 ④ **鲍本**并属泰山。补曰：《正义》引《括地志》云，故刚城在兖州龚丘县界。愚谓，刚博当即是刚寿。《正义》云，寿，郓州县。 ⑤ **鲍本**补曰："得许"上当有"攻魏"字，缺脱。 ⑥ **鲍本**昭。 ⑦ **鲍本**议其不当得。 ⑧ **鲍本**补曰：魏昭王十三年秦兵至大梁，即取魏安城之役。安釐王二年，秦魏冉伐魏，走芒卯，入北宅，遂围大梁，魏割温以和。二役皆冉相时，而败芒卯则冉将以伐。此《策》当在其时。《大事记》载须贾说穰侯云云，"攻而不拔，秦兵必罢，陶邑必亡，前功必弃矣"，下注此章，谓与须贾同一术，亦以为此年事矣。然秦攻取刚寿，在秦昭三十六、七年，后此数年。而《策》已云得刚寿，而又不可晓也。当考。 宛、穰广陶，说见赵策。 许、鄢陵，魏地，见前。秦得其地，不知何时。

白珪谓新城君

白珪[①]谓新城君曰："夜行者能无[②]为奸，不能禁狗使无吠己也。故臣能无议君于王[③]，不能禁人议臣[④]于君也。"[⑤]

① **姚本**刘作"圭"。 **鲍本**魏人，孟子称之。赵岐以为周人，非也。盖至是三、四十年矣。正曰：秦昭王初年，魏冉已用事，则芈戎之贵已久。十二年而当魏昭元年，则其初年犹与魏襄相及，正孟子时也。赵岐以为周人，何以知其非也？但战国人姓名多偶同者。鲍以在《魏策》中而即为魏人，谬矣。又按《燕策》，白珪逃于秦，则尝仕秦。《新序》孟尝君问白珪，恐亦此时。《史·白珪传》首云，当魏文侯时，李克务尽地力，而白珪乐观时变。后复引圭之言曰，"吾治生产，如孙、吴用兵，商鞅行法"，则其人在鞅后。首句特与李克对论，非言其世也。以"二十取一"语，孟子正欲以其货殖之术施之国家者也。又《新序》记白珪战，亡六城，为魏取中山，白珪显于中山，中山人恶之于魏文侯，投以夜光之璧。则文侯时又一白珪欤？或因《史》所书而讹舛欤？ ② **姚本**刘作"不"。 ③ **鲍本**戎贵于秦。王，宜为秦王。今珪说之，岂非珪使魏，戎来魏。 ④ **鲍本**无"臣"字。○ ⑤ **鲍本**《秦策》段产语同。正曰：段产，《策》本在韩，鲍以《史》注新城君为芈戎，故曲为之说，未知即是此人否？

秦攻韩之管

秦攻韩之管[①]，魏王发兵救之。昭忌曰："夫秦强国也，而韩、魏壤梁[②]，不出攻则已，若出攻，非于韩也必[③]魏也。今幸而[④]于韩，此魏之福也。王若救之，夫解攻者，必韩之管也；致攻者，必魏之梁也。"魏王不听，曰："若不因[⑤]救韩，韩怨魏，西合于秦，秦、韩为一，则魏危。"遂救之。

① **鲍本**《后志》河南管城注，在京县东北。补曰：郑州管城县。 ② **姚本**刘作“秦”。 **鲍本**“梁”作“秦”。○ 言地与秦接。 ③ **鲍本**“必”下有“于”字。○ ④ **姚本**曾添“归”字。 ⑤ **姚本**刘无“因”字。

秦果释管而攻魏。魏王大恐，谓昭忌曰：“不用子之计而祸至，为之奈何？”昭忌乃为之见秦王①曰：“臣闻明主之听也，不以挟私为政②，是参行③也。愿大王无攻魏，听臣也。”秦王曰：“何也？”昭忌曰：“山东之从，时合时离，何也哉④？”秦王曰：“不识也。”曰：“天下之合也⑤，以王之不必⑥也；其离也，以王之必也⑦。今攻韩之管，国危矣，未卒而移兵于梁，合天下之从，无精⑧于此者矣。以为秦之求索，必不可支也。故为王计者，不如齐⑨赵。秦已制赵，则燕不敢不事秦，荆、齐⑩不能独从。天下争敌于秦，则弱矣⑪。”秦王乃止。⑫

① **鲍本**昭。正曰：时不可考。 ② **鲍本**与“正”同。 ③ **鲍本**以诸国参考而行，言参彼己也。 ④ **鲍本**无“哉”字。○ ⑤ **鲍本**无“也”字。○ 补曰：一本此下有“也”字。 ⑥ **鲍本**犹言不可测也，方攻韩又攻魏是也。 ⑦ **鲍本**伐一不移伐，则诸国知免，不急于从也。 ⑧ **鲍本**精，犹明。 ⑨ **鲍本**“齐”作“制”。○ 补曰：疑字误，或上有缺文。 ⑩ **鲍本**“齐”作“济”。○ 荆，楚；济，齐。正曰：一本“荆、齐”，是。未有称“齐”为“济”者，字多傍水。 ⑪ **鲍本**言诸国合而竞与秦敌，则秦弱。 ⑫ **鲍本**彪谓：邻国有兵，救之，恤邻之义，昭王言是也。秦伐韩而魏救之，挑秦之祸，昭忌之言亦是也。要之，从约坚则宜救，犹救同室之斗也。无从约而救之，则是乡邻有斗，被发缨冠而往，是岂不可已乎？

秦赵构难而战

秦、赵构难而战[①]。谓魏王曰："不如齐[②]、赵而构之秦[③]。王不构赵，赵不以毁构矣[④]；而构之秦，赵必复斗[⑤]，必重魏；是并制秦、赵之事也。王欲[⑥]焉而收齐、赵攻荆，欲焉而收荆、赵攻齐，欲王之东长[⑦]之待[⑧]之也[⑨]。"

① **鲍本**长平之役。此十七年。正曰：秦、赵之战多矣，此《策》时不可考。 ② **鲍本**"齐"作"收"。○ 正曰："齐"上有脱字，下文言齐可推。 ③ **鲍本**构者，合其战也。收赵而助之，赵必与秦合战。 ④ **鲍本**毁，折也。言不收赵，赵不能以毁折之兵独与秦合战。 ⑤ **鲍本**"斗"下复有"斗"字。○ ⑥ **鲍本**欲，意或欲也。 ⑦ **鲍本**荆、齐在魏东，不乐属秦，而欲魏为之长。 ⑧ **姚本**曾作"侍"。 **鲍本**"待"上有"也"字。○ ⑨ **鲍本**待魏之东。正曰：荆、齐、赵皆在魏东。长之，为之长也。待之，待其事也。欲王者，此士愿之之辞，与上"王欲焉"不同也。

长平之役

长平之役，平都君[①]说魏王曰："王胡不为从？"魏王曰："秦许吾以垣雍[②]。"平都君曰："臣以垣雍为空割也。"魏王曰："何谓也？"平都君曰："秦、赵久相持于长平之下而无[③]决。天下合于秦，则无赵；合于赵，则无秦。秦恐王之变也，故以垣雍饵王也。秦战胜赵，王敢责垣雍之割乎？王曰'不敢'。秦战不胜赵，王能令韩出垣雍之割乎[④]？王曰'不能'。臣故曰，垣雍空割也。"魏王曰："善。"

① **鲍本**田单。正曰：注非，说见《赵策》。 ② **鲍本**韩所得魏地。补曰：垣雍见前。 ③ **姚本**一本添"大"字。 ④ **鲍本**韩不畏秦故。

楼梧约秦魏

楼梧约秦、魏[①]，将令秦王[②]遇于境。谓魏王曰[③]："遇而无相[④]，秦必置相。不听之[⑤]，则交恶于秦；听之，则后王之臣，将皆务事诸侯之能令于王之上者[⑥]。且遇于秦而相秦者[⑦]，是无齐也[⑧]，秦必轻王之强矣[⑨]。有齐者[⑩]，不[⑪]若相之，齐必喜，是以有雍者[⑫]与秦遇，秦必重王矣。"[⑬]

① **姚本**一作"郜"。 **鲍本**补曰：前有楼梧约秦、魏，即此人此时事也。 ② **鲍本**昭。正曰：无据。"将令"之"令"，平声。 ③ **鲍本**或谓非梧。正曰：未见非梧。 ④ **鲍本**无相魏者。 ⑤ **姚本**一本无"之"字。 ⑥ **鲍本**"王"下无"之"字。〇 言处魏上，而能使之从令若秦者。补曰：一本"王之上者"。 ⑦ **鲍本**相，秦所置。 ⑧ **鲍本**独言齐者，时君王后贤，与齐敌也。正曰：注谬甚。 ⑨ **鲍本**无齐助故。 ⑩ **鲍本**群臣能得齐事者。 ⑪ **鲍本**"不"上有"王"字。〇 ⑫ **鲍本**"雍"作"齐"。〇 **札记**今本"雍"作"齐"。 ⑬ **鲍本**补曰：此时必魏合于齐。

芮宋欲绝秦赵之交

芮宋[①]欲绝秦、赵之交，故令魏氏收秦太后[②]之养地秦王[③]于秦[④]。芮宋谓秦王曰："魏委[⑤]国于王，而王不受，故委国于赵也。李郝[⑥]谓臣曰：'子言无秦，而养秦太后以地，是欺我也，故敝邑收之。'"秦王怒，遂绝赵也[⑦]。

① **鲍本**魏人。 ② **鲍本**宣太后。 ③ **鲍本**昭。 ④ **鲍本**"于秦"二字作"怒"。〇 补曰：姚本"收秦太后之养地秦王于秦，芮宋"云云，与此文有误，当云"收秦太后之养地于秦，芮宋谓"云云。 **札记**今本"于秦"二字作"怒"。 ⑤ **鲍本**委，与之。 ⑥ **鲍本**赵人。 ⑦ **鲍本**无"也"字。〇

为魏谓楚王〔校一〕

〔校一〕此篇姚本与《芮宋欲绝秦赵之交》连篇，鲍本另列一篇。据文义，从鲍本。

为魏谓楚王①曰："索攻魏于秦②，秦必不听王矣，是智困于秦，而交疏于魏也。楚、魏有怨，则秦重矣。故王不如顺天下③，遂伐齐，与魏便地④，兵不伤，交不变，所欲必得矣。"

① **鲍本**顷襄。正曰：无考。　② **鲍本**楚以攻魏索于秦。　③ **鲍本**天下不欲秦伐魏。　④ **鲍本**言以所得齐地与魏，易两便也。

管鼻之令翟强与秦事

管鼻之①令翟强与秦事②，谓③魏王曰："鼻之与强，犹晋人之与楚人也。晋人见楚人之急，带剑而缓之；楚人恶其缓而急之。令④鼻之入秦之传舍⑤，舍不足以舍之⑥。强之入，无蔽于秦者⑦。强，王贵臣也，而秦若此其甚，安可？"⑧

① **鲍本**魏人。正曰：注作"鼻之"名，谬。下两"之"字亦语助。管鼻恐即楼鼻，说见前。　② **鲍本**鼻之不欲，故推之于强。　③ **鲍本**鼻之谓之。④ **鲍本**"令"作"今"。○　⑤ **鲍本**《郦食其传》注，"止息传置之舍"。⑥ **鲍本**侍卫之盛，舍不能容。　⑦ **鲍本**"蔽"作"苏"。○　言秦轻之，无与为樵苏者。正曰：一本"苏"作"蔽"，是。言无人从之。　**札记**丕烈案：《史记·刺客传》"跪而蔽席"，《索隐》曰，"蔽，匹结反，犹拂也"。此字与彼同。⑧ **鲍本**秦待己已厚，可以不与秦事。秦轻强矣，欲其重之，必令与秦事乃可。正曰：翟强欲合齐、秦外楚，以轻楼鼻；楼鼻欲合秦、楚外齐，以轻翟强。

鼻、强不合，而谓鼻令强与秦事者，鼻容强为之。秦入鼻言，故轻强。此士盖为强言，以激魏王者也。此当在襄王时。

成阳君欲以韩魏听秦

成阳君[1]欲以韩、魏听秦，魏王弗利。白圭谓魏王曰："王不如阴侯[2]人说成阳君曰：'君入秦，秦必留君，而以多割于韩矣。韩不听，秦必留君，而伐韩矣。故君不如安[3]行求质[4]于秦。'成阳君必不入秦，秦、韩不敢[5]合，则王重矣。"

① **鲍本**秦昭十七年入朝者，于此知为韩人不疑。 ② **姚本**一作"使"。**鲍本**"圭"作"珪"，"侯"作"使"。〇 ③ **鲍本**安，犹徐。 ④ **鲍本**质，事。有不留之验，乃可入。正曰："质子"之"质"。 ⑤ **鲍本**衍"敢"字。

秦拔宁邑

秦拔宁邑[1]，魏王令之[2]谓秦王[3]曰："王归宁邑，吾请先天下構[4]。"魏[5]魏王[6]曰："王无听[7]。魏王见天下之不足恃也，故欲先構。夫亡宁者，宜割二宁以求構；夫得宁者，安能归宁乎？"

① **鲍本**此二十年。正曰：秦昭王四十一年，魏冉已免相。此十一年。余说见《赵策》。 ② **鲍本**"之"作"人"。〇 ③ **鲍本**昭。 ④ **鲍本**"構"作"搆"，又改作"講"。〇 下同。谓与秦講。 ⑤ **鲍本**衍"魏"字。补曰：衍。 ⑥ **鲍本**"王"作"冉"。〇 **札记**丕烈案："冉"字当是。 ⑦ **鲍本**无听其讲。

秦罢邯郸

秦罢邯郸，攻魏，取宁邑①。吴庆②恐魏王之构③于秦也，谓魏王曰："秦之④攻王也，王知其故乎？天下皆曰王近也⑤。王不近秦，秦之所去⑥。皆曰王弱也⑦。王不弱二周⑧，秦人去邯郸，过二周而攻王者，以王为易制也。王亦知弱之召攻乎⑨？"

① **鲍本**正曰：邯郸，赵都。凡攻赵皆言邯郸。此《策》罢邯郸，必非赧王五十八年解邯郸围时事。且《秦纪》书拔宁、新中。次年，赧王五十九年。《年表》，韩、魏、楚救赵新中，而秦兵罢，不闻卒拔也。是岁赧王入秦，而此云过二周攻王，是二周无恙时也，决为在前无疑。宁、新中，非宁邑，详见《赵策》。 ② **鲍本**吴人。正曰：无考。 ③ **鲍本**"構"作"搆"，又改作"講"。○ 原从扌从冓。 ④ **姚本**曾无"之"字。 ⑤ **鲍本**近，亲也。天下以魏为亲秦，故外之，秦因攻之。 ⑥ **鲍本**去，犹远。正曰：王非亲秦，乃秦之所欲攻去者。 ⑦ **鲍本**无秦之助。 ⑧ **鲍本**言实不弱，视二周犹强也。 ⑨ **鲍本**若讲于秦，复示弱也。

魏王欲攻邯郸

魏王欲攻邯郸，季梁①闻之，中道而反，衣焦不申，头尘不去②，往见王曰："今者③臣来，见人于大行④，方北面而持其驾，告臣曰：'我欲之楚。'臣曰：'君之楚，将奚为北面？'曰：'吾马良。'臣曰：'马虽良，此非楚之路也。'曰：'吾用⑤多。'臣曰：'用虽多，此非楚之路也。'曰：'吾御者善。''此数者愈善，而离楚愈远耳。'今王动欲成霸王，举欲信于天下。恃王国之大，兵之精锐，而攻邯郸，以广地尊名，王之动愈数，而离王愈远耳。犹至楚而北行也。"

① **鲍本**魏人，非庄子所称。正曰：不可考，亦不知何时。 ② **鲍本**此于行路，犯风日，故焦；焦故不申。需润乃申耳。皆以欲见之速，故不暇。补曰：焦，卷也。申，舒也。《文选》"申"作"信"，"去"作"浴"。 **札记**丕烈案：此《咏怀诗》注也。 ③ **札记**今本"者"误"之"。 ④ **鲍本**补曰：行，道也。 ⑤ **姚本**用，资也。 **鲍本**用，所资也。

周肖谓宫他

周肖①谓宫他曰："子为肖谓齐王②曰，肖愿为外臣。令齐资我于魏。"宫他曰："不可，是示齐轻也③。夫齐不以无魏者以害有魏者④，故公不如示有魏。公曰⑤：'王⑥之所求于魏者，臣请以魏听。'齐必资公矣，是公有齐，以齐有魏也⑦。"

① **鲍本**疑即霄。正曰：《孟子》注，魏人。若以为此人，则非安釐之世矣。 ② **鲍本**王庭。正曰：无据，事必在前。 ③ **鲍本**肖，魏臣，而假重于外，是示齐以无魏之重。 ④ **鲍本**所不重，为无肖是也。正曰：齐必不以无魏重者而害有魏重者，不可示以无魏重也。 ⑤ **鲍本**令肖以此说齐。⑥ **鲍本**齐。 ⑦ **鲍本**因齐之资以得魏重。"肖"，当作"霄"。

周冣善齐

周冣①善齐，翟强善楚。二子者，欲伤张仪于魏。张子闻之，因使其人②为见者啬夫③闻④见者，因无敢伤张子。⑤

① **鲍本**"冣"作"最"。○ **札记**今本"冣"作"最"。丕烈案："冣"字是，见前。 ② **鲍本**仪之人。 ③ **鲍本**见者，冣与强见王也。正曰：见，贤遍反。见者，谓引见传命之臣。仪使其臣为见者之啬夫，以间伺之。补曰：啬夫，《书》注，"主币之官"。秦制，乡有啬夫，职狱讼，收赋税。汉有虎圈啬

夫。所职不同,皆小臣之名。 ④ **鲍本**“闻”作“间”。○ 间以候伺之。⑤ **鲍本**此九年,仪再相魏时。正曰:无考。

周寂入齐

周寂入齐①,秦王②怒,令姚贾让魏王③。魏王为之④谓秦王曰:“魏之所以为王通天下者,以周寂也。今周寂遁寡人入齐,齐无通⑤于天下矣⑥。敝邑之事王,亦无齐累矣⑦。大国欲急兵⑧,则趣赵而已。”⑨

① **鲍本**魏不善之。正曰:《周策》,为最谓魏王曰,“王不去周最,合与收齐”;又谓最曰,“魏贵合秦伐齐,而公修虚信”云云,“不如谓王曰,请入齐”。此语在田文相魏昭王时,是最先见逐于齐,今复自魏入齐。详《周策》所载,必最后欲之齐,而魏听之,非不善之故也。 ② **鲍本**武。正曰:昭。③ **鲍本**最盖秦所置以相魏者。正曰:此因下文“为王通天下”一语生说,无据。 ④ **鲍本**为最。盖秦亦怒最之去魏。正曰:是时齐、秦交恶,而秦欲合魏。寂自齐走魏,人言其不忍背齐,而今复之齐,必复为齐所厚者。魏虽欲合秦,而犹牵于收齐之说。其入齐,盖魏听之,故为之言于秦,其辞亦婉。⑤ **姚本**一本添“端”字。 ⑥ **鲍本**齐、秦为敌,魏既以最通天下于秦,则外齐矣。今寂入齐,天下不知,以谓魏使之齐,败齐事,因不通齐矣。正曰:齐、秦为敌,齐逐最而魏收之,天下信魏之不与齐,故曰为王通天下。今最遁入齐,则天下知魏绝最,而齐收之,齐何以通于天下乎? ⑦ **鲍本**齐纳魏所不善,则可以绝之。正曰:最遁魏入齐,而齐收之,则齐、魏之绝明矣。秦可以不疑魏之与齐也。 ⑧ **鲍本**伐齐。 ⑨ **鲍本**促使应秦也。魏不善最,而言为最,所以自为也。按此姚贾与始皇所问之人,相去八十余年。高诱欲以为陈贾,若此人者可也。盖陈,舜后,得为姚姓。而孟子与秦武、魏哀时犹相及,独以最,韩非相毁之人,为此人,则年时相绝太远矣,可乎哉?补曰:趣赵,说见《周策》。正曰:姚贾,说见《秦策》。

秦魏为与国

秦、魏为与国[1]。齐、楚约而欲攻魏，魏使人求救于秦，冠盖相望，秦救不出。

① **姚本**相与同祸福之国也。

魏人有唐且[1]者，年九十余，谓魏王曰："老臣请出西说秦，令兵先臣出可乎？"魏王曰："敬诺。"遂约车而遣之。唐且见秦王[2]，秦王曰："丈人芒然乃远至此，甚苦矣。魏来求救数矣，寡人知魏之急矣。"唐且对曰："大王已知魏之急而救不至者，是大王筹筴之臣无任矣[3]。且夫魏一万乘之国，称东藩，受冠带，祠春秋者，以为秦之强足以为与也。今齐、楚之兵已在魏郊矣，大王之救不至，魏急则且割地而约齐、楚，王虽欲救之，岂有及哉？是亡一万乘之魏，而强二敌之齐、楚[4]也。窃以为大王筹筴之臣无任矣。"

① **鲍本**"且"作"睢"。○ 下同。补曰：《新序》同。《史》作"睢"。**札记**丕烈案："且"、"睢"字同。 ② **鲍本**昭。 ③ **姚本**任，能也。 **鲍本**不堪其事。 ④ **札记**今本"楚"误"强"。

秦王喟然愁悟，遽[1]发兵，日夜赴魏。齐、楚闻之，乃引兵而去。魏氏复全，唐且之说也。[2]

① **姚本**一作"遂"。 ② **鲍本**《记》十年有。

信陵君杀晋鄙

信陵君杀晋鄙，救邯郸，破秦人，存赵国，赵王① 自郊迎。唐且②谓信陵君曰："臣闻之曰，事有不可知者，有不可不知者；有不可忘者，有不可不忘者。"信陵君曰："何谓也？"对曰："人之憎我也，不可不知也；吾憎人也，不可得而知也③。人之有德于我也，不可忘也；吾有德于人也，不可不忘也④。今君杀晋鄙，救邯郸，破秦人，存赵国，此大德也。今赵王自郊迎，卒⑤然见赵王，臣愿君之忘之也。"信陵君曰："无忌谨受教。"⑥

① **鲍本**孝成。 ② **鲍本**"且"作"雎"。○ 正曰：《史》不云唐且，恐有讹舛。说又见后章。 ③ **鲍本**人不能知。 ④ **鲍本**补曰：《史》云，"物有不可忘，或有不可不忘。夫人有德于公子，不可忘也；公子有德于人，愿公子忘之也"。语尤简洁。 ⑤ **鲍本**"卒"，"猝"同。 ⑥ **鲍本**彪谓：唐雎比十一年求救，年已九十余，至是又十年，其陈谊益高，所谓耄期称道不乱者欤？贤矣！

魏攻管而不下

魏攻管① 而不下。安陵② 人缩高，其子为管守③。信陵君使人谓安陵君曰："君④ 其遣缩高，吾将仕之以五大夫，使为持节尉⑤。"安陵君曰："安陵，小国也，不能必使其民。使者自往，请使道使⑥ 者⑦ 至缟⑧ 高之所，复信陵君之命⑨。"缩高曰："君之幸高也，将使高攻管也。夫以⑩ 父攻子守，人大笑也⑪。是臣而下，是倍主⑫ 也。父教子倍，亦非君之所喜也。敢再拜辞。"

① **鲍本**补曰：管见前《策》。 ② **鲍本**《魏记》注，召陵有安陵。 ③ **鲍本**补曰：秦攻韩管而得之。缩高之子为秦守者也。《通鉴纲目》，缩高之子仕于秦。 ④ **姚本**一本无“君”字。 ⑤ **鲍本**尉之持节者。 ⑥ **姚本**一本添“吏”字。 ⑦ **鲍本**使人道之。 ⑧ **鲍本**“缟”作“缩”。○ **札记**今本“缟”作“缩”。丕烈案：“缩”字是也。《古今人表》中上有“缩高”。 ⑨ **鲍本**复，犹重也。信陵君言之矣，今申之。 ⑩ **姚本**一本无“以”字。 ⑪ **鲍本**守人，其子之人。正曰：“守”字句。补曰：一本标一作“人之所大笑”。 ⑫ **鲍本**“是”作“见”，“倍”作“背”，“主”作“王”。○ 王，魏王。正曰：秦王。

使者以报信陵君，信陵君大怒，遣大使之安陵曰：“安陵之地，亦犹魏也①。今吾攻管而不下，则秦兵及我②，社稷必危矣。愿君之生束缩高而致之。若君弗致也③，无忌将发十万之师，以造④安陵之城。”安陵君曰：“吾先君成侯⑤，受诏襄王⑥以守此地也，手受大府之宪⑦。宪之上篇曰：‘子弑父，臣弑君，有常⑧不赦。国虽大赦，降城亡子⑨不得与焉。’今缩高谨解⑩大位，以全父子之义，而君曰‘必生致之’，是使我负襄王诏⑪而废大府之宪也，虽死终不敢行。”

① **鲍本**正曰：说见下。 ② **鲍本**管在秦东，可以捍魏。正曰：不得秦地，必受秦攻。 ③ **鲍本**无“也”字。○ ④ **鲍本**“造”作“告”。○ ⑤ **鲍本**赵主也。安陵属召陵，召陵属魏。而此谓成侯为先君，盖先时两属赵、魏，故上曰“犹魏”。 ⑥ **鲍本**赵襄子。补曰：《大事记》引作“襄主”。见上。 ⑦ **鲍本**大府，谓魏受诏襄子而受魏之宪，则此两属明矣。宪，法令也。正曰：大府之宪，即受诏于襄子者。上篇，犹言第一篇也。 ⑧ **鲍本**“常”下补“刑”字。○ 正曰：有常，即常刑也。 ⑨ **鲍本**以城降人，及亡

人之子。正曰：亡人。 ⑩ **鲍本**“解”作“虽辞”二字。〇 补曰：一本无“谨”字。姚本“谨解”。则“虽”乃“谨”之讹。 ⑪ **鲍本**“诏”上有“之”字。〇

缩高闻之曰：“信陵君为人，悍而自用也。此辞反，必为国祸。吾已全己，无[①]为[②]人臣之义矣[③]，岂可使吾君有魏患也。”乃之使者之舍，刎颈而死。

① **姚本**一本作“己之”。 ② **鲍本**“为”作“违”。〇 ③ **鲍本**正曰：无违人臣者，不事二君之义。

信陵君闻缩高死，素[①]服缟素辟舍，使使者谢安陵君曰：“无忌，小人也，困[②]于思虑，失言于君，敢再拜释罪[③]。”

① **鲍本**衍“素”字。补曰：字衍。 ② **鲍本**困，犹不通。 ③ **鲍本**拜，所以谢也。以安陵释其罪，故谢。彪谓：缩高之义直，而善处死。夫以信陵之愎而好遂，高不死，必加兵安陵，城破之日，固不免死，而以此死易一国之命，可不谓仁乎？正曰：信陵君贤而服义，使其再闻安陵之辞，亦将翻然而悔矣。师不以直，遑欲残民，决不为也。缩高不忍须臾之死，而成其过，惜哉！补曰，按上章无忌书，谓王之使者谮安陵于秦，而此《策》云云，未详。“管守”、“子守”之“守”，“使者”、“大使”之“使”，皆去声。

魏王与龙阳君共船而钓

魏王与龙阳君[①]共船而钓，龙阳君得十余鱼而涕下。王曰：“有所不安乎？如是，何不相告也？”对曰：“臣无敢不安也。”王曰：“然则何为涕出？”曰：“臣为王之所得鱼也[②]。”王

曰："何谓也？"对曰："臣之始得鱼也，臣甚喜，后得又益大，今臣直欲弃臣前之所得矣。今以臣凶恶[3]，而得为王拂枕席。今臣爵至人君，走人于庭[4]，辟人于途[5]。四海之内[6]，美人亦甚多矣，闻臣之得幸于王也，必褰[7]裳而趋王[8]。臣亦犹曩臣之前所得鱼也，臣亦将弃矣，臣安能无涕出乎？"魏王曰："误[9]！有是心也，何不相告也？"于是布令于四境之内曰："有敢言美人者族[10]。"

① **鲍本**魏之幸臣。正曰：幸姬也。《策》言美人，又云拂枕席，此非楚安陵君、鄢陵君、寿陵君、赵建信君之比。长孙佐辅于武陵等诗用"前鱼"字，皆以宫人言之。　② **鲍本**"王"作"臣"。〇　正曰：以己之得鱼，推言王。　③ **鲍本**"臣"下有"之"字。〇　补曰：一本"今以臣凶恶"。按《孟子》"恶人"注，谓丑貌人。此疑衍"凶"字，或"之"字讹。　④ **鲍本**在庭则人为之趋走。　⑤ **鲍本**"辟"作"避"。〇　在途则行者避。补曰："避"，一本作"辟"，宜音闢。　⑥ **姚本**一本添"其"字。　⑦ **鲍本**褰，揭也。　⑧ **鲍本**"王"上有"大"字。〇　⑨ **鲍本**以不告为误。正曰：误，犹言误矣，当句。然恐是"嘻"字讹。　⑩ **鲍本**死及其族。

由是观之，近习之人，其挚[1]谄也固矣，其自纂繁[2]也完矣[3]。今由千里之外，欲进美人，所效者庸必得幸乎？假之得幸，庸必为我用乎[4]？而近习之人相与怨，我见有祸，未见有福；见有怨，未见有德，非用知之术也。[5]

① **鲍本**挚，犹进。正曰：挚，《说文》，握持也。又字同"挚"、"質"，义亦可同。　② **鲍本**"纂"作"幂"，"繁"作"系"。〇　补曰：恐当作"系"。　**札记**今本"纂"作"幂"，"繁"作"系"，乃误涉鲍也。　③ **姚本**谓帽覆也。　**鲍**

本幂,覆也。言自茈自结于王。正曰:高注“帽覆”,似亦作“幂”义。按,纂,组类,固结之义。 ④ **鲍本**我,谓欲进之人。正曰:为我用,犹言如我宠。上句言未必得幸,此句言假使得幸,未必如我也。 ⑤ **鲍本**正曰:此《策》不知何王,未可以安釐、哀、襄之世,遂附之也。

秦攻魏急

秦攻魏急[①]。或谓魏王曰[②]:“弃之不如用之之易也[③],死[④]之不如弃之之易也。能弃之弗能用之[⑤],能死之弗能弃之[⑥],此人之大过也[⑦]。今王亡地数百里,亡城数十,而国患不解,是王弃之,非用之也。今秦之强也,天下无敌,而魏之弱也甚,而王以是质[⑧]秦,王又能死而弗能弃之[⑨],此重过也。今王能用臣之计,亏地不足以伤国,卑体不足以苦身,解患而怨[⑩]报。

① **鲍本**始皇五年攻魏,取二十城。此元年。正曰:说见后。 ② **鲍本**补曰:《孔丛子》云,“秦急攻魏,魏王恐。或谓子顺曰,‘如之何’?答曰,‘吾私其计,然岂能贤于执政,故无言焉’。魏王闻之,驾如孔氏亲问焉,曰,‘国亡矣,如之何’?对曰”云云。下文并同。 ③ **鲍本**弃,谓战而丧地。用,谓割地赂之。正曰:见下。 ④ **鲍本**死,谓败死。 ⑤ **姚本**一本无“之”字。⑥ **姚本**刘无“之”字。 ⑦ **鲍本**补曰:《孔丛子》注,言弃其地不如用其地,以攻守为易;死其地不如弃其地,以图存为易。盖当计其势如何尔,在弃之用之得其宜。 ⑧ **鲍本**“质”作“宾”。○ 正曰:《孔丛子》注云,景闵为太子时,尝质于秦。 **札记**丕烈案:“质秦”字,前有。 ⑨ **姚本**一本作“也”字。 ⑩ **鲍本**怨,谓不韦主攻者也。

“秦自四境之内,执法以下[①]至于长輓者[②],故毕[③]曰:

‘与嫪氏[④]乎？与吕氏[⑤]乎？’虽至于门闾之下，廊庙之上，犹之如是也。今王割地以[⑥]赂秦，以为嫪毐功[⑦]；卑体以尊秦，以因嫪毐。王以国赞嫪毐[⑧]，以嫪毐胜[⑨]矣。王以国赞嫪氏[⑩]，太后之德王也，深于骨髓，王之交最为天下上矣[⑪]。秦、魏百相交也，百相欺也[⑫]。今由嫪氏善秦而交为天下上，天下孰不弃吕氏而从嫪氏[⑬]？天下必合[⑭]吕氏而从嫪氏，则王之怨报矣。”[⑮]

① **鲍本**执政之臣。 ② **鲍本**长为輓车之人。 ③ **鲍本**毕，犹尽。 ④ **鲍本**嫪毐，秦太后私人。 ⑤ **鲍本**不韦也。此言与嫪氏耳。 ⑥ **札记**今本“以”误“王”。 ⑦ **鲍本**因毐而割，故功在毐。 ⑧ **鲍本**毐贵矣，今又因之以割，是以魏助之也。 ⑨ **鲍本**以不败为胜。 ⑩ **鲍本**“氏”作“毐”。 ○ ⑪ **鲍本**补曰：《孔丛子》注，言太后德王，则秦不加兵，是乃王以此交秦，为天下之上矣。 ⑫ **鲍本**言昔之交，皆卒归于欺。 ⑬ **鲍本**时二人已恶。 ⑭ **姚本**一作“舍”。 **鲍本**“合”作“舍”。○ 补曰：恐“合”字讹，《大事记》作“舍”。 ⑮ **鲍本**正曰：《大事记》以此章附见于始皇八年封嫪毐长信侯之下，谓嫪、吕争权，略见于此。景闵元年，秦拔二十城，《策》言亡地数百里，亡城数十，则此在后矣。二年，拔朝歌，三年，拔汲。《大事记》所书，则拔汲之年。所谓秦攻魏急者，盖其时矣。补曰：《大事记》曰，子顺进退有圣贤之风，宁忍出此乎？

秦王使人谓安陵君

秦王[①]使人谓安陵君曰：“寡人欲以五百里之地易安陵，安陵君其许寡人。”安陵君曰：“大王加惠，以大易小，甚善。虽然，受地于先生[②]，愿终守之，弗敢易。”秦王不说。安陵君因使唐且[③]使于秦。秦王谓唐且曰：“寡人以五百里之地易安陵，安陵君不听寡人，何也？且秦灭韩[④]亡魏[⑤]，而君以五十里之地存者，以君为长者，故不错[⑥]意也。今吾以十倍之地，请广于君[⑦]，而君逆寡人者，轻寡人与？”唐且对曰：“否，非若是也。安陵君受地于先生而守之，虽千里不敢易也，岂直五百里哉？”秦王怫然怒，谓唐且曰：“公亦尝闻天子之怒乎？”唐且对曰：“臣未尝闻也。”秦王曰：“天子之怒，伏尸百万，流血千里。”唐且曰：“大王尝闻布衣之怒乎？”秦王曰：“布衣之怒，亦免冠徒跣，以头抢地尔[⑧]。”唐且曰：“此庸夫之怒也，非士之怒也。夫专诸之刺王僚[⑨]也，彗星袭月；聂政之刺韩傀[⑩]也，白虹贯日；要离之刺庆忌也[⑪]，仓[⑫]鹰击于殿上。此三子者[⑬]，皆布衣之士也，怀怒未发，休祲[⑭]降于天[⑮]，与臣而将四矣。若士必怒，伏尸二人，流血五步，天下缟素，今日是也。”挺剑而起。秦王色挠[⑯]，长跪而谢之曰：“先生坐，何至于此，寡人谕[⑰]矣。夫韩、魏灭亡，而安陵以五十里之地存者，徒以有先生也。”[⑱]

① **鲍本**始皇。 ② **鲍本**“生”作“王”，下同。○ ③ **鲍本**“且”作“雎”。○ 下同。 **札记**丕烈案：《说苑》作“且”。《古今人表》中中“安陵君唐雎”，即此也。吴氏正曰，唐且之名，见于《策》者不一，其论是矣，唯引《新序》“司马唐且”，误。此乃司马唐，衍“且”字。 ④ **鲍本**十八年。 ⑤ **鲍本**二十二年。 ⑥ **鲍本**补曰：错，置也。 ⑦ **鲍本**广其地。正曰：设辞易地，实欲得之，当识其意。 ⑧ **鲍本**“尔”作“耳”。○ 抢，突也。补曰：太史公语本此。《说苑》作“颡地”。师古曰，抢，千羊反。 **札记**丕烈案：今《说苑》作“顿地耳”，“顿”疑讹字。 ⑨ **鲍本**僚，吴王。昭二十七年。 ⑩ **鲍本**傀，韩相，见《韩策》及《刺客传》。 ⑪ **鲍本**《吴越春秋》，“要离，吴人。吴王阖闾欲杀王子庆忌，要离诈以罪亡，令吴王焚其妻子，走见庆忌，

以剑刺之”。 ⑫ **鲍本**补曰：仓，即苍。 ⑬ **鲍本**无“者”字。○ **札记**丕烈案：《说苑》无。 ⑭ **鲍本**休，吉征。祲，戾气。自三子言之为吉。正曰：《说文》，祲，精气感祥也。此“休”字，犹言祥。 ⑮ **姚本**曾、刘作“休烈隆于天”。 ⑯ **鲍本**挠，扰也。正曰：挠，屈也，奴效反。 ⑰ **鲍本**谕，晓也。⑱ **鲍本**雎自釐十一年请救，至是五十余年矣。彪谓：诸刺劫之士，自曹沫以至荆轲，皆不闻道，惟若唐雎者可也。为其激而发，不专志于此也。正曰：唐且之名，见于策者不一。《秦策》，应侯遣唐且载金之武安，散天下士。魏安釐王十一年，唐且说秦，是时应侯始相，雎老于魏，不应复为秦用，又一唐且也。且为魏说秦时，九十余，至与信陵君语，相去十年，已百岁。为安陵君使秦，有灭韩亡魏之言，魏亡在始皇二十二年，上去说秦凡四十二年，决不存矣，又一唐且也。《楚策》，唐且见春申君，又一唐且也。《新序》，秦攻魏，司马唐且谏曰段干木云云，当文侯时，又一唐且也。愚谓，此《策》文甚明，而事多难言。以始皇之兵威，何惮于安陵而易以五百里地？是特为之辞而使之纳地耳！唐且之使愚矣。虽抗言不屈，岂终能沮之乎？荆轲之见也，匿匕首于图。秦法，侍者不得操兵，此云“挺剑而起”，何也？其辞固多夸矣！

战国策卷二十六自此卷复有钱本。

韩　一

鲍本韩　分晋得南阳及颍川之父城、定襄、襄城、颍阳、颍阴、长社、阳翟。东接汝南，西接弘农。得新安、宜阳。正曰：郑，今河南之新郑及成皋、荥阳，颍川之崇高、城阳。鲍引《汉·地理志》为言，郑亦韩地，而独遗不取，误矣。

三晋已破智氏

三晋已破智氏，将分其地。段规谓韩王曰："分地必取成皋①。"韩王曰："成皋，石溜②之地也，寡人无所用之。"段规曰："不然，臣闻一里之厚，而动千里之权者，地利也。万人之众，而破三军者，不意③也。王用臣言，则韩必取郑矣④。"王⑤曰："善。"果取成皋。至韩之取郑也，果从成皋始。

① **鲍本**补曰：见《秦策》。　② **鲍本**溜，言其无积润。补曰：溜，言多山石，水所溜也。　③ **鲍本**言地薄，郑人不备。正曰：言地险，寡足破众。④ **鲍本**正曰：取郑在哀侯二年。　⑤ **鲍本**诸称王，皆非当时语。

大成午从赵来〔校一〕

〔校一〕此篇姚本与《三晋已破智氏》连篇，鲍本另列一篇。据文义。从鲍本。

大成午[①]从赵来，谓申不害[②]于韩曰："子以韩重我于赵，请以赵重子于韩，是子有两韩，而我[③]有两赵也。"

① **鲍本**"大"字在上篇《三晋已破智氏》末"果从成皋始"下。○ **札记**丕烈案：吴读亦如此，然误也。当以"大"字下别为一章。此《策》文亦见《韩子·内储说下》，可证也。大成午又见《赵世家》、《古今人表》。 ② **鲍本**补曰：《史》，申不害者，荆人也。故郑之贱臣，学术以干韩昭侯，用为相。③ **札记**今本"我"误"子"。

魏之围邯郸

魏之围邯郸也，申不害始合于韩王，然未知王之所欲也，恐言而未必中于王也。王问申子曰："吾谁与而可[①]？"对曰："此安危之要，国家之大事也。臣请深惟[②]而苦思之。"乃微谓赵卓、韩鼂曰："子皆国之辩士也，夫为人臣者，言可[③]必用，尽忠而已矣。"二人各进[④]议于王以事。申子微视王之所说以言于王，王大说之。[⑤]

① **鲍本**与魏耶，赵耶？ ② **鲍本**惟，亦思。 ③ **鲍本**可，岂可。④ **鲍本**"各"上补"因"字。○ 补曰：一本"各进"。谓以事议于王。⑤ **鲍本**补曰：此术之最下者。

申子请仕其从兄官

申子请仕其从兄官[①]，昭侯不许也。申子有怨色。昭侯曰："非所谓[②]学于子者也。听子之谒，而废子之道乎？又亡其行子之术，而废子之谒[③]乎？子尝教寡人循功劳，视次第。

今有所求，此[4]我将奚听乎？”申子乃辟舍请罪，曰：“君真其人也！”

① 鲍本仕其从父兄以官。正曰：注赘。 ② 姚本刘无“谓”字。③ 鲍本“谒”作“请”。〇 ④ 鲍本此，如此。补曰：“此”当属下句读。

苏秦为楚合从说韩王

苏秦为楚[1]合从说韩王曰：“韩北有巩、洛[2]、成皋之固，西有宜阳、常阪[3]之塞，东有宛、穰、洧水[4]，南有陉山[5]，地方千里，带甲数十万。天下之强弓劲弩，皆自韩出。谿子、少府[6]时力、距来[7]，皆射六百步之外。韩卒超[8]足而射[9]，百发不暇止，远者达胸，近者掩心[10]。韩卒之剑戟，皆出于冥山、棠谿、墨阳、合伯[11]膊[12]。邓师、宛冯[13]、龙渊、大阿[14]，皆陆断马牛，水击鹄鴈[15]，当敌即斩坚。甲、盾、鞮、鍪[16]、铁幕、革抉、吠[17]芮[18]，无不毕具。以韩卒之勇，被坚甲，蹠劲弩，带利剑，一人当百，不足言也。夫以韩之劲，与大王之贤，乃欲西面事秦，称东藩，筑帝宫，受冠带，祠春秋，交臂而服焉。夫羞社稷而为天下笑，无过此者矣。是故愿大王之熟计之也。大王事秦，秦必求宜阳、成皋。今兹效之，明年又益求割地。与之，即无地以给之；不与，则弃前功而后更受其祸。且夫大王之地有尽，而秦之求无已。夫以有尽之地，而逆无已之求，此所谓市怨而买祸者也，不战而地已削矣。臣闻鄙语曰：‘宁为鸡口，无为牛后[19]。’今大王西面交臂而臣事秦，何以异于牛后乎？夫以大王之贤，挟强韩之兵，而有牛后之名，臣窃为大王羞之。”

① **鲍本**“楚”作“赵”。○ 补曰：字误，恐当作“赵”。 ② **鲍本**并属河南。 ③ **鲍本**“常”，《史》作“商”。 《殷纪》注，商，今上洛是也。补曰：《正义》云，商坂即商山，在商洛县南，亦曰楚山，武关在焉。 ④ **鲍本**穰属南阳。淯水出颍川阳城。 ⑤ **鲍本**补曰：见前。 ⑥ **鲍本**下皆弩名。《俶真训》注，谿子，国名，夷名。又谿子阳，匠名。徐注，少府所造。 ⑦ **鲍本**徐注，作之得时，力倍于常，其劲足以距来敌。正曰：徐注“距来”者，谓弩势劲利，足以云云。 ⑧ **姚本**刘作“跕”，钱作“帖”。 ⑨ **鲍本**举蹠踏弩。 ⑩ **鲍本**箭中心上，如掩。 ⑪ **姚本**曾无“伯”字。 ⑫ **鲍本**无“膊”字。○ 正曰：“合伯”，《史》作“合膊”。 **札记**丕烈案：考无者当是。《索隐》曰，按《战国策》作“合伯”，《春秋后语》作“合相”，可证。“伯”、“膊”声之转也。“相”当作“柏”，“柏”、“伯”同字，形近之讹耳。此或用《史记》注“膊”于旁，乃误入正文。 ⑬ **鲍本**司马彪注，冥山在相州北，汝南吴房有棠谿亭。《修务训》注，墨阳，美剑名。合伯，地缺。邓师，岂南阳邓耶？犹云洛师。荥阳有冯池。正曰：相州北非韩地，余见下。 ⑭ **鲍本**《吴越春秋》，“楚王召风胡子曰：‘吴有干将，越有欧冶，寡人欲因子请此二人作剑。’风胡见云人，作剑二”，其名云。以上类言以地名。正曰：《修务训》文云，“墨阳之莫邪”，则墨阳地名。“合伯”，《史》作“合膊”。姚本“合伯膊”，注，曾无“伯”字。《索隐》云，邓国有工铸剑，因名邓师。宛人于冯池铸剑，故名宛冯。晋《太康地理记》，汝南西平有龙泉，可淬刀剑。今按上说，冥山、棠谿、龙渊，地名。邓师、宛冯人名兼地。太阿，剑名。合膊等未详。 ⑮ **札记**今本“鴈”误“雁”。 ⑯ **鲍本**盾，橹。鞮，革履。鍪，兜鍪。《说文》，鍪，鍑属。鍑，大口釜，盖鍪如之。补曰：韵书，鞮鍪，首铠也。 ⑰ **鲍本**“芺”作“唊”。○ 音筏。 **札记**丕烈案：《史记》作“唊”。 ⑱ **鲍本**《史》并不注。补曰：《索隐》云，铁幕，谓以铁为臂胫之衣，以革为射决。决，射韝也。按《诗》“决拾”，《传》，决，以象骨为之，著右手大指，以钩弦闿体。拾，以皮为之，著于左臂，以遂弦。恐此革，即拾；抉，即决也。《索隐》即以为一物，盖据《说文》“韝射臂决”之文也，亦通。《索隐》云，唊与瞂同，谓楯也；芮，音如字，谓系楯之纷绶也。愚按，瞂，音伐，即《诗》所谓“蒙伐”者，字皆通借。《史》云，“当敌则斩坚甲，铁

幕、革援，哎芮，无不毕具"。故说者上文以"甲"字句，谓其剑皆能斩之。《策》文不可从此读，当以"斩坚"句，而"甲盾"以下，属"无不具"之文。

⑲ **姚本**续云：《颜氏家训》引作"宁为鸡尸，不为牛从"。　**鲍本**补曰：《正义》云，鸡口虽小，乃进食；牛后虽大，乃出粪。《大事记》取。正曰：《索隐》引延笃云，宁为鸡尸，不为牛从。尸，鸡中主；从，牛子也。沈说亦有所本也。　**札记**丕烈案：《颜氏家训·书证》云，延笃《战国策音义》也，姚已引，但不云延笃，非。鲍以为沈括辨，更非矣。

韩王忿然作色，攘臂按剑，仰天太息曰："寡人虽死，必不能事秦。今主君以楚[①]王之教诏之，敬奉社稷以从。"[②]

① **鲍本**补曰：字误，《史》正作"赵"。　② **鲍本**《传》在燕、赵后，云宣惠王。今按合从在燕文公二十八年，赵肃侯十六年。此二十五年。又《苏秦传》说六国后去赵，而从约解，是岁燕易王立。徐注云，自初说燕至此三年，宣惠之元年也。此时从已解，则说从时非宣惠明矣。沈括辨以为鸡尸、牛从。今按秦称牛后，盖以恶语侵韩，故昭侯怒而从之。鸡尸、牛从，谬误也。正曰：《大事记》，显王三十五年，苏秦说燕与赵合从，燕文公纳之赵。三十六年，苏秦说赵肃侯以六国合从。按史年表，是岁韩昭侯二十六年，高门成而昭侯卒，子宣惠王立。苏秦说宣惠王，盖昭侯卒后尔。鲍序次非。

张仪为秦连横说韩王

张仪为秦连横说韩王曰[①]："韩地险恶，山居，五谷所生，非麦而豆[②]；民之所食，大抵豆饭[③]藿羹[④]；一岁不收，民不餍糟糠；地方不满九百里，无二岁之所食。料大王之卒，悉之不过三十万，而厮徒负养[⑤]在其中矣，为除守徼亭鄣塞[⑥]，见卒不过二十万而已矣[⑦]。秦带甲百余万，车千乘，骑万匹，虎挚[8]之士，跿跔[9]科头[10]，贯颐[11]奋戟者，至不可胜计也。秦马之良，戎兵之众，探前趹[12]后，蹄间三寻[13]者，不可称数也。山东之卒，被甲冒胄[14]以会战，秦人捐甲徒裎[15]以趋敌，左挈人头，右挟生虏。夫秦卒之与山东之卒也，犹孟贲之与怯夫也；以重力相压，犹乌获之与婴儿也。夫战孟贲、乌获之士，以攻不服之弱国，无以异于堕千钧之重，集于鸟卵之上，必无幸矣[16]。诸侯不料兵之弱，食之寡，而听从人之甘言好辞，比周以相饰也，皆言曰：'听吾计则可以强霸天下。'夫不顾社稷之长利，而听须臾之说，诖误[17]人主者，无过于此者矣。大王不事秦，秦下甲据宜阳，断绝韩之上地；东取成皋、宜阳，则鸿台之宫，桑林之菀[18]，非王之有已。夫塞成皋，绝上地，则王之国分矣。先事秦则安矣，不事[19]秦则危矣。夫造祸而求福，计浅而怨深，逆秦而顺楚[20]，虽欲无亡，不可得也。故为大王计，莫如事秦。秦之所欲，莫如弱楚，而能弱楚者莫如韩。非以韩能强于楚也，其地势然也。今王西面而事秦以攻楚，为敝邑[21]，秦王[22]必喜。夫攻楚而私其地，转祸而说秦，计无便于此者也。是故秦王使使臣献书大王御史，须以决事。"

① **鲍本**补曰：此元年。　② **姚本**《史记》、《后语》作"非菽而麦"。③ **姚本**续云：古语只称菽，汉以后方呼豆。《史记》，饭菽。《后语》，菽饭。④ **鲍本**藿，菽之少者。补曰：按此非麦即豆也，麦少又以豆饭。　⑤ **鲍本**负荷养牧之人。正曰：《索隐》云，负养者，负担以给养公家。厮徒，见《魏策》。　⑥ **鲍本**徼，巡也。亦关境上。补曰：《汉书》"徼外"。颜云，徼，塞也，取徼遮之义，字音叫。　⑦ **鲍本**无"矣"字。○　**札记**丕烈案：《史记》

有。 ⑧ **鲍本**"挚"作"鸷"。〇 鸷,击鸟。正曰:"鸷","挚"通。《礼记》,"蚤挚","挚兽"。凡鸟之勇,兽之猛,皆曰挚。 **札记**丕烈案:"挚",《史记》作"贲"。 ⑨ **鲍本**跿音徒,跔音俱。《说文》,天寒足跔,与此不合。《史》注,跳跃也。补曰:跿,犹下文徒裎。此谓徒跣也,义与科头协。 ⑩ **鲍本**不著兜鍪。 ⑪ **鲍本**贯人之颐。正曰:此说似与上文不类。《索隐》曰,两手捧颐而直入敌,言其勇。"贯"与"捧"亦不通。刘辰翁云,贯颐,谓见射犹奋戟,不顾死也。则此连下文"奋戟"为义。 ⑫ **鲍本**"趹"作"蹶"。〇 字书无"趹"字。蹶,跳也。正曰:《说文》,趹,马行貌。《西都赋》,要趹追踪。字古冗反。《索隐》云,谓马前足探向前,后足趹于后。趹,谓抉地,言马走势疾,前后蹄间一掷而过三寻也。八尺曰寻。 ⑬ **姚本**曾添"腾者"二字。**鲍本**补曰:一本此有"腾"字。 **札记**今本脱"者"字。丕烈案:《史记》作"腾者"。 ⑭ **鲍本**胄,兜鍪。 ⑮ **鲍本**裎,裸也。 ⑯ **鲍本**幸其不破碎,无是理也。 ⑰ **鲍本**诖,亦误也。补曰:《汉》语"诖误"本此。 ⑱ **鲍本**桑林,在亳。《修务训》言,汤祷于桑山之林,则似指言多桑之山,非地名也。正曰:鸿台、桑林,韩台苑,非汤所祷者也。《太平御览》作"乐林"。 **札记**丕烈案:《史记》作"桑林"。徐广曰,"桑"一作"栗"。《索隐》曰,亦见《战国策》,当指徐注"栗"字言之。今《国策》作"桑",当是后人用《史记》文所改。《御览》作"乐",亦讹字也。 ⑲ **札记**"事",鲍本作"成"。丕烈案:《史记》作"事"。 ⑳ **鲍本**"楚"作"赵"。〇 **札记**丕烈案:《史记》作"楚"。下文自可见。鲍改误甚。 ㉑ **鲍本**衍"为"字。补曰:一本无。 **札记**丕烈案:《史记》无"为敝邑"三字,《策》文不同,当以此三字别为句。"为",读去声。鲍云衍者非,一本亦误。 ㉒ **鲍本**惠文。

韩王曰:"客幸而教之,请比郡县,筑帝宫,祠春秋,称东藩,效宜阳。"①

① **鲍本**彪谓:横人之辞,真所谓虚喝者。韩之兵信弱,食信寡矣,独不

曰从合则能以弱为强，以寡为多乎？惜乎世主不少察于此也。补曰：甘茂攻宜阳在后，此云效者，请效之也。仪归而约败矣。

宣王谓摎留〔校一〕

〔校一〕此篇姚本与《张仪为秦连横说韩王》连篇，鲍本另列一篇。据文义，从鲍本。

宣①王谓摎留②曰："吾欲两用公仲、公叔，其可乎？"对曰："不可。晋用六卿而国分，简公用田成、监止③而简公弑④，魏两⑤用犀首、张仪而西河之外亡⑥。今王两用之，其多力者内树其党，其寡力者籍外权。群臣或内树其党以擅⑦其主⑧，或外为交以裂其地，则王之国必危矣。"⑨

① **姚本**一作"韩"。 ② **鲍本**韩人。补曰：摎，居尤反。《汉》有摎氏。《通鉴》、《大事记》作"缪"。 **札记**丕烈案：《韩子》两见此事，皆作"韩宣王谓樛留"。樛、摎同字也。 ③ **鲍本**补曰："监"即"阚"。《魏策》"阚"，《史》作"监"。《田齐世家》亦作"监止"。 **札记**丕烈案：《韩子》作"监"。"阚止"见《左氏传》。 ④ **鲍本**齐。事见哀十四年。 ⑤ **姚本**刘无"两"字。⑥ **鲍本**秦惠八年，魏纳河西，仪时为秦客卿，未相魏也。后至魏襄十三年相仪，仪留四年去而衍相，未尝两用，未尝亡也。此岂为秦良造仪为客卿时，魏以事听之邪？正曰：《大事记》，魏惠后十三年张仪相魏，魏不事秦，秦以公孙衍代相。仪留卫四岁，后说襄王，久之乃去。二人更迭用，衍相，仪留，犹两用也。魏亡河西地，大概言之，不必两人为相时也。《大事记》，魏惠后五年，以少梁与秦，引此策云，秦至是尽得河西地，则犀首、张仪之力，是时二人皆信用于秦云云。 ⑦ **鲍本**补曰：《韩子》作"骄"。 ⑧ **札记**丕烈案：《韩子》作"以骄主"，无"其"字。 ⑨ **鲍本**彪谓：此非天下之公议也，顾所用如何耳。使得人如周、召，两用之，庸何伤？若公仲、公叔也，一之谓甚，

何必两。补曰：胡氏管见，谓摎留之论，似是而非，不可遂以为法。使所用而贤，则一人而足，不虞其专擅；左右参副，不虞其比党。使其不贤，则一人足以丧国，又况二三其众乎！意者留于仲、叔阴有所附，欲国柄归一而不分，故危言以动其君耳。《大事记》云，韩虽两用仲、叔，以《战国策》考之，仲实专政，叔亦间用事，终不若仲之权宠也。愚按，鲍说有与胡氏合者，而不得留之情，故引以著之。按此《策》，宣惠欲两用，非已用也。当时叔之事不著，意其止于用仲，而仲、叔并用，实襄王之世。以其争主㡬瑟、公子咎知之也。公仲卒不胜公叔，则公叔又重矣。二人争权，摎留之言遂验。是以帝王之要，知人而后官人，《九经》之序，尊贤而后敬大臣，则无患乎此矣。

张仪谓齐王〔校一〕

〔校一〕此篇鲍本在《魏策》。

张仪①谓齐②王③曰："王不如资韩朋，与之逐张仪于魏。魏因相犀首④，因以齐、魏废韩朋，而相公叔以伐秦。公仲闻之，必不入于齐。据公于魏⑤，是公无患。"⑥

① **鲍本**"张"上补"谓"字，"仪"下补"臣"字。○　补曰：章首有缺文。② **札记**今本"齐"误"秦"。　③ **鲍本**闵。正曰：见前。　④ **鲍本**齐使相之。　⑤ **鲍本**此士言其效也。齐废公仲而逐仪，故公仲据仪不合齐。⑥ **鲍本**此士计，非先逐张仪，不能得衍合魏；非合魏，不能废朋；朋怒，则复善仪矣。于此，然后知公仲之名朋也。原在《韩策》。正曰：事与公仲、公叔相涉，当从旧《策》。有"魏因相犀首"之语，当是惠王时，说见下章。

楚昭献相韩

楚昭献相韩。秦且攻韩，韩废昭献。昭献令人谓公叔曰："不如贵昭[1]献以固楚，秦必曰楚、韩合矣。"[2]

① **姚本**一本无"昭"字。 ② **鲍本**正曰：此《策》未知何时。按《策》有云，幾瑟，公叔之仇；而昭献，公叔之人也。又甘茂与昭献遇于境，在先围雍氏时。其相韩，见《周策》，必在宣惠之后。

秦攻陉

秦攻陉[1]，韩[2]使人驰[3]南阳之地。秦已驰[4]，又攻陉，韩因割南阳之地。秦受地，又攻陉。陈轸谓秦王[5]曰："国形不便故驰，交不亲故割。今割矣而交不亲，驰矣而兵不止，臣恐山东之无以驰割[6]事王者矣。且王求百金于三川而不可得，求千金于韩，一旦而具。今王攻韩，是绝上交而固私府也[7]，窃为王弗[8]取也。"

① **鲍本**此时《史》不书。后至桓惠九年，秦拔我陉。然陈轸、张仪同时，仪死至桓惠九年，四十六年矣，轸必不存。故因旧。 ② **姚本**曾无"韩"字。 ③ **鲍本**驰，反走示服也。 ④ **鲍本**驰，进也。韩避之，而秦进也。 ⑤ **鲍本**惠。 ⑥ **札记**今本"驰割"误"割地"。 ⑦ **鲍本**言利移于下。正曰：即所谓"无以驰割事王者矣"。 ⑧ **鲍本**"弗"作"不"。○

五国约而攻秦

五国约而攻秦[1]，楚王为从长[2]，不能伤秦，兵罢而留于成皋。魏顺谓市[3]丘君[4]曰："五国罢，必攻市丘[5]，以偿兵费。君[6]资臣，臣请为君止天下之攻市丘。"市丘君曰："善。"因遣之。

① **鲍本**赵惠文十三年，此十年。正曰：说误，见下。　② **鲍本**顷襄。补曰：此怀王为从长，合齐、赵、韩、魏、燕及匈奴伐秦时，事在怀王十一年，韩宣惠王十五年。说见《赵策》。　此《策》文见《孔丛子》，以为子顺之言，其注谓魏公子无忌率五国兵败蒙恬，为尤误。　③ **鲍本**“市”作“沛”。〇下同。正曰：《孔丛子》作“市”，《大事记》作“沛”。　**札记**丕烈案：此《策》文，吴氏以为见《孔丛子》，其实《孔丛》依此以作伪耳。　④ **鲍本**《太公世家》，君，其长也。　⑤ **鲍本**注，沛丘为“贝”，曰贝丘，属清河。正曰：成皋与清河绝远，恐非。　⑥ **鲍本**“君”作“若”，又改作“君”。〇

魏顺南见楚王曰：“王约五国而西伐秦，不能伤秦，天下且以是轻王而重秦，故王胡不卜交乎？”楚王曰：“奈何？”魏顺曰：“天下罢，必攻市丘以偿兵费。王令之勿攻市丘。五国重王[①]，且听王之言而不攻市丘；不重王，且反王之言而攻市丘。然则王之轻重必明矣。”故楚王卜交而市丘存。[②]

① **鲍本**“五”当作“四”。正曰：是役本六国，言五国重王，则楚在外。《史·年表》等书五国，故因此称五国。此明是楚约从时事，《大事记》改“五”作“四”，遂以此《策》附注李兑约五国伐秦之年，亦误。其曰，合五国之众，一筹不画，逡巡而却，乃欲攻一小邑以偿费。楚王为从长，不知诸侯与己之深浅，始欲卜交，宜乎秦以折箠笞之。此言移以论怀王，尤为切中者也。　② **鲍本**补曰：留成皋而将攻市丘，市丘必韩地。不然，则《策》当在《楚》，不在《韩》。

郑彊载八百金入秦

郑彊载[①]八百金入秦，请[②]以伐韩[③]。泠向[④]谓郑彊曰：“公以八百金请伐人之与国[⑤]，秦必不听公。公不如令秦

王[⑥]疑公叔。”郑彊曰：“何如？”曰：“公叔之攻楚也，以幾瑟[⑦]之存焉，故言先楚[⑧]也。今已令楚王[⑨]奉幾瑟以车百乘居阳翟，令昭献转而与之处[⑩]，旬有余，彼已觉[⑪]。而幾瑟，公叔之仇也；而昭献，公叔之人也。秦王闻之，必疑公叔为楚也。”[⑫]

① **鲍本**“载”作“以”。○ ② **鲍本**无“请”字。○ ③ **鲍本**彊以韩灭故。正曰：无据。补曰：一本并作“彊”。一本“载八百金入秦请以伐韩”。④ **鲍本**“泠”作“冷”。○ 补曰：冷向即冷寿。《秦策》高以为秦臣，详此章为信。 **札记**今本“泠”作“冷”。 ⑤ **鲍本**韩，秦之与。 ⑥ **鲍本**昭。⑦ **鲍本**幾瑟，太子婴弟，时质楚，公叔所不善。补曰：幾瑟，《史》作“幾虱”，后并同。 ⑧ **鲍本**“先”作“伐”。○ 正曰：以攻楚。 **札记**今本“先”作“伐”，乃误涉鲍也。 ⑨ **鲍本**怀。 ⑩ **鲍本**献本不善幾瑟，令之回心相善。 ⑪ **鲍本**“觉”作“角”。○ 角，言二人均礼。补曰：姚本“角”作“觉”，是。 ⑫ **鲍本**幾瑟，韩爱子，而在楚，秦固疑其合楚。公叔与幾瑟仇，故秦不疑。今叔所善与之处而礼均，然则秦安得不疑其为楚？楚，秦所恶也，其伐韩不待请矣。

郑彊之走张仪于秦

郑彊[①]之走张仪于秦[②]，曰仪之使者，必之楚矣。故谓大宰[③]曰：“公留仪之使者[④]，彊请西图仪于秦。”故因而[⑤]请秦王[⑥]曰：“张仪使人致上庸之地[⑦]，故使使臣再拜谒[⑧]秦王。”秦王怒，张仪走。[⑨]

① **鲍本**郑公族，韩灭郑，故为韩人。补曰：此人尝请秦伐韩，《魏策》亦有其人，盖游说秦、楚之间者。此岂以为韩而走仪，故次之韩欤？ ② **鲍本**

谮之于秦，使逐之。 ③ **鲍本**楚官。彊谓之。 **札记**今本“谓”误“为”。 ④ **鲍本**留之者，欲诈为仪使之致地。 ⑤ **姚本**一本作“西”。 **鲍本**“而”作“西”。〇 ⑥ **鲍本**武。 ⑦ **鲍本**秦惠十三年取上庸，今言仪致之楚，欲以怒秦。 ⑧ **鲍本**彊伪为楚使白此于秦。下衍“秦王”字。 **札记**鲍衍“秦王”字。丕烈案：此当是涉下而衍“秦”字耳，鲍说非也。 ⑨ **鲍本**武元年，此二年。

宜阳之役〔校一〕

宜阳之役①，杨达②谓公孙显曰：“请为公以五万攻西周，得之，是以九鼎印③甘茂也④。不然，秦攻西周，天下恶之，其救韩必疾，则茂事败矣。”⑤

① **鲍本**秦三年，此四年。 ② **鲍本**“达”作“侹”。〇 枣人。补曰：“侹”即“达”字讹。姚本正作“达”。余说并见《秦策》。 ③ **姚本**钱、刘作“印”。 **鲍本**“印”作“市”。〇 ④ **鲍本**茂与显争国，显得九鼎，其功大，秦必弃茂用显。 ⑤ **鲍本**补曰：宜依此旧次，刊去《秦策》所增。

〔校一〕此篇姚本原在《韩策》。鲍本则一策二载，一在《韩策》，一在《秦策》。但在《韩策》的注解与在《秦策》的注解不同，现将在《秦策》的注解，按注码位置，列载如后。

② **鲍本**秦人。正曰：无据。 ③ **鲍本**“印”作“抑”。补曰：《大事记》引作“市”者是。 ④ **鲍本**显，与茂争国者，见《惠王策》。抑，按也。正曰：按《惠王策》李雠云云，显乃张仪仇，无与茂争国事。 ⑤ **鲍本**言攻而不胜，亦足以败茂。原在《韩策》。补曰：鲍既改从《秦策》，今《韩策》仍出此章。“杨达”作“杨侹”，“印”作“市”，注亦异。《大事记》所取鲍氏云“显得”止“用显”，亦今《韩策》注文。高注此章，无作“侹”字者，岂别本有之，而鲍又重见

于此乎？　宜阳之役，《策》公孙衍，《史》并作公孙奭，又有公孙显、公孙郝、公孙赫。其云“挟韩”而议云“善韩”，皆仕秦而党韩者。《大事记》谓，郝、显、奭（郝在奭音）为一人。愚谓，赫即郝也，然其事亦多与衍类，又恐衍即显之讹也。今且当各从本文。

秦围宜阳

秦围宜阳①，游腾谓公仲曰：“公何不与赵蔺、离石、祁②，以质许③地，则楼缓必败矣④。收韩、赵之兵⑤以临魏，楼鼻必败矣⑥。韩为一⑦，魏必倍⑧秦，甘茂必败矣⑨。以成阳资翟强于齐，楚必败之⑩。须秦必败⑪，秦失魏⑫，宜阳必不拔矣。”

① **鲍本**秦三年，此四年。　② **鲍本**赵地。韩尝取之，今使归之。　③ **鲍本**韩地，赵尝取之。质，易地也。正曰：蔺、离石、祁见《周》、《赵策》。宜阳之役，去秦前取蔺六年，蔺、离石、祁不闻属韩，许亦与赵远，恐“与赵”下有缺文。“以质许地”者，以质（音贽）子而许之地也。　**札记**今本“蔺”误“兰”。　④ **鲍本**缓，害韩者。赵、韩合，故缓败。　⑤ **鲍本**“兵”作“地”。○　补曰：一本“地”作“兵”。　⑥ **鲍本**“鼻”作“庳”。○　亦以魏害韩者。正曰：说见《魏策》。　⑦ **姚本**一本作“韩、赵为一”。　**鲍本**“韩”下补“赵”字。○　⑧ **鲍本**倍，音背。　⑨ **鲍本**茂攻宜阳，韩得赵、魏，则不易拔，故茂败。补曰：一本“茂”作“戊”，后章多同，不复出。　⑩ **鲍本**“之”作“矣”。○　齐，楚敌也，齐得地则益强，可以败楚，时楚助秦，故必败。正曰：楼缓欲以赵合秦，尝劝赵割地事秦，见《赵策》。楼鼻为魏合秦、楚外齐，翟强为魏合齐、秦外楚，见《魏策》。皆有事于秦者，故《策》云然。　⑪ **鲍本**须，言少待。以赵、魏救至，而楚不助，故败。　⑫ **鲍本**秦，魏邻也，失魏之害重于赵，故独言魏。

公仲以宜阳之故仇甘茂〔校一〕

〔校一〕此篇姚本与《秦围宜阳》连篇。鲍本另列一篇。据文义，从鲍本。

公仲以宜阳之故，仇甘茂。其后，秦归武遂于韩[①]，已而，秦王[②]固疑甘茂之以武遂解于公仲也。杜赫[③]为公仲谓秦王曰："明[④]也愿因茂以事王[⑤]。"秦王大怒于甘茂，故樗里疾大说杜聊。

① **鲍本**此五年。补曰：《史·甘茂传》，苏代谓向寿曰，韩氏委国于甘茂，茂许公仲以武遂，反宜阳之民。既而甘茂竟言秦王以武遂复归之韩，向寿、公孙奭争之不得，由此怨谗茂。　此九年，秦复取武遂。　② **鲍本**昭。③ **鲍本**"赫"作"聊"。○　韩人。补曰：姚本上"聊"字作"赫"，疑"聊"字误。　④ **鲍本**"明"作"朋"。○　补曰：当作"朋"。　⑤ **鲍本**若公仲与茂善，以实秦王之疑。

秦韩战于浊泽

秦、韩战于浊泽[①]，韩氏急。公仲明[②]谓韩王曰："与国[③]不可恃。今秦之心欲伐楚，王不如因张仪为和于秦，赂之以一名都，与之伐楚。此以一易二之计也。"韩王曰："善。"乃儆[④]公仲之行，将西讲于秦。

① **鲍本**长社浊泽。补曰：《大事记》，韩与赵、魏伐秦，秦使庶长樗里疾与战脩鱼，虏韩将申差。《解题》云，浊泽即脩鱼之战。　② **鲍本**"明"作"朋"。○　补曰：当作"朋"。《大事记》，显王三年，魏公子景贾伐韩，与韩将韩明战于阳。此人在公仲前。　**札记**丕烈案：《史记》无"明"字。《索隐》

曰，韩相国，名侈。考《韩子·十过》有此文，正作“朋”。吴说是矣。 ③ **鲍本**与，谓山东。 ④ **鲍本**儆，犹戒。

楚王[①]闻之大恐，召陈轸而告之。陈轸曰：“秦之欲伐我久矣，今又得韩之名都一而具甲[②]，秦、韩并兵南乡，此秦所以庙祠而求也。今已得之矣，楚国必伐矣[③]。王听臣，为之儆四境之内选师，言救韩，令战车满道路；发信臣，多其车，重其币，使信王之救己也。纵韩为不能听我[④]，韩必德王也[⑤]，必不为雁行以来。是秦、韩不和，兵虽至，楚国不大病矣。为能听我绝和于秦，秦必大怒，以厚怨于韩。韩得楚救，必轻秦。轻秦，其应秦必不敬。是我困[⑥]秦、韩之兵，而免楚国之患也。”

① **鲍本**怀。 ② **鲍本**以一都之赋为兵备。 ③ **鲍本**“伐”下无“矣”字。〇 补曰：一本“伐矣”。 **札记**丕烈案：《史记》有。 ④ **鲍本**“救己”下无“也纵”二字。〇 使其或不能从我以与秦战。补曰：一本“救己也纵韩”。 **札记**丕烈案：今《史记》有“也纵”二字。以《索隐》考之，其本亦无“纵”字。 ⑤ **鲍本**“必”作“之”。〇 恩救我。补曰：一本“韩必德王”。此以上，姚同，文胜。 **札记**丕烈案：《史记》作“必”。考《索隐》，其本是“之”字。 ⑥ **鲍本**“困”作“因”。〇 **札记**丕烈案：《史记》作“因”。

楚王大说，乃儆四境之内选师，言救韩，发信臣，多其车，重其币[①]。谓韩王曰：“弊邑虽小，已悉起之矣。愿大国遂肆意于秦，弊邑将以楚殉[②]韩。”

① **鲍本**“多其车，重其币”作“多车币”。〇 补曰：一本复作“多其车，

重其币”。 **札记**丕烈案：《史记》有“其”字及“重其”二字。 ② **鲍本**殉，言以死从之。

韩王大说，乃止公仲。公仲曰：“不可，夫以实告[1]我者，秦也；以虚名救我者，楚也。恃楚之虚名，轻绝强秦之敌，必为天下笑矣。且楚、韩非兄弟之国也，又非素约而谋伐秦矣[2]。秦欲伐楚，楚因[3]以起师言救韩，此必陈轸之谋也。且王以[4]使人报于秦矣，今弗行，是欺秦也。夫轻强秦之祸，而信楚之谋臣，王必悔之矣。”韩王弗听，遂绝和于秦。秦果大怒，兴师与韩氏战于岸门[5]，楚救不至，韩氏大败。

① **姚本**一作“困”。 ② **姚本**刘作“也”。 **札记**吴补一本“矣”作“也”。丕烈案：《史记》作“也”。 ③ **鲍本**无“因”字。○ **札记**丕烈案：《史记》作“已有伐形，因发兵”。此当有误。 ④ **鲍本**“以”作“已”。○ **札记**丕烈案：《史记》作“已”。 ⑤ **鲍本**《后志》，颍阴有岸亭。事在十九年，此要终言之也。补曰：徐广云，岸门即岸亭。《正义》引《括地志》云，在许州长社县西北。又《韩世家》，太子仓入质于秦，以和魏。《年表》又书秦走犀首岸门。盖救韩而败也。

韩氏之兵非削弱也，民非蒙愚也，兵为秦禽，智为楚笑，过听于陈轸，失计于韩明[1]也。[2]

① **鲍本**“明”作“朋”○ 补曰：“朋”。 ② **鲍本**《记》十六年有。彪谓：二子皆亿中之材也，宣惠怵于其言，惑于重币，虽有公仲之谋，固难以入。至于非兄弟，非素约，而以虚名救我，此言岂不明著矣乎！如之何弗听也？正曰：鲍尝谓陈轸少捭阖风气，故此以亿中称之，此《策》非捭阖而何？

颜率见公仲

颜率见公仲,公仲不见。颜率谓公仲之谒者曰:"公仲必以率为阳[①]也,故不见率也。公仲好内[②],率曰好士;仲[③]啬于财,率曰散施;公仲无行,率曰好义[④]。自今以来,率且正言之而已矣。"公仲之谒者以告公仲,公仲遽起而见之。[⑤]

① **姚本**刘作"伤"。 **鲍本**"阳","佯"同,不实也。补曰:一本"阳"作"伤"。 ② **鲍本**《齐世家》注,内,妇官也。 ③ **鲍本**"仲"上有"公"字。○ ④ **鲍本**所谓不实。 ⑤ **鲍本**彪谓:颜率此言,可行公仲而已。诚有是人,虽阳言何益于德?苟无是也,正言之,吾何惧。以是知公仲非躬行者也。

韩公仲谓向寿〔校一〕

〔校一〕鲍本此篇与《秦围宜阳》连篇。

韩[①]公仲谓向寿曰:"禽[②]困覆车。公破韩,辱公仲,公仲收国复事秦,自以为必可以封[③]。今公与楚解[④],中封小令尹以桂阳[⑤]。秦、楚合,复攻韩,韩必亡。公仲躬率其私徒以斗于秦[⑥],愿公之熟计之也。"向寿曰:"吾合秦、楚,非以当韩也,子为我谒之。"

① **鲍本**"韩"作"为"。○ 正曰:一本章首"韩公仲"。据《史》,韩公仲使苏代谓向寿。此章首及"仲"字下,或有缺文。当云:"苏代为",或云"使苏代"。 **札记**丕烈案:吴说未是,此不误。实使苏代,而《策》文但云"韩公仲谓"者,省也。 ② **鲍本**禽,所获兽也,能覆猎者之车,不可忽。正曰:逐兽困急,犹能奔触倾覆人车。 ③ **鲍本**正曰:《史》注,公仲自以为必可得秦封。 ④ **鲍本**解,言复好。补曰:见下。 ⑤ **鲍本**中,言使楚自封之国

中。桂阳，荆州郡。补曰：《史》与《楚辞》，楚地。《索隐》云，秦地名，近韩。“桂”，《史》作“杜”。《索隐》云，又封楚之小令尹以杜阳。杜阳，秦地。今以封楚令尹，是相合也。今按《策》文“中”字，恐是“曰”字讹。　⑥ **鲍本**谓且贼寿于秦。

公仲曰：“秦、韩之交可合也。”对曰：“愿有复[①]于公。谚曰：‘贵其所以贵者贵[②]。’今王之爱习公也，不如公孙郝[③]；其知能公也，不如甘茂。今二人者，皆不得亲于事矣，而公独与王主断于国者，彼有以失之也。公孙郝党于韩，而甘戊[④]党于魏，故王不信也。今秦、楚争强，而公党于楚，是与公孙郝、甘茂[⑤]同道也。公何以异之？人皆言楚之多[⑥]变也，而公必之，是自为贵也[⑦]。公不如与王谋其变也，善韩以备之，若此，则无祸矣。韩氏先以国从公孙郝，而后委国于甘茂，是韩，公之仇也[⑧]。今公言善韩以备楚[⑨]，是外举不辟仇也。”

① **鲍本**复，重言之。　② **鲍本**所以贵，人所同贵。正曰：所以得贵也。③ **鲍本**原作“赫”，下同。补曰：一本作“郝”，《史》作“奭”，说见《秦策》。④ **鲍本**“戊”作“茂”。○　**札记**今本“戊”作“茂”。　⑤ **札记**今本误作“甘茂、公孙郝”。　⑥ **姚本**刘作“多”，旧作“若”。　⑦ **鲍本**非贵所同贵。⑧ **鲍本**言以韩为仇。　⑨ **鲍本**“备”作“待”。○　补曰：一本“今公善韩以备楚”。　**札记**丕烈案：《史记》作“备”，有“言”字。

向寿曰：“吾甚欲韩合。”对曰：“甘茂许公仲以武遂，反宜阳之民[①]，今公徒[②]令[③]收之，甚难。”向子曰：“然则奈何？武遂终不可得已[④]。”对曰：“公何不以秦为韩求颍川于楚，此乃韩之寄地也[5]。公求而得之，是令行于楚而以其地德韩也。公求而弗得，是韩、楚之怨不解，而交走[6]秦也。秦、楚争强，而公过楚以攻韩[7]，此利于秦。”向子曰：“奈何？”对曰：“此善事也。甘茂欲以魏取齐，公孙郝欲以韩取齐，今公取宜阳以为功[8]，收楚、韩以安之[9]，而诛齐、魏之罪[10]，是以[11]公孙郝、甘茂之[12]无事也。”[13]

① **鲍本**补曰：取其地而还其民也。 ② **鲍本**徒，言无地与之。③ **鲍本**“徒”下无“令”字。○ **札记**丕烈案：《史记》无。 ④ **鲍本**与韩地，宜以其所得于韩，若武遂者可也。茂已许之已，无以易之也。 ⑤ **鲍本**此本韩地，楚取之，故云。 ⑥ **鲍本**补曰：走音奏。 ⑦ **鲍本**过，谓以攻韩为楚罪。补曰：姚本“收韩”，《史》同。 **札记**丕烈案：此当是鲍本作“收”而误互。 ⑧ **鲍本**宜阳，盖寿议攻，而甘茂攻之。 ⑨ **鲍本**使楚归颍川，则楚、韩讲，故曰安。 ⑩ **鲍本**诛，犹求也。求其过失，以为郝、茂之罪。正曰：诛，责也。《正义》云，公孙奭、甘茂皆欲以秦挟韩、魏而取齐，今向寿取宜阳以为功，收楚、韩以事秦，而责齐、魏之罪。 ⑪ **鲍本**衍“以”字。⑫ **鲍本**衍“之”字。 **札记**鲍衍“以”字、“之”字。丕烈案：《史记》有“以”字，无“之”字。 ⑬ **鲍本**言其失权。正曰：《正义》云，二子不得合韩、魏以伐齐也。补曰：按《史·甘茂传》，秦拔宜阳，韩与秦平，向寿为秦守宜阳，将伐韩，公仲使苏代谓寿云云，甘茂竟言昭王以武遂归韩，由是寿、奭怨谗茂。

或谓公仲曰听者听国

或[1]谓公仲曰：“听者听国[2]，非必听实[3]也。故先王听谚言于市，愿公之听臣言也。公求中立于秦[4]，而弗能得也，善公孙郝以难甘茂，劝[5]齐兵以劝止魏[6]，楚、赵皆公之仇也[7]。臣恐国之以此为患也，愿公之复求中立于秦也。”

① **姚本**钱有"或"字。 ② **鲍本**谓听于众。 ③ **鲍本**实，谓见事。 ④ **鲍本**立，谓立于齐、魏之间，此章实右魏。 ⑤ **鲍本**"劝"作"欢"。〇 ⑥ **鲍本**郝善齐，故善郝则喜于齐之攻魏；茂善魏，故难茂则可以止魏之攻齐。劝，言茂欲为之。补曰：一本"劝齐兵"。 ⑦ **鲍本**详此，则公仲与齐者也。二国不善齐，故仇公仲。

公仲曰："奈何？"对曰："秦王[①]以公孙郝[②]为党于公而弗之听，甘茂不善于公而弗为公言，公何不因行愿[③]以与秦王语？行愿之为秦王臣也公[④]，臣请为公谓秦王曰[⑤]：'齐、魏合与离，于秦孰利？齐、魏别与合[⑥]，于秦孰强？'秦王必曰：'齐、魏离，则秦重；合，则秦轻。齐、魏别，则秦强；合，则秦弱。'臣即曰：'今王听公孙郝以韩、秦之兵应齐而攻魏，魏不敢战，归地而合于齐，是秦轻也，臣以公孙郝为不忠。今王听甘茂，以韩、秦之兵据魏而攻齐，齐不敢战，不[⑦]求割地而合于魏，是秦轻也，臣以甘茂为不忠。故王[⑧]不如令韩中立以攻齐，齐王[⑨]言救魏以劲之[⑩]，齐、魏不能相听[⑪]，久离兵史[⑫]。王欲[⑬]，则信公孙郝于齐，为韩取南阳，易穀川[⑭]以归，此惠王之愿也。王欲，则信甘茂于魏，以韩、秦之兵据魏以郄[⑮]齐，此武王之愿也。臣以为令韩以[⑯]中立以劲[⑰]齐，最秦之大急也。公孙郝党于齐而不肯言，甘茂薄[⑱]而不敢谒也，此二人，王之大患也。愿王之熟计之也。'"

① **鲍本**补曰：秦王当是昭，下文言惠、武。 ② **鲍本**"郝"作"赫"，又改为"郝"。〇 ③ **鲍本**行愿，人姓名。 ④ **鲍本**无私，秦王信之，故可因。 ⑤ **鲍本**补曰：请行愿为公仲言于秦王。 ⑥ **鲍本**离以交言，别以兵言。正

曰：合离、别合，反复言之。 ⑦ **鲍本**“不”作“亦”。〇 补曰：疑衍。或“求”本“亦”字。 **札记**今本“不”作“亦”，乃误涉鲍也。丕烈案：吴说亦未是，此不误。言齐不求魏割地也。蒙上句为文。 ⑧ **鲍本**无“王”字。〇 ⑨ **鲍本**“王”上衍“齐”字。〇 补曰：疑衍。 ⑩ **鲍本**齐时先以伐魏，故令秦王声言救魏，以劲韩之攻齐。 ⑪ **鲍本**秦救魏，则魏不惮齐，亦不合于齐。 ⑫ **鲍本**“久”作“必”，“史”作“交”。〇 补曰：字误，未详。 **札记**今本“久”作“必”，“史”作“交”，乃误涉鲍也。 ⑬ **鲍本**欲，言或欲此或欲彼。 ⑭ **鲍本**穀水。出渑池。 ⑮ **姚本**曾一作“欲”，一作“郤”。 **鲍本**“郄”作“拒”。〇 ⑯ **姚本**刘无“以”字。 ⑰ **鲍本**“劲”作“攻”。〇 补曰：恐当作“攻”，从上文。 ⑱ **鲍本**茂，羁旅之臣，故言“薄”。此欲攻齐，故其辞与茂。正曰：“薄”，即上文“不善于公”。“薄”下或有缺字。

韩公仲相〔校一〕

〔校一〕此篇鲍本在《楚策》。

韩公仲相①。齐、楚之交善秦。秦②、魏遇，且以善齐而绝齐乎楚。王③使景鲤之秦，鲤与于秦、魏之遇④。楚王怒景鲤，恐齐以楚遇⑤为有阴于秦、魏也⑥，且罪景鲤。

① **鲍本**衍“韩公仲相”四字，章内初不涉韩也。补曰：此四字必错简。② **鲍本**“秦”下补“与”字，无上“秦”字。〇 ③ **鲍本**“王”上补“楚”字。〇 ④ **鲍本**于其遇时与焉。《秦策》有。其事在惠九年后，怀王初也。 ⑤ **鲍本**补曰：楚谓鲤。 ⑥ **鲍本**恐齐以此谓楚有私于二国。

为谓楚王曰：“臣贺鲤之与于遇也。秦、魏之遇也，将以合齐、秦而绝齐①于楚也。今鲤与于遇，齐无以信魏之合己于秦而攻于楚也[②]，齐又畏楚之有阴于秦、魏也，必重楚。故鲤之与于遇，王之大资也。今鲤不与于遇，魏之绝齐于楚明[③]矣。齐、楚[④]信之，必轻王，故王不如无罪景鲤，以视齐于有秦、魏[⑤]，齐必重楚，而且疑[⑥]秦、魏于齐。”王曰：“诺。”因不罪而益其列[⑦]。[⑧]

① **姚本**刘作“和”。 ② **鲍本**将绝齐于楚，而楚使与焉，故齐疑之。③ **鲍本**“明”上有“信”字。〇 ④ **鲍本**衍“楚”字。补曰：疑衍。 ⑤ **鲍本**视，示同。示齐以楚有二国。 ⑥ **鲍本**疑，楚使之疑。 ⑦ **鲍本**列，亦次也。下衍“王曰向也”止“孰便也”凡九十字。原在《韩策》。 ⑧ **鲍本**补曰：“与魏”之“与”、“为有”之“为”如字。

王曰向也子曰天下无道[校一]

〔校一〕鲍本此篇与《韩公仲相》连篇，且一并移入《楚策》。姚本则与《韩公仲相》分为两篇，均在《韩策》。据文义，从姚本仍分两篇，归《韩策》。又鲍本在上篇《韩公仲相》“因不罪而益其列”句注中云，“下衍‘王曰向也’止‘熟便也’凡九十字”，今鲍本实有九十七字。《王曰向也子曰天下无道》篇中吴氏正曰又云，“姚本凡九十七字”，今姚本实有九十八字。鲍本“若越赵魏而斗兵于燕”，姚本作“若夫越赵魏而斗兵于燕”，姚本比鲍本多一“夫”字。

王曰：“向也子曰‘天下无道’，今也子曰‘乃且攻燕’者，何也?”对曰：“今谓马多力则有矣，若曰胜千钧则不然者，何也？夫千钧，非马之任也。今谓楚强大则有矣，若夫越赵、魏而斗兵于燕，则岂楚之任也哉？且非楚之任，而楚为之，是弊楚也。强楚、弊楚，其于王孰便也?”[①]

① **鲍本**正曰：姚本凡九十七字，在《韩策》自为一章，乃《楚策·虞卿谓春申》之文脱简误衍，略有不同。鲍于《韩策》既删去，全不见其文，而于此复不明言在《楚策》后章。 **札记**丕烈案：下文"观鞅谓春申曰"云云，吴氏补曰，今详其文，当属楚，其说是也。当是自此《策文》"王曰向也"以下连"或谓魏王"云云，皆本在《楚策》尾，误错入《韩策》中也。

或谓魏王王儆四彊之内〔校一〕

〔校一〕此篇鲍本在《魏策》。

或谓魏王："王儆①四彊之内②，其从于王者③，十日之内，备不具者死。王因取其游④之舟上击⑤之⑥。臣为王之楚，王胥臣⑦反，乃行⑧。"春申君闻之，谓使者⑨曰："子为我反，无见王矣⑩。十日之内，数万之众，今涉魏境。"秦使闻之，以告秦王⑪。秦王谓魏王⑫曰："大国有意，必来以是而足矣。"⑬

① **姚本**钱无"儆"字。鲍本"儆"作"警"。○ ② **鲍本**"彊"作"疆"。○将出兵，先令以警之。 ③ **鲍本**凡兵械当从者。 ④ **鲍本**旌旗之旒。⑤ **鲍本**"击"作"系"。○ ⑥ **鲍本**之，犹于也。亦以楚攻秦。 ⑦ **鲍本**"胥"作"耳"，"臣"下补"之"字。○ 补曰：一本作"胃"。 ⑧ **鲍本**行兵。⑨ **鲍本**即此说者。 ⑩ **鲍本**欲其亟反，不必见考烈。 ⑪ **鲍本**庄襄。⑫ **札记**今本下"王"字误"主"。 ⑬ **鲍本**秦恐楚、魏合，故言魏兵自足，不待楚也。今详春申在时，魏岁受秦兵，惟此三十年，无忌率五国攻秦，可当此语。此及下二章元在《韩策》，正曰：事证未明。

观鞅谓春申〔校一〕

〔校一〕此篇鲍本在《魏策》。

观[①]鞅[②]谓春申曰："人皆以楚为强，而君用之弱[③]，其于鞅也不然。先君者[④]，二十余年未尝见攻。今秦欲逾兵于渑[⑤]隘之塞[⑥]，不使[⑦]；假道两周倍韩以攻楚[⑧]，不可。今则不然，魏且旦暮亡矣，不能爱其许、鄢陵与梧[⑨]，割以予秦，去[⑩]百六十里[⑪]。臣之所见者，秦、楚斗之日也[⑫]已。"[⑬]

① **姚本**一作"魏"。 ② **鲍本**"观"作"魏"。〇 魏人，为魏说。正曰：一本"观鞅"。《史》作"观津人朱英"，见《楚策》。 《史》，楚考烈王二十二年，诸侯合从西伐秦，楚王为从长，春申君用事。至函谷关，秦出兵攻，诸侯兵皆败走。考烈王以咎春申君，以此益疏。客有云云。于是去陈，徙寿春。**札记**丕烈案：观，观津也，"鞅"即"英"字，作"魏"者讹。鲍从之，误甚。 ③ **鲍本**"弱"下有"也"字。〇 **札记**《史记》无。 ④ **鲍本**先春申用事之人。 ⑤ **鲍本**"渑"作"鄳"。〇 补曰："渑"即"鄳"。 **札记**丕烈案：《史记》作"黾"。 ⑥ **鲍本**《魏记》所谓冥厄。注，楚险塞，或以为江夏鄳县。补曰：详见《楚策》注。 ⑦ **鲍本**补曰：《史》作"便"，是。"不便"句绝。下与"不可"对文。 ⑧ **鲍本**倍音背。此昔者所以未尝见攻。 ⑨ **鲍本**梧属楚国，此时为魏。正曰：汉侯国。梧属彭城，与许、鄢陵不相接。《左传》襄十年"晋师城梧及制"，杜注，皆郑旧地。制即虎牢，梧必相近。此时郑为韩。按《史》云，不能爱许、鄢陵，其许魏割以予秦，秦兵去陈百六十里。以此参较，则《策》有缺误。徐广云，陈在许东南，盖此时楚徙都陈也。 **札记**丕烈案：《策》文与《史记》当皆有误。 ⑩ **鲍本**"去"上补"相"字。〇 ⑪ **鲍本**言秦伐楚之近，不须假道。 ⑫ **鲍本**"也"作"近"。〇 正曰：《史》作"秦、楚之日斗也"。此《策》"斗"字殽次在"之日"上。 ⑬ **鲍本**补曰：原在《韩策》。今详其文，当属《楚》。

公仲数不信于诸侯

公仲数不信于诸侯，诸侯[①]锢之[②]。南委国于楚[③]，楚王[4]弗听。苏代为[5]楚王曰："不若听而备于其反也[6]。明[7]之反也，常仗[8]赵而畔楚[9]，仗齐而畔秦。今四国锢之，而无所入矣，亦甚患之[10]。此方其为尾生之时也。"[11]

① **鲍本**"诸侯"二字不重。○ 补曰：一本复有此二字。 ② **鲍本**不行其说。 ③ **鲍本**以国事听之。 ④ **鲍本**怀。 ⑤ **姚本**刘添"谓"字。**鲍本**"为"下有"谓"字。○ ⑥ **鲍本**反，亦谓不信。 ⑦ **鲍本**"明"作"朋"。○ ⑧ **鲍本**"仗"作"杖"。○ 下同。补曰：仗，倚也，字与"杖"通。 ⑨ **札记**今本"楚"下衍"楚"字。 ⑩ **鲍本**公仲甚患。 ⑪ **鲍本**言公仲自患其反之不利，故欲为信。尾生，再见《燕策》苏代言，名高。盖《论语》"微生"。《汎论训》亦云。补曰：《庄子》，"尾生与女子期于梁下，水至不去，抱梁柱而死"。与《燕策》所载同。一本"微生"。《释文》引高诱注，鲁人。今注本无。或谓即《论语》"微生"。《古今人表》作"尾生高"。

战国策卷二十七

韩　二

楚围雍氏五月

楚围雍氏[①]五月。韩令使者求救于秦，冠盖相望也，秦师不下殽。韩又令尚靳使秦，谓秦王[②]曰："韩之于秦也，居为隐蔽，出为雁行。今韩已病矣，秦师不下殽。臣闻之，唇揭[③]者其齿寒，愿大王之熟计之。"宣太后曰："使者来者众矣，独尚子之言是。"召尚子入。宣太后谓尚子曰："妾事先王也[④]，先王以其髀[⑤]加妾之身，妾困不疲[⑥]也；尽置其身妾之上，而妾弗重也，何也？以其少有利焉[⑦]。今佐韩，兵不众，粮不多，则不足以救韩。夫救韩之危，日费千金，独不可使妾少有利焉。"

① **鲍本**此十二年。补曰：围雍氏，见《周策》。　② **鲍本**昭。　③ **鲍本**揭，犹反。　④ **鲍本**"也"作"日"。○　补曰：一本"日"作"也"。　⑤ **鲍本**股也。　⑥ **姚本**钱、刘本作"支"。　**鲍本**"疲"作"支"。○　⑦ **鲍本**补曰：宣太后之言污鄙甚矣！以爱魏丑夫欲使为殉观之，则此言不以为耻，可知秦母后之恶，有自来矣！

尚靳归书[①]报韩王，韩王遣张翠。张翠称病，日行一县。张翠至，甘茂曰："韩急矣，先生病而来。"张翠曰："韩未急也，且急矣。”甘茂曰：“秦重国知[2]王也，韩之急缓[3]莫不知。今先生言不急，可乎？”张翠曰：“韩急则折而入于楚矣，臣安敢来？”甘茂曰：“先生毋复言也。”

① **鲍本**以书归。 ② **姚本**钱改作“之”。 **鲍本**“知”作“智”。○ 补曰：一本“智”作“知”。 **札记**丕烈案：凡“知”音“智”者，鲍本多即作“智”，此非有异本。 ③ **鲍本**“急缓”作“缓急”。○

甘茂入言秦王曰：“公仲柄得秦师[1]，故敢捍楚。今雍氏围，而秦师不下殽，是无韩也。公仲且抑首而不朝[2]，公叔且以国南合于楚。楚、韩为一，魏氏不敢不听，是楚以三国谋秦也。如此则伐秦之形成矣。不识坐而待伐[3]，孰与伐人之利？”秦王曰：“善。”果下师于殽以救韩。[4]

① **鲍本**柄，犹持。补曰：《史记》“枋有得秦”。按字书“枋”与“柄”同，此恐字讹。 ② **鲍本**抑首，不意貌。 ③ **札记**今本“伐”误“我”。 ④ **鲍本**《甘茂传》有“茂入言”下。补曰：《大事记》，赧王十五年，楚围雍氏，引此章云，此即《周纪》所载之事。楚前围雍氏，在赧王三年，秦惠王犹在位，安得有宣太后？楚后围雍氏，甘茂出奔已数年，两者皆不合。

楚围雍氏韩令冷向借救于秦

楚围雍氏，韩令冷向借救于秦，秦为发使公孙昧[1]入韩。公仲曰：“子以秦为将救韩乎？其不乎？”对曰：“秦王[2]之言曰，请道于南郑[3]、蓝田以入攻楚，出兵于三川以待公，殆不合，军于南郑矣[4]。”公仲曰：“奈何？”对曰：“秦王必祖张仪之故谋[5]。楚威王攻梁，张仪谓秦王[6]曰：‘与楚攻梁，魏折而入于楚。韩固其与国[7]也，是秦孤也。故不如出兵以劲魏[8]。’于是攻皮氏[9]。魏氏劲，威王怒，楚与魏大战，秦取西河之外以归[10]。今也其将揚[11]言救韩，而阴善楚，公恃[12]秦而劲，必轻与楚战。楚阴得秦之不用也[13]，必易与公相支也。公战胜楚，遂与公乘[14]楚，易三川而归。公战不胜楚[15]，塞三川而守之，公不能救也。臣甚恶其事。司马康[16]三反之郢矣，甘茂与昭献遇于境，其言曰收玺[17]，其实犹有约也[18]。”公仲恐曰：“然则奈何？”对曰：“公必先韩而后秦，先身而后张仪[19]。以[20]公不如亟以国合于齐、楚，秦必委国于公以解伐。是公之所以外者仪而已[21]，其实犹之不失秦也。”[22]

① **鲍本**补曰：眛，当音莫葛反。公子眛、唐眛皆然。 ② **鲍本**昭。 ③ **鲍本**属汉中。 ④ **鲍本**不与楚战。正曰：《正义》云，南郑，梁州县。蓝田，雍州县。秦王言或出雍州西南至郑，或出雍东南历蓝田出峣关，俱绕楚北境以待韩使而东救雍氏。如此迟缓，殆不合于楚矣。按《史》止作“殆不合矣”，无“军于南郑”四字。窃谓《史》为是。盖雍氏在阳翟，而此言合军南郑，殊不相涉。且上文请道南郑，而此曰“不合军于南郑”，岂非误乎？ **札记**丕烈案：《索隐》曰“殆不合于南郑”，依《策》文为说也。详《史记》，与《策》文不同。此当读“殆不合”为一句，“军于南郑矣”为一句，言待楚、韩之胜也。 ⑤ **鲍本**昔者所谋。补曰：《秦策》有，说见本条。 ⑥ **鲍本**惠。 ⑦ **鲍本**“与”下无“国”字。〇 韩，魏之与。补曰：一本“固其与国也”。**札记**丕烈案：《史记》有。 ⑧ **鲍本**阳为助魏，实欲其与楚战。 ⑨ **鲍本**楚攻之。 ⑩ **鲍本**惠八年。补曰：说亦见《秦策》。 ⑪ **鲍本**“揚”作“陽”。〇 **札记**丕烈案：《史记》“将揚”作“状陽”。 ⑫ **札记**“恃”，鲍本作“待”。丕烈案：《史记》作“待”。 ⑬ **鲍本**不为韩用。 ⑭ **鲍本**乘，因取之也。

⑮ **鲍本**“楚”下复有“楚”字。○ **札记**丕烈案：《史记》有，然实衍字。此谓秦塞三川也。鲍本当是误依《史记》添入耳。 ⑯ **鲍本**秦人。补曰：“康”，《史》作“庚”。 **札记**丕烈案：徐广曰，一作“唐”。 ⑰ **鲍本**玺，军符。收之者，言欲止楚之攻韩。正曰：收，取也；玺，印也。如楚置相玺之云。《索隐》以为昭献欲得秦官之印玺。 ⑱ **鲍本**疑秦、楚约攻韩。 ⑲ **鲍本**先己所见，后仪之故智。言欲秦之救己，而不欲其劲韩也。徐注欲以为仪在之日而云，非也。正曰：先韩者，急图其国；后秦者，不望其救。先身者，善己之谋；后仪者，不堕人之诈。徐说见后。 ⑳ **姚本**刘去“以”字。 **鲍本**“以”上补“臣”字。○ **札记**丕烈案：《史记》无“以”字。 ㉑ **鲍本**外，犹后也。此言不恃秦耳。承上故言仪。正曰：不堕仪之故智，为外于仪耳。 ㉒ **鲍本**虽合齐、楚，图国事耳，秦无辞怨之。《记》十二年有。正曰：即上文秦委国于公云云。补曰：徐广云，《秦纪》惠王后十三年，楚围雍氏。《纪年》于此亦说楚景翠围雍氏，韩宣惠王卒，秦助韩共败楚屈匄。又云齐、宋围煮枣。皆与《史记·年表》及《田完世家》符同。此是前围雍氏事也。后围雍氏，是赧王十五年事。《大事记》书楚景翠围韩雍氏，秦樗里疾帅师救韩败楚，《解题》具载。徐说谓《世家》合而为一者，误。又按《正义》云，徐见张仪尚存，生此前后之见，此是公孙昧，却述张仪时事。愚谓，此《策》虽曰“祖张仪故谋”，其下云“先身后仪”，又云“所外者仪”，似非仪死后之辞。然楚围之解，实以秦救，公孙昧之言，为不可信耳。此章宜在前，鲍序次误。 又按《大事记》云，《韩年表》书秦助我攻楚，围景痤。楚将之名与《纪年》不同，盖《纪年》云屈匄也。 愚按，《韩》、《楚世家》并云败楚将屈匄丹阳。夫丹阳之与雍氏相去远矣。景痤恐即景翠，声转而讹。景痤之败，雍氏之战也。屈匄之败，丹阳之战也。丹阳之役，其雍氏之后欤？《大事记》首书丹阳之役，后书景翠围韩。且丹阳大败之余，楚力未苏，何暇于围韩哉？

公仲为韩魏易地

公仲为韩、魏易地，公叔争之而不听，且亡。史惕①谓公叔曰："公亡，则易必可成矣。公无辞以后[②]反，且示天下轻公，公不若顺之。夫韩地易于上[③]，则害于赵[④]；魏地[⑤]易于下[⑥]，则害于楚。公不如告楚、赵。楚、赵恶之。赵闻之，起兵临羊肠，楚闻之，发兵临方城，而易必败矣。"

① **鲍本**韩史。正曰：或姓。 ② **姚本**钱、刘一作"复"。 **鲍本**"后"作"复"。〇 ③ **鲍本**上，上流，魏之上。正曰：上，谓魏。 ④ **鲍本**赵，魏邻也。魏地广，赵之害也。 ⑤ **鲍本**"魏"下无"地"字。〇 补曰：一本"魏地易"。 ⑥ **鲍本**下，谓韩。

锜宣之教韩王取秦

锜宣[①]之教韩王取秦[②]，曰："为公叔具车百乘，言之楚，易三川。因令公仲谓秦王[③]曰：'三川之言曰，秦王必取我[④]。韩王之心，不可解矣[⑤]。王何不试以襄子[⑥]为质于韩，令韩王知[⑦]王之不取三川也[⑧]。'因以出襄子而德太子。"

① **鲍本**韩人。 ② **鲍本**取，言与之合。 ③ **鲍本**昭。 ④ **鲍本**我，三川也。 ⑤ **鲍本**言其闻三川之言，恐空失地，故来与楚易。补曰：三川，见《秦策》。 ⑥ **鲍本**王，秦王。襄子，秦诸公子不善太子者。正曰：无考。 ⑦ **鲍本**"知"下原注"衍之字"。〇 补曰：一本无。姚同。 ⑧ **鲍本**韩之易地，畏秦取之也，今秦入质，则不取可知。

襄陵之役

襄陵之役[①]，毕长谓公叔曰："谓毋用兵，而楚、魏皆德公之国矣。夫楚欲置公子高[②]，必以兵临魏[③]。公何不令人说昭子[④]曰：'战未必胜，请为子起兵以之魏[⑤]。'子有辞以毋战[6]，于是以[7]太子扁[8]、昭揚[9]、梁王皆德公矣[10]。”

① **鲍本**《史》不书。补曰：襄陵，见《齐策》。　② **鲍本**“高”作“咎”。○原作“高”，从《史》。后并同。此书亦或作“咎”。置，不立也。事见十二年。补曰：“咎”与“皋”通，“皋陶”作“咎繇”。此为“高”，音同也。　**札记**丕烈案：此未必即韩公子咎也。吴说亦未是。　③ **鲍本**魏欲立咎故。　④ **鲍本**陽也。　⑤ **鲍本**韩起兵。　⑥ **鲍本**楚临魏，欲置咎也。韩令顺之，故可以无战。　⑦ **鲍本**衍“以”字。　⑧ **鲍本**“扁”作“与”。○　幾瑟也。补曰：此“高”字讹。　**札记**丕烈案：吴说亦未是。上文高称公子，此称太子，必别一人。　⑨ **鲍本**“揚”作“陽”。○　补曰：即“陽”。音同而讹。　⑩ **鲍本**阳得毋战，梁得免兵。补曰：《大事记》，《韩世家》襄王十二年，太子婴死，公子咎、公子虮虱争为太子。时虮虱质于楚，楚欲内之，遂围雍氏。虮虱竟不得归韩，韩立咎为太子。《战国策》与《世家》所载，参错重复，不可详考。大略二公子各有所主，公仲主虮虱，公叔主咎。愚按，《楚策》，韩公叔有齐、魏，而太子有楚、秦。据此，则公叔挟齐、魏以主咎，公仲挟秦、楚以主虮虱也。

公叔使冯君于秦

公叔使冯君于秦，恐留，教阳向[1]说秦王[2]曰：“留冯君以善韩臣[3]，非上知也。主君不如善冯君，而资之以秦。冯君广王[4]而不听公叔，以与太子争[5]，则王泽布，而害于韩矣[6]。”

① **鲍本**并韩人。正曰：阳向未必韩人。　② **鲍本**昭。　③ **姚本**集、钱、刘、曾作“辰”。　**鲍本**韩之嫉冯者，以留之为善。　④ **鲍本**恃秦以自大。补曰：“广”字未详，疑有误。　⑤ **鲍本**太子争也。时未定所立，故幾瑟、咎、婴更称之。补曰：此太子，指咎也。秦主幾瑟者，此设为顺秦之辞。按《大事记》云，《国策》中庶子强谓太子云云。《史》，苏代谓韩咎曰，幾瑟亡

在楚，楚王欲内之甚。然则幾瑟尝立为太子，不胜公子咎之徒，乃出奔也。《索隐》曰，伯婴即太子婴。婴前死，故咎与幾瑟争立。愚谓，此《大事记》所谓不可考者。　⑥ **鲍本**国不和故。补曰：“害”疑“善”字。

谓公叔曰公欲得武遂于秦

谓公叔曰：“公欲得武遂于秦，而不患楚之能扬[①]河外也。公不如令人恐楚王[②]，而令人为公求武遂于秦。谓楚王曰：‘发重使为韩求武遂于秦。秦王[③]听，是令得行于万乘之主也。韩得武遂以恨[④]秦，毋[⑤]秦患而得[⑥]楚。韩，楚之县而已。[⑦]秦不听，是秦、韩之怨深，而交[⑧]楚也。’”

① **鲍本**扬，犹动。补曰：《年表》，襄王五年，秦拔宜阳，涉河城武遂；六年，秦复与我武遂；九年，秦复取之。《正义》云，武遂，韩邑也，近平阳，非尧都。楚昭雎曰，秦破韩宜阳，而韩犹复事秦者，以先王墓在平阳，而秦之武遂去之七十里，以故尤畏秦。“扬”疑“伤”字讹。　② **鲍本**怀。　③ **鲍本**昭。　④ **鲍本**“恨”作“限”。○　补曰：疑“限”。　⑤ **鲍本**“毋”作“无”。○　补曰：“无”通。　⑥ **鲍本**“得”作“德”。○　补曰：当作“德”。　⑦ **鲍本**言役属于楚。　⑧ **鲍本**“交”下补“事”字。○　补曰：恐“交”字下有缺字。　**札记**今本“交”下有“事”字，乃误涉鲍也。

谓公叔曰乘舟

谓公叔曰：“乘舟，舟漏而弗塞，则舟沉矣。塞漏舟，而轻阳侯之波[①]，则舟覆矣。今公自以[②]辩于薛公[③]而轻秦，是塞漏舟而轻阳侯之波也，愿公之察也。”

① **鲍本**说阳侯多矣。今按《四八目》，伏羲六佐，一曰“阳侯”，为江海。

盖因此为波神欤？补曰：此出陶潜《圣贤群辅录》。“侯”一作“使”。《博物志》，晋阳国侯溺水，因为大海之神。 ② **鲍本**“以”下有“为”字。〇 ③ **鲍本**“辩”作“辨”。〇 辨，犹治也。犹言治于高傒。薛公，田婴。

齐令周最使郑

齐令周最使郑[1]，立韩扰[2]而废公叔。周最患之，曰：“公叔之与周君交也[3]，令[4]我使郑，立韩扰而废公叔。语曰：‘怒于室者色[5]于市。’今公叔怨齐，无奈何也，必[6]周君而深怨我矣。”史舍曰：“公行矣，请令公叔必重公。”

① **鲍本**韩灭郑，有其地，故多称郑。补曰：韩灭郑，徙都之，故称郑。犹魏都大梁称梁。 ② **鲍本**韩公子，盖立为相。正曰：无据。 ③ **鲍本**交，言其相善，已不可以废之。 ④ **鲍本**“令”作“今”。〇 补曰：一本“令我”，从上文。 ⑤ **鲍本**色，作色也。 ⑥ **鲍本**“必”下有“绝”字。〇 **札记**今本“必”下有“绝”字。

周最行至郑，公叔大怒。史舍[1]入见[2]曰：“周最固不欲来使，臣窃强之。周最不欲来，以为公也；臣之强之也[3]，亦以为公也。”公叔曰：“请闻其说。”对曰：“齐大夫诸子有犬，犬猛不可叱，叱之必噬人。客有请叱之者，疾视而徐叱之，犬不动；复叱之，犬遂无噬人之心。今周最固得事足下，而以不得已之故来使，彼将礼陈其辞[4]而缓其言，郑王必以齐王[5]为不急，必不许也。今周最不来，他人必来。来使者无交于公，而欲德于韩扰，其使之必疾，言之必急，则郑王必许之矣。”公叔曰：“善。”遂重周最。王果不许韩扰。

① **鲍本**舍,齐、韩史,与最同使。正曰:史,或姓。 ② **鲍本**见公叔。 ③ **鲍本**“臣”上有“使”字。○ 补曰:“最固不欲来使”句,下亦有“来使”文。一本“臣之强之也”上无“使”字,是。 ④ **鲍本**以礼陈说,不急也。 ⑤ **鲍本**闵。

韩公叔与幾瑟争国郑强为楚王使于韩

韩公叔与幾瑟争国[①]。郑强为楚王[②]使于韩,矫[③]以新城、阳人合[④]世子[⑤],以与公叔争国。楚怒,将罪之。郑强曰:“臣之矫与之,以为国也。臣曰[⑥],世子得新城、阳人,以与公叔争国,而得全,魏必急韩氏[⑦];韩氏急,必县命于楚,又何新城、阳人敢索?若战而不胜,走[⑧]而不死,今且以至[⑨],又安敢言地?”楚王曰:“善。”乃弗罪。[⑩]

① **鲍本**争立为相。见后。 ② **鲍本**怀。 ③ **姚本**刘改“桥”作“矫”。 ④ **鲍本**“合”作“命”。○ ⑤ **鲍本**幾瑟也。 ⑥ **鲍本**言其言然。 ⑦ **鲍本**魏欲立咎,故急攻之。 ⑧ **鲍本**“走”作“幸”。○ ⑨ **鲍本**言归楚。 ⑩ **鲍本**《楚策》有,大同。“强”作“申”。

韩公叔与幾瑟争国中庶子强谓太子

韩公叔与幾瑟争国。中庶子强[①]谓太子曰:“不若及齐师未入[②],急击公叔。”太子曰:“不可。战之于国中必[③]分。”对曰:“事不成,身必危,尚何足以图国之[④]全为?”太子弗听,齐师果入,太子出走。[⑤]

① **鲍本**庶子,本周官,秦置中庶子,为太子官。补曰:《新序》楚庄王莅政云云,中庶子闻之,跪而泣曰,“臣尚衣冠御即十三年矣”。《燕策》有。秦

王宠臣中庶子蒙嘉，卫鞅为公叔痤庶子，甘罗事吕不韦为庶子。则中庶子者，侍御左右之臣，而当时家臣亦有此名，非复周制矣。秦官，太子、庶子、中庶子。此云“中庶子强谓太子”，岂亦太子之官欤？强或是郑强。 ② **鲍本**齐助公叔。 ③ **鲍本**“必”上有“国”字。〇 ④ **姚本**曾作“尚之”。⑤ **鲍本**彪谓：幾瑟之及此言也，义嗣也，而卒不得立，小人胜故也。正曰：幾瑟之不欲战，虑国之分耳，非有息民全民之意、退让之美也，何义嗣之足称乎？

齐明谓公叔

齐明谓公叔曰：“齐逐幾瑟，楚善之。今楚欲善齐甚，公何不令齐王①谓楚王②：‘王为我逐幾瑟以穷之。’楚听，是齐、楚合，而幾瑟走也；楚王不听，是有阴③于韩也。”

① **鲍本**闵。 ② **鲍本**怀。 ③ **鲍本**阴，言私厚之，然则公叔不可不备。

公叔将杀幾瑟

公叔将杀幾瑟也。谓公叔曰：“太子①之重公也，畏幾瑟也。今幾瑟死，太子无患，必轻公。韩大夫见王老，冀太子之用事也，固欲事之。太子外无幾瑟之患②，而内收诸大夫以自辅也，公必轻矣。不如无杀幾瑟，以恐太子，太子必终身重公矣。”

① **鲍本**太子咎。 ② **鲍本**时在楚，故言外。

公叔且杀幾瑟

公叔且杀幾瑟也，宋赫为谓公叔曰：“幾瑟之能为乱也，内得父兄[①]，而外得秦、楚也。今公杀之，太子无患，必轻公。韩大夫知王之老而太子定，必阴事之。秦、楚若无韩[②]，必阴事伯婴[③]。伯婴亦幾瑟也。公不如勿杀[④]。伯婴恐[⑤]，必[⑥]保于公。韩大夫不能必其不入也[⑦]，必不敢辅伯婴以为乱。秦、楚挟幾瑟以塞伯婴[⑧]，伯婴外无秦、楚之权，内无父兄之众，必不能为乱矣。此便于公。”[⑨]

① **鲍本**补曰：《大事记》云，内得父兄，指公仲也。 ② **鲍本**言小国不之有。补曰：未详。 ③ **鲍本**秦、楚有韩，则事太子。太子，韩嗣故也。无韩乃事婴。 ④ **鲍本**绝句。 ⑤ **鲍本**婴与太子在韩，皆幾瑟之仇。幾瑟在，故婴恐。 ⑥ **鲍本**“必”下有“阴”字。〇 ⑦ **鲍本**幾瑟入。 ⑧ **鲍本**塞，障也。不使与事。 ⑨ **鲍本**十二年书太子婴死，因言公仲、伯婴六事。六事岂与太子同名欤？正曰：《索隐》说伯婴云云，见前。

谓新城君曰

谓新城君曰：“公叔、伯婴恐秦、楚之内幾瑟也，公何不为韩求质子于楚[①]？楚王[②]听而入质子于韩，则公叔、伯婴必知秦、楚之不以幾瑟为事也，必以韩合于秦、楚矣。秦、楚挟韩以窘魏，魏氏不敢东[③]，是齐孤也。公又令秦求质子于楚[④]，楚不听，则怨结于韩[⑤]。韩挟齐、魏以眄[⑥]楚，楚王必重公矣[⑦]。公挟秦、楚之重，以积德于韩，则公叔、伯婴必以国事公矣。”[⑧]

① **鲍本**楚不主幾瑟，则必入质，以此卜之。 ② **鲍本**怀。 ③ **鲍本**不合齐。 ④ **鲍本**卜其与秦同否也。 ⑤ **鲍本**此韩，皆主公叔、伯婴为言。

⑥ **鲍本**“眄”作“盻”。○ 盻，睥睨也。正曰：盻，恨视也，五礼反。 **札记**今本“眄”作“盼”，乃因鲍注而误其字也。丕烈案：依吴，当作“盻”。 ⑦ **鲍本**新城贵于秦，楚欲秦援之，故重新城。 ⑧ **鲍本**《记》十二年有，在楚围雍氏下。补曰：《史》以此为苏代之言。新城君，芈戎也。

胡衍之出幾瑟于楚

胡衍[①]之出幾瑟于楚也[②]，教[③]公仲谓魏王[④]曰：“太子在楚，韩不敢离楚也[⑤]。公[⑥]何不试奉公子咎[⑦]，而为之请太子[⑧]。因令人谓楚王[⑨]曰：‘韩立公子咎而弃幾瑟，是王抱虚质也。王不如亟归幾瑟。幾瑟入，必以韩权报雠于魏，而德王[⑩]矣。’”[⑪]

① **鲍本**韩人。 ② **鲍本**出而归韩。 ③ **鲍本**衍“教”字。 ④ **鲍本**哀。正曰：襄。 ⑤ **鲍本**惧其为幾瑟伐韩。 ⑥ **鲍本**“公”作“王”。○正曰：谓魏王之言，止上二句，言韩所以不敢离楚之故，以解于魏也。“公何不试奉公子咎，而为之请太子”，此劝公仲之辞，“试”字可见。《大事记》引此，亦去“公”字，反不若存之之明也。 **札记**丕烈案：此当“公”字下有缺文，吴说亦未是。 ⑦ **鲍本**此后并因旧字。 ⑧ **鲍本**请韩立之。 ⑨ **鲍本**怀。幾瑟闻魏欲立咎故。 ⑩ **鲍本**正曰：“德王”之“王”，谓楚王。 ⑪ **鲍本**正曰：《大事记》谓，公仲始主幾瑟，后持两端。幾瑟既不得入，遂改主咎。以此章为证。愚谓，劝仲试奉咎者，将以行其谓楚之谋，激楚王之早入幾瑟耳，非果有奉咎之心也。楚既败雍氏，幾瑟卒不得入，公仲直以势穷力竭而遂止耳。

幾瑟亡之楚

幾瑟亡之楚，楚将收秦而复之。谓芈戎曰：“废公叔而相[①]幾瑟者楚也。今幾瑟亡之楚，楚又收秦而复之，幾瑟入郑之日，韩，楚之县邑[②]。公不如令秦王贺伯婴之立也。韩绝于楚[③]，其事秦必疾，秦挟韩亲魏，齐、楚后至者先亡。此王业也。"

① **鲍本**相，谓昔日。正曰：相，助也。 ② **鲍本**"邑"作"已"。○ 补曰：《策》文如此句者，每作"已"。然"邑"字自通。 **札记**丕烈案：吴氏补曰，《策》文如此句者，每作"已"，是也。又曰，然"邑"字自通，非。 ③ **鲍本**楚主幾瑟，而今立婴，故绝韩。

冷向谓韩咎

冷向谓韩咎[①]曰："幾瑟亡在楚，楚王[②]欲复之甚，令楚兵十余万在方城之外。臣请令楚筑万家之都于雍氏之旁，韩必起兵以禁之，公必将矣。公因以楚、韩之兵奉幾瑟而内之郑[③]，幾瑟得入而德公，必以韩、楚奉公矣[④]。"

① **鲍本**《史》有公子咎，有韩咎。补曰：《史》，"冷向"作"苏代"。愚谓，咎即太子咎，岂有内幾瑟之理？当是谓公仲之辞。此《大事记》所谓不可考者。 ② **鲍本**怀。 ③ **鲍本**"之"下无"郑"字。○ **札记**丕烈案：郑即韩也。无者，必不知而误删之。 ④ **鲍本**《记》十二年有。

楚令景鲤入韩

楚令景鲤入韩，韩且内伯婴于秦，景鲤患之[①]。冷向谓伯婴曰："太子[②]入秦，秦必留太子而合楚，以复幾瑟也，是太子反弃之。"[③]

① **鲍本**楚欲立幾瑟，怨秦立婴故。 ② **鲍本**谓伯婴。 ③ **鲍本**言已得立而弃之，向盖为鲤者。彪谓：太子，国子之本也，而纷纷不定若此，韩置相，其皆何事耶？正曰：己若入秦，而秦与楚复幾瑟，反为自弃也。《大事记》云，置嗣不定，大臣外连敌国，相与为市，国之不亡者幸也！愚观咎与幾瑟争立，实大臣辅之争，而鲍谓“置相何事”，独弗考乎？

韩咎立为君而未定〔校一〕

〔校一〕姚本《冷向谓韩咎》《楚令景鲤入韩》和《韩咎立为君而未定》三篇连篇，鲍本分为三篇。据文义，从鲍本。

韩咎①立为君而未定也②，其弟在周，周欲以③车百乘重④而送之，恐韩咎入韩之不立也。綦母恢曰：“不如以百金从之，韩咎立，因⑤也⑥以为戒⑦；不立，则曰来效贼也⑧。”

① **鲍本**太子咎。即釐王。 ② **鲍本**幾瑟、伯婴难之。补曰：韩襄王十二年，公子咎、公子幾瑟争立，楚围雍氏。次年，魏襄王与齐闵王会于韩，立咎为太子。此《策》必其争立之时，若既即位，则何未定之有？ ③ **鲍本**“以”作“立”。〇 ④ **鲍本**“乘”下无“重”字。〇 ⑤ **姚本**刘改“因”作“曰”。 ⑥ **姚本**一本添“也”字。 **鲍本**“因”下无“也”字。〇 ⑦ **鲍本**所谓兵馈。 ⑧ **鲍本**得立者以咎弟为贼。正曰：公叔、公仲之用事，仲先而叔后。韩咎既立，则公仲之权宠衰矣。伯婴、幾瑟、咎之争立，伯婴必先死，鲍序次错乱，非是。

史疾为韩使楚〔校一〕

〔校一〕此篇鲍本列在《楚策》。

史疾为韩使楚，楚王问曰：“客何方所循[①]？”曰：“治列子圉[②]寇之言。”曰：“何贵？”曰：“贵正。”王曰：“正亦可为国乎？”曰：“可。”王曰：“楚国多盗，正可以圉盗乎？”曰：“可。”曰：“以正圉盗，奈何？”顷间[③]有鹊止于屋上者，曰：“请问楚人谓此乌[④]何？”王曰：“谓之鹊。”曰[⑤]：“谓之乌，可乎？”曰：“不可。”曰：“今王之国有柱国、令尹、司马、典令[⑥]，其任官置吏，必曰廉洁胜任。今盗贼公行，而弗能禁也，此乌不为乌，鹊不为鹊也。”[⑦]

① **鲍本**方，术也。　② **鲍本**“圉”，“御”同。　③ **姚本**曾作“闻”。④ **鲍本**“此乌”二字作“之”。〇　⑤ **鲍本**无“曰”字。〇　⑥ **鲍本**皆楚官。⑦ **鲍本**原在《韩策》。正曰：为韩使楚，故有《韩》，从旧可。按，此言循名，有申、韩之意，而以为列圉寇所治，何欤？抑申、韩原于道德，本不异欤？补曰：“为韩”之“为”，去声。

韩傀相韩

韩傀[①]相韩，严遂重于君，二人相害也。严遂政[②]议直指，举韩傀之过。韩傀以之[③]叱之于朝。严遂拔剑趋之，以救解[④]。于是严遂惧诛，亡去，游求人可以报韩傀者。

① **鲍本**补曰：《史》作“韩相侠累”。《索隐》引高诱云，韩傀，侠累也。今注本无。侠，古狭反。累，力追反。《韩非子》“傀”作“廆”。《艺文类聚》引作“韩傫”。今按“傀”字，呼乖、徒回、姑回、姖鲔、户贿等反不一。“傀”与“侠累”，字音有差互讹转。说又见后。　**札记**丕烈案：“傀”、“廆”同字，“累”、“傫”同字。考《索隐》在《韩世家》，单刻本“侠”下有“侯”字，疑“侠侯”是其爵号。“傀”、“累”为声之转也。　② **鲍本**“政”，“正”同。　③ **鲍本**犹以此。

④ **鲍本**以救至得解。

至齐，齐人或言："轵深井里[①]聂政，勇敢士也，避仇隐于屠者之间。"严遂阴交于聂政，以意厚之。聂政问[②]曰："子欲安用我乎？"严遂曰："吾得为役之日浅，事今薄[③]，奚敢有请？"于是严遂乃具酒，觞[④]聂政母前。仲子[⑤]奉黄金百镒，前为聂政母寿。聂政惊，愈怪其厚，固谢[⑥]严仲子。仲子固进，而聂政谢曰："臣有老母，家贫，客游以为狗屠，可旦夕得甘脆[⑦]以养亲。亲供养备，义不敢当仲子之赐。"严仲子辟人[⑧]，因为聂政语曰："臣有仇，而行游诸侯众矣。然至齐，闻足下义甚高。故直进百金者，特以为夫人粗粝[⑨]之费，以交[⑩]足下之欢，岂敢以有求邪？"聂政曰："臣所以降志辱身，居市井者[⑪]，徒幸[⑫]而[⑬]养老母[⑭]。老母在[⑮]，政身未敢以许人也。"严仲子固让，聂政竟不肯受。然仲子卒备宾主之礼而去。

① **鲍本**轵之里名深井。补曰：轵，即河内轵。《正义》云，深井里，在怀州济源县南三十里。政时客游齐。 ② **鲍本**"问"下有"之"字。〇 补曰：一本"问曰"。 ③ **鲍本**薄，犹迫。 ④ **鲍本**"觞"上有"自"字。〇 补曰：一本"具酒觞"。 **札记**丕烈案：《史记》作"自畅"。徐广曰，一作"赐"。《索隐》曰，作"觞"近为得也。 ⑤ **鲍本**仲子，遂字。补曰：《索隐》引高诱云，严遂，字仲子。今本无。 ⑥ **鲍本**补曰：一本"固谢"。《史》、姚同。 **札记**"固"，鲍本作"因"。吴补一本"固谢"，《史》同。丕烈案：今鲍本误为"固"，即与吴校矛盾也。 ⑦ **鲍本**肉之肥美者。正曰：《说文》，甘，美也；脆，小耎物易断也。 ⑧ **鲍本**辟，犹屏辟去之。 ⑨ **鲍本**"夫"作"丈"。〇 丈人，亦尊称政也。粟十六斗为一秉，舂米一斛曰粝。补曰：一本"夫人"。

《史》、姚同。韦昭云，古者，尊大妪为夫人，又或作“大人”。粝，落盖反，又力制、郎达二反。　**札记**丕烈案：“丈”字当是。《颜氏家训》有说。　⑩ **鲍本**“交”作“反”。○　补曰：一本“交足下”。《史》、姚同。“反”字必误。⑪ **鲍本**“者”上有“屠”字。○　⑫ **鲍本**“幸”上无“徒”字。○　⑬ **鲍本**“而”作“以”。○　**札记**丕烈案：《史记》“而”作“以”。　⑭ **鲍本**以有养为幸。⑮ **鲍本**“在”下有“前”字。○　在未死前。补曰：一本“居市井者，徒幸而养老母，老母在”。《史》、姚同，无“前”字。

久之，聂政母死，既葬，除服。聂政曰：“嗟乎！政乃市井之人，鼓刀以屠，而严仲子乃诸侯之卿相也，不远千里，枉车骑而交臣，臣之所以待之至浅鲜[①]矣，未有大功可以称者，而严仲子举百金为亲寿，我虽[②]不受，然是深知政也。夫贤者以感忿睚眦之意[③]，而亲信穷僻之人，而政独安可嘿然而止乎？且前日要政，政徒以老母。老母今以天年终，政将为知己者用。”

① **鲍本**无“鲜”字。○　补曰：一本“至浅鲜矣”。《史》、姚同。　② **鲍本**“虽”作“义”。○　补曰：一本“我虽不受”。《史》、姚同。　③ **鲍本**感，言动心。睚眦，怒视也。补曰：师古曰，睚，音厓，举眼也；眦，即眥字，谓目匡也。言举眼相忤者，即杀之也。一说，睚，五懈反；眦，士懈反。瞋目貌。

遂西至濮阳[①]，见严仲子曰：“前所以不许仲子者，徒以亲在。今亲不幸[②]，仲子所欲报仇者为谁[③]？”严仲子具告曰：“臣之仇韩相傀[④]。傀又韩君之季父也，宗族盛，兵卫设[⑤]，臣使人刺之，终莫能就。今足下幸而不弃，请益具车骑壮士，以为羽翼。”政曰：“韩与卫，中间不远[⑥]，今杀人之相，相又国君之亲，此其势不可以多人。多人不能无生得失[⑦]，生得失则语泄[⑧]，语泄则韩举国而与仲子为雠也，岂不殆哉！”遂谢车骑人徒，辞，独行仗剑[⑨]至韩。

① **鲍本**补曰：汉濮阳县属东郡，春秋时帝丘也。　② **鲍本**“幸”下有“而死”二字。○　补曰：一本无“而死”二字。　**札记**丕烈案：《史记》作“今不幸而母以天年终”。　③ **鲍本**“者”下无“为谁”二字，有“请得从事焉”五字。○　补曰：一本“仇者为谁”。《史》、姚同。一本无“请得从事焉”五字。《史》有。　④ **鲍本**“傀”上有“韩”字。○　补曰：一本“韩相傀”。**札记**丕烈案：《史记》“韩相侠累”。　⑤ **鲍本**“盛”下有“多居处”三字，“设”上有“甚”字。○　设，陈也。补曰：一本无“多居处甚”四字。《史》有。⑥ **鲍本**“卫”下有“相去”二字。○　事泄易闻。补曰：一本“韩与卫中间不远”，无“相去”二字。姚同，《史》有。司马贞引高诱云，韩都颍川阳翟，卫都东郡濮阳，故云云。今注本无。　⑦ **鲍本**谓相可否。　⑧ **鲍本**补曰：《索隐》云，《策》作“无生情”，言所将人多，或生异情，故语泄。今本无此文。**札记**丕烈案：考《索隐》云，此云“生得”，言将多人往杀侠累后，又被生擒而语泄，亦两俱通也。是《史记》本作“生得”，《策》文本作“生情”。今本皆误。⑨ **鲍本**仗，兵器也。盖以剑为兵。正曰：仗，执持也。

韩适有东孟[①]之会，韩王及相皆在焉，持兵戟而卫[②]者甚众。聂政直入，上阶刺[③]韩傀。韩傀走而抱哀侯[④]，聂政刺之，兼中哀侯，左右大乱。聂政大呼，所[⑤]杀者数十人。因自皮面[⑥]抉[⑦]眼，自屠出肠[⑧]，遂以死。韩取聂政尸[⑨]于市，县购之千金[⑩]。久之莫知谁子[⑪]。

① **鲍本**东孟，地缺。补曰：《索隐》引高注，东孟，地名。今本无。

② **鲍本**“卫”下有“侍”字。〇 补曰：一本无“侍”字。《史》、姚同。 **札记**丕烈案：今《史记》有。 ③ **鲍本**“刺”下有“杀”字。〇 **札记**丕烈案：《史记》“刺杀侠累”。《索隐》引《战国策》“刺韩傀”，无“杀”字。鲍本当是误用《史记》添入耳。 ④ **鲍本**“哀”作“列”。〇 下同。按釐侯，《策》及《传》皆言哀侯，而《记》及《年表》皆书列侯。《策》、《传》可为误，《年》不可移也。补曰：说见后。 **札记**鲍改“哀”为“列”，下同。丕烈案：此即《世家》之列侯，《策》文谓之哀侯，一人耳。《世本》又作武侯，引见《索隐》，非《世家》所谓“韩严弑其君哀侯者也”。吴氏补以为二事，是矣。其必谓之列侯，未审于《史记》、《策》文本不同也。 ⑤ **鲍本**“所”下有“击”字。〇 补曰：一本无“击”字。姚同，《史》有。 **札记**丕烈案：刘向《列女传》无。 ⑥ **鲍本**“皮面”作“面皮”。〇 去面之皮。补曰：《索隐》云，以刀刺其面皮，欲令人不识。《列女传》作“披”，盖以刀剺面而去其皮也。 **札记**丕烈案：“皮”、“披”同字，“抉”、“决”同字，作“面皮”者误。《列女传》是“自披其面”也。 ⑦ **鲍本**抉，挑也。补曰：《史》作“决”。 ⑧ **鲍本**“自屠出肠”作“屠肠”。〇 一本“自屠出肠”。《史》、姚同。 **札记**丕烈案：《列女传》作“自屠剔”。 ⑨ **鲍本**“尸”下有“暴”字。〇 **札记**丕烈案：《史记》有。《列女传》，“韩暴其尸于市”。 ⑩ **鲍本**县金募知者。 ⑪ **鲍本**“谁”下无“子”字。〇 补曰：一本“谁子”。《史》、姚同。 **札记**丕烈案：《列女传》，“莫知为谁”。

政姊[①]闻之，曰：“弟[②]至贤，不可爱妾之躯，灭吾弟之名，非弟意也[③]。”乃之韩。视之曰：“勇哉！气矜[④]之隆。是其轶[⑤]贲、育而[⑥]高成荆矣[⑦]。今死而无名[⑧]，父母既殁矣，兄弟无有，此为我故也[⑨]。夫爱身不扬弟之名，吾不忍也。”乃抱尸而哭之曰：“此吾弟轵深井里聂政也。”亦自杀于尸下。

① **姚本**刘有“荌”字。 **鲍本**“姊”下有“荌”字。〇 补曰：一本无“荌”字。荌，么茎反。《史》作“荣”。 **札记**丕烈案：《索隐》云，《战国策》无

"荣"字，有者当是误用《史记》添入耳。《列女传》亦无。 ② **鲍本**"弟"上有"吾"字。○ **札记**丕烈案：《列女传》无。 ③ **鲍本**言往哭自吾意耳。④ **鲍本**矜，自持也。 ⑤ **鲍本**轶，车相出也。 ⑥ **鲍本**"高"上无"而"字。○ 补曰：姚本"而高"。 ⑦ **鲍本**《说文》，成荆，古之勇士。今对贲、育，复似两人。补曰：《吕氏春秋》，"豫让必死于襄子，而赵氏皆恐；成荆致死于韩王，而周人皆畏"。按此对豫让言，则一人也。 ⑧ **鲍本**不显其人。⑨ **鲍本**不显其名，恐累及姊。

晋、楚、齐、卫闻之曰："非独政之能，乃其姊者，亦列女也[①]。"聂政之所以名施于后世者，其姊不避菹醢[②]之诛，以扬其名也。[③]

① **鲍本**"政"上有"聂"字，"者"下无"亦"字。○ 列，义烈可陈。正曰："列"，"烈"通。补曰：一本"非独政之能，乃其姊者，亦列女也"。姚同。**札记**丕烈案：《史记》，"非独政能也，乃其姊亦烈女也"。《列女传》，"非独聂政之勇，乃其姊者烈女也"。 ② **鲍本**"菹醢"作"葅酢"。○ 葅酢，菜也。言剉斮之如此。补曰：《周礼注疏》，虀葅之类，菜肉通称。全物若牒为葅。《记》文，醢，肉酱。 ③ **鲍本**此三年书政杀韩相侠累，《刺客传》有。彪谓：政之始终于其亲，孝矣。其临财也，义矣。尝欲评其死，感其义烈，不忍下笔。独以谓人之居世，不可不知人，亦不可妄为人知也。遂唯知政，故得行其志。惜乎，遂褊狷狷细人耳，政不幸谬为所知，故死于是！使其受知明主与贤相，则其所成就，岂不有万万于此者乎？哀哉！补曰：《大事记》，按《史记·韩世家》，烈侯三年，聂政杀韩相侠累；十一年，烈侯卒；子文侯立，十年卒；子哀侯立，六年，韩严弑其君哀侯。聂政之刺侠累，与哀侯之弑，相去远矣，而《聂政传》乃谓严仲子事哀侯，与韩相侠累有郤，使政刺累。与《世家》不合。盖其氏偶同，故《刺客传》误以为哀侯之时。《策》曰，东孟之会，韩王及相皆在焉，聂政刺韩傀兼中哀侯。又曰，聂政刺相，兼中哀侯，许异蹴哀

侯而殪之，是故哀侯为君而许异终身相焉。考之《世家》，哀侯既弑，其子懿侯即立，许异将谁相哉？侠累既死，烈侯犹在位十年，谓之终身相可也。则此乃烈侯三年之事，但《战国策》误以为哀侯耳。又烈王五年，韩严遂弑哀侯，《解题》引《索隐》云，《纪年》，晋桓公邑哀侯于郑，韩山坚贼其君哀侯而立韩若山。山坚即韩严也，若山即懿侯也。愚按，此事，《国策》误合二事为一，司马迁两存而不决，故温公《与刘道原书》、苏氏《古史》皆疑之。《大事记》考之未尽，且《史记·年表》、《世家》两书韩严，是聂政之事乃严遂；而弑哀侯者，乃韩严。《大事记》谓氏偶同，又不知韩严遂、韩严，国、氏、名交混也。《通鉴》书严遂弑哀侯，《大事记》因之未改，当从《史》书韩严。《纲目》书"废遂"下注，哀侯以韩廆为相，而爱韩遂，二人相害，遂刺廆于朝，并中哀侯，亦仍误也。正曰：史迁作《刺客传》，失在奖盗，而《年表》书盗杀韩相侠累，独为得《春秋》书法。《纲目》、《大事记》不能易也。父母遗体不敢毁伤，以不义而灭其身得为孝乎？非有夙昔之遇，如智伯之于豫让；非有累世之恩，如韩之于子房，以欲报仇之故，厚己而使为不义，得为知己乎？鲍陈说区区，陋矣。补曰：姊荌之死，盖兄弟之义，《策》述其言，以为不爱身以扬弟之名，而说者徒知论名，而不及义，此皆战国之习也。《史记》云，"使政知姊无濡忍之志，不重暴骸之难，必绝险千里以列其名，姊弟俱僇于韩市者，亦未必敢以身许仲子也"。《列女传》云，"荌仁而有勇，不怯死以灭名。《诗》云，'死丧之威，兄弟孔怀'云云，此之谓也。"愚谓，子长得政之情，子政得荌之志，然一则曰列其名，一则曰不灭名，犹未免世俗之失也。

战国策卷二十八

韩　三

或谓韩公仲

或谓韩公仲[①]曰："夫孪[②]子之相似者，唯其母知之而已；利害[③]之相似者，唯智者知之而已。今公国，其利害之相似，正如孪子之相似也。得以[④]其道为之，则主尊而身安；不得其道，则主卑而身危。今秦、魏之和成[⑤]，而非公适[⑥]束[⑦]之，则韩必谋[⑧]矣。若韩随魏以善秦，是为魏从也[⑨]，则韩轻矣[⑩]，主卑矣。秦已善韩，必将欲[⑪]置其所爱信者，令用事于韩以完之[⑫]，是公危矣。今公与安成君[⑬]为秦、魏之和，成固为福，不成亦为福。秦、魏之和成，而公适[⑭]束之，是韩为秦、魏之门户也[⑮]，是韩重而主尊矣。安成君东重于魏，而西贵于秦，操右契[⑯]而为公责德于秦、魏之主[⑰]，裂地而为诸侯，公之事也[⑱]。若夫安韩、魏而终身相，公之下服[⑲]，此主尊而身安矣。秦、魏不终相听者也[⑳]。齐怒于不得魏，必欲善韩以塞魏；魏不听秦，必务善韩以备秦，是公择布而割也[㉑]。秦、魏和，则两国德公；不和，则两国争事公。所谓成为福，不成亦为福者也。愿公之无疑也。"

① **姚本**曾作"中"。　② **鲍本**孪，一乳两子。补曰：孪，来恋、力员二

反。 ③ **鲍本**"利"上有"夫"字。○ 补曰：一本"利害"，无"夫"字。④ **鲍本**无"以"字。○ ⑤ **鲍本**转则二国和。 ⑥ **鲍本**"适"下有"两"字。○ **札记**今本"适"下有"两"字。 ⑦ **鲍本**束，犹约。 ⑧ **鲍本**谋，谓和不坚而复议之。 ⑨ **鲍本**从人而已，非自约也。 ⑩ **鲍本**无"矣"字。○ 补曰：一本"韩轻矣"。 ⑪ **鲍本**无"欲"字。○ ⑫ **鲍本**全秦之事。⑬ **鲍本**韩人。 ⑭ **鲍本**"适"下有"两"字。○ **札记**今本"适"下有"两"字。 ⑮ **鲍本**喻两国由之。 ⑯ **鲍本**左契，待合而已；右契，可以责取。⑰ **鲍本**"主"作"王"。○ 公仲制和，为德于秦，今责其报。 ⑱ **鲍本**言当务此。 ⑲ **鲍本**服，犹事。以侯国为上，则相犹为下也。 ⑳ **姚本**刘有"者"字。 **鲍本**后必有违。 ㉑ **姚本**钱作"择豨而割之"，曾、刘作"择布"。**鲍本**布，喻齐、魏。割，喻制之。补曰："齐怒"，详文意当作"秦怒"。

或谓公仲

或谓公仲曰："今有一举而可以忠于主，便于国，利于身，愿公之行之也。今天下散而事秦，则韩最轻矣；天[①]下合而离秦，则韩最弱矣；合离之相续，则韩最先危矣。此君国长民之大患也。今公以韩先合于秦，天下随之，是韩以天下事[②]秦，秦之德韩也厚矣。韩与天下朝秦，而独厚取德焉，公行之[③]计，是其于主也至忠矣。天下不合秦，秦令而不听，秦必起兵以诛不服。秦久与天下结怨構[④]难，而兵不决，韩息士民以待其亹[⑤]，公行之计，是其于国也，大便也。昔者，周佼以西周善于秦，而封于梗阳[⑥]；周启以东周善于秦，而封于平原。今公以韩善秦，韩之重于两周也無计[⑦]，而秦之争机也[⑧]，万于周之时。今公以韩为天下先合于秦，秦必以公为诸侯，以明示天下，公行之计，是其于身大利也。愿公之加务也。"

① **鲍本**“天”上有“今”字。○ ② **姚本**钱作“予”。 ③ **鲍本**之，犹此。 ④ **鲍本**“構”作“搆”。○ 御名。 ⑤ **鲍本**亹，罅也。 ⑥ **鲍本**太原榆次有梗阳乡。 ⑦ **鲍本**“無”下有“先”字。○ **札记**丕烈案：《策》文“無”多作“无”，而误复衍也。 ⑧ **鲍本**在己之计，无先于此。在秦则为争，言欲之急。机，言不可失。

韩人攻宋

韩人攻宋[1]，秦王[2]大怒曰：“吾爱宋，与新城、阳晋[3]同也。韩珉与我交，而攻我甚所爱，何也？”苏秦[4]为韩说秦王曰：“韩珉之攻宋，所以为王也。以韩之强，辅之以宋，楚、魏必恐。恐，必西面事秦。王不折一兵，不杀一人，无事而割安邑，此韩珉之所以祷于秦也[5]。”秦王曰：“吾固患韩之难知，一从一横，此其说何也[6]？”对曰：“天下固令韩可知也[7]。韩故[8]已攻宋矣，其西面[9]事秦，以万乘[10]自辅；不西事秦，则宋地不安矣[11]。中国白头游敖[12]之士，皆积智欲离秦、韩之交。伏轼结靷[13]西驰者，未有一人言善韩者也；伏轼结靷东驰者，未有一人言善秦者也。皆不欲韩、秦之合者何也？则晋、楚智而韩、秦愚也。晋、楚合，必伺[14]韩、秦；韩、秦合，必图晋、楚。请以决事。”秦王曰：“善。”[15]

① **鲍本**《齐记》闵三十八年，书韩为齐攻。今从《史》，定为此十年。 ② **鲍本**昭。 ③ **鲍本**补曰：《正义》引《括地志》云，新城故城，在宋州宋城县界。阳晋故城，在曹州乘氏县西北。又见《楚策》。 ④ **鲍本**“秦”作“代”。○ 原作“秦”，今从《史》。 补曰：当作“代”。 ⑤ **鲍本**祷，言以此求事秦。 ⑥ **鲍本**韩难知，而代说如此，何也？ ⑦ **鲍本**“也”作“矣”。○ 言非独代知之。 ⑧ **鲍本**“故”作“固”。○ ⑨ **鲍本**无“面”字。○

⑩ **鲍本**万乘，秦也。 ⑪ **鲍本**虽得宋地，不能自安。 ⑫ **鲍本**敖，出游也。 ⑬ **鲍本**靷，驾牛具，在胸者。 ⑭ **鲍本**伺，亦图也，小言之。正曰：伺，窥也。 ⑮ **鲍本**《齐记》有，“韩”字并作“齐”。补曰：《赵策》，谓魏王曰“韩珉处于赵，去齐三千里”，王以此疑齐曰“有秦阴”；五国伐秦无功，苏代谓齐王举说奉阳君之辞曰，“天下争秦，秦内韩珉于齐”，又云“与韩氏大吏东勉，齐王必无召珉”。而《韩策》云“韩珉相齐”。盖韩珉为齐伐宋也。首句不云“韩攻宋”，而云“韩人”，疑“人”即“珉”之讹。苏代为燕反间，劝齐伐宋，将以敝齐而为燕，恐秦之败其事，故游说以止之尔。《史记》恐有所据，当考。**札记**丕烈案：鲍氏引《史记·齐世家》，此下“韩”字皆作“齐”。考此《策》文必本亦作“齐”。《史记·索隐》引此《策》文异同，不及“韩”、“齐”字，可证。因韩珉而在《韩策》，后人乃误改之耳。

或谓韩王

或[①]谓韩王曰：“秦王[②]欲出事于梁，而欲攻绛、安邑，韩计将安出[③]矣？秦之欲伐韩，以东窥周室，甚唯寐忘之。今韩不察，因欲与秦，必为山东大祸矣。秦之欲攻梁也，欲得梁以临韩，恐梁之不听也，故欲病[④]之以固交也。王不察，因欲中立[⑤]，梁必怒于韩之不与己，必折为秦用，韩必举矣。愿王熟虑之也。不如急发重使之赵、梁，约复为兄弟，使山东皆以锐师戍韩、梁之西边，非为此也，山东无以救亡，此万世之计也。秦之欲并天下而王之也，不与古同。事之虽如子之事父，犹将亡之也。行虽[⑥]如伯夷，犹将亡之也。行虽如桀、纣，犹将亡之也[⑦]。虽善事之无益也。不可以为存，适足以自令亟亡也。然则山东非能从亲，合而相坚如一者，必皆亡矣。”[⑧]

① **姚本**钱添“或”字。 ② **鲍本**昭。 ③ **鲍本**谓有齿寒之忧。 ④ **姚本**钱、刘作“痛”。 **鲍本**“病”作“痛”。○ 攻之深，使之惩创，不敢离秦。补曰：一本“固欲病之”。姚同。 ⑤ **鲍本**不助秦，亦不救魏。 ⑥ **姚本**钱添此“虽”字。 ⑦ **鲍本**言志于亡之而已，无择也。 ⑧ **鲍本**彪谓：秦之大情，此士陈之无余蕴矣，非苏氏兄弟不能也。说之著明如此，而听之者藐藐，岂天亡之邪？盖汉运将兴，而秦为之鹯獭也。补曰：《大事记》引此《策》自“秦之”止“益也”，谓论秦最得其情。附见于赧王二十九年，魏献安邑之后。愚以《齐》、《赵》、《燕策》考之，宜附赧王十六年。说见《齐策·秦伐魏陈轸合三晋而东》一章。

谓郑王〔校一〕

〔校一〕姚本“谓郑王曰”至“我将为尔求火也”为一篇，从“东孟之会”至“圣人之计也”为另一篇。鲍本将以上两篇合为一篇。据文义，从鲍本合为一篇。

谓郑王曰：“昭釐侯，一世之明君也；申不害，一世之贤士也。韩与魏敌侔之国也，申不害与昭釐侯执珪而见梁君，非好卑而恶尊也，非虑过而议失也。申不害之计事，曰：‘我执珪于魏，魏君必得志于韩，必外靡① 于天下矣，是魏弊矣。诸侯恶魏必事韩，是我免② 于一人之下，而信③ 于万人之上也。夫弱魏之兵，而重韩之权，莫如朝魏。’昭釐侯听而行之，明君也；申不害虑事而言之，忠臣也。今之韩弱于始之韩，而今之秦强于始之秦④。今秦有梁君之心矣，而王与诸臣不事为尊秦⑤ 以定韩者，臣窃以为王之明为不如昭釐侯，而王之诸臣忠莫如申不害也。

① **鲍本**靡,蔑视之。正曰:靡,散也,忙皮反。补曰:昭釐侯朝魏,见《魏策》。 ② **鲍本**“免”作“俛”。〇 补曰:此书“免”、“俛”通。 ③ **鲍本**平。 ④ **鲍本**补曰:《孔丛子》,“韩与魏有隙,子顺谓韩王曰:‘昭釐侯,一世之明君也;申不害,一世之贤相也。韩与魏敌侔之国,而釐侯执珪见梁君者,非好卑而恶尊,虑过而计失也。与严敌为邻而动有灭亡之忧,独动不能支二难,故降心以相从,屈己以求存也。申不害虑事而言,忠臣也。昭釐侯听而行之,明君也。今韩弱于始之韩,魏均于始之魏,秦强于始之秦,而背先人之旧好,以区区之众,居二敌之间,非良策也。齐、楚远而难恃,秦、魏呼吸而至,舍近而求远,是以虚名自累,而不免近敌之困者也。为王计者,莫如除小忿,全大好也。吴、越之人,同舟济江,中流遇风波,其相救如左右手者,所患同也。今不恤所同之患,是不如吴、越之舟人也。’韩王曰:‘善。’”按此文与《策》上文略同,其下则异。子顺之言,主除忿全好,《策》文主尊秦,非子顺意也。今全录以俟考者。 ⑤ **鲍本**不以尊秦为事。

“昔者,穆[①]公一胜于韩原[②]而霸西州[③],晋文公一胜于城濮而定天下[④],此以一胜立尊[⑤]令[⑥],成功名于天下。今秦数世强矣,大胜以千[⑦]数,小胜以百数,大之不王,小之不霸,名尊无所立,制令无所行[⑧],然而《春秋》用兵者,非以求主尊成名[⑨]于天下也[⑩]。昔先王之攻,有为名者,有为实者。为名者攻其心[⑪],为实者攻其形[⑫]。昔者,吴与越战,越人大败,保于会稽之上。吴人入越而户抚之[⑬]。越王使大夫种行成于吴,请男为臣,女为妾,身执禽[⑭]而随诸御[⑮]。吴人果听其辞,与成而不盟,此攻其心者也。其后越与吴战,吴人大败,亦请[⑯]男为臣,女为妾,反以越事吴之礼事越。越人不听也,遂残吴国而禽夫差,此攻其形者也。今将攻其心乎,宜使如吴;攻其形乎,宜使如越。夫攻形不如越,而攻心不如

吴，而君臣、上下、少长、贵贱，毕呼霸王，臣窃以为犹之井中而谓曰：'我将为尔求火也。'

①**鲍本**"穆"上补"秦"字。○ ②**鲍本**《晋记》"毙于原"注，晋韩原。《后志》，在冯翊夏阳。补曰：《左氏》僖十五年《传》，在同州韩城。 ③**鲍本**犹言西方。 ④**姚本**曾改"子"作"下"。 **鲍本**"下"作"子"。○ 僖二十八年。 ⑤**鲍本**尊，谓霸。 ⑥**鲍本**令，谓使。正曰："立尊令"句。⑦**鲍本**"千"作"十"。○ **札记**丕烈案："十"字是也。 ⑧**鲍本**诸侯不从其令。 ⑨**鲍本**"名"作"王"。○ ⑩**鲍本**言志于尊王而已。 ⑪**鲍本**使其心服而已。 ⑫**鲍本**形，在外者，谓地与民。 ⑬**鲍本**遍至其家抚安之。 ⑭**鲍本**禽，鸟，小鸷也。正曰：执禽鸟服役。 ⑮**鲍本**吴之执事者。⑯**鲍本**"请"作"谓"。○

"东孟之会[①]，聂政、阳坚[②]刺相兼君。许异[③]蹴[④]哀[⑤]侯而殪之，立以为郑君。韩氏之众无不听令者，则许异为之先也。是故哀侯为君，而许异终身相焉[⑥]。而韩氏之尊许异也，犹其尊哀侯也。今日[⑦]郑君不可得而为[⑧]也，虽终身相之焉，然而吾弗为云者，岂不为过谋哉[⑨]！昔齐桓公九合诸侯，未尝不以周襄王之命。然则虽尊襄王，桓公亦定霸矣。九合之尊桓公也[⑩]，犹其尊襄王也。今日天子不可得而为也，虽为桓公吾[⑪]弗为云者，岂不为过谋而不知尊哉[⑫]！韩氏之士数十万，皆戴哀侯以为君，而许异独取相焉者，无他[⑬]；诸侯之君，无不任事于周室也，而桓公独取霸者，亦无他也[⑭]。今强国将有帝王之亹[⑮]，而以国先者，此桓公、许异之类也。岂可不谓善谋哉？夫先与强国之利，强国能王，则我必为之霸；强国不能王，则可以辟[⑯]其兵，使之无伐我。然则强国事成，则我立[17]帝而霸；强国之事不成，犹之厚德我也。今[18]与强国，强国[19]之事成则有福，不成则无患，然则先与强国者，圣人之计也。"[20]

① **鲍本**补曰：姚及一本自为一章，恐非。 ② **鲍本**坚，政之副，犹秦舞阳。正曰：说见前。 **札记**丕烈案：此在《东周策》。 ③ **鲍本**韩人。④ **鲍本**"蹴"作"蹵"。〇 蹵，犹留侯蹑汉王足，盖使之佯死。补曰："蹵"，一本作"蹴"，字通。《说文》，蹴，蹑也；蹑，蹈也。 ⑤ **鲍本**"哀"作"列"。〇下同。补曰："哀"、"列"二字，讹舛不明，且从本文读之而已。 **札记**丕烈案：鲍改非也，吴补亦未是。说在前。 ⑥ **鲍本**补曰：按哀侯既弑，则无终身相之事。以为列侯，则又非阳坚为贼之事。 ⑦ **鲍本**补曰：一本"日"作"曰"。 ⑧ **鲍本**"为"，去音，谓蹵之。正曰：下文"天子不可得而为"与此仝，则"为"当如字。 ⑨ **鲍本**言无前日之难而可以久相，而曰不为者，过也。 ⑩ **鲍本**侯之与九合者。 ⑪ **鲍本**"吾"上补"然而"二字。〇 ⑫ **鲍本**此欲其尊秦。 ⑬ **鲍本**"他"下有"也"字。〇 ⑭ **鲍本**知所尊而已。⑮ **鲍本**谓秦。 ⑯ **鲍本**"辟"作"避"。〇 补曰：一本"避"作"辟"，当音闢。 **札记**丕烈案：凡"辟"音"避"者，鲍本多作"避"。此非异本，亦不音闢，吴说皆未是。 ⑰ **鲍本**立，言彼为帝，由我尊之。 ⑱ **鲍本**今，谓韩。⑲ **姚本**曾、刘无下"强国"两字。 ⑳ **鲍本**正曰：此《策》时不可考。其说虽多，务尊强国而已，非善谋也。"为名"、"为实"、"为尔"、"为之先"之"为"，去声。

韩阳役于三川而欲归

韩阳役于三川[1]而欲归，足强[2]为之说韩王曰："三川服矣，王亦知之乎？役且共贵公子[3]。"王于是召诸公子役于三川者而归之。[4]

① **鲍本**征伐之役。 ② **鲍本**韩人。 ③ **鲍本**役，役人。公子，谓阳等辈。贵，言立之为君。 ④ **鲍本**正曰：时不可考。

秦大国

秦，大国也。韩，小国也。韩甚疏秦。然而见亲秦，计之[①]，非金无以[②]也[③]，故卖美人。美人之贾贵，诸侯不能买，故秦买之三千金。韩因以其金事秦，秦反得其金与韩之美人。韩之美人因言于秦曰："韩甚疏秦[④]。"从是观之，韩亡[⑤]美人与金[⑥]，其疏秦乃始[⑦]益明。故客有说韩者曰："不如止淫[⑧]用，以是为金以事秦，是金必行，而韩之疏秦不明。美人知内行者也[⑨]，故善为计者，不见[⑩]内行。"

① **鲍本**"而"上无"然"字，"计"上补"韩"字。○ 为秦所亲。补曰：一本"然而"。正曰："然而"止"以也"句。"计之"恐当作"之计"，谓见亲于秦之计，非金无以为亲。 **札记**今本"计"上有"韩"字，乃误涉鲍也，鲍补"韩"字。丕烈案：依文自通，鲍补、吴正皆非。 ② **姚本**曾作"已"。 ③ **鲍本**金以事秦。 ④ **鲍本**美人怨韩卖之，又知韩之情。 ⑤ **鲍本**"亡"作"之"。○ ⑥ **鲍本**此两者。 ⑦ **鲍本**"始"下衍"于"字。○ 补曰：一本无，姚同。 ⑧ **鲍本**淫，侈也。 ⑨ **鲍本**谓国中隐事。 ⑩ **鲍本**见，显示之。补曰：见，贤遍反。正曰：时不可考。

张丑之合齐楚讲于魏

张丑之合齐、楚讲于魏也，谓韩公仲曰："今公疾攻魏之運[①]，魏急，则必以地和于齐、楚，故公不如勿攻也。魏缓则必战[②]。战胜，攻运而取之易矣[③]。战不胜，则魏且内之[④]。"公仲曰："诺。"张丑因谓齐、楚曰："韩已与魏矣[⑤]。以为不然，则蓋[6]观公仲之攻也。”公仲不攻[7]，齐、楚恐[8]，因讲于魏，而不告韩。

① **鲍本**“運”作“鄆”。○ 下同。《后志》，琅邪东莞有鄆亭。正曰：非魏地。運，未详。 ② **鲍本**与齐、楚战。 ③ **鲍本**胜则兵敝，又无齐、楚之助，韩可取运。 ④ **鲍本**内运于韩。 ⑤ **鲍本**与之讲。正曰：公仲事，当附襄王时。 ⑥ **姚本**三本同作“蓋”，一本作“盍”。 **鲍本**“蓋”作“盍”。○ ⑦ **鲍本**从丑之言。 ⑧ **鲍本**恐韩、魏合。

或谓韩相国

或[1]谓韩相国[2]曰：“人之所以善扁鹊者，为有臃肿也；使善扁鹊而无臃肿也，则人莫之为之也[3]。今君以所事[4]善平原君者，为恶于秦也[5]；而善平原君乃所以恶于秦也[6]。愿君之熟计之也。”

① **姚本**钱添“或”字。 **鲍本**无“或”字。○ ② **鲍本**公仲也。正曰：无考。未必釐王时。 ③ **鲍本**无为善之。 ④ **鲍本**谓王。 ⑤ **鲍本**以见恶于秦，故善之以支秦。 ⑥ **鲍本**秦以平原君难之，故恶之；而韩与之善，故亦恶韩。

公仲使韩珉之秦求武隧〔校一〕

〔校一〕姚本《公仲使韩珉之秦求武隧》《韩相公仲珉使韩侈之秦》和《客卿为韩谓秦王》连篇，鲍本分为三篇。据文义，从鲍本。

公仲使韩珉之秦求武隧[1]，而恐楚之怒也。唐客[2]谓公仲曰：“韩之事秦也，且以求武隧也，非弊邑之所憎也。韩已得武隧，其形乃可以善楚。臣愿有言，而不敢为楚计。今韩之父兄得众者毋相，韩不能独立，势必不[③]善楚。王曰[④]：‘吾欲以国辅韩珉而相之可乎？父兄恶珉，珉必以国保楚。’”公仲说[⑤]，士[⑥]唐客于诸公[⑦]，而使之主韩、楚之事。

① **鲍本**“隧”作“遂”。○ **札记**丕烈案：“隧”、“遂”同字。 ② **鲍本**楚人。 ③ **鲍本**衍“不”字。补曰：疑衍。 ④ **鲍本**唐客以楚怀言告公仲。 ⑤ **鲍本**初恐楚怒已使珉，今欲相珉，则不怒也。 ⑥ **姚本**钱作“仕”字。**鲍本**“士”作“仕”。○ ⑦ **鲍本**盖荐之于韩之大臣乃得仕。

韩相公仲珉使韩侈之秦

韩相公仲珉[①]使韩侈之秦，请攻魏，秦王[②]说之。韩侈在唐[③]，公仲珉死。韩侈谓秦王曰：“魏之使者谓后相韩辰曰：‘公必为魏罪韩侈。’韩辰曰：‘不可。秦王仕之，又与约事[④]。’使者曰：‘秦之仕韩侈也，以重公仲也。今公仲死，韩侈之秦，秦必弗入。入[⑤]，又奚为挟之以恨魏王[⑥]乎？’韩辰患之，将听之矣。今王不召韩侈，韩侈且伏于山中矣[⑦]。”秦王曰：“何意寡人如是之权[⑧]也！令安伏[⑨]？”召韩侈而仕之。

① **鲍本**衍“珉”字，下同。补曰：公仲、珉，《策》屡各见。此两言公仲珉，不可晓。公仲即公仲侈，此云公仲死，后韩侈云云，则韩侈别是一人也。文亦多难通，宜缺。 **札记**今本无“珉”字，乃误涉鲍也。 ② **鲍本**昭。③ **鲍本**晋阳注，《诗》唐国。正曰：唐，未详。 ④ **鲍本**言约攻魏。 ⑤ **姚本**曾有下“入”字。 **鲍本**无“入”字。○ 补曰：一本复有“入”字。⑥ **鲍本**昭。 ⑦ **鲍本**惧罪。 ⑧ **鲍本**权，犹变也。始说侈而今不入，是变也。补曰：权，未详，字疑有误。 ⑨ **鲍本**秦人。正曰：无考。 **札记**丕烈

案："令"当作"今"。上文云且伏于山中，故此问其今者方安所伏也。鲍以为秦人，吴云"无考"，皆误甚。

客卿为韩谓秦王

客卿[①]为韩谓秦王[②]曰："韩珉之议，知其君不知异君，知其国不知异国。彼公仲者，秦势能诎[③]之。秦[④]之强，首[⑤]之者，珉为疾矣[⑥]。进齐、宋之兵至首坦[⑦]，远薄梁郭，所以不及[⑧]魏者，以为成[⑨]而过南阳之道，欲以四国[⑩]西首也。所以不者[⑪]，皆曰以[⑫]燕亡于齐[⑬]，魏亡于秦[⑭]，陈、蔡亡于楚[⑮]，此皆绝地形[⑯]，群臣比周以蔽其上，大臣为诸侯轻国也。今王位正[⑰]，张仪之贵，不得议公孙郝[⑱]，是从臣不事大臣也[⑲]；公孙郝之贵，不得议甘戊[⑳]，则大臣不得事近臣[㉑]矣[㉒]。贵贱不相事，各得其位，辐凑以事其上，则群臣之贤不肖，可得而知也。王之明一也。公孙郝尝疾齐、韩[㉓]而不加贵[㉔]，则为大臣不敢为诸侯轻国矣。齐、韩尝因公孙郝而不受，则诸侯不敢因群臣以为能矣。外内不相为，则诸侯之情伪可得而知也。王之明二也[㉕]。公孙郝、樗里疾请无攻韩，陈四辟去[㉖]，王犹攻之也[㉗]。甘茂约楚、赵[㉘]而反敬魏[㉙]，是其講我[㉚]，茂且攻宜阳，王犹校之也[㉛]。群臣之知，无几[㉜]于王之明者，臣故愿公仲之国以[㉝]侍[㉞]于王，而无自左右也[㉟]。"

① **鲍本**韩。 ② **鲍本**武。 ③ **鲍本**诎，贬下也。 ④ **鲍本**"秦"上补"以"字。〇 ⑤ **鲍本**首，言以兵向之。 ⑥ **鲍本**珉者，公仲所善。公仲受兵，则珉病。正曰：珉之议为其国之病也。 ⑦ **姚本**曾作"垣"。 **鲍本**"坦"作"垣"。〇 韩进之。补曰：首垣，魏地。见《秦策》。 ⑧ **鲍本**"及"

作“反”。○　反，不合也。兵薄梁郭，疑于不合而合。补曰：一本“不及魏”，姚同，似义长。　⑨ **姚本**刘作“戍”。　**鲍本**成，平也，犹和。　⑩ **鲍本**韩、宋、齐、魏。　⑪ **鲍本**言欲攻秦而不果者。正曰：见下。　⑫ **鲍本**衍“以”字。　⑬ **鲍本**亡，谓丧地。补曰：前此四年，齐破燕。　⑭ **鲍本**《孟子》曰，西丧地。　⑮ **鲍本**此亡国也。　⑯ **鲍本**言其大小相绝，而四国轻以小敌大，故亡。正曰：“所以不者”，再申“不及魏”之说。燕、魏亡地于齐、秦，陈、蔡亡国于楚，则地形已绝，不可复通。韩、齐、宋之于魏，则不然。“绝地形”以下，当有缺文，引言秦事。　⑰ **鲍本**言武王能正贵贱之位。⑱ **鲍本**“郝”作“赫”，又改作“郝”。○　元作“赫”。下同。补曰：姚作“郝”。　⑲ **鲍本**从臣，谓仪；大臣，郝也。事，言不得干其事。正曰：见下。⑳ **鲍本**“戊”作“茂”。○　**札记**今本“戊”作“茂”。　㉑ **鲍本**近臣，谓茂。正曰：《大事记》，此秦武王未逐张仪前时事也。大臣、从臣之名，始见于此。大臣者，张仪、甘茂也；从臣者，公孙郝也。秦武不过防其交通，使之互相伺察而已。　㉒ **姚本**刘本作“也”。　㉓ **鲍本**言急于得二国。补曰：“疾”字恐有误。　㉔ **鲍本**贵，言不厚二国。正曰：言郝不加厚也。　㉕ **鲍本**补曰：王之明一也，申群臣比周蔽上之说；王之明二也，申大臣为诸侯轻国之说。　㉖ **鲍本**陈，军陈。以不攻，故解散。补曰：“四”，疑当作“而”。㉗ **鲍本**宜阳之役。　㉘ **鲍本**欲攻魏。　㉙ **鲍本**违其初约。　㉚ **鲍本**“反”作“攻”，“其講”作“且搆”。○　初约攻而反敬之，是欲与三国难我也。**札记**丕烈案：此有误字，鲍强为之说，吴亦然，皆未是也。　㉛ **鲍本**茂攻宜阳，可以赎前，若他人则置不检校。正曰：按《史》“茂攻宜阳，请约于魏”，此言在未攻宜阳之时，茂党魏者。楚、赵当时盖与魏不合，茂约结楚、赵而反其敬，魏且将构难于我，其欲攻宜阳，王犹检察之。以此二事，称王之明智。㉜ **鲍本**几，犹近。　㉝ **鲍本**“国以”作“以国”。○　补曰：当作“以国”。㉞ **鲍本**“侍”作“待”。○　待，待其命。　**札记**今本“侍”误“待”。　㉟ **鲍本**自，犹由也。欲秦王听己，勿用左右之说。正曰：谓公仲一心听王，不由左右。补曰：《大事记》引此《策》在韩襄二年、秦武元年。《解题》云，韩客谓向寿曰，“今王之爱习公也，不如公孙郝”。当时所谓从臣，指爱习而侍从者也。秦用其爱习为人主私人,其权至与大臣相抗,古无是也。愚谓,公孙郝挟韩而议大臣,必不得与而争于中,故此士欲王自听。公仲之待事而不由左右陈驾御之术,以稔强明猜忌之见尔。张仪出走,毁者固非一人,而茂攻宜阳,亦以奭为忧。大臣卒为从臣所胜,爱习真可畏哉。

韩珉相齐

韩珉相齐,令吏逐公畴竖[①],大[②]怒于周之留成阳君[③]也[④]。谓韩珉曰:“公以二人者为贤人也,所入之国,因用之乎？则不如其处小国[⑤]。何也？成阳君为秦去韩,公畴竖,楚王[⑥]善之。今公因逐之,二人者必入秦、楚,必为公患。且明公之不善于天下[⑦]。天下之不善公者,与欲有求于齐者,且收之,以临齐而市公。”

① **鲍本**齐人。正曰:无考。 ② **鲍本**“大”作“又”。○ ③ **鲍本**君本在齐,为秦善之,珉欲使之之秦,过周,周人留之,故怒。正曰:成阳君,韩人。鲍于《魏策》已言之。今因此言韩珉相齐而怒之,故又云君本在齐。又因《魏策》成阳君欲以韩、魏听秦,故生此说,皆非。 ④ **鲍本**无“也”字。○ ⑤ **鲍本**谓周。 ⑥ **鲍本**顷襄。正曰:无据。 ⑦ **鲍本**明,犹显示。二大国恶之,天下不能善也。

或谓山阳君

或[①]谓山阳君[②]曰:“秦封君以山阳[③],齐封君以莒。齐、秦非重韩则贤君之行也。今楚攻齐取莒,上及[④]不交齐,次弗纳于君[⑤],是棘齐、秦之威而轻韩也[⑥]。”山阳君因使之楚。

① **姚本**钱添入“或”字。 **鲍本**无“或”字。○ ② **鲍本**韩人。 ③ **鲍**

本兖州郡。 ④ **鲍本**无"及"字。○ ⑤ **鲍本**弗使人莒。 ⑥ **鲍本**棘，犹难也。楚攻齐，而不纳秦之所封，山阳又韩人，故云。正曰："棘"义未详，《诗》、《传》多训"急"。"楚攻"以下，本文自明。其时不可考。

赵魏攻华阳

赵、魏攻华阳，韩谒急于秦[①]。冠盖相望，秦不救[②]。韩相国[③]谓田苓曰："事急，愿公虽疾，为一宿之行。"田苓见穰侯，穰侯曰："韩急乎？何故使公来？"田苓对曰："未急也。"穰侯怒曰："是何以为公[④]之王使乎[⑤]？冠盖相望，告弊邑甚急，公曰未急，何也？"田苓曰："彼韩急，则将变矣。"穰侯曰："公无见王矣，臣请令发兵救韩。"八日中，大败赵、魏于华阳之下。[⑥]

① **鲍本**以急告也。 ② **鲍本**补曰：攻华阳事，见《魏策》。 ③ **鲍本**辰也。正曰：无考。 ④ **鲍本**公，犹国也，言其不任。 ⑤ **鲍本**"王"作"主"。○ **札记**丕烈案：《史记》作"主"。 ⑥ **鲍本**《记》二十三年有。补曰：与前章张翠说同。

秦招楚而伐齐〔校一〕

〔校一〕此篇鲍本在《楚策》。

秦招楚而伐齐，冷向[①]谓陈轸曰："秦王[②]必外向[③]。楚之齐者[④]知西不合于秦，必且务以楚合于齐。齐、楚合，燕、赵不敢不听。齐以四国[⑤]敌秦，是齐不穷也[⑥]。"向曰："秦王诚必欲伐齐乎？不如先收于楚之齐者，楚之齐者先务以楚合于齐，则楚必即秦矣[⑦]。以强秦而有晋[⑧]、楚，则燕、赵不敢不听，是齐孤矣。向请为公说秦王。”[⑨]

① **鲍本**补曰：泠，平声。泠伦氏之后。 ② **鲍本**惠。 ③ **鲍本**言合他国，不一于楚。 ④ **鲍本**与齐善者。 ⑤ **姚本**三本同去“国”字。 ⑥ **鲍本**兵力不屈。 ⑦ **鲍本**秦能收楚之善齐者，则其初虽欲合齐、楚，今必背齐合秦。 ⑧ **鲍本**衍“晋”字。 ⑨ **鲍本**原在《韩策》。

韩氏逐向晋于周

韩氏逐向晋[①]于周，周[②]成恢为之谓魏王[③]曰：“周必宽而反[④]之，王何不为之先言，是王有[⑤]向晋于周也。”魏王曰：“诺。”成恢因为谓韩王曰：“逐向晋者韩也，而还之者魏也，岂如道[⑥]韩反之哉！是魏有向晋于周，而韩王失之也[⑦]。”韩王曰：“善。”亦因请复之。

① **鲍本**晋，周人，使周逐之。正曰：无据。 ② **鲍本**“周”下有“使”字。○ ③ **鲍本**安釐。正曰：无据。时不可考。 ④ **鲍本**反，谓还。 ⑤ **鲍本**有，言得其用。 ⑥ **鲍本**道，犹由。 ⑦ **鲍本**不反之则然。

张登请费緤

张登[①]請[②]费緤[③]曰：“请令公子年[④]谓韩王曰：‘费緤，西周讎之，东周宝之。此其家万金，王何不召之，以为三川之守。是緤以三川与西周戒也[⑤]，必尽其家以事王。西周恶之，必效先王之器以止王[⑥]。’韩王必为之[⑦]。西周闻之，必解子之罪，以止子之事。”[⑧]

① **鲍本**中山人。见其《策》。 ② **鲍本**“請”作“謂”。○ ③ **鲍本**韩人。 ④ **鲍本**“年”作“牟”。○ 补曰：一本“牟”作“年”。 **札记**今本“年”作“牟”。 ⑤ **鲍本**三川近西，西雠之，故緤有戒心。 ⑥ **鲍本**止韩勿使为守。 ⑦ **鲍本**此下登言其效也。 ⑧ **鲍本**守三川非緤之欲，登云云，解其罪耳。正曰：韩釐王元年，赵灭中山。《大事记》载韩、燕、中山称王，在周显王四十六年，当宣惠王十年。《中山策》有张登，去此时甚远。然此《策》本不可定为何王之世，鲍强附之。

安邑之御史死〔校一〕

〔校一〕此篇鲍本在《魏策》。

安邑之御史死，其次恐不得也。输[①]人为之谓[②]安[③]令曰：“公孙綦为人请御史于王，王曰：‘彼固有次乎[④]？吾难败其法[⑤]。’”因遽置之。[⑥]

① **鲍本**输，安邑里名。 ② **姚本**三本同，无“谓”字。 ③ **鲍本**“安”下补“邑”字。○ 补曰：宜有“邑”字。《大事记》有。 ④ **鲍本**无“乎”字。○ 补曰：一本“有次乎？吾难败其法，因遽置之。” ⑤ **鲍本**“其法”二字作“之”字。○ ⑥ **鲍本**令闻王言，故立其次。《大事记》、《前汉百官表》，监御史，秦官，掌监郡。此《策》云云，六国已遣御史监掌矣，非独秦也。正曰：魏都安邑，在惠王未徙大梁前，昭王十年献安邑于秦，章次不当在此。

魏王为九里之盟

魏王[①]为九里之盟[②]，且复天子[③]。房喜[④]谓韩王曰：“勿听之也，大国恶有[⑤]天子，而小国利之。王与大国弗听[⑥]，魏安能与小国立之。”

① **鲍本**安釐。 ② **鲍本**"里"作"重"。〇 九重，谓王城。欲城之，先盟其众。正曰：一本"九里"，《大事记》引之，姚同，说见后。 ③ **鲍本**赧四十二年，马犯请梁城周，有"复之"之语。正此二十三年。复，复其尊。正曰：按《周纪》"复之"之文，谓许梁以鼎事。《正义》，复，一音扶又反，非谓复王。《大事记》，按《韩非子》，魏惠公为臼里之盟，将复立天子，彭喜谓郑君曰，"君勿听"云云。《战国策》所载与此同，但止言魏王而不言惠王，以臼里为九里，以彭喜为房喜，以郑君为韩王。所谓将复立天子者，是时七国既称王，不以周为天子也。或者犹咎孟子劝诸侯行王道，何哉？盟不知何年，附载于慎靓王三年，魏惠王薨之前。按此《策》当属惠王。 **札记**丕烈案："九"、"臼"，"彭"、"房"，皆声之转也。"郑君"、"韩王"仝此。魏王，依彼知为惠王。 ④ **鲍本**韩人。 ⑤ **姚本**曾本作"恶有"。 ⑥ **鲍本**此言韩亦大国。

建信君轻韩熙

建信君[①]轻韩熙，赵敖为谓建信侯[②]曰："国形有之而存，无之而亡者，魏也[③]。不可无而从者，韩也[④]。今君之轻韩熙者，交善楚、魏也[⑤]。秦见君之交反善[⑥]于楚、魏也，其收韩必重矣。从则韩轻[⑦]，横则韩重[⑧]，则无从轻矣[⑨]。秦出兵于三川，则南围鄢，蔡、邵[⑩]之道不通矣。魏急[⑪]，其救赵必缓矣。秦举兵破邯郸，赵必亡矣。故君收韩，可以无亹。"

① **鲍本**赵人。 ② **鲍本**"侯"作"君"。〇 ③ **鲍本**赵、魏为邻，故其势如此。 ④ **鲍本**欲为从，必得韩。 ⑤ **鲍本**此为从者说也。从宜善韩，而善此二国者，非也。正曰：初无此意，但谓今君之轻韩熙，因交善于楚、魏故也。 ⑥ **鲍本**秦之志，常反诸国。补曰：一本"之交之善"。 ⑦ **鲍本**从必得韩，而反轻者，国小不得主从。 ⑧ **鲍本**最近秦故。 ⑨ **鲍本**韩以为轻。正曰：无从者轻，指赵言也。 ⑩ **鲍本**谓颍川鄢陵，汝南二蔡、邵陵。

⑪ **鲍本**上三邑皆近魏。正曰：鄢、许属魏者，《策》于魏多言许、鄢陵。

段产谓新城君[校一]

〔校一〕此篇鲍本在《秦策》。

段产[①]谓新城君[②]曰："夫宵行者能无为奸，而不能令狗无吠已。今臣处郎中[③]，能无议君于王，而不能令人毋议臣于君。愿君察之也。"[④]

① **鲍本**秦人。　② **鲍本**韩襄十二年注，芈戎也。　③ **鲍本**"郎"，"廊"同。《汉官表》注，主郎内诸官。正曰："廊"字通作"郎"，不谓"郎"为"廊"。郎中令，秦官，郎乃其属。此注在"郎中令"下，非郎职也。《大事记》谓是时郎中职已亲近。　④ **鲍本**原在《韩策》。《魏昭策》白圭语同。正曰：见下。

段干越人谓新城君[校一]

〔校一〕此篇鲍本在《秦策》。

段干[①]越人谓新城君曰："王良之弟子驾[②]，云取千里[③]马[④]，遇造父之弟子[⑤]。造父之弟子曰：'马不千里[⑥]。'王良弟子曰：'马，千里之马也；服，千里之服也[⑦]。而不能取千里，何也？'曰：'子纆[⑧]牵长。故纆牵于事，万分之一也，而难[⑨]千里之行。'今臣虽不肖，于秦亦万分之一也，而相国见臣[⑩]不释塞者[⑪]，是纆牵长也。"[⑫]

① **鲍本**凡段干皆魏人，今在秦。补曰：《史》注，段干，魏邑。《路史》，段干，李姓邑。初邑段，后邑干，因邑而氏。　② **鲍本**良，赵简子御。驾，马

在车下负轭。 ③ **鲍本**其言然。 ④ **姚本**一无此字。 ⑤ **鲍本**造父，周穆王之御，不得与王良同时。然学出于造父者，得称为其弟子，非必与之同时也。 ⑥ **鲍本**不能然。 ⑦ **鲍本**驾车，马四，两服在中央夹辕，两骖在旁。见《太叔于田》言马言服。马，岂骖耶？ ⑧ **鲍本**缨，索也，以牵马。 ⑨ **姚本**曾作“维”。 ⑩ **鲍本**戎未尝相，以其传国事称之。 ⑪ **鲍本**言障之于下，不解。 ⑫ **鲍本**亦在《韩策》。详二臣之言，则戎之宠少衰矣，故范雎得而间之。正曰：上章为议己者言，下章言相国之短于用己，皆不见芈戎宠衰之意，为秦亦无明征，当从旧次。难，去声。

战国策卷二十九

燕　一

鲍本燕　东有渔阳、右北平、辽西、辽东；西有上谷、代郡、雁门；南有涿郡之易、容城、范阳；北有新城、故安、涿县、良乡、新昌，及勃海之安次。乐浪、玄菟亦属焉。

苏秦将为从北说燕文侯

苏秦将为从[1]，北说燕文侯曰："燕东有朝鲜[2]、辽东[3]，北有林胡、楼烦[4]，西有云中、九原[5]，南有呼沱、易水[6]。地方二千余[7]里，带甲数十万，车七百乘，骑六千疋，粟支十年[8]。南有碣石、雁门[9]之饶，北有枣粟[10]之利，民虽不由田作，枣栗之实，足食于民矣。此所谓天府也。夫安乐无事，不见覆军杀将之忧，无过燕矣。大王知其所以然乎？夫燕之所以不犯寇被兵者，以赵之为蔽于南也。秦、赵五战[11]，秦再胜而赵三胜。秦、赵相弊，而王以全燕制其后，此燕之所以不犯难也。且夫秦之攻燕也，逾云中、九原，过代、上谷，弥埊踵道[12]数千里，虽得燕城，秦计固不能守也。秦之不能害燕亦明矣。今赵之攻燕也，发兴号令[13]，不至十日，而数十万之众，军于东垣矣[14]。度呼沱，涉易水，不至四五日，距国都矣。故曰，秦之攻燕也，战于千里之外；赵之攻燕也，战于百里之内。夫不忧百里之患，而重千里之外，计无过于此者。是故愿大王与赵从亲，天下为一，则国必无患矣。”

① **鲍本**此二十八年。 ② **鲍本**属乐浪。补曰：朝鲜，箕子所封，今高丽国。《索隐》云，音潮仙。 ③ **鲍本**并州郡。 ④ **鲍本**补曰：见《赵策》。 ⑤ **鲍本**属五原。补曰：《正义》云，云中郡城在林榆县东北。九原郡城在林榆县西界。二郡皆在胜州。 ⑥ **鲍本**出涿故安。补曰：呼沲。见前。《正义》云，易水源出易县西谷中之东，东南流与滹沱河合。《水经》，易水出涿郡故安县良乡西山。《大事记》引此二条。 ⑦ **鲍本**无“余”字。○ **札记**丕烈案：《史记》有。 ⑧ **鲍本**“十”作“二”。○ **札记**丕烈案：《史记》作“数”。《索隐》引《战国策》“十年”，“二”字误。 ⑨ **鲍本**并州郡。补曰：《正义》云，碣石山在平州，燕东南；雁门山在代，燕西南。 ⑩ **鲍本**“粟”作“栗”。○ **札记**今本“粟”作“栗”。丕烈案：“粟”字是也。 ⑪ **鲍本**补曰：设辞也。 ⑫ **鲍本**弥，犹亘。踵，犹系。正曰：踵，足后也。徐曰，犹言继踵也。 ⑬ **鲍本**“兴号”作“号出”。○ **札记**丕烈案：《史记》作“号出”。 ⑭ **鲍本**垣，谓城。正曰：《正义》云，东垣，赵之东邑，在恒州真定县南，故常山城。

燕王曰：“寡人国小，西迫强秦，南近齐、赵[①]。齐、赵，强国也[②]，今主君幸教诏之，合从以安燕，敬以国从。”于是赍苏秦车马金帛以至赵。[③]

① **鲍本**“南”作“促”。○ 补曰：一本“南近齐、魏”。 **札记**丕烈案：《史记》云，迫强赵，南近齐。此《策》文当有误。 ② **鲍本**无“也”字。○ 补曰：一本有“也”字。 ③ **鲍本**《传》在说诸国之初。

奉阳君李兑甚不取于苏秦

奉阳君李兑[①]甚不取于苏秦[②]。苏秦在燕，李兑因为苏秦谓奉阳君曰："齐、燕离则赵重，齐、燕合则赵轻。今君之齐[3]，非赵之利也。臣窃为君不取也。"

① **鲍本**衍"李兑"二字。　② **鲍本**《传》亦云。正曰：奉阳君李兑者，通封邑姓名言之也。苏秦当作苏代，因苏秦称奉阳君不说之语而讹也。此《策》有苏代为奉阳君说燕于赵以伐齐，奉阳君不听，乃入齐。即奉阳君不取苏秦之事也。李兑因为苏秦云云，此李兑二字误羡也。《大事记》以此章备载于苏秦说燕与赵合从之下。又据《古史》，谓肃侯时，奉阳君公子成实未亡，削去"捐馆"之语。愚尝辨苏秦所称奉阳君必别为一人。奉阳君实李兑，非公子成也。且此章知决为苏代者，其言曰，"燕弱国也，东不如齐，西不如赵"。又曰，"燕亡国之余"。此言正之、哙之役，昭王未破齐之时也。文公据全燕之盛，何得若此言哉？史迁谓，世言苏秦事多异，异时事有类者皆附之秦，则此类也。　③ **鲍本**谓以燕合齐。

奉阳君曰："何吾合燕于齐[1]？"

① **鲍本**问何以言然。

对曰："夫制于燕者苏子[1]也。而燕弱国也，东不如齐，西不如赵，岂能东无齐、西无赵哉？而君甚不善苏秦，苏秦能抱弱燕而孤于天下哉？是驱燕而使合于齐也。且燕亡国之余也[2]，其以权[3]立，以重外，以事贵[4]。故为君计，善苏秦则取[5]，不善亦取之，以疑燕、齐[6]。燕、齐疑，则赵重矣。齐王[7]疑苏秦，则君多资[8]。"

① **鲍本**言其制燕。　② **鲍本**惠公六年，大夫诛其姬，而惠公奔齐。

齐、晋入之，至而卒。正曰：《史·年表》，燕惠公欲杀公卿立幸臣，公卿诛幸臣，公恐，出奔齐。此事在周景王六年，至燕文公二十八年苏秦说燕之岁，为二百有五年，不应远举此事。此必齐破燕，昭王既立之时也。以此言知非苏秦约从时事。说亦见《赵策》。 ③ **鲍本**权，谓外与贵也。 ④ **鲍本**并谓齐、赵。正曰："以权立"者，谓燕破亡之余，太子平以权宜立。其势微弱，必重外，必事贵。外与贵，谓他国，齐、赵之属也。 ⑤ **鲍本**"取"下有"之"字。○ 取，言与之交。 ⑥ **鲍本**齐不善苏子，苏子在燕，而赵人取之，则齐疑燕合赵而外己。齐疑燕，燕亦不能信齐矣。 ⑦ **鲍本**宣。正曰：湣。 ⑧ **鲍本**疑其合燕于赵。

奉阳君曰："善。"乃使使与苏秦结交。①

① **鲍本**正曰：此策非文公时。

权之难燕再战不胜

权之难①，燕再战不胜，赵弗救。哙子②谓文公曰："不如以埊请合于齐，赵必救我。若不吾救，不得不事③。"文公曰："善。"令郭任以埊请讲于齐。赵④闻之，遂出兵救燕。⑤

① **鲍本**与齐战也。 ② **鲍本**文公孙子哙。 ③ **鲍本**燕、齐合，则赵轻。虽不救我，后必事我。 ④ **姚本**曾本更添"齐赵"二字。 ⑤ **鲍本**《齐策》此役言及魏冉，知为文公末年。补曰：《大事记》从鲍说。

燕文公时

燕文公时，秦惠王以其女为燕太子妇①。文公卒，易王立。齐宣王因燕丧攻之，取十城。

① **鲍本**文公二十年。正曰：《史》，二十八年。

武安君苏秦为燕说齐王，再拜而贺，因仰而吊[①]。齐王桉戈而却[②]曰："此一何庆吊相随之速也？"

① **鲍本**补曰：《索隐》曰，当时庆吊应有其辞，《史》不录耳。 ② **鲍本**却秦使退。

对曰："人之饥所以不食乌喙[①]者，以为虽偷充腹，而与死同患也。今燕虽弱小，强秦之少婿也。王利其十城，而深与强秦为仇。今使弱燕为雁行，而强秦制其后，以招天下之精兵[②]，此食乌喙之类也。"

① **鲍本**《本草》，乌头，一名"天雄"。 ② **鲍本**此言秦兵为天下精。

齐王曰："然则奈何[①]？"

① **鲍本**"何"下有"乎"字。○

对曰："圣人之制事也，转祸而为福，因败而为功。故桓公负妇人而名益尊[①]，韩献开罪而交愈固[②]，此皆转祸而为福，因败而为功者也。王能听臣，莫如归燕之十城，卑辞以谢秦。秦知王以己之故归燕城也，秦必德王。燕无故而得十城，燕亦德王。是弃强仇而立厚交也。且夫燕、秦之俱事齐，则大王号令天下皆从。是王以虚辞附秦，而以十城取天下也。此霸王之业矣[③]。所谓转祸为福，因败成功者也。”

① **鲍本**齐桓公也，好内而霸。正曰：《齐伐宋》章，苏代曰，智者之举事也，转祸而为福，因败而成功。齐人紫败素也，而贾十倍。《正义》引《韩子》云，齐桓公好服紫，一国尽服紫，当时十素不得一紫，取恶素帛染为紫，其贾十倍。按二章所称，文意正同。盖紫者妇人之服，紫败素得厚利，所谓名益尊也。　② **鲍本**宣十二年，楚伐郑，许之平。晋救之。荀桓子欲还，彘子不可。韩献子谓桓子，“彘子以偏师陷，子罪大矣，不如进也”。战于邲，晋败绩。成十三年，献子将下军，孟献子曰，“晋师乘和，必有大功”。十六年，战于鄢陵，楚败绩。　③ **鲍本**衍“矣”字。

齐王大说，乃归燕城。以金千斤谢其后，顿首涂中[①]，愿为兄弟而请罪于秦。[②]

① **鲍本**涂，泥也。自卑之甚。　② **鲍本**《传》有。

人有恶苏秦于燕王者

人有恶苏秦于燕王者，曰：“武安君，天下不信人也。王以万乘下之，尊之于廷，示天下与小人群也。”

武安君从齐来，而燕王不馆[①]也。谓燕王曰：“臣东周之鄙人也，见足下[②]身无咫尺之功，而足下迎臣于郊，显臣于廷。今臣为足下使，利得十城，功存危燕，足下不听臣者，人必有言臣不信，伤臣于王者。臣[③]之不信，是足下之福也。使臣信如尾生，廉如伯夷，孝如曾参，三者天下之高行，而以事足下，不[④]可乎？”燕王曰：“可。”曰：“有此，臣亦不事足下矣。”

① **姚本**曾本云,《史》作"不官"。 ② **鲍本**初见时。 ③ **鲍本**"臣"上有"且"字。〇 ④ **鲍本**无"不"字。〇

苏秦曰①:"且夫孝如曾参,义不离亲一夕宿于外,足下安得使之之齐?廉如伯夷,不取素②飡③,污武王之义而不臣焉④,辞孤竹⑤之君,饿而死于首阳之山⑥。廉如此者,何肯步行数千里,而事弱燕之危主乎?信如尾生,期而不来⑦,抱梁柱而死⑧。信至如此,何肯楊⑨燕、秦⑩之威于齐而取大功乎哉?且夫信行者,所以自为也,非所以为人也。皆自覆⑪之术,非进取之道也。且夫三王代兴,五霸迭盛,皆不自覆也。君以自覆为可乎?则齐不益于营丘⑫,足下不逾楚境⑬,不窥于边城之外。且臣有老母于周,离老母而事足下,去自覆之术,而谋进取之道,臣之趣固不与足下合者。足下皆自覆之君也,仆者进取之臣也,所谓以忠信得罪于君者也。"

① **鲍本**衍"苏秦曰"三字。 ② **鲍本**《诗》注,素,空也。 ③ **鲍本**"飡"作"飧"。〇 ④ **鲍本**无"焉"字。〇 **札记**丕烈案:焉,于也,属下读,鲍无者非。 ⑤ **鲍本**《尔雅》,孤竹,四荒中北国。汉属辽西令支。 ⑥ **鲍本**《伯夷传》注,在蒲坂华山之北,河曲之中。 ⑦ **鲍本**《传》言与女子期。⑧ **姚本**《史记》,"信如尾生,与女子期于梁下,女子不来,水至不去,抱柱而死"。 ⑨ **鲍本**"楊"作"揚"。〇 **札记**今本"楊"作"揚"。 ⑩ **鲍本**补曰:燕、秦,"秦"字疑衍。 **札记**丕烈案:上文有其事,吴说误也。 ⑪ **鲍本**覆,犹庇护也,自护其名。 ⑫ **鲍本**即北海营陵。太公所封。 ⑬ **鲍本**衍"楚"字。正曰:此正以燕、楚相达言之。

燕王曰:“夫忠信,又何罪之有也?”

对曰:“足下不知也。臣邻家有远为吏者,其妻私人。其夫且归,其私之者忧之。其妻曰:‘公勿忧也,吾已为药酒以待之矣。’后二日,夫至。妻使妾奉卮酒进之。妾知其[①]药酒也,进之则杀主父,言之则逐主母,乃阳僵弃酒。主父大怒而笞[②]之。故妾一僵而弃酒[③],上以活主父,下以存主母也[④]。忠至如此,然不免于笞,此以忠信得罪者也。臣之事,适不幸而有类妾之弃酒也。且臣之事足下,亢义[⑤]益国,今乃得罪,臣恐天下后事足下者,莫敢自必也。且臣之说齐,曾不欺之也。使之[⑥]说齐者,莫如臣之言也,虽尧、舜之智,不敢取也[⑦]。”

① **鲍本**“其”下有“为”字。○ ② **鲍本**笞,击也。 ③ **鲍本**“故妾一僵而弃酒”作“妾之弃酒”。○ **札记**丕烈案:《史记》作“故妾一僵而覆酒”。 ④ **鲍本**补曰:阳僵覆酒事,亦见《列女传》,云周室大夫妻。一本“故妾一僵而弃酒”。 ⑤ **鲍本**亢,高极也。言高其义。 ⑥ **鲍本**衍“之”字。 ⑦ **鲍本**言无成功者,虽圣智不足取也。按,《秦传》有而略。补曰:此与后章《苏代谓燕昭王》章同。惟中一段,彼言燕欲伐齐事为异,记者或有差互,不可考也。人言秦不信,故秦言己之不信,乃足下之福,如尾生亦无益,谓守行义不成功名者之不足贵也。又曰,仆所谓以忠信得罪,则又以信自待公为反复,以诳时君而莫有诘之者也。

张仪为秦破从连横谓燕王

张仪为秦破从连横,谓燕王曰[①]:“大王之所亲,莫如赵。昔赵王[②]以其姊为代王妻,欲并代,约与代王遇于句注[③]之塞。乃令工人作为金斗,长其尾[④],令之可以击人。与代王饮，而阴告厨人曰：'即酒酣乐，进热歠[5]，即因反斗击之。'于是酒酣乐进取热歠。厨人进斟羹[6]，因反斗[7]而击之[8]，代王[9]脑涂地[10]。其姊闻之，摩笄[11]以自刺也。故至今有摩笄之山[12]，天下莫不闻。[13]

① **鲍本**补曰：仪说在昭元年。 ② **鲍本**"王"作"主"。○ 襄子也。正曰：《魏策》称襄子谓"襄王"，即此类。 **札记**丕烈案：《史记》作"襄子"。③ **鲍本**补曰：句注，见《赵策》。 ④ **鲍本**补曰：《索隐》云，凡方者为斗，若安长柄则名枓。尾即斗之柄，其形若刀者是也。按韵书，"枓"、"斗"音同。《索隐》皆云斗。 ⑤ **鲍本**饮也。 ⑥ **鲍本**斟，注也。补曰：即酒酣乐，读；进热歠，句。于是酒酣乐进取热歠，句。正曰：《索隐》云，热而啜之，是羹也。斟，谓羹汁，故名汁曰"斟"。 ⑦ **鲍本**补曰：《正义》云，反斗，倒柄击也。 ⑧ **鲍本**无"之"字。○ ⑨ **鲍本**"代王"下有"杀之王"三字。○⑩ **鲍本**涂，犹污。补曰：一本"反斗而击之，代王脑涂地"。 **札记**丕烈案：《史记》作"以击代王，杀之，王脑涂地"。 ⑪ **鲍本**笄，簪也。 ⑫ **鲍本**补曰：《正义》云，摩笄山在蔚州飞狐县东北百五十里。 ⑬ **鲍本**补曰：事亦见《赵世家》。《大事记》，元王元年，晋赵无恤灭代。《解题》，代，北狄之别种也，其国在今蔚州。《史记》误以简子卒在贞定王十一年，十二年灭代，今从《外纪》。《古史》又云，襄子夏屋之役（见《史记》），行如虎狼，盖生于兼并无亲之国，而承简子贪暴之规，遂以为临大利，决大计，非用仁义之所也。

"夫赵王[1]之狼戾无亲[2]，大王之所明见知也。且以赵王为可亲邪？赵兴兵而攻燕，再围燕都而劫大王[3]，大王割十城乃郤以谢。今[4]赵王已入朝渑池，效河间以事秦。大[5]王不事秦，秦下甲云中、九原，驱赵而攻燕，则易水、长城非王之有也[6]。且今时赵之于秦，犹郡县也，不敢妄兴师以征伐。今大王事秦，秦王[⑦]必喜，而赵不敢妄动矣。是西有强秦之援，而南无齐、赵之患，是故愿大王之熟计之也。”

① **鲍本**武灵。 ② **鲍本**暴戾如狼。 ③ **鲍本**《赵》、《燕记》皆不书。 ④ **鲍本**无“今”字。〇 补曰：一本“今赵王”。 **札记**丕烈案：《史记》有。 ⑤ **鲍本**“大”上有“今”字。〇 补曰：一本此句无“今”字。 **札记**丕烈案：《史记》有。 ⑥ **鲍本**济北卢注云，东至海，盖亦距燕云。正曰：易水见前章。《正义》云，长城在易州界。 ⑦ **鲍本**昭。

燕王曰：“寡人蛮夷辟处，虽大男子，裁[①]如婴儿，言不足以求正，谋不足以决事。今大客幸而教之，请奉社稷西面而事秦，献常山之尾[②]五城。”[③]

① **鲍本**补曰：裁，《史》注音在，仅也。 ② **鲍本**补曰：尾，犹末也。恒山之东。 ③ **鲍本**《传》有，在楚、韩、齐、赵后。彪谓：燕昭，贤智主也，非仪此说能震动。且人之性禀，有父子不相肖者，自襄至武灵七八传矣，而欲以其狼戾无亲例之，人岂信之哉？然而燕昭之听之也，卑甚。盖拊摩新附之民，势未可以有事，又诸国从之者众，故为卑辞以纾其国，是仪之横有天幸也。加之数年，收集缮治有其绪，则若云者固昭王之所乘而弃者。《史》言苏代复重燕，燕使约从如初，此昭王之素所畜积也。

宫他为燕使魏

宫他为燕使魏，魏不听，留之数月。客谓魏王[①]曰：“不听燕使何也？”曰：“以其乱也。”对曰：“汤之伐桀，欲其乱也。故大乱者可得其埊，小乱者可得其宝。今燕客[②]之言曰：‘事苟可听[③]，虽尽宝、地，犹为之也。’王何为不见？”魏王说，因见燕客而遣之。[④]

① **鲍本**哀。正曰：无考。 ② **鲍本**客，即他。 ③ **鲍本**补曰：《西周》等《策》有宫他，未知即此人否？“事苟可听”云云，语燕客之言，以利诱王，使见之也。 ④ **鲍本**彪谓：是客也，以邻国为壑者也，彼恶知所谓天下为度者乎？

苏秦死其弟苏代欲继之

苏秦死，其弟苏代欲继之，乃北见燕王哙曰[①]：“臣东周之鄙人也，窃闻王义甚高甚顺，鄙人不敏，窃释锄耨而干大王。至于邯郸，所闻于邯郸者，又高于所闻东周。臣窃负其志，乃至燕廷，观王之群臣下吏，大王天下之明主也[②]。”

① **札记**吴氏正曰，《大事记》云，皆说昭王之辞也。按《史记》误同。丕烈案：此《策》文本如此，今未可专辄。“奉阳君甚不取于苏秦”，亦然。 ② **鲍本**观其臣，知其主。

王曰：“子之所谓天下之明主者，何如者也？”

对曰：“臣闻之，明主者务闻其过，不欲闻其善。臣请谒王之过。夫齐、赵者，王之仇雠也；楚、魏者，王之援国也。今王奉仇雠以伐援国，非所以利燕也。王自虑此则计过。无以谏者，非忠臣也。”

王曰：“寡人之于齐、赵也，非所敢欲伐也[①]。”

① **鲍本**言虽知其雠，以其强，故奉之不敢伐。

曰："夫无谋人之心，而令人疑之，殆；有谋人之心，而令人知之，拙；谋未发而闻于外，则危。今臣闻王居处不安，食饮不甘，思念报齐[①]，身自削甲扎[②]，曰有大数矣[③]，妻自组甲絣[④]，曰有大数矣[⑤]，有之乎？"

① **鲍本**"念"作"齐"。○ 因丧见伐之怨。正曰：说误。见后。 ② **鲍本**札，牒也。甲之革缘如之。正曰：札，木简，牒之薄者。甲，用革缘之。《左》成十六年，养由基蹲甲而射之，彻七札焉。注，言能陷坚。札，侧滑反。 ③ **鲍本**无"曰有大数矣"五字。○ **札记**今本无"曰有大数矣"五字。今本乃误依鲍本删去也。 ④ **鲍本**絣，绵也。治之为组以穿札。正曰：景帝诏"纂组"注，组，今绶丝绦也。韵书，以绳直物曰絣。此谓编组穿甲之绳也。絣，悲萌反。鲍因《庄子》"洴澼絖"之文生义，不知彼字与此不同。 ⑤ **鲍本**补曰：一本"身自削甲扎，曰有大数矣"，与下文同。《大事记》引此。姚本同。 **札记**丕烈案：两"曰"字，皆读人质切。

王曰："子闻之，寡人不敢隐也。我有深怨积怒于齐，而欲报之二年[①]矣。齐者，我雠国也，故寡人之所欲伐也。直患国弊，力不足矣。子能以燕敌[②]齐，则寡人奉国而委之于子矣。"

① **鲍本**自即位至是。正曰："二年"字必误。 ② **鲍本**上"伐"作"报"，此"敌"作"报"。○ **札记**丕烈案：《史记》作"伐"。

对曰："凡天下之战国七，而燕处弱焉。独战则不能，有所附则无不重。南附楚则楚重，西附秦则秦重，中附韩、魏则韩、魏重。且苟所附之国重，此必使王重矣。今夫齐王[①]，长主也[②]，而自用也[③]。南攻楚五年，稸[④]积散。西困秦三年[⑤]，民憔瘁，士罢[⑥]弊。北与燕战，覆三军，获二将[⑦]。而又以其余兵南面而[⑧]举五千乘之劲宋[⑨]，而包十二诸侯。此其君之欲得也[⑩]，其民力竭也，安犹取哉[⑪]？且臣闻之，数战则民劳，久师[⑫]则兵弊。”

① **鲍本**闵。　② **鲍本**补曰：司马贞云，年长也。或谓齐强，故称长主。③ **鲍本**不如燕之附人。正曰：自恃其强也。　④ **鲍本**稸，亦“积”。⑤ **鲍本**为秦所困。正曰：秦为齐困。　⑥ **鲍本**罢，音疲。　⑦ **鲍本**《史》并不书。　⑧ **鲍本**“而”作“西”。〇　**札记**丕烈案：《史记》无。　⑨ **鲍本**举宋在齐闵二十八年、燕昭王二十六年，此时未举也。而下十一章，亦言齐以宋地封泾阳，盖《宋策》齐宣也，所拔五城。正曰：此言举五千乘之宋，非仅得其城邑而已，盖在灭宋之后明矣。下章包十二诸侯，即《史》所谓泗上诸侯、邹鲁之君皆称臣者。　⑩ **鲍本**得其欲。　⑪ **鲍本**言齐不可复攻取。⑫ **鲍本**师，兼不战言之。

王曰：“吾闻齐有清济、浊河，可以为固；有长城、巨防，足以为塞[①]。诚有之乎？”

① **鲍本**补曰：“清济”以下，说见《秦策》。

对曰：“天时不与，虽有清济、浊河，何足以为固？民力穷弊，虽有长城、巨防，何足以为塞？且异日也，济西不役[①]，所以备赵也；河北不师，所以备燕也[②]。今济西、河北，尽以役矣，封内弊矣。夫骄主必不好计，而亡国之臣贪于财。王诚能毋爱宠子、母弟以为质，宝珠玉帛以事其左右，彼且德燕而轻亡宋[3]，则齐可亡已。”

① **鲍本**不役者，养兵以备敌。 ② **鲍本**补曰：济西，济州以西也；河北，谓沧、博等州，在漯河之北者。《正义》云。 ③ **鲍本**轻者，易为之。然则前言举，未亡也。

王曰：“吾终以子[1]受命于天矣！”

① **鲍本**补“子”字。○ 补曰：一本有“子”字。姚同。 **札记**丕烈案：《史记》有。

曰：“内寇不与[1]，外敌不可距[2]。王自治其外[3]，臣自报其[4]内，此乃亡之之势也。”[5]

① **鲍本**寇，犹乱。与，犹和。 ② **鲍本**“距”作“拒”。○ 言不能制内，则不可以拒外。 ③ **鲍本**谓谋敌齐。 ④ **鲍本**谓乱于内。补曰：为燕间齐，敝其内也。 ⑤ **鲍本**彪谓：燕昭之举，实自代发之。正曰：《大事记》云，《战国策》载苏代说燕之辞，误以为哙，使哙能有志如是，岂至覆国乎？论其世，考其事，皆说昭王之辞也。按，《史记》误同。

燕王哙既立

燕王哙既立，苏秦死于齐。苏秦之在燕也，与其相子之为婚，而苏代与子之交。及苏秦死，而齐宣王[1]复用苏代。

① **鲍本**“宣”作“闵”。○ 下并同。正曰：《通鉴》、《大事记》，赧王二年，齐湣王元年，齐伐燕。子之、子哙死，在赧王元年，正宣王时事。《策》与

《孟子》合，甚明。辨见《秦策》。　**札记**丕烈案：《史记》亦是"宣"字。

燕哙三年，与楚、三晋攻秦，不胜而还。子之相燕，贵重主断。苏代为齐使于燕，燕王问之曰："齐[1]宣王何如？"对曰："必不霸。"燕王曰："何也？"对曰："不信其臣。"苏代欲以激燕王以厚任子之也。于是燕王大信子之。子之因遗苏代百金，听其所使。

① **鲍本**衍"宣"字。　**札记**丕烈案：此追称，群书多矣。《史记》无，然不必衍。

鹿毛寿[1]谓燕王曰："不如以国让子之。人谓尧贤者，以其让天下于许由，由必不受，有让天下之名，实不失天下。今王以国让相子之，子之必不敢受，是王与尧同行也。"燕王因举国属[2]子之，子之大重。

① **鲍本**鹿，盖巨鹿，寿之所居。补曰：徐广云，一作"厝毛"。甘陵县本名厝，音昔。《索隐》云，《春秋后语》亦作"厝"。《韩子》作潘寿。　② **鲍本**属，犹付与。

或曰："禹授益而以启为吏[1]，及老，而以启为不足任天下，传之益也。启与支[2]党攻益而夺之天下，是禹名传天下于益[3]，其实令启自取之。今王言属国子之，而吏无非太子人者，是名属子之，而太子用事。"王因收印自三百石[4]吏而效之子之。子之南面行王事，而哙老[5]不听政，顾为臣，国事皆决子之。

① **鲍本**"启"下有"人"字。○ 以启臣为益吏。 **札记**丕烈案：有者当是。《韩子》、《史记》正有"人"字。《索隐》曰，人，犹臣也。下文"而吏无非太子人者"可证。 ② **鲍本**"支"作"友"。○ **札记**丕烈案：《韩子》作"友"，《史记》作"交"。 ③ **鲍本**"益"下有"也"字。○ 补曰：一本无"也"字。 **札记**丕烈案：《韩子》、《史记》无。 ④ **鲍本**"石"上有"里"字。○ 补曰：《大事记》，以石计禄，始见于此。 ⑤ **鲍本**以老自休。

子之三年，燕国大乱，百姓恫怨。将军市被、太子平谋，将攻子之。储子①谓齐宣王："因而仆之，破燕必矣。"王因令人谓太子平曰："寡人闻太子之义，将废私而立公，饬②君臣之义，正父子之位。寡人之国小，不足先后③。虽然，则唯太子所以令之。"

① **鲍本**见《离娄下》。正曰：何以知即此人？ ② **鲍本**饬，戒也，犹正。③ **鲍本**补曰：《正义》云，"先后"并去声。

太子因数党聚众，将军市被围公宫，攻子之，不克；将军市被及百姓乃反攻太子平。将军市被死已①殉，国构难数月，死者数万众，燕人恫怨②，百姓离意。

① **鲍本**"已"作"以"。○ ② **鲍本**"怨"作"恐"，又改作"怨"。○ **札记**丕烈案：《史记》作"恐"。

孟轲谓齐宣王曰："今伐燕，此文、武之时，不可失也①。"

王因令章子将五都[②]之兵，以因北地[③]之众以伐燕。士卒不战，城门不闭，燕王哙死。齐大胜燕，子之亡。二年[④]，燕人立公[⑤]子平，是为燕昭王。[⑥]

① **鲍本**补曰：此当时所谓孟子劝齐伐燕者也。使无《孟子》之书，则人将此言之信乎？要之圣贤决无是事也。推此，则凡后世之诬罔圣贤而无征者可知。　② **鲍本**都，大邑。补曰：《索隐》云，五都，即齐也。临淄是五都之一。　③ **鲍本**齐之北，近燕。　④ **鲍本**"年"下有"而"字。○　**札记**丕烈案：《史记》有"而"字。　⑤ **鲍本**"公"作"太"。○　补曰：当作"太"，《史》有。　⑥ **鲍本**《记》三年有。彪谓：王哙，七国之愚主也，惑苏代之浅说，贪尧之名，恶禹之实，自令身死国破，盖无足算。齐闵所以请太子者，近于兴灭继绝矣。而天下不以其言信其心，盖名实者天下之公器也，岂可以虚称矫举而得哉？故齐闵之胜，适足以动天下之兵，而速临淄之败也。正曰：《大事记》云，之、哙安知所谓尧、舜者哉？彼子之之徒，借是名以篡国。子哙特为说客所愚耳。方子之未得国也，则说以尧让许由，由不受，有让天下之名，实不失天下。哙于是乎以燕让。及子之既得国也，则又说以禹不如尧，荐益而以启人为吏，已而攻益夺其国。哙于是乎收三百石吏以上而效之。其愚至此，尚足论乎？后世因此，遂有不可慕虚名受实祸之论。是论肆行，则利禄之外，无非虚名；妨吾利禄者，无非实祸，人纪灭矣！此君子之所惧也！欲不惑者，其唯知实理乎？

初苏秦弟厉因燕质子而求见齐王〔校一〕

〔校一〕姚本此篇与《燕王哙既立》连篇，鲍本则分为两篇。而文中《苏代过魏》下，姚本另分一篇，鲍本则与此篇合为一篇。据文义，均从鲍本。

初，苏秦弟厉因燕质子而求见齐王[①]。齐王怨苏秦[②]，欲囚厉，燕质子为谢乃已，遂委质为臣。

① **鲍本**闵。　② **鲍本**秦为燕谋齐故。

燕相子之与苏代婚，而欲得燕权，乃使苏代持[①]质子于齐。齐使代报燕，燕王哙问曰："齐王其伯也[②]乎？"曰："不能。"曰："何也？"曰："不信其臣。"于是燕王专任子之，已而让位，燕大乱。齐伐燕，杀王哙、子之。燕立昭王。而苏代、厉遂不敢入燕，皆终归齐，齐善待之。

① **鲍本**"持"作"侍"。○　补曰：《史》作"侍"。　**札记**丕烈案：《世家·索隐》引此《策》文正作"侍"。　② **鲍本**无"也"字。○

苏代过魏，魏为燕执代。齐使人谓魏王[①]曰："齐请以宋封泾阳君，秦不受。秦非不利有齐而得宋埊也，不信齐王与苏子也。今齐、魏不和，如此其甚，则齐不欺秦[②]。秦信齐，齐、秦合，泾阳君有宋地，非魏之利也。故王不如东苏子[③]，秦必疑而不信苏子矣[④]。齐、秦不合，天下无变[⑤]，伐齐之形成矣[⑥]。"于是出苏伐[⑦]之宋，宋善待之。[⑧]

① **鲍本**哀。正曰：襄。　② **鲍本**秦所以不信齐，疑其合魏也。③ **鲍本**使归齐。　④ **鲍本**疑其合齐、魏。　⑤ **鲍本**五国无秦之兵。⑥ **鲍本**时齐、魏相恶，故云。　⑦ **鲍本**"伐"作"代"，"代"下又补"代"字。○　补曰：《史》复有"代"字。　**札记**今本"伐"作"代"。　⑧ **鲍本**补曰：此《策》自"苏代过魏"以下，又见《魏策》，疑自为一章而复出，姚本别提行。

燕昭王收破燕后即位

燕昭王收破燕后即位，卑身厚币，以招贤者，欲将以[①]报雠。故往见郭隗[②]先生曰："齐因孤国之乱，而袭破燕。孤极知燕小力少[③]，不足以报。然得贤士与共国，以雪先王之耻，孤之愿也[④]。敢问以国报雠者奈何？"

① **鲍本**无"以"字。〇　补曰：一本此有"以"字。姚同。　② **鲍本**补曰：五罪反。　③ **鲍本**无"少"字。〇　补曰：一本此有"少"字。姚同。④ **鲍本**《记》有此文。

郭隗先生对曰："帝者与师处，王者与友处，霸者与臣处，亡国与役[①]处。诎指[②]而事之，北面而受学，则百己者至。先趋而后息[③]，先问而后嘿，则什己者至。人趋己趋[④]，则若己者至。冯[⑤]几据杖，眄视指使，则厮[⑥]役之人至。若恣睢[⑦]奋击，呴籍叱咄[⑧]，则徒隶之人至矣。此古服[⑨]道致士之法也。王诚博选国中之贤者，而朝其门下，天下闻王朝其贤臣，天下之士必趋于燕矣。"

① **鲍本**役，仆役。　② **鲍本**屈指也。正曰：屈指，犹言折节。　③ **鲍本**先彼而趋，后之而息。　④ **鲍本**无"己趋"二字。〇　补曰：一本"人趋己趋"，是。姚同。　⑤ **鲍本**冯，据也。　⑥ **鲍本**补曰：音斯。　⑦ **鲍本**睢，仰目。正曰：恣睢，暴戾也。《后・荀彧传》注，暴怒貌。睢，呼回反。《唐史》，音锥。　⑧ **鲍本**呴，呵；藉，践也。当从足。《集韵》，咄，呵也。正曰：呴，呼俱、呼具二反。咄，都活反。下言叱咄，上有呴字为复。呴藉，义亦不类，当是"跔藉"。见《韩策》，释为跳跃。此谓跳跃蹈藉也。　⑨ **鲍本**服，犹事，事有道者。

昭王曰："寡人将谁朝而可？"郭隗先生曰："臣闻古之君

人，有以千金求千里马者，三年不能得。涓人[①]言于君曰：'请求之。'君遣之。三月得千里马，马已死，买其首五百金，反以报君。君大怒曰：'所求者生马，安事死马而捐五百金？'涓人对曰：'死马且买之五百金，况生马乎？天下必以王为能市马，马今至矣。'于是不能期年，千里之马至者三[②]。今王诚欲致士，先从隗始；隗且见事，况贤于隗者乎？岂远千里哉？"

① **鲍本**谒者也。正曰：《楚世家》，铝人。见《国语》。韦昭云，今之中涓。《汉书》颜注，中涓，官名，居中而涓洁也。如淳云，主通书谒出入命也。② **鲍本**《记》无之。

于是昭王为隗筑宫而师之。乐毅自魏往，邹衍自齐往，剧辛自赵往，士争凑燕。燕王吊死问生，与[①]百姓同其甘苦。二十八年，燕国[②]殷富，士卒乐佚轻战。于是遂以乐毅为上将军，与秦、楚、三晋合谋以伐齐。齐兵败，闵王出走于外。燕兵独追北入至临淄，尽取齐宝，烧其宫室宗庙。齐城之不下者，唯独莒、即墨。[③]

① **姚本**曾、钱作"于"。刘作"与"。　② **鲍本**"国"上无"燕"字。〇 ③ **鲍本**《记》同。彪谓：燕昭、郭隗皆三代人也，欲为国雪耻，君臣问对无他言，专欲得贤士而事之，此"无竞惟人"之谊也，欲无兴，得乎哉？臣役之对，天下之格言；市马之喻，万世之美谈。太史公独何为削之，亦异于孔氏删修之法矣。正曰：立国用贤，固三代之道，未可即以为三代之人。太史公固为疏略，然孔氏删修之法，则不系此。补曰：《大事记·解题》引《国策》、《说苑》云云。今按《说苑》文小异，《鹖冠子·博选篇》亦用隗言，此则柳宗元所

谓伪书取以充入者也。

齐伐宋宋急

齐伐宋[①]，宋急。苏代乃遗燕昭王书曰："夫列在万乘，而寄[②]质于齐，名卑而权轻。秦[③]齐助之伐宋，民劳而实费。破宋，残楚淮北[④]，肥[⑤]大齐，雠强而国弱也。此三者，皆国之大败也，而足下行之，将欲以除害取信于齐也[⑥]。而齐未加信于足下，而忌燕也愈甚矣。然则足下之事齐也，失所为矣。夫民劳而实费，又无尺寸之功，破宋肥雠，而世负[⑦]其祸矣。足下以宋加淮北，强万乘之国也[⑧]，而齐并之，是益一齐也。北夷[⑨]方七百里，加之以鲁、卫[⑩]，此所谓强万乘之国也，而齐并之，是益二齐也。夫一齐之强，而燕犹不能支也，今乃以三齐临燕，其祸必大矣。

① **鲍本**此二十七年。 ② **鲍本**寄，犹委也。一说，如质子寄寓。 ③ **鲍本**"秦"作"奉"。〇 《史》作"奉万乘助齐"。 ④ **鲍本**楚之淮北，宋邻也。宋破则此地残。补曰：此已取淮北明矣。下文又曰，必反宋地而归楚之淮北。 ⑤ **鲍本**肥，亦大也。 ⑥ **鲍本**宋者，齐之害。 ⑦ **鲍本**负，犹荷。 ⑧ **鲍本**宋，五千乘国也，又加之淮北，则万乘而强。 ⑨ **鲍本**齐之北国。正曰：《索隐》云，北夷，谓山戎狄附齐者。《正义》云，齐桓公伐山戎。 ⑩ **鲍本**言齐因举宋，且并此数国。

"虽然，臣闻知者之举事也，转祸而为福，因败而成功者也。齐人紫败素也[①]，而贾十倍。越王勾践栖于会稽，而后残吴霸天下。此皆转祸而为福，因败而为功者也。今王若欲转祸而为福，因败而为功乎？则莫如遥伯齐而厚尊之，使使盟于[2]周室，尽焚天下之秦符，约曰：'夫上计破秦，其次长宾[3]之[4]秦。'秦挟宾客以待破[5]，秦王[6]必患之。秦五世以结诸侯，今为齐下；秦王之志，苟得穷齐，不惮以一国都为功[7]。然而王何不使布衣之人，以穷齐之说说秦，谓秦王曰：'燕、赵破宋肥齐尊齐而为之下者，燕、赵非利之也。弗利而势为之者，何也？以不信秦王也。今王何不使可以信者接收燕、赵。今[8]泾阳君若高陵君[9]先于燕、赵，秦有变[10]，因以为质，则燕、赵信秦矣。秦为西帝，赵为中帝，燕为北帝，立为三帝而以令诸侯。韩、魏不听，则秦伐之。齐不听，则燕、赵伐之。天下孰敢不听？天下服听[11]，因驱[12]韩、魏以攻齐，曰，必反宋地，而归楚之淮北。夫反宋地，归[13]楚之淮北，燕、赵之所同利也。并立三帝，燕、赵之所同愿也。夫实得所利，名得所愿，则燕、赵之弃齐也，犹释弊躧[14]。今王之不收燕、赵，则齐伯必成矣。诸侯戴齐，而王独弗从也，是国伐[15]也。诸侯戴齐，而王从之，是名卑也。王不收燕、赵，名卑而国危；王收燕、赵，名尊而国宁。夫去尊宁而就卑危，知者不为也。'秦王闻若说也，必如刺心[16]然[17]，则王何不务使知士以若此[18]言说秦？秦伐齐必矣。夫取秦，上交也；伐齐，正利也。尊上交，务正利，圣王之事也。"

① **鲍本**败，犹恶也。素，白缯，染为紫。　② **鲍本**下"使"字作"之"。○　背秦而从，使齐主盟。补曰：一本"使使盟于"。　**札记**丕烈案：《史记》作"使使盟于"。　③ **鲍本**正曰：宾即"摈"。　④ **鲍本**"之"作"客"。○
⑤ **鲍本**挟，如挟长之挟。秦挟宾客，本欲并天下，而反见破，故必患。正曰：

姚本“长宾之秦”,《史》“长宾之秦,挟宾以待破”。《史》文为是。按《魏策》有此文法。二“客”字,因“宾”字误衍。 ⑥ **鲍本**昭。 ⑦ **鲍本**将割以赂与国。 ⑧ **鲍本**“今”作“令”。○ **札记**丕烈案:“令”字是也。《史记》作“令”。 ⑨ **鲍本**二君秦所重,天下信之。 ⑩ **鲍本**谓背二国。 ⑪ **姚本**一作“德”。 ⑫ **姚本**一作“驰”。 ⑬ **鲍本**“归”上有“而”字。○ 丕烈案:《史记》无。 ⑭ **姚本**一云:“脱屣也”。 鲍本革履也,当作“蹝”。正曰:躧,所绮反。《说文》,舞履也。徐云,谓足根不正纳履也。引《汉志》“邯郸女跕”。“躧”字与“蹝”、“屣”通。 ⑮ **姚本**曾改作“代”。 **鲍本**秦受齐伐。 ⑯ **鲍本**言其切己。正曰:心痛如刺。 ⑰ **鲍本**补曰:“然”字句,可。 ⑱ **姚本**刘去“此”字。

燕昭王善其书,曰:“先人尝有德苏氏[1],子之之乱,而苏氏去燕。燕欲报仇于齐,非苏氏莫可。”乃召苏氏[2],复善待之。与谋伐齐,竟破齐,闵王出走。[3]

① **鲍本**资秦合从。 ② **鲍本**王哙。《策》言,魏出之,之宋,宋善待之,今在宋也。正曰:按此《策》文,盖齐已灭宋,取楚淮北之后。劝之尊齐摈秦,而说秦以伐齐,非将伐宋时事也。《策》云,苏代过魏,魏为燕执之,齐使人说魏出代,代之宋,宋善待之。《史》遂以此《策》首语接其下。且《史》纪代事前后固多误,如举五千乘云云,以为说子哙之类。代为燕间齐,劝之伐宋,见于《策》者可考矣。是宋未灭时,代已至燕,岂至此时尚留宋而为之说燕哉? 此《策》不能无舛,而《史》尤失之也。 ③ **鲍本**《代传》有。

苏代谓燕昭王

苏代谓燕昭王曰:“今有人于此,孝如曾参、孝己,信如尾生高,廉如鲍焦、史鳝[1],兼此三行以事王,奚如?”王曰:“如是足矣。”对曰:“足下以为足,则臣不事足下矣。臣且处无为之事，归耕乎周之上埊，耕而食之，织而衣之。”王曰："何故也？”对曰："孝如曾参、孝己，则不过养其亲其[②]。信如尾生高，则不过不欺人耳。廉如鲍焦、史鰌，则不过不窃人之财耳。今臣为进取者也。臣以为廉不与身俱达[③]，义不与生俱立。仁义者，自完之道也，非进取之术也。”

① **鲍本**卫卿子鱼。 ② **鲍本**下“其”字作“耳”。○ **札记**丕烈案："耳”字是也。 ③ **鲍本**不苟取，故多穷。

王曰："自忧[①]不足乎？”对曰："以自忧为足，则秦不出殽塞，齐不出营丘，楚不出疏章[②]。三王代位，五伯改政，皆以不自忧故也。若自忧而足，则臣亦之周负笼[③]耳，何为烦[④]大王之廷耶？昔者楚取章武[⑤]，诸侯北面而朝。秦取西山，诸侯西面而朝。曩者使燕毋去周室之上[⑥]，则诸侯不为别马[⑦]而朝矣[⑧]。臣闻之，善为事者，先量其国之大小，而揆[⑨]其兵之强弱，故功可成，而名可立也。不能为[⑩]事者，不先量其国之大小，不揆其兵之强弱，故功不可成而名不可立也。今王有东向伐齐之心，而愚臣知之。”

① **鲍本**忧，亦完也。不完则忧，故曰完，又曰忧。 ② **鲍本**地缺。 ③ **鲍本**笼，竹器。 ④ **鲍本**烦，浼也。 ⑤ **鲍本**属渤海。 ⑥ **鲍本**去，犹失也。上，上地。燕尝攻得而不取也。正曰：此句未详，恐注非。 ⑦ **鲍本**“马”作“驾”。○ ⑧ **鲍本**言同轨，而朝燕与朝秦、楚同。 ⑨ **鲍本**揆，度也。 ⑩ **姚本**曾作“其”。

王曰："子何以知之?"对曰："矜戟砥剑[①]，登丘东向而叹，是以愚臣知之。今夫乌获举千钧之重，行年八十，而求扶持。故齐虽强国也，西劳于宋，南罢于楚，则齐军可败，而河间可取。"

① **鲍本**矜，矛柄。戟，盖为矜施戟。砥，柔石，所以砺也。

燕王曰："善。吾请拜子为上卿，奉子车百乘，子以此为寡人东游于齐[①]，何如?"对曰："足下以爱之故与[②]，则[③]何不与爱子与诸舅、叔父、负床[④]之孙，不得[⑤]，而乃以与无能之臣，何也？王之论臣，何如人哉？今臣之所以事足下者，忠信也。恐以忠信之故，见罪于左右。"

① **鲍本**为燕间齐。 ② **鲍本**补曰：与，平声。 ③ **鲍本**无"则"字。○ ④ **鲍本**负，言背。倚床立，未能行。 ⑤ **鲍本**此属皆不得，不得与车。

王曰："安有为人臣尽其力，竭其能，而得罪者乎?"对曰："臣请为王譬。昔周之上墬尝有之。其丈夫官[①]三年不归，其妻爱人。其所爱者曰：'子之丈夫来，则且奈何乎?'其妻曰：'勿忧也，吾已为药酒而待其来矣。'已而其丈夫果来，于是因令其妾酌药酒而进之。其妾知之，半道而立。虑曰：'吾以此饮吾主父，则杀吾主父；以此事告吾主父，则逐吾主母。与杀吾[②]父、逐吾主母者，宁佯踬[③]而覆之。'于是因佯僵而仆之。其妻曰：'为子之远行来之，故为美酒，今妾奉而仆之。'其丈夫不知，缚其妾而笞之。故妾所以笞者，忠信也。今臣为足下使于齐,恐忠信不谕于左右也。臣闻之曰:万乘之主,不制于人臣。十乘之家,不制于众人。疋夫徒步之士,不制于妻妾。而又况于当世之贤主乎?臣请行矣,愿足下之无制于群臣也。"④

① **鲍本**"官"作"宦"。〇　**札记**丕烈案:"宦"字是也。　② **鲍本**"父"上补"主"字。〇　补曰:此宜有"主"字。　③ **鲍本**蹶,跆也。　④ **鲍本**补曰:此《策》说见前《苏秦》章。

燕王谓苏代

燕王谓苏代曰:"寡人甚不喜訑①者言也。"苏代对曰:"周埊贱媒,为②其两誉也。之男家曰'女美',之女家曰'男富'。然而③周之俗,不自为取妻。且夫处女无媒,老且不嫁;舍媒而自衒,弊④而不售。顺而无败,售而不弊者,唯媒而已矣。且事非权不立,非势不成。夫使人坐受成事者,唯訑者耳。"王曰:"善矣。"⑤

① **鲍本**沇州谓"欺"曰訑。补曰:訑,徒案反,或作诞。　② **札记**今本"为"误"谓"。　③ **姚本**旧作"乎"。刘又改作"而"。　④ **鲍本**"弊"作"敝"。〇　敝,犹败,无成事也。　⑤ **鲍本**彪谓:訑亦君所恶,而实不可废。古者使功、使过、使智、使愚,盖用人可也,处己则否。正曰:利诞谩之人以为用,此不正之论也。使过之道,不类使愚、使贪、使勇,亦谓御得其道耳,非此之谓也。

战国策卷三十

燕　二

秦召燕王

秦召燕王，燕王欲往。苏代约[1]燕王曰："楚得枳[2]而国亡[3]，齐得宋而国亡[4]，齐、楚不得以有枳、宋事秦者，何也？是则有功者，秦之深雠也[5]。秦取天下，非行义也，暴也。

① **鲍本**约，犹止。　② **鲍本**属巴郡。　③ **鲍本**皆谓失地。秦昭廿七、八、九年，连拔楚郡。　④ **鲍本**即此二十八年入临淄，三十二年下七十城。　⑤ **鲍本**言此以见克齐者，秦之所恶也。

"秦之行暴于天下，正告楚曰[1]：'蜀地之甲，轻舟浮于汶[2]，乘夏水[3]而下江，五日而至郢。汉中之甲，乘舟出于巴，乘夏水而[4]下汉，四日而至五渚[5]。寡人积甲宛，东下随[6]，知者不及谋，勇者不及怒，寡人如射隼矣[7]。王乃待天下之攻函谷，不亦远乎？'楚王为是之故，十七年事秦。

① **鲍本**无"于"字，"正告楚曰"作"正告天下告楚曰"。○　**札记**丕烈案：《史记》作"秦之行暴，正告天下，告楚曰"，或鲍本依之改耳。　② **鲍本**汶江水出岷山。补曰：汶，眉贫反，即岷。　③ **鲍本**江夏注，沔水自江别至南郡华容，为夏水。正曰：《索隐》云，夏音暇，谓夏潦之水盛涨时也。下文

“乘夏水”两出，可见。 ④ **鲍本**无“而”字。○ 补曰：一本“而下”。姚同。 **札记**丕烈案：《史记》有。 ⑤ **鲍本**《史》注，在洞庭。正曰：今详本文“下汉而至五渚”，则五渚乃汉水下流。洞庭在江之南，非其地也。 ⑥ **鲍本**属南阳。 ⑦ **鲍本**隼，祝鸠，喻易也。正曰：射隼，见《易·解卦》。《正义》云，隼，今之鹘也。

“秦正告韩曰：‘我起乎少曲①，一日而断太行②。我起乎宜阳而触平阳③，二日而莫不尽繇④。我离两周而触郑，五日而国举。’韩氏以为然，故事秦。

① **鲍本**韩地。《范雎传》，“伐韩少曲”。补曰：本文少曲，高平。《正义》云，相近高平，在怀州河阳县西北。 ② **鲍本**补曰：《正义》云，太行山羊肠坂道北过韩上党也。 ③ **鲍本**补曰：宜阳，见前。平阳，即近武遂，韩坟墓所在者。 ④ **鲍本**“繇”，“由”同。正曰：《索隐》云，繇，音摇，摇动也。“我”属下句。

“秦正告魏曰：‘我举安邑，塞女戟，韩氏、太原卷①。我②下枳，道③南阳、封、冀④，包两周，乘夏水，浮轻舟，强弩在前，铦戈⑤在后，决荥口⑥，魏无大梁；决白马之口，魏无济阳；决宿胥之口⑦，魏无虚、顿丘⑧。陆攻则击河内，水攻则灭大梁。’魏氏以为然，故事秦。

① **鲍本**不通此四处。正曰：安邑、女戟见前。太原在河东，时属赵。卷，见《魏策》。《正义》云，卷，犹断绝，轨免反。太原当为太行。盖曰秦举魏之安邑，塞魏之女戟，则韩氏、太行断绝也。按《赵策》，秦举安邑而塞女戟，韩氏、太原绝。《正义》以“卷”为“绝”，据此。 ② **姚本**旧无“我”字，曾

有。 **鲍本**无“我”字。〇 ③ **鲍本**“枳”作“轵”，“道”下复有“道”字。〇 道，道所由也。补曰：按枳道即河内轵。“枳”、“轵”字通。 **札记**丕烈案：《史记》作“我下轵，道南阳”。《索隐》以为言“道”者，衍字。今详其文，乃“下枳”句绝，“道”字下属，复有者误。 ④ **鲍本**《后志》，河东皮氏有冀亭，注引此。补曰：南阳即修武。封，封陵，杜预云，在蒲州。 ⑤ **鲍本**“包”上有“兼”字，“戈”作“戟”。〇 **札记**丕烈案：《史记》作“锬戈”。 ⑥ **姚本**一作“荥阳之口”。鲍本“荣”作“荥”。〇 荥泽之口。补曰：《索隐》曰，荥泽口与今汴河口通，其水深，可以灌大梁。公子无忌亦云然。《大事记》，灌大梁之策，战国以来，人皆知之，秦卒用此策。 ⑦ **鲍本**徐注，《纪年》曰，魏救山塞集胥口。 ⑧ **鲍本**补曰：《大事记》云，《水经注》，河水旧在白马县南，决通济阳、黄沟。白马，本卫之曹邑，今滑州县。《史》作“外黄、济阳”。《大事记》作“黄、济阳”。说又见《秦策》。宿胥、虚、顿丘，并见《秦》、《魏策》。

“秦欲攻安邑，恐齐救之[①]，则以宋委于齐，曰：‘宋王无道，为木人以写[②]寡人，射其面。寡人地绝兵远，不能攻也。王苟能破宋有之，寡人如自得之。’已得安邑，塞女戟，因以破宋为齐罪。

① **鲍本**“救”作“据”。〇 **札记**丕烈案：《史记》作“救”。 ② **鲍本**“寫”作“象”。〇 补曰：一本作“写”，盖古“象”字作“𤉢”讹也。 **札记**丕烈案：《史记》作“寫”，“寫”字是。

“秦欲攻齐[①]，恐天下救之，则以齐委于天下曰：‘齐王[②]四与寡人约，四欺寡人，必[③]率天下以攻寡人者三。有齐无秦，无齐有秦，必伐[④]之，必亡之！’已得宜阳、少曲，致蔺、石[⑤]，因以破齐为天下罪。

① **鲍本**“齐”作“韩”。〇 ② **鲍本**“王”作“人”。〇 补曰：一本“人”作“王”。姚同。 **札记**丕烈案：《史记》作“王”。 ③ **鲍本**必，言攻之决。④ **姚本**刘作“代”。 ⑤ **姚本**三本同作“君”。 **鲍本**“石”上补“离”字。〇 补曰：“蔺、离石”见前。据文恐有“离”字。姚注，“石”字三本同作“君”，详此当缺。 **札记**丕烈案：《史记》作“致蔺、石”。

“秦欲攻魏，重楚[1]，则以南阳[2]委于楚曰：‘寡人固与韩且绝矣！残均陵[3]，塞鄳隘[4]，苟利于楚，寡人如自有之。’魏弃与国而合于秦，因以塞鄳隘为楚罪。

① **鲍本**恐楚击其后。 ② **鲍本**补曰：邓之南阳。 ③ **鲍本**地缺。正曰：《正义》云，均州故城在随州西南，盖均陵也。 ④ **鲍本**“鄳”作“黾”。〇 补曰：见《楚策》。 **札记**丕烈案：《史记》作“鄳”，下同。

“兵困于林中[1]，重燕、赵，以胶东[2]委于燕，以济西委于赵。赵[3]得讲于魏，至[4]公子延[5]，因犀首属行而[6]攻赵。兵伤于离石[7]，遇败于马陵，而重魏，则以叶、蔡[8]委于魏。已得讲于赵，则劫魏，魏不为割。困则使太后、穰侯为和，羸则兼欺舅[9]与母。适[10]燕者曰：‘以胶东。’适赵者曰：‘以济西。’适魏者曰：‘以叶、蔡。’适楚者曰：‘以塞鄳隘[11]。’适齐者曰：‘以宋。’此[12]必令其言如循环[13]，用兵如刺蜚绣[14]，母不能制[15]，舅不能约。龙贾之战[16]，岸门之战，封陆之战[17]，高商之战[18]，赵庄之战[19]，秦之所杀三晋之民数百万。今其生者，皆死秦之孤也[20]。西河之外、上雒之塞、三川，晋国之祸，三晋之半[21]。秦祸如此其大，而燕、赵之[22]秦者，皆以争事秦说[23]

其主，此臣之所大患。”

① **鲍本**补曰：见《魏策》。 ② **鲍本**胶东国。故齐国。《项纪》注，即墨也。 ③ **鲍本**“赵”作“己”。〇 **札记**丕烈案：《史记》作“赵”。 ④ **鲍本**“至”作“质”。〇 补曰：《索隐》云，当改“质”。 ⑤ **鲍本**秦子。正曰：魏子。 ⑥ **鲍本**无“属行而”三字。〇 补曰：一本“首”下有“属行而”三字，《史》、姚同。《索隐》曰，谓连兵相属也。行，胡郎反。 ⑦ **鲍本**《史》“离石”作“谯石”。 ⑧ **姚本**曾改“马陵”作“阳马”。曾改“叶、蔡”作“南阳”。 **鲍本**马陵，叶、蔡，并见前。《史》“马陵”作“阳马”。《索隐》云，并赵地名。 ⑨ **鲍本**“羸”作“嬴”。〇 嬴，谓胜。舅，谓穰侯。 **札记**丕烈案：《史记》作“嬴”。 ⑩ **鲍本**“适”，“谪”同。补曰：适，即上所谓因以为罪者。 ⑪ **鲍本**“隘”作“厄”。〇 **札记**丕烈案：《史记》作“厄”。 ⑫ **鲍本**无“此”字。〇 **札记**丕烈案：《史记》有。 ⑬ **鲍本**补曰：言其无穷不可致诘也。 ⑭ **姚本**钱本添入“蜚”字。 **鲍本**“蜚”下无“绣”字。〇 蜚，《集韵》，虫名。喻易也。补曰：蜚，匪微反，又上、去二音。一本“刺绣”。 **札记**今本脱“绣”字。丕烈案：《史记》作“刺蜚”，此必《策》文作“绣”，《史记》作“蜚”，遂两存也。今本删去“绣”字者误。 ⑮ **鲍本**“制”作“知”。〇 补曰：一本“知”作“制”。 **札记**丕烈案：《史记》作“制”。 ⑯ **鲍本**魏襄五年，秦拔我龙贾军。补曰：此据《世家》、《年表》，在二年。《大事记》从《年表》，云魏惠王后二年。 ⑰ **鲍本**“陆”作“陵”。〇 魏哀十六年，秦败我封陵。恐岸亭在颖。《韩记》注，岸门，封陵，亭名。然则封陵亦属颍川。正曰：哀当作襄。封陵，见封丘注。补曰：岸门之战，赧王元年，当韩宣惠王十九年。 **札记**丕烈案：《史记》作“陵”。 ⑱ **姚本**钱本无此上八字。 **鲍本**《史》不书。 ⑲ **鲍本**赵肃侯十三年，赵庄与秦战，死河西。 ⑳ **鲍本**补曰：死于秦者之孤。 ㉑ **鲍本**言上三地被祸，居晋国之半。正曰：西河、上雒，魏地。三川，韩地。言秦已得三晋之半也。 ㉒ **鲍本**补曰：“之”下恐有缺字。 **札记**丕烈案：《史记》文正同，吴氏说未是。 ㉓ **姚本**旧本作“议”。

燕昭王不行，苏代复重于燕。燕反约诸侯从亲，如苏秦时，或从或不[①]，而天下由此宗苏氏之从约。代、厉皆以寿死，名显诸侯。[②]

① **鲍本**“不”作“否”。○ **札记**今本“不”作“否”。丕烈案：《史记》作“不”。 ② **鲍本**《代传》有，在伐齐事后。彪谓：秦之所以正告诸侯及其用诈，皆愚弄之也。而诸侯莫省，独一燕昭知之，然亦不久死矣。彪故曰，秦横之成，天幸也。补曰：文甚明快。

苏代为奉阳君说燕于赵以伐齐〔校一〕

〔校一〕姚本《苏代为奉阳君说燕于赵以伐齐》与《奉阳君告朱讙与赵足》分列二篇，鲍本合为一篇。据文义，从鲍本。

苏代为[①]奉阳君[②]说燕于赵以伐齐，奉阳君不听。乃入齐[③]恶赵，令齐绝于赵。齐已绝于赵，因之燕，谓昭王曰：“韩为谓臣曰：‘人告奉阳君曰：使齐不信赵者，苏子也；今[④]齐王[⑤]召蜀子[⑥]使不伐宋[⑦]，苏子也；与齐王谋[⑧]道取秦以谋赵者，苏子也；令齐守赵之质子以甲者，又苏子也。请告子[⑨]以请齐，果[⑩]以守赵之质子以甲，吾必守子以甲[⑪]。’其言恶矣。虽然，王勿患也[⑫]。臣故知入齐之有赵累也[⑬]。出为之以成所欲[⑭]，臣死而齐大恶于赵，臣犹生也。令[⑮]齐、赵绝，可大纷已[⑯]。持[⑰]臣非张孟谈也，使臣也如张孟谈也，齐、赵必有为智伯者矣。

① **鲍本**“为”作“谓”。○ ② **鲍本**此亦其后袭称。正曰：说见《赵策》。

③ **鲍本**代人。 ④ **鲍本**"今"作"令"。○ ⑤ **鲍本**阙。 ⑥ **鲍本**齐将。正曰：无考。 ⑦ **鲍本**"宋"下补"者"字。○ ⑧ **鲍本**"道"作"遁"。○遁，逃去也，言避秦兵。取，言与之合。正曰：即此《策》下文所云，"臣以为不若逃而去之，以韩、魏循自齐，而为之取秦，深结赵以勤之"。 ⑨ **鲍本**告子，名不害，代请之使为己请齐。正曰：无据，妄引。韩为谓代举或人告奉阳君之言。请者，或人之请，为赵言于齐也。 ⑩ **鲍本**果者，必欲告子如是。 ⑪ **鲍本**言告子不听则然。正曰：谓告子，齐果守赵质子以甲，则吾将守子以甲。 ⑫ **鲍本**人所告奉阳之言，于代为恶，燕王善代，必患之。故代告王以无患，为其乱齐、赵，所以利燕。 ⑬ **鲍本**言赵恶代。 ⑭ **鲍本**出者，奋不顾也，言知其有累而奋为之。欲，谓利燕。 ⑮ **鲍本**"令"作"今"。○ ⑯ **鲍本**纷，乱也。 ⑰ **鲍本**持，犹使。补曰："持"字疑"特"。

"奉阳君告朱讙与赵足曰①：'齐王使公王曰②命说③曰，必不反韩珉，今召之矣④。必不任苏子以事，今封而相之。令⑤不合燕，今以燕为上交。吾所恃者顺也⑥，今其言变有甚于其父，顺始与苏子为雠。见之知⑦无厉⑧，今贤之两之⑨，已矣，吾无齐矣⑩！'

① **鲍本**代称奉阳之言，然二皆赵人。 ② **鲍本**"王"作"玉"。○ 齐人姓名。正曰：一本"公王"。按字书，三画中近上者，于方反；三画匀者，虞欲反。隶始加点，以别王字。《新序》有公玉丹，《史》公玉带，则公玉，姓也。此疑有缺误。札记丕烈案：误字，此字是其名。 ③ **鲍本**奉阳君。补曰："说"即"兑"之讹。说见《赵策》。 ④ **鲍本**言故反前。下类此。 ⑤ **鲍本**"令"作"必"。○ **札记**"令"，今本误"今"。 ⑥ **鲍本**公玉父名。正曰：无考。鲍因下言"有甚于其父"，遂云尔。按《赵策·齐欲攻宋》章，以三晋劫秦，使顺也甘之，恐即此人。 ⑦ **鲍本**"知"作"如"。○ **札记**丕烈案：此当有讹。 ⑧ **鲍本**补曰：无害也。 ⑨ **鲍本**两，谓封与相。正曰：贤之，

谓以代为贤。两之,谓与之并处。 ⑩ **鲍本**并述奉阳之言。

"奉阳君之怒甚矣①。如齐王王②之不信赵,而小人奉阳君也③,因是而倍④之。不以今时大纷之,解而复合,则后不可奈何也。故齐、赵之合苟可循⑤也,死不足以为臣患⑥;逃不足以为臣耻;为诸侯,不足以为臣荣;被发自漆为厉,不足以为臣辱⑦。然而臣有患也,臣死而齐、赵不循,恶交分于臣也⑧,而后相效⑨,是臣之患也⑩。若臣死而必相攻也⑪,臣必勉之而求死焉。尧、舜之贤而死,禹、汤之知而死,孟贲之勇而死,乌获之力而死,生之物固有不死者乎?在必然之物⑫以成所欲,王何疑焉?

① **鲍本**此代自言。 ② **鲍本**衍"王"字。补曰:衍字。 ③ **鲍本**待之为小人。 ④ **鲍本**音背,言燕宜然。正曰:言齐因是倍赵。 ⑤ **姚本**钱一作"修"。 **鲍本**循,言顺燕。 ⑥ **鲍本**代本以二国之合,必不顺燕。今乃合而顺之,故有死、逃之罪。正曰:言二国之合,必害于燕,苟顺而无害,国之利也,故己之死、逃、荣、辱,皆不足论。 ⑦ **鲍本**补曰:厉,《史》音赖,见《秦策》。"死不足以为臣患"及"尧、舜之贤而死"两节,与《秦策》范雎说同。 ⑧ **鲍本**燕以二国可因,而代不欲,则三国皆恶代矣。然二国卒不可因,则代之恶,皆有所分。交,犹皆。 ⑨ **鲍本**"效"作"効"。○ 効,后人见其不可因而効己。 ⑩ **鲍本**患其后时。 ⑪ **鲍本**齐、赵相攻。 ⑫ **鲍本**死者,人之必然。

"臣以为不若逃而去之①。臣以韩、魏循自②齐③,而为之取秦④,深结赵以劲之⑤。如是则近于相攻⑥。臣虽为之累燕⑦,奉阳君告朱欢⑧曰:'苏子怒于燕王之不以吾故⑨,弗予相，又不予卿也[10]，殆无燕矣。’其疑至于此[11]，故臣虽为之不累燕[12]，又不欲[13]王。伊尹再逃汤而之桀[14]，再逃桀而之汤，果与鸣条之战，而以汤为天子。伍子胥逃楚而之吴，果与伯[15]举之战，而报其父之雠。今臣逃而纷齐、赵，始可著于春秋。且举大事者，孰不逃？桓公之难，管仲逃于鲁；阳虎之难，孔子逃于卫[16]；张仪逃于楚[17]；白珪逃于秦[18]；望诸[19]相中山也使赵，赵劫之求埊，望诸攻关而出逃[20]；外孙之难[21]，薛公释戴[22]逃出于关[23]，三晋称以为士[24]。故举大事，逃不足以为辱矣。”

① **鲍本**无“为”字。〇　诈以罪逃去。补曰：一本此有“为”字。② **姚本**一作“日”。　③ **鲍本**言逃燕，则自韩、魏顺行至齐。　④ **鲍本**言劲齐以怒赵。　⑤ **鲍本**“劲”作“勤”。〇　此劲赵以怒齐也。结，亦以韩、魏、赵自燕结之。勤，犹厚。　⑥ **鲍本**“攻”下有“也”字。〇　⑦ **鲍本**“累”上补“不”字。〇　正曰：“臣虽为之累燕”，下文引奉阳君之言而释之曰，臣虽为之不累燕。　⑧ **鲍本**亦代称之。　⑨ **鲍本**以，用也。吾，指奉阳君。⑩ **鲍本**两“予”字作“子”。〇　子，谓讙。正曰：子，谓代。补曰：一本“不予相，又不予卿也”。予，亦为苏子自予也。　⑪ **鲍本**燕王善代，而奉阳谓其怒燕者，疑也。　⑫ **鲍本**疑代怒燕，故代虽为燕纷二国，二国不怨燕也。⑬ **鲍本**欲，犹须也。言其自相攻，不须燕。　⑭ **姚本**旧无“再逃汤而之桀”六字。曾、钱有。　**鲍本**无“再逃汤而之桀”六字。〇　补曰：一本此句上有“再逃汤而之桀”六字，姚本同。　⑮ **鲍本**“伯”作“柏”。〇　正曰：古字通。《古今人表》柏虎、柏益、柏乐之类。　⑯ **鲍本**定八年，阳虎作难，十四年，孔子乃适卫，不如此所云。　**札记**今本“虎”误“货”。　⑰ **鲍本**《传》不书。正曰：即仪至楚之事。　⑱ **鲍本**未详。　⑲ **鲍本**此与乐毅同号。⑳ **鲍本**无“逃”字。〇　㉑ **鲍本**未详。　㉒ **鲍本**“戴”作“载”。〇　不乘车

也。 ㉓ **鲍本**齐湣二十五年，田文入秦，秦因欲杀之，因秦幸姬得出，驰去，变姓名出关。 ㉔ **鲍本**“士”上补“好”字。○ 太史公曰，好客自喜。补曰：“士”上恐有缺字。 **札记**丕烈案：此无缺字，吴说非。

卒绝齐于赵，赵合于燕以攻齐，败之。①

① **鲍本**补曰：此《策》文多未详，注多未妥。

苏代为燕说齐

苏代为燕说齐，未见齐王①，先说淳于髡曰：“人有卖骏马者，比②三旦立市，人莫之知。往见伯乐曰：‘臣有骏马，欲卖之，比三旦立于市，人莫与言，愿③子还而视之，去而顾之④，臣请献一朝之贾⑤。’伯乐乃还而视之，去而顾之，一旦而马价十倍。今臣⑥欲以骏马⑦见于王，莫为臣先后者⑧，足下有意为臣伯乐乎？臣请献白璧一双，黄金千镒，以为马食⑨。”淳于髡曰：“谨闻命矣。”入言之王而见之，齐王大说苏子。

① **鲍本**闵。 ② **鲍本**比，犹连。 ③ **鲍本**无“愿”字。○ ④ **鲍本**顾，反视。补曰：还，当音旋，义同。 ⑤ **鲍本**“贾”作“费”。○ 补曰：疑“费”字。 ⑥ **鲍本**“臣”下有“之”字。○ 补曰：一本无。姚同。 ⑦ **鲍本**马，自喻也。 ⑧ **鲍本**为之助也。 ⑨ **鲍本**自喻为马，则此所献，马之食也。正曰：献此以为马之食。

苏代自齐使人谓燕昭王

苏代自齐使人谓燕昭王曰：“臣闻①离齐、赵，齐、赵已孤矣，王何不出兵以攻齐？臣请王弱之。”燕乃伐齐攻晋[②]。

① **鲍本**“闻”作“间”。〇　间，犹倾也。补曰：当作“间”。正曰：间，去声，致隙曰间。间，隔也。　② **鲍本**疑兵也，实合魏而阳攻以疑齐。正曰：晋，地名，下文云“晋下”，可见。

令人[①]谓闵王曰：“燕之攻齐也，欲以复振古[②]埊也。燕兵在晋而不进，则是兵弱而计疑也。王何不令苏子将而应燕乎？夫以苏子之贤，将而应弱燕，燕破必矣。燕破则赵不敢不听，是王破燕而服赵也。”闵王曰：“善。”乃谓苏子曰：“燕兵在晋，今寡人发兵应之，愿子为寡人为之将。”对曰：“臣之于兵，何足以当之，王其改举[③]。王使臣也，是败王之兵，而以臣遗燕也。战不胜，不可振[④]也。”王曰：“行，寡人知子矣。”

① **鲍本**代令之。　② **鲍本**“古”作“故”。〇　振，举也。盖欲复王哙所失。　③ **鲍本**别用他将。　④ **鲍本**振，救也。

苏子遂将，而与燕人战于晋下[①]，齐军败。燕得甲首二万人。苏子收[②]其余兵，以守阳城，而报于闵王曰：“王过举，令臣应燕。今军败亡二万人，臣有斧质之罪，请自归于吏以戮。”闵王曰：“此寡人之过也，子无以为罪。”

① **鲍本**晋之下地。　② **鲍本**“收”作“以”。〇

明日又使燕攻阳城及狸①。又使人谓闵王曰:“日者齐不胜于晋下,此非兵之过,齐不幸而燕有②天幸也。今燕又攻阳城及狸,是以天幸自为功也。王复使苏子应之,苏子先败王之兵,其后必务以胜报王矣。”王曰:“善。”乃复使苏子,苏子固辞,王不听。遂将以与燕战于阳城。燕人大胜,得首三万。齐君臣不亲,百姓离心。燕因使乐毅大起兵伐齐,破之。③

① **鲍本**燕地也。赵悼襄九年,攻燕取狸、阳城。正曰:据此《策》,则燕取之于齐者也。《大事记》引《正义》云,燕无狸阳,疑字误,当作渔阳。按此文两云阳城及狸,则《正义》亦未可据。 ② **姚本**曾作“有”。 ③ **鲍本**彪谓:苏代之于燕、齐,皆尝隙而复善,其情礼均也。而独为燕图齐之深,何哉?昭王贤也。虽然,糜烂人之民人以行其说,而奉其所贤,仁者不为也,独不念尝委质于齐乎?补曰:苏代倾诈不义,一至于此,其罪浮于张仪矣。

苏代自齐献书于燕王

苏代自齐献书于燕王曰:“臣之行也,固知将有口事①,故献御书而行②,曰:‘臣贵于齐,燕大夫将不信臣;臣贱,将轻臣;臣用,将多望③于臣;齐有不善④,将归罪于臣;天下不攻齐,将曰善为齐谋;天下攻齐,将与齐兼鄮⑤臣。臣之所重处重卯也⑥。’王谓臣曰:‘吾必不听众口与谗言,吾信汝也,犹刬刈者⑦也。上可以得用于齐,次可以得信于下,苟无死,女无不为也,以⑧女自信可也。’与之言曰⑨:‘去燕之齐可也,期⑩于成事而已。’臣受令以任齐⑪,及五年。齐数出兵,未尝谋燕。齐、赵之交,一合一离,燕王⑫不⑬与齐谋赵,则与赵谋齐[14]。齐之信燕也，至于虚北埊[15]行其兵[16]。今王信田伐与参、去疾之言[17]，且[18]攻齐，使齐犬马駷[19]而不言燕。今王又使庆[20]令臣曰：'吾欲用所善。'王苟欲用之[21]，则臣请为王事之。王欲醳[22]臣剸[23]任所善，则臣请归醳事。臣苟得见，则盈愿。"[24]

①鲍本言人谮之。 ②鲍本献侍御者以书。 ③鲍本望，犹责。④鲍本谓恶燕。 ⑤鲍本"鄮"作"貿"。○ 貿，犹賣。补曰：貿，当作買，互易也。字增"邑"，讹。 ⑥鲍本"卯"作"留"。○ 重，犹难也。留，谓处于齐为难。正曰：一本"卯"作"卵"。据此，则"重"当平声。重卵，犹言累卵，谓己处危也。上文恐多"重"字。 ⑦鲍本"刬刘者"作"列眉"。○ 言无可疑。补曰："列眉"，未详。一本"犹刬刘者也"。《龙龛手鉴》，"刘"，古"划"字。愚谓，即刈字也。刬刈者，斩断果决之意。 ⑧鲍本以，犹由。⑨鲍本王与之。 ⑩鲍本"期"作"其"。○ 补曰：当作"期"字，通借。⑪鲍本得任于齐。正曰：以齐为任。 ⑫鲍本衍"王"字。 ⑬鲍本无"不"字。○ 正曰：一本"不与齐谋赵，则与赵谋齐"，疑"王"即"不"字之讹。 ⑭鲍本燕与齐谋赵，实欲离齐于赵，代因与赵谋齐，以成燕之谋。正曰：见上。 ⑮鲍本虚，言不设备。齐北近燕。 ⑯鲍本以北兵伐他国。⑰鲍本三人谗代者。 ⑱鲍本且，辞也。 ⑲鲍本无"駷"字。○ 犬马，言已贱齐为之也，又不泄燕之谋。补曰：一本"犬马駷"，姚同。字书无"駷"字，恐即"賤"。 ⑳鲍本燕臣名。 ㉑鲍本"王苟欲"下有"用所善王欲"五字。○ 补曰：姚本"王苟欲用之"，无中间五字，文义为胜。 ㉒鲍本"醳"，"释"同，见邹忌《说琴》。补曰：《魏世家》，如耳云，"以秦醳卫"。《张仪传》，"醳之"。《索隐》云，古"释"字。 ㉓鲍本"剸"作"專"。○ 补曰："專"字讹。 札记丕烈案："剸"、"専"同字，犹"醳"、"釋"同字也。 ㉔鲍本彪谓：为人间者，均有此六患，非燕昭之明，代其危哉！功成矣，犹不能为此者，况他人乎？代之谋齐，亦异乎豫让之于赵矣。彼哉！彼哉！补曰：此

《策》盖代在齐，而或有疑之于王者，故代以书自白，文多未详。燕昭即位，志复齐仇，非一日矣。乐毅以赵乱适卫至燕，在十七年之后。又十年，始合五国以破齐。方其患齐之强，志未逞也。苏代之徒，为之间齐离赵之交，激秦之怒，劝之以伐宋，骄其兵而罢其师，齐卒以亡，代有力焉，而世不数何也？盖毅之为燕约结，信义服人，卒用此以胜，何假乎代之为哉？代之倾诈反复，效用于燕，亦昭王之贤明有以御之，非倚以成功也。

陈翠合齐燕

陈翠合齐、燕，将令燕王之弟为质于齐[①]，燕王许诺。太后闻之大怒曰："陈公不能为人之国，亦则[②]已矣，焉有离人子母者，老妇欲得志焉[③]。"

① **鲍本**《代传》，说王哙已，乃使一子质齐。正曰：鲍因此指为王哙事。然《史》云一子质齐，而此云燕王之弟，则不合矣。其时未可定。 ② **鲍本**"亦则"作"则亦"。〇 ③ **鲍本**以杀辱之为快。

陈翠欲见太后，王曰："太后方怒子，子其待之。"陈翠曰："无害也。"遂入见太后曰："何臞[①]也？"太后曰："赖得先王[②]雁鹜之余食，不宜臞[③]。臞者，忧公子之且为质于齐也。"

① **鲍本**臞，少肉。 ② **札记**今本"王"误"生"。 ③ **鲍本**"臞"下有"者"字。〇 补曰：姚本无"者"字。

陈翠曰："人主之爱子也，不如布衣之甚也。非徒不爱子也，又不爱丈夫子独甚。"太后曰："何也？"对曰："太后嫁女诸侯，奉以千金，赍壑百里，以为人之终也[①]。今王愿封公子，百官持职[②]，群臣效忠，曰：'公子无功不当封。'今王之以公子为质也，且以为公子功而封之[③]也。太[④]后弗听，臣是以知人主之不爱丈夫子独甚也。且太后与王幸而在，故公子贵；太后千秋之后，王弃国家，而太子即位，公子贱于布衣。故非及太后与王封公子，则公子终身不封矣！"

① **鲍本**嫁则女之事毕矣，封亦公子之终也。　② **鲍本**持，犹守也。封无功者，争之职也。　③ **鲍本**无"而封之"三字。○　补曰：一本"且以为公子功而封之也"。姚同。　④ **鲍本**"太"上有"而"字。○

太后曰："老妇不知长者之计。"乃命公子束车制衣为行具。[①]

① **鲍本**补曰：此与触詟谏赵威后同。《战国》所载事多如此，然触詟言尤婉切，所以人多称之。

燕昭王且与天下伐齐

燕昭王且与天下伐齐，而有齐人仕于燕者，昭王召而谓之曰："寡人且与天下伐齐，旦暮出令矣。子必争之，争之而不听，子因去而之齐。寡人有时复合和也[①]，且以因子而事齐。"当此[②]之时也，燕、齐不两立，然而常独欲有复收[③]之之志若此也。[④]

① **鲍本**无"和也"二字。○　预言不胜与齐合。补曰：一本"复合

和也”。 ② **鲍本**补曰:“当此”以下,纪述者之辞。 ③ **鲍本**收,犹合。不两立,则不可复合,而不能无合之之志。 ④ **鲍本**彪谓:此少年狡狯之行,小人患失之类,而燕昭为之,此其所以不王也。

燕饥赵将伐之

燕饥,赵将伐之。楚使将军之燕,过魏,见赵恢。赵恢曰:“使除患无至①,易于救患。伍子胥、宫之奇不用②,烛之武③、张孟谈④受大赏。是故谋者皆从事于除患之道⑤,而先⑥使除患无至者。今予⑦以百金送公⑧也,不如以言。公听吾言而说赵王⑨曰:‘昔者吴伐齐,为其饥也,伐齐未必胜也,而弱越乘其弊以霸。今王之伐燕也,亦为其饥也,伐之未必胜,而强秦将以兵承⑩王之西⑪,是使弱赵居强吴之处,而使强秦处弱越之所以霸也。愿王之熟计之也。’”

① **鲍本**除之使不至。 ② **鲍本**此除患者。 ③ **鲍本**僖三十年,晋、秦围郑,佚之狐言于郑伯曰,“国危矣;若使烛之武见秦君,师必退”。之武见秦伯曰,“郑知亡矣,而有益于君,敢以烦执事。越国以鄙远,君知其难也,焉用亡郑以倍邻?邻之厚,君之薄也”。秦伯说,乃还。 ④ **鲍本**皆救患者。 ⑤ **鲍本**“道”作“遗”,下有“者”字。○ 谓救患者。补曰:一本“遗”作“道”,下无“者”字。姚同,义是。 ⑥ **鲍本**“先”作“无”。○ 补曰:上疑有阙文。 ⑦ **鲍本**“予”作“与”。○ 补曰:一本作“予”。姚同。 ⑧ **鲍本**公,谓楚使。 ⑨ **鲍本**惠文。 ⑩ **鲍本**“承”作“乘”。○ 正曰:此书“乘”、“承”通。后《昌国君》章有。 ⑪ **姚本**曾、刘改“西”作“北”。

使者乃以说赵王,赵王大悦,乃止。燕昭王闻之,乃封之以地①。

① **鲍本**封恢也。恢盖赵之仕魏而为燕者，为燕亦所以为魏也。正曰：无据。

昌国君乐毅为燕昭王合五国之兵而攻齐

昌国君乐毅为燕昭王合五国之兵①而攻齐，下七十余城，尽郡县之以属燕。三城未下②，而燕昭王死。惠王即位，用齐人反间，疑乐毅，而使骑劫代之将。乐毅奔赵，赵封以为望诸君③。齐田单欺④诈骑劫，卒败燕军，复收七十城以复齐。燕王悔，惧赵用乐毅承⑤燕之弊以伐燕。

① **鲍本**《传》云，并合赵、楚、韩、魏、燕之兵。补曰：《正义》云，故昌城在淄州淄川县东北。　② **姚本**聊、即墨、莒。　**鲍本**补曰：《毅传》，唯莒、即墨未下。《燕世家》云，聊、莒、即墨未下。盖因燕将守聊城不下之事而误。说见《齐策》。　③ **鲍本**补曰：《史》，赵封毅于观津，号望诸君。《索隐》云，望诸，泽名，在齐，盖赵有之，故号焉。　④ **鲍本**无"欺"字。○　丕烈案：无者当是。　⑤ **鲍本**"承"作"乘"。○　正曰：说见上。　**札记**丕烈案：《史记》作"乘"。

燕王乃使人让乐毅，且谢之曰："先王举国而委将军，将军为燕破齐，报先王之雠，天下莫不振动，寡人岂敢一日而忘将军之功哉！会先王弃群臣，寡人新即位，左右误寡人。寡人之使骑劫代将军者①，为将军久暴②露于外，故召将军且休计事。将军过听，以与寡人有郄③，遂捐燕而归赵。将军自为计则可矣，而亦何以报先王之所以遇将军之意乎？"④

① **姚本**曾本添"者"字。　**鲍本**无"者"字。○　**札记**丕烈案：《史记》

无。 ② **鲍本**“暴”,“曝”同。 ③ **鲍本**“郄”作“隙”。○ 隙,不合也。**札记**丕烈案:《史记》作“隙”。 ④ **鲍本**补曰:自“先王举国”止此一节,恐当在后章燕王书“寡人不佞”云云之上。余说见彼章。

望诸君乃使人献书报燕王曰:“臣不佞,不能奉承先王之教,以顺左右之心,恐抵斧质之罪,以伤先王之明,而又害于足下之义[1],故遁逃奔赵。自负[2]以不肖之罪,故不敢为辞说。今王使使者数之罪,臣恐侍御者之不察先王之所以畜幸[3]臣之理,而又不白[4]于臣之所以事先王之心,故敢以书对。

① **鲍本**无罪而杀毅,非义也。 ② **鲍本**负,言荷罪在身。 ③ **鲍本**畜,养也。幸,亲爱之。 ④ **鲍本**白,犹明。

“臣闻贤圣之君,不以禄私其亲,功多者授之;不以官随其爱,能当之[1]者处之。故察能而授官者,成功之君也;论行而结交者,立名之士也。臣以所学者观之,先王之举错,有高世之心,故假节于魏王[2],而以身得察于燕[3]。先王过举,擢之乎宾客之中,而立之乎群臣之上,不谋于父兄,而使臣为亚[4]卿。臣自以为奉令承教,可以幸无罪矣,故受命而不辞。

① **鲍本**无“之”字。○ ② **鲍本**时诸侯不通,出关则以节假之,故上言毅自魏往见王。正曰:《毅传》,毅为魏昭王使燕,燕王以客礼待之。毅辞让,遂委质为臣。《正义》云,假魏节使燕。 ③ **鲍本**补曰:《毅传》,赵人,

因沙丘之乱，适魏至燕，故《大事记》附见于燕昭王十七年。 ④ **鲍本**亚，次也。

“先王命之曰：‘我有积怨深怒于齐，不量轻弱，而欲以齐为事。’臣对曰：‘夫齐霸国之余教也①，而骤胜之遗事也，闲于兵甲，习于战攻。王若欲攻之，则必举天下而图之。举天下而图之，莫径②于结赵矣。且又淮北、宋地③，楚、魏之所同愿也。赵若许④，约楚、魏，宋尽力，四国攻之⑤，齐可大破也。’先王曰：‘善。’臣乃口受令，具符节，南使臣于赵。顾⑥反命，起兵随而攻齐。以天之道，先王之灵，河北之地，随先王举而有之于济上。济上之军，奉令击齐，大胜之。轻卒锐兵，长驱至国⑦。齐王⑧逃遁走莒，仅以身免。珠玉财宝，车甲珍器，尽收入燕⑨。大吕陈于元英⑩，故鼎反于曆室⑪，齐器设于宁台⑫。蓟丘之植⑬，植于汶皇⑭。自五伯以来，功未有及先王者也。先王以为惬其志⑮，以臣为不顿⑯命，故裂地而封之⑰，使之得比乎小国诸侯。臣不佞，自以为奉令承教，可以幸无罪矣，故受命而弗辞。

① **鲍本**无“也”字。○ **札记**丕烈案：《史记》、《新序》此皆无“也”字。 ② **鲍本**“径”作“劲”，又改作“径”。○ 补曰：一本作“径”。 **札记**丕烈案：《新序》云，“莫若径结赵”。《史记》云，“莫若于结赵”。 ③ **鲍本**楚欲得淮北，魏欲得宋，时皆属齐。 ④ **鲍本**许燕。 ⑤ **鲍本**“魏”作“赵”。○ 宋虽已举，其遗民怨之。补曰：一本“约楚、魏，宋尽力”。《史》云，“赵若许而约四国攻之”，其文为明。 **札记**丕烈案：《史记》与《策》文不同，考《新序》校此，但无“宋”字，此当衍“宋”也。 ⑥ **鲍本**回顾而反，言其速。 ⑦ **姚本**钱作“齐”。 ⑧ **鲍本**闵。 ⑨ **鲍本**补曰：此数语，毅罪状也。

⑩ **鲍本**大吕，律名。元英，燕乐名。正曰：《索隐》云，大吕，齐钟名。元英，燕宫殿名。 ⑪ **鲍本**“于”作“乎”。○ 故鼎，齐所得燕鼎。凡鼎以占休咎，故归之律曆之室。正曰：“曆”，《史》作“磨”。《周礼》，“遂师抱磨”，音歷。又，《史表》“磨侯”，《汉表》作“曆”，古字通用。说见《秦策》。《正义》引《括地志》云，元英、曆室，燕二宫名，在幽州蓟县西四里宁台之下。高诱云，燕哙乱，齐伐燕，杀哙，得鼎，今反归故鼎。今注本无。 **札记**丕烈案：《新序》作“歷”。《索隐》引此同。 ⑫ **鲍本**燕台。 ⑬ **鲍本**蓟，幽州国。植，旗帜之属。 ⑭ **鲍本**“皇”作“篁”。○ 汶水，出泰山莱芜原。竹田曰篁。言燕以齐为塞。正曰：《索隐》云，蓟丘，燕所都。言燕蓟丘之所植，植齐王汶上之竹。徐注谓燕之疆界移于齐之汶水，非此之谓。此言燕蓟丘之所植，移植于汶上之竹田。《索隐》云亦然。楼助《集古今文》以毅书为首，有策问云，“夷门之植，植为燕云”。盖用毅语也。愚谓，左氏以太宫之椽，归为卢门之椽，句法正同。补曰：一本“汶皇”。 **札记**丕烈案：《史记》、《新序》作“篁”。 ⑮ **鲍本**“惬”作“顺”，下有“于”字。○ 补曰：一本“以为惬于志”。丕烈案：《史记》作“慊于志”，《新序》“快其志”。 ⑯ **鲍本**顿，犹坠。⑰ **鲍本**补曰：谓封昌国君也。

“臣闻贤明之君，功立而不废，故著于春秋；蚤知①之士，名成而不毁，故称于后世。若先王之报怨雪耻，夷万乘之强国，收八百岁之蓄积②，及至弃群臣之日，余令诏后嗣之遗义，执政任事之臣，所以能循法令，顺庶孽③者，施及萌④隶，皆可以教于后世。

① **鲍本**蚤知，先见也。 ② **鲍本**通太公数之。 ③ **鲍本**新立之君皆患庶孽之乱，昭王能预顺之。 ④ **鲍本**“萌”，“氓”同。

“臣闻善作者，不必善成；善始者，不必善终。昔者五子胥[①]说听乎阖闾，故吴王远迹至于郢。夫差弗是也[②]，赐之鸱夷[③]而浮之江。故吴王夫差不悟[④]先论之可以立功，故沉子胥而不[⑤]悔。子胥不蚤见主之不同量，故入江而不改[⑥]。夫免身全功，以明先王之迹者，臣之上计也。离[⑦]毁辱之非，堕先王之名者，臣之所大恐也。临不测之罪，以幸为利者，义之所不敢出也。

① **鲍本**"五"作"伍"。○　**札记**今本"五"作"伍"。丕烈案："五"、"伍"同字。《史记》,《新序》作"伍"。　② **鲍本**不然子胥之说。　③ **鲍本**鸱夷，榼名。马革为其形，以敛骸骨。正曰：《史》，乃取子胥尸，盛以鸱夷革。应劭云，取马革为鸱夷榼形。　④ **鲍本**"悟"作"悮"。○　**札记**丕烈案：《史记》作"寤"，《新序》作"计"。　⑤ **鲍本**"不"作"弗"。○　**札记**丕烈案：《史记》、《新序》作"不"。　⑥ **鲍本**补曰：《史》，"不化"。《索隐》云，言子胥怨恨，故虽投江而神不化，犹为波涛之神也。　**札记**丕烈案：《新序》亦作"化"。　⑦ **鲍本**离，丽也，犹遭。正曰："离"，"罹"通，遭也。

"臣闻古之君子，交绝不出恶声[①]；忠臣之去也，不洁其名[②]。臣虽不佞[③]，数奉教于君子矣。恐侍御者之亲左右之说，而不察疏远之行也。故敢以书报，唯君之留意焉。"[④]

① **鲍本**补曰：《正义》曰，不说己长而谈彼短。　② **鲍本**毁其君而自洁。　③ **鲍本**"佞"下有"乎"字。○　补曰：一本无"乎"字，盖衍。　**札记**丕烈案：《史记》、《新序》，此无"乎"字。　④ **鲍本**《传》有。补曰：《大事记》，延平陈氏曰，乐毅之下齐也，止侵略，宽赋敛，除暴令，修旧政，求逸民显而礼之，祀桓公、管仲于郊，表贤者之间，封王蠋之墓，凡可以悦其民者，无不为之。此孟子所以教齐者，齐王不能用之于燕，而乐毅能用之于齐。

吕子《读书记》曰乐毅伐齐云云，曰，“若不遂乘之，待彼悔前之非，改过恤下，而抚其民，则难虑也”。推此言，则世之论毅者，岂其然乎？朱子曰，“乐毅亦战国之士，何尝是王者之师”？又曰，“毅初合秦、魏之师，又因人怨湣王之暴，故一举下齐七十余城。湣王死，人心之怒已解，恐三国分功，故急遣之，以燕之力亦止于此。况田单忠义死节，坚守二城，自不可攻，非不欲取，盖力不能尔。毅在当时亦恣意虏掠，正孟子所谓毁其宗庙，迁其重器者尔”！愚谓，乐毅之伐齐，取宝器，烧宫室，见于《田齐》、《燕世家》，《毅传》、《国策》皆然。征以毅之自言，盖不诬矣。陈氏首以止侵掠为美，似未察其实也。齐以燕伐燕，燕以齐伐齐，孟子所以教齐王者，毅实违之，是尚为能用之乎？虽有宽赋、除暴、反政、礼贤数端，不足以揜其罪也。故愚著朱子说，并记吕子他日之论，以见其不满于毅如此。而取陈氏者，特一时之见，未为定论也。

或献书燕王

或[①]献书燕王：“王[②]而不能自恃[③]，不恶卑名以事强，事强可以令国安长久，万世之善计[④]。以事强而不可以为万世，则不如合弱。将奈何合弱而不能如一[⑤]，此臣之所为山东苦也。

① **姚本**钱本添“或”字。　② **鲍本**“王”上有“燕”字。○　补曰：一本无此“燕”字。姚同。　③ **鲍本**弱国必得援。　④ **鲍本**“计”下补“也”字。○　⑤ **鲍本**以不一为无如之何。

“比目之鱼[①]，不相得则不能行，故古之[②]人称之，以其合两而如一也。今山东合弱而不能如一，是山东之知不如鱼也。又譬如车士之引车也，三人不能行，索二人，五人而车因行矣。今山东三国[③]弱而不能敌秦，索二国，因能胜秦矣。然而山东不知相索[④]，智固不如车士矣。胡与越人，言语不相知，志意不相通，同舟而凌波，至其相救助如一也。今山东之相与也，如同舟而济，秦之兵至，不能相救助如一，智又不如胡、越之人矣。三物者[⑤]，人之所能为也，山东之[⑥]主遂不悟，此臣之所为山东苦也。愿大王之熟虑之也。

① **鲍本**《尔雅》，东方有比目鱼，不比不行，谓之鲽。 ② **鲍本**无“之”字。○ ③ **鲍本**盖韩、魏、赵也。 ④ **鲍本**“索”下有“者”字。○ ⑤ **鲍本**物，犹事。 ⑥ **鲍本**无“之”字。○ 补曰：一本“主”上有“之”字。

“山东相合，之主者不[①]卑名，之国者可长存[②]，之卒者[③]出士以戍韩、梁之西边，此燕之上计也。不急为此，国必危矣，主[④]必大忧。今韩、梁、赵三国以合矣，秦见三晋之坚也，必南伐楚。赵见秦之伐楚也，必北攻燕[⑤]。物固有势异而患同者。秦久[⑥]伐韩，故中山亡[⑦]；今久[⑧]伐楚，燕必亡[⑨]。臣窃为王计，不如以兵南合三晋，约戍韩、梁之西边。山东不能坚为此，此必皆亡。”

① **鲍本**“不”下补“恶”字。○ **札记**丕烈案：此所补误甚。“之主者不卑名”为一句，下文“之国者可长存”为一句，二者对文，皆山东相合之效也。之，此也。此，山东相合，主也，国也。吴氏读亦非，见下。 ② **鲍本**言山东欲存，惟不羞自卑者可也。 ③ **鲍本**之，犹其也。“卒”，“猝”同。补曰：疑当以三“者”字句，不然，“卒者”下有缺文。 **札记**吴氏补曰，疑当以三“者”字句。丕烈案：此非也。见上。又曰，不然，卒者下有缺文。是矣。④ **鲍本**“主”作“王”。○ ⑤ **鲍本**无“北”字。○ 补曰：一本“必北攻”。

姚同。 ⑥ **鲍本**"久"作"之"。〇 补曰：一本"之伐"作"久伐"，下句同。姚并同。 ⑦ **鲍本**秦不暇救，故赵亡之。正曰：秦非助中山者。补曰：按《赵策》，苏厉曰，楚人久伐而中山亡。《魏策》曰，中山恃齐、魏以轻赵，齐、魏伐楚而赵亡中山。《大事记》谓楚与魏连兵，中山失助而亡。《史》称主父与齐、燕共灭中山。则齐非中山与国也。愚谓，中山近魏，二国相善，信矣。赵与齐、燕灭中山，乃《年表》惠文四年所书，已与《世家》差一年，且赵之有事中山久矣，自武灵十九年胡服以来，攻城略地，无岁无之，何至此而始合齐、燕灭之邪？而秦、韩、齐、魏伐楚，败唐昧重丘，当武灵二十五年，是年《赵年表》书攻中山，《通鉴纲目》书中山君奔齐，《齐策》称中山君臣于齐。盖四国伐楚而赵不与，赵得以攻中山而亡之，其君遂出奔也。《史》所载与《策》合者，莫明于此。中山君且奔齐，则与齐共灭之言未可据。秦、韩、齐、魏共伐楚，则所谓楚、魏连兵非此年。《齐策》曰，齐、燕战而赵氏兼中山，则《史记》之言有误，《大事记》或未察也。今《燕策》又谓秦伐韩，故中山亡，则韩亦助中山者。是年，秦伐韩取穰，岂其事欤？愚尝因此《策》与《齐策》陈轸合三晋事同，而辨中山非至惠文三年始亡，特迁其王尔。以此数《策》观之，尤信。 ⑧ **鲍本**"久"作"秦之"二字。〇 ⑨ **鲍本**赵亡之。

燕果以兵南合三晋也。①

① **鲍本**此三年，与楚、三晋攻秦。彪谓：此三物喻从之精者也，故虽子哙庸主亦能感动。惜乎言犹在耳，而诸侯之心已变矣，此岂非天亡之哉！正曰：此章当是昭王时，说见《齐策·秦伐魏》章下。

客谓燕王〔校一〕

〔校一〕鲍本《客谓燕王》与《燕昭王收破燕后即位》合为一篇，姚本分为两篇。据文义，从姚本。

客谓燕王曰："齐南破楚，西屈秦，用韩、魏之兵，燕、赵之众，犹鞭策也[①]。使齐北面伐燕，即虽五燕不能当。王何不阴出使[②]，散游士，顿[③]齐兵，弊其众，使世世无患。"燕王曰："假寡人五年，寡人得其志矣。"苏子曰："请假王十年。"燕王说，奉苏子车五十乘[④]，南使于齐。

① **鲍本**御诸国如马。 ② **鲍本**密遣使者。 ③ **鲍本**顿，劳敝之也。 ④ **鲍本**"五十"作"十五"。〇 补曰：姚本"五十乘"，是。

谓齐王[①]曰："齐南破楚，西屈秦，用韩、魏之兵，燕、赵之众，犹鞭策也。臣闻当世之举王[②]，必诛暴正乱，举无道[③]，攻不义。今宋王[④]射天笞埊，铸诸侯之象，使侍屏匽[⑤]，展其臂，弹其鼻，此天下之无道不义，而王不伐，王名终不成[⑥]。且夫宋，中国膏腴之地，邻民之所处也[⑦]，与其得百里于燕，不如得十里于宋。伐之，名则义，实则利，王何为弗为?"齐王曰："善。"遂與[⑧]兵伐宋，三覆宋，宋遂举。

① **鲍本**闵。 ② **鲍本**兴起之王。补曰："举"字恐因下误衍。 ③ **鲍本**五旬举之之举。 ④ **鲍本**君偃。 ⑤ **鲍本**屏，厕也。当作井匽，路厕。补曰：《周礼》，"宫人为井匽"注，井，漏井，所以受水潦。郑司农云，匽，路厕也。铸诸侯之象，即后章秦王所谓宋王无道，为木人以象寡人，射其面者。⑥ **鲍本**补曰：《大事记》云，齐之伐宋也，苏代实启之，引《策》云，今宋王无道云云。 ⑦ **鲍本**齐民邻宋者处之。 ⑧ **鲍本**"與"作"興"。〇

燕王闻之，绝交于齐，率天下之兵以伐齐，大战一，小战

再，顿齐国，成其名。故曰：因其强而强之，乃可折也；因其广而广之，乃可缺也。[①]

① **鲍本**彪谓：听言亦难矣。苏子所以告齐王，天下之正谊也，齐用之，不旋踵而招天下之兵。故有事于天下者，不可以人之言，求诸己而已。己无罪，而后可以诛人之罪；己无衅，而后可以乘人之衅。正曰：宋固可伐矣，齐之伐宋，犹孟子所谓以燕伐燕，不行仁政，动天下之兵者也。苏代曰，王不伐，王名终不成；伐之，名则义，实则利。此岂天下之正谊哉？

赵且伐燕

赵且伐燕，苏代为燕谓惠王[①]曰："今者臣来，过易水，蚌[②]方出曝，而鹬[③]啄其肉，蚌合而拑[④]其喙[⑤]。鹬曰：'今日不雨，明日不雨，即有死蚌。'蚌亦谓鹬曰：'今日不出，明日不出，即有死鹬。'两者不肯相舍，渔者得而并禽之[⑥]。今赵且伐燕，燕、赵久相支，以弊大众，臣恐强秦之为渔父也。故愿王之[⑦]熟计之也。"惠王曰："善。"乃止。[⑧]

① **鲍本**赵惠文。　② **鲍本**蚌，蜃。　③ **鲍本**鹬，知天将雨鸟。补曰：鹬，音聿，亦有术音。　④ **鲍本**"拑"作"箝"。○　箝，籋也。补曰：一本"箝"作"拑"，字通。　⑤ **札记**"喙"，今本误"啄"。　⑥ **姚本**续云：谣语、谚语皆叶。《后语》"必见死蚌脯"，即多一字。《艺文类聚》引云，"蚌将为脯"，如此则叶韵。然不闻蚌、鹬得雨则解也。陆农师乃云，"今日不两，明日不两，必有死蚌"。"两"谓辟口。一今作"雨"，非是。恐别有所据。　**鲍本**补曰：愚按《韵补》，蚌，叶彼五反。鹬知将雨，雨即解去尔。　⑦ **鲍本**无"故"字、"之"字。○　⑧ **鲍本**燕惠、武、成皆与赵惠王相及，此《策》时不可考。

齐魏争燕

齐、魏争燕。齐谓燕王曰："吾得赵矣。"魏亦谓燕王曰："吾得赵矣。"燕无以决之，而未有适[①]予也。苏子[②]谓燕相曰："臣闻辞卑而币重者，失天下者也；辞倨而币薄者，得天下者也。今魏之辞倨而币薄。"燕因合于魏，得[③]赵[④]，齐遂北矣。[⑤]

① **鲍本**补曰：音的。　② **姚本**一作"代"，曾作"子"。　**鲍本**"子"作"代"。〇　③ **鲍本**"得"上补"魏"字。〇　补曰：姚本有此字。　④ **鲍本**"赵"作"燕"。〇　正曰：魏曰得赵，燕因合于魏而得赵也。　⑤ **鲍本**魏昭十二年，与秦、赵、韩、燕伐齐，败之，燕独入临淄。此二十八年。

战国策卷三十一

燕　三

齐韩魏共攻燕〔校一〕

〔校一〕鲍本此篇在《楚策》。

齐、韩、魏共攻燕①，燕使太子请救于楚。楚王使景阳将而救之②。暮舍，使左右司马各营壁③地，已，稙④表⑤。景阳怒曰："女所营者，水皆至灭⑥表。此焉可以舍！"乃令徙。明日大雨，山水大出，所营者，水皆灭表。军吏乃服。于是遂不救燕，而攻魏雝丘⑦，取之以与宋⑧。三国惧，乃罢兵。魏军其西，齐军其东，楚军欲还不可得也。景阳乃开西和门，昼以车骑，暮以烛见⑨，通⑩使于魏。齐师怪之，以为燕、楚与魏谋之，乃引兵而去。齐兵已去，魏失其与国，无与共击楚，乃夜遁。楚师乃还。⑪

① **鲍本**燕惠七年书韩、魏、楚共伐燕，他不书，则楚当是齐。此二十七年。正曰：《策》有宋，盖宋未灭时，岂得改楚为齐？　② **鲍本**景阳后至考烈六年犹为将，见《史》。补曰：《楚世家》。景阳救楚，齐灭宋，当顷襄十三年，至考烈王六年，凡三十年，犹相及。唐裴行俭讨突厥徙营事，类此。③ **鲍本**壁，军垒。　④ **鲍本**"稙"作"植"。〇　**札记**今本"稙"作"植"。⑤ **鲍本**如华表，以别所舍。　⑥ **鲍本**灭，犹没也。此欲用其众，因以示神。

⑦ **鲍本**“雝”，“雍”同。属陈留。 ⑧ **鲍本**宋时已为齐，未晓。 ⑨ **鲍本**无“见”字。○ 补曰：姚本“车”作“军”。 ⑩ **鲍本**补曰：姚本“通”作“见”。 ⑪ **鲍本**元在《燕策》。正曰：以救燕，故在《燕》。补曰：“雝”及通使之“使”，去声。

张丑为质于燕

张丑为质于燕[①]，燕王欲杀之，走且出境，境吏得丑。丑曰：“燕王所为将杀我者，人有言我有宝珠也，王欲得之。今我已亡之矣，而燕王不我信。今子且致我，我且言子之夺我珠而吞之，燕王必当杀子，刳[②]子腹及子之肠[③]矣。夫欲得之君，不可说以利。吾要且死，子肠亦且寸绝。”境吏恐而赦之。[④]

① **鲍本**正曰：丑，见《齐》、《韩》、《魏》、《中山》等《策》，与楚威王、田婴、公仲、张仪相涉，恐非惠王之世。 ② **鲍本**刳，判也。 ③ **姚本**续云：别本作“反子之肠”。 **鲍本**补曰：姚本作“反”。 ④ **鲍本**补曰：《韩非子》记子胥语楚边候，同此。

燕王喜使栗腹以百金为赵孝成王寿

燕王喜使栗腹以百金为赵孝成王寿，酒三日，反报曰：“赵民其壮者皆死于长平，其孤未壮，可伐也。”王乃召昌国君乐间[①]而问曰：“何如？”对曰：“赵，四达之国也，其民皆习于兵，不可与战。”王曰：“吾以倍攻之，可乎？”曰：“不可。”曰：“以三，可乎？”曰：“不可。”王大怒。左右皆以为赵可伐，遽起六十万以攻赵。令栗腹以四十万攻鄗，使庆秦[②]以二十万攻代。赵使廉颇以八万遇栗腹于鄗，使乐乘[3]以五万遇庆秦于代。燕人大败。乐间入赵[4]。

① **鲍本**毅子。补曰：《史》，毅奔赵后，燕王复以其子乐间为昌国君。《索隐》云，间，纪闲反。 ② **鲍本**补曰：《史》作“卿秦”。一本标《后语》作“庆奉”。 ③ **鲍本**毅之族。 ④ **鲍本**《燕记》元年有。正曰：《史》在王喜四年，余说见下。

燕王以书且谢焉，曰：“寡人不佞，不能奉顺君意，故君捐国而去，则寡人之不肖明矣。敢端其愿[1]，而君不肯听，故使使者陈愚意，君试论之。语曰：‘仁不轻绝，智不轻怨。’君之于先王也，世之所明知也。寡人望有非则君掩盖之[2]，不虞[3]君之明罪之也；望有过则君教诲之，不虞君之明罪之也[4]。且寡人之罪，国人莫不知，天下莫不闻，君微出明怨[5]以弃寡人，寡人必有罪矣。虽然，恐君之未尽厚也。谚曰：‘厚者不毁人以自益也，仁者不危人以要名。’以[6]故掩人之邪者，厚人之行也；救人之过者，仁者之道也。世有掩寡人之邪，救寡人之过，非君心所望之[7]？今君厚受位于先王以成尊，轻弃寡人以快心，则掩邪救过，难得于君矣。且世有薄于故厚施[8]，行有失而故惠用[9]。今使寡人任[10]不肖之罪，而君有失厚之累，于为君择[11]之也，无所取之。国之有封疆，犹[12]家之有垣墙，所以合好掩恶也[13]。室不能相和，出语邻家，未为通计也。怨恶未见而明弃之，未[14]尽厚也。寡人虽不肖乎，未如殷纣之乱也；君虽不得意乎，未如商容、箕子之累也。然则不内蓋[15]寡人，而明怨于外，恐其适足以伤于高而薄于行也，非然也。苟可以明君之义，成君之高，虽任恶名[16]，不难受也。本欲以为明寡人之薄，而君不得厚；扬寡人之辱，而君不得荣，此一举而两失也。义者不亏人以自益，况伤人以自损乎！愿君无以寡人不肖，累往事之美。昔者，柳下惠吏于鲁，三黜而不去。或谓之曰：'可以去。'柳下惠曰：'苟与人之异，恶往而不黜乎？犹且黜乎，宁于故国尔[17]。'柳下惠不以三黜自累，故前业不忘；不以去为心，故远近无议。今寡人之罪，国人未知，而议寡人者遍天下。语曰：'论不修心，议不累物[18]，仁不轻绝，智不简[19]功。'弃[20]大功者，辍也[21]；轻绝厚利者，怨也。辍而弃之，怨而累之，宜在远者[22]，不望之乎君也。今以寡人无罪，君岂怨之乎？愿君捐怨，追惟先王，复以教寡人！意君曰[23]，余且慝心[24]以成而过，不顾先王以明而恶，使寡人进不得修功，退不得改过，君之所揣[25]也，唯君图之！此寡人之愚意也。敬以书谒之。"

① **鲍本**端，犹专也。愿，欲复用之。 ② **鲍本**有非而蔽覆之，王喜所望也。 ③ **鲍本**虞，犹图。 ④ **鲍本**"罪"作"弃"。○ **札记**丕烈案："弃"字当是，异于上句也。《新序》上句作"弃"，此句作"罪"，互易。 ⑤ **鲍本**言间虽无出之赵，以明有怨于我，人亦知之。 ⑥ **鲍本**无"以"字。○ 补曰：此当有"也"字。姚本作"以"，讹。 **札记**丕烈案：吴说非也。考《新序》无"也"字，亦无"以"字，"以故"即"故"耳。 ⑦ **鲍本**"心"作"恐"，又改作"孰"，无"所"字。○ 补曰：字有误。一本"心所"。 **札记**丕烈案：考《新序》作"恶"字。"心"即"恶"之坏。 ⑧ **鲍本**"于"作"而"。○ 世虽薄我，我反厚施之。 **札记**丕烈案：此及下句，《新序》文全异。 ⑨ **鲍本**行与我不合，反惠爱任用之。正曰：有过失，当弃，反顺用之。 ⑩ **鲍本**任，犹负。⑪ **鲍本**择其所处。 ⑫ **鲍本**无"犹"字。○ 补曰：一本此有"犹"字。姚

同。 **札记**丕烈案:《新序》有。 ⑬ **鲍本**补曰:恶如字。 ⑭ **鲍本**"未"下有"为"字。○ **札记**丕烈案:《新序》有。 ⑮ **鲍本**"蓋"一作"盡"。**札记**丕烈案:《新序》作"盡"。 ⑯ **鲍本**所谓任不肖之罪。 ⑰ **鲍本**补曰:此《论语》所记便不及。 ⑱ **鲍本**凡有修者,先必有失,而善论者不然。补曰:"修"字必有误。 **札记**丕烈案:《新序》无此二句,"修"或"循"字讹也。⑲ **鲍本**简,与附反,犹弃也。 ⑳ **鲍本**"弃"上有"简"字。○ **札记**丕烈案:《新序》作"简功弃大者,仇也"。全异。 ㉑ **鲍本**辍,止也。 ㉒ **鲍本**疏远之臣可尔。 ㉓ **鲍本**意度其然。 ㉔ **鲍本**待之以不善之心。 ㉕ **姚本**曾作"剬"。 **鲍本**言间量我也。

乐间、乐[①]乘怨不用其计,二人卒留赵,不报。[②]

① **鲍本**无"乐"字。○ ② **鲍本**彪谓:过而不改,然后为过。燕王喜过在于愎谏伐赵,其于间未见其有可绝之处,而能悔如此。《礼》不云乎,"其嗟也可去,其谢也可食"。何间绝之深也?抑其书辞条达明丽婉乎,孰复天下之伟文也。正曰:责其出奔以明怨,薄己而扬过,悔文惩创之意少,未见其果可以释憾而反国也。补曰:《新序》以此为燕惠王遗乐毅书。考之毅答惠王书云,"今足下使人数之以罪",而《史》所载惠王让毅,无数罪之语。前章燕王使人让毅,且谢之曰云云,当是此章之首,盖错简也。且《策》以此为乐间答书,而末云"间、乘怨不用其计",于乘何与?《史·赵世家》,孝成王十五年,廉颇破杀栗腹,虏卿秦、乐间,则是间为将而被虏。《燕世家》则云奔赵。又赵孝成王十六年,廉颇围燕,以乐乘为武襄君。二十一年孝成王卒,廉颇将,攻繁阳,取之,使乐乘代之,颇攻乘,乘走。据《策》,《史》所记多舛,故知此书非乐间事,而《新序》之说为是云。 **札记**丕烈案:《策》文与《史记·乐毅传》事同,《新序》当系别记,吴氏所说未是。

秦并赵北向迎燕

秦并赵,北向迎燕[①]。燕王闻之,使人贺秦王[②]。使者过赵，赵王[3]系之。使者曰："秦、赵为一，而天下服矣。兹[4]之所以受命于赵者，为秦也[5]。今臣使秦，而赵系之，是秦、赵有郄[6]。秦、赵有郄，天下必不服，而燕不受命矣。且臣之使秦，无妨于赵之伐燕也。"赵王以为然而遣之。

① **鲍本**并，合也。迎，以兵迎之。 ② **鲍本**始皇。 ③ **鲍本**悼襄。 ④ **鲍本**"兹"作"燕"。〇 补曰：恐"燕"字讹。 ⑤ **鲍本**言燕先时服赵者，以秦与赵合。 ⑥ **鲍本**"郄"作"隙"。〇 补曰：一本并作"郄"。姚同。

使者见秦王曰："燕王窃闻秦并赵，燕王使使者贺千金。"秦王曰："夫燕无道，吾使赵有之，子何贺？"使者曰："臣闻全赵之时，南邻为秦，北下曲阳[1]为燕，赵广三百里，而与秦相距五十余年矣，所以不能反[2]胜秦者，国小而地无所取。今王使赵北并[3]燕，燕、赵同力，必不复受[4]于秦矣。臣切[5]为王患之。"秦王以为然，起兵而救[6]燕。[7]

① **鲍本**下曲阳，属巨鹿。 ② **鲍本**反，犹报也。言数为秦败，不能报而胜之。 ③ **鲍本**北并，谓兼有之。 ④ **鲍本**"受"下补"命"字。〇 ⑤ **鲍本**"切"作"窃"。〇 **札记**今本"切"作"窃"。 ⑥ **姚本**曾作"攻"。 ⑦ **鲍本**赵悼襄九年攻燕，取狸阳城。兵未罢，秦攻邺，拔之。此十九年。

燕太子丹质于秦亡归

燕太子丹质于秦，亡归。见秦且灭六国，兵以[1]临易水[2]，恐其祸至。太子丹患之，谓其太傅鞫[3]武曰："燕、秦不两立，愿太傅幸而图之。"武对曰："秦地遍天下，威胁韩、魏、赵氏，则易水以北，未有所定也。奈何以见陵之怨[4]，欲排[5]其逆鳞哉？”太子曰：“然则何由？”太傅曰：“请入，图之[6]。”

① **鲍本**“以”作“已”。〇 ② **札记**今本“水”误“未”，下“则易水以北”，“水”误“人”。 ③ **鲍本**“鞫”作“鞠”。〇 补曰：一本“鞠”作“鞫”。下同。《索隐》云，音曲，又如字。 **札记**丕烈案：《史记》作“鞠”。 ④ **鲍本**《传》言，丹质秦，秦遇之不善。 ⑤ **姚本**一作“批”。曾、钱作“排”。 **鲍本**“排”作“批”。〇 批，白结切，击也。《说难》，龙可扰而骑也，然喉下有逆鳞径尺，人有婴之，则必杀人，人主亦有。补曰：一本“批”作“排”。 **札记**丕烈案：《史记》作“批”。 ⑥ **鲍本**请太子入息，己乃图之。

居之有间，樊将军亡秦之燕，太子容之[1]。太傅鞫武谏曰：“不可。夫秦王[2]之暴，而积怨于燕[3]，足为寒心[4]，又况闻樊将军之在乎！是以[5]委肉当饿虎之蹊[6]，祸必不振[7]矣！虽有管、晏，不能为谋[8]。愿太子急遣樊将军入匈奴以灭口。请西约三晋，南连齐、楚，北讲于单于，然后乃可图也。”太子丹曰：“太傅之计，旷日弥久，心惛然，恐不能须臾[9]。且非独于此也。夫樊将军困穷于天下，归身于丹，丹终不迫于强秦，而弃所哀怜之交置之匈奴，是丹命固卒之时也[10]。愿太傅更虑之。”鞫武曰：“燕有田光先生者，其智深，其勇沉[11]，可与之谋也。”太子曰：“愿因太傅交于田先生，可乎？”鞫武曰：“敬诺。”出见田光，道太子曰[12]：“愿图国事于先生。”田光曰：“敬奉教。”乃造焉。

① **鲍本**“容”作“客”。〇 补曰：姚本“容之”。 **札记**丕烈案：《史记》

作“舍”。 ② **鲍本**始皇。 ③ **鲍本**怨其亡归。 ④ **鲍本**补曰：凡人寒甚则心战，恐惧亦战。 ⑤ **鲍本**“以”作“谓”。〇 补曰：《史》作“谓”，然“以”义亦通。 ⑥ **鲍本**蹊，径也。 ⑦ **鲍本**振，救也。 ⑧ **鲍本**“不能为谋”作“不能为之谋也”。〇 丕烈案：《史记》有“之”字、“也”字。 ⑨ **鲍本**言已忧思昏瞀且死，须臾不可待。 ⑩ **鲍本**知祸且至，而犹为之，自疑命止于此。 ⑪ **鲍本**“其勇”作“而虑”。〇 沉，犹深。补曰：一本“其智深，其勇沉”。《史》、姚同。 ⑫ **鲍本**衍“曰”字。 **札记**丕烈案：《史记》无。

太子跪而逢迎，却行为道①，跪而拂席。田先生坐定，左右无人，太子避席而请曰：“燕、秦不两立，愿先生留意也。”田光曰：“臣闻骐骥盛壮之时，一日而驰千里。至其衰也，驽马先之。今太子闻光壮盛之时，不知吾精已消亡矣。虽然，光不敢以乏国事也②。所善荆轲，可使也。”太子曰：“愿因先生得愿③交于④荆轲，可乎？”田光曰：“敬诺。”即⑤起，趋出。太子送之至门，曰⑥：“丹所报，先生所言者，国大事也，愿先生勿泄也。”田光俛⑦而笑曰：“诺。”

① **鲍本**不敢背之。 ② **鲍本**不令太子所图有阙。 ③ **鲍本**衍“愿”字。 ④ **鲍本**无“于”字。〇 **札记**丕烈案：《史记》作“结交于”。 ⑤ **鲍本**“即”作“则”。〇 补曰：一本“即趋出”，姚本“即起”。 **札记**丕烈案：《史记》作“即起”。 ⑥ **鲍本**“曰”上有“戒”字。〇 **札记**丕烈案：《史记》有。 ⑦ **鲍本**补曰：《正义》曰，俛，音俯。按“俛”即“俯”字。《汉书·晁错传》“俛仰”、《韩信》“俛出”、《东方朔》“俛啄”，颜注，即“俯”。

偻①行见荆轲，曰：“光与子相善，燕国莫不知。今太子闻光壮盛之时，不知吾形已不逮也，幸而教之曰：‘燕、秦不两立，愿先生留意也。'光窃不自外[②]，言足下于太子，愿足下过太子于宫。"荆轲曰："谨奉教。"田光曰："光闻长者之行[③]，不使人疑之，今太子约光曰：'所言者，国之大事也，愿先生勿泄也。'是太子疑光也。夫为行使人疑之，非节侠士也[④]。"欲自杀以激荆轲[⑤]，曰："愿足下急过太子，言光已死，明不言也。"遂自刭而死。

① **鲍本**偻，致敬貌。《礼》，一命而偻。 ② **鲍本**言不自疏于轲。 ③ **鲍本**"之"作"为"。〇 补曰：一本"长者之行"。 **札记**丕烈案：《史记》作"为"。 ④ **鲍本**荀悦曰，立气势，作威福，结私交，以立强于世者，谓之侠。 ⑤ **鲍本**言其死非为泄，欲厉勉轲，使死之耳。

轲见太子，言田光已死，明不言也[①]。太子再拜而跪，膝下行[②]流涕，有顷而后言曰："丹所请田先生无言者，欲以成大事之谋，今田先生以死明不泄言，岂丹之心哉？"荆轲坐定，太子避席顿首曰："田先生不知丹不肖，使得至前，愿有所道，此天所以哀燕不[③]弃其孤也[④]。今秦有贪饕[⑤]之心，而欲不可足也。非尽天下之地，臣海内之王者[⑥]，其意不餍。今秦已虏韩王[⑦]，尽纳其地，又举兵南伐楚，北临赵。王翦将[⑧]数十万之众临漳、邺，而李信出太原、云中。赵不能[⑨]支秦，必入臣。入臣，则祸至燕。燕小弱，数困于兵，今计举国不足以当秦。诸侯服秦，莫敢合从。丹之私计，愚以为诚得天下之勇士，使于秦，窥以重利[⑩]，秦王贪其贽，必得所愿矣。诚得劫秦王，使悉反诸侯之侵地，若曹沫之与齐桓公，则大善矣；则不可，因而刺杀之。彼大将擅兵于外，而内有大乱，则君臣相疑。以其间诸侯，诸侯得合从，其偿破[11]秦必矣。此丹之上愿，而[12]不知所以委命[13]，唯荆[14]卿留意焉。”久之，荆轲曰：“此国之大事[15]，臣驽下，恐不足任使。”太子前顿首，固请无让。然后许诺。于是尊荆轲为上卿，舍上舍，太子日日造问[16]，供太牢异物[17]，间进车骑美女，恣荆轲所欲，以顺适其意。

① **鲍本**“明不言也”作“致光之言”。○ 补曰：一本此四字作“明不言也”。姚同。《史》同今本。 ② **鲍本**以膝行，不立行，故言下。 ③ **鲍本**“不”上有“而”字。○ **札记**丕烈案：《史记》有。 ④ **鲍本**补曰：《索隐》云，无父曰孤，时燕王尚在，或记者失辞，或诸侯嫡子亦僭称孤也。又刘向曰，燕王喜之太子。 ⑤ **鲍本**“饕”作“利”。○ **札记**丕烈案：《史记》作“利”。 ⑥ **鲍本**补曰：《荀子》注引《策》作“牢天下之王”。 ⑦ **鲍本**秦十七年虏王安。 ⑧ **鲍本**无“将”字。○ **札记**丕烈案：《史记》有。 ⑨ **鲍本**无“能”字。○ 补曰：一本此有“能”字。 **札记**丕烈案：《史记》有。 ⑩ **鲍本**窥，言示之以利，使之见而欲也。 ⑪ **鲍本**无“破”字。○ 补曰：一本此有“破”字。 **札记**丕烈案：《史记》有“破”无“偿”，此当是《策》文作“偿”，《史记》作“破”，因两存也。 ⑫ **鲍本**无“而”字。○ **札记**丕烈案：《史记》有。 ⑬ **鲍本**委弃性命，犹言不知死所。 ⑭ **姚本**曾本无“荆”字。 ⑮ **鲍本**“事”下有“也”字。○ **札记**丕烈案：《史记》有。 ⑯ **鲍本**“太子日日造问”作“太子日造门下”。○ **札记**丕烈案：《史记》作“太子日造门下”。 ⑰ **鲍本**“异”上有“具”字。○ **札记**丕烈案：《史记》有。

久之，荆卿未有行意。秦将王翦破赵，虏赵王[1]，尽收其地，进兵北略[2]地，至燕南界。太子丹恐惧，乃请荆卿曰：“秦兵旦暮渡易水，则虽欲长侍足下，岂可得哉？”荆卿曰：“微太子言，臣愿得谒之。今行而无信，则秦未可亲也。夫今[3]樊将军，秦王购之金[4]千斤，邑万家。诚能得樊将军首，与燕督亢之地图[5]献秦王，秦王必说见臣，臣乃得有以报太子。”太子曰：“樊将军以穷困来归丹，丹不忍以己之私，而伤长者之意，愿足下更虑之。”

① **鲍本**“王”下有“迁”字。〇　十九年。札记丕烈案：《史记》无。上韩王安，不名，此有者误。　② **鲍本**略，经略之。　③ **鲍本**衍“今”字。**札记**丕烈案：《史记》无。　④ **姚本**曾、钱作“秦王悬金”。　⑤ **鲍本**《后志》，涿郡方城县有督亭，注引此。补曰：《正义》云，督亢坡在幽州范阳县东南，今固安县南有督亢陌，幽州南界。刘向《别录》云，督亢，膏腴之地。盖欲献之，故画图。

荆轲知太子不忍，乃遂私见樊于期[1]曰：“秦之遇将军，可谓深矣。父母宗族，皆为戮没。今闻购将军之首，金千斤，邑万家，将奈何？”樊将军仰天太息流涕曰：“吾每念，常痛于骨髓，顾计不知所出耳。”轲曰：“今有一言，可以解燕国之患，而报将军之仇者，何如？”樊于期乃前曰：“为之[2]奈何？”荆轲曰：“愿得将军之首以献秦，秦王必喜而善见臣，臣左手把其袖，而右手揕抗[3]其胸，然则将军之仇报，而燕国见陵之耻除矣。将军岂有意乎？”樊于期偏袒扼腕而进曰：“此臣日夜切齿拊心也[4]，乃今得闻教。”遂自刎[5]。太子闻之，驰往，伏尸而哭，极哀。既已，无可奈何，乃遂收[6]盛樊于期之首，函封之。

① **鲍本**将军名。 ② **鲍本**无“为之”二字。〇 补曰：一本“为之奈何”。姚同。 **札记**丕烈案：《史记》有。 ③ **姚本**一无“抗”字。曾、钱作“揕抗”。 **鲍本**无“而”字、“抗”字。〇 揕，刺也，知鸩反。补曰：揕，一作“抗”，故他本连有二字，下文同。《索隐》云，抗，拒也，义非。 **札记**丕烈案：《史记》云，“右手揕其胸”。徐广曰，揕，音张鸩反，一作“抗”。《索隐》曰，“抗”，苦浪反，言抗，拒也，其义非。考小司马读误也。《史记》字作“揕”，《战国策》作“抌”，故徐广曰，一作“抌”。“抌”、“揕”同字，亦丁鸩反。作“抗”，是形近之讹。吴依小司马读，并误。 ④ **鲍本**“臣”下有“之”字，“拊”作“腐”。〇 腐者，痛之极。补曰：勇者奋厉，必以左手扼右腕也。切齿，前见。一本“拊心”。 **札记**丕烈案：《史记》作“腐”，有“之”字。 ⑤ **鲍本**刎，断也。 ⑥ **鲍本**无“收”字。〇 **札记**丕烈案：《史记》无。

于是，太子预求天下之利匕首，得赵人徐夫人[①]之匕首，取之百金，使工以药淬[②]之以试人，血濡缕[③]，人无不立死者。乃为装[④]遣荆轲。燕国有勇士秦武阳，年十二[⑤]，杀人，人不敢与忤[⑥]视。乃令秦武阳为副。荆轲有所待，欲与俱，其人居远未来，而为留待。顷之未[⑦]发。太子迟之，疑其有[⑧]改悔，乃复请之曰：“日以[⑨]尽矣，荆卿岂无意哉？丹请先遣秦武阳。”荆轲怒，叱太子曰：“今日往而不反者，竖子也！今提一匕首入不测之强秦，仆所以留者，待吾客与俱。今太子迟之，请辞决矣！”遂发。

① **鲍本**补曰：《索隐》云，徐，姓；夫人，名。男子也。 ② **鲍本**“淬”，当从火，坚刀刃也。若“淬”，则灭火器尔。正曰：“淬”、“焠”通，取内反。《说文》，徐云，淬，剑烧而入水也。此谓以毒药染锷而淬之也。《后语》注云，以药水鉴匕首为淬。鉴，古电反。 ③ **鲍本**沾濡衣之一缕。 ④ **鲍本**行具

也。 ⑤ **鲍本**“二”作“三”。○ **札记**今本“二”误“一”。丕烈案:《史记》作“三”。 ⑥ **鲍本**无“与”字,“忤”作“悟”,又改作“牾”。○ 正曰:“悟”,“忤”通,说见《魏策》。忤,逆也。札记丕烈案:《史记》作“忤”,无“与”字。 ⑦ **姚本**曾作“不”。 ⑧ **鲍本**无“有”字。○ **札记**丕烈案:《史记》无。 ⑨ **鲍本**“以”作“已”。○ **札记**丕烈案:今本“以”作“已”。《史记》作“已”。

太子及①宾客知其事者,皆白衣冠以送之。至易水上,既祖②,取道。高渐离击筑,荆轲和而③歌,为变徵④之声⑤,士皆垂泪涕泣。又前而为歌曰:“风萧萧兮易水寒,壮士一去兮不复还!”复⑥为忼慨羽声⑦,士皆瞋目,发尽上指冠。于是荆轲遂就车而去,终已不顾。

① **鲍本**无“及”字。○ **札记**丕烈案:《史记》有。 ② **鲍本**祖,行祭。补曰:《诗·毛传》,祖而舍軷,饮酒于其侧曰饯。《疏》,軷,谓祭道路之神,封土为山象,伏牲其上,既祭,处者饯之,饮毕,乘车轹之而去。 ③ **姚本**曾无“而”字。 ④ **姚本**一作“濮上”。 ⑤ **鲍本**《地形训》云,变徵为商,盖悲音。补曰:应劭云,筑似琴而大,头安弦,以竹击之,故名。按,刘子云,荆轲如秦,宋意击筑。《文选》,高渐离击筑,荆轲歌,宋如意和之。 **札记**丕烈案:《文选》所云,出《燕丹子》耳,与《史记》及此《策》文不同。 ⑥ **鲍本**曾作“后”。 ⑦ **鲍本**“复为忼慨羽声”作“复为羽声忼慷”。○ 羽声,其音怒。忼慷,壮士不得志也。补曰:一本“慷慨羽声”。朱子《楚辞后语》作“羽声慷慨”。 **札记**丕烈案:《史记》“羽声忼慨”。《风俗通》载此,亦作“羽声忼慨”。“忼”即“慷”字,连有者非。

既至秦,持千金之资币物,厚遗秦王宠臣中庶子蒙嘉①。嘉为先言于秦王曰:“燕王诚振②畏慕③大王之威,不敢兴兵以拒大王[4]，愿举国为内臣，比诸侯之列，给贡职如郡县，而得奉守先王之宗庙。恐惧不敢自陈，谨斩樊于期头，及献燕之督亢之地图，函封，燕王拜送于庭，使使以闻大王。唯大王命之。”

① **鲍本**补曰：中庶子，说见前。《新序·邹阳·书》作“蒙恬”，盖误。《后语》蒙类注云，蒙恬弟也。　② **鲍本**“振”，“震”同。下同。　③ **鲍本**“畏慕”二字作“怖”。○　**札记**丕烈案：《史记》作“怖”。　④ **姚本**“拒大王”一作“逆军吏”。　**鲍本**“拒大王”作“逆军吏”。○　补曰：一本“以拒大王”。札记丕烈案：《史记》作“逆军吏”。

秦王闻之，大喜。乃朝服，设九宾[1]，见燕使者咸阳宫[2]。荆轲奉樊于期头函，而秦武阳奉地图匣，以次进至陛下[3]。秦武阳色变振恐，群臣怪之，荆轲顾笑武阳[4]，前为谢曰：“北蛮夷之鄙人，未尝见天子，故振慴[5]，愿大王少假借之，使[6]毕使于前。”秦王谓轲曰[7]：“起，取武阳所持图。”轲既取图奉之[8]，发图，图穷而匕首见。因左手把秦王之袖，而右手持匕首揕抗[9]之。未至身，秦王惊，自引而起，绝袖[10]。拔剑，剑长，掺其室[11]。时怨[12]急，剑坚[13]，故不可立拔。荆轲逐秦王，秦王还[14]柱而走。群臣惊愕[15]，卒[16]起不意，尽失其度。而秦法，群臣侍殿上者，不得持尺[17]兵。诸郎中执兵，皆陈[18]殿下，非有诏不得上。方急时，不及召下兵，以故荆轲逐秦王，而卒惶急无以击轲，而乃以手共搏[19]之。是时侍医夏无且，以其所奉药囊提[20]轲。秦王之[21]方还柱走，卒惶急不知所为，左右乃曰：“王负剑！王负剑！”遂拔以击荆轲，断其左股。荆轲废，乃引其匕首[22]提[23]秦王，不中，中柱。秦王复击轲[24]，被八创。轲自知事不就，倚柱而笑，箕踞[25]以骂曰："事所以不成者，乃欲以生劫之，必得约契[26]以报太子也。"左右既前斩荆轲，秦王目眩良久。而[27]论功赏群臣及当坐者[28]，各有差。而赐夏无且黄金二百镒，曰："无且爱我，乃以药囊提[29]轲也。"

① **鲍本**《礼》，大小行人，以九仪掌宾客之礼。正曰：《大事记》，相如奉璧人秦，秦王斋五日后，乃设九宾礼于庭。注引《正义》韦昭云，九宾，则《周礼》九仪也。刘伯庄云，九宾者，周王之备礼，天子临轩，九服同会，秦、赵安得九宾？但亦陈设车辂文物尔，不得以《周礼》九宾义为释。愚按，《汉书》，大行设九宾，恐即秦仪也。 ② **鲍本**补曰：《关中记》云，孝公都咸阳，今渭城是。山南水北曰阳，其地在渭水之北，九嵕诸山之南，故曰咸阳。自始皇至胡亥，皆都此。 ③ **鲍本**无"下"字。○ 升高陛也。 **札记**丕烈案：《史记》无。 ④ **鲍本**顾武阳而笑。 ⑤ **鲍本**慴，惧也。 ⑥ **鲍本**"使"下有"得"字。○ **札记**丕烈案：《史记》有。 ⑦ **鲍本**无"曰"字。○ **札记**丕烈案：《史记》有，无"起"字。 ⑧ **鲍本**"之"下有"秦王"二字。○ **札记**丕烈案：《史记》有。 ⑨ **鲍本**无"抗"字。○ **札记**丕烈案：《史记》无。见上。 ⑩ **鲍本**"绝袖"作"袖绝"。○ **札记**丕烈案：《史记》作"袖绝"。⑪ **鲍本**掺，把持也，与"操"同。晋人多然如。室，剑鞘。补曰：《索隐》云，古者带剑上长，拔之不出室，欲王推之于背，令前短易拔，故曰"王负剑"。⑫ **姚本**曾作"恐"。 **鲍本**"惄"作"惶"。○ 惶，恐也。 **札记**丕烈案：《史记》作"惶"。 ⑬ **姚本**曾本无"剑"字。 **鲍本**坚，在室牢也。 ⑭ **鲍本**"還"作"環"，下同。○ **札记**丕烈案：《史记》作"環"。"環"、"還"同字。⑮ **鲍本**愕，相逐惊也。 ⑯ **鲍本**"卒"，"猝"同。下同。 ⑰ **鲍本**"尺"下有"寸之"二字。○ **札记**丕烈案：《史记》有。 ⑱ **鲍本**"陈"下有"于"字。○ **札记**丕烈案：《史记》有。 ⑲ **鲍本**搏，击也。 ⑳ **鲍本**"提"下有"荆"

字。○ 提，擿也。补曰：且，即于反。提，侄帝反。《史》，“提文帝”、“提吴太子”，语同此。 **札记**丕烈案：《史记》作“提荆轲”也。 ㉑ **鲍本**无“之”字。○ **札记**丕烈案：《史记》无。 ㉒ **鲍本**“首”下有“以”字。○ ㉓ **鲍本**衍“擿”字，本注字也。补曰：姚本无“擿”字。《史》无“提”字。二字即上“揕”、“抗”并存之类。《索隐》云，“擿”与“掷”，古字同，持益反，亦“提”义。**札记**丕烈案：当是《史记》作“擿”，《策》文作“提”。《论衡》作“擿”，出《史记》。 ㉔ **鲍本**“轲”下复有“轲”字。○ **札记**丕烈案：《史记》有。 ㉕ **鲍本**踞，坐，展两足如箕。补曰：既断左股，何云展两足？ **札记**今本“踞”误“倨”。 ㉖ **鲍本**复地之契。 ㉗ **鲍本**“而”上有“已”字。○ **札记**丕烈案：《史记》有。 ㉘ **鲍本**罪所当坐。 ㉙ **鲍本**“提”下有“荆”字。○ **札记**丕烈案：《史记》有。

于是，秦大怒燕，益发兵诣赵，诏王翦军以伐燕。十月而拔燕蓟城[①]。燕王喜、太子丹等，皆率其精兵东保于辽东。秦将李信追击燕王，王急，用代王嘉计，杀太子丹，欲献之秦。秦复进兵攻之。五岁而卒灭燕国[②]，而虏燕王喜。秦兼天下。

① **鲍本**并此二十九年。 ② **鲍本**秦二十五年，此三十三年。

其后荆轲客高渐离以击筑见秦皇帝，而以筑击秦皇帝，为燕报仇，不中而死。[①]

① **鲍本**《刺客传》有。彪谓：太子丹不忍一朝之愤，轻亡其国，其谋悖矣。夫以二夫行劫刺于大国，出于仓卒不意，或幸以中，而欲从容质责，使悉反侵地，取契以归，此岂持匕首之所可待？鞠武初谋似矣，太子不用，不

能力争，妾妇之明也。数士之死，燕国之亡，皆武实为之。荆轲之事，甚似曹刿，其所不可者，刿发愤于一朝，而轲畜谋于积岁。且白衣祖送者系路，其不漏露而先败，抑已幸矣。轲不足道也。厥后留侯亦袖椎窃发，此其人岂愚哉？盖积志仇秦，不知所不可。使其不逢汉帝，则亦死以为期，不能一日而忘秦也。豫子、高渐离、张留侯三人者，皆孝子忠臣至一之行也，唯轲于此则无处焉。补曰：胡氏谓，“秦皇狙诈之智，虎狼之威，千骑万乘之众，挥椎奋击既无觉者，大索天下又不能得，良非独免，并免力士，其智略之妙，固已视吕政如置中兔，何败获之忧”？鲍以三人并论，愚谓三人报仇之志则同，以智略言之则异，胡说当矣。　朱子曰，“轲匹夫之勇，其事无足言，然于此可以见秦政之无道，燕丹之浅谋，而天下之势已至于此，虽圣贤复生，亦未知其何以安之也”！

战国策卷三十二

宋　卫

鲍本宋　沛、梁、楚、山阳、济阴、东平及东郡之须昌、寿张。补曰:《汉志》,寿张下有“今之睢阳”四字。

鲍本卫　东郡及魏郡黎阳,河北之野王、朝歌。后文公徙楚丘,黎阳是也。

齐攻宋宋使臧子索救于荆

齐攻宋,宋使臧子索救于荆。荆王[①]大说,许救甚劝[②]。臧子忧而反。其御曰:“索救而得,有忧色何也?”臧子曰:“宋小而齐大。夫救于小宋而恶于大齐,此王之所忧也;而荆王说甚,必以坚我。我坚而齐弊,荆之利也。”臧子乃归。齐王[③]果[④]攻,拔宋五城,而荆王不至。[⑤]

① **鲍本**威。　② **姚本**劝,力也。　③ **鲍本**宣。　④ **鲍本**“果”下无“攻”字。○　⑤ **鲍本**此四章有苏秦语,得为君偃?而君偃弑立怒邻,宜不能曲折如此,故系之剔成。然则孟子所称,审亦皆剔成也。正曰:此章时不可考,缺之可也。鲍妄为傅会,至谓孟子所称皆剔成。孟子谓戴不胜“子之王”、“薛居州居王所”,王非偃而谁?

公输般为楚设机

公输般[①]为楚设机[②],将以攻宋。墨子[③]闻之,百舍重茧④，往见公输般，谓之曰："吾自宋闻子⑤。吾欲借子杀王⑥。"公输般曰："吾义固不杀王。"墨子曰："闻公为云梯⑦，将以攻宋。宋何罪之有⑧？义不杀王而攻国，是不杀少而杀众。敢问攻宋何义也？"公输般服焉，请见之王⑨。

① **姚本**公输般，鲁班之号也。 **鲍本**鲁之巧人。补曰：它书或作"班"，古字通。《汉书》，班师。 ② **姚本**机，械。云梯之属也。 **鲍本**《天地》疏，机关也。云梯之属。补曰：《索隐》云，械者，飞梯、撞车、飞石、车弩之具。 ③ **姚本**墨子，墨翟也。 **鲍本**宋人，名翟。 ④ **姚本**百舍，百里一舍也。重茧，累胝也。 **鲍本**补曰：《庄子》"百舍"注，百日止宿也。按，茧即趼字，吉典反。《增韵》，谓足胝起如茧，胝音支。 ⑤ **鲍本**闻其善。⑥ **鲍本**正曰：一本三"杀王"并作"杀𤯔"，云人、𤯔并而邻反。《集韵》云，唐武后字作"𤯔"，如臣字作"恧"，"𤯔"即人也。 **札记**丕烈案：下文"吾义固不杀王"，《墨子·公输篇》正作"人"，此句云"北方有侮臣，请借子杀之"，可证"𤯔"字是也。 ⑦ **姚本**梯长而高，上至于云，故曰云梯也。 **鲍本**梯之高上如云。 ⑧ **姚本**楚欲广土，而起伐宋，宋非有罪也，故曰宋何罪之有乎？ ⑨ **鲍本**见翟于王。

墨子见楚王①曰："今有人于此，舍其文轩②，邻有弊舆而欲窃之；舍其锦绣，邻有短③褐而欲窃之；舍其梁肉，邻有糟糠而欲窃之。此为何若人也④？"王曰："必为有窃疾⑤矣。"

① **鲍本**非昭即惠。正曰：当缺。 ② **姚本**文轩，文错之车也。 **鲍本**车有雕饰者。 ③ **姚本**一作"裋"。 **鲍本**"短"作"裋"。〇 竖使之衣。补曰：一本"短褐"。姚本注，"短"一作"裋"。《韩文考异》云，"裋褐"一作

"短"。《方》云,《货殖传》用"裋"字。董彦远、洪庆善皆辨古无"短褐"字。按"裋褐"字,《贾谊》、《贡禹》、《货殖传》,《班彪》、《刘平》、《张衡传》凡六见。班彪《论》、《汉书》作"裋"。《文选》则用丁管切。是唐儒两用之。故少陵以长缨短褐为对,而《史记·孟尝传》、《国策》墨子语皆传写之讹。今按《国策》"短"一作"裋",《史》"安不得短褐",司马贞亦音竖。班彪《王命论》"短"字,韦昭云当作"裋",襦也。又《淮南子》,"巫马期绕衣短褐",而高诱无说,未必皆传写之讹。柳子厚亦尝用之,安知韩公之必不然乎?两存以俟知者。④ **姚本**言名此为何等人也。 ⑤ **鲍本**疾,犹癖。

墨子曰:"荆之地方五千里,宋方五百里,此犹文轩之与弊舆也。荆有云梦,犀兕麋鹿盈之,江、汉鱼鳖鼋鼍为天下[①]饶,宋所谓无雉兔鲋[②]鱼者也,此犹梁肉之与糟糠也。荆有长松、文梓、楩、枏、豫樟[③],宋无长木,此犹锦绣之与短褐也。恶[④]以王吏之攻宋,为与此同类也。"王曰:"善哉!请无攻宋。"[⑤]

① **姚本**下民也。 ② **鲍本**鲋,鱼之小者。正曰:《尔雅翼》,鲋,鲼也。今作鲫。 ③ **姚本**皆大木也。 **鲍本**"枏"作"楠","樟"作"章"。○ 大小凡五。补曰:楩、楠、豫章,《书》注,楩,梓。一本"楠"作"枏","章"作"樟"。姚同。"楠"即"枏"。 ④ **鲍本**"恶"作"臣"。○ 补曰:疑字误。 **札记**今本"恶"作"臣",乃误涉鲍也。丕烈案:此"恶"字耳。 ⑤ **鲍本**彪谓:翟之说美矣。然此时诸侯固有窃疾,强吞弱,大并小,直患其力不给尔,岂为若说止攻哉?意者,墨守之严,输般服病焉。假此说以缩兵则有之,彼楚国非止足而无有窃疾者也!补曰:《墨子》云,公输般为云梯之械成,将以攻宋。墨子闻之,至于郢,见,公输般之攻械尽,墨子之守固有余。般诎而言曰,"吾知所以距子矣,吾不言"。墨子亦曰,"吾知子之所以距我者,吾不言"。楚王问其故,墨子曰,"公输子之意,不过欲杀臣,杀臣,宋莫能守。虽

然，臣之弟子禽滑釐等三百人，已持臣守围之器，在宋城上而待楚寇矣。虽杀臣，不能绝也”。楚王曰，“善哉。吾请无攻宋城矣”。 《史》云，墨翟，宋之大夫，或云并孔子时，或云在其后。《索隐》云，按《别录》，墨翟书有文子。文子，子夏弟子，问于墨子。如此，则墨子在七十子后。愚按，孔子以敬王四十一年卒，景公以元王七年卒，相去十一年。《檀弓》，季康子母死，般请以机封，则般亦与孔子相及。《大事记》云，扬、墨之说，肆行于天下，必在春秋后。盖异端之说，非王教尽废，不能兴也。

犀首伐黄

犀首[①]伐黄[②]，过卫，使人谓卫君[③]曰：“弊邑之师过大国之郊，曾无一介之使以存之乎？敢请其罪。今黄城将下矣，已[④]，将移兵而造大国之城下[⑤]。”卫君惧，束组三百绲[⑥]，黄金三百镒，以随使者。南文子[⑦]止之曰：“是胜黄城，必不敢来；不胜，亦不敢来[⑧]。是胜黄城，则功大名美，内临其伦[⑨]。夫在中者[⑩]恶临，议其事[⑪]。蒙[⑫]大名，挟成功，坐御[⑬]以待中之议，犀首虽愚，必不为也。是不胜黄城，破心[⑭]而走，归，恐不免于罪矣！彼安敢攻卫以重其不胜之罪哉？”果胜黄城，帅师而归，遂不敢过卫。

① **鲍本**魏官也，非公孙衍。正曰：据《左传》，南文子相卫悼公。悼公与智伯并时，则犀首非公孙衍矣。司马彪谓“犀首”为魏官。以此《策》考之，悼公元年，当贞定王元年，至威烈王二十三年，三晋始为诸侯时六十余年。是时已有犀首，非魏官矣。意尝其为姓名或号，说见《秦策》。然则此犀首者，亦三晋之臣欤？ ② **姚本**黄，国名也。 **鲍本**补曰：旧注，黄，国名。按《策》言黄不一处，此未详。 ③ **鲍本**此《策》以南文子与智伯同时，知为悼公。补曰：《左传》，“公之入也，夺南氏邑”，杜注，子南之子公孙弥

牟。弥牟与褚师比等逐公，越皋如等将纳公，文子致众而问曰“弥牟亡有益”云云，遂立悼公，南氏相之，事在哀公二十五年、二十六年。 ④ **鲍本**已，言已下黄城。 ⑤ **姚本**造，诣也。言至卫国之城下。 ⑥ **姚本**组，斜文纷绶之属也。十首为一绲也。 **鲍本**补曰：组，屡见前。绲，古本反，《说文》，带也。《诗》，绲縢。《传》，绳也。皆与此不协。鲍引高注。 ⑦ **姚本**南文子，卫大夫。 ⑧ **姚本**来，敢移兵来至城也。 ⑨ **姚本**伦，等。 **鲍本**临，言以功处其上；伦，其辈类。 ⑩ **鲍本**国中之臣。 ⑪ **姚本**恶其临己，故将议其事也。 **鲍本**议，谓谮短之。 ⑫ **鲍本**蒙，冒处之也。⑬ **鲍本**坐其御。言不营为。 ⑭ **鲍本**破心，惧罪也。

梁王伐邯郸

梁王①伐邯郸，而征②师于宋。宋君使使者请于赵王③曰：“夫梁兵劲④而权重，今征师于弊邑，弊邑不从，则恐危社稷；若扶⑤梁伐赵，以害赵国，则寡人不忍也。愿王之有以命弊邑⑥。”

① **鲍本**襄。正曰：惠。 ② **姚本**征，召也。 ③ **鲍本**武灵。正曰：成侯。 ④ **姚本**劲，强也。 ⑤ **姚本**扶，助也。 **鲍本**扶，谓助之。 ⑥ **姚本**弊邑，宋也。

赵王曰：“然。夫宋之不足如①梁也，寡人知之矣。弱赵以强梁，宋必不利也②。则吾何以告子而可乎③？”使者曰：“臣④请受边城⑤，徐其攻而留其日⑥，以待下吏之有城而已⑦。”赵王曰：“善。”

① **姚本**如，当也。 **鲍本**“不”下无“足”字。○ 补曰：一本“不足

如梁”。②**姚本**梁必兼宋，故宋不利之矣。③**鲍本**虽知宋不助梁，然无辞使宋不听梁。④**姚本**曾、钱作“恶”。自此至卷尾，曾本皆作“恶”。⑤**鲍本**请得攻一城应梁。⑥**姚本**徐，缓。留其日，稽留其日也。⑦**鲍本**攻之不力，使赵无失城。

宋人因遂举兵入赵境，而围一城焉。梁王甚说，曰：“宋人助我攻①矣。”赵王亦说曰②：“宋人止于此矣③。”故兵退难解，德施于梁而无怨于赵。故名有所加而实有所归。④

①**姚本**以宋人围赵一城，故云“助我攻”。②**鲍本**“曰”上无“说”字。○补曰：一本“赵王亦说曰”。③**姚本**以宋使者言徐攻留其日，赵王亦说，言宋人止于此。④**鲍本**君偃宜无此善。以在犀首伐黄下，苏秦论攻宋前，故次之此。正曰：《大事记》，周显王十五年，梁惠十七年，宋公剔成十六年，宋伐赵围一城。《解题》曰，梁惠王伐邯郸，引《策》云云。又按《史·世家》，景公六十四年卒。《左传》，景公在位四十八年卒。《大事记》定从《左氏》。景公卒当元王七年。鲍以此次之景公，缪甚。

谓大尹曰

谓大尹①曰：“君②日长矣，自知政③，则公无事。公不如令楚贺君之孝，则君不夺太后之事矣④，则公常用宋矣⑤。”

①**姚本**大尹，宋卿也。**鲍本**宋卿。正曰：《左传》哀二十六年，宋景公无子，取得与启畜诸公宫，于是云云，六卿三族降听政，因大尹以达。杜注，近官有宠者。鲍因“大尹”字，遂傅会为景公时，盖无稽之言也。②**鲍本**君，宋君。③**姚本**言宋王年日长大，自能制法布政也，则大尹无复有专政之事也。**鲍本**言亲国事。④**姚本**事，政事也。**鲍本**后时与政。

⑤ **姚本**太后，尹母也。与后共为政。太后不见夺政，则大尹亦不见废也，故云“常用于宋也”。鲍本见用于宋，尹盖太后之人。正曰：皆无考。

宋与楚为兄弟

宋与楚为兄弟。齐攻宋，楚王①言救宋。宋因卖②楚重以求讲于齐③，齐不听。苏秦为宋谓齐相曰：“不如与之④，以明宋之卖⑤楚重于齐也。楚怒⑥，必绝于宋而事齐，齐、楚合，则攻宋易矣。”⑦

① **鲍本**威。 ② **鲍本**卖，谓衒鬻之。 ③ **姚本**齐伐宋，楚将救宋，宋恃楚之重求和于齐者。 ④ **姚本**不如与之和也。 **鲍本**听其讲。 ⑤ **鲍本**“卖”作“资”，又改作“卖”。〇 补曰：一本作“卖”。 ⑥ **鲍本**怒其背己而与齐讲。 ⑦ **鲍本**苏秦与剔成、齐宣同时，知非闵时。正曰：此必非景公时。

魏太子自将过宋外黄〔校一〕

〔校一〕此篇姚本与《宋与楚为兄弟》连篇，鲍本分为两篇，将此篇置于《魏策》。现据文义，从鲍本分为两篇，仍将此篇归入《宋卫策》。

魏太子①自将，过宋外黄②。外黄徐子③曰：“臣有百战百胜之术，太子能听臣乎？”太子曰：“愿闻之。”客④曰：“固愿效之。今太子自将攻齐，大胜并莒，则富不过有魏，而贵不益为王⑤。若战不胜，则万世无魏⑥。此臣之百战百胜之术也。”太子曰：“诺。请必从公之言而还。”客曰：“太子虽欲还，不得矣。彼利太子之战攻，而欲满其意者众⑦，太子虽欲还，恐不得矣。”太子上车请还。其御曰：“将出而还，与北同[8]，不如遂行。”遂行[9]。与齐人战而死，卒不得魏[10]。[11]

① **姚本**魏惠王太子申也，自将攻齐。 ② **姚本**外黄，今陈留外黄，故宋城也，后徙睢阳也。 ③ **鲍本**刘向《别录》，徐子，外黄人。 ④ **姚本**客，徐子也。 ⑤ **姚本**益，亦过也。 **鲍本**为王之外，无加也。 ⑥ **姚本**不胜，则太子灭，复何魏之有？故云“万世无魏”也。 ⑦ **姚本**彼，谓魏战士也。欲使太子战，得其利，以盈满其志意。众，多也。 **鲍本**希赏也。 ⑧ **姚本**北，退走也。与退走者同罪。 ⑨ **札记**今本脱“遂行”二字。 ⑩ **姚本**齐人败之马陵，虏庞涓，而杀太子申。故云“卒不得魏”也。 ⑪ **鲍本**原在《宋策》。《魏记》三十年有。彪谓：此申生伐皋落之例，晋国之覆辙也。里克之谏，惠王非忘之而忍为之，故孟子以为不仁。补曰：以过宋而徐子言之，从旧可。

宋康王之时有雀生鱑

宋康王[1]之时，有雀生鱑[2]于城之陬[3]。使史占之，曰：“小而生巨，必霸天下[4]。”康王大喜。于是灭滕[5]伐薛，取淮北之地，乃愈自信，欲霸之亟[6]成，故射天笞地，斩社稷而焚灭之，曰：“威服天下鬼神。”骂国老谏曰[7]，为无颜之冠[8]，以示勇。剖[9]伛之背，锲朝涉之胫[10]，而国人大骇[11]。齐闻而伐之，民散，城不守。王乃逃倪侯[12]之馆，遂得而死[13]。见祥而不为祥，反为祸[14]。[15]

① **姚本**康王，辟公之子，剔成之弟。 **鲍本**衍“康”字，下同。按《史》，君偃在《年表》、《世家》、《传》并不书谥。正曰：《索隐》云，《战国策》、《吕氏春秋》皆以偃谥康王。 **札记**丕烈案：《新序》亦作“康”也。 ② **姚本**鳚雎。王鹏也，羽虫之孽也。续云：《新序》，爵生鸇，《通鉴》作鱑。 **鲍本**《集

韵》音欺。今江东呼鵂鶹为鵋䳢。正曰：此与《尔雅》"鵅，鵋䳢"注同文。鵅音格，鵋音忌，䳢音欺。按《史记》，"好射鶀雁"。鶀，小雁也，音期。愚按，《策》文云"小而生巨"，以雀生雁言可也；云"见祥而不祥"，鵂鶹，非祥也。黄公绍《韵会》，"鶀"、"䳢"并为一字，音期者非。《新序》作"鸇"，所载比《策》文为详，今《通鉴》作"鷏"。 **札记**丕烈案：《新序》云，鸇，黑色，食爵，大于爵，害爵也。为"鸇"明甚。此必本作"䲭"，"䲭"、"鸇"同字也。作"鷏"者，形近之讹。 ③ **姚本**陬，隅也。《五行传》，"思心之不容，是谓不圣，时则有黄眚"。黄，祥也。 ④ **姚本**史，太史。曰能辨吉凶之妖祥。康王无道，不敢正对，故云"必霸天下"。危行言逊，太史有焉。 **鲍本**盖言逊也。 ⑤ **鲍本**隐七年注，在沛国公丘县。补曰：《大事记》云，杜氏《世族谱》，滕为齐灭。观《孟子》所载滕定公、文公，则杜说误，《策》所记是也。 ⑥ **姚本**亟，速也。**鲍本**"亟"作"速"。〇 **札记**丕烈案：鲍本误，高注其证也，《新序》亦作"亟"。 ⑦ **鲍本**"曰"作"臣"。〇 补曰：疑字误。 **札记**今本"曰"作"臣"，乃误涉鲍也。丕烈案：《新序》作"骂国老之谏者"。"曰"即"者"坏字耳。 ⑧ **鲍本**冠不覆额。补曰：《史》，王偃盛血以革囊，县而射之，命曰射天。淫于酒、妇人，群臣谏者，辄射之。诸侯皆曰桀宋。 ⑨ **姚本**剖，劈也。⑩ **鲍本**锲，刻。胫，胻也。 ⑪ **姚本**骇，乱忧也。 ⑫ **鲍本**俟，其臣也。正曰：无稽。 ⑬ **鲍本**补曰：《世家》云，杀王偃。《年表》云，死于温。温，魏地。《新序》"得"下有"病"字。 **札记**丕烈案：《新序》误衍也。得，获也，即《世家》杀王偃事。 ⑭ **姚本**祸，谓齐湣王与魏、楚共伐宋，杀康王而灭国，三分其地也。 ⑮ **鲍本**补曰：《家语》，"昔者殷王帝辛之世，有雀生大鸟于城隅，占之曰，'凡以小生大，则国家必正而名益昌'。于是帝辛介雀之德，不修国政，亢暴无极，朝臣莫救，外寇乃至，殷国以亡"。又《说苑》，孔子曰昔者殷王帝辛云云一段，亦同。愚按，宋，殷后也。疑即此一事，而记者不同。

智伯欲伐卫

智伯欲伐卫，遗卫君野马四百，白璧一①。卫君大悦，群臣皆贺，南文子有忧色。卫君曰："大国大欢，而子有忧色何？"文子曰："无功之赏，无力之礼，不可不察也。野马四，百璧一，此小国之礼也②，而大国致之，君其图之。"卫君以其言告边境。智伯果起兵而袭卫，至境而反③曰："卫有贤人，先知吾谋也。"④

① **姚本**野马，驹骖也。四百乘也。璧，玉环也。肉倍好曰璧。 **鲍本**"璧"上无"白"字。○ 补曰：一本"白璧"。 **札记**丕烈案：此当以"野马四"为句，"白璧一"为句，"百"即"白"字误衍。下文"野马四，百璧一"，误同。考其注云，"四百，乘也"，"百"是"一"字误。《说苑》有此事，作"智伯欲袭卫，故遗之乘马，先之一璧"，与此可相证明。 ② **鲍本**"礼"下无"也"字。○ 补曰：一本有"也"字。 ③ **姚本**反，还。 ④ **鲍本**补曰：《说苑》，吴赤市使智氏及赵简子以乘璧遗卫事相类。

智伯欲袭卫〔校一〕

〔校一〕此篇姚本与《智伯欲伐卫》连篇，鲍本分为两篇。据文义，从鲍本。

智伯欲袭卫，乃佯亡其太子，使奔卫。南文子曰："太子颜①为君②子也，甚爱而有宠③，非有大罪而亡，必有故④。"使人迎之于境，曰："车过五乘，慎勿纳也。"智伯闻之，乃止⑤。⑥

① **鲍本**颜，太子名。 ② **鲍本**君，谓智伯。 ③ **姚本**智伯甚爱颜而宠禄之。 ④ **姚本**不有大罪而亡来，必有他故者也。 ⑤ **姚本**止太子颜也。 ⑥ **鲍本**彪谓：南文子，卫之贤智人也，虑无遗算。补曰：《大事记》，贞定王

十二年，晋荀瑶袭卫。《解题》曰，失其年。《国语》序"蓝台之宴"云，还自卫。姑载于此，未必果此年也。《战国策》云云，并载此二年。

秦攻卫之蒲

秦攻卫之蒲①。胡衍谓樗里疾曰："公之伐蒲，以为秦乎？以为魏乎？为魏则善，为秦则不赖②矣。卫所以为卫者，以有蒲也。今蒲入于魏，卫必折于魏③。魏亡西河之外④，而弗能复取者⑤，弱也。今并卫于魏，魏必强。魏强之日，西河之外必危⑥。且秦王⑦亦将观公之事。害秦以善⑧魏，秦王必怨公。"樗里疾曰："奈何？"胡衍曰："公释蒲勿攻，臣请为公入戒蒲守⑨，以德卫君。"樗里疾曰："善。"

① **姚本**蒲，卫邑也。　**鲍本**秦昭四年，取蒲坂。此二十三年。正曰：《年表》、《世家》，拔魏蒲坂。蒲坂在河东，非卫地。《世家》，卫嗣君时独有濮阳。按《史》，秦昭王元年，樗里子伐蒲。《索隐》云，樗里疾围蒲，不克，而秦惠王薨。事与此合。《正义》云，蒲故城在滑州匡城县，此即子路作宰地。② **姚本**赖，利也。　③ **姚本**卫知必失蒲，必自入于魏，以求救也。　**鲍本**卫恐秦取蒲，必自入之魏。补曰：一本"蒲入于秦"。司马贞引《策》云，"今蒲入于秦，卫必折而入于魏"。《樗里疾传》有，亦作"入于秦"。　**札记**丕烈案：《索隐》曰相反也。今吴校末"魏"字作"秦"，乃误刊。　④ **鲍本**秦惠六年。正曰：秦惠八年，魏纳河西地。后二年，魏入上郡于秦，而河西滨洛之地尽。　⑤ **姚本**西河，魏邑也，秦兼取之。魏弱于秦，故云"不能取"。　**鲍本**"能"下无"复"字。○　补曰：一本有"复"字。　⑥ **姚本**魏得卫而强，必更取西河之外，故云"西河之外必危"。　⑦ **鲍本**昭。　⑧ **鲍本**"善"作"害"，又改为"善"。○　补曰：一本作"善"。　⑨ **鲍本**戒告之以释攻。

胡衍因入蒲，谓其守曰："樗里子知蒲之病也[①]，其言曰：'吾必取蒲。'今臣能使释蒲勿攻。"蒲守再拜，因效金三百镒[②]焉，曰："秦兵诚去，请厚子于卫君。"胡衍取金于蒲，以自重于卫。樗里子亦得三百金而归，又以德卫君也。[③]

① **姚本**病，困也。 ② **鲍本**"镒"作"溢"，又改为"镒"。〇 补曰：镒通。 ③ **鲍本**补曰：《史·樗里子传》有。

卫使客事魏

卫使客事魏，三年不得见。卫客患之，乃见梧下先生[①]，许之以百金。梧下先生曰："诺。"乃见魏王[②]曰："臣闻秦出[③]兵，未知其所之。秦、魏交而不修[④]之日久矣。愿王博[⑤]事秦，无有佗计。"魏王曰："诺。"

① **姚本**先生，长者有德者称。家有大梧树，因以为号，若柳下惠。 **鲍本**盖以所居为号。补曰：《艺文类聚》作"梧丘"。 ② **鲍本**哀。正曰：无考。 ③ **鲍本**"出"作"入"，又改为"出"。〇 正曰：一本作"人"，"兵"下有"出"字。 ④ **姚本**温故曰修。 ⑤ **鲍本**"博"作"専"。〇 补曰：字当作"専"。 **札记**丕烈案：此以"搏"为"専"，因讹为"博"也。

客[①]趋出，至郎门[②]而反曰："臣恐王事秦之晚[③]。"王曰："何也？"先生曰："夫人于事己者过急[④]，于事人者过缓。今王缓于事己者，安能急于事人。""奚以知之[⑤]？""卫客[⑥]曰，事王三年不得见。臣以是[⑦]知王缓也。"魏王趋见卫客。[⑧]

① **姚本**客，梧下先生也。 ② **姚本**续：作“郭门”。 **鲍本**补曰：按《韩非子》，“使郎中日闻道于郎门之内”。愚恐“郎”即“廊”，见《秦策》。 ③ **姚本**出、反，乃说事者而以亦不故为此事秦也，若偶思念得之，故还而言也。 **鲍本**佯若不为卫客，偶思念得之。 ④ **鲍本**过，犹多。 ⑤ **鲍本**王问。 ⑥ **鲍本**梧下称之。 ⑦ **札记**今本“以是”误“是以”。 ⑧ **鲍本**彪谓：此一时气俗，无不没于利者。以先生称于世，其人不薄矣！而以百金诺人，为之行狡狯之计，况小子乎？彼哉，彼哉！正曰：此《策》时不可考，何得附之嗣君？

卫嗣君病

卫嗣君①病。富术谓殷顺且②曰：“子听吾言也以说君，勿益损也③，君必善子④。人生之所行，与死之心异。始君之所行于世者，食高丽也⑤；所用者，緤错、挐薄也。群臣尽以为君轻国而好高丽⑥，必无与君言国事者。子谓君⑦：‘君之所行天下者甚谬。緤错主断于国，而挐薄辅之，自今以往者，公孙氏⑧必不血食矣。’”

① **姚本**嗣君，卫平侯之子也。秦王贬其号为君也。 ② **鲍本**皆卫人。正曰：古人以“且”名者，皆子余反。如夏无且、唐且、龙且之类是也。 ③ **鲍本**使之一如其教。 ④ **姚本**子，殷顺且者也。 ⑤ **姚本**食，用也。丽，美也。诸所行为者，务用高美观目而已，不务用德也。 **鲍本**凡有养于口体，皆得言食。补曰：“食高丽”，疑人名。 ⑥ **姚本**緤错、挐薄，之二人，君所幸，非贤也。长曰不肖，国必危，故群臣尽以君为轻国也。 **鲍本**二臣名。补曰：緤，先结反。挐，女居反。 ⑦ **鲍本**补曰：“子谓君”以下，今教之以说君也。上言“死之心异”，故言此可以动之。 ⑧ **姚本**公孙氏，谓嗣君也。卫鬣之孙，故云公孙氏。 **鲍本**卫国姓也。故商君，卫之庶孽公子也，姓公孙氏。正曰：商君，说见《秦策》。

君曰："善。"与之相印，曰："我死，子制之。"嗣君死，殷顺且以君令相公[1]期[2]。緤错、挐薄之族皆逐[3]也。[4]

① **鲍本**"公"下补"子"字。○ ② **姚本**公期，嗣君子也。 ③ **鲍本**"逐"下有"之"字。○ ④ **鲍本**彪谓：嗣君，贤君也，富术称之贬矣。盖谏者之言，多务为深切诡激之辞。使嗣君不贤，安能受其言而委之以二臣乎？正曰：鲍误释胥靡之事，遂以卫君为贤，其实非也。然能从顺且之谏，使制二子，犹愈于迷复者也。

卫嗣君时胥靡逃之魏

卫嗣君时，胥靡[1]逃之魏，卫赎之百金，不与。乃请[2]以左氏[3]。群臣谏曰："以百金之地，赎一胥靡，无乃不可乎？"君曰："治无小，乱无大[4]。教化喻于民，三百之城[5]，足以为治；民无廉耻，虽有十左氏，将何以用之？"[6]

① **姚本**胥靡，有罪之贤人也。 **鲍本**有罪人。盖贤者也。正曰：此本高注，窃以为不然。有罪而逃，何以知其贤？此慕傅说之事而误说者也。卫君以金赎之者，耻其失政废刑尔。观其言可见。补曰：靡，忙皮反。晋灼曰，"胥，相也。靡，随也。"颜曰，"连系相随而服役之，犹今之囚徒"。《庄子》注，"以铁锁相连系"。 ② **鲍本**请，亦赎也。 ③ **姚本**左氏，卫邑也。④ **鲍本**大、小，谓国。 ⑤ **鲍本**补曰：三百，或言家。 ⑥ **鲍本**彪谓：卫君之言及此，足以兴起，而不得霸，岂辅之者无其人乎？以群臣之所谏，知不及其君远矣。然享国四十余年，不受外兵，则三百为治之言，允蹈之者欤？正曰：罪人而逃，可谓无政矣。割地以求胥靡，可谓无谋矣。其言虽善，事则戾矣。补曰：《韩非子》有，略同。

卫人迎新妇〔校一〕

〔校一〕此篇姚本与《卫嗣君时胥靡逃之魏》连篇，鲍本分为两篇。据文义，从鲍本。

卫人迎新妇，妇上车，问："骖马，谁马也？"御曰："借之。"新妇谓仆曰："拊骖，无笞服[①]。"车至门，扶[②]，教送母[③]："灭灶，将失火。"入室见臼，曰："徙之牖下，妨往来者。"主人笑之。此三言者，皆要[④]言也，然而不免为笑者，蚤晚之时失也[⑤]。

① **姚本**拊，击也。两旁曰骖，辕中曰服。击其骖，则中两服马不劳笞也。　**鲍本**皆言爱也，拊尤爱之。正曰：鲍以为借马，故曰爱之，非是。② **姚本**扶，谓下车。　**鲍本**人扶妇下。　③ **鲍本**"母"下有"曰"字。○母，送妇者。将还，故戒之。　④ **鲍本**"要"作"至"。○　⑤ **姚本**虽要指，非新妇所宜言也。以喻忠臣可以言而不言，失忠；未可以言而言，危身。故云"蚤晚之时失也"。　**鲍本**初为妇而云然，失之蚤也。正曰：此《策》时不可考。补曰：《吕氏春秋》，白圭新与惠子相见，惠子说之以疆，惠子出，白圭告人曰云云，与此相类。

战国策卷三十三

中　山

鲍本中山　汉为国，有卢奴、北平、北新城、唐、深泽、苦陉、安国、曲逆、望都、新市。补曰：《索隐》云，中山，故鲜虞国，姬姓也。《路史》，杜佑云，常山灵寿，中山国，有故城，城中有山，故号中山。汉中山王靖始移居卢奴。《大事记》，威烈王十二年，中山武公初立。又按《左传》，昭公十二年，晋荀吴假道于鲜虞，灭肥。是冬，晋复伐鲜虞。杜预云，鲜虞，白狄别种，在中山新市县。中山名始见定公四年。晋合诸侯召陵，谋为蔡伐楚，荀寅曰，诸侯方贰，中山不服，无损于楚，而失中山，不如辞蔡侯。则是时势已渐强，能为晋之轻重矣。《史·赵世家》是年书中山武公初立。意者其国益强，遂建国备诸侯之制，与中夏伉欤？

魏文侯欲残中山

魏文侯①欲残②中山。常庄谈③谓赵襄子④曰："魏并中山，必无赵矣⑤。公何不请公子倾以为正妻，因封之中山，是中山复立也⑥。"

① **姚本**文侯，魏桓子之孙也。　② **姚本**残，灭之也。　③ **姚本**襄子臣也。　**鲍本**赵人。　④ **鲍本**"襄"作"桓"。○　正曰：按《大事记》，威烈王元年，赵襄子卒，以兄伯鲁之孙献子浣为后。襄子之弟桓子逐浣自立。二年，桓子卒，献子复位。魏桓子卒，子斯立，亦在威烈王元年。十七年献子卒，子籍立，是年文侯使乐羊伐中山，克之。此《策》云文侯欲残中山，必在

前，恐是献子之时，桓子止下年，未可定为其时也。 ⑤ **姚本**并，兼也。兼有中山，必复以次取赵。 ⑥ **姚本**公子倾，魏君之女，封之于中山以为邑，是则中山不残也。故云"中山复立"，犹存也。

犀首立五王

犀首立五王①，而中山后持②。齐谓赵、魏曰："寡人羞与中山并为王，愿与大国伐之，以废其王。"中山闻之，大恐。召张登③而告之曰："寡人且王，齐谓赵、魏曰，羞与寡人并为王，而欲伐寡人。恐亡其国，不在索王④。非子莫能吾救。"登对曰："君为臣多车重币，臣请见田婴。"中山之君遣之齐。见婴子曰："臣闻君欲废中山之王，将与赵、魏伐之，过矣。以中山之小，而三国伐之，中山虽益废王，犹且听也⑤。且中山恐，必为赵、魏废其王而务附焉⑥。是君为赵、魏驱羊也⑦，非齐之利也。岂若中山废其王而事齐哉？"

① **姚本**立五国使称王，齐、赵、魏、燕、中山也。 **鲍本**秦、韩、燕、宋、中山也。楚，春秋时王。齐宣、魏惠，显王三十五年王。赵武灵独不王。其后秦惠十二年，韩宣惠、燕易王王。明年，秦惠始王。秦惠改元之七年，宋偃始王。故武灵八年书五国相王，即秦七年也。正曰：《大事记》，周显王四十六年，韩、燕、中山皆称王，赵独称君，其后亦称王。《解题》按，《战国策》犀首立五王，高氏以为齐、赵、魏、燕、中山，鲍氏以为秦、韩、燕、宋、中山，二家之说皆非也。齐、魏王已久，秦之王出于张仪，宋、中山俱小国。使宋是时称王，齐何为独怒中山？况偃之称王，又在慎靓之三年乎？然则犀首所立五王，其可考者，韩、燕、赵、中山，其一则不可考也。赵武灵王初称君，《世家》十一年书王召公子职于韩，则是时已称王矣。七国惟楚僭王，远在春秋之世。其余六国，魏最先，赵最后。又显王三十五年，齐宣王、魏惠王与诸

侯会于徐州以相王。《解题》云齐、魏之王，以《国策》考之，盖在魏拔邯郸之岁，显王十六年。而《秦纪》今年又书齐、魏为王，未知孰是？然《策》所载，似得其实。盖魏以邯郸之胜，齐以桂陵之胜，各僭称王。若今岁魏方衰弱，齐亦未有大功，何为骤称王乎？今年书相王者，齐、魏僭王已久，至是共会诸侯，欲其皆王，以同己之僭也。《秦纪》所书，或者齐、魏前此称王于其国，至此名号始通于诸侯乎？又显王四十四年，秦初称王，《解题》云，张仪之请也。《秦纪》书魏君称王，衍一"魏"字。愚按，《赵世家》武灵王十年，五国相王，赵独否曰，无其实，敢处其名乎？令国人谓己曰君。十一年始云王召公子职也。然则云五国相王者，谓五国皆称王，非谓在此年也。鲍误。 ② **姚本**持中山小，故后立之。 **鲍本**持，犹疑也，立之后而复疑。 ③ **姚本**张登，中山臣也。 ④ **鲍本**今所谋者救亡尔，不求为王。 ⑤ **姚本**益，大也。犹，尚也。虽大，废之，尚且听命，不敢贰也。 **鲍本**益，犹甚也，言事有甚于此者。 ⑥ **姚本**务附，亲也。必为赵、魏不敢称王，而亲附赵、魏以自昵也。 **鲍本**附赵、魏也。主废者齐，故不附之。 ⑦ **姚本**言君以赵、魏伐中山，中山恐亡，必受命于赵、魏，是君为赵、魏驱羊，而使得食之。

田婴曰："奈何？"张登曰："今君召中山，与之遇而许之王，中山必喜而绝赵、魏。赵、魏怒而攻中山，中山急而为君难其王[①]，则中山必恐，为君废王事齐[②]。彼患亡其国，是君废其王而亡[③]其国，贤于为赵、魏驱羊也。"田婴曰："诺。"张丑曰："不可。臣闻之，同欲者相憎，同忧者相亲。今五国相与王也，负海不与焉[④]。此是欲皆在为王，而忧在负海[⑤]。今召中山，与之遇而许之王，是夺五[⑥]国而益负海也[⑦]。致中山而塞四国，四国寒心。必先与之王而故亲之，是君临中山而失四国也。且张登之为人也，善以微计荐中山之君久矣[⑧]，难信以为利[⑨]。"

① **鲍本**难,则所谓"羞与为王"。　② **鲍本**不王中山,齐志也。今为废之,所以事齐。　③ **鲍本**"亡"作"立"。〇　④ **姚本**负海,齐也。五国之中,齐不欲与之同王也。　**鲍本**负海,齐也,先已王。补曰:高注"齐不欲与之同王",则"与"如字。　⑤ **鲍本**忧齐废之。　⑥ **鲍本**"五"作"四"。〇下同。正曰:一本下三处作"四",姚同。疑此有误。　⑦ **鲍本**中山与四国同欲,今与齐遇,是夺彼而益我也。　⑧ **姚本**荐,进也。张登善以微计进其君也。　⑨ **姚本**不可信其言以为己利也。

田婴不听[1]。果召中山君而许之王。张登因谓赵、魏曰:"齐欲伐河东[2]。何以知之?齐羞与中山之[3]为王甚矣,今召中山,与之遇而许之王,是欲用其兵也。岂若令大国先与之王,以止其遇哉?"赵、魏许诺,果与中山王而亲之。中山果绝齐而从赵、魏。

① **姚本**不听张丑之言也。　② **鲍本**河东,魏地。　③ **鲍本**"之"作"并"。〇

中山与燕赵为王

中山与燕、赵为王,齐闭关不通中山之使,其言曰:"我万乘之国也,中山千[1]乘之国也,何侔[2]名于我?"欲割平邑[3]以赂燕、赵,出兵以攻中山。

① **鲍本**"千"作"百"。〇　补曰:一本作"千"。　② **姚本**侔,等。③ **姚本**平邑,燕邑。　**鲍本**属代郡。正曰:《正义》引《括地志》,平邑故城在魏州昌乐县东北。见《赵世家》。

蓝诸君[1]患之。张登谓蓝诸君曰："公何患于齐？"蓝诸君曰："齐强，万乘之国，耻与中山侔名，不惮割地以赂燕、赵，出兵以攻中山。燕、赵好位[2]而贪地，吾恐其不吾据也。大者危国，次者废王，奈何吾弗患也？"张登曰："请令燕、赵固[3]辅中山而成其王，事遂定。公欲之乎？"蓝诸君曰："此所欲也。"曰："请以公为齐王[4]而登试说公。可，乃行之。"蓝诸君曰："愿闻其说。"

① **鲍本**中山相也。补曰：《索隐》云，《战国策》"望诸"作"蓝诸"。愚按，《燕策》，"望诸相中山"，恐即此人，与乐毅同号者。《索隐》指为毅，则误矣。 ② **姚本**一作"倍"。曾作"位"。 **鲍本**"位"作"倍"。○ 倍，谓背约。 ③ **鲍本**固，言辅之坚。 ④ **鲍本**闵。

登曰："王之所以不惮割地以赂燕、赵，出兵以攻中山者，其实欲废中山之王也。王曰：'然。'然则王之为费且危。夫割地以赂燕、赵，是强敌也；出兵以攻中山，首[1]难也。王行二者，所求中山未必得。王如用臣之道，地不亏而兵不用，中山可废也。王必曰：'子之道奈何？'"蓝诸君曰："然则子之道奈何？"张登曰："王发重使，使告中山君曰：'寡人所以闭关不通使者，为中山之独与燕、赵为王，而寡人不与闻焉[2]，是以隘[3]之。王苟举趾[4]以见寡人，请亦佐君。'中山恐燕、赵之不已据也，今齐之辞云'即佐王'，中山必遁燕、赵，与王相见[5]。燕、赵闻之，怒绝之[6]，王亦绝之，是中山孤，孤何得无废。以此说齐王，齐王听乎？"蓝诸君曰："是则必听矣，此所以废之，何在其所存之矣[7]。"张登曰："此王[8]所以存者也。齐以是辞来，因言告燕、赵而无往[9]，以积厚于燕、赵。燕、赵必曰：'齐之欲割平邑以赂我者，非欲废中山之王也；徒欲以离我于中山，而己亲之也。'虽百平邑，燕、赵必不受也。"蓝诸君曰："善。"

① **姚本**首，始也。 **鲍本**首为攻伐之难。 ② **鲍本**此王此君皆中山。正曰："王发重使"之王，指齐王。 ③ **鲍本**隘，亦不通也。补曰：隘，当读作"厄"。 ④ **鲍本**"趾"上补"玉"字。〇 ⑤ **鲍本**此并齐王。补曰："王苟举趾"与"即佐王"之王，指中山王。 ⑥ **姚本**绝中山也。 **鲍本**"怒"上有"必"字。〇 ⑦ **姚本**言以此说齐，齐必从。然适足废其王耳，何所以存之利。 **鲍本**"所"下有"以"字。〇**札记**今本"所"下有"以"字。 ⑧ **鲍本**此王，中山。 ⑨ **鲍本**以齐王言告之，而不往齐。

遣张登往，果以是辞来。中山因告燕、赵而不往，燕、赵果俱辅中山而使其王。事遂定。[1]

① **鲍本**彪谓：张登亿则屡中，言之必可行者也。虽其用智有捭阖风气，而文无害，亦狡狯可喜，非君子之所排也。正曰：捭阖狡狯，岂非君子之所排者？因其文之可喜，而谓其术之无害，悖矣！

司马憙使赵

司马憙使赵，为己求相中山[1]。公孙弘阴知之[2]。中山君出，司马憙御，公孙弘参乘。弘曰："为人臣，招大国之威，以为己求相，于君何如？"君曰："吾食其肉，不以分人。"司马憙顿首于轼曰："臣自知死至矣！"君曰："何也？""臣[3]抵罪[4]。"君曰："行，吾知之矣[5]。"居顷之，赵使来，为司马憙求相。中山君大疑公孙弘,公孙弘走出。⑥

① **姚本**憙,中山臣也。使于赵为之求相于中山也。 **鲍本**"憙"作"喜"。○ **札记**丕烈案:"憙"、"喜"同字。吴氏补引徐广注《史记》及《邹阳书》作"喜"字也。 ② **姚本**知其因赵求为相也。 ③ **鲍本**"臣"上补"曰"字。○ 补曰:恐缺"曰"字。 ④ **姚本**抵,当也。 ⑤ **鲍本**行,使之行车。二人雅不相善,弘无故云然,似欲中喜者,故知。 ⑥ **鲍本**补曰:《太史公自序》,司马氏其在卫者,相中山。徐广云,名喜。《邹阳书》,司马喜膑于宋而相中山。按战国有两公孙弘,一在齐,为孟尝君见秦昭王,一即此人。与汉平津为三。《韩子》云,公孙弘断发而为越王骑,又一人也。

司马憙三相中山

司马憙三相中山,阴简难之①。田简谓司马憙曰:"赵使者来属耳②,独不可语阴简之美乎③?赵必请之,君与之,即公无内难矣。君弗与赵,公因劝君立之以为正妻。阴简之德公,无所穷矣。"果令赵请④,君弗与。司马憙曰:"君弗与赵,赵王⑤必大怒;大怒则君必危矣。然则立以为妻,固无请人之妻不得而怨人者也。"

① **姚本**阴简,中山君美人也。难,恶也。 **鲍本**阴简,姬名也。难,谓忌之。 ② **鲍本**《霍光传》注,属,近也。正曰:《诗》,"属耳于垣"。《史记》注,属,犹注也。言赵使属耳中山之事。 ③ **鲍本**赵使近至宜有报,可因报使言之赵也。 ④ **鲍本**"请"下补"之"字。○ **札记**今本"请"下有"之"字,乃误涉鲍也。 ⑤ **鲍本**武灵。

田简自谓取使①,可以为司马憙,可以为阴简,可以令赵勿请也。[②]

① **鲍本**"谓"作"为"。〇　取，请为使也。正曰：自谓可以取赵使。此书取字如此者，多为与之善，而得其心之义。　② **鲍本**简请使耳，实喜自使。见下。正曰：此章以为语赵使，下章以为司马喜使说赵王，此正记所传之异。两"可以为"之"为"，去声。

阴姬与江姬争为后

阴姬与江姬争为后。司马憙谓阴姬公[①]曰："事成，则有土子民[②]；不成，则恐无身。欲成之，何不见臣乎[③]？"阴姬公稽首[④]曰："诚如君言，事何可豫道者[⑤]。"司马憙即奏书中山王[⑥]曰："臣闻弱赵强中山。"中山王悦而见之曰："愿闻弱赵强中山之说。"司马憙曰："臣愿之赵，观其地形险阻，人民贫富，君臣贤不肖，商[⑦]敌为资，未可豫陈也。"中山王遣之。

① **鲍本**姬父也。　② **鲍本**"子"作"得"。〇　言公得封。补曰：一本"子民"。姚同。　③ **鲍本**怪其不来谋。　④ **鲍本**首至地也。　⑤ **鲍本**言将厚报之，未可先言。　⑥ **鲍本**补"王"字。〇　⑦ **鲍本**商，较之。

见赵王[①]曰："臣闻赵，天下善为音，佳丽[②]人之所出也。今者，臣来至境，入都邑，观人民谣俗[③]，容貌颜色，殊无佳丽好美者。以臣所行多矣，周流无所不通[④]，未尝见人如中山阴姬者也。不知者，特以为神，力[⑤]言不能及也。其容貌颜色，固已过绝人矣。若乃其眉目准頞权衡[⑥]，犀角偃月[⑦]，彼乃帝王之后，非诸侯之姬也。"赵王意移，大悦曰："吾愿请之，何如？”司马憙曰：“臣窃见其佳丽，口不能无道尔。即欲请之，是非臣所敢议，愿王无泄也。”

① **鲍本**武灵。 ② **姚本**佳，大。丽，美。 ③ **鲍本**徒歌曰谣。 ④ **鲍本**“通”作“至”。○ ⑤ **鲍本**“力”作“人”。○ 正曰：尽力言之。**札记**今本“力”作“人”，乃误涉鲍也。丕烈案：“神”字句绝。《楚策》“非知而见之者以为神”，可证。 ⑥ **鲍本**准，鼻。頞，鼻茎。权，辅骨，当作顴。衡，眉上。正曰：准，鼻头。頞，额也。见孟子“蹙额”注。蔡泽传“蹙齃”，《索隐》云，鼻蹙眉。 ⑦ **鲍本**犀角，首骨。偃月，额骨。

司马憙辞去，归报中山王曰：“赵王非贤王也。不好道德，而好声色；不好仁义，而好勇力。臣闻其乃欲请所谓阴姬者。”中山王作色不悦。司马喜曰：“赵强国也，其请之必矣。王如不与，即社稷危矣；与之，即为诸侯笑。”中山王曰：“为将奈何？”司马憙曰：“王立为后，以绝赵王之意。世无请后者。虽欲得请之，邻国不与也。[①]”中山王遂立以为后，赵王亦无请言也。[②]

① **姚本**礼无请后之义，邻国必责之而不与。 ② **鲍本**此两章一事尔，而曲折小差。著书者，自以所闻驳异也。然则此书之作，亦至慎矣。补曰：司马喜绳阴姬以语赵王，而胁君以行诈取宠，视张仪于郑袖，其恶尤甚。记者好夸，何慎之有。

主父欲伐中山

主父[①]欲伐中山，使李疵[②]观之。李疵曰：“可伐也。君弗攻，恐后天下。”主父曰：“何以？”对曰：“中山之君，所倾盖与车[③]而朝穷闾隘巷之士者[④]，七十家。”主父曰：“是贤君也，安可伐?”李疵曰：“不然。举士，则民务名不存本[⑤]；朝贤，则耕者惰而战士懦[⑥]。若此不亡者，未之有也。”[⑦]

① **姚本**主父，赵武灵王也。　② **姚本**疵，赵臣也。　③ **鲍本**“车”下有“者”字。○　倾者，却不御也。与之同车。皆所尊礼者。补曰：一本“车”下无“者”字。　④ **鲍本**君而朝士，亦尊礼也。　⑤ **鲍本**本，谓农业。⑥ **鲍本**皆不强力也，以贤者不耕战故。　⑦ **鲍本**彪谓：李疵小人也，乃欲使人君废贤而置士。夫贤者在位，将使耕者愈力，战士愈奋，而谁敢惰懦?且不贤而耕且战，民之分也，何敢与贤者并。民惟不务名耳，岂有务名而不趋于善者乎？若疵者，小人之无忌惮者也。补曰：《韩非子》有，末云，举兵而伐中山，遂灭也。　尝读商君之言曰，国之所以兴者，农战也。民求官爵不以农战，而巧言虚道者，其国必削。诗、书、礼、乐、善、修、仁、廉、辩、慧，国有十者，上无使守战，敌至必削，下民必贫。此商君所以遗礼义，上首功，而富国强兵之术也。武灵胡服骑射，一反先王之教，其桀骜之志，使卒不死而获逞，有以异于秦乎？李疵者，窥见其所大欲，故以舍士急耕战之说导之。当时风声气习，不约而合，其悖缪固不足辨也。抑其所称中山之事者，殆未必然。《大事记》据《吕氏春秋》，“晋太史屠黍谓周威公曰，天生民而令有别。有别，人之义也，所以异于禽兽麋鹿也，君臣上下之所以立也。中山之俗，以昼为夜，以夜继日，男女切倚，固无休息，其主弗之恶，此亡国之风也。居二休，中山果亡”。其亡之故可考矣。使贤俊盛多，尊礼无失，则当时风俗，安得至此乎。

中山君飨都士〔校一〕

〔校一〕此篇姚本与《主父欲伐中山》连篇，鲍本分为两篇。据文义，从鲍本。

中山君[1]飨都士[2]，大夫司马子期[3]在焉。羊羹不遍，司马子期怒而走于楚，说楚王[4]伐中山，中山君亡[5]。有二人挈戈而随其后者，中山君顾谓二人："子奚为者也？"二人对曰："臣有父，尝饿且死，君下壶飡[6]饵之[7]。臣父且死，曰：'中山有事[8]，汝必死之。'故来死君[9]也。"中山君喟然而仰叹曰："与不期众少，其于当厄[10]；怨不期深浅，其于伤心[11]。吾以一杯羊羹亡国，以一壶飡得士二人[12]。"

① **鲍本**《史》不出，不名谥。正曰：中山武公。见《世家》、《年表》。此《策》则时不可考。 ② **鲍本**《霍光传》"都士"注，都，试也。此言已试而飨之。正曰：按《光传》"都肄郎羽林"，孟康云，都，试也；师古，谓总阅试习。此都邑之都，与彼义不类。 ③ **鲍本**中山人，后为楚昭卿。正曰：《左氏》定四年昭王出走，"子期似王"注，"昭王兄，公子结也"。后为司马。惠王时，白公杀之。《说苑》屡称司马子期。"司马"，官名。此自一人，"司马"则姓也。 ④ **鲍本**昭，正曰：妄引。 ⑤ **姚本**亡，走也。 **鲍本**亡，去国也。⑥ **鲍本**下，以与之。飡，小食。 ⑦ **鲍本**"饵之"作"臣父"。〇 补曰：一本"壶飡饵之"，"臣父"字不重出。姚同。 ⑧ **鲍本**戎事。 ⑨ **鲍本**将为君死。 ⑩ **姚本**言人之施与，不期多少，当其厄之时而惠及之，必厚德己也。一飡之施，而有二子之报。 **鲍本**其，指物辞，犹在也。言施与当在厄时。 ⑪ **姚本**人之相怨，不在深浅也。苟伤其心，则怨重也。羊羹不遍，而有出亡之患也。 **鲍本**伤人之心虽浅，怨也。 ⑫ **姚本**《诗》云，"无言不雠，无德不报"，此之谓也。 **鲍本**补曰：此章与《左传》华元飨士、赵宣子食翳桑饿人事类，似合为一也。《集韵》，"飧"亦作"飡"，苏昆反。熟食曰"飧"。

乐羊为魏将

乐羊为魏将，攻中山。其子时在中山，中山君烹之，作羹致于乐羊。乐羊[1]食之。古今称之[2]：乐羊食子以自信，明害父以求法[3]。

① **鲍本**“乐”下无“羊”字。○ ② **鲍本**“称之”下补“曰”字。○ ③ **鲍本**此害于父道，而羊为之，求为殉国之法也。补曰：说见《赵策》。

昭王既息民缮兵[校一]

〔校一〕鲍本此篇在《秦策》。

昭王既息民缮兵，复欲伐赵[1]。武安君曰：“不可。”王曰：“前年国虚民饥，君不量百姓之力，求益军粮以灭赵。今寡人息民以养士，蓄积粮食[2]，三军之俸[3]有倍于前，而曰‘不可’，其说何也？”

① **鲍本**围邯郸也。 ② **鲍本**“食”作“实”。○ ③ **鲍本**《集韵》，俸，秩禄也。

武安君曰：“长平[1]之事，秦军大尅[2]，赵军大破；秦人欢喜，赵人畏惧。秦民之死者厚葬，伤者厚养，劳者相飨[3]，饮食餔餽[4]，以靡[5]其财；赵人之死者不得收，伤者不得疗[6]，涕泣相哀，戮力[7]同忧，耕田疾作，以生其财。今王发军，虽倍其前，臣料赵国守备，亦以十倍矣。赵自长平已来，君臣忧惧，早朝晏退[8]，卑辞重币，四面出嫁，结亲燕、魏，连好齐、楚，积虑并心，备秦为务。其国内实，其交外成。当今之时，赵未可伐也。”

① **鲍本**《后志》，泫氏有长平亭，在上党郡南山中百二十里。事在此四十七年。补曰：《正义》云，长平，在泽州高平县西。 ② **鲍本**"尅"作"克"。○ 徐铉曰，胜此物谓之克；若尅，则杀也。正曰："克"、"尅"字通。 ③ **鲍本**乡人饮酒也。 ④ **姚本**吴谓食为餽，祭鬼亦为餽。古文通用，读与"馈"同。 **鲍本**餔，申时食。正曰：以食食之曰餔餽，即餽饷也。祭鬼本高注，非。 ⑤ **姚本**靡，犹浓丽也。若靡依之比。 **鲍本**《集韵》，"靡"，"縻"通，坏也。 ⑥ **鲍本**治也。 ⑦ **姚本**勠力，勉力也。其字从力。 **鲍本**勠，并力。 ⑧ **鲍本**"退"作"罢"。○

王曰："寡人既以兴师矣。"乃使五校[1]大夫王陵将而伐赵。陵战失利，亡五校[2]。王欲使武安君，武安君称疾不行。王乃使应侯往见武安君，责之曰："楚，地方五千里，持戟百万。君前率数万之众入楚，拔鄢、郢，焚其庙，东至竟陵[3]，楚人震恐[4]，东徙[5]而不敢西向。韩、魏相率，兴兵甚众，君所将之[6]不能半之，而与战之[7]于伊阙[8]，大破二国之军，流血漂卤[9]，斩首二十四万。韩、魏以故至今[10]称东藩。此君之功，天下莫不闻。今赵卒之死于长平者已十七、八[11]，其国虚弱，是以寡人[12]大发军，人数倍[13]于赵国之众，愿使君将，必欲灭之矣。君尝以寡击众，取胜如神，况以强击弱，以众击寡乎？"

① **姚本**五校，军营也。校，音明孝反。 **鲍本**衍"五"字。《集韵》，校，木为栏格也。军部及养马用之。故军尉、马官以为号。 **札记**鲍衍"五"字。丕烈案：此误甚也，当衍"校"字。《秦本纪》云，"五大夫陵攻赵邯郸"。《白起传》云，"使五大夫王陵攻赵邯郸"。是其证矣。五大夫，秦爵。下"亡五校"云云，今误截其半入此句下。 ② **姚本**盖亡其营校之部也。 ③ **鲍**

本《后志》,属江夏。起此二十八年取鄢,二十九年取郢。补曰:竟陵在郢州长寿县南,今复州亦其地。焚其庙,即所谓烧夷陵先王之墓也。 ④ **鲍本**震,劈雳震动也,故为恐。 ⑤ **鲍本**徙陈。 ⑥ **鲍本**"之"下补"卒"字。○补曰:当有"卒"字。《大事记》补。 ⑦ **鲍本**补曰:当是"之战"。 ⑧ **鲍本**十四年。 ⑨ **姚本**卤,大漂也。言杀人多而流血漂浮卤也。 **鲍本**"卤","橹"同,大盾也。 ⑩ **鲍本**无"至今"二字。○ ⑪ **姚本**言十分死其七、八分也。 ⑫ **鲍本**睢称王命,故云。 ⑬ **鲍本**"倍"作"君",又改为"倍"。○

武安君曰:"是时楚王①恃其国大,不恤其政,而群臣相妒以功,谄谀②用事,良臣斥疏③,百姓心离,城池不修,既无良臣,又无守备。故起所以得引兵深入,多倍城邑④,发梁焚舟以专民⑤,以掠⑥于郊野,以足军食。当此之时,秦中士卒,以军中为家,将帅为父母,不约而亲,不谋而信,一心同功,死不旋踵⑦。楚人自战其地,咸顾其家,各有散心⑧,莫有斗志。是以能有功也。伊阙之战,韩孤⑨顾魏,不欲先用其众。魏恃韩之锐⑩,欲推以为锋⑪。二军争便之力不同,是以臣得设疑兵,以待⑫韩阵⑬,专军并锐,触魏之不意。魏军既败,韩军自溃,乘胜逐北⑭,以是之故能立功。皆计利形势⑮,自然之理,何神之有哉!今秦破赵军于长平,不遂以时乘其振惧而灭之,畏而释之⑯,使得耕稼以益蓄积,养孤长幼⑰以益其众,缮治兵甲以益其强,增城浚池以益其固。主折节⑱以下其臣,臣推体⑲以下死士。至于平原君⑳之属,皆令妻妾补缝于行伍之间。臣人一心,上下同力,犹勾践困于会稽之时㉑也。以合㉒伐之,赵必固守。挑其军战,㉓必不肯出。围其国都，必不可克。攻其列城，必未可拔。掠其郊野，必无所得。兵出无功，诸侯生心，外救必至。臣见其害，未睹其利。又病，未能行。”

① **鲍本**顷襄。 ② **鲍本**“谄谀”作“谀谄”。○ ③ **鲍本**《集韵》，斥亦疏。 ④ **鲍本**兵深入，城邑在后，故言倍。“倍”，“背”同。正曰：倍，如字。言深入所过城邑多也。 ⑤ **鲍本**梁，桥也。此皆示以不还，使民专于战也。下衍“以”字。补曰：《大事记》去此作“心”字。**札记**今本“以”作“心”。丕烈案：吴氏补曰，《大事记》去此作“心”字，今本乃因吴说而误改也。 ⑥ **鲍本**掠，夺取。 ⑦ **姚本**战亡必死，无还踵者。 **鲍本**不反走也。 ⑧ **姚本**诸侯自战其地，为散地也。 ⑨ **鲍本**时韩僖侯立三年耳，故称曰孤。正曰：韩势孤也。 ⑩ **鲍本**时韩主兵，故《韩记》言率周、魏攻秦，《魏记》言佐韩也。 ⑪ **鲍本**锋，军之先。 ⑫ **鲍本**“待”作“持”。○ **札记**今本“待”作“持”，乃误涉鲍也。 ⑬ **鲍本**持不决战也。 ⑭ **鲍本**战败曰北。 ⑮ **鲍本**谓人谋、地利、军之形势。 ⑯ **鲍本**“振”，“震”同。以赵畏服，遂释攻。⑰ **鲍本**补曰：长其幼小者。 ⑱ **鲍本**屈折肢节。 ⑲ **鲍本**推体，犹委质。正曰：推体，犹委身，谓以身与之也。 ⑳ **鲍本**“平原”下无“君”字。○ ㉑ **姚本**越王勾践为吴所逼，栖于会稽，卒成霸功。 ㉒ **鲍本**“合”作“今”。○ **札记**今本“合”作“今”。 ㉓ **鲍本**挑，摧挠也，挠敌求战。正曰：《汉书》，擿挑敌以求战。《左传》谓之致师。

应侯惭而退，以言于王。王曰：“微白起，吾不能灭赵乎？”复益发军，更使王龁代王陵伐赵。围邯郸八、九月，死伤者众，而弗下。赵王[①]出轻锐以寇其后，秦数不利。武安君曰：“不听臣计，今果何如[②]？”王闻之怒，因见武安君，强起之，曰：“君虽病，强为寡人卧而将之。有功，寡人之愿，将加重于君。如君不行，寡人恨君。”武安君顿首曰：“臣知行虽无功，得免于罪。虽不行无罪，不免于诛。然惟愿大王览臣愚计，释赵养民，以[3]诸侯之变。抚其恐惧，伐其憍慢，诛灭无道，以令诸侯，天下可定，何必以赵为先乎？此所谓为一臣屈而胜天下也。大王若不察臣愚计，必欲快心于赵，以致臣罪，此亦所谓胜一臣而为天下屈者也。夫胜一臣之严[4]焉，孰若胜天下之威大耶[5]？臣闻明主爱其国，忠臣爱其名。破国不可复完，死卒不可复生。臣宁伏受重诛而死，不忍为辱军之将[6]。愿大王察之。”王不答而去。[7]

① **鲍本**孝成。 ② **鲍本**“何如”作“如何”。○ **札记**丕烈案：《史记》作“今如何矣”。 ③ **鲍本**补曰：“以”字下疑有缺。 ④ **鲍本**严，犹威。⑤ **姚本**言不能为起屈，欲以胜为严，则不若屈于起之言，而以胜天下为威之大。 ⑥ **鲍本**军败则辱，此所谓爱名。 ⑦ **姚本**子由《古史》云《战国策》文并收入。 **鲍本**事在四十八年及五十年。元在《中山策》之末。彪谓：起之策秦、楚、三晋，可谓明切。然人臣无以有己，故孔子不俟驾行矣。长平之败属耳，赵何遽能益强？以起之材智，知己知彼而得筭多，不幸至于无功极矣，何破国辱军之有？三请不行，此自抽杜邮之剑也。正曰：应侯纳苏之说，许韩、赵割地以和，由是起与之有隙。不从伐赵者为此也。《大事记》谓，起之死，皆睢之力。鲍可谓不探其心者矣。所引孔子不俟驾行，盖当仕有官职而以其官召之，此不类也。

附　录

刘向书录

护左都水使者光禄大夫臣向言：所校中《战国策》书，中书余卷，错乱相糅莒。又有国别者八篇，少不足。臣向因国别者，略以时次之，分别不以序者以相补，除复重，得三十三篇。本字多误脱为半字，以“赵”为“肖”，以“齐”为“立”，如此字[①]者多。中书本号，或曰《国策》，或曰《国事》，或曰《短长》，或曰《事语》，或曰《长书》，或曰《修书》。臣向以为战国时，游士辅所用之国，为之策谋，宜为《战国策》。其事继春秋以后，讫楚、汉之起，二百四十五年间之事皆定以杀青，书可缮写。

① 姚本“字”，一本作“类”字。

叙曰[①]：周室自文、武始兴，崇道德，隆礼义，设辟雍泮宫庠序之教，陈礼乐弦歌移风之化。叙人伦，正夫妇，天下莫不晓然。论孝悌之义，惇笃之行，故仁义之道满乎天下，卒致之刑错四十余年。远方慕义，莫不宾服，雅颂歌咏，以思其德。下及[②]康、昭之后，虽有衰德，其纲纪尚明。及春秋时，已四五百载矣，然其余业遗烈，流而未灭。五伯之起，尊事周室。五伯之后，时君虽无德，人臣辅其君者，若郑之子产，晋之叔向，齐之晏婴，挟君辅政，以并立于中国，犹以义相支持，歌说以相感，聘觐以相交，期会[3]以相一，盟誓以相救。天子之命，犹有所行。会享之国，犹有所耻。小国得有所依，百姓得有所息。故孔子曰："能以礼让为国乎何有？"周之流化，岂不大哉！及春秋之后，众贤辅国者既没，而礼义衰矣。孔子虽论《诗》、《书》，定《礼》、《乐》，王道粲然分明，以匹夫无势，化之者七十二人而已，皆天下之俊也，时君莫尚之。是以王道遂用不兴。故曰："非威不立，非势不行。"

① 姚本集，"曰"下有"夫"字。 ② 姚本刘作"其德下及"。曾作"德下及"。钱作"以思其德下及"。集作"其恩德下及"。 鲍本"以思其德"，一作"恩德其上"。"下及"，一无"下"字。 ③ 姚本集作"朝会"。

仲尼既没之后，田氏取齐，六卿分晋，道德大废，上下失序。至秦孝公，捐礼让而贵战争，弃仁义而用诈谲，苟以取强而已矣。夫篡盗之人，列[1]为侯[2]王；诈谲之国，兴立[3]为强。是以传[4]相放效，后生师之，遂相吞灭，并大兼小，暴师经岁，流血满野，父子不相亲，兄弟不相安，夫妇离散，莫保其命，湣然道德绝矣。晚世益甚，万乘之国七，千乘之国五，敌侔争权，盖[5]为战国。贪饕无耻，竞进无厌；国异政教，各自制断；上无天子，下无方伯；力功[6]争强，胜者为右；兵革不休，诈伪并起。当此之时，虽有道德，不得施谋；有设之强[7]，负阻而恃固；连与交质，重约结誓，以守其国。故孟子、孙卿儒术之士，弃捐于世，而游说权谋之徒，见贵于俗。是以苏秦、张仪、公孙衍、陈轸、代、厉之属，生从横短长之说，左右倾侧。苏秦为从，张仪为横；横则秦帝，从则楚王；所在国重，所去国轻。

① **姚本**钱、刘同。曾作“例”。　② **札记**今本误重“侯”字。　③ **姚本**钱、集作“立”。曾作“兵”。　④ **姚本**一作“转”。　**鲍本**“传”作“转”。○　⑤ **鲍本**“盖”作“尽”。○　⑥ **姚本**曾、集作“巧”。刘作“功”。　⑦ **鲍本**“不得施谋，有设之强”作“不得施设，有谋之强”。○

然当此之时，秦国最雄，诸侯方弱[①]，苏秦结[②]之，时六国为一，以傧背秦。秦人恐惧，不敢阙兵于关中，天下不交兵者，二十有九年。然秦国势便形利，权谋之士，咸先驰之。苏秦初欲横，秦弗用，故东合从。及苏秦死后，张仪连横，诸侯听之，西向事秦。是故始皇因四塞之固[③]，据崤、函之阻，跨陇、蜀之饶，听众人之策，乘六世之烈，以蚕食六国，兼诸侯[④]，并有天下。杖于谋诈[⑤]之弊，终于[⑥]信笃之诚，无道德之教，仁义之化，以缀天下之心。任刑罚以为治，信小术以为道。遂燔烧诗书，坑杀儒士，上小尧、舜，下邈三王。二世愈甚，惠不下施，情不上达；君臣相疑，骨肉相疏；化道浅薄，纲纪坏败；民不见义，而悬于不宁。抚天下十四岁，天下大溃，诈伪之弊也。其比王德，岂不远哉！孔子曰：“道之以政，齐之以刑，民免而无耻；道之以德，齐之以礼，有耻且格[⑦]。”夫使天下有所耻，故化可致也。苟以诈伪偷活取容，自上为之，何以率下？秦之败也，不亦宜乎！

① **姚本**集、曾无"弱"字。　② **姚本**钱、刘,"结"下有"从"字。　③ **鲍本**"固"作"国"。〇　④ **姚本**一本下有"而"字。　⑤ **鲍本**"谋诈"作"诈谋"。〇　⑥ **鲍本**"于"作"无"。〇　**札记**今本"于"作"无"。丕烈案:"无"字是也。　⑦ **札记**今本"格"误"假"。

战国之时,君德浅薄,为之谋策者,不得不因势而为资,据时而为①。故其谋,扶急持倾,为一切之权,虽不可以临国②教化,兵革③救急之势也。皆高才秀士,度时君之所能行,出奇策异智,转危为安,运亡为存,亦可喜,皆可观。护左都水使者光禄大夫臣向所校《战国策》书录。

① **姚本**脱字。　② **鲍本**无"国"字。〇　③ **姚本**钱,"革"下有"亦"字。

曾子固序

刘向所定著《战国策》三十三篇,《崇文总目》称十一篇者阙。臣访之士大夫家,始尽得其书,正其误谬,而疑其不可考者,然后《战国策》三十三篇复完。

叙曰:向叙此书,言周之先,明教化,修法度,所以大治。及其后,诈谋用而仁义之路塞,所以大乱。其说既美矣。率①以谓此书,战国之谋士,度时君之所能行,不得不然,则可谓惑于流俗而不笃于自信者也。

① **鲍本**"率"作"卒"。〇

夫孔、孟之时,去周之初,已数百岁,其旧法已亡,其旧俗已熄久矣。二子乃独明先王之道，以为不可改者，岂将强天下之主以后世之所不可为哉？亦将因其所遇之时，所遭之变，而为当世之法，使不失乎先王之意而已也[①]。二帝三王之治，其变固殊，其法固异，而其为国家天下之意，本末先后未尝不同也。二子之道，如是而已。盖法者所以适变也，不必尽同；道者所以立本也，不可不一。此理之不易者也。故二子者守此，岂好为异论哉？能勿苟而已矣。可谓不惑于流俗而笃于自信者也。

① **鲍本**无“也”字。○

战国之游士则不然，不知道之可信，而乐于说之易合。其设心注意，偷为一切之计而已。故论诈之便而讳其败，言战之善而蔽其患。其相率而为之者，莫不有利焉而不胜其害也，有得焉而不胜其失也。卒至苏秦、商鞅、孙膑、吴起、李斯之徒以亡其身，而诸侯及秦用之，亦灭其国。其为世之大祸明矣，而俗犹莫之悟也。惟先王之道，因时适变，法[①]不同而考之无疵，用之无敝，故古之圣贤，未有以此而易彼也。

① **鲍本**“法”上有“为”字。○

或曰，邪说之害正也，宜放而绝之。则此书之不泯，不泯[①]其可乎？对曰，君子之禁邪说也，固将明其说于天下。使当世之人，皆知其说之不可从，然后以禁则齐；使后世之人，皆知其说之不可为，然后以戒则明。岂必灭其籍哉？放而绝之，莫善于是。故孟子之书，有为神农之言者，有为墨子之言者，皆著而非之。至于此书之作，则上继春秋，下至秦、汉之起，二百四五十年之间，载其行事，固不得而废也。

① **鲍本**“不泯”两字不重。○ **札记**今本“不泯”两字不重。

此书有高诱注者二十一篇，或曰三十二篇。《崇文总目》存者八篇，今存者十篇云。编校史馆书籍臣曾巩序。[①]

① **札记**今本在首，鲍本在刘向序录下。吴氏识此序后云：“《国策》刘向校定本，高诱注，曾巩重校，凡浙、建、括苍本，皆据曾所定。剡川姚宏续校注最后出。予见姚注凡两本，其一冠以目录、刘序，而置曾序于卷末；其一冠以曾序，而刘序次之。盖先刘氏者，元本也；先曾氏者，重校本也。”丕烈案：当在此与下李文叔诸跋连者为是。今本在首，影抄梁溪安氏本如此。据吴氏云，知为姚氏一本，然亦非鲍本，尤误。

孙元忠书阁[①]本战国策后

臣自元祐元年十二月入馆，即取曾巩三次所校定本，及苏颂、钱藻等不足本。又借刘敞手校书肆印卖本参考。比巩所校，补去是正凡三百五十四字。八年，再用诸本及集贤院新本校，又得一百九十六字，共五伯[②]五十签。遂为定本，可以修写黄本入秘阁。集贤本最脱漏[③]，然亦间得一两字。癸酉岁臣朴校定。

右十一月十六日书阁本后孙元忠

① **札记**今本“阁”误“閤”。下同。吴引不误。 ② **札记**今本“伯”作“百”。吴引作“百”。 ③ **札记**今本“漏”误“误”。吴引不误。

孙元忠记刘原[1]父语

此书舛误特多，率一岁再三读，略以意属之而已。比刘原父云：“吾老当得定本正之否耶？”

① **札记**今本“原”误“元”。吴引不误。

姚宏题

右《战国策》，《隋·经籍志》：三十四卷，刘向录；高诱注，止二十一卷；汉京兆尹延笃论一卷。《唐艺文志》，刘向所录已阙二卷，高诱注乃增十一卷，延叔坚之论尚存。今世所传三十三卷。《崇文总目》高诱注八篇，今十篇，第一、第五阙。前八卷，后三十二、三十三，通有十篇。武安君事，在《中山》卷末，不知所谓。叔坚之论，今他书时见一二。旧本有未经曾南丰校定者，舛误尤不可读。南丰所校，乃今所行。都下建阳刻本，皆祖南丰，互有失得。

余顷于会稽得孙元忠所校于其族子愨，殊为疏略。后再扣[1]之，复出一本，有元忠跋，并标出钱、刘诸公手校字，比前本虽加详，然不能无疑焉。如用“埊”、“悳”字，皆武后字，恐唐人传写相承如此。诸公校书，改用此字，殊所不解。窦苹作《唐史释音》，释武后字，内“埊”字云，古字，见《战国策》。不知何所据云然？然“坔”乃古“地”字。又“埊”字，见《亢仓子》、《鹖冠子》，或有自来；至于“悳”字，亦岂出于古欤？幽州僧行均《切韵训诂》，以此二字皆古文，岂别有所见耶？孙旧云五百五十签，数字虽过之，然间有谬误，似非元书也。括苍所刊，因旧无甚增损[②]。余萃诸本，校定离次之，总四百八十余条。太史公所采，九十余条，其事异者，止五、六条。太史公用字[③]，每篇间有异[④]者，或见于他书，可以是正，悉注于旁。辨"汖水"之为"渍水"，"案"字之为语助，与夫不题校人，并题续注者，皆余所益也。正文遗逸，如司马贞引"马犯谓周君"、徐广引"韩兵入西周"、李善引"吕不韦言周三十七王"、欧阳询引"苏秦谓元戎以铁为矢"、《史记·正义》"竭石九门，本有宫室以居"、《春秋后语》"武灵王游大陵梦处女鼓瑟"之类，略可见者如此，今本所无也。至如"张仪说惠王"乃《韩非·初见秦》，"厉怜王"引《诗》乃韩婴《外传》，后人不可得而质矣。先[⑤]秦古书，见于世者无几。而余居穷乡，无书可检阅，访《春秋后语》，数年方得之，然不为无补。尚觊慱采，老得定本，无刘公之遗恨。绍兴丙寅中秋，剡川姚宏伯声父题。[⑥]

① **札记**今本"扣"误"叩"。吴引不误。　② **札记**今本"损"误"采"。吴引不误。　③ **札记**今本"字"误"事"。吴引不误。　④ **札记**今本脱"异"字。吴引不误。　⑤ **札记**吴引无"先"字。丕烈案：无者误脱也。　⑥ **札记**今本此后有跋云，《战国策》经鲍彪殽乱，非复高诱原本，而剡川姚宏较正本，博采《春秋后语》诸书，吴正传驳正鲍注，最后得此本，叹其绝佳。且谓于时蓄之者鲜矣。此本乃伯声较本，又经前辈勘对疑误，采正传补注，标举行间。天启中，以二十千购之梁溪安氏，不啻获一珍珠船也。无何，又得善本于梁溪高氏，楮墨精好，此本遂次而居乙。每一摩抄，不免以积薪自哂。

要之此两本，实为双璧，阙一固不可也。崇祯庚午七月曝书于荣木楼。□翁谨识。又有跋云，《战国策》世传鲍彪注者，求吴师道驳正本，已属希有，况古本哉！钱遵王假余此本，系姚宏较刻，高诱注，盖得之于□翁宗伯者。不特开卷便有东、西周之异，全本篇次前后，章句烦简，亦与今本迥不相侔，真奇书也。因命友印录此册。原本经前辈勘对疑误，采正传补注，标举行间，宜并存之，一时未遑也。□翁云，天启中得此于梁溪安氏，无何，又得善本于梁溪高氏。今此本具在，已出寻常百倍，不知高氏本又复何如耳？戊戌孟春六日录校并识，虞山陆贻典。庚寅冬，□翁绛云楼灾，其所藏书，俱尽于咸阳之炬。不谓高氏本尚在人间？林宗叶君印录一本，假余，较此颇多是正，而摹写讹字，猝未深辨，并一一校入，尚拟借原本更一订定也。戊戌季冬六日校毕记。己亥春，从钱氏借高氏原本，校前十九弓。孟冬暇日，过毛氏目耕楼，借印录高氏本，校毕，此书始为全璧云。敕先。丕烈案：此《雅雨堂》本之原委也，览之而与宋椠不同之故憭然矣。

姚宽书

右《战国策》，《隋·经籍志》：三十四卷，刘向录；高诱注，止二十卷；汉京兆尹延笃论一卷。《唐·艺文志》，刘向录已阙二卷，高诱注乃增十一卷，延笃论时尚存。今所传三十三卷。《崇文总目》高诱注八篇，印本存者有十篇。武安君事在《中山》卷末，不详所谓。延笃论今亡矣。其未曾经曾南丰校定者，舛误尤不可读。其浙、建原小字刊行者，皆南丰所校本也。括苍耿氏所刊[1]，卤莽尤甚。宣和间，得馆中孙固、孙觉、钱藻、曾巩、刘敞、苏颂、集贤院共七本[2]，晚得晁以道本，并校之，所得十二焉。如用"埊"、"恶"字，皆武后字，恐唐人相承如此。诸公校书，改用此字，殊不可解。窦苹作《唐书》，释武后用"埊"字，云古字，字见《战国策》。不知何所据而云然？“坔”乃古地字。又“埊”字，见《亢仓子》、《鹖冠子》，或有自来；至于“悳”字，幽州僧行均作《切韵训诂》，以此二字云古文，岂别有所见耶？太史公所采九十三事，内不同者五[3]。《韩非子》十五事，《说苑》六事，《新序》九事，《吕氏春秋》一事，《韩诗外传》一事，皇甫谧《高士传》三事，《越绝书》记李园一事，甚异。如正文遗逸引《战国策》者，司马贞《隐》五事[4]，《广韵》七事[5]，《玉篇》一事[6]，《太平御览》二事[7]，《元和姓纂》一事[8]，《春秋后语》二事[9]，《后汉·地理志》一事[10]，《后汉》第八赞一事[11]，《艺文类聚》一事[12]，《北堂书钞》一事[13]，徐广注《史记》一事[14]，张守节《正义》一事[15]，旧《战国策》一事[16]，李善注《文选》一事[17]，皆今本所无也。至如“张仪说惠王”乃《韩非子初见秦》书，“厉怜王”引《诗》乃《韩诗外传》，既无古书可以考证，第叹息而已。某以所闻见，以为集注，补高诱之亡云。上章执徐仲冬朔日，会稽姚宽书。

① **札记**丕烈案：绍兴四年十月，耿延禧百顺刻吴本，附其序，今不列。 ② **札记**丕烈案：此有互异，今不可考。 ③ **札记**丕烈案：以下所列事数，今数之，多不合者，未详姚意何云也。 ④ **札记**自注云：“豫让击襄子之衣，衣尽血”；“吕不韦言周凡三十七王”；“白圭为中山将，亡六城，还拔中山”；“马犯谓周君”；“马犯谓梁王，云王病愈（作“瘉”字）”。 ⑤ **札记**自注云：“晋有大夫芬质（音抚文切）、芈千者，著书显名”；“安陵丑”；“雍门”；“周中大夫蓝诸”；“晋有亥唐”；“赵有大夫庫贾（音肇，训门也）”；“齐威王时，有左执法公旗番”。 ⑥ **札记**自注云：“骥仰而喷，鼓鼻也”。 ⑦ **札记**自注云：“涸若耶以取铜，破堇山而出锡”；“廊庙之椽，非一木之枝；先王之法，非一士之智”。 ⑧ **札记**自注云：引《风俗通》云，“晋大夫芸贤”。 ⑨ **札记**自

注云:“赵武灵王游大陵,梦处女鼓瑟”;“平原君躄者(注云,躄,挛跛之名)”。　⑩ **札记**自注云:“东城九门(注云,碣石山在县界)”。　⑪ **札记**自注云:“廉颇为人勇鸷而好士”。　⑫ **札记**自注云:“苏秦为楚合从,元戎以铁为矢,长八寸,一弩十矢俱发”。　⑬ **札记**自注云:“楚人以弱弓微缴,加归雁之上者”。　⑭ **札记**自注云:“韩兵入西周,令成君辨说秦求救”。⑮ **札记**自注云:“碣石九门,本有宫室以居”。　⑯ **札记**自注云:“罗尚见秦王曰,秦四塞之险,利于守,不利于战”。　⑰ **札记**自注云:“苏秦说孟尝君曰,秦四塞之国(高诱注云,四面有山关之固,故曰四塞之国也)”。

右此序题姚宽撰,有手写附于姚注本者,文皆与宏序同。特疏列逸文加详。考其岁月则在后,乃知姚氏兄弟皆尝用意此书。宽所注者,今未之见,不知视宏又何如也?因全录著之左方,以俟博考者。吴师道识。[1]

① **札记**丕烈案:两序大同小异,此即伯声所撰,而令威曾书之耳。当是有人见其本而写附也。未详两稿孰为先后?要非令威撰,末题姚宽书,而吴氏遽云题姚宽撰,是其误。又云,乃知姚氏兄弟皆尝用意此书云云,亦不然。假使令威自有注,不容此序中不及伯声校一字也。所录逸文虽加详,然不及刻本之谨严,往往有非《策》文而沿他书之误者,亦有在今《策》文中而失检者,或其初稿与!今仍全录,并吴氏跋语而辨之,庶有考焉。

鲍彪序附两则

《国策》,史家流也。其文辩博,有焕而明,有婉而微,有约而深,太史公之所考本也。自汉称为《战国策》,杂以短长之号,而有苏、张纵横之说。学者讳之置不论,非也。夫史氏之法,具记一时事辞,善恶必书,初无所决择。楚曰《梼杌》，书恶也。鲁曰《春秋》，善恶兼也。司马《史记》，班固《汉书》，有佞幸等列传，学者岂以是为不正，一举而弃之哉？矧此书，若张孟谈、鲁仲连发策之慷慨，谅毅、触詟纳说之从容，养叔之息射，保功莫大焉；越人之投石，谋贤莫尚焉；王斗之爱縠，忧国莫重焉。诸如此类不一，皆有合先王正道，孔、孟之所不能违也。若之何置之？曾巩之序美矣，而谓禁邪说者，固将明其说于天下，则亦求其故而为之说，非此书指也。

起秦迄今千四百岁，由学者不习，或衍或脱，或后先失次，故"肖"、"立"半字，时次相糅，刘向已病之矣。旧有高诱注，既疏略无所稽据，注又不全，浸微浸灭，殆于不存。彪于是考《史记》诸书为之注，定其章条，正其衍说，而存其旧，慎之也。地理本之《汉志》，无则缺；字训本之《说文》，无则称犹。杂出诸书，亦别名之。人姓名多不传见，欲显其所说，故系之一国。亦时有论说，以翊宣教化，可以正一史之谬，备《七略》之缺。以之论是非，辨得失，而考兴亡，亦有补于世。绍兴十七年丁卯仲冬二十有一日辛巳冬至缙云鲍彪序。

刘氏定著三十三篇，《东周》一、《西周》一、《秦》五、《齐》六、《楚》四、《赵》四、《魏》四、《韩》三、《燕》三、《宋卫》一、《中山》一。今按，《西周》，正统也，不得后于《东周》，定为首卷。

彪校此书，四易稿而后缮写。己巳仲春重校，始知《东周策》"严氏之贼，阳竖与焉"为《韩策》严遂、阳竖[①]也。先哲言，校书如尘埃风叶，随扫随有。岂不信哉？尚有舛谬，以俟君子。十一日书。

① **鲍本**正曰：严遂、阳竖事有差互，说见《周》、《韩策》。

吴师道序

先秦之书，惟《战国策》最古，文最讹舛，自刘向校定已病之。南丰曾巩再校，亦疑其不可考者。后汉高诱为注，宋尚书郎括苍鲍彪诋其疏略缪妄，乃序次章条，补正脱误，时出己见论说，其用意甚勤。愚尝并取而读之，高氏之疏略信矣，若缪妄，则鲍氏自谓也。东莱吕子《大事记》，间取鲍说而序次之，世亦或从之。若其缪误，虽未尝显列，而因此考彼，居然自见，遂益得其详焉。盖鲍专以《史记》为据，马迁之作，固采之是书，不同者当互相正，《史》安得全是哉？事莫大于存古，学莫善于阙疑。夫子作《春秋》，仍夏五残文；汉儒校经，未尝去本字，但云"某当作某，某读如某"，示谨重也。古书字多假借，音亦相通。鲍直去本文，径加改字，岂传疑存旧之意哉？比事次时，当有明征，其不可定知者，阙焉可也，岂必强为傅会乎？

又其所引书，止于《淮南子》、《后汉志》、《说文》、《集韵》，多摭彼书之见闻，不问本字之当否。《史》注自裴、徐氏外，《索隐》、《正义》皆不之引，而《通鉴》诸书亦莫考。浅陋如是，其致误固宜。顾乃极诋高氏以陈贾为《孟子》书所称，以伐燕为齐宣，用是发愤更注；不思宣王伐燕，乃《孟子》明文，宣、闵之年，《通鉴》谓史失其次也。鲍以赧王为西周君，而指为正统，此开卷大误，不知河南为西周，洛阳为东周。

韩非子说秦王以为何人，魏惠王盟臼里以为他事，以鲁连约矢之书为后人所补，以魏幾、鄢陵为人名，以公子牟非魏牟，以中山司马子期为楚昭王卿，此类甚多，尚安得诋高氏哉？其论说自谓“翊宣教化”，则尤可议。谓张仪之诳齐、梁为将死之言善，周人诈以免难为君子所恕，张登狡狯非君子所排，苏代之訑为不可废，陈轸为绝类离群，蔡泽为明哲保身，聂政为孝，乐羊为隐忍，君王后为贤智妇人，韩幾瑟为义嗣，卫嗣君为贤君，皆悖义害正之甚者。其视名物、人、地之差失，又不足论也。

鲍之成书，当绍兴丁卯。同时剡川姚宏，亦注是书，云得会稽孙朴所校，以阁本标出钱藻、刘敞校字，又见晋孔衍《春秋后语》，参校补注，是正存疑，具有典则。《大事记》亦颇引之，而世罕传，知有鲍氏而已。近时，浚仪王应麟尝斥鲍失数端，而庐陵刘辰翁盛有所称许。以王之博洽，知其未暇悉数，而刘特爱其文采，他固弗之察也。吕子有云，观《战国》之事，取其大旨，不必字字为据。盖以游士增饰之词多，矧重以讹舛乎？辄因鲍注，正以姚本，参之诸书，而质之《大事记》，存其是而正其非，庶几明事迹之实，求义理之当焉！

或曰，《战国策》者，六经之弃也。予深辨而详究之，何其戾？鲍彪之区区，又不足攻也。夫人患理之不明耳！知至而识融，则异端杂说，皆吾进德之助，而不足以为病也。曾氏之论是书曰：“君子之禁邪说者，固将明其说于天下，使皆知其不可为，然后以禁则齐，以戒则明。”愚有取焉尔。是非之在人心，天下之公也。是，虽刍荛不遗；非，虽大儒必斥。愚何择于鲍氏哉！特寡学谀闻，谬误复恐类之。世之君子有正焉，固所愿也。泰定二年岁乙丑八月日金华吴师道序。

《国策》之书，自刘向第录，逮南丰曾氏，皆有序论以著其大旨。向谓战国谋士，度时君所能行，不得不然。曾氏讥之，以为“惑流俗而不笃于自信”。故因之推言先王之道，圣贤之法，而终谓“禁邪说者，固将明其说于天下”。其论正矣。而鲍氏以为是，特求其故而为之说者。《策》乃史家者流，善恶兼书，初无决择，其善者孔、孟之所不能违，若之何置之？鲍之言，殆后出者求备邪？

夫天下之道，王伯二端而已。伯者犹知假义以为名，仗正以为功。战国名义荡然，攻斗并吞，相诈相倾，机变之谋，唯恐其不深；捭阖之辞，唯恐其不工；风声气习，举一世而皆然。间有持论立言不戾乎正，殆千百而一二尔。若鲁仲连盖绝出者，然其排难解纷，忼慨激烈，每因事而发，而亦未闻其反正明本，超乎事变之外也，况其下者乎？当是之时，本仁祖义，称述唐、虞三代，卓然不为世俗之说者，孟子一人而已。求之是书无有也。荀卿亦宗王者，今唯载其绝春申之书，而不及其他。田子方接闻孔氏之徒，其存者仅仅一言。又何略于此而详于彼邪？史莫大于《春秋》，《春秋》善恶兼书，而圣人之心，则欲寓褒贬以示大训。是书善恶无所是非，而作者又时出所见，不但记载之，为谈季子之金多位高，则沾沾动色；语安陵嬖人之固宠，则以江乙为善谋，此其最陋者。夸从亲之利，以为秦兵不出函谷十五年，诸侯二十九年不相攻，虽甚失实，不顾也。厕《雅》于郑，则音不纯；置薰于莸，则气必夺。善言之少，不足以胜不善之多。君子所以举而谓之邪说者，盖通论当时习俗之敝，举其重而名之也。近代晁子《读书志》，列于纵横家，亦有见者。且其所列，固有忠臣义士之行，不系于言者。而其继春秋，抵秦、汉，载其行事，不得而废，曾氏固已言之，是岂不知其为史也哉？

窃谓天下之说，有正有邪。其正焉者主于一，而其非正者，君子小人各有得焉。君子之于是书也，考事变，究情伪，则守益以坚，知益以明。小人之于是书也，见其始利而终害，小得而大丧，则悔悟惩创之心生。世之小人多矣，固有未尝知是书，而其心术行事无不合者。使其得是书而究之，则将有不为者矣。然则所谓明其说于天下，为放绝之善者，讵可訾乎？

吴师道识

顷岁，予辨正鲍彪《战国策》注，读吕子《大事记》引剡川姚宏，知其亦注是书。考近时诸家书录皆不载，则世罕有蓄者。后得于一旧士人家，卷末载李文叔、王觉、孙朴、刘敞语。其自序云，尝得本于孙朴之子慤[①]。朴元祐初在馆中，取南丰曾巩本，参以苏颂、钱藻、刘敞所传，并集贤院新本，上标钱、刘校字，而姚又会稡诸本定之。每篇有异及他书可正者，悉注于下。因高诱注，间有增续，简质谨重，深得古人论撰之意，大与鲍氏率意窜改者不同。又云，访得《春秋后语》，不为无补。盖晋孔衍所著者，今尤不可得[②]，尚赖此而见其一二，讵可废耶？考其书成，当绍兴丙寅，而鲍注出丁卯，实同时。鲍能分次章条，详述注说，读者眩于浮文，往往喜称道之；而姚氏殆绝，无足怪也。

① **札记**丕烈案：此误，当云族子也。　② **札记**丕烈案：吴仍引《春秋后语》数条，见前。此所云未详。

宏字令声，今题伯声甫，待制舜明廷辉之子，为删定官，忤秦桧，死大理狱。弟宽令威、宪令则，皆显于时。其人尤当传也。

余所得本，背纸有宝庆字，已百余年物，时有碎烂处。既据以校鲍误，因序其说于此。异时当广传写，使学者犹及见前辈典则，可仰可慕云。至顺二年癸酉七月吴师道识。[①]

① **札记**丕烈案：吴氏此跋可作姚本发明，今附录于后。

重刻剡川姚氏本战国策并札记序

曩者顾千里为予言，曾见宋椠剡川姚氏本《战国策》，予心识之。厥后遂得诸鲍绿饮所，楮墨精好，盖所谓梁溪高氏本也。千里为予校卢氏雅雨堂刻本一过，取而细读，始知卢本虽据陆敕先抄校姚氏本所刻，而实失其真，往往反从鲍彪所改及加字并抹除者，未知卢、陆谁为之也。夫鲍之率意窜改，其谬妄固不待言，乃更援而入诸姚氏本之中，是为厚诬古人矣。金华吴正传氏重校此书，其自序有曰："事莫大于存古，学莫大于阙疑。"知言也哉！后之君子，未能用此为药石，可一慨已！

今年，命工纤悉影橅宋椠而重刊焉。并用家藏至正乙巳吴氏本互勘，为之《札记》，凡三卷。详列异同，推原卢本致误之由，订其失，兼存吴氏重校语之涉于字句者，亦下己意，以益姚氏之未备。大旨专主师法乎阙疑存古，不欲苟取文从字顺，愿贻诸好学深思之士。

吴氏校每云“一本”，谓其所见浙、建、括苍本也。今皆不可复得，故悉载之。宋椠更有所谓梁溪安氏本，今未见。见其影钞者，在千里之从兄抱冲家。其云，经前辈勘对疑误，采正传补注，标举行间。惜乎不并存也。非一刻小小有异，然皆较高氏本为逊，故不复论。嘉庆八年八月八日吴县黄丕烈撰。

战国策注三十三卷孔昭焕家藏本提要(四库全书总目)

旧本题汉高诱注。今考其书，实宋姚宏校本也。

《文献通考》引《崇文总目》曰：“《战国策》篇卷亡阙，第二至第十、第三十一至第三十三阙。又有后汉高诱注本二十卷，今阙第一、第五、第十一至二十，止存八卷。”曾巩校定序曰：“此书有高诱注者二十一篇，或曰三十二篇。《崇文总目》存者八篇，今存者十篇。”此为毛晋汲古阁影宋钞本。虽三十三卷皆题曰高诱注，而有诱注者仅二卷至四卷、六卷至十卷，与《崇文总目》八篇数合。又最末三十二、三十三两卷，合前八卷，与曾巩序十篇数合。而其余二十三卷，则但有考异而无注。其有注者多冠以“续”字。其偶遗“续”字者，如《赵策》一“郄疵”注、“雒阳”注，皆引唐林宝《元和姓纂》；《赵策》二“瓯越”注，引魏孔衍《春秋后语》；《魏策》三“芒卯”注，引《淮南子》注。衍与宝在诱后，而《淮南子》注即诱所自作，其非诱注，可无庸置辨。盖巩校书之时，官本所少之十二篇，诱书适有其十，惟阙第五、第三十一。诱书所阙，则官书悉有之，亦惟阙第五、第三十一。意必以诱书足官书，而又于他家书内摭二卷补之。此官书、诱书合为一本之由。

然巩不言校诱注，则所取惟正文也。迨姚宏重校之时，乃并所存诱注入之。故其自序称，“不题校人并题续注者，皆余所益”。知为先载诱注，故以“续”为别。且凡有诱注复加校正者，并于夹行之中又为夹行，与无注之卷不同。知校正之时，注已与正文并列矣。

卷端曾巩、李格、王觉、孙朴诸序跋，皆前列标题，各题其字。而宏序独空一行，列于末，前无标题。序中所言体例，又一一与书合。其为宏校本无疑。其卷卷题高诱名者，殆传写所增，以赝古书耳。

书中校正称曾者，曾巩本也；称钱者，钱藻本也；称刘者，刘敞本也；称集者，集贤院本也；无姓名者，即宏序所谓不题校人为所加入者也。其点勘颇为精密。吴师道作《战国策鲍注补正》，亦称为善本。是元时犹知注出于宏。不知毛氏宋本，何以全题高诱？考周密《癸辛杂识》，称贾似道尝刊是书。岂其门客廖莹中等皆媟亵下流，昧于检校，一时误题，毛氏适从其本影钞欤？近时扬州所刊，即从此本录出，而仍题诱名，殊为沿误。今于原有注之卷题高诱注，姚宏校正续注原注已佚之卷，则惟题姚宏校正续注，而不列诱名。庶几各存其真。

宏字令声，一曰伯声，剡川人。尝为删定官，以伉直忤秦桧，瘐死大理狱中。盖亦志节之士，不但其书足重也。

案《汉·艺文志》，《战国策》与《史记》为一类，历代史志因之。晁公武《读书志》始改入子部纵横家，《文献通考》因之。案班固称司马迁作《史记》，据《左氏》、《国语》，采《世本》、《战国策》，述《楚汉春秋》，接其后事，迄于天汉。则《战国策》当为史类，更无疑义。且子之为名，本以称人，因以称其所著，必为一家之言，乃当此目。《战国策》乃刘向裒合诸记并为一编，作者既非一人，又均不得其主名，所谓子者安指乎？公武改隶子部，是以记事之书为立言之书，以杂编之书为一家之书，殊为未允。今仍归之史部中。

鲍氏战国策注十卷内府藏本提要(四库全书总目)

宋鲍彪撰。案黄鹤《杜诗补注》，郭知达集注《九家杜诗》引彪之语，皆称为鲍文虎说，则其字为文虎也。缙云人，官尚书郎。

《战国策》一书，编自刘向，注自高诱。至宋而诱注残阙，曾巩始合诸家之本校之，而于注文无所增损。姚宏始稍补诱注之阙，而校正者多，训释者少。彪此注成于绍兴丁卯，其序中一字不及姚本。盖二人同时，宏又因忤秦桧死，其书尚未盛行于世，故彪未见也。

彪书虽首载刘向、曾巩二序,而其篇次先后,则自以己意改移,非复向、巩之旧。是书窜乱古本,实自彪始。然向序称:“中书余卷,错乱相糅莒。(案:“莒”字未详,今仍原本录之。)又有国别者八篇,少不足。臣向因国别者,略以时次之,分别不以序者以相补,除重复,得三十三篇。”又称,“中书本号,或曰《国策》,或曰《国事》,或曰《短长》,或曰《事语》,或曰《长书》,或曰《修书》”云云。则向编此书,本裒合诸国之记,删并重复,排比成帙。所谓三十三篇者,实非其本来次第。彪核其事迹年月而移之,尚与妄改古书者有间。其更定东、西二周,自以为考据之特笔,元吴师道作补正,极议其误。

考赵与旹《宾退录》曰:“《战国策》旧传高诱注,残阙疏略,殊不足观。姚令威宽补注,(案:补注乃姚宽之兄姚宏所作,此作姚宽,殊误,谨附订于此。)亦未周尽。独缙云鲍氏校注为优。虽间有小疵,殊不害大体。惟东、西二周一节,极其舛谬,深误学者,反不若二氏之说”。是则南宋人已先言之矣。

师道注中所谓“补”者,即补彪注。所谓“正”者,亦即正彪注。其精核实胜于彪。然彪注疏通诠解,实亦殚一生之力。故其自记称,四易稿后,始悟《周策》之严氏、阳竖,即《韩策》之严遂、阳坚,而有校书如尘埃风叶之叹。虽踵事者益密,正不得遽没创始之功矣。

战国策校注十卷纪昀家藏本提要(四库全书总目)

元吴师道撰。师道字正传,兰溪人。至治元年进士。

仕至国子博士，致仕。后授礼部郎中。事迹具《元史·儒学传》。师道以鲍彪注《战国策》，虽云纠高诱之讹漏，然仍多未善。乃取姚宏续注与彪注参校，而杂引诸书考正之。其篇第注文，一仍鲍氏之旧。每条之下，凡增其所阙者，谓之"补"，凡纠其所失者，谓之"正"。各以"补曰"、"正曰"别之。复取刘向、曾巩所校三十三篇四百八十六首旧第为彪所改窜者，别存于首。盖既用彪注为稿本，如更其次第，则端绪益棼，节目皆不相应。如泯其变乱之迹，置之不论，又恐古本遂亡。故附录原次以存其旧。孔颖达《礼记正义》，每篇之下，附著《别录》第几。林亿等新校《素问》，亦每篇之下，附著全元起本第几。即其例也。

前有师道自序，撮举彪注之大纰缪者凡十九条，议论皆极精审。其他随文驳正，亦具有条理。古来注是书者，固当以师道为最善矣。旧有曲阜孔氏刊本，颇未是正。此本犹元时旧刻，较孔本多为可据云。

战国策年表* 南汇 于鬯

*按：于鬯的《战国策年表》，既有战国时代的各个国家和各国君王的纪年，又有《战国策》文章中所记述的历史事件具体时间。在读《战国策》时可作为参考资料；研究战国纪年、纪事时可作为一家之说。因此，从上海图书馆馆藏的于鬯《战国策》注释手稿本中，选出来作为本书附录。除对原表中个别错漏字句作了补正外，余均按原文照录。但为了查考方便，我们在表中增加了公元纪年一项。由于采用了这个年表，故删去了鲍本注中的各国君王注。

公元前	周	秦	齐	楚	赵	魏	韩	燕	宋	卫	中山
455	周贞定王十四年	秦厉共公二十二年	田襄子	楚惠王三十四年	赵襄子三年 知伯索蔡、皋狼于赵，赵弗与，结韩、魏围晋阳。	魏桓子 知伯索地于魏，魏致万家之邑一。	韩康子 知伯索地于韩，韩致万家之邑一。	燕孝公十年	宋景公六十二年	卫悼公元年	中山
454	十五年	二十三年		三十五年	四年 知、韩、魏围晋阳。			十一年	六十三年	二年	
453	十六年	二十四年	知伯遣郗疵于齐。	三十六年。	五年 知伯决晋水，灌晋阳城。张孟谈阴约韩、魏，决水灌知伯军，禽知伯。张孟谈纳地释事，耕于负亲之丘。豫让遁逃山中。	反知伯。	反知伯。三晋已破知氏，韩分地，取成皋。	十二年	六十四年	三年	
452	十七年	二十五年	田庄子	三十七年	六年			十三年	宋昭公元年	四年	
451	十八年	二十六年	赵张孟谈使少子之齐。	三十八年 赵张孟谈使其妻之楚。	七年 韩、魏、齐、楚谋。赵张孟谈使妻子之四国，败其谋。	赵张孟谈使次子之魏。	赵张孟谈使长子之韩。	十四年	二年	五年	
450	十九年	二十七年		三十九年	八年			十五年	三年	卫敬公元年	
449	二十年	二十八年		四十年	九年			燕成公元年	四年	二年	
448	二十一年	二十九年		四十一年	十年			二年	五年	三年	

续 表

公元前	周	秦	齐	楚	赵	魏	韩	燕	宋	卫	中山
447	二十二年	三十年		四十二年	十一年			三年	六年	四年	
446	二十三年	三十一年		四十三年	十二年	魏文侯元年		四年	七年	五年	
445	二十四年	三十二年		四十四年	十三年	二年		五年	八年	六年	
444	二十五年	三十三年		四十五年	十四年	三年		六年	九年	七年	
443	二十六年	三十四年		四十六年	十五年	四年		七年	十年	八年	
442	二十七年	秦躁公元年		四十七年	十六年	五年		八年	十一年	九年	
441	二十八年	二年		四十八年	十七年	六年		九年	十二年	十年	
440	周考王元年 西周桓公元年	三年		四十九年	十八年	七年		十年	十三年	十一年	
439	二年	四年		五十年	十九年	八年		十一年	十四年	十二年	
438	三年	五年		五十一年	二十年	九年		十二年	十五年	十三年	
437	四年	六年		五十二年	二十一年	十年		十三年	十六年	十四年	
436	五年	七年		五十三年	二十二年	十一年		十四年	十七年	十五年	
435	六年	八年		五十四年	二十三年	十二年		十五年	十八年	十六年	
434	七年	九年		五十五年	二十四年	十三年		十六年	十九年	十七年	
433	八年	十年		五十六年	二十五年	十四年		燕湣公元年	二十年	十八年	
432	九年	十一年		五十七年	二十六年 魏借道于赵，攻中山。	十五年 乐羊为将		二年	二十一年	十九年	魏攻中山。
431	十年	十二年		楚简王元年	二十七年	十六年		三年	二十二年	卫昭公元年	魏攻中山。

续 表

公元前	周	秦	齐	楚	赵	魏	韩	燕	宋	卫	中山
430	十一年	十三年		二年	二十八年	十七年 乐羊既罢中山，文侯赏其功，疑其心。		四年	二十三年	二年	魏拔中山。
429	十二年	十四年		三年	二十九年	十八年		五年	二十四年	三年	
428	十三年	秦怀公元年		四年	三十年	十九年		六年	二十五年	四年	
427	十四年	二年		五年	三十一年	二十年		七年	二十六年	五年	
426	十五年	三年		六年	三十二年	二十一年		八年	二十七年	六年	
425	周威烈王元年	四年		七年	三十三年 豫让为知伯报雠，死。	二十二年		九年	二十八年	卫怀公元年	
424	二年	秦灵公元年		八年	赵桓子元年	二十三年	韩武子元年	十年	二十九年	二年	
423	三年	二年		九年	赵献侯元年	二十四年	二年	十一年	三十年	三年	
422	四年	三年		十年	二年	二十五年	三年	十二年	三十一年	四年	
421	五年	四年		十一年	三年	二十六年	四年	十三年	三十二年	五年	
420	六年	五年		十二年	四年	二十七年	五年	十四年	三十三年	六年	
419	七年	六年		十三年	五年	二十八年	六年	十五年	三十四年	七年	
418	八年	七年		十四年	六年	二十九年	七年	十六年	三十五年	八年	
417	九年	八年		十五年	七年	三十年	八年	十七年	三十六年	九年	
416	十年	九年		十六年	八年	三十一年	九年	十八年	三十七年	十年	

续 表

公元前	周	秦	齐	楚	赵	魏	韩	燕	宋	卫	中山
415	十一年	十年		十七年	九年	三十二年	十年	十九年	三十八年	十一年	
414	十二年	秦简公元年		十八年	十年	三十三年	十一年	二十年	三十九年	卫慎公元年	中山武公
413	十三年 西周威公元年	二年		十九年	十一年	三十四年	十二年	二十一年	四十年	二年	
412	十四年	三年		二十年	十二年	三十五年	十三年	二十二年	四十一年	三年	
411	十五年	四年		二十一年	十三年	三十六年	十四年	二十三年	四十二年	四年	
410	十六年	五年	田悼子	二十二年	十四年	三十七年	十五年	二十四年	四十三年	五年	
409	十七年	六年		二十三年	十五年	三十八年	十六年	二十五年	四十四年	六年	
408	十八年	七年	田和太公	二十四年	赵烈侯元年	三十九年	韩景侯元年	二十六年	四十五年	七年	
407	十九年	八年		楚声王元年	二年	四十年	二年	二十七年	四十六年	八年	
406	二十年	九年		二年	三年	四十一年	三年	二十八年	四十七年	九年	
405	二十一年	十年		三年	四年	四十二年	四年	二十九年	四十八年	十年	
404	二十二年	十一年		四年	五年	四十三年	五年	三十年	四十九年	十一年	
403	二十三年	十二年		五年	六年	四十四年	六年	三十一年	宋悼公元年	十二年	
402	二十四年	十三年		六年	七年	四十五年	七年	燕釐公元年	二年	十三年	
401	周安王元年	十四年		楚悼王元年	八年	四十六年	八年	二年	三年	十四年	
400	二年	十五年		二年	九年	四十七年	九年	三年	四年	十五年	
399	三年	秦惠公元年		三年	赵武公元年	四十八年	韩列侯元年	四年	五年	十六年	
398	四年	二年		四年	二年	四十九年	二年	五年	六年	十七年	

续　表

公元前	周	秦	齐	楚	赵	魏	韩	燕	宋	卫	中山
397	五年	三年		五年	三年	五十年	三年	六年	七年	十八年	
396	六年	四年		六年	四年	魏武侯元年 与诸大夫浮于西河。	四年	七年	八年	十九年	
395	七年	五年		七年	五年	二年	五年	八年	宋休公元年	二十年	
394	八年	六年		八年	六年	三年	六年	九年	二年	二十一年	
393	九年	七年		九年	七年	四年	七年	十年	三年	二十二年	
392	十年	八年		十年	八年	五年	八年	十一年	四年	二十三年	
391	十一年	九年		十一年	九年	六年	九年	十二年	五年	二十四年	
390	十二年	十年		十二年	十年	七年	十年	十三年	六年	二十五年	
389	十三年	十一年		十三年	十一年	八年	十一年	十四年	七年	二十六年	
388	十四年	十二年		十四年	十二年	九年	十二年	十五年	八年	二十七年	
387	十五年	十三年		十五年	十三年	十年	十三年	十六年	九年	二十八年	
386	十六年	秦出子元年	田和元年	十六年	赵敬侯元年	十一年	韩文侯元年	十七年	十年	二十九年	
385	十七年	二年	二年	十七年	二年	十二年	二年	十八年	十一年	三十年	
384	十八年	秦献公元年	田侯剡元年	十八年	三年	十三年	三年	十九年	十二年	三十一年	
383	十九年	二年	二年	十九年	四年	十四年	四年	二十年	十三年	三十二年 赵袭卫，城刚平。	
382	二十年	三年	三年	二十年	五年 魏救卫，挑赵索战。	十五年	五年	二十一年	十四年	三十三年 卫借力魏而有河东之地。	

续　表

公元前	周	秦	齐	楚	赵	魏	韩	燕	宋	卫	中山
381	二十一年	四年	四年	二十一年	六年	十六年 楚救赵伐魏，战于州西。赵借袭魏河北。	六年	二十二年	十五年	三十四年	
380	二十二年	五年	五年	楚肃王元年	七年	十七年	七年	二十三年	十六年	三十五年	
379	二十三年	六年	六年	二年	八年	十八年 赵坠魏黄城。	八年	二十四年	十七年	三十六年	
378	二十四年	七年	七年	三年	九年	十九年	九年	二十五年	十八年	三十七年	
377	二十五年	八年	八年	四年	十年	二十年	十年	二十六年	十九年	三十八年	
376	二十六年	九年	九年	五年	十一年	二十一年	韩哀侯元年	二十七年	二十年	三十九年	
375	周烈王元年	十年	田桓公元年	六年	十二年	二十二年	二年 韩从成皋取郑。	二十八年	二十一年	四十年	
374	二年	十一年	二年	七年	赵成侯元年	二十三年	三年	二十九年	二十二年	四十一年	
373	三年	十二年	三年	八年	二年	二十四年	四年	三十年	二十三年	四十二年	
372	四年	十三年	四年	九年	三年	二十五年	五年	燕桓公元年	宋辟公元年	卫声公元年	
371	五年 韩阳坚道周，周君留之。	十四年	五年	十年	四年	二十六年	六年 东孟之会，聂政、阳坚刺相韩傀，兼中哀侯。	二年	二年	二年	
370	六年	十五年	六年	十一年	五年	魏惠王元年	韩懿侯元年	三年	三年	三年	

续　表

公元前	周	秦	齐	楚	赵	魏	韩	燕	宋	卫	中山
369	七年	十六年	七年	楚宣王元年	六年	二年	二年	四年	宋剔成元年	四年	
368	周显王元年	十七年	八年	二年	七年	三年	三年	五年	二年	五年	
367	二年 东周惠公元年	十八年	九年	三年	八年	四年	四年	六年	三年	六年	
366	三年 西周惠公元年	十九年	十年	四年	九年	五年	五年	七年	四年	七年	
365	四年	二十年	十一年	五年	十年	六年	六年	八年	五年	八年	
364	五年	二十一年	十二年	六年	十一年	七年	七年	九年	六年	九年	
363	六年	二十二年	十三年	七年	十二年	八年	八年	十年	七年	十年	
362	七年	二十三年	十四年	八年	十三年	九年 公叔痤与韩、赵战浍北，禽乐祚，辞赏田。	九年	十一年	八年	十一年	
361	八年	秦孝公元年 卫鞅亡魏入秦。	十五年	九年	十四年	十年 公叔痤死。	十年	燕文公元年	九年	卫成侯元年	
360	九年	二年	十六年	十年	十五年	十一年	十一年	二年	十年	二年	
359	十年 东周文君元年	三年	十七年	十一年	十六年	十二年	十二年	三年	十一年	三年	
358	十一年	四年	十八年	十二年	十七年	十三年	韩昭侯元年	四年	十二年	四年	
357	十二年	五年	十九年	十三年	十八年	十四年	二年	五年	十三年	五年	

续　表

公元前	周	秦	齐	楚	赵	魏	韩	燕	宋	卫	中山
356	十三年	六年	齐威王元年	十四年	十九年	十五年 觞诸侯于范台。	三年	六年	十四年	六年	
355	十四年	七年	二年 燕、赵、韩、魏皆朝于齐。	十五年	二十年	十六年	四年	七年	十五年	七年	
354	十五年	八年	三年	十六年	二十一年	十七年 韩侯执珪而见梁君。	五年 申不害始合于韩王。	八年	十六年	八年	
353	十六年	九年	四年 邯郸之难，赵求救于齐。	十七年 江乙为魏使于楚。	二十二年	十八年 齐救赵，南攻襄陵，大败魏于桂陵。	六年	九年	十七年	九年	
352	十七年	十年	五年	十八年 江乙与山阳君共恶昭奚恤。昭奚恤与彭城君议于王前。	二十三年	十九年	七年	十年	十八年	十年	
351	十八年	十一年	六年	十九年	二十四年	二十年	八年 大成午从赵来。申子请仕其从兄官，昭侯不许。	十一年	十九年	十一年	
350	十九年	十二年	七年	二十年	二十五年	二十一年	九年	十二年	二十年	十二年	
349	二十年	十三年	八年	二十一年	赵肃侯元年	二十二年	十年	十三年	二十一年	十三年	

续 表

公元前	周	秦	齐	楚	赵	魏	韩	燕	宋	卫	中山
348	二十一年	十四年	九年	二十二年	二年	二十三年	十一年	十四年	二十二年	十四年	
347	二十二年	十五年	十年	二十三年	三年	二十四年	十二年	十五年	二十三年	十五年	
346	二十三年	十六年	十一年	二十四年	四年	二十五年	十三年	十六年	二十四年	十六年	
345	二十四年	十七年 以卫鞅为相。	十二年	二十五年	五年	二十六年	十四年	十七年	二十五年	十七年	
344	二十五年	十八年	十三年	二十六年	六年	二十七年	十五年	十八年	二十六年	十八年	
343	二十六年	十九年	十四年	二十七年	七年	二十八年	十六年	十九年	二十七年	十九年	
342	二十七年 梁君驱十二诸侯以朝天子于孟津。	二十年	十五年	二十八年	八年	二十九年 魏王为九里之盟。卫鞅说魏王伐齐、楚，行王服，称夏王。	十七年	二十年	二十八年	二十年	
341	二十八年	二十一年	十六年 南梁之难，韩求救于齐。田忌为齐将，系太子申，禽庞涓。孙子说田忌无解兵，不听。邹忌、田忌不相说，田忌遂走。	二十九年 田忌亡齐之楚，楚对之江南。	九年	三十年 齐救韩击魏，大破之马陵。惠王悉起境内众，将太子申，与齐人战死。	十八年	二十一年	二十九年 魏太子自将，过宋外黄。	二十一年	

续 表

公元前	周	秦	齐	楚	赵	魏	韩	燕	宋	卫	中山
340	二十九年	二十二年 封卫鞅于商，号曰商君。秦王受魏西河之外。	十七年	三十年 威王问于莫敖子华。	十年	三十一年	十九年	二十二年	三十年	二十二年	
339	三十年	二十三年	十八年	楚威王元年	十一年	三十二年	二十年	二十三年	三十一年	二十三年	
338	三十一年	二十四年 商君告归，还，惠王车裂之。苏秦说秦连横。	十九年	二年	十二年 赵送苏秦珠璧裘金，西入秦。苏秦使于秦，反，三日不得见。	三十三年	二十一年	二十四年	三十二年	二十四年	
337	三十二年	秦惠文王元年	二十年	三年	十三年	三十四年	二十二年	二十五年	三十三年	二十五年	
336	三十三年	二年	二十一年 魏太子鸣质于齐。韩、魏之君因田婴朝齐。	四年 魏公子高在楚。	十四年 魏庞葱与太子质邯郸。	三十五年 惠施说惠王朝齐。	二十三年	二十六年	三十四年	二十六年	
335	三十四年	三年	二十二年 魏再朝齐。	五年	十五年	改一年	二十四年	二十七年	三十五年	二十七年	
334	三十五年 楚兵在山南。楚请道二周间以临韩、魏。	四年	二十三年 魏三朝齐，赵氏丑之，楚王怒。秦攻齐，章子败之，秦王拜西藩之臣。	六年	十六年 苏秦从燕之赵，说赵王华屋之下。赵封苏秦为武安君。	二年 秦假道攻齐。	二十五年 秦假道攻齐。	二十八年 苏秦将为从，北说燕文侯，文侯齎苏秦车马金帛至赵。秦惠王以其女为燕太子妇。	三十六年	二十八年	

续表

公元前	周	秦	齐	楚	赵	魏	韩	燕	宋	卫	中山
333	三十六年 免工师籍，相吕仓。吕仓见客于周君。杜赫欲重景翠于周。苏秦过洛阳。	五年	二十四年 齐、魏约伐楚，魏以董庆为质于齐。楚伐齐，赵应之，大败于徐州。魏王令犀首之齐。权之难，齐、燕战。齐欲伐魏，淳于髡说止。苏秦合从说齐。	七年 楚将伐齐，鲁亲之。魏王令惠施之楚，楚王郊迎。苏秦之楚，三月不得见王。苏秦合从说楚。	十七年 秦使魏冉之赵，出兵助燕攻齐。薛公使魏处之赵，说李向案兵勿出。犀首、田盼得齐，魏之兵伐赵，大败赵氏。	三年 徐州之役，犀首谓梁王，阳与齐而阴结楚。齐欲伐魏，魏以璧马致淳于髡。苏秦合从说魏。	二十六年 苏秦合从说韩。	二十九年 权之难，燕再战不胜，令郭任以地请讲于齐。赵出兵救燕。文公卒，齐因燕丧，伐取十城。苏秦说齐归燕城。人有恶苏秦于燕王，苏秦从齐来，燕王不馆。	三十七年	二十九年	
332	三十七年	六年	二十五年	八年	十八年	四年	韩宣惠王元年	燕易王元年	三十八年	卫平侯元年	
331	三十八年	七年	二十六年	九年	十九年	五年	二年	二年	三十九年	二年	
330	三十九年	八年 魏献西河之外。	二十七年	十年	二十年	六年 楚攻魏，魏犀首战胜楚。	三年	三年	四十年	三年	
329	四十年	九年	二十八年	十一年 楚、魏战于陉山。	二十一年	七年	四年	四年	四十一年	四年	
328	四十一年	十年 寒泉子请使客卿张仪于诸侯。魏效上洛于秦。	二十九年	楚怀王元年	二十二年	八年	五年	五年	宋君偃元年	五年	
327	四十二年	十一年	三十年	二年	二十三年	九年	六年	六年	二年	六年	

续 表

公元前	周	秦	齐	楚	赵	魏	韩	燕	宋	卫	中山
326	四十三年	十二年	三十一年	三年	二十四年	十年	七年	七年	三年	七年	
325	四十四年	十三年	三十二年	四年	赵武灵王元年	十一年	八年	八年	四年	八年	
324	四十五年	改元年	三十三年 犀首之齐。	五年	二年	十二年 魏王外田需，召田文为相。苏代说魏王厝田需于侧。	九年 犀首相韩。	九年	五年	卫嗣君元年	
323	四十六年	二年	三十四年 陈轸为秦使于齐。 楚昭阳移兵攻齐，陈轸说止。封田婴于薛。靖郭君将城薛，客谏遂辍。中山与燕、赵为王。齐闭关不通中山之使。张登说齐。 齐王夫人死。	六年 公孙闬为齐田婴封薛说楚。	三年	十三年 楚昭阳伐魏，得八城。韩氏因围蔷。 陈轸过魏，求见犀首。 田需死，太子相。	十年	十年	六年	二年	犀首立五王，而中山后持。司马憙使赵，为己求相中山，公孙宏走。
322	四十七年	三年	三十五年 或说齐王，资韩朋而逐张仪于魏。	七年 陈轸弃秦事楚。 陈轸谏楚王逐张仪于魏。	四年	十四年 张仪欲并相秦、魏。 魏将相张仪，公孙衍弗利。魏相衍。	十一年	十一年	七年	三年 齐王将见燕、赵、楚之相于卫。公孙衍败遇事。	

续表

公元前	周	秦	齐	楚	赵	魏	韩	燕	宋	卫	中山
321	四十八年	四年	三十六年	八年	五年	十五年	十二年	十二年	八年	四年	
320	周慎靓王元年	五年	齐宣王元年 邹忌仕人众，晏首仕人寡。靖郭君不善于宣王，辞而至薛。齐貌辨说宣王迎靖郭君。王相靖郭君。靖郭君辞相。	九年	六年	十六年	十三年	燕王哙元年	九年	五年	
319	二年	六年	二年 苏秦死于齐。苏代为燕说齐，先说淳于髡。苏厉因燕质子求见齐王。	十年	七年	十七年 惠王死，葬，大雨雪，驰期。	十四年	二年 苏代北见燕王。	十年	六年	
318	三年	七年 五国伐秦，魏欲和。义渠败秦李帛之下。	三年	十一年 魏使惠施之楚。	八年	魏襄王元年 张仪欲以魏合秦、韩而攻齐、楚。惠施欲以魏合于齐、楚案兵。义渠君之魏。	十五年	三年 燕王专任子之。	十一年 灭滕伐薛，取淮北之地。	七年	

续表

公元前	周	秦	齐	楚	赵	魏	韩	燕	宋	卫	中山
317	四年	八年	四年 五国约以伐齐。张仪以秦、梁之齐，合横亲，犀首败之。	十二年	九年	二年 犀首以梁与齐战于承匡而不胜。张仪为秦连横亲说魏王。张仪走之魏，张丑说王不纳仪。梧下先生为卫客说魏王。	十六年 楚王命大公事说韩公仲	四年	十二年	八年 犀首、张仪参坐于卫君前，犀首跪行，为仪千秋之祝。	
316	五年	九年 张仪西并巴蜀，更蜀主为侯。	五年 周、韩、齐为与国。	十三年	十年	三年	十七年	燕子之元年。子之南面行王事，哙老，愿为臣。	十三年	九年	
315	六年 共太子死。	十年	六年	十四年	十一年 为齐献书赵王。	四年	十八年 张仪以秦、魏伐韩。秦、韩战于浊泽。	二年	十四年	十年	
314	周赧王元年 秦与师求九鼎，齐使陈臣思救周。	十一年 使陈庄相蜀。	七年 周颜率至齐。	十五年	十二年 楚、魏令淖滑、惠施之赵，请伐齐而存燕。	五年 楚许魏六城，与之伐齐存燕，张仪败之。	十九年 秦、韩战岸门，韩大败。	三年 将军市被、太子平谋攻子之，不克，构难数月。齐章子伐燕，杀哙，子之亡。三十日而举燕国。苏氏去燕。	十五年	十一年	

续 表

公元前	周	秦	齐	楚	赵	魏	韩	燕	宋	卫	中山
313	二年	十二年 楚使景鲤如秦,秦留鲤。鲤使人说秦王,乃出之。楚伐秦,秦与齐合。	八年 楚绝齐。	十六年 秦招楚伐齐,冷向请为陈轸说秦王。秦使张仪见楚王,以商於之地六百里欺楚。	十三年	六年 楚景鲤从秦王与魏王遇。	二十年		十六年	十二年	
312	三年	十三年 张仪残樗里疾,疾出走。秦取楚汉中。	九年 濮上之事,赘子死,章子走。赵欲存燕,以河东易燕地于齐。	十七年 楚、秦构难,楚不胜,亡汉中。又战蓝田,又却。韩、魏闻楚之困,袭楚至邓。齐伐楚,楚使陈轸之秦。	十四年	七年 宫他为燕使魏。	二十一年 楚围雍氏,冷向借救于秦。		十七年 齐、楚构难,宋请中立,子象谓宋王。	十三年	
311	四年	十四年 张仪欲以汉中与楚。秦惠王死,公孙衍欲穷张仪。	十年 张仪连横说齐。	十八年 拘张仪,郑袖出之。张仪之楚,贫。南后、郑袖进金。张仪连横说楚。张仪欲逐昭雎、陈轸于楚。	十五年 张仪连横说赵。	八年	韩襄王元年 张仪连横说韩。	燕昭王元年 张仪连横说燕。	十八年	十四年	

续 表

公元前	周	秦	齐	楚	赵	魏	韩	燕	宋	卫	中山
310	五年	秦武王元年 左右恶张仪，齐让又至。郑彊走张仪于秦。楚王令昭雎之秦。	十一年 冯喜自楚之齐，说齐罢伐梁。	十九年 魏张旄令人杀靳尚。桓臧为昭雎说王。张仪舍人冯喜自魏之楚。魏惠施因仪逐之楚。	十六年	九年 齐因张仪伐梁。张仪又相魏。雍沮为张仪解齐、楚攻魏。周最、翟强欲伤张仪，仪使其人为见者啬夫，闲见者。张仪逐惠施。	二年	二年	十九年 楚奉惠施纳之宋。	十五年	
309	六年	二年 甘茂相秦。	十二年	二十年	十七年	十年	三年	三年	二十年	十六年	司马憙三相中山。阴姬、江姬争后，立阴姬。
308	七年	三年 逐犀首。王与甘茂盟息壤。杨达谓公孙显，请以五万攻西周。	十三年	二十一年 齐明说卓滑。宜阳之役，楚畔秦而合于韩。陈轸说楚王舍韩勿据。	十八年 甘茂约魏，又北之赵。冷向说强国拘茂。	十一年 甘茂之魏。约伐韩，向寿辅行。	四年 秦攻宜阳，游腾说公仲。宜阳五月不能拔。	四年	二十一年	十七年	
307	八年 东周、西周战。东周欲为稻，西周不下水。秦假道伐韩。秦令樗里疾以车百乘入周。雍氏之役，韩征甲与粟于周。秦召周君。	四年 或说秦王去骄忿。为韩谓秦王，愿以韩国侍于王。雍氏之役，韩求救于秦。韩公仲使韩珉之秦，求武遂。医扁鹊见武王。	十四年	二十二年 秦使冯章许汉中以惧楚。	十九年 王平昼闲居，肥义侍坐，议胡服。赵燕后胡服，王让之。	十二年	五年 楚景翠救韩。甘茂攻宜阳，欲息兵，左成说茂进兵。秦悉起兵，复使甘茂攻宜阳，遂拔。楚围雍氏，秦师下殽救韩。韩欲得武遂于秦。	五年	二十二年	十八年	赵使李疵观中山。

续 表

公元前	周	秦	齐	楚	赵	魏	韩	燕	宋	卫	中山
306	九年 辛戎亡于楚,在东周。	秦昭襄王元年 为韩公仲谓向寿善韩备楚。甘茂亡秦。 献则谓公孙消。	十五年	二十三年 秦与楚解中,封小令尹以杜阳。魏内太子于楚,樗里疾使说楚王出走。 魏太子在楚,客说楼瘫,又说樗里疾。术视伐楚。昭雎胜秦于重丘。	二十年 破原阳以为骑邑。王入胡,至榆中,辟地千里。	十三年 秦、楚攻魏,围皮氏。楚倍秦而与魏。秦令魏攻楚。 魏王不欲伐楚,楼缓说魏。 管鼻令翟强与秦事。	六年 或谓公仲复求中立于秦。秦归武遂于韩。	六年	二十三年	十九年 秦樗里疾攻蒲,得三百金而归。	
305	十年	二年 魏冉东行,欲如楚。魏文说冉反国。	十六年	二十四年 楚王问于范环。 齐、韩、魏攻楚。	二十一年	十四年 魏相翟强死。	七年	七年	二十四年	二十年	
304	十一年 楚兵在山南,吾得将属怒于周。楚请道两周之间,临韩、魏。	三年	十七年	二十五年 齐、韩、魏、攻楚。	二十二年	十五年	八年	八年	二十五年	二十一年	
303	十二年	四年 谓魏冉,楚破,秦不能与齐县衡。	十八年	二十六年 齐、韩、魏攻楚。	二十三年	十六年	九年	九年	二十六年	二十二年	
302	十三年	五年	十九年	二十七年 齐、韩、魏攻楚。	二十四年	十七年	十年	十年	二十七年	二十三年	

续 表

公元前	周	秦	齐	楚	赵	魏	韩	燕	宋	卫	中山
301	十四年	六年 秦益赵甲四万伐齐。苏代为齐献书穰侯。	齐闵王元年 陉山之事，赵且与秦伐齐。楚王令昭应奉太子以妾和于薛公。楚王令景翠以六城赂齐，太子为质。	二十八年 齐、韩、魏攻楚五年，取宛叶以北。魏败楚于陉山，禽唐明。	二十五年 王立周绍为传。齐令田章以修武合于赵，顺子为质，秦王使公子他之赵。	十八年	十一年	十一年	二十八年	二十四年	赵攻中山，中山君臣于齐。中山君亡，有二人挈戈随其后。
300	十五年 昭献在阳翟，周君将令相国往，苏厉说止。	七年 郑彊载八百金入秦。公叔使冯君于秦。谓芈戎，令秦王贺韩立伯婴。孟尝君使公孙宏之秦。楼缓相秦。	二年 孟尝君将入秦，因谏止。孟尝君为从。	二十九年 韩幾瑟亡之楚。胡衍出幾瑟于楚。齐孟尝君出行国，楚献象牀不受。	二十六年	十九年 襄陵之役。	十二年 楚昭献相韩，秦且攻韩。韩公叔与幾瑟争国，郑彊为楚王使于韩。齐师入韩，幾瑟走。冷向谓韩咎。楚令景鲤入韩。	十二年	二十九年 仇赫相宋。	二十五年	赵攻中山。
299	十六年	八年 楚王入秦，秦留之。	三年 陈轸合三晋而东谓齐王，齐果以兵合于三晋。	三十年	二十七年 谓赵王，三晋合而秦弱，离而秦强。赵王起兵戍韩、梁之边。	二十年 秦伐魏。	十三年 韩咎立为君，周送其弟入韩。谓韩王，秦欲出事于梁。	十三年 或献书燕王。燕以兵南合三晋。	三十年	二十六年	赵攻中山。

续 表

公元前	周	秦	齐	楚	赵	魏	韩	燕	宋	卫	中山
298	十七年 齐薛公借兵乞食于西周。	九年 三国攻秦。	四年 薛公以韩、魏攻秦，韩庆说薛公。	三十一年	赵惠文王元年 富丁欲以赵合齐、魏，楼缓欲合秦、楚。	二十一年 魏因富丁且合秦，赵请效地于魏。	十四年	十四年	三十一年	二十七年	赵攻中山。
297	十八年	十年 三国攻秦。	五年	三十二年	二年	二十二年	十五年	十五年	三十二年	二十八年	赵攻中山。
296	十九年 三国攻秦，反，西周恐魏借道，谓魏王令军速东。	十一年 三国攻秦，入函谷，秦以三城讲。	六年 冯谖属孟尝君寄食门下。 楚太子辞于齐王而归。	三十三年 楚王死。女阿谓苏子。	三年	二十三年	十六年	十六年	三十三年	二十九年	赵攻中山五年，擅呼池。
295	二十年	十二年 赵使仇郝之秦。	七年 冯谖为孟尝君收责于薛。	楚顷襄王元年	四年 李兑用赵，减食主父，百日饿死。	魏昭王元年	韩釐王元年	十七年	三十四年	三十年	
294	二十一年	十三年 孟尝君就国于薛而复反。	八年	二年	五年	二年 梁聘孟尝君，使三反。	二年	十八年	三十五年	三十一年	
293	二十二年 秦攻魏，进兵攻周。	十四年 周使周宧之秦。	九年	三年	六年 为周宧谓李兑，禁秦攻周。	三年 秦与魏战于伊阙，杀犀武。 魏令公孙衍请和于秦。 为宝屡谓魏王，能半衍之割，与秦讲。 周君之魏求救。	三年 谓公仲，秦、魏和成固为福，不成亦为福。	十九年	三十六年	三十二年	

续　表

公元前	周	秦	齐	楚	赵	魏	韩	燕	宋	卫	中山
292	二十三年	十五年	十年	四年	七年	四年	四年	二十年	三十七年	三十三年	
291	二十四年	十六年	十一年	五年	八年	五年	五年	二十一年	三十八年	三十四年	
290	二十五年	十七年 魏献秦长羊、王屋、洛林之地。	十二年 魏芒卯并将秦、魏兵击齐，启地二十二县。	六年	九年 秦、赵约攻魏，芒卯诈以鄴事赵，赵绝秦。魏谓赵王，魏者赵之虢，赵者魏之虞。	六年	六年 成阳君欲以韩、魏听秦。	二十二年	三十九年	三十五年	
289	二十六年	十八年	十三年	七年	十年	七年	七年	二十三年	四十年	三十六年	
288	二十七年	十九年 冷向谓秦王，欲以齐事王，使攻宋。 李兑约五国伐秦。	十四年 秦使魏冉致帝。 燕王奉苏子车五十乘，南使于齐。 苏代见齐王于章华南门，说王释帝。说闵王后起远怨。 齐欲攻宋，秦令起贾禁之。	八年	十一年 苏代说奉阳君伐齐不听。	八年 苏代过魏，魏拘之。叶阳君约魏。	八年	二十四年 苏代遗燕昭王书。 燕王召苏代，与谋伐齐。	四十一年 齐说魏出苏代，代之宋。齐伐宋，宋急。	三十七年	
287	二十八年	二十年 李兑约五国伐秦。	十五年	九年	十二年	九年	九年	二十五年	四十二年 齐伐宋。	三十八年	

续　表

公元前	周	秦	齐	楚	赵	魏	韩	燕	宋	卫	中山
286	二十九年	二十一年 五国伐秦无功。齐令宋郭之秦，合以伐宋。薛公为魏谓魏冉。赵使谅毅之秦。	十六年 周寂入齐。韩珉为相。	十年 魏顺为市丘君说楚。	十三年 或为周寂谓金投。周寂谓金投。齐令公孙衍说李兑以攻宋定封。	十年 为周寂谓魏王。薛公入魏，出齐女。秦攻魏，取安邑。	十年 五国兵罢，留成皋。秦王欲为成阳君求相韩、魏，韩、魏不听。	二十六年	四十三年 宋置太子为王，太子走，齐复攻宋。	三十九年	
285	三十年	二十二年	十七年 斮狐咺，杀陈举、司马穰苴。	十一年	十四年 燕使乐毅于赵。	十一年	十一年	二十七年 乐毅自魏往燕。		四十年	
284	三十一年	二十三年	十八年 燕伐齐攻晋，苏代战败。又攻阳城及狸，代又败。楚攻南阳。魏攻平陆。闵王出走，燕兵追北入临淄。淖齿杀闵王。闵王子法章为莒太史家庸夫。	十二年 为魏谓楚王顺天下，遂伐齐。	十五年	十二年	十二年	二十八年 苏代自齐献书。苏代自齐使人谓昭王。齐、魏争燕。以乐毅为上将军，与秦、楚、三晋合谋伐齐。		四十一年	

续　表

公元前	周	秦	齐	楚	赵	魏	韩	燕	宋	卫	中山
283	三十二年	二十四年 魏昭忌说秦王，止攻魏。兵困于魏林中。	齐襄王元年 王孙贾诛淖齿。	十三年	十六年 赵收天下，且以伐齐。苏厉为齐说赵。	十三年 秦释管攻魏。秦伐魏，田文说燕、赵救魏。魏封田文。	十三年 秦攻韩之管，魏发兵救之。秦、韩围梁，燕、赵救之。谓山阳君。	二十九年 燕饥，赵将伐之，楚使说止。昭王封之以地。		四十二年 嗣君病死，殷顺且相公期。	
282	三十三年	二十五年	二年	十四年	十七年 秦攻赵，蔺祁拔。	十四年	十四年	三十年		卫怀君元年	
281	三十四年	二十六年	三年	十五年	十八年 秦拔离石。	十五年 秦白起攻魏。	十五年	三十一年		二年	
280	三十五年	二十七年	四年 燕下齐七十余城，唯莒、即墨不下。	十六年 庄辛请辟于赵。	十九年	十六年	十六年	三十二年 燕下齐七十余城，尽郡县属之燕。		三年	
279	三十六年	二十八年	五年 田单守即墨，绐骑劫，败燕军，复收七十余城，复齐。	十七年 事秦十七年，秦攻鄢、郢。	二十年	十七年	十七年 秦召燕王，苏代约燕王，不行。昭王死，惠王立，使骑劫代乐毅将。毅奔赵，赵封为望诸君。乐毅报燕王书。	三十三年		四年	

续 表

公元前	周	秦	齐	楚	赵	魏	韩	燕	宋	卫	中山
278	三十七年	二十九年 周君之秦。谓周冣不如以应为太后养地。	六年 田单攻聊城，岁余不下。鲁连以书射城中，遗燕将，燕将罢兵去。	十八年 白起与楚战，一战举鄢、郢，再战烧夷陵。襄王流揜于城阳。	二十一年	十八年	十八年	燕惠王元年		五年	
277	三十八年	三十年	七年 貂勃恶田单。	十九年 齐貂勃使楚。庄辛至，封阳陵侯。	二十二年 楚使人征庄辛于赵。	十九年	十九年	二年		六年	
276	三十九年	三十一年	八年 田单攻狄，见鲁连子。	二十年	二十三年	魏安釐王元年	二十年	三年		七年	
275	四十年	三十二年	九年	二十一年	二十四年	二年 秦战胜暴子，割八县。	二十一年	四年		八年	
274	四十一年	三十三年 昭王谓左右，中期推琴对。	十年	二十二年	二十五年	三年 秦败魏于华，走芒卯，围大梁。	二十二年 赵、魏攻华阳。	五年		九年	
273	四十二年	三十四年 韩田苓见穰侯。	十一年	二十三年	二十六年	四年 须贾为魏谓穰侯，罢梁围。将使段干崇割地讲秦，孙臣说止。	二十三年 秦穰侯救韩，大败赵、魏华阳。	六年		十年	

续 表

公元前	周	秦	齐	楚	赵	魏	韩	燕	宋	卫	中山
272	四十三年	三十五年 范子因王稽入秦。	十二年	二十四年	二十七年	五年	韩桓惠王元年	七年		十一年	
271	四十四年	三十六年 客卿造谓穰侯。 范子献书,王谢王稽,使人持车召睢。 范睢至,王庭迎。	十三年	二十五年	二十八年	六年	二年	燕武成王元年		十二年	
270	四十五年 秦欲攻周。	三十七年 秦欲攻周。周宧谓秦王。	十四年	二十六年	二十九年 秦令卫胡易伐赵,攻阏与。赵奢救之,秦败。	七年	三年	二年		十三年	
269	四十六年	三十八年	十五年	二十七年	三十年 燕使宋人荣蚠攻赵,赵求齐安平君将。	八年 秦攻魏几,赵廉颇救几。大败秦师。	四年	三年		十四年	
268	四十七年	三十九年	十六年	二十八年	三十一年	九年	五年	四年		十五年	
267	四十八年	四十年	十七年	二十九年	三十二年	十年	六年	五年		十六年	
266	四十九年	四十一年 范睢说秦王,废太后,逐穰侯。秦王与中期争论。	十八年	三十年	三十三年	十一年 秦攻魏邢丘。 楼啎约秦、魏。 秦、魏为与国。齐、楚约而攻魏,唐且说秦,秦救魏。 赵请杀范痤,王使执痤,信陵君出之。	七年	六年		十七年	

续 表

公元前	周	秦	齐	楚	赵	魏	韩	燕	宋	卫	中山
265	五十年	四十二年 宣太后病，庸芮为魏丑夫说太后。	十九年	三十一年	赵孝成王元年 赵太后新用事，秦急攻之，赵求救齐，长安君质，齐兵出。齐安平君为赵当燕荣蚠数岁，得三城。	十二年	八年	七年		十八年	
264	五十一年	四十三年	齐王建元年	三十二年	二年 相都平君田单。 齐使问赵威后。	十三年	九年 秦攻韩围陉。	八年		十九年	
263	五十二年	四十四年 韩使阳城君入谢于秦。	二年	三十三年	三年	十四年	十年 秦起兵，一军临荧阳，一军临太行。	九年		二十年	
262	五十三年	四十五年	三年	楚考烈王元年 汗明见春申君。	四年 韩冯亭守上党，阴使人内之赵，赵使赵胜受地。	十五年 魏将与秦攻韩，朱已谓魏王。 魏王问张旄。	十一年	十年		二十一年	
261	五十四年	四十六年	四年	二年	五年 秦令公孙起、王齮以兵遇赵于长平。	十六年	十二年	十一年		二十二年	

续 表

公元前	周	秦	齐	楚	赵	魏	韩	燕	宋	卫	中山
260	五十五年	四十七年	五年 秦攻赵长平,赵请粟于齐。	三年	六年 秦、赵战长平,赵亡一都尉,使郑朱入秦。 赵军大败,王入秦。	十七年 长平之役,平都君说魏王。	十三年	十二年		二十三年	
259	五十六年	四十八年 谓应侯割赵,因以为武安功。秦攻赵,苏子谓秦王解兵。昭王既息民缮兵,使王陵伐赵。	六年 赵发虞卿东见齐王谋秦。赵足之齐。	四年	七年 秦使人索六城而讲,楼缓从秦来,逃去。	十八年 魏王且朝秦,周䜣、支期说止。秦召魏相信安君。	十四年	十三年		二十四年	
258	五十七年	四十九年 更使王龁代王陵围邯郸。	七年	五年	八年	十九年	十五年	十四年		二十五年	
257	五十八年	五十年 应侯失韩之汝南。郑安平负重罪。绞杀武安君于杜邮。军吏恶王稽、杜挚以反。	八年	六年	九年 秦攻邯郸,十七月不下。魏晋鄙救赵,公子无忌夺晋鄙军击秦,秦去。公孙龙说平原君不受封。赵王郊迎信陵君。平原君欲封鲁仲连,不受,去,终身不复见。	二十年 秦攻赵,平原君使人请救于魏信陵君。秦罢邯郸,攻魏,取甯邑。	十六年	燕孝王元年		二十六年	

续　表

公元前	周	秦	齐	楚	赵	魏	韩	燕	宋	卫	中山
256	五十九年	五十一年 说秦王所以破天下之从，举赵亡韩，臣荆、魏，亲齐、燕，以成伯王之名。	九年	七年	十年 天下之士合从，唐雎载金居武安，高会。平原君请冯忌。	二十一年	十七年	二年		二十七年	
255	东周	五十二年 蔡泽西入秦，拜为客卿。范雎免相，泽遂为相。数月，谢病归相印。	十年	八年 客说春申君谢孙子。	十一年 蔡泽见逐于赵。孙子去楚之赵。	二十二年	十八年	三年		二十八年	
254	东周	秦孝文王元年	十一年	九年 客又说春申君请孙子，孙子为书谢春申君。	十二年 赵以孙子为上卿。魏使人因平原君请从于赵。	二十三年	十九年	燕王喜元年		二十九年	
253	东周	二年	十二年	十年	十三年	二十四年	二十年	二年		三十年	
252	东周	三年	十三年	十一年	十四年	二十五年	二十一年	三年		卫元君元年	
251	东周	四年	十四年	十二年	十五年 燕使栗腹以百金为赵王寿。燕栗腹攻鄗，庆秦攻代。	二十六年	二十二年	四年 栗腹使赵，反报赵可伐燕。遽起六十万攻赵。		二年	

续 表

公元前	周	秦	齐	楚	赵	魏	韩	燕	宋	卫	中山
250	东周	五年 秦子異人质于赵，归，立为太子。既立，以吕不韦为相。	十五年	十三年	十六年 赵使廉颇遇栗腹，乐乘遇庆秦，燕人大败，乐人赵。	二十七年	二十三年	五年		三年	
249	东周	秦庄襄王元年	十六年	十四年	十七年	二十八年	二十四年 韩阳役于三川，王召归。	六年		四年	
248		二年	十七年	十五年 虞卿说春申君定封地。	十八年	二十九年	二十五年	七年		五年	
247		三年	十八年	十六年 赵人李园持女弟进之春申君，春申君进之王，遂生子，立为太子，立李园女弟为王后，园用事。	十九年	三十年 魏攻管不下，信陵君求缩高于安陵，高刎颈而死。	二十六年	八年		六年	
246		秦始皇元年	十九年	十七年	二十年	三十一年	二十七年	九年		七年	
245		二年	二十年	十八年	二十一年	三十二年	二十八年	十年		八年	
244		三年	二十一年	十九年	赵悼襄王元年	三十三年	二十九年	十一年		九年	
243		四年 赵春平侯留秦。世钧为之谓文信侯，遣春平侯而留 平都侯。	二十二年	二十年	二年	三十四年	三十年	十二年		十年	

续 表

公元前	周	秦	齐	楚	赵	魏	韩	燕	宋	卫	中山
242		五年	二十三年	二十一年	三年	魏景湣王元年 秦攻魏，杜大梁之门，拔燕、酸枣，虚、桃人。	三十一年	十三年		十一年	
241		六年	二十四年 齐不从，或谓皮相国。	二十二年 天下合从，赵使魏加见春申君。或谓楚王，从者欲令天下以朝大王。唐且谓春申君。观鞅谓春申君。	四年 苦成常谓建信君。赵敖为韩熙谓建信君。	二年 秦举魏河内。谓魏王恃楚之强，而信春申君之言。客谓司马食其。	三十二年 赵建信君轻韩熙。	十四年 蔡泽为秦使燕。		十二年	
240		七年	二十五年	二十三年	五年	三年 秦攻魏急，或谓魏王割地以为嫪毒功。	三十三年	十五年		十三年	
239		八年 文信侯请张唐相燕，不肯行，甘罗说张唐行。赵割五城以广河间。	二十六年	二十四年	六年 甘罗为张唐先报赵，赵王郊迎。	四年	三十四年	十六年 蔡泽事燕三年，太子丹质于秦。		十四年	

续 表

公元前	周	秦	齐	楚	赵	魏	韩	燕	宋	卫	中山
238		九年 说秦善楚临韩、魏，要绝天下。嫪毐为乱，夷三族。顿弱说秦王，王资以万金，使东游。	二十七年	二十五年 朱英说春申君，不听，亡去。王崩，李园置死士棘门内，夹刺春申君，遂灭春申君家。	七年	五年 秦息众二年，又取魏蒲、衍、首垣。	韩王安元年	十七年		十五年	
237		十年 吕不韦废。	二十八年	楚幽王元年	八年	六年	二年	十八年		十六年	
236		十一年 燕使人贺秦王千金。 文信侯出走。	二十九年	二年	九年 燕使过赵，赵王系之。秦攻赵，鼓铎之音，闻于北堂。	七年	三年	十九年 秦并赵，北向迎燕。燕使秦，秦救燕。		十七年	
235		十二年 四国为一，将攻秦。姚贾出使四国。	三十年	三年	赵王迁元年	八年	四年	二十年		十八年	
234		十三年	三十一年	四年	二年	九年	五年	二十一年		十九年	
233		十四年 韩非短姚贾。诛韩非。	三十二年	五年	三年	十年	六年	二十二年		二十年	
232		十五年	三十三年	六年	四年	十一年	七年	二十三年 太子丹自秦亡归。		二十一年	

续　表

公元前	周	秦	齐	楚	赵	魏	韩	燕	宋	卫	中山
231		十六年	三十四年	七年	五年	十二年	八年	二十四年		二十二年	
230		十七年	三十五年 齐、秦伐赵、魏，或谓齐王。国子论赵、魏危，非齐利。	八年	六年	十三年	九年 秦虏韩王，尽纳其地。	二十五年		二十三年	
229		十八年	三十六年	九年	七年 秦使王翦攻赵，赵李牧、司马尚御之。翦多遗郭开等金使反闲。赵王使赵葱、颜冣代将。杀李牧，废司马尚。司空马说赵王，不用。平原津令郭遗劳问。	十四年		二十六年		卫君角元年	
228		十九年	三十七年	十年	八年 王翦大破赵，虏王迁及将颜冣，遂灭赵。	十五年		二十七年 樊於期自刎，荆轲辞太子入秦。		二年	

续 表

公元前	周	秦	齐	楚	赵	魏	韩	燕	宋	卫	中山
227		二十年 秦王见荆轲咸阳宫，刺秦王不中，斩轲。	三十八年	楚王负刍元年	代王嘉元年	魏王假元年		二十八年		三年	
226		二十一年	三十九年	二年	二年	二年		二十九年 秦王翦伐燕，拔蓟城。燕王东保辽东，杀太子丹。		四年	
225		二十二年 安陵君使唐且于秦。	四十年	三年	三年	三年 秦使人谓安陵，以五百里地易安陵，安陵君弗易。		三十年		五年	
224		二十三年	四十一年	四年	四年			三十一年		六年	
223		二十四年	四十二年	五年	五年			三十二年		七年	
222		二十五年	四十三年		六年			三十三年 秦灭燕，虏王喜。		八年	
221		二十六年 齐王人朝于秦。处共松柏之闲，饿死。	四十四年							九年	

《战国策年表》者，表其事之见于《战国策》者也。《策》不见，虽大事不表；见于《策》者，虽称述亦表之。如安王十九年，赵袭卫；二十年，魏救卫战赵；二十一年，楚救赵战魏：皆《齐策》说齐闵王语也。魏救卫，有齐在，而《策》不及表，亦不及齐。

两周统于周格，表周王，著纲领也。

西周桓、威之年略可见，《西周策》首已言之。惠公以下不可见。东周惠公以下亦不可见。故皆止表其元年。

黄式三编略威烈王十二年，云是年中山武公初立，西周威公初立。今即于是年表中山武公，若西周公仍于明年表元年。武公复国，说见《中山策》首。

桂陵、马陵两役，以当时策士之言考之，竟似一役。而传闻异辞，说已屡详于策注。今于周显王十六年，齐格表邯郸之难，魏格表齐救赵。两条之外，如《楚策》邯郸之难，楚使景舍救赵，取睢、涉之闲；《魏策》魏王欲攻邯郸，季梁闻之，中道而反；须贾言惠王伐赵，战胜乎三梁；《宋策》梁王伐邯郸，而征师于宋，宋兵入赵，围一城。皆当在其时，概削不表，疑之也。

战国策人名索引

（一）本索引所列人名以正文中战国时人名为主，排列以笔划为序。

（二）一个人见于两篇以上的，列出两篇以上的篇名。

（三）一个人有两个以上不同名字或称呼的，首列本姓本名或较通用的名字，另外的名字或称呼则一并列在它的下面。如“公孙鞅　商　商君　卫鞅”。

（四）一个人有两个以上不同名字或称呼的，篇名俱记在本姓本名或较通用的名字下面，另外的名字或称呼仍按笔划列出，但只书互见于某条。如在“商”、“商君”以及“卫鞅”条下，分别注明“见公孙鞅”。

（五）同名异人的，篇名分别列出。

（六）少数不同名字，是一人，还是两人以上，姚本、鲍本说法不一，仍按原名分别列出，并各注篇名。

三划 士、大、女、子、山、工

四划　中、仇、公、太、尹、巴、支、文、毋、牛、王

五划　世、主、代、冉、去、史、司、左、市、平、甘、田、申、白、皮、石

六划　任、共、列、后、向、夷、如、安、州、行、戎、成、朱、汗、江、机、西

七划　伯、冷、吴、吾、告、吕、宋、延、孝、希、盱、更、李、杜、芈、芒、足、辛

	韩二·楚令景鲤入韩
	韩三·秦招楚而伐齐
吴 起	秦三·蔡泽见逐于赵
	齐五·苏秦说齐闵王
	齐六·燕攻齐取七十余城
	魏一·魏武侯与诸大夫浮于西河
	魏一·魏公叔痤为魏将
吴 庆	魏四·秦罢邯郸
吾 得	西周·楚兵在山南
告 子	燕二·苏代为奉阳君说燕于赵以伐齐
吕 仓	东周·周相吕仓见客于周君
	东周·周文君免士工师借
吕 辽	赵一·或谓皮相国
吕 遗	赵三·苦成常谓建信君
吕 礼	东周·谓薛公
	东周·齐听祝弗
	秦三·薛公为魏谓魏冉
吕不韦	文信侯
	秦五·濮阳人吕不韦贾于邯郸
	秦五·文信侯欲攻赵以广河间
	秦五·文信侯出走
	楚四·楚考烈王无子
	赵一·或谓皮相国
	赵三·苦成常谓建信君
	赵三·希写见建信君
	赵四·秦召春平侯
宋 突	赵三·赵使机郝之秦
	赵四·三国攻秦赵攻中山

八划　函、卓、周、和、奉、孟、季、孤、宓、尚、屈、建、昌、易、服、房、于、东、武、法、泠、知、肥、芮、金、长

九划 信、南、段、哀、姚、宣、扁、春、昭、盼、纪、胡、苦、范、郊、负

十划　倪、刚、荆、城、夏、孙、宫、展、唐、徐、挐、晋、晏、栗、桓、泾、殷、祝、秦、纷、起、郗、郢、马、高

十一划　商、国、常、庸、张、悼、教、望、梧、淖、淳、毕、异、盛、章、庄、术、许、郭、阴、陈、顷

楚二・楚怀王拘张仪

楚二・楚王将出张子

楚三・楚王逐张仪于魏

楚三・张仪之楚贫

楚三・楚王令昭雎之秦重张仪

楚三・张仪逐惠施于魏

楚三・陈轸告楚之魏

赵二・张仪为秦连横说赵王

魏一・张仪为秦连横说魏王

魏一・张仪恶陈轸于魏王

魏一・张仪欲穷陈轸

魏一・张仪走之魏

魏一・张仪欲以魏合于秦韩

魏一・张子仪以秦相魏

魏一・张仪欲并相秦魏

魏一・魏王将相张仪

魏一・楚许魏六城

魏一・张仪告公仲

魏二・史举非犀首于王

魏二・田需死

魏三・魏太子在楚

魏四・周最善齐

韩一・张仪为秦连横说韩王

韩一・宣王谓摎留

韩一・张仪谓齐王

韩一・郑强之走张仪于秦

韩一・秦韩战于浊泽

韩二・楚围雍氏韩令冷向借救于秦

十二划　富、寒、几、强、彭、复、惠、智、景、胜、椒、游、犀、舒、华、费、貂、阳、都、顺、须、鹿、冯、黄

十三划　廉、慎、新、杨、楚、义、腹、叶、董、虞、蜀、达、邹、雍、靖、靳、顿、罼

十四划 寿、嫪、摎、荣、臧、管、綦、翟、蒙、赵、鄢、齐

十五划 剧、墨、婴、庆、乐、樊、楼、樗、蔡、郑、监、緤、睹、谅、鲁

十六划　哙、横、燕、卢、卫、豫、锜、鲍、龙

十七划　婴、弥、应、营、缩、繁、临、举、薛、襄、钟、韩

十八划　储、聂、蓝、赘、鞠、颜、骑、魏

齐六·燕攻齐取七十余城

燕二·昌国君乐毅为燕昭王合五国之兵而攻齐

魏　冉　穰侯

秦一·张仪说秦王

秦二·径山之事

秦三·薛公为魏谓魏冉

秦三·秦客卿造谓穰侯

秦三·魏谓魏冉

秦三·谓魏冉曰和不成

秦三·谓穰侯

秦三·谓魏冉曰楚破秦

秦三·五国罢成睾

秦三·范雎至秦

秦三·应侯谓昭王

秦三·秦攻韩围陉

齐二·权之难齐燕战

齐四·苏秦自燕之齐

楚四·庄辛谓楚襄王

赵三·赵使机郝之秦

赵四·五国伐秦无功

魏一·秦败东周

魏三·秦败魏于华走芒卯而围大梁

魏三·魏将与秦攻韩

魏四·穰侯攻大梁

韩三·赵魏攻华阳

燕二·秦召燕王

魏　加　楚四·天下合从

魏　牟　赵三·建信君贵于赵

十九划　谭、庞

二十划　严、献、窦、苏、触

楚一·张仪为秦破从连横

楚三·苏子谓楚王

楚三·苏秦之楚三日

赵一·苏秦说李兑

赵一·赵收天下且以伐齐

赵一·苏秦为赵王使于秦

赵二·苏秦从燕之赵始合从

赵二·秦攻赵

赵二·张仪为秦连横说赵王

魏一·苏子为赵合从说魏王

魏一·张仪为秦连横说魏王

魏一·苏秦拘于魏

韩一·苏秦为楚合从说韩王

韩三·韩人攻宋

燕一·苏秦将为从北说燕文侯

燕一·奉阳君李兑甚不取于苏秦

燕一·燕文公时

燕一·人有恶苏秦于燕王者

燕一·苏秦死其弟苏代欲继之

燕一·燕王哙既立

燕一·初苏秦弟厉因燕质子而求见齐王

燕二·秦召燕王

宋卫·宋与楚为兄弟

中山·昭王既息民缮兵

苏　厉　厉

东周·昭献在阳翟

东周·苏厉为周最谓苏秦

西周·苏厉谓周君

战国策部分篇章通用篇名与本书篇名对照一览

通用篇名	本书篇名	卷名
秦求周之九鼎	秦兴师临周而求九鼎	卷一　东周
商鞅治秦	魏鞅亡魏入秦	卷三　秦一
苏秦以连横说秦	苏秦始将连横	卷三　秦一
张仪说秦王举赵亡韩	张仪说秦王	卷三　秦一
司马错论伐蜀	司马错与张仪争论于秦惠王前	卷三　秦一
张仪以献商於之地六百里说楚怀王	齐助楚攻秦	卷四　秦二
一举而兼两虎	楚绝齐齐举兵伐楚	卷四　秦二

三人告曰曾参杀人	宜阳之役冯章谓秦王	卷四　秦二
秦拔宜阳	甘茂攻宜阳	卷四　秦二
范雎说秦王远交近攻	范雎至秦	卷五　秦三
以骨投狗士相与斗	天下之士合从相聚于赵	卷五　秦三
蔡泽代范雎相秦	蔡泽见逐于赵	卷五　秦三
横成则秦帝从成则楚王	秦王欲见顿弱	卷六　秦四
黄歇使秦说昭王	顷襄王二十年	卷六　秦四
吕不韦相秦	濮阳人吕不韦贾于邯郸	卷七　秦五
甘罗十二出使	文信侯欲攻赵以广河间	卷七　秦五
韩非之死	四国为一将以攻秦	卷七　秦五
邹忌讽齐王纳谏	邹忌修八尺有余	卷八　齐一
画蛇添足	昭阳为楚伐魏	卷九　齐二
韩子卢逐东郭逡	齐欲伐魏	卷十　齐三
冯谖客孟尝君	齐人有冯谖者	卷十一　齐四
颜斶说齐宣王	齐宣王见颜斶	卷十一　齐四
赵威后问齐使	齐王使使者问赵威后	卷十一　齐四
苏秦说齐王释帝伐宋	苏秦谓齐王	卷十一　齐四
淖齿杀齐湣王于鼓里	齐负郭之民有孤狐咺者	卷十三　齐六
王孙贾杀淖齿	王孙贾年十五事闵王	卷十三　齐六
田单之善亦襄王之善	燕攻齐齐破	卷十三　齐六
田单厉志循城	田单将攻狄	卷十三　齐六
君王后解玉连环	齐闵王之遇杀	卷十三　齐六
秦灭齐	齐王建入朝于秦	卷十三　齐六
狐假虎威	荆宣王问群臣	卷十四　楚一
寡人愿两闻之	江乙欲恶昭奚恤于楚	卷十四　楚一
郑袖说楚王出张仪	楚怀王拘张仪	卷十五　楚二
慎子全东地五百里	楚襄王为太子之时	卷十五　楚二
楚国食贵于玉	苏子谓楚王	卷十六　楚三

庄辛论幸臣	庄辛谓楚襄王	卷十七　楚四
为书春申君	客说春申君	卷十七　楚四
惊弓之鸟	天下合从	卷十七　楚四
春申君灭族	楚考烈王无子	卷十七　楚四
韩魏反知伯	知伯从韩魏兵以攻赵	卷十八　赵一
韩魏赵三家灭知伯	知伯帅赵韩魏而伐范中行氏	卷十八　赵一
豫让刺赵襄子	晋毕阳之孙豫让	卷十八　赵一
韩效上党以和秦	秦王谓公子他	卷十八　赵一
赵武灵王胡服骑射	武灵王平昼间居	卷十九　赵二
鲁仲连不帝秦	秦围赵之邯郸	卷二十　赵三
赵王买马	客见赵王	卷二十一　赵四
触讋说赵太后	赵太后新用事	卷二十一　赵四
秦王翦灭赵	秦使王翦攻赵	卷二十一　赵四
桓子予地以骄智伯	智伯索地于魏桓子	卷二十二　魏一
韩赵皆朝魏文侯	韩赵相难	卷二十二　魏一
魏文侯与西门豹论物多相类而非	西门豹为邺令	卷二十二　魏一
西河之政专委吴起	魏武侯与诸大夫浮于西河	卷二十二　魏一
公叔痤引吴起余教	魏公叔痤为魏将	卷二十二　魏一
公叔痤进公孙鞅于惠王	魏公叔痤病	卷二十二　魏一
施惠告魏王变服折节而朝齐	齐战魏于马陵	卷二十三　魏二
三人言而市有虎	庞葱与太子质于邯郸	卷二十三　魏二
鲁共公择言	梁王魏婴觞诸侯于范台	卷二十三　魏二
南辕北辙	魏王欲攻邯郸	卷二十五　魏四
唐雎说信陵君	信陵君杀晋鄙	卷二十五　魏四
唐雎不辱使命	秦王使人谓安陵君	卷二十五　魏四

韩取成皋	三晋已破智氏	卷二十六　韩一
申不害相韩昭侯	申子请仕其从兄官	卷二十六　韩一
聂政刺韩傀	韩傀相韩	卷二十七　韩二
燕王哙以国让子之	燕王哙既立	卷二十九　燕一
燕昭王招贤谋伐齐	燕昭王收破燕后即位	卷二十九　燕一
乐毅报燕王书	昌国君乐毅为燕昭王合五国之兵而攻齐	卷三十　燕二
鹬蚌相争	赵且伐燕	卷三十　燕二
荆轲刺秦王	燕太子丹质于秦亡归	卷三十一　燕三
墨子救宋	公输般为楚设机	卷三十二　宋卫
齐灭宋	宋康王之时有雀生䲹	卷三十二　宋卫
以一都城买一胥靡	卫嗣君时胥靡逃之魏	卷三十二　宋卫
要言失时	卫人迎新妇	卷三十二　宋卫
李疵曰中山可伐	主父欲伐中山	卷三十三　中山
中山君飨士	中山君飨都士	卷三十三　中山
乐羊食子明法	乐羊为魏将	卷三十三　中山
武安君白起与昭王论伐赵	昭王既息民缮兵	卷三十三　中山

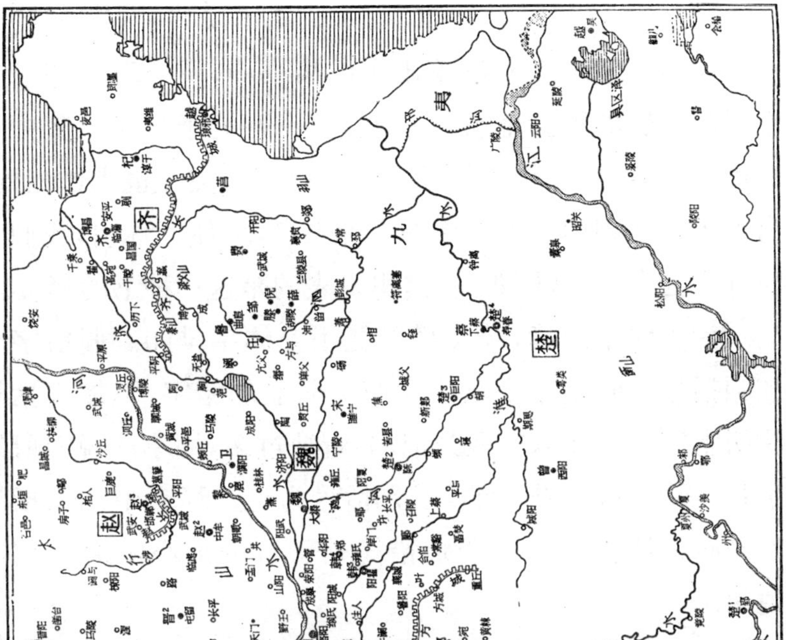

战国时代中原地区图

马王堆汉墓出土帛书《战国策》释文

马王堆汉墓帛书整理小组

长沙马王堆三号汉墓出土的帛书中，有一种类似于今本《战国策》的书。全书二十七篇，一万七千多字。其中十一篇的内容见于今本《战国策》和《史记》，文字也大体相同，另外十六篇则为佚书。原书未标书名，为便于称引，我们暂时称之为帛书《战国策》。这里发表的是这一种书的释文。

为了便于阅读，释文尽可能用今体字排印。假借字下加圆括号注明是今之某字。原文明显的错字，下加尖括号注明本字。缺文以方框为记；如所缺过多，用小注说明所缺字数。缺文可以补出的，以方括号为记。释文中加圆括号的号码为原件行次。个别错简处于行内加小字夹注加以说明。

一

自赵献书燕王曰：始臣甚恶事。恐赵足缺二十余字(一)臣之所恶也，故冒赵而欲说丹与得，事非□缺五六字臣也。今奉阳[君]缺十余字(二)封秦也，任秦也，比燕于赵。令秦与苋(兑)缺五六字宋不可信，若□□□□我其从徐□□□□□□(三)制事，齐必不信赵矣。王毋忧事，务自乐也。臣闻王之不安，臣甚愿□□□□□之中重齐□□□□□(四)齐，秦毋恶燕粱(梁)以自持(恃)也。今与臣约，五和，入秦使，使齐韩粱(梁)缺七八字约御(却)军之日无伐齐、外齐焉。(五)事之上，齐赵大恶；中，五和，不外燕；下，赵循合齐秦以谋燕。今臣欲以齐大[恶赵]而去赵，胃(谓)齐王，赵之禾(和)也，阴(六)外齐、谋齐，齐赵必大恶矣。奉阳君徐为不信臣，甚不欲臣之之齐也，有(又)不欲臣之之韩粱(梁)也，燕事小大之诤(争)，(七)必且美矣。臣甚患赵之不出臣也。知(智)能免国，未能免身。愿王之为臣故此也。使田伐若使使孙疾召(八)臣，自辞于臣也。为予赵甲因在粱(梁)者。

二

·使韩山献书燕王曰：臣使庆报之后，徐为之与臣言甚恶。死亦(九)大物已。不快于心而死，臣甚难之。故臣使辛谒大之。王使庆谓臣不利于国，且我忧之，臣为此无敢去之。(一〇)王之赐使使孙与弘来，甚善已。言臣之后，奉阳君徐为之视臣益善，有遣臣之语矣。今齐王使李终之(一一)勺(赵)，怒于勺(赵)之止臣也，且告奉阳君，相挢于宋，与宋通关。奉阳君甚怒于齐，使勺(赵)足问之臣，臣对以弗知(一二)也。臣之所患，齐勺(赵)之恶日益，奉阳君尽以为臣罪，恐久而后不可□救也。齐王之言臣，反不如已。愿(一三)王之使人反复言臣，必毋使臣久于勺(赵)也。

三

·使盛庆献书于[燕王曰]□□胃(谓)虽未功(攻)齐，事(一四)必□者，以齐之任臣，以不功(攻)宋，欲从韩粱(梁)取秦，以谨〈谋〉勺(赵)。勺(赵)以(已)用薛公徐为之缺八九字(一五)相□也。今齐王使宋窍谓臣，曰："奉阳君使周纳告寡人曰：'燕王请毋任苏秦以事'，信□□□(一六)奉阳君使周纳言之曰：'欲谋齐'，寡人弗信也。周纳言：燕勺(赵)循善矣，皆不任子以事。奉阳[君]□□□(一七)丹若得也，曰笥毋任子讲，请以齐为上交。天下有谋齐者请功(攻)之。"苏修在齐，使□□□□(一八)□□□□中齐勺(赵)矣。今[齐]王使宋窍诏臣曰："鱼(吾)将与子□有谋也。"臣之所缺八九字(一九)不功(攻)齐，全于□。所见于薛公徐为，其功(攻)齐益疾。王必勺(赵)之功(攻)齐，若以天下缺五六字(二〇)焉。外齐于禾(和)，必不合齐秦以谋燕，则臣请为免于齐而归矣。为赵择□□韩□□□□(二一)必赵之不合齐秦以谋燕也，齐王虽归臣，臣将不归。诸可以恶齐勺(赵)[者]，将□□之。以□可[也]，以辱(辱)可(二二)也，以与勺(赵)为大雠可也。今王曰："必善勺(赵)，利于国。"臣与不知其故。奉阳君之所欲，循[善]齐秦(二三)以定其封，此其上计也。次循善齐以安其国。齐勺(赵)循善，燕之大过

(祸)。[将]养勺(赵)而美之齐乎,害于(二四)燕,恶之齐乎,奉阳君怨臣,臣将何处焉?臣以齐善勺(赵),必容焉,以为不利国故也。勺(赵)非可与功(攻)齐(二五)也,无所用。勺(赵)毋恶于齐为上。齐勺(赵)不恶,国不可得而安,功不可得而成也。齐赵之恶从已,(二六)愿王之定虑而羽钻(赞)臣也。勺(赵)止臣而它(他)人取齐,必害于燕。臣止于勺(赵)而侍(待)其鱼肉,臣口不利于(二七)身。

四

·自齐献书于燕王曰:燕齐之恶也久矣。臣处于燕齐之交,固知必将不信。臣之计曰:齐(二八)必为燕大患。臣循用于齐,大者可以使齐毋谋燕,次可以恶齐勺(赵)之交,以便王之大事,是(二九)王之所与臣期也。臣受教任齐交五年,齐兵数出,未尝谋燕。齐勺(赵)之交。壹美壹(三〇)恶,壹合壹离。燕非与齐谋勺(赵),则与赵谋齐。齐之信燕,[至于虚]北地[行]其甲。王信田代缫去[疾]之(三一)言功(攻)齐,使齐大戒而不信燕,臣秦拜(拜)辞事。王怒而不敢强。勺(赵)疑燕而不功(攻)齐,王使襄安君东,(三二)以便事也。臣岂敢强王戋(哉)。齐勺(赵)遇于阿,王忧之。臣与于遇,约功(攻)秦去帝。虽费,毋齐赵之患,除(三三)群臣之聭(耻)。齐杀张庢,臣请属事,辞为臣于齐。王使庆谓臣,"不之齐危国",臣以死之(三四)围,治齐燕之交。后薛公干(韩)徐为与王约功(攻)齐,奉阳君鬻臣,归罪于燕,以定其封于齐。公(三五)玉丹之勺(赵)致蒙,奉阳君受之。王忧之,故强臣之齐。臣之齐,恶齐勺(赵)之交,使毋予蒙而通宋使。故王能(三六)材(裁)之,臣以死任事。之后,秦受兵矣,齐勺(赵)皆尝谋。齐勺(赵)未尝谋燕,而俱诤(争)王于天下。臣(三七)虽无大功,自以为免于罪矣。今齐有过辞,王不谕齐王多不忍(仁)也,而以为臣罪,臣甚惧。庢之死(三八)也,王辱之。襄安君之不归哭也,王苦之。齐改葬其后而召臣,臣欲毋往,使齐弃臣。王曰:"齐王之多(三九)不忍(仁)也,杀妻逐子,不以其罪,何可怨也",故强臣之齐。二者大物也,而王以赦臣,臣受赐矣。臣之行也,(四〇)固知必将有口,故献御书而行。曰:"臣贵于齐,燕大夫将不信臣。臣贱，将轻臣。臣用，将多望于臣，齐（四一）有不善，将归罪于臣。天下不功（攻）齐，将曰善与齐谋。天下功（攻）齐，将与齐兼弃臣。臣之所处者重卵（四二）也。"王谓臣曰："鱼（吾）必不听众口与造言，鱼（吾）信若遒（犹）龁也。大可以得用于齐，次可以得信，下笱（苟）毋死，若无（四三）不为也。以奴自信可，与言去燕之齐可，甚者与谋燕可，期于成事而已。"臣恃之诏，是故无不以口齐（四四）王而得用焉。今王以众口与造言罪臣，臣甚惧。王之于臣也，贱而贵之，蓐（辱）而显之，臣未有以报王。以求卿（四五）与封不中意，王为臣有之两，臣举天下使臣之封不擎（惭）。臣止于勺（赵），王谓韩徐为："止某不道，遒（犹）免寡人之冠也。"以（四六）振（拯）臣之死。臣之德王，罙（深）于骨随（髓）。臣甘死蓐（辱），可以报王，愿为之。今王使庆令（命）臣曰："鱼（吾）欲用所善。"王笱（苟）有所善（四七）而欲用之，臣请为王事之。王若欲剸舍臣而抟任所善，臣请归，择（释）事，句（苟）得时见，盈愿矣。

五

·谓燕王（四八）曰："今日愿耤（借）于王前。叚（假）臣孝如增（曾）参，信如犀（尾）星（生），廉如相（伯）夷，节（即）有恶臣者可毋擎（惭）乎。"王曰："可矣。""臣有三资（四九）者以事王，足乎？"王曰："足矣。""王足之，臣不事王矣。孝如增（曾）参，乃不离亲，不足而（以）益国。信如犀（尾）星（生），乃不延（诞），不足而（以）益国。（五〇）廉如相（伯）夷，乃不窃，不足以益国。臣以信不与仁俱彻，义不与王皆（偕）立。"王曰："然则仁义不可为与？"对曰："胡为不（五一）可。人无信则不彻，国无义则不王。仁义所以自为也，非所以为人也。自复之术，非进取之道也。三王代立，五相（伯）蛇（五二）正（政），皆以不复亓（其）掌（常）。若以复亓（其）掌（常）为可王，治官之主，自复之术也，非进取之路也。臣进取之臣也，不事无为之主。（五三）臣愿辞而之周，负笼操首，毋辱大王之廷。"王曰："自复不足乎？"对曰："自复而足，楚将不出雎（沮）章（漳），秦将不出（五四）商阉（于），齐不出吕遂（隧），燕将不出屋注，晋将不萮（逾）泰（太）行，此皆以不复亓（其）常为进者。"

六

·[自]梁(梁)献书于燕王曰：齐使(五五)宋窍侯濡谓臣曰："寡人与子谋功(攻)宋，寡人恃燕勺(赵)也。今燕王与群臣谋破齐于宋而功(攻)齐甚急，兵衛(五六)有子循而不知寡人得地于宋，亦以八月归兵，不得地亦以八月归兵。"今有(又)告薛公之使者田林，薛公以告臣，而(五七)不欲亓(其)从己闻也。愿王之阴知之而毋有告也。王告人，天下之欲伤燕者与群臣之欲害臣者，将成(五八)之。臣请疾之齐观之，而以报。王毋忧，齐虽欲功(攻)燕，未能，未敢。燕南方之交完，臣将令陈臣许翦以(五九)韩梁(梁)问之齐。足下虽怒于齐，请养之以便事。不然，臣之苦齐王也，不乐生矣。

七

·自梁(梁)献书于燕王曰：薛(六〇)公未得所欲于晋国，欲齐之先变以谋晋国也。臣故令遂恐齐王曰："天下不能功(攻)秦□□□齐人取秦□。"(六一)[齐]王惧而欲先天下，虑从楚取秦，虑反干(韩)量，有(又)虑从勺(赵)取秦。今梁勺(赵)韩[秦]□□□□□(六二)薛公、徐为有辞，言劝晋国变矣。齐先鬻勺(赵)以取秦，后卖秦以取勺(赵)而功(攻)宋，今有(又)鬻天下以取秦。(六三)如是而薛公徐为不能以天下为亓(其)所欲，则天下故(固)不能谋齐矣。愿王之使勺(赵)弘急守徐为，令田贤急守(六四)薛公，非是毋有使于薛公徐之所，它(他)人将非之以败臣。毋与奉阳君言事，非于齐，一言毋舍也。事必□(六五)南方强，燕毋首。有(又)慎毋非令群臣众义(议)功(攻)齐。齐王以燕为必侍(待)亓(其)褮(敝)而功(攻)齐，未可解(懈)也。言者以臣□(六六)贱而邈于王矣。

八

·谓齐王曰：薛公相青〈齐〉也，伐楚、九岁，功(攻)秦、三年，欲以残宋，取进(淮)北，宋不残，进(淮)北不得。以齐封(六七)奉阳君，使梁(梁)干(韩)皆效地，欲以取勺(赵)，勺(赵)是(氏)不得。身衛(率)梁(梁)王与成阳君，北面而朝奉阳君于邯郸而勺(赵)氏不(六八)得。王弃薛公，身断事，立帝、帝立，伐秦、秦伐，谋取勺(赵)、得，功(攻)宋、宋残，是则王之明也。虽然，愿王之察之也。是无(六九)它(他)故，臣之以燕事王循也。量谓臣曰："伤齐者必勺(赵)也。秦虽强，终不敢出塞涑河，绝中国而功(攻)齐。楚、越(七〇)远，宋鲁弱，燕人承，干(韩)粱(梁)有秦患，伤齐者必勺(赵)，勺(赵)氏终不可得已。为之若何?"臣谓量曰："请劫之。子以齐(七一)大重秦，秦将以燕事齐，齐燕为一，干(韩)粱(梁)必从。勺(赵)悍则伐之，愿则挚(执)而功(攻)宋。"量以为善。臣以车百五十乘(七二)入齐，量逆于高闾，身御臣以入。事曲当臣之言，是则王之教也，然臣亦见亓(其)必可也。犹量不知变事(七三)以功(攻)宋也，不然，量之所与臣前约者善矣。今三晋之敢据薛公与不敢据，臣未之识。虽使据之，臣保燕而事王，(七四)三晋必不敢变。齐燕为一，三晋有变，事乃时为也。是故当今之时，臣之为王守燕，百它(他)日之节。虽然，成(七五)臣之事者在王之循甘燕也。王虽疑燕，亦甘之，不疑亦甘之。王明视(示)天下以有燕，而臣不能使王得志于三(七六)晋，臣亦不足事也。

九

·谓齐王曰：始也燕累臣以求挚(质)，臣为是未欲来，亦未可为王为也。今南方之事齐者(七七)多故矣，是王有忧也，臣何可以不亟来。南方之事齐者，欲得燕与天下之师，而入之秦与宋以谋齐，臣诤(争)之于燕(七八)王，燕王必弗听矣。臣有(又)来则大夫之谋齐者大解(懈)矣。臣为是，虽无燕，必将来。缯(管)子之请，贵循也，非以自为也。□□(七九)公听之。臣贤王于桓□，臣不敢忘(妄)请，□□□□王诚重御臣，则天下必曰：燕不应天下以师，有(又)使苏□(八〇)□□□□贵□缺十八九字□齐□量之□□□□之车也。王□□□□(八一)知□可以百五十乘，王以诸侯御臣。若不欲□□□请以五[十]乘来。请贵重之□缺约十字(八二)高贤足下，故敢以闻也。

十

·谓齐王：燕王□于王之不信已也则有之，若虑大恶焉则无之。燕大□□□（八三）臣必以死诤（争）之，不能，必令王先知之。必毋听天下之恶燕交者。以臣所□□□鲁甚□，□臣大□□（八四）息士民，毋庸发怒于宋鲁也。为王不能，则完天下之交，复与粱（梁）王遇。□□宋之事，士民句（苟）可复用，臣必（八五）王之无外患也。若燕，臣必以死必之。臣以燕重事齐，天下必无敢东。□□□兄（况）臣能以天下功（攻）秦，疾与（八六）秦相萃也而不解，王欲复功（攻）宋而复之，不而舍之，王为制矣。

十一

·自勺（赵）献书于齐王曰：臣暨（既）从燕之粱（梁）矣（八七），臣至勺（赵），所闻于干（韩）粱（梁）之功（攻）秦，无变志矣。以雨，未得遬（速）也。臣之所得于奉阳君者，干（韩）粱（梁）合，勺（赵）氏将（八八）悉上党以功（攻）秦。奉阳君谓臣：楚无秦事，不敢与齐遇。齐楚果遇，是王收秦已。亓（其）不欲甚。（八九）欲王之赦粱（梁）王而复见之。勺（赵）氏之虑，以为齐秦复合，必为两啇（敌）以功（攻）勺（赵），若出一口。若楚遇不必，虽（九〇）必，不为功，愿王之以毋遇喜奉阳君也。臣以足下之所与臣约者告燕王，臣以（已）好处于齐。齐王（九一）终臣之身不谋燕燕。臣得用于燕，终臣之身不谋齐。燕王甚兑（悦），亓（其）于齐循善。事卬（昂）曲尽从（九二）王。王贤（坚）三晋亦从王，王取秦楚亦从王。然而燕王亦有苦。天下恶燕而王信之。以燕之事齐也为尽矣。（九三）先为王绝秦摯（质）子宦二万甲自食以功（攻）宋，二万甲自食以功（攻）秦，干（韩）粱（梁）岂能得此于燕弐（哉）。尽以为齐。王猶（犹）听（九四）恶燕者（九五）上此下四十九字错简移后燕王甚苦之。愿王之为臣甚安燕王之心也。燕齐循善，为（九六）王何患无天下。

十二

·自勺（赵）献书于齐王曰：臣以令告奉阳君曰："寡人之所以有讲虑者

有，寡人之所为功（攻）（九七）秦者，为梁（梁）为多。梁（梁）氏留齐兵于观，数月不逆，寡人失望，一。择齐兵于荥阳成皋，数月不从而功（九八）上以下错简在前宋，再。寡人之□功（攻）宋也，请于梁（梁），闭关于宋而不许。寡人已举宋，讲矣，乃来诤（争）得，三。今燕勺（赵）原错在（九五）行下之兵皆至矣，俞（愈）疾功（攻）菑，四。寡人有（又）闻梁（梁）原错在（九六）行上入两使阴成于秦，且君尝曰：吾县免于梁（梁）是（氏），不能原错在（一〇一）行下辞已。虽干（韩）亦然。寡人恐梁（梁）氏之弃与国而独取秦也，是以有讲虑。今曰不原错在（一〇二）行上女（如）□（九八）下之疾之，请从。功（攻）秦、寡人之上计；讲最寡人之大（太）下也。梁（梁）氏不恃寡人，树寡人曰：齐道楚取秦，苏修在齐矣。（九九）故天下汹汹然，曰：寡人将反量也。寡人无之。乃量固于齐，使人于齐大夫之所，而俞（偷）语则有之。寡人不见使者（一〇〇）□□对（怼）也。寡人有反量之虑，必先与君谋之。寡人（一〇一）上以下错简四十八字已移前与韦非约曰：若与楚遇，将与（一〇二）下干（韩）梁（梁）四遇，以约功（攻）秦。若楚不遇，将与梁（梁）王复遇于围地，收秦等，遂（遂）明功（攻）秦，大（太）上破之，其[次]宾（摈）之，亓（其）下完交而□（一〇三）讲，与国毋相离也。此寡人之约也。韦非以梁（梁）王之令（命）欲以平陵蛇（驰）薛，以陶封君。平陵虽（惟）城而已，亓（其）鄙（鄙）尽（一〇四）入梁（梁）氏矣。寡人许之已。”臣以□告奉阳君，奉阳君甚兑（悦），曰：“王有（又）使周湿、长驷重令（命）挩（兑），挩（兑）也敬受令（命）。”奉阳君合（答）臣曰：“篠（彗）（一〇五）有私义（议），与国不先反而天下有功（攻）之者，虽知不利，必据之。与国有先反者，虽知不利，必怨之。”今齐勺（赵）燕（一〇六）循相善也。王不弃与国而先取秦，不弃篠（彗）而反量也，王何患于不得所欲。梁（梁）氏先反，齐勺（赵）功（攻）梁（梁），齐（一〇七）必取大梁（梁）以东，勺（赵）必取河内，秦案不约而应，王何患于梁（梁）。梁（梁）、干（韩）无变，三晋与燕为王功（攻）秦，以便王之功（攻）（一〇八）宋也，王何不利焉。今王弃三晋而收秦反量也，是王破三晋而复臣天下也。天下将入地与重挚（质）于秦而独为（一〇九）秦臣以怨王。臣以为不利于足不下，愿王之完三晋之交，与燕也讲亦以是。疾以取止。

十三

·干(韩)曩献书于齐曰:“秦悔(一一〇)不听王以先事而后名。今秦王请侍(待)王以三四年。齐不收秦,秦焉□晋国。齐秦复合,使曩反(返),且复故事,秦(一一一)印曲尽听王。齐取宋,请令楚粱(梁)毋敢有尺地于宋,尽以为齐。秦取粱(梁)之上党。干(韩)粱(梁)从,以功(攻)勺(赵),秦(一一二)取勺(赵)之上地,齐取河东。勺(赵)从,秦取干(韩)之上地,齐取燕之阳地。三晋大破,而□□,秦取鄢田云梦,齐取东国下(一一三)蔡。使从亲之国如带而□。齐秦虽立百帝,天下孰能禁之。”

十四

·谓齐王曰:臣恐楚王之勤竖之死也。(一一四)王不可以宋故解(懈)之。臣使苏厉告楚王曰:“竖之死也,非齐之令(命)也。洫子之私也。杀人之母而不为亓(其)子礼,竖(一一五)之罪固当死。宋以淮北与齐讲,王功(攻)之,毄(击)勺(赵)信。齐不以为怨,反为王诛勺(赵)信,以亓(其)无礼于王之边吏(一一六)也。王必毋以竖之私怨,败齐之德。”前事愿王之尽加之于竖也,毋与它(他)人矣,以安夫薛公之心。王尚(尝)与(一一七)臣言甘薛公以就事。臣甚善之。今爽也、强得也,皆言王之不信薛公,薛公甚惧。此不便于事。非薛公之信(一一八)莫能合三晋以功(攻)秦,愿王之甘之也。臣负齐燕以司(伺)薛公,薛公必不敢反王。薛公有变,臣必绝之。臣请终事(一一九)而与王勿计,愿王之固为终事也。功(攻)秦之事成,三晋之交完于齐,齐事从横尽利。讲而归亦利,围而(一二〇)勿舍亦利,归息士民而复之,使如中山,亦利。功(攻)秦之事败,三晋之约散而静(争)秦,事印曲尽害。是故臣以王(一二一)令曰:“薛公骄(矫)敬(檠)三晋,劝之为一,以疾功(攻)秦,必破之。不然则宾(摈)之。不则与齐共讲,欲而复之。三晋以王为爱己(一二二)忠己。今功(攻)秦之兵方始合,王有(又)欲得兵以功(攻)平陵,是害功(攻)秦也。天下之兵皆去秦而与齐诤(争)宋地,此亓(其)为(一二三)□不难矣。愿王之毋以此畏三晋也。独以甘楚。楚虽毋伐宋，宋必听。王以（已）和三晋伐秦，秦必不敢言救宋。□（一二四）弱宋服则王事遬（速）夬（决）矣。夏后坚欲为先薛公得平陵，愿王之勿听也。臣欲王以平陵予薛公，然而不欲王（一二五）之无事予之也。欲王之县陶平陵于薛公奉阳君之上以勉之，终事然后予之，则王多资矣。御〈御〉事者必曰：三晋（一二六）相竖（坚）也而伤秦，必以其余骄王，愿王之勿听也。三晋伐秦，秦未至舀而王已尽宋息民矣。臣保燕（一二七）而循事王，三晋必无变。三晋若愿乎，王遬（遂）伇（役）之。三晋若不愿乎，王收秦而齐（剂）亓（其）后。三晋岂敢为王骄。若三晋相竖（坚）也（一二八）以功（攻）秦，案以负（倍）王而取秦，则臣必先智（知）之。王收燕循楚而啗秦以晋国，三晋必破。是故臣在事中，三晋必不敢反。（一二九）臣之所以备患者百余。王句（苟）为臣安燕王之心而毋听伤事者之言，请毋至三月而王不见王天下之业，臣请（一三〇）死。臣之出死以要事也，非独以为王也，亦自为也。王以不谋燕为臣赐，臣有以德燕王矣。王举霸王之业而以臣为三公，臣（一三一）有以矜于世矣。是故事句（苟）成，臣虽死不丑。”

十五

·雩（华）军，秦战胜魏，走孟卯，攻大粱（梁）。须贾说穰侯曰：“臣闻魏长（一三二）吏胃（谓）魏王曰：‘初时者，惠王伐赵，战胜三粱（梁），拔邯郸，赵氏不割而邯郸复归。齐人攻燕，拔故国，杀子之，（一三三）燕人不割而故国复反。燕赵之所以国大兵强而地兼诸侯者，以亓（其）能忍难而重出地也。宋中山数伐（一三四）数割，而国隋（随）以亡。臣以为燕赵可法而宋中山可毋为也。秦贪戾之国也而无亲，蚕食魏氏，尽晋（一三五）国，胜暴子，割八县，地未毕入而兵复出矣。夫秦何厌之有戋（哉）。今有（又）走孟卯，入北宅，此非敢（一三六）粱（梁）也，且劫王以多割，王必勿听也。今王循楚赵而讲，楚赵怒而与王争秦，秦必受之。秦挟楚赵（一三七）之兵以复攻，则国求毋亡，不可得已。愿王之必毋讲也。王若欲讲，必小（少）割而有质，不然必欺。’此臣（一三八）之所闻于魏也，愿君之以氏（是）虑事也。《周书》曰：‘唯命不为常’，此言幸之不可数也。夫战胜暴子，割八县之（一三九）

地，此非兵力之请（精）也，非计虑之攻（工）也，夫天幸为多。今有（又）走孟卯，入北宅，以攻大粱（梁），是以天幸自为常也。（一四〇）知（智）者不然。臣闻魏氏悉亓（其）百县胜甲以上，以戍（戍）大粱（梁），臣以为不下卅万。以卅万之众，守七仞之城，臣以为汤武（一四一）复生，弗易攻也。夫轻信楚赵之兵，陵七刃之城，犯卅万之众而必举之，臣以为自天地始分，以至于今（一四二）未之尝有也。攻而弗拔，秦兵必罢（疲），陶必亡，则前功有必弃矣。今魏方疑，可以小（少）割而收也。愿君（一四三）遝（逮）楚赵之兵未至于粱（梁）也，亟以小（少）割收魏，魏方疑而得以小（少）割为和，必欲之，则君得所欲矣。楚赵（一四四）怒于魏之先己也，必争事秦，从已散而君后择焉。且君之得地也，岂必以兵𢦏（哉）。□晋国也，秦兵不功（攻）（一四五）而魏效降（绛），安邑，有（又）为陶启两，几尽故宋，而衒（卫）效轟尤。秦兵笱（苟）全而君制之，何索而不得，奚为[而（一四六）不可]。愿君之孰（熟）虑之而毋行危也。"君曰："善"，乃罢粱（梁）围。·五百七十。

十六

·谓魏王曰：秦与戎翟同俗，有□□（一四七）[之]心，贪戾好利，无亲，不试（识）礼义德行。笱（苟）有利焉，不顾亲戚弟兄，若禽守（兽）耳。此天下之所试（识）也。非□□（一四八）厚积德也。故大（太）后母也，而以忧死。穰侯咎（舅）也，功莫多焉，而谅（竟）逐之。两弟无罪而再挩（夺）之国。此于[亲]（一四九）戚若此而兄（况）仇雠之国乎。今王与秦共伐韩而近秦患，臣甚惑之。而王弗试（识），则不明。群臣莫以□（一五〇）则不忠。今韩氏以一女子奉一弱主，内有大盁（乱），外支秦魏之兵，王以为不亡乎。韩亡，秦有"郑"（一五一）地，与大粱（梁）僯（邻），王以为安乎。王欲得故地而今负强秦之祸，王以为利乎。秦非无事之国也，韩亡之后（一五二）必将更事，更事必就易与利，就易与利，必不伐楚与赵矣。是何也，夫[越山与河，绝]韩上党而攻强赵，（一五三）氏（是）复阏与之事也，秦必弗为也。若道河内，倍邺、朝歌，绝漳、铺（滏）约缺五六字邯郸之鄗（郊），氏（是）知伯之（一五四）过（祸）也，秦有（又）不敢。伐楚，道涉谷，行三千里而攻冥肓（厄）之塞，所行甚远，所攻甚难，秦有（又）弗为也。若道河（一五五）外，倍大粱（梁），右蔡、召，与楚兵夬（决）于陈鄗（郊），秦有（又）不敢。故曰：秦必不伐楚与赵矣。有（又）不攻燕与齐矣。韩亡之后，（一五六）兵出之日，非魏无攻已。秦固有坏（怀）、茅、刑（邢）丘，城垝津以临河内，河内共墓必危。有郑地，得垣瘫（雍），决荧泽，大粱（梁）（一五七）必亡。王之使者大过而恶安陵是（氏）于秦，秦之欲许久矣。秦有叶、昆阳，与舞阳邻，听使者之恶，随（堕）安陵是（氏）而亡（一五八）之。缭舞阳之北以东临许，南国必危。国先害已。夫增（憎）韩，不爱安陵氏，可也。夫不患秦，不爱南国，非也。异日者，秦（一五九）在河西，晋国去粱（梁）千里，有河山以阑之，有周韩而间之。从林军以至于今，秦七攻魏，五入囿中，榜（边）城尽拔，支台（一六〇）随（堕），垂都然（燃），林木伐，麋鹿尽，而国续以围。有（又）长殴（驱）粱（梁）北，东至虖（乎）陶卫之［郊，北至乎］监。所亡秦者，山南、山北、河（一六一）外、河内，大县数十，名都数百。秦乃在河西，晋国去粱（梁）千里而过（祸）若是矣。［又况于使］秦无韩，有郑地，无［河］（一六二）山而阑之，无周韩而间之，去粱（梁）百里，［祸］必百此矣。异日者，从［纵］之不［成］也，［楚］魏疑而韩不［可得也］。（一六三）今韩受兵三年，秦挠以讲，识亡不听。投质于赵，请为天［下雁］行顿［刃］，□□□疾□。［皆］识秦□□［无］（一六四）躬（穷）也，非尽亡天下之兵而臣海内，必不休。是故臣愿以从事王，王□□□□□偃韩之质，以存韩而（一六五）求故地，韩必效之。此士民不劳而故地尽反矣。亓（其）功多于与秦共伐韩，［而］必无与强秦鄰（邻）之祸。（一六六）夫存韩安魏而利天下，此亦王之大时已。通韩上党于共宁，使道安成之□，出入赋之，是魏重质（一六七）韩以亓（其）上党也。合有亓（其）赋，足以富国，韩必德魏、重魏、畏魏，韩必不敢反魏，是韩，魏之县也。魏（一六八）得韩以为县，以衙（卫）大粱（梁），河北必安矣。今不存韩，贰（二）周安陵必貤（弛），楚赵大破，燕齐甚卑，天下西舟而驰（一六九）秦，而入朝为臣不久矣。

·八百五十八

十七

·胃（谓）起贾曰：私心以公为为天下伐齐，共约而不同虑。齐秦相伐，

(一一〇)利在晋国。齐晋相伐,重在秦。是以晋国之虑奉秦,以重虞秦。破齐,秦不妒得,晋之上也。秦食(一七一)晋以齐,齐毁,晋敝,余齐不足以为晋国主矣。晋国不敢倍秦伐齐,有(又)不敢倍秦收齐,秦两县(悬)齐晋(一七二)以持大重,秦之上也。是以秦晋皆俠(策)若计以相笥(伺)也。古之为利者养人□□立重,立重者畜人以(一七三)利。重立而为利者卑,利成而立重者轻。故古之人患利、重之自夺□□□唯贤者能以重□,察(一七四)于见反,故能制天下。愿御史之孰(熟)虑之也。且使燕尽阳地,以河为竟(境),燕齐毋□难矣。以燕王之贤,(一七五)伐齐,足以俪(刷)先王之饵(耻),利擅河山之间,執(势)无齐患,交以赵为死友,地不与秦攘(壤)介(界),燕毕□□(一七六)之事,难听尊矣。赵取济西,以方河东,燕、赵共相,二国为一,兵全以临齐,则秦不能与燕、赵争□□□(一七七)□亡宋,得南阳,伤于鲁,北地归于燕,济西破于赵,余齐弱于晋国矣。为齐计者不逾强□□□□(一七八)□秦□□不合,莫尊秦矣。魏亡晋国猷(犹)重秦也。与之攻齐,攻齐已,魏为□国重楚为□□□□,(一七九)重不在粱(梁)西矣。一死生于赵,毀齐,不敢怨魏,魏,公之魏已。楚割淮北,以为下蔡启□,得(一八〇)虽近越,实必利郢。天下且功(攻)齐,且属从,为传棼(焚)之约。终齐事,备患于秦,□(一八一)是秦重攻齐也,国必虑。意齐毁未当于秦心也。卢(虑)齐(剂)齐而□事于□□□与天下交长,秦无(一八二)过(祸)矣。天下齐(剂)齐不侍(待)夏,近虑周,周必半岁,上党宁阳非一举之事也。然则韩□一年有余矣。天下休(一八三),秦兵适敝,秦有虑矣。非是犹不倍齐也,畏齐大(太)甚也。公孙鞅之欺魏卬也,公孙鞅之罪也。身在(一八四)于秦,请以其母质,襄疵弗受也。魏至今然者,襄子之过也。今事来矣,此齐之以母质之时也,而武(一八五)安君之弃祸存身之夬(诀)也。·五百六十三

十八

·赵大(太)后规用事。秦急攻之,求救于齐,齐曰:必[以]大(太)后(一八六)少子长安君来质,兵乃出。大(太)后不肯,大臣强之。大(太)后

明胃(谓)左右曰:"有复言令长安君质者,老妇(一八七)必唾亓(其)面。"左师触龙言,愿见。大(太)后盛气而胥之。入而徐趋,至而自[谢]曰:"老臣病足,曾不能疾走。(一八八)不得见久矣。窃自□老舆(与),恐玉體(体)之有所谻(郄)也,故愿望见大(太)后。"曰:"老妇持(恃)连(辇)而睘(还)。"曰:"食歓(饮)得(一八九)毋衰乎?"曰:"侍(恃)鬻鬻(粥)耳。"曰:"老臣间者殊不欲食,乃自强步,日三四里,少益耆(嗜)食,替于身。"曰:"老妇不(一九〇)能。"大(太)后之色少解。左师触龙曰:"老臣贱息□□,寂(最)少,不宵(肖),而衰窃爱怜之。愿令得补黑衣之数,(一九一)以衙〈卫〉王宫。眛死以闻。"大(太)后曰:"敬若(诺)。年几何矣?"曰:"十五岁矣。虽少,愿及未寘(填)壑(壑)谷而托之。"曰:"丈夫(一九二)亦爱怜少子乎?"曰:"甚于妇人。"曰:"妇人异甚。"曰:"老臣窃以为媪之爱燕后贤长安君。"曰:"君过矣。(一九三)不若长安君甚。"左师触龙曰:"父母爱子则为之计深远。媪之送燕后也,攀亓(其)幢(踵)为之泣,念亓(其)远(一九四)也。亦哀矣。已行,非弗思也。祭祀则祝之曰:必不使反。剀(岂)非计长久子孙相继为王也戈(哉)。"大(太)后曰:(一九五)"然。"左师触龙曰:"今三世以前,至于赵之为赵,赵主之子侯者,亓(其)继有在者乎?"曰:"无有。"曰:"微独赵,诸侯有(一九六)在者乎?"曰:"老妇弗闻。"曰:"此亓(其)近者,祸及亓(其)身,远者及亓(其)孙。剀(岂)人主之子侯则必不善戈(哉),位尊而无功,奉(一九七)厚而无劳,而挟重器多也。今媪尊长安之位,而封之膏腴之地,多予之重器,而不汲(及)今令有功于国(一九八),山陵堋(崩),长安君何以自托于赵?老臣以媪为长安君计之短也。故以为亓(其)爱也不若燕后。"大(太)后曰:"若(诺)。次(恣)(一九九)君之所使之。"于氏(是)为长安君约车百乘,质于齐,兵乃出。子义闻之曰:"人主子也,骨肉之亲也,猷(犹)不能持无(二〇〇)功之尊,不劳之奉,而守金玉之重也。然兄(况)人臣乎。"·五百六十九

十九

·胃(谓)穰侯:"秦封君以陶,假君天下数(二〇一)年矣。攻齐之事

成，陶为万乘长，小国衔(率)以朝，天下必听，五伯之事也。攻齐不成，陶为廉监而莫[之](二〇二)据。故攻齐之于陶也，存亡之几也。君欲成之，侯不使人胃(谓)燕相国曰：'圣人不能为时，时至亦弗失也。舜(二〇三)虽贤，非适禺(遇)尧，不王也。汤武虽贤，不当桀纣，不王天下。三王者皆贤矣，不曹(遭)时不王。今天下攻齐，(二〇四)此君之大时也。因天下之力，伐仇国之齐，报惠王之醜(耻)，成昭襄王之功，除万世之害，此燕之利也，而(二〇五)君之大名也。诗曰，树德者莫如兹(滋)，除怨者莫如尽。吴不亡越，越故亡吴。齐不亡燕，燕故亡齐。吴亡于越，齐亡(二六六)于燕，余(除)疾不尽也。非以此时也成君之功，除万世之害，秦有它(他)事而从齐，齐赵亲，其仇君必深矣。挟(二〇七)君之仇，以于燕，后虽悔之，不可得矣。君悉燕兵而疾赞之，天下之从于君也，如报父子之仇。诚为鄰(邻)，世世(二〇八)无患。愿君之剸(專)志于攻齐而无有它(他)虑也。'"·三百

·大凡二千八百七十

二十

·胃(谓)燕王曰："列在万乘，奇(寄)质(二〇九)于齐，名卑而权轻。奉万乘助齐伐宋，民劳而实费。夫以宋加之淮北，强万乘之国也，而齐(二一〇)兼之，是益齐也。九夷方一百里，加以鲁卫，强万乘之国也，而齐兼之，是益二齐也。夫一齐之强，(二一一)燕犹弗能支。今以三齐临燕，亓(其)过(祸)必大。虽然，夫知(智)者之[举]事，因过(祸)[而为]福，转败而为功。齐紫败(二一二)素也，贾十倍。句浅栖会稽，亓(其)后残吴，霸天下。此皆因过(祸)为福，转败而为功。今王若欲因过(祸)而为福，(二一三)转败而为功，则莫若招(遥)霸齐而尊之，使明(盟)周室而棼(焚)秦符，曰：'大(太)上破秦，亓(其)次必长毖之。'秦□毖(二一四)以侍(待)破，秦王必患之。秦五世伐诸侯，今为齐下。秦王之心苟得穷齐，不难以国壹栖(接)。然则王何(二一五)不使辩士以若说说秦王曰：'燕赵破宋，肥齐，尊之，为之下者，燕赵非利之也。燕赵弗利而埶(势)为者，以不(二一六)信秦王也。然则王何不使可信者，栖(接)收燕赵，如经(泾)阳君，如高陵君，先

于燕赵,曰,秦有变。(二一七)因以为质,则燕赵信秦。秦为西帝,燕为北帝,赵为中帝,立三帝以令于天下。韩魏不听则秦伐,(二一八)齐不听则燕赵伐,天下孰敢不听?天下服听,因迥(驱)韩魏以伐齐,曰,必反宋,归楚淮北。反宋、归楚淮北,燕赵(二一九)之所利也。并立三王,燕赵之所愿也。夫实得所利,尊得所愿,燕赵之弃齐说(脱)沙(屣)也。今不收燕赵,齐伯(二二〇)必成。诸侯赞齐而王弗从,是国伐也。诸侯伐齐而王从之,是名卑也。今收燕赵,国安、名尊,不收燕(二二一)赵,国危而名卑。夫去尊安,取卑危,知(智)者弗为。'秦王闻若说必如諫(刺)心。然则[王]何不使辩士以如说[说](二二二)秦,秦必取,齐必伐矣,夫取秦上交也,伐齐正利也,尊上交,务正利,圣王之事也。"

二十一

·献书赵王:臣闻(二二三)[甘]洛(露)降,时雨至,禾谷絳(丰)盈,众人喜之,贤君恶之。今足下功力非数加于秦也,怨竺(毒)积怒,非深于齐,下吏(二二四)皆以秦为忧赵而曾(憎)齐。臣窃以事观之,秦几(岂)忧赵而曾(憎)齐戋(哉),欲以亡韩呻(吞)两周,故以齐饵天下。(二二五)恐事之不诚(成),故出兵以割革赵魏。恐天下之疑己,故出摯(质)以为信。声德与国,实伐郑韩。□(二二六)以秦之计,必出于此。且说士之计,皆曰韩亡参(三)川,魏亡晋国,市朝未罢,过(祸)及于赵。且物固[有事](二二七)异而患同者。昔者楚久伐,中山亡。今燕尽齐之河南,距莎(沙)丘巨鹿之囿三百里,距麋关北至于□□(二二八)者千五百里。秦尽韩魏之上党则地与王布属壤芥(界)者七百里。秦以强弩坐羊肠之道则地去(二二九)邯郸百廿里,秦以三军功(攻)王之上常(党)而包其北,则注之西非王之有也。今增注萯恒山而守三百里(二三〇)过〈通〉燕阳曲逆,此代马胡狗(驹)不东,纶(仑)山之玉不出,此三葆(宝)者或非王之有也。今从强秦久伐(二三一)齐,臣恐亓(其)过(祸)出于此也。且五国之主尝合衡谋伐赵,疏分赵壤,箸之飯(盘)竿(盂),属之祀譜,五国之兵(二三二),兵出有日矣。齐乃西师,以唫(禁)强秦,史(使)秦废令疏服而听,反温、轵、高平于魏,反王、公符逾于赵，此(二三三)天下所明知也。夫齐之事赵，宜正为上交，乃以柢(抵)罪取伐，臣恐后事王者不敢自必也。今王收(二三四)齐，天下必以王为义矣，齐㮕(保)社稷事王，天下必重王。然则齐义，王以天下就之。齐逆，王以天下□(二三五)之，是一世之命制于王也。臣愿王与下吏羊(详)计某言而竺(笃)虑之也。

二十二

·齐宋攻魏，楚回(围)翁(雍)是(氏)，秦败屈(二三六)丐。胃(谓)陈轸曰："愿有谒于公，其为事甚完，便楚利公，成则为福，不成则为福。今者秦立于(二三七)门，客有言曰：'魏王胃(谓)韩倗、张义(仪)：煮棘(枣)将榆(逾)，齐兵有(又)进，子来救[寡]人可也，不救寡人，寡人弗(二三八)能枝(支)。'槫(轉)辞也。秦韩之兵毋东，旬余，魏是(氏)槫(轉)，韩是(氏)从，秦逐张义(仪)，交臂而事楚，此公事成也。"(二三九)陈轸曰："若何史(使)毋东？"合(答)曰："韩倗之救魏之辞，必不胃(谓)郑王曰：'倗以为魏。'必将曰：'倗将槫(抟)三国(二四〇)之兵，乘屈丐之敝，南割于楚，故地必尽。'张义(仪)之救魏之辞，必[不]胃(谓)秦王曰：'义(仪)以为魏。'[必将](二四一)曰：'义(仪)且以韩秦之兵，东巨(拒)齐宋，义(仪)[将]槫(抟)三国之兵，乘屈丐之敝，[南割于]楚，名存亡[国]，□□(二四二)□□而归，此王业也。'公令楚[王与韩氏地，使]秦制和。胃(谓)秦曰缺七字施三(二四三)□[韩]是(氏)之兵不用而得地[于楚]缺二十余字(二四四)□魏，魏是(氏)不敢不听。韩欲地而兵案声[威发]于魏，魏是(氏)缺八九字魏氏[转]，(二四五)秦韩争事齐，楚王欲毋予地，公令秦韩之兵不[用而得地，有一大]德。秦韩之(二四六)王劫于韩倗、张义(仪)而东兵以服魏，公常操□□□责于秦缺四五字公□□[张](二四七)义(仪)多资矣。"

二十三

·胃(谓)春申君曰："臣闻之，于安思危，危则虑安。今楚王之春秋高矣，□□□(二四八)地不可不蚤定。为君虑封，莫若远楚。秦孝王死，公孙鞅杀。惠王死，襄子杀。公孙(二四九)央(鞅)功臣也，襄子亲因(姻)也，皆不免，封近故也。太公望封齐，召公奭封于燕，欲远王室(二五〇)也。今燕之罪大，赵之怒深，君不如北兵以德赵，浅(践)盘(乱)燕国，以定身封，此百世一时也。""所(二五一)道攻燕，非齐则魏，齐魏新恶楚，唯(虽)欲攻燕，将何道戋(哉)?"对曰："请令魏王可。"君曰(二五二)："何?"曰："臣至魏，便所以言之。"乃胃(谓)魏王曰："今胃(谓)马多力则有。言曰胜千钧，则不然者，何(二五三)也? 千钧非马之任也。今胃(谓)楚强大则有矣。若夫越赵魏，关甲于燕，几(岂)楚之任戋(哉)? (二五四)非楚之任而为之，是敝楚也。敝楚强楚，亓(其)于王孰便?"

二十四

·秦韩战于蜀潢，韩是(氏)急。(二五五)公中(仲)倗胃(谓)韩王曰："冶(与)国非可持(恃)也。今秦之心欲伐楚，王不若因张义(仪)而和于(二五六)秦，洛(赂)之以一名县，与之南伐楚，此以一为二之计也。"韩王曰："善。"乃警公中(仲)倗，将使(二五七)西讲于秦。楚王闻之，大恐。召陈轸而告之。陈轸曰："夫秦之欲伐王久矣。今或(二五八)得韩一名县具甲，秦韩并兵南乡(向)楚，此秦之所庙祠而求也，今已得之，楚(二五九)国必伐。王听臣之为之，警四竟(境)之内，兴师救韩，名(命)战车，盈夏路，发信[臣，多](二六〇)亓(其)车，重亓(其)敝(币)，史(使)信王之救己也。韩为不能听我，韩之德王也，必不为逆以来，是[秦](二六一)韩不和也。[兵虽]至，楚国不大病矣。为能听我，绝和于秦，□必大怒，以厚怨韩。韩南(二六二)□□必轻秦，轻秦，亓(其)应必不敬矣。是我困秦韩之兵，免楚国楚国之患也。"楚(二六三)之〈王〉若(诺)。乃警四竟(境)之内，兴师，言救韩，发信臣，多车，厚亓(其)敝(币)，使之韩，胃(谓)韩(二六四)王曰："不榖唯(虽)小，已悉起之矣。愿大国肆意于秦，不榖将以楚□韩。"[韩王](二六五)说(悦)，止公中(仲)之行。公中(仲)曰："不可。夫以实苦我者秦也。以虚名救[我]者楚也。□(二六六)楚之虚名，轻绝强秦之适(敌)，天下必�〈笑〉王。且楚韩非兄弟之国也，有(又)非素(二六七)谋伐秦也。已伐刑(形)，因兴师言救韩，此必陈轸之谋也。夫轻绝强秦而强□（二六八）楚之谋臣，王必悔之。”韩王弗听，遂绝和于秦。秦因大怒，益师，与韩是（氏）战于岸（二六九）门。楚救不至，韩是（氏）大败。故韩是（氏）之兵非弱也，亓（其）民非愚蒙也，兵为秦禽，知（智）（二七〇）为楚芙（笑）者，过听于陈轸，失计韩傰。故曰：“计听知顺逆，唯（虽）王可。”

二十五

·秦使辛（二七一）梧据粱（梁），合秦粱（梁）而攻楚。李园忧之。兵未出，谓辛梧：“以秦之强，有粱（梁）之劲，东面而伐（二七二）楚。于臣也，楚不侍（待）伐割挈马免而西走，秦余（与）楚为上交，秦祸案环（还）中粱（梁）矣。（二七三）将军必逐于粱（梁），恐诛于秦。将军不见井忌乎？为秦据赵而攻燕，拔二城。燕使蔡（二七四）鸟股符胠璧，奸（间）赵入秦。以河间十城封秦相文信侯。文信侯弗敢受，曰：‘我无功。’蔡鸟（二七五）明日见，带长剑，案（按）其剑，举其末，视（示）文信侯曰：‘君曰我无功，君无功，胡不解君之玺，以（二七六）佩蒙骜、王齮也？秦王以君为贤，故加君二人之上。今燕献地。此非秦之地也。君弗（二七七）受，不忠。’文信侯敬若（诺）。言之秦王，秦王令受之。余（与）燕为上交，秦祸案环（还）归于赵矣。秦（二七八）大举兵东面而齎赵，言毋攻燕。以秦之强，有燕之怒，割勺（赵）必罙（深）。赵不能听，逐井忌，诛于（二七九）秦。今臣窃为将军私计，不如少案（按）之，毋庸出兵，秦未得志于楚，必重粱（梁），粱（梁）（二八〇）未得志于楚，必重秦，是将军两重。天下人无不死者，久者寿。愿将军之察（二八一）之也。粱（梁）兵未出，楚见粱（梁）之未出兵也，走秦必缓。秦王怒于楚之缓也，怨（怨）必深。（二八二）是将军有（又）重矣。”粱（梁）兵果六月乃出。

二十六

·见田倂于粱（梁）南，曰：“秦攻鄢陵几拔矣。粱（梁）（二八三）计将奈何？”田倂曰：“在楚之救粱（梁）。”对曰：“不然。在粱（梁）之计，必有以自恃也。无自恃计，（二八四）传（专）恃楚之救则粱（梁）必危矣。”田倂曰：“为自恃计，奈何？”曰：“梁（梁）之东地，尚方五（二八五）百余里而与梁（梁）千丈之城，万家之邑，大县十七，小县有市者卅有余。将军（二八六）皆令县急急为守备，譔（选）择贤者，令之坚守，将以救亡。令梁（梁）中都尉□□（二八七）大将，其有亲戚父母妻子，皆令从梁（梁）王葆（保）之东地单父，善为守备。”田併[曰]：（二八八）“梁（梁）之群臣皆曰：梁（梁）守百万，秦人无奈梁（梁）何也。梁（梁）王出，顾危。”对曰：“梁（梁）之群（二八九）臣必大过矣，国必大危矣。梁（梁）王自守，一举而地毕，固秦之上计也。今梁（梁）王居（二九〇）东地，其危何也？秦必不倍（背）梁（梁）而东，是何也？多之则危，少则伤。所说谋者为之（二九一）而秦无所关其计矣。危弗能安，亡弗能存，则奚贵于智矣。愿将军之察（二九二）也。梁（梁）王出梁（梁），秦必不攻梁（梁），必归休兵，则是非以危为安、以亡为存邪，是计一得（二九三）也。若秦拔鄢陵，必不能揞（背）梁（梁）、黄、济阳、陶、睢阳而攻单父，是计二得也。若欲出楚（二九四）地而东攻单父，则可以转祸为福矣，是计三得也。若秦拔鄢陵而不能东攻（二九五）单父，欲攻梁（梁），此梁（梁）楚齐之大福已。梁（梁）王在单父，以万丈之城，百万之守，五年之（二九六）食，以梁（梁）饵秦，以东地之兵为齐楚为前行，出之必死，击其不意，万必胜。齐楚见（二九七）亡不叚，为梁（梁）赐矣。将军必听臣，必破秦于梁（梁）下矣。臣请为将军言秦之可（二九八）可破之理，愿将军察听之[也]。今者秦之攻梁（梁）□□□将□以□□行几二千里，至（二九九），与楚梁（梁）大战长社，楚梁（梁）不胜，秦攻鄢陵，秦兵之□□死伤也，天下之□□□□也。（三〇〇）秦兵战胜，必收地千里，今战胜不能倍（背）鄢陵而攻梁（梁）者少也。鄢陵之□□守，□□丈，卒（三〇一）一万。今梁（梁）守，城万丈，卒百万。臣闻之也，兵者弗什弗围，弗□□□军。今梁（梁）守百万，梁（梁）（三〇二）王有（又）出居单父。秦拔鄢陵，必归休兵。若不休兵而攻□梁（梁），守必坚。是[何]也？王（三〇三）在外，大臣则有为守，士卒则有为死，东地民有为勉，诸侯有为救梁（梁），秦必可（三〇四）破梁（梁）下矣。若梁（梁）王不出梁（梁），秦拔鄢陵，必攻梁（梁），必急。将卒必□□，守必不（三〇五）固。是何也？之王则不能自植士卒；之将则以王在梁（梁）中也，必轻；之武则

□□□如不□(三○六)粱(梁)中必盁(乱);之东地则死。王更有大虑,之诸侯则两心□□□无□□□地;之(三○七)粱(梁)将则死王有两心,无以出死救粱(梁),无以救东地而□□□□□□□□王不出(三○八)粱(梁)之祸也。"田併曰:"请使宜信君载先生见缺十二三字不责(三○九)于臣,不自处危。今王之东地尚方五百余里缺十二三字责于臣(三一○)。若王□□,秦必攻粱(梁),是粱(梁)无东地忧而王缺十二三字(三一一)粱(梁)中,[王]不出,攻粱(梁)必急。王出,则秦之攻粱(梁)必缺十二三字(三一二)□□□□则秦□□大破缺二十余字(三一三)□□□□臣来献□□□□王弗用臣则缺三至六七字。"

二十七

•[邯]郸缺八九字(三一四)□□□也。工君(尹)㮚(奚)洫□□□□□将请师邪?皮(彼)将□□□重此□毋北兼邯郸,南必□□□□(三一五)□□□城必危,□□□□□□则吾将悉兴□□□□吾非敢以为邯郸赐也。吾将以救吾□□□(三一六)□曰:"主君若有赐,兴□□以救敝邑,则使臣□□□□其日以复于□君乎。"工君(尹)㮚(奚)洫曰:"大(太)缓,救邯郸,邯郸□□□(三一七)郸,进兵于楚,非国之利也。子择亓(其)日归而已矣,□今从子之后。"蕈皮归,复令(命)于邯郸君。曰:"□□□□□□(三一八)和于魏,楚兵不足侍(恃)也。"邯郸君曰:"子使,未将令(命)也,人许子兵甚俞,何为而不足恃[也]?"蕈皮曰:"臣之□□□(三一九)恃者,以亓(其)□也。彼亓(其)应臣甚辨(辩),女(如)似有理。皮(彼)非卒(猝)然之应也。皮(彼)笱(侚)齐□□□□□守亓(其)□□□□矣。□□□(三二○)兵之日,不肯告臣。□然如进亓(其)左耳而后亓(其)右耳,台乎亓(其)所后者,必亓(其)也与□□□□□□许我兵,我必列(裂)地以和(三二一)于魏,魏必不敝,得地于赵,非楚之利也。故俞许我兵者,所劲吾国。吾国劲而魏氏敝,□人然后举兵,兼承吾(三二二)国之敝。主君何为亡邯郸以敝魏氏,而兼为楚人禽戋(哉)。故娄(数)和为可矣。"邯郸君榣(摇)于楚人之许己兵(三二三)而不肯和。三年,邯郸□,楚人然后举兵,兼为正(征)乎两国。若由是观之，楚国之口虽急乎，亓(其)实未也。故(三二四)□□应，且曾闻亓(其)音以知亓(其)心。夫颎然见于左耳，萆皮已计之矣。

鲍本《战国策》篇目次序表

卷一　西周

安王

严氏为贼

周共太子死

谓齐王

司寇布为周最谓周君

秦令樗里疾以车百乘入周

雍氏之役

薛公以齐为韩魏攻楚

三国攻秦反

韩魏易地

秦攻魏将犀武军于伊阙

犀武败于伊阙

犀武败

苏厉谓周君

楚兵在山南

楚请道于二周之间

秦召周君

周君之秦

秦欲攻周

宫他谓周君

卷二　东周

惠公

秦兴师临周而求九鼎

惠文君

武王

甘茂相秦

甘茂约秦魏而攻楚

谓秦王

秦王与中期争论

昭襄王

甘茂亡秦且之齐

献则谓公孙消

三国攻秦入函谷

薛公为魏谓魏冉

冷向谓秦王

谓穰侯

谓魏冉曰楚破秦

王国罢成皋

秦取楚汉中

薛公入魏而出齐女

谓魏冉曰和不成

陉山之事

秦客卿造谓穰侯

说秦王曰

段产谓新城君

段干越人谓新城君

范子因王稽入秦

范雎至秦

范雎曰臣居山东

应侯谓昭王

秦昭王谓左右

秦宣太后爱魏丑夫

秦攻韩国陉

卷四 齐

卷五　楚

陈轸告楚之魏
魏王遗楚王美人
楚王后死
齐明说卓滑以伐秦
或谓黄齐
秦伐宜阳
四国伐楚
城浑出周
韩公叔有齐魏
楚杜赫说楚王以取赵
楚王问于范环
魏相翟强死
齐秦约攻楚
术视伐楚
秦败楚汉中

顷襄王

楚襄王为太子之时
女阿谓苏子
长沙之难
有献不死之药于荆王者
齐以淖君之乱
庄辛谓楚襄王
齐韩魏共攻燕

考烈王

唐雎见春申君
客说春申君
虞卿谓春申君
或谓楚王

武侯

魏武侯与诸大夫浮于西河

惠王

魏公叔痤为魏将

魏公叔痤病

秦韩围梁

庞葱与太子质于邯郸

梁王魏婴觞诸侯于苑台

魏惠王起境内众

魏太子自将过宋外黄

齐魏战于马陵

惠施为韩魏交

襄王

魏惠王死

徐州之役

苏子为赵合从说魏王

张仪欲并相秦魏

魏王将相张仪

楚许魏六城

张仪恶陈轸于魏王

张仪欲穷陈轸

张仪欲以魏合于秦韩

张子仪以秦相魏

哀王

张仪谓齐王

陈轸为秦使于齐

齐王将见燕赵楚之相于卫

魏令公孙衍请和于秦

卷八 韩

或谓公仲曰听者听国

公仲数不信于诸侯

谓公叔曰公欲得武遂于秦

谓公叔曰乘舟

齐令周最使郑

公仲使韩珉之秦求武遂

公仲以宜阳之故仇甘茂

郑强以金八百入秦

公仲为韩魏易地

锜宣之教韩王取秦

襄陵之役

公叔使冯君于秦

韩公叔与幾瑟争国郑强为楚王使于韩

韩公叔与幾瑟争国中庶子强谓太子

齐明谓公叔曰

公叔将杀幾瑟

公叔且杀幾瑟

谓新城君曰

胡衍之出幾瑟于楚

幾瑟亡之楚

冷向谓韩咎

楚令景鲤入韩

楚围雍氏五月

楚围雍氏韩令冷向借救于秦

或谓韩公仲

或谓公仲

釐王

韩咎立为君而未定也

陈翠合齐燕

或献书燕王

燕王哙既立

初苏秦弟厉因燕质子而求见齐王

昭王

张仪为秦破从连横谓燕王

宫他为燕使魏

燕昭王收破燕后即位

齐伐宋宋急

苏代谓燕昭王

燕王谓苏代

苏代为奉阳君说燕于于赵以伐齐

燕昭王且与天下伐齐

齐魏争燕

苏代自齐使人谓燕昭王

苏代自齐献书于燕王

秦召燕王

燕饥赵将伐之

赵且伐燕

惠王

昌国君乐毅为燕昭王合五国之兵而攻齐

张丑为质于燕

王喜

燕五喜使栗腹以百金为赵孝成王寿

秦并赵北向迎燕

燕太子丹质于秦

卷十　宋卫中山

宋